家事審判法

佐上善和

信山社

はしがき

　本書は，家事審判法の体系書である。家事審判，家事調停について説明している。家事審判および家事調停に限っていえば，これまでどこにどのような問題があり，どこまで解決されているか，今後取り組まなければならない問題は何か，こうした基本的な部分についても研究の蓄積が豊富とはいいがたい状況であり，体系書の存在の必要性が指摘されていてもなかなかそれに取り組める状況ではなかった。民事訴訟や強制執行あるいは，破産法との間に大きな差があったといえる。実務家の手による教科書や注釈書による説明は，実務的な配慮もなされており，その限りでは不満を申し立てることは少ない。しかし，この法の総則に関する問題についてドイツ非訟法（FGG）の解釈と比較した場合に生じる疑問は，決して少なくはない。私自身これまで非訟事件に関する若干の論文を公表してきたことから，研究の1つの区切りとして，思い切って家事審判法の体系書を執筆しようと決意した。

　具体的に執筆計画を立て始めたのは，『成年後見事件の審理』（信山社2000年）の執筆時であった。各論として現れる成年後見事件の問題と非訟法・家事審判法総論とのマトリクスを考えつつ，全体の構成を考え始めたことが執筆のきっかけとなっている。実務の体験のない者が体系書を書くには，どのように考えればよいか判断に迷う問題にも直面する。しかし，その疑問が解消するまでまっていては，いつまでたっても執筆はできない。理論的に押し通すことで，筋は立つであろうと決断した。当時，在外研究でドイツに滞在し，帰国後作業を開始する予定であったが，大学での役職就任等の事情から遷延してしまった。そのような中で，法科大学院の「家事法務」の講義のために，受講生に講義資料として「家事審判法概説」と題するノートを配布してきた。本書はそれを土台としている。

　本書は，家事審判と家事調停を扱っているだけであり，家事審判法総論の説明に限られている。成年後見事件，夫婦関係事件，親権・後見事件，養子縁組事件，遺産分割事件等のいわば各論についても，ほとんど原稿は完成していたが，ページ数が著しく増加してしまうことから割愛した。この部分は，別の形で本書の続編という位置づけで近いうちに公刊したいと考えている。本書の執筆に際しては，最初からページ数を制約していたわけではない。詳

細に扱っている箇所と，簡単な説明にとどめている箇所がある。家事審判法を知ろうとする者は，民事訴訟法の知識を有しているであろうと考えれば，もっと説明を省略してよい部分があるかもしれない。他方で，民事訴訟との対比をもっと鮮明にする必要がある点が存在する。執筆に際して，このバランスのとり方について考え込まざるをえないことも多かった。

　本書では，あえて通説に異を唱えている箇所がかなりある。多くはかねてより疑問を抱いていたものであるが，執筆に際して初めて気がついた点も少なくない。従来の通説や判例の理解で，もっとも大きな疑問があったのは審判に対する不服申立てに関する部分である。通説に異論を唱えることが目的ではない。議論の対象となってよりよい解釈で落ち着くための捨て石になれば幸いである。逆にまた，自己の以前の考えを改めざるをえなくなった部分もある。わが国の文献の指摘が十分でないと考えたところでは，ドイツ非訟法の解釈を参考としている。いずれにしても，先行する研究を十分に活かしているか不安があり，また誤解を犯しているかもしれない。体系書という性格上，文献引用は最小限度にとどめざるをえなかった。忌憚のないご批判をお寄せいただければ幸いである。

　民事訴訟法の考え方について，多くの教えを受けた井上正三，小室直人，井上治典の各先生方から批評をいただけないのは残念である。ともかく1冊の体系書にまとめたことで学恩に感謝を示したい。

　最後になったが，本書の作成についても前回同様に渡辺左近さんにお世話になった。初校があがる直前にわざわざ研究室に来られ，貴重なアドバイスもいただいた。心から感謝したい。

　　　2007年1月25日

　　　　　　　　　　　　　　　　　　　　　　　　　佐　上　善　和

大　目　次

はしがき
第1編　家事審判 …………………………………………… 1
　第1章　家事審判制度 ……………………………………… 2
　　第1節　家事審判制度総説 (2)
　　第2節　家庭裁判所 (11)
　　第3節　家事審判規則および非訟事件手続法の準用 (20)
　　第4節　家庭裁判所の現状と展望 (25)
　第2章　非訟事件手続と家事審判手続 …………………… 31
　　第1節　家事審判手続の意義 (31)
　　第2節　訴訟事件の非訟化とその限界 (46)
　第3章　家事審判手続総説 ………………………………… 52
　　第1節　家事審判事項 (52)
　　第2節　審判機関 (63)
　　第3節　関係人（当事者）(69)
　　第4節　代理と代理人・特別代理人 (91)
　　第5節　当事者適格 (99)
　　第6節　参　加 (103)
　　第7節　手続の中断と受継 (115)
　第4章　審判手続 …………………………………………… 123
　　第1節　家事審判事件の管轄 (123)
　　第2節　審判手続 (138)
　　第3節　審判前の保全処分 (160)
　　第4節　家事審判事件の審理 (174)
　　第5節　審判手続の費用 (238)
　　第6節　審　判 (241)
　　第7節　審判に対する不服申立て (270)

第2編　家事調停 …………………………………………………………… 309

第1章　家事調停制度概説 ……………………………………………… 310
第1節　家事調停総説（310）
第2節　家事調停の存在理由（318）

第2章　家事調停の対象と調停前置主義 …………………………… 323
第1節　家事調停の対象（323）
第2節　調停前置主義（329）

第3章　家事調停の機関 ………………………………………………… 339
第1節　家庭裁判所と調停委員会（339）
第2節　家事調停の管轄と移送（349）

第4章　家事調停の当事者・代理人 ………………………………… 354
第1節　当事者（354）
第2節　代理人（357）
第3節　当事者適格（360）
第4節　利害関係人の参加・手続の受継（363）

第5章　調停手続 ………………………………………………………… 370
第1節　手続の開始（370）
第2節　家事調停と費用の負担（378）
第3節　調停前の仮の措置（380）
第4節　調停の実施（386）
第5節　調停手続の終了（417）
第6節　調停の成立（427）

第6章　家審法23条および24条の審判 ……………………………… 440
第1節　合意に相当する審判（440）
第2節　調停に代わる審判（460）

第7章　履行確保 ………………………………………………………… 475

第8章　罰　則 …………………………………………………………… 485

事項索引

判例索引

細目次

第1編 家事審判 …………………………………………………………… 1

第1章 家事審判制度 …………… 2
第1節 家事審判制度総説 (2)
1 家事紛争の特徴と独自の解決制度 (2)
2 家事審判法・家事審判規則等の制定 (3)
  1 成立の経過 (3)
  2 制定の趣旨 (4)
   (1) 戦前における家事審判所構想 (4)
   (2) 家事審判法制定の趣旨 (6)
  3 家事審判制度の存在理由 (8)
   (1) 前史を確認する意義 (8)
   (2) 戦後の家事審判法制定と戦前の構想—連続と不連続 (8)
   (3) 家事審判法制定後の主要な改正 (9)

第2節 家庭裁判所 (11)
1 家庭裁判所 (11)
2 家庭裁判所の構成等 (12)
  1 総説 (12)
  2 家庭裁判所の裁判官 (13)
  3 裁判所書記官 (14)
  4 参与員 (14)
   (1) 意義 (14)
   (2) 参与員候補者の選任 (15)
   (3) 参与員の関与の実態と改善方向 (15)
  5 家庭裁判所調査官 (15)
   (1) 概説 (15)
   (2) 専門性 (16)
   (3) 職務権限 (16)
  6 技官たる医師 (17)
3 家庭裁判所の権限 (17)
  1 裁判所法の定め (17)
  2 家事相談 (19)
   (1) 概説 (19)
   (2) 家事相談の法律上の根拠 (19)
   (3) 家事相談の限界 (20)

第3節 家事審判規則および非訟事件手続法の準用 (20)
1 家事審判規則 (20)
2 非訟事件手続法の準用 (22)
  1 非訟事件手続法の準用 (22)
  2 家審規則による非訟法の適用除外 (23)

第4節 家庭裁判所の現状と展望 (25)
1 家庭裁判所の利用実態 (25)
  1 全体的な傾向 (25)
  2 各事件の推移 (26)
2 家事紛争解決制度の比較法的研究 (27)
3 家庭裁判所および家事紛争解決制度の課題・改革方向 (28)
  1 人事訴訟事件の家庭裁判所への移管 (28)
  2 家事債務の履行確保 (29)
  3 ネットワークの構築・アフターケアの充実 (29)
  4 家審法・非訟法の改正 (30)

第2章 非訟事件手続と家事審判手続 …………………………… 31
第1節 家事審判手続の意義 (31)
1 総説 (31)
  1 概説 (31)
  2 家事審判の特徴 (32)
   (1) 裁判所の必要的関与 (32)
   (2) 当事者の協議に代わる決定

　　　　　　　　　（33）
　　　(3) 訴訟の代替的手続（33）
　2　非訟事件と訴訟事件（34）
　　1　非訟事件とは何か（34）
　　　(1) 事件の特色（34）
　　　(2) 非訟事件手続の概略（36）
　　2　家事審判手続の合憲性（37）
　　　(1) 問題の所在（37）
　　　(2) いわゆる純然たる訴訟事件と非訟的処理（38）
　　　(3) 家事審判事件に関する一連の最高裁大法廷決定について（40）
　　　(4) その後の展開（43）
　第2節　訴訟事件の非訟化とその限界（46）
　　1　非訟化の流れ（46）
　　2　非訟化の限界（48）
　　　1　考慮される要因（48）
　　　2　訴訟手続による解決（49）
　　　3　非訟手続の改革（50）
第3章　家事審判手続総説 ……… 52
　第1節　家事審判事項（52）
　　1　家事審判事項とその意義（52）
　　2　家事審判事項の限定性（52）
　　　1　原　則（52）
　　　2　準用ないし類推適用の可能性（53）
　　3　甲類審判事項と乙類審判事項（54）
　　　1　両者の区別（54）
　　　(1) 立法趣旨（54）
　　　(2) 家事調停の対象となるか否かによる区分（55）
　　　(3) 紛争性の有無について（56）
　　　(4) 審判の背後にある利害対立の考慮（57）
　　　(5) 審判対象の定め方は適切か

　　　　　（58）
　　2　乙類審判事件と他の手続との関係（59）
　　　(1) 家事調停との関係（59）
　　　(2) 民事調停との関係（60）
　　　(3) 人事訴訟との関係（60）
　　　(4) 通常訴訟・人身保護請求との関係（61）
　第2節　審判機関（63）
　　1　家庭裁判所（63）
　　2　家庭裁判所職員等の除斥・忌避・回避（64）
　　　1　制度の趣旨（64）
　　　2　家事審判官に対する除斥・忌避（65）
　　　(1) 除　斥（65）
　　　(2) 忌　避（66）
　　　3　参与員の除斥・忌避（67）
　　　4　家庭裁判所書記官の除斥・忌避（68）
　　　5　家庭裁判所調査官の除斥・忌避（68）
　第3節　関係人（当事者）（69）
　　1　関係人という概念（69）
　　　1　関係人の意義（69）
　　　2　関係人（当事者）となる者の範囲（71）
　　　(1) 総　説（71）
　　　(2) 申立事件（71）
　　　(3) 職権で開始される手続（73）
　　　3　関係人の呼称・表記（74）
　　　4　関係人概念と各種の規定（74）
　　2　家事審判手続における関係人の地位（76）
　　　1　総　説（76）
　　　2　当事者権の保障・手続保障（77）
　　　(1) 当事者権の提唱とその展開

（77）
　　　（2）実務における運用論（78）
　　　（3）審問請求権（79）
　　3　複数の関係人（81）
　　　1　共同の関係人（81）
　　　2　共同相続人の遺産分割審判手続への関与（81）
　　4　関係人（当事者）の確定（82）
　　　1　意　義（82）
　　　2　家事審判における関係人の確定（83）
　　　（1）確定の必要性と基準（83）
　　　（2）確定に伴う効力（83）
　　5　関係人能力（84）
　　　1　意　義（84）
　　　2　関係人能力を有する者（84）
　　　（1）原　則（84）
　　　（2）胎児の関係人能力（85）
　　　3　関係人能力の調査（86）
　　6　手続行為能力（審判行為能力）（86）
　　　1　原　則（86）
　　　（1）未成年者（87）
　　　（2）成年被後見人等（88）
　　　（3）被保佐人・被補助人（89）
　　　2　手続行為能力を欠く場合の措置（89）
　　7　弁論能力（90）
　第4節　代理と代理人・特別代理人（91）
　　1　総　説（91）
　　　1　代理の意義（91）
　　　2　代理権（91）
　　　3　双方代理の禁止（92）
　　2　法定代理人（92）
　　　1　意義と種類（92）
　　　（1）実体法上の法定代理人（92）
　　　（2）手続上の特別代理人（93）

　　　2　代理権の範囲等（94）
　　　3　法定代理権の消滅とその通知（94）
　　3　家事審判手続における任意代理（94）
　　　1　任意代理人（94）
　　　2　訴訟委任による代理人（96）
　　　（1）代理権の範囲（96）
　　　（2）代理権の消滅（97）
　　　（3）弁護士法違反の手続行為の効力（97）
　　4　補佐人（98）
　第5節　当事者適格（99）
　　1　意　義（99）
　　2　家事審判と当事者適格の果たす役割（99）
　　　1　これまでの見解（99）
　　　2　当事者適格概念不要（100）
　　　3　職務上の当事者・申立代位など（102）
　　　4　当事者適格を看過した審判（103）
　第6節　参　加（103）
　　1　総　説（103）
　　2　家事審判手続における参加（104）
　　　1　議論の前提（104）
　　　2　関係人の追加・訂正と参加（106）
　　　3　遺産分割審判と利害関係人（106）
　　　4　その他の審判手続（107）
　　　5　家事調停における参加との異同（108）
　　3　審判手続における参加の形態―参加人の地位（109）
　　　1　当事者参加と補助的参加（109）
　　　2　補助的参加（110）

3　詐害防止参加（112）
　　　4　参加の手続（113）
　　　　(1)　強制参加の手続（113）
　　　　(2)　任意参加（113）
　　　5　参加人の地位（114）
　　　6　参加の効果（114）
　第7節　手続の中断と受継（115）
　　1　家事審判手続と手続の中断（115）
　　　1　中断制度の不存在（115）
　　　2　中断を認めない根拠（115）
　　　3　陳述機会の保障（116）
　　2　家事審判手続の終了・続行（117）
　　3　家審規15条の定め（119）
　　　1　申立人側の受継（119）
　　　　(1)　制度の趣旨（119）
　　　　(2)　適用範囲（120）
　　　2　相手方の死亡等（121）
　　　3　受継の手続（121）
　　　　(1)　申立てによる場合（121）
　　　　(2)　職権による場合（122）

第4章　審判手続　　　　　　　　　123
　第1節　家事審判事件の管轄（123）
　　1　家事審判事件に関する管轄の規律（123）
　　2　職分管轄（123）
　　　1　法律の定め（123）
　　　2　職分管轄に違反した場合（124）
　　　　(1)　通常民事訴訟事件を家庭裁判所が審判手続で処理した場合（124）
　　　　(2)　審判事件を地方（簡易）裁判所が訴訟手続で処理した場合（124）
　　3　土地管轄（125）
　　　1　意　義（125）
　　　2　家事審判法の土地管轄の定め（125）
　　　　(1)　土地管轄（125）
　　　　(2)　合意管轄（126）
　　　　(3)　寄与分を定める審判の管轄（127）
　　　　(4)　優先管轄（127）
　　　　(5)　管轄裁判所の指定（128）
　　　　(6)　土地管轄の標準時（128）
　　4　移送および自庁処理（129）
　　　1　原　則（129）
　　　2　優先管轄と移送（129）
　　　3　家審規4条の定め（130）
　　　　(1)　移送について（130）
　　　　(2)　移送の判断基準（130）
　　　4　移送の申立権・移送決定に対する不服申立て（131）
　　　　(1)　移　送（131）
　　　　(2)　移送審判の効力（131）
　　　　(3)　移送の審判に対する不服申立て（132）
　　　　(4)　移送の効果（132）
　　　　(5)　回　付（132）
　　　5　自庁処理（133）
　　　　(1)　これを認める趣旨（133）
　　　　(2)　自庁処理の手続と不服申立て（133）
　　5　家庭裁判所・地方裁判所（簡易裁判所）間の移送（134）
　　　1　訴訟事件と家事審判事件（134）
　　　　(1)　判例の立場（134）
　　　　(2)　検　討（135）
　　　2　民事非訟事件と家事審判事件（136）
　　　3　家庭裁判所の扱う請求異議訴訟（137）
　第2節　審判手続（138）
　　1　審判手続の開始（138）
　　　1　関係人の申立て（138）
　　　　(1)　申立権者（138）

(2) 申立ての方法（142）
　2　調停手続からの移行（145）
　　(1) 審判申立てとみなす場合
　　　（145）
　　(2) 調停をしない措置をとった
　　　場合（146）
　　(3) 調停事件と審判事件の裁判
　　　所の違い（146）
　3　職権による開始（147）
　　(1) 職権事件の意味（147）
　　(2) 職権事件の類型（148）
　　(3) 申立事件と職権事件の区別
　　　の意義（149）
2　申立書の形式審査および補正命
　令（149）
3　申立ての効果（150）
4　申立ての趣旨の拘束力（151）
　1　総　説（151）
　2　申立ての拘束力（151）
　　(1) 審判事項の特定（151）
　　(2) 申立ての趣旨の解釈（154）
　3　関係人の責任のあり方（156）
　　(1) 原　則（156）
　　(2) 抗告の申立て（157）
5　再度の申立ての許否（158）
6　申立ての変更・反対申立て（158）
　1　申立ての変更（158）
　　(1) 申立事件（158）
　　(2) 職権事件（159）
　2　反対申立て（159）
第3節　審判前の保全処分（160）
1　保全処分制度の必要性（160）
　1　保全処分の意義（160）
　　(1) 意　義（160）
　　(2) 利用の実態（161）
　2　特殊保全処分としての位置づ
　　け（161）
2　保全処分の態様（162）
　1　概　説（162）

　2　財産管理人の選任の類型
　　（162）
　3　後見命令の類型（163）
　4　職務執行停止または職務代行
　　者の選任の類型（164）
　5　仮差押え，仮処分その他必要
　　な処分の類型（164）
　　(1) 仮差押え・係争物に関する
　　　仮処分（164）
　　(2) 仮の地位を定める仮処分
　　　（165）
　　(3) その他の処分（165）
3　保全処分の審理手続（166）
　1　特　徴（166）
　2　本案審判係属の必要性（166）
　3　申立て（167）
　　(1) 申立人（167）
　　(2) 申立書（167）
　4　申立ての審理の特徴（168）
　5　立保証（立担保）（168）
4　保全処分の裁判と効力（169）
5　不服申立て（169）
　1　不服申立方法・不服申立ての
　　できる審判（169）
　2　執行停止（170）
6　事情変更による取消し（170）
7　審判前の保全処分と執行（170）
　1　保全処分の執行開始の要件
　　（170）
　2　仮差押えの執行と効力（171）
　3　金銭の仮払い・物の引渡しを
　　命じる仮処分の執行（171）
　4　履行確保（173）
　5　保全執行と本執行との調整
　　（173）
第4節　家事審判事件の審理（174）
1　概　説（174）
2　家事審判事件の審理（175）
　1　審理諸原則を規定するもの

　　　　　（175）
　　2　職権による手続形成（176）
　　　（1）裁判所の裁量と関係人の権利（176）
　　　（2）期日の呼出し（177）
　　　（3）本人出頭主義（178）
　　3　期日における審問（180）
　　　（1）総　説（180）
　　　（2）審問の方式（181）
　　4　調整のための措置（183）
　　　（1）総　説（183）
　　　（2）社会福祉機関との連絡その他の措置（184）
　　　（3）関係人・その家族に対する助言援助（185）
　　　（4）心理的調整（185）
　3　家事審判事件の審理の諸原則（186）
　　1　手続の非公開（187）
　　　（1）一般公開について（187）
　　　（2）傍聴の許可（187）
　　　（3）当事者公開（188）
　　　（4）記録の閲覧について（188）
　　2　口頭主義（191）
　　　（1）原則的な考え方（191）
　　　（2）口頭による審理・口頭による審問（192）
　　3　直接主義（192）
　　　（1）原　則（192）
　　　（2）直接の調査と証拠調べの必要性（194）
　　4　双方審尋主義（195）
　4　期　間（196）
　　1　期間の意義（196）
　　　（1）行為期間と猶予期間の区別（196）
　　　（2）法定期間と裁定期間（196）
　　2　期間の伸縮（196）
　　3　懈怠と追完（196）

　　　（1）原　則（196）
　　　（2）家事審判の告知と即時抗告期間（197）
　5　期日の調書（198）
　　1　調書作成の省略（198）
　　　（1）調書の意義（198）
　　　（2）調書の記載事項（198）
　　2　事件経過表（199）
　6　家事審判における関係人の主張の制御（199）
　　1　民事訴訟との対比（199）
　　　（1）民事訴訟の場合（199）
　　　（2）家事審判の場合（200）
　　2　事実・証拠申出に関する時間的規律（201）
　　3　家事審判手続における争点整理等（201）
　7　事実および証拠の収集（202）
　　1　総　説（202）
　　2　職権探知主義（203）
　　　（1）その意義（203）
　　　（2）事実の調査と証拠調べ（205）
　　　（3）調査の範囲（205）
　　3　関係人の説明義務（手続協力義務）（206）
　　　（1）問題の所在（206）
　　　（2）関係人の説明義務の根拠（209）
　　　（3）関係人の協力が得られない場合の措置（212）
　　　（4）関係人の合意の取扱い（213）
　　4　事実の調査と直接の審問（213）
　　　（1）調査の嘱託（213）
　　　（2）家裁調査官による調査（214）
　　　（3）医務室技官の利用（216）

8 証拠調べ (216)
　1 総　説 (216)
　　(1) 事実調査の優先 (216)
　　(2) 自由な証明とその限界 (216)
　　(3) 民事訴訟法準用の限界 (217)
　2 証拠の申出 (221)
　3 各種の証拠方法 (222)
　　(1) 証人尋問 (222)
　　(2) 関係人尋問 (223)
　　(3) 書　証 (223)
　　(4) 鑑定人 (225)
　　(5) 検　証 (226)
9 事実の確定 (226)
　1 自由心証主義 (226)
　　(1) 総　説 (226)
　　(2) 自由心証による事実の認定 (227)
　　(3) 経験則 (227)
　　(4) 行政機関の判断・他の裁判所の裁判に対する拘束 (228)
　2 証明と疎明 (229)
　　(1) 概　説 (229)
　　(2) 家事審判と証明 (230)
　3 証明責任・証明責任の分配について (230)
　　(1) 訴訟と証明責任 (230)
　　(2) 家事審判における証明責任 (231)
　　(3) 証明責任の分配について (232)
10 審判手続の中止 (233)
　1 意　義 (233)
　2 家事調停申立てと審判手続の中止 (234)
　3 調停終了と中止されていた審判手続 (234)

11 審判手続の終了 (235)
　1 総　説 (235)
　2 申立ての取下げ (235)
　　(1) 家事審判事件と申立ての取下げの許否 (235)
　　(2) 取下げが禁止または制限される場合 (235)
　　(3) 相手方の同意について (237)
　　(4) 取下げの手続・効果 (237)
　　(5) 調停の成立による審判手続の終了 (237)
　　(6) 当事者の死亡 (238)
第5節 審判手続の費用 (238)
　1 費用負担の考え方 (238)
　2 裁判費用と当事者費用 (238)
　3 国庫の立替え (239)
　　1 原　則 (239)
　　2 予　納 (239)
　4 費用の負担者 (240)
　5 総合法律支援 (240)
第6節 審　判 (241)
　1 審判の意義と性質 (241)
　　1 審判の意義 (241)
　　2 審判の性質 (241)
　　3 審判の種類 (242)
　　　(1) 概　説 (242)
　　　(2) 手続要件（訴訟要件）と却下の審判 (243)
　2 審判の成立と告知 (243)
　　1 審判書の作成 (243)
　　　(1) 審判書 (243)
　　　(2) 審判書の形式 (244)
　　2 主文と理由の要旨 (245)
　　3 審判の告知 (246)
　　　(1) 告知の方法 (246)
　　　(2) 告知を受ける者 (246)
　　　(3) 審判の通知 (248)
　　　(4) 審判の効力の発生時期

            (248)
    (5) 公示・公告・戸籍記載・登
        記の嘱託（249）
  3 審判の無効（250）
    1 無効となる場合（250）
    2 無効の主張（251）
  4 審判の取消し・変更（251）
    1 取消し・変更の趣旨（251）
      (1) 総 説（251）
      (2) その他の法律規定による取
          消し・変更（252）
    2 非訟法19条1項によらない
      場合（252）
      (1) 民法に明文の定めがある場
          合（252）
      (2) 家審法・家審規則で定めて
          いる場合（253）
    3 非訟法19条の定め（253）
      (1) 当初から不当な場合と審判
          後の事情変更（253）
      (2) 取消し・変更の対象となる
          裁判（255）
      (3) 申立てと取消し・変更の裁
          判をなしうる裁判所（256）
      (4) 取消し・変更をなしうる時
          期（256）
      (5) 取消し・変更の理由（257）
      (6) 取消し・変更審判の効力
          （257）
    4 事情変更による取消し・変更
      （258）
      (1) その必要性（258）
      (2) 事情変更による取消し・変
          更の対象となる裁判（258）
      (3) 事情変更の具体例（259）
      (4) 手続・審判（260）
  5 審判の効力（260）
    1 総 説（260）
    2 審判の形式的確定（260）

      (1) 意 義（260）
      (2) 審判の更正（261）
    3 既判力（262）
      (1) 問題の所在（262）
      (2) 学説の状況（262）
      (3) 既判力の否定の根拠（263）
      (4) 既判力がなくても支障は生
          じない（264）
      (5) 家審法23条審判の既判力
          （266）
    4 形成力（266）
      (1) 原 則（266）
      (2) 第三者に対する効力（267）
    5 執行力（268）
      (1) 給付を命じる審判と執行力
          （268）
      (2) 強制執行（269）
    6 審判のその他の効力（270）
 第7節 審判に対する不服申立て
      （270）
  1 総 説（270）
    1 抗 告（270）
    2 通常抗告と即時抗告―家審法
      の選択（271）
    3 非訟法の準用とその限界
      （272）
      (1) 原 則（272）
      (2) 家審法の類推解釈論（273）
      (3) 非訟法の準用（274）
  2 即時抗告の対象となる裁判
      （275）
    1 原 則（275）
      (1) 抗告の対象とならない審判
          （275）
      (2) 即時抗告の対象となる審判
          （276）
    2 非訟法の準用による抗告の可
      能性（277）
    3 民事訴訟法の規定による抗告

　　　　　の可能性（278）
　　3　抗告の要件としての権利の侵害
　　　　（278）
　　　1　権利とその侵害（278）
　　　　(1)　総　説（278）
　　　　(2)　権　利（279）
　　　2　権利の侵害・不服（280）
　　　　(1)　権利の侵害（280）
　　　　(2)　実体的不服・形式的不服
　　　　　　（281）
　　4　即時抗告権を有する者・相手方
　　　　（281）
　　　1　総　説（281）
　　　2　事件の分類による検討（282）
　　　　(1)　職権事件（282）
　　　　(2)　申立事件（283）
　　　　(3)　未成年者の抗告権（284）
　　　3　抗告の相手方（291）
　　　　(1)　明文規定の不存在（291）
　　　　(2)　申立事件（291）
　　5　抗告期間・追完（292）
　　　1　抗告期間（292）
　　　2　追　完（293）
　　6　抗告の申立て（294）
　　　1　総　説（294）
　　　2　抗告の提起（294）
　　　　(1)　抗告を提起する裁判所
　　　　　　（294）
　　　　(2)　いわゆる二重抗告（295）
　　　　(3)　抗告申立ての意義（295）
　　　3　即時抗告の提起と原裁判所に

　　　　よる再度の考案（296）
　　　　(1)　制度の趣旨（296）
　　　　(2)　再度の考案の許否（297）
　　4　審理の諸原則等（298）
　　　　(1)　原　則（298）
　　　　(2)　付調停・自庁調停（298）
　　　　(3)　職権による事実調査と証拠
　　　　　　調べ（298）
　　7　抗告審の裁判（299）
　　　1　裁判の内容（299）
　　　　(1)　取消し・差戻しの原則（299）
　　　　(2)　決定理由（300）
　　　2　抗告審における不利益変更の
　　　　禁止原則（301）
　　　　(1)　制度の趣旨（301）
　　　　(2)　家事審判手続への準用の可
　　　　　　能性（301）
　　　3　附帯抗告（303）
　　　4　抗告提起に伴う執行停止
　　　　（303）
　　8　再抗告・特別抗告（304）
　　　1　再抗告の意義（304）
　　　2　許可抗告（304）
　　9　再審の手続（304）
　　　1　再審を認める必要性（304）
　　　2　再審の手続（305）
　　　　(1)　再審の法律上の根拠（305）
　　　　(2)　再審事由・再審期間（306）
　　　　(3)　当事者（307）
　　　　(4)　再審の手続（307）

第2編　家事調停 ……………………………………………… 309

第1章　家事調停制度概説 ……… 310
　第1節　家事調停総説（310）
　　1　家事調停の概念と性質（310）
　　　1　家事調停の概念と歴史（310）
　　　　(1)　家事調停の概念（310）

　　　　(2)　当事者の合意・調停機関の
　　　　　　判断（311）
　　　　(3)　家事調停の対象（312）
　　　　(4)　優先的な紛争解決制度
　　　　　　（312）

2　家事調停制度の歴史的展開（312）
           (1)　第2次大戦以前―臨時法制審議会（312）
           (2)　人事調停法の成立（314）
        2　家事審判法の制定と家事調停（316）
           1　家事審判法と民事調停法（316）
           2　家事審判法制定後の主要な改正（317）
     第2節　家事調停の存在理由（318）
        1　議論される理由（318）
        2　家庭裁判所創設の趣旨から（319）
        3　家事紛争の特徴から（320）
        4　家事調停の利用実態（321）
  第2章　家事調停の対象と調停前置主義 ……………………… 323
     第1節　家事調停の対象（323）
        1　家事調停条項（323）
        2　人事に関する訴訟事件その他一般に家庭に関する事件（323）
           1　概　説（323）
           2　人事に関する訴訟事件（324）
           3　乙類審判事件（325）
           4　その他「家庭に関する事件」（325）
              (1)　その意義（325）
              (2)　具体的な検討（326）
              (3)　甲類審判事件の除外（家審法17条ただし書き）（328）
        3　民事調停との関係（328）
           1　総　説（328）
           2　家庭裁判所から地裁・簡裁への移送（328）
           3　地裁・簡裁から家庭裁判所への移送（329）
     第2節　調停前置主義（329）

        1　意　義（329）
           1　その意味（329）
           2　調停前置主義を採用する理由（330）
              (1)　従来の考え方（330）
              (2)　新しい位置づけ（331）
              (3)　新人訴法と調停前置主義（332）
        2　調停前置主義の適用（333）
           1　適用を受ける事件（333）
           2　渉外事件と調停前置主義（334）
           3　調停手続の開始など（335）
              (1)　調停手続の進行（335）
              (2)　調停申立ての取下げ（335）
           4　付調停（必要的付調停）（335）
              (1)　家審法18条2項本文の場合（335）
              (2)　その例外（家審法18条2項ただし書きの場合）（336）
              (3)　調停に付すべき裁判所（337）
              (4)　任意的付調停（337）
           5　不服申立て（337）
           6　調停前置主義違反の効果（338）
  第3章　家事調停の機関 ………… 339
     第1節　家庭裁判所と調停委員会（339）
        1　家庭裁判所（339）
        2　調停委員会（339）
           1　組　織（339）
           2　調停委員とその指定（340）
        3　調停委員の職務（341）
           1　概　説（341）
           2　専門的な知識経験に基づく意見の陳述（上記B①）（341）
              (1)　規定の趣旨と想定される事例（341）

(2) 問題点 (343)
　　3　嘱託に係る紛争の解決に関する事件の関係人の意見の聴取（上記B②）(343)
　　4　調停委員会の権限概説 (344)
　　　1　本来的な任務・権限 (344)
　　　2　合議制 (344)
　　5　除斥・忌避 (345)
　　　1　家事審判官に対する除斥・忌避 (345)
　　　2　家事調停委員に対する除斥・忌避 (345)
　　　　(1) 除斥・忌避を認める必要性 (345)
　　　　(2) 忌避理由 (346)
　　6　家事審判官だけで行う調停 (347)
　　　1　家審法の考え方 (347)
　　　2　相当であると認められる場合 (347)
　　7　家事調停官 (348)
　　　1　制度創設の趣旨 (348)
　　　2　家事調停官の地位・職務 (348)
　　　3　家事調停官の権限 (349)
　第2節　家事調停の管轄と移送 (349)
　　1　土地管轄 (349)
　　　1　総説 (349)
　　　　(1) 土地管轄の定め (349)
　　　　(2) 自庁処理 (350)
　　　2　訴訟・審判事件との関係 (350)
　　　　(1) 人事訴訟 (350)
　　　　(2) 乙類審判事件 (351)
　　2　合意管轄 (351)
　　　1　合意の方式 (351)
　　　2　合意の時期等 (352)
　　3　応訴管轄 (352)
　　4　移送 (353)
第4章　家事調停の当事者・代理人 ……………………………354

　第1節　当事者 (354)
　　1　意義 (354)
　　2　当事者能力 (355)
　　3　調停行為能力 (355)
　　　1　概説 (355)
　　　2　財産上の紛争を対象とする場合 (356)
　　　3　身分関係に関する調停行為能力 (356)
　　　4　調停行為能力を欠く者の行為 (357)
　第2節　代理人 (357)
　　1　総説 (357)
　　2　法定代理 (357)
　　3　任意代理 (358)
　　　1　代理人の許否 (358)
　　　2　代理権の範囲 (359)
　　　3　当事者の死亡と代理権の消滅 (359)
　　　4　無権代理人のした手続行為の効力 (360)
　第3節　当事者適格 (360)
　　1　概説 (360)
　　2　家事調停における適格の定まり方 (361)
　　3　乙類審判事件に関する調停の当事者適格 (362)
　　4　人事訴訟事件の調停における当事者適格 (362)
　　5　その他 (363)
　第4節　利害関係人の参加・手続の受継 (363)
　　1　総説 (363)
　　2　利害関係人の参加 (364)
　　　1　参加の利益 (364)
　　　2　参加の形態・参加人の地位 (364)
　　　　(1) 家事審判との対比 (364)
　　　　(2) 調停における参加の考え方

　　　　　　(3) 詐害防止型参加 (366)
　　　　3　参加の手続等 (366)
　　3　手続の受継 (367)
　　　　1　家事調停における中断・受継 (367)
　　　　2　当事者の死亡による調停手続の終了 (367)
　　　　3　受　継 (368)
　　　　　　(1) 受継の意義 (368)
　　　　　　(2) 受継の手続 (369)
第5章　調停手続 …………………… 370
　第1節　手続の開始 (370)
　　1　概　説 (370)
　　2　当事者の申立て (370)
　　　　1　申立ての方式 (370)
　　　　　　(1) 申立ての趣旨 (371)
　　　　　　(2) 事件の実情 (371)
　　　　2　申立手数料の納付 (372)
　　　　3　申立ての効果 (372)
　　　　4　申立ての時期 (373)
　　3　手続の選別 (373)
　　4　審判事件の付調停 (374)
　　　　1　基本的な考え方 (374)
　　　　2　調停に付する基準 (374)
　　　　3　付調停を受ける裁判所 (375)
　　　　4　付調停後の審判手続と調停手続 (375)
　　5　訴訟事件の付調停 (376)
　　　　1　基本的な考え方 (376)
　　　　2　調停に付する基準 (376)
　　　　3　付調停と訴訟手続 (377)
　　　　　　(1) 調停の成立と訴訟手続の終了 (377)
　　　　　　(2) 調停の不成立 (378)
　第2節　家事調停と費用の負担 (378)
　　1　原　則 (378)
　　2　当事者が負担する費用 (379)
　第3節　調停前の仮の措置 (380)
　　1　概　説 (380)
　　2　調停前の仮の措置の要件 (381)
　　　　1　実体的要件 (381)
　　　　　　(1) 調停のために必要であること (381)
　　　　　　(2) 当事者の一方の利益の保全 (381)
　　　　2　手続的要件 (382)
　　　　　　(1) 措置をなし得る時期 (382)
　　　　　　(2) 当事者の申立権 (382)
　　　　3　審理・発令等 (383)
　　　　　　(1) 審理等 (383)
　　　　　　(2) 仮の措置の法的性格 (383)
　　　　　　(3) 仮の措置の対象者 (384)
　　　　　　(4) 仮の措置の形式 (384)
　　　　4　仮の措置の内容・効力 (385)
　　　　　　(1) 命じる措置 (385)
　　　　　　(2) 仮の措置の効力 (385)
　　　　5　不服申立て (386)
　第4節　調停の実施 (386)
　　1　概　説 (386)
　　2　調停手続に関する諸原則 (387)
　　　　1　非公開 (387)
　　　　　　(1) 一般公開の禁止 (387)
　　　　　　(2) 当事者公開 (388)
　　　　2　本人の自身出頭主義 (388)
　　　　　　(1) 制度の趣旨 (388)
　　　　　　(2) 本人の陳述機会の保障 (388)
　　　　　　(3) 任意代理人 (389)
　　　　　　(4) 出頭代理 (390)
　　　　　　(5) 隔地者間の調停と本人出頭の原則との関係 (390)
　　　　3　その他の手続諸原則 (391)
　　3　調停の進行 (391)
　　　　1　概　説 (391)
　　　　2　調停委員会の評議 (391)
　　　　　　(1) 評議とその必要性 (391)
　　　　　　(2) 評議の秘密 (392)

(3) 家事審判官と調停委員との
　　　　　評議（393）
　　　(4) 調停の進行に即して（393）
　　3 調停期日の手続（394）
　　　(1) 期日の日時・場所（394）
　　　(2) 期日の開始（395）
　　　(3) 調停の趣旨および進め方の
　　　　　説明（395）
　　　(4) 手続の指揮（396）
　　　(5) 心理的調整・環境調整
　　　　　（396）
　　　(6) 医務室技官による診断
　　　　　（397）
　　　(7) 期日の続行（398）
　　3 期日の調書（398）
　　　(1) 期日調書・事件経過表
　　　　　（398）
　　　(2) 記録の閲覧（399）
　4 事情の聴取（399）
　　1 聴取する事情（399）
　　　(1) 事情説明型（399）
　　　(2) 事情聴取の継続（401）
　　2 期日における当事者の事情聴
　　　取（401）
　　　(1) 個別面接方式（別席調停）
　　　　　（401）
　　　(2) 同席調停（402）
　5 争点の整理（403）
　　1 争点整理の意義（403）
　　2 争点整理の方法（404）
　6 事実の調査（405）
　　1 概　説（405）
　　2 家庭裁判所の行う事実の調査
　　　（406）
　　3 調停機関の事実の調査（406）
　　　(1) 参考人等の呼出等（406）
　　　(2) 調査の嘱託（406）
　　　(3) 官公署等への調査嘱託・報
　　　　　告請求（406）

　　　(4) 家事調停委員による事実の
　　　　　調査（408）
　　4 家事審判官の事実の調査
　　　（408）
　　5 家裁調査官による事実調査
　　　（409）
　　　(1) 概　説（409）
　　　(2) 包括調査命令と部分調査命
　　　　　令（個別調査命令）（409）
　　　(3) 調査の実施（410）
　　　(4) 調査報告（411）
　7 証拠調べ（412）
　　1 事実の調査と証拠調べの関係
　　　（412）
　　2 証拠調べ（412）
　　　(1) 概　説（412）
　　　(2) 証拠調べと当事者の証拠申
　　　　　立権・立会権（413）
　8 調停成立に向けた調停委員会の
　　調整（414）
　　1 総　説（414）
　　2 基本的な調停案の作成（414）
　　3 当事者の意見調整（415）
　　4 調停案の提示（415）
　　5 調停技法・説得の技法等
　　　（416）
第5節　調停手続の終了（417）
　1 総　説（417）
　2 調停申立ての取下げ（417）
　　1 概　説（417）
　　2 一部の者による取下げ（418）
　　　(1) 申立人の一部による取下げ
　　　　　（418）
　　　(2) 相手方の一部に対する取下
　　　　　げ（418）
　　3 取下げの手続等（419）
　3 調停をしない措置（調停の拒否）
　　（419）
　　1 意　義（419）

2　調停をするのに適当でない場合（420）
　　　3　調停機関の措置（420）
　　　4　乙類審判事件と調停の拒否（421）
　4　調停の不成立（421）
　　1　概　説（421）
　　2　調停不成立とするための要件（422）
　　3　手続の終了（422）
　　4　調停の不成立と審判手続への移行（423）
　　　(1)　意　義（423）
　　　(2)　移行の手続（424）
　　　(3)　移行する事件（424）
　　　(4)　移行の効力（425）
　　5　調停の不成立と訴えの提起（426）
　　　(1)　意　義（426）
　　　(2)　訴え提起の擬制（427）
第6節　調停の成立（427）
　1　概　説（427）
　2　当事者間における合意の成立（428）
　　1　家審法21条1項における合意（調停条項）（428）
　　2　合意の成立（429）
　　3　隔地者間の調停（429）
　3　調停機関による相当性の判断と調書の記載（430）
　4　調停の法的性質（431）
　5　調停調書の更正（431）
　　1　概　説（431）
　　2　更正をする裁判所（431）
　　3　不服申立て（432）
　6　調停の効力（432）
　　1　総　説（432）
　　2　訴訟事項を対象とする調停の効力（432）
　　　(1)　形式的確定力（433）
　　　(2)　既判力（433）
　　　(3)　執行力（435）
　　　(4)　形成力（435）
　　3　乙類審判事項を対象とする調停の効力（437）
　7　調停の無効・取消し（437）
　　1　総　説（437）
　　2　無効の主張方法（438）
　　3　再審に準じる訴え（438）

第6章　家審法23条および24条の審判 …………………… 440

第1節　合意に相当する審判（440）
　1　制度の趣旨（440）
　　1　家審法23条の定め（440）
　　　(1)　制度の趣旨（440）
　　　(2)　立法者の意図（441）
　　　(3)　2つの側面（441）
　　2　合意に相当する審判の手続構造（442）
　　　(1)　調停・審判等位説（442）
　　　(2)　調停優位説（443）
　　　(3)　審判優位説（443）
　　3　利用の実態（443）
　2　合意に相当する審判の対象となる事件（444）
　　1　総　説（444）
　　2　身分関係存否確認事件の範囲（444）
　　3　訴訟事件に附帯する申立て（445）
　3　合意に相当する審判の要件（446）
　　1　総　説（446）
　　2　当事者間における合意の成立・原因事実について争いがないこと（447）
　　　(1)　原因事実について争いがないこと（447）

(2) 当事者間の合意が成立する
　　　　こと（447）
　3 家庭裁判所による必要な事実
　　調査（450）
　4 調停委員の意見の聴取（450）
　5 合意の正当性（451）
　　(1) 正当と認めるとき（451）
　　(2) 正当であると認めないとき
　　　　（451）
　6 当事者適格（452）
　　(1) 問題の所在（452）
　　(2) 対立点（452）
　　(3) 本書の立場（454）
　　(4) 問題となる若干の例（455）
　　(5) 代理人による合意の可能性
　　　　（456）
　7 24条審判の可能性（456）
4 審　判（456）
5 審判に対する異議申立て（457）
　1 異議申立て（457）
　2 異議申立権を有する者（457）
　3 異議申立手続等（458）
6 確定した審判の効力（459）
　1 確定判決と同一の効力（459）
　2 戸籍訂正等（459）
　3 23条審判に対する再審（459）
第2節 調停に代わる審判（460）
1 制度の趣旨（460）
　1 家審法24条の意義（460）
　2 調停に代わる審判に先行する
　　制度・立法の意図（461）
　　(1) 先行制度（461）
　　(2) 立法意図（462）
　3 24条審判の性質（462）
2 調停に代わる審判の対象（463）
　1 対象となる家事事件（463）
　　(1) 概　説（463）
　　(2) 離婚調停に附帯する乙類審
　　　　判事項の取扱い（463）

　　2 家審法23条の対象となる事
　　　件（464）
　　(1) 問題の所在（464）
　　(2) 肯定説（465）
　　(3) 否定説（465）
　　(4) 例外的な場合（466）
　3 24条審判の要件（466）
　　1 概　説（466）
　　2 調停が成立しないこと（467）
　　3 家庭裁判所による相当性の判
　　　断（467）
　　4 調停委員の意見聴取（468）
　　5 衡平な考慮・申立ての趣旨に
　　　反しないこと（468）
　4 審　判（469）
　　1 概　説（469）
　　2 審判書（469）
　　3 審判の告知（469）
　　4 審判の効力（470）
　　(1) 総　説（470）
　　(2) 審判確定による届出等
　　　　（470）
　5 異議申立て（471）
　　1 概　説（471）
　　2 異議申立権者（471）
　　3 異議申立手続等（472）
　　4 異議の理由（472）
　　5 異議申立ての効果（473）
　　(1) 総　説（473）
　　(2) 審判の一部に対する異議申
　　　　立て（473）
　6 24条審判に対する再審（474）
第7章　履行確保 ……………… 475
　1 概　説（475）
　2 履行状況の調査・履行の勧告
　　（476）
　　1 制度の趣旨（476）
　　2 調査・勧告の対象となる義務
　　　（476）

  3　調査および勧告 (477)
   (1)　権利者の申出 (477)
   (2)　調査および勧告の管轄裁判所 (477)
   (3)　調査および勧告 (478)
 3　履行命令 (478)
  1　意　義 (478)
  2　対象となる義務 (479)
  3　申立て (479)
   (1)　申立て (479)
   (2)　管轄裁判所 (480)
   (3)　申立人 (480)
  4　履行命令 (480)
   (1)　履行命令の要件 (480)
   (2)　履行命令の性質 (481)
   (3)　履行命令の内容 (481)
   (4)　履行命令に対する不服申立て (481)
   (5)　履行命令手続の終了 (482)
 4　金銭の寄託 (482)
  1　意　義 (482)
  2　寄託の申出 (483)
   (1)　寄託の申出をなしうる場合 (483)
   (2)　寄託を受ける裁判所 (483)
  3　寄託金の交付・返還等 (483)

第8章　罰　則 …………… 485

 1　趣　旨 (485)
 2　当事者の不出頭に対する過料 (485)
  1　関係人 (485)
  2　呼出・正当な事由 (485)
  3　過料の審判 (486)
 3　履行命令に従わない場合の過料 (486)
  1　履行命令に従わない場合の過料 (486)
  2　調停前の措置に従わない場合の過料 (487)
 4　過料の裁判・執行 (487)
 5　刑　罰 (488)
  1　評議の秘密を漏らす罪 (488)
  2　人の秘密を漏らす罪 (488)

文献の表記について

1 引用文献等の表記

(1) 本文中の記述においてたびたび引用する教科書や注釈書については，次のように引用する。

(a) 家事審判法・非訟事件手続法については

① 市川四郎『家事審判法概説（増補）』（有斐閣 1956 年）→市川・○頁
② 山木戸克己『家事審判法』（有斐閣 1958 年）→山木戸・○頁
③ 加藤令造編『家事審判法講座第 1 巻ないし第 4 巻』（判例タイムズ社 1965 年）→家審法講座○巻○頁〈執筆者〉
④ 堀内節『家事審判制度の研究』（中央大学比較法研究所 1970 年）→堀内・研究○頁
⑤ 小山昇『民事調停法（新版）』（有斐閣 1977 年）→小山・○頁
⑥ 最高裁判所事務総局家庭局監修『改訂家事執務資料集』（『上巻の 1』(1982 年)，『上巻の 2』(1992 年)，『中巻の 1』(1985 年)，『中巻の 2』(1986 年)，『中巻の 3』(1989 年)，『下巻の 1』(1996 年)，『下巻の 2』(1979 年)）→『家事執務資料（○巻○○）』
⑦ 斉藤秀夫＝菊池信夫編『注解家事審判法』（青林書院 1987 年，［改訂］1993 年）→注解・家審法○頁〈執筆者〉
⑧ 斉藤秀夫＝菊池信夫編『注解家事審判規則』（青林書院 1987 年，［改訂］1993 年）→注解・家審規○頁〈執筆者〉
⑨ 伊東乾＝三井哲夫編『注解非訟事件手続法』（青林書院 1987 年）→注解・非訟法○頁〈執筆者〉
⑩ 石川明＝梶村太市編『注解民事調停法』（青林書院 1989 年）→注解・民調○頁〈執筆者〉
⑪ 岡垣学＝野田愛子編『講座・実務家事審判法第 1 巻ないし第 4 巻』（日本評論社 1989 年）→執筆者・講座実務家審○巻○頁
⑫ 沼辺愛一＝野田愛子＝佐藤隆夫＝若林昌子＝棚村政行編『現代家事調停マニュアル』（一粒社 2000 年）→沼辺ほか・マニュアル○頁〈執筆者〉
⑬ 佐上善和『成年後見事件の審理』（信山社 2000 年）→佐上・審理○頁
⑭ 梶村太市『新版離婚調停ガイドブック』（日本加除出版 2004 年）→梶村・ガイド○頁
⑮ 裁判所職員総合研修所監修『家事審判法実務講義案（6 訂版）』（司法協会 2005 年）→実務講義案○頁
⑯ 梶村太市＝徳田和幸編『家事事件手続法』（有斐閣 2005 年）→梶村＝徳田○頁〈執筆者〉
⑰ 鈴木忠一『非訟事件の裁判の既判力』（弘文堂 1966 年）→鈴木・既判力○頁
⑱ 鈴木忠一『非訟・家事事件の研究』（有斐閣 1971 年）→鈴木・研究○頁
⑲ 司法研修所編『遺産分割手続運営の手引（上）』(1983 年)→手引・○頁

⑳ 司法研修所編『遺産分割手続の実務上の諸問題』(1994年) →諸問題・○頁
㉑ 判例タイムズ250号「〈特集〉家事調停と家事審判」(1970年)，別冊判例タイムズ8号「家族法の理論と実務」(1980年)，判例タイムズ688号「〈特集〉遺産分割・遺言215題」(1989年)，判例タイムズ747号「〈特集〉夫婦・親子215題」(1991年)，判例タイムズ1100号「〈特集〉家事関係判例と実務245題」(2002年) については，執筆者・判タ○号○頁として引用する。

(b) ドイツ非訟法については
① Keidel/Kuntze/Winkler, Freiwillige Gerichtsbarkeit, 15. Aufl.（2003） → KKW-（執筆者）
② Baur, Freiwillige Gerichtsbarkeit, 1. Buch, Allgemeines Verfahrensrecht（1955）
③ Bärmann, Freiwillige Gerichtsbarkeit und Notarrecht（1968）
④ Habscheid, Freiwillige Gerichtsbarkeit, 7. Aufl.（1983）
⑤ Brehm, Freiwillige Gerichtsbarkeit, 3. Aufl.（2002）
⑥ Jansen, FGG, Bd.1（2006）, Bd. 2, 3. Aufl.（2005） → Jansen-（執筆者）

(c) 民事訴訟法については
① 新堂幸司『新民事訴訟法（第3版補正版）』(弘文堂2005年) →新堂・○頁
② 上田徹一郎『民事訴訟法（第4版）』(法学書院2004年) →上田・○頁
③ 松本博之＝上野泰男『民事訴訟法（第4版）』(弘文堂2005年) →松本・上野○頁
④ 伊藤眞『民事訴訟法（第3版補訂版）』(有斐閣2005年) →伊藤・○頁
⑤ 中野貞一郎＝松浦馨＝鈴木正裕編『新民事訴訟法講義（第2版)』(有斐閣2004年) →中野ほか・○頁

(d) その他の文献については，著者名「論文名」掲載誌名巻号（年）頁数または著者名『著書名』(刊行年) 頁数と表記し，それ以後は，著者名・前掲○頁と表記する。論文が雑誌等に公表後，著者の著作集等に収録された場合には，当該の著書で引用するのを原則とする。

(2) 掲載誌等の略記

これについては，法律編集者懇話会「法律文献等の出典の表示方法」(2003) があるが，本書では必ずしもこれに従っていない。

本書で頻繁に登場する雑誌からの引用は次のようにしている。

家庭裁判月報→家月○巻○号○頁（論文等の引用の場合には号の後に年号を挿入する）

判例タイムズ→判タ○号○頁（論文等の引用の場合には号の後に年号を挿入する）

判例時報→判時○号○頁（論文等の引用の場合には号の後に年号を挿入する）

ジュリスト→ジュリ○号（年）○頁

民商法雑誌→民商○巻○号（年）○頁

その他の雑誌については，フルネームで引用することを原則とする。著書を引用する場合にも，著者名「論文名」『書名』(刊行年) ○頁と表記する。

本書においては，敬称等を一切用いない。

2　判決・決定・審判例の引用

たとえば，最判平成12（2000）・2・24民集54巻2号523頁，あるいは岡山家審平成2（1990）・8・10家月43巻1号138頁等と表記する。元号の後にカッコで西暦年号を表記する。判決・決定・審判を引用する場合には，公式判例集によることを原則とする。家庭裁判月報と他の判例集に重ねて掲載されている場合には，家庭裁判月報を優先する。また引用する場合に漢数字はアラビア数字に改めている。

3　引用法令の表記

家事審判法は，家審法または家審と略記し，家事審判規則は家審規則または家審規と略記する。その他の法令の略称については，有斐閣の六法の略記に従うのを原則とするが，法令名をそのまま表記することもある。必要に応じて廃止法令を引用する場合には，昭和○年法律○号などと表記する。

第1編　家事審判

第1章　家事審判制度

第1節　家事審判制度総説

1　家事紛争の特徴と独自の解決制度

　夫婦・親子・親族に関する紛争（これを一般に「家事紛争」という）の処理は，通常の財産権に関するそれとは性質を異にし，それが手続のあり方にも影響を及ぼす。まず夫婦，親子などの身分関係の基本をなす法律関係に関する紛争であるため公益的性格が強調され，当事者の処分権が制限され通常の民事訴訟で採用されている弁論主義が排除されて職権探知の原則が採用される（人事訴訟につき人訴20条，家事審判につき家審7条による非訟11条の準用，家審規7条参照）。職権主義的傾向の強い手続となるのである。また家族間の紛争が取り上げられるために，その対立葛藤の原因が，夫婦や親子の間の問題でありプライバシーに関連する事項が多く、秘密性と内密性の保護が要請され，一般に公開することが避けられる（非訟13条，家審規6条，人訴22条，33条5項）。家族・親族共同体の維持が必要とされるため，権利義務の存否という二者択一的な解決よりは，人間関係の調整を基本として将来に向けた合目的的な法律関係を規律することが求められる。これらは民事訴訟のさまざまな原則に対して，修正を求める要因となる。家事紛争のうち，訴訟による解決が必要とされる場合には，通常の民事訴訟に対して特別手続となる人事訴訟法が用意され，他方で訴訟手続によらない解決の方法として家事調停と家事審判が準備されている。

　家事審判法（以下，「家審法」という）は，家事紛争を非訟事件手続によって解決するものであるが，そのために家庭裁判所を設置して，調停と審判という当事者間の合意に基づく解決と裁判官の裁定による解決の両者を準備する。そして人事訴訟に属する事件については，調停前置主義（家審18条）を採用してまず家庭裁判所での調停を試みることとし，審判事項のうちで関係

人（当事者）の協議によって解決が可能な事件についても調停による解決を優先させている。

　家事紛争を適切に処理するには，たんに法的基準を示すのみでは十分ではない。関係人（当事者）の人間関係を調整していくことがきわめて重要である。紛争の原因や解決を図っていく上で障害となりうる，人間関係や家庭環境をも調査し，そこまで立ち入って改善を図ることが求められる。民事訴訟の理論においては，つい軽視されがちな法的請求の背後にある諸事情が，家事審判においては解決の決め手になっていることが多いのである。関係人の置かれている状況を医学，心理学，社会学，経済学その他の専門的知識を利用して調査し，これらを活用して調整を図ることが必要になる（家審規7条の2以下参照）。そのため，家庭裁判所には家庭裁判所調査官や技官を配置するほか，国民の意見を審判に反映させるために参与員の制度を設けている（家審10条，人訴9条）。

　家庭の紛争は，訴訟事件であれ審判・調停事件であれ共通の考え方に基づいて取り扱うべき部分と，その処理の方式の差異による考慮がともに必要である。家庭裁判所における家事紛争の解決は，これまでこれを国民の間に定着させていこうとする関係者の多大の努力によって，大きな成果を収めてきた。第2次世界大戦後の司法改革の中でも，最も成功したものの1つに数えられている（三ケ月章「家庭裁判所の今後の課題」同『民事訴訟法研究第8巻』(1981) 277頁以下参照）。家事審判制度も発足後60年を経過した。この間の蓄積を継承するとともに，当初想定していなかった問題点をきちんと位置づけて改善を図り，さらに新しい課題に対処できる理論と制度を整備する必要がある。

2　家事審判法・家事審判規則等の制定

1　成立の経過

　家審法が成立し，家事審判制度が発足したのは，民事の手続法の中では比較的歴史が浅く，第2次世界大戦後のことである。それ以前においては，一部の事件は人事訴訟手続法に，また別の事件は非訟事件手続法に規定されていた。家庭裁判所の設立と家審法の制定によって，多くの事件が家事審判の甲類と乙類に振り分けられた。旧人事訴訟事件から家事審判の甲類に指定替えされた代表的な例は禁治産宣告および失踪宣告事件とそれらの取消しの事

件であり，旧人事訴訟事件から乙類審判に指定替えされた代表例は相続人の廃除事件である。以下 2 (1) において述べるような経過を経て，家事審判法という形にとりまとめられたのである*。

＊家庭裁判所の史的展開と制定過程については①堀内節『家事審判制度の研究　正・続』中央大学出版部(1970，1975)，②安藤覚『家事審判法の実証的研究』司法研究報告書 4 輯 6 号(1952)，③内藤頼博「家庭裁判所の沿革」『家族問題と家族法Ⅶ』(1957) 77 頁が詳しい。しかし①はきわめて膨大な研究書であり，②は現在では入手しにくい。④斉藤秀夫＝菊池信夫編『注解家事審判法（改訂）』(1987)の序論〈斉藤〉は，比較的詳細に記述している。また，発足時の家庭裁判所の理念としたものの内容については，⑤市川四郎「家事審判の本質」岩松裁判官還暦記念『訴訟と裁判』(1956) 699 頁以下，⑥宇田川潤四郎「家庭裁判所の史的発展 1-5」ケース研究 69-74 号(1962)（同『家裁の窓から』(1969)に収録）が詳しく伝えている。宇田川は，家庭裁判所発足直後の昭和 24 年 1 月に開催された第 1 回全国家庭裁判所長会同において，最高裁家庭局長として家庭裁判所の性格について説明し，独立的性格，民主的性格，科学的性格，教育的性格および社会的性格を強調していた（同書 216 頁以下参照）。

2　制定の趣旨
(1)　戦前における家事審判所構想
①　戦前における家事事件の規律

家審法が制定される以前において，家審法 9 条 1 項に定められている各事件はどのように定められていたかを確認しておこう。まず，家審法の制定によって改正される以前の人事訴訟手続法（明治 31 (1898) 年法律 13 号。以下これを「明治 31 年人訴法」という）に定められていたのは，親権または財産管理権の喪失または取消しを求める訴え（31 条），相続人廃除・取消しの訴え（同 33 条），禁治産および準禁治産の宣告および取消しに関する手続（同 40 条ないし 69 条）ならびに失踪の宣告およびその取消しに関する手続（同 70 条ないし 80 条）であった。このうち相続人の廃除・取消事件だけが乙類審判事件とされた。調停の対象となるか否かが，甲類と乙類の区別の基準とされたからこうした振り分けになるのである。

これに対して，非訟事件手続法（明治 31 (1898) 年法律 14 号）に定めのあった事件は，財産管理事件として不在者の財産管理（38 条），子・被後見人の財産管理事件（同 63・64 条），相続の承認・放棄，相続人不分明，相続人廃除，相続財産分離請求と財産管理（同 65 条ないし 67 条），相続の承認・放棄の期間伸張（同 103 条），相続の承認・放棄の申述（同 104 条），遺言執行

者の選任（同107条），遺言の確認・検認（同109条・111条）などである。こられはすべて甲類審判事件として家審法に引き継がれた。

禁治産事件および失踪事件はたしかに人事訴訟として定められているが，その内容をみると申立てから宣告までの手続は非訟事件の構造をもち，宣告に対する不服申立てから民事訴訟の構造へと転換する複合的な手続であった（明治31年人訴法55条，78条によれば禁治産不服の訴え，失踪宣告不服の訴えとして定められていた）。宣告までの手続は非訟事件手続といってよい。それゆえ，家庭に関する事件のうち手続の開始段階から訴訟の形式がとられていたのは，親権喪失・取消しを求める訴えと相続人廃除・取消しを求める訴えだけであったといってよい。

② 臨時法制審議会等における議論

大正6(1917)年に臨時教育会議が設置された。同会議は大正8(1919)年1月18日に政府に対し，「教育ノ効果ヲ完カラシムベキ一般施設ニ関スル建議及理由書」を提出し，その1項目として「我国古来ノ淳風美俗ヲ維持シ法律制度ノ之ニ副ハザルモノヲ改正スルコト」を掲げた。これを契機として大正8(1919)年7月に臨時法制審議会が設置され，その諮問第1号として民法改正が取り上げられた。同審議会の下に置かれた主査会議においては，家事に関する紛争を通常裁判所の権限より除外してこれを特別の裁判所に移管してはどうかという意見が主流となり，大正10(1921)年には，審議会に対して家庭に関する事件は家事審判所を設け，もっぱら訴訟の形式にはよらず「温情ヲ本トシ道義ノ観念ニ基キテ争議ノ調停及ビ審判ヲ為サシムルヲ以テ我邦ノ淳風美俗ニ合スルモノト認メ審判所ノ組織，権限並ニ調停，審判ノ手続及ビ効力等ニ付別冊ノ如ク其ノ綱領ヲ定ムベキモノト議決セリ」との報告をするに至った。その後法制審議会では，これを基礎として審議を継続し，大正11(1922)年6月7日には内閣に宛てて「道義ニ本ヅキ温情ヲ以テ家庭ニ関スル事項ヲ解決スル為特別ノ制度ヲ設クルコト」という中間答申を行った。政府はこれを受けて，大正13(1924)年11月に司法省内部に家事審判所に関する法律調査委員会を設置し，家事審判に関する法案を準備させた。昭和2(1927)年10月21日には家事審判法案が仮決定されている*が，民法親族法・相続法改正案が整わなかったため，廃止に追い込まれている。

* この間の事情については，堀内・研究228頁以下参照（同書には当時の審議会の経過・委員の発言等が収録されている）。さらに我妻栄「家事調停序論」同『民法研究

Ⅶ-2』(1969) 119頁。

　その後，人事調停法が昭和14(1939)年に成立したが，これは従前の家事審判制度構想のうち調停制度だけを法律化したものである。当時，政府は中国へ大量の兵士を派遣していたが，国内における出征兵士の家族間の恩給，扶助料受領をめぐる紛争の頻発と不和の増大という事態に際し，家庭に関する紛争を円満に解決するため調停の方法を設けることは，「正ニ焦眉ノ急務」となったことがその立法理由であった。

(2)　家事審判法制定の趣旨

　第2次大戦後，憲法に適合する法改正の作業のために昭和21(1946)年7月2日に，臨時法制調査会が設置され，これに基づいて同年7月11日に司法省に司法法制審議会が設置されて司法関係の審議が開始された。その第2小委員会がとりまとめた民法改正要綱が，同年9月臨時法制審議会総会で議決された（第1から第42まで）。その第42において，「親族相続に関する事件を適切に処理せしめる為速やかに家事審判所を設くること」とされた。ここから家事審判制度の具体的な検討が進められた。審判事件に取り込む事件の整理，審判所の構想，手続の概略等に関し集中的な作業がなされ，昭和22(1947)年12月6日に，法律15号として公布されることになる（この詳細については，堀内・研究228頁以下，注解・家審法39頁〈斉藤〉）。きわめて短期間に作業がなされているが，当初念頭にはなかったと思われる家事審判規則に手続細目の定めを委ねるという大きな方針の変更もみられる（これについては以下，第3節1参照）。

　この作業を経て，家審法が国会に提案された際の提案理由は，次のとおりである。以下に掲げるのは，衆議院および参議院の司法委員会における提案理由説明書（昭和22(1947)年8月4日）の一部である。家事審判制度の全体的な枠組みを理解するにも適切なので，やや長いが全文を引用することにする（堀内・研究1204頁以下および注解・家審法39頁以下〈斉藤〉に収録されているところによる）。

　　「日本国憲法の施行に伴いまして，個人の尊厳と両性の本質的平等の大原則に則り，民法中身分法の分野において一大改正を加えることとなり，既にこれが改正法律案を提案したのでありますが，由来身分関係に基づく家庭内や親族間の紛争につきましても，訴訟制度の下におきましては，夫婦，親子，兄弟，親族が互いに原告，被告として法廷に対立し黒白を争わねばならず，家庭の平和と健全な親族の共同生活の維持を図るという見地からは，理想に反する遺憾な点があるのでありまして，家庭内や親族間の紛争を理想的に解決するためには，裁判官に民間有識者を加えた機関が，訴訟の形式によらないで，親族間の情誼に適合するように紛争を解決することが望ましいの

であります。夙に，各方面から斯る要請を充足する制度として且つ又家庭内や親族間の重大事項について後見指導する制度として家事審判所制度の設置が要望され，屡々その趣旨の建議や請願があったのであります。

　司法省におきましても，斯る要望に応えるために，夙にこの家庭内や親族間の紛争と重大事項即ち所謂家庭事件について審判と調停を行う制度として家事審判制度の設置について調査研究を進め，その一環として，昭和14(1939)年に家庭事件について調停を行う制度として人事調停法の制定を見，相当の成果を上げておるのであります。

　然しながら，改正民法に従い，国民が平和な家庭生活と健全な親族共同体を営みますためには，この機会に，家事審判制度を全面的に採用することを必要としますので，茲に本法案を提出して御審議を仰ぐ次第であります。

　次に，本法案の内容とする主要な諸点を挙げてご説明します。

　第一に，家事審判所は家庭事件のみを扱い，その手続も訴訟手続によらないものでありまして，訴訟事件を取り扱う裁判所とは処理する事件および処理する手続を異に致しますので，家事審判所を家庭事件のみを取り扱う地方裁判所の特別の支部と致しました。

　第二は，家庭裁判所が取り扱う事件でありますが，家庭事件のうち，離婚事件，離縁事件等その性質上訴訟手続によって処理することを必要とする事件を除き，それ以外の家庭事件は，総て審判事件とし，又禁治産事件，失踪事件等その性質上調停に適さない事件を除き，それ以外の家庭事件は，総て調停事件と致しますと共に，この審判の対象とならない訴訟事件については調停前置主義を採り，又調停に適する審判事件については何時でも調停に付し得ることと致しまして，家庭事件は，総て一応家事審判所において処理することと致しますと共に，家庭事件を可及的に関係人の互譲によって円満に且つ自主的に解決するように致しました。

　第三は，審判は，原則として家事審判官が参与員の参与によって行い，調停は，原則として家事審判官と調停委員を以て組織する調停委員会が行うことと致しまして，法律専門家である裁判官と世故人情に通じたる徳望ある民間人が一体となって，親族間の情誼を考慮して，家庭事件を具体的妥当に解決するように措置しました。

　第四は，現行人事調停法に比し，調停を強化しまして，婚姻又は縁組の無効事件，嫡出子の否認事件等の調停におきましても，当事者間に合意が成立した場合には，必要な事実を職権で調査した上，その合意に相当する審判をなし得ることと致しますと共に，家庭事件について調停が成立しない場合には，強制調停をもなし得る途を開きまして，可及的に，家庭事件を訴訟によらず調停によって処理するように致しました。

　第五は，参与員および調停員について秘密漏泄の刑事罰を設けまして，家庭内の秘密が世間に暴露されることを防止して，当事者が安んじてこの家事審判所制度を利用し得るように致しました。

　以上諸点の外，審判および調停につきましては，非訟事件手続法を準用しその手続を簡素に致しまして，事件の迅速な解決と費用の軽減を図りました。

　只今申し上げましたのが，本法案の概要でありますが，その他の詳細な点につきましては，御質問に応じてご説明申し上げます。」

3　家事審判制度の存在理由

(1)　前史を確認する意義

上記2に掲げた家審法の提案説明の中にも登場するように，家事事件について通常の民事訴訟とは異なる独自の解決を求める提案は，すでに第2次大戦以前から存在した。制度発足後すでに半世紀以上を経過している現在では，この経過を知ることは歴史的な事実をたどるだけのようにも思われるが，戦前の提案が戦後における家事審判制度の運用や解釈に多大の影響を与えたことに鑑みると，ここで家審法のいわば前史を振り返り，家事審判制度の存在理由を確認しておくことには，なお重要な意義が認められよう。家審法の制定後，ほぼ半世紀を経て「人事訴訟法」が制定され，それに伴って人事訴訟事件が家庭裁判所に移管され，家事審判・調停と人事訴訟の有機的な処理が実現することになった。この意味でも，家庭裁判所における家事審判制度が，家事紛争の解決にとってどのような意義を有しているかを確認しておくことが重要である*。

*後にも詳しく説明するように，家庭裁判所は当初訴訟事件を扱わず，非訟事件だけを担当する裁判所らしくない裁判所として登場した。その裁判所に訴訟事件を移管させるということは，訴訟事件が非訟事件の処理の方に引っ張られたという点で，極めて象徴的な出来事と位置づけられよう（この点について，佐上「人事訴訟事件の家庭裁判所への移管と手続構想」民訴雑誌48号（2002）1頁以下）。

(2)　戦後の家事審判法制定と戦前の構想―連続と不連続

家審法は戦後の民法改正に伴い制定されたものである。昭和21（1946）年9月に民法改正要綱案が答申され，その中で「親族相続に関する事件を適切に処理せしむる為速に家事審判制度を設くること」と提案されていた。これに応じて制定されたのが家審法である。この審議経過の中でも，家事審判を行政機関としての家事審判所に委ねるか，司法制度としての裁判所に委ねるかが問題とされていたが，最終的に裁判所に委ねられることになった経過がある。一方，後に家庭裁判所に統合される少年審判所は行政機関として発足していた。また家事審判を担当する裁判官についても，家事審判所を裁判所らしくない雰囲気とするために，家事審判官と呼ぶこととしたのである。

家審法は，その1条で「個人の尊厳と両性の本質的平等を基本として，家庭の平和と健全な親族的共同生活の維持を図る」ことを目的としている。この趣旨は，戦前における家事審判所の設立の趣旨である「道義ニ本ヅキ温情

ヲ以テ家庭ニ関スル事項ヲ解決スル為特別ノ制度ヲ設クルコト」とは決定的に異なることは明らかである。この点では，日本国憲法の趣旨に立脚して戦前の理念を根本的に否定し新たな理念を盛り込んだといえる。しかし，その処理方法・手続・体制については，戦前の構想をほぼ引き継いでいるといってよい。とりわけ，訴訟の形式によらない審判と調停による紛争の処理，通常裁判所とは別の裁判所を設けることなどである。そのため新しい制度であるにもかかわらず，戦前の考え方が清算されていないといった批判に加え，実際に調停を担当する調停委員の価値観の古さに対する批判が加わって，家庭裁判所・家事審判および家事調停に関する議論を長期間にわたって複雑なものとした*。

　しかしながら，今日の時点では家事調停と家事審判の必要性を疑うことはもはやないであろう。もちろん以下に述べるように，その手続や実務における運用にはなお理論的な分析の必要性と改善すべき点があるが，解釈による提言を通じてよりよい制度に変えていくことは十分に可能である。そのためにも，従来どのような議論がなされ，克服されてきたかを十分に理解しておく必要がある。

　　*民法の新しい親族・相続法の普及とともに，家庭裁判所の発足に際して，それがいかに先進的で民主的な制度であるかを強調する必要があったことについて，宇田川・前掲『家裁の窓から』121頁以下参照。また，簡単には佐上「家事紛争と家庭裁判所」『岩波講座現代の法5　現代社会と司法システム』(1997) 267頁以下参照。

(3)　家事審判法制定後の主要な改正

　家審法は，上記のような過程を経て制定されたものであるが，戦後の混乱期に急いで制定しなければならなかったという事情もあり，衆議院での可決に際して「本法は可及的速やかに将来においてさらに改正する必要を認める」との附帯決議がなされた。この見直しが十分に行われたかについては疑問が残る（最高裁事務総局家庭局監修『家庭裁判所50年の概観』(2000) 329頁以下に家庭裁判所50年のあゆみが年表形式でまとめられている）。

　その後の民法改正に伴い家事審判事項として追加されたものがある（家庭裁判所による後見人の職権解任：民846条・家審9条1項甲類16号，相続人不存在の財産の特別縁故者への分与：民958条の3，家審9条1項甲類32号の2，寄与分：民904条の2，家審9条1項乙類9号の2，未成年者特別養子縁組：民817条の2以下，家審9条1項甲類8号の2）。

また，家事審判制度自体についても，次のような主要な改正点がある。まず，家事審判所は昭和23(1948)年裁判所法改正により家庭裁判所と改称された。昭和26(1951)年には家事調査官が配置され，事実調査や審判の進行に関する調整を担当することが可能になった。昭和29(1954)年には家事調査官と少年調査官が統合され，昭和31(1956)年に家庭裁判所調査官と称されることになった。また昭和48(1973)年には調停制度の改正に伴って，調停委員の選任方法等が改善され若返りが図られた。昭和55(1980)年には，従来その執行力が認められないため，調停前の臨時の措置よりも実効性に欠けると批判の強かった審判前の保全処分制度が整備された（家審15条の3以下）。しかし，家審法総則や非訟事件手続法の総則において，憲法等の要請する適正手続，関係人の手続保障を満たすための改正はなお実現していない。

　平成13(2001)年6月の司法制度改革審議会意見書の指摘に基づいて，家庭裁判所の利用のしやすさを実現するための法改正作業がなされ，平成15(2003)年には人事訴訟事件等の家庭裁判所への移管を内容とする法律案が国会に提案され，平成15(2003)年法律109号として人事訴訟法が成立した。家庭裁判所において家事事件が多様な手続によって解決されるという考え方が，ようやく制度的にも認められたといえる。また同年には，家審法の一部改正によって家事調停官制度が発足した（家審26条の2以下）。訴訟，審判および調停という解決方式の異なる手続を用意し，当事者の期待に適切に応える条件が整い，充実した審理が尽くされるものと期待される。しかし，家事紛争のうちでも，なお家庭裁判所の審判権は限られている。訴訟と審判との関係のあり方など，なお改善を求められている事項は多いといえる。

　またこの間民事裁判に関係する多くの法律が全面的な改正を経てきている。民事訴訟法，民事執行法，民事保全法，破産法，民事再生法および人事訴訟法である。しかしながら家審法を含む非訟事件手続法の分野は，その動きから取り残されているように見受けられる。たとえば審問期日への立会権，記録の閲覧権など人事訴訟法の附帯処分の審理では認められている（人訴33条4項，35条）のに，家審法・家審規ではそれが反映されていないといった不統一な状況が生じている。他の基本法との格差がいっそう拡大していることからも，改正に向けた取組みが求められる。法制度発足後，半世紀を経た今，関係人の自己決定の尊重などを最大限に保障できる手続法へと整備することが求められる*。

＊ドイツにおいては，わが国の家事審判事件に相応する事件は，若干の特別法を除いて非訟事件手続法（Gesetz über die Angelegenheiten der freiwilligen Gerichtsbarkeit＝FGG　1898年5月17日制定であり，最終の改正は2006年11月10日に行われている）において定められている。その総則規定は，わが国の非訟法とほぼ同一内容であったが，第2次大戦後，若干の改正が施され，また子の監護事件，成年後見法（世話法）などの制定によって，その特別規定において審問請求権を保障するための詳細な規定が置かれるに至っている。それらの内容のうち重要と思われる点については，本書においても適宜取り上げる。

第2節　家庭裁判所

1　家庭裁判所

　家庭裁判所は，家事審判・家事調停（非訟事件）・人事訴訟および少年審判だけを扱う裁判所である。その管轄区域は地方裁判所と同一である。地方裁判所とは別の庁舎を有する場合もある。人事訴訟のほか原則として民事，刑事の訴訟事件の審判権限を有しないが，執行文の付与の訴え，執行文付与に対する異議の訴えおよび請求異議の訴え（民執33条，34条，35条）および少年法37条に掲げる罪に係る第1審の裁判は例外であり家庭裁判所の管轄とされる（裁31条の3第1項）。したがって訴訟事件の裁判権の行使の上で，簡易裁判所の上級裁判所となることはないし，事物管轄という考え方も存在しない。

　すべて司法権は最高裁判所および法律の定めるところにより設置する下級裁判所に属するところであり，家庭裁判所はこの一般的に司法権を行う通常裁判所の系列に属する下級裁判所として，裁判所法により設置されたものである。家事審判は非訟事件の性格を有するが，非訟事件は民事裁判権の一部を構成する。その行使を通常の訴訟事件を扱う裁判所と同一の裁判所の一部で行使するか，別の裁判所を設置して行使するかは，政策的な問題である。したがって，家庭裁判所は一般的に司法権を行う通常裁判所の系列に属する下級裁判所として裁判所法により設置された裁判所であって，憲法76条2項にいう特別裁判所ではない（最大判昭和31(1956)・5・30刑集10巻5号756頁）＊。

　家庭裁判所は，地方裁判所の本庁および支部の所在地に本庁と支部が設置

されている。また出張所が設けられることもある。家庭裁判所の支部は、すべての事務を扱う甲号支部と、成年の刑事事件を取り扱わず主として家事事件の処理にあたる乙号支部がある（地方裁判所および家庭裁判所支部設置規則2条）。家庭裁判所の出張所は、家庭事件の審判および調停だけを、本庁または支部の裁判官が出張して取り扱う（同2条）。

*特別裁判所とは、憲法が司法権を付託している通常の裁判所、つまり最高裁判所およびその下級裁判所以外の裁判所で、その裁判所に特別の事件の裁判を行わせたのでは、裁判所の裁判を受ける権利および法の下の平等を保障した憲法の趣旨に反する結果となるものをいう。最高裁判所の系列下にある下級裁判所の分類として、法律によって特殊の専門的技術的な事件を処理するために、それだけを扱う裁判所を設けることは、憲法の趣旨に反しない（兼子一＝竹下守夫『裁判法（第4版）』(1999) 136頁以下）。

2　家庭裁判所の構成等

1　総　説

　家事審判・家事調停を扱う機関として、当初、地方裁判所の特別の支部として家事審判所が設置された*。その後、昭和23(1948)年法律260号による改正により、少年事件を扱っていた法務庁の所轄機関であった少年審判所と統合され、昭和24(1949)年から家庭裁判所と称することになった**。

　*「家事審判質疑応答資料」（堀内・研究429頁）によると、立法者は、次のように考えていた。
　「問　『家事審判所』という名称は、少年審判所や特許局審判所と同様審判を行う行政機関の名称と間違われるから『家庭裁判所』とすべきではないか。
　答　『家事審判所』は『家庭事件審判所』を略した呼称である。『裁判所』と謂う名称を避けたのは、『裁判所』と謂う名称は、如何にも争訟又は刑事裁判を聯想し、国民に近寄り難い感を与えるので、意識的に避け、国民に親しみ易い『審判所』と謂う名称を採ったのである」。
　**家庭裁判所は、ここに述べたようにもともと家事審判所として発足したが、実際に開庁してみると事件が予想以上に多く、既定の体制・施設では処理しきれないこととなったため、家事審判所を地方裁判所から独立した裁判所にしなければならないという要請が強まっていた。他方、行政官庁として発足していた少年審判所について、人権保護の見地から裁判所に改組することとなり、それぞれ単独の裁判所とするか議論があったが、結局、少年の問題も帰するところは家庭の事件であり、これと家庭の問題は相互に不可分の関連があり総合的に扱うことが適当であるとして、現在の家庭裁判所が生まれたのである。これによって「家庭には光を、少年には愛を」という旗幟が鮮明にされることとなった（注解・家審法48頁〈斉藤〉）。

家庭裁判所は，裁判所法31条の2以下の規定により，相応な員数の判事および判事補で構成され，これらの裁判官のうち家事審判を扱う者を特に家事審判官という（これは家事審判手続上の呼称である）。その他，書記官，裁判所技官（医師），家庭裁判所調査官（調査官補を含む）が配置される。さらにまた，家庭裁判所の運営に国民の意見を反映させるために，家庭裁判所委員会が設けられている（家庭裁判所委員会規則，平成15(2003)年4月2日最高裁判所規則第10号）。家事調停委員は，調停手続に関与するが審判には関与しない。また家庭裁判所の職員とは位置づけられていない（詳細は，第2編第3章第1節2において説明する）。参与員は審判手続に関与して意見を述べるにとどまる（詳細は以下，**4**で説明する）。また平成15(2003)年7月25日の家事審判法一部改正により，家事調停官制度が設けられた。これは5年以上の経験を有する弁護士がその身分を有したまま非常勤の形態で家事調停に関与し，裁判官と同等の権限をもって調停手続を主宰することができるとするものである（家審26条の2，26条の3。詳細は第2編第3章第1節**7**において解説する）。

2　家庭裁判所の裁判官

各家庭裁判所の裁判官は，相応の員数の判事および判事補からなる。各家庭裁判所の裁判官の員数は，最高裁判所が定める。判事補の職務も地方裁判所と同一である（裁31条の5による27条の準用）。家庭裁判所が審判または裁判を行うについては，1人の裁判官がその事件を取り扱う（同31条の4第1項。家庭裁判所の裁判官の除斥・忌避に関する裁判など，合議体で取り扱うべきものとされているときはそれによる。同2項ただし書き）。判事補は1人では裁判することができないので，家事事件の審判もできない。これに対して，調停は裁判でないので判事補でも調停委員会を構成できるが，家審法23条・24条に定める審判をすることができず，家裁調査官に調査を命じることはできないと解されている（注解・家審法63頁〈岩井〉）。

家庭裁判所において，家審法に定める事項を取り扱う裁判官は家事審判官と呼ばれる（家審2条）。これは家事審判および家事調停に関与する裁判官の手続上の呼称を定めたものである。家事審判官の資格や地位は，一般の裁判官と何ら異ならない。また家庭事件に関して特別の知識経験も要求されていないが，家事事件の解決にあたっては人間関係に配慮する必要があり，ま

たそのために家庭裁判所調査官が配置され，その専門知識を活用した解決が求められていること等に鑑みると，家事審判官には，人間や家庭に関する深い洞察力と人間関係諸科学に対するある程度の理解を身につけることが求められる（注解・家審法63頁〈岩井〉）。

3 裁判所書記官

裁判所書記官は，同名の職員で構成される単独制の機関である。裁判所法60条2項・3項に定める，裁判官の行う法令・判例その他必要事項の調査，家事審判の口頭申立てにおける調書作成（家審規3条2項）をはじめとした事件に関する調書・記録の作成・保管のほか，送達事務，各種書類の公証，執行文の付与（民執26条，27条）など，固有の権限をもつ。

申立てのあった場合，申立書の形式的要件の審査や申立要件の調査と補正命令に関する事務は，民事訴訟におけるものと基本的に異なるところはないと解すべきであろう（実務講義案52頁，56頁など）。民事訴訟では書記官の任務とされた訴訟費用額の確定（民訴71条1項，民訴規24条以下参照）が，家審法では非訟事件手続法の準用を受けるためになお裁判所が行うべきであるとされる（非訟27条）など，若干の齟齬が残されている（実務講義案39頁）とはいえ，家事審判手続においても書記官の役割は拡張され，家事審判官とともに円滑な手続運営に寄与するべき役割が大きくなっているといえる。

4 参与員

(1) 意 義

参与員とは，家庭裁判所が毎年前もって選任する者の中から，個々の家事事件につき審判機関としての家庭裁判所によって指定されて，審理に立ち会いまたは意見を述べる機関である（家審10条，10条の2。人訴9条以下にも同様の規定が置かれている）。参与員は，刑事裁判における裁判員やドイツの刑事訴訟で認められている参審員とも異なり，家庭裁判所の審判機関を構成するものではない。家審法上の審判機関は家事審判官であって，参与員が関与する場合にも合議によるのではない。

家事審判において参与員の制度を設けた趣旨は，家庭に関する事件は家庭内や親族間の事件であるため，一般の財産事件のように裁判官が法律のみを適用して処理することが必ずしも適当とはいえず，家庭生活や親族関係の実

情に通じた民間人の関与によって具体的に妥当な処理をする必要性があることによる。家事審判が純粋に法的判断だけで解決するという前提であるならば，こうした参与員制度は必要がない。もっとも司法に対する国民の参加という意味はある。簡易裁判所の司法委員（民訴279条）と同趣旨の制度である。

(2) 参与員候補者の選任

参与員となるべき者は，各家庭裁判所が毎年前もって選任する（家審10条2項）。参与員となるべき者の選任に関して必要な事項は，最高裁規則で定める（同3項）。これに基づいて参与員規則（昭和22(1947)年12月10日最高裁規則13号，最終改正平成16年4月21日最高裁規則9号）が定められている。

(3) 参与員の関与の実態と改善方向

家事審判官が審判を行うにあたっては，原則として参与員を関与させなければならないが，相当と認めるときは参与員を関与させないで審判することもできる（家審3条1項）。参与員を関与させる場合に，審判手続に立ち会わせるか，意見を聞くかは家事審判官の裁量による。立会いの参与員の数は，各事件につき1名以上である（家審10条1項）。

家審法上は，参与員の関与が原則的であるとされているが，実際にはさほど活用されていないとされている（林道晴「参与員の活用について」家月42巻8号(1990)1頁）。社会的常識を必要とする事件においても，参与員を関与させないでも具体的妥当性を失わないこと，参与員を関与させるとかえって迅速な解決ができないことなどが原因であるとされる。しかし，近時においては参与員の活用が見直され，その関与のあり方として，①戸籍事務，国際私法，不動産等の専門的な知識・経験に基づく鑑定的な意見の陳述を求める，②家事調停委員として関与した乙類事件について参与員として関与し，再度調停に付す場合に調停委員会を構成する，③一定の甲類事件につき家事審判官から指示された一定の事項につき関係人等から事情を聴取するなど，家事審判官の審問に先立つ予備的な審問に基づいて意見を述べるなどの活用が考えられている（林・前掲33頁以下，注解・家審法66頁〈岩井〉）。

5 家庭裁判所調査官

(1) 概　説

家事審判は家事審判官が行うものとされているが，その解決のためには必要に応じて事件の関係人の性格，経歴，生活状況，財産状態および家庭のそ

の他の環境について，医学，心理学，社会学，経済学，精神医学その他の専門的知識を用いた事実調査が求められる（家審規7条の3）。家事事件は夫婦・親子・親族間の紛争を対象とし，紛争をとりまく家庭環境や人間関係にも十分に配慮した解決が必要とされるからである。しかしながら，家事審判官はこうした分野の専門家ではないため，人間関係の諸科学の専門的知識を持ち，これを活用して事実の調査にあたることを主たる職責とする独立の官職として各高等裁判所および家庭裁判所に置かれたのが，家庭裁判所調査官である（裁61条の2第1項。以下，本書においては，「家裁調査官」と略称する）。

(2) **専門性**

上に述べたとおり，家裁調査官は主として，大学等において心理学，社会学，経済学，社会福祉学等の専門を履修してその専門的知識を有することが必要である。採用試験に合格した後2年間にわたって裁判所職員総合研修所で必要な知識を習得するとともに，実務研修を受けて各家庭裁判所に配属される。

(3) **職務権限**

裁判所法61条の2第2項により，家裁調査官は家庭裁判所の権限に属する事件の調停，審判および裁判につき，「必要な調査」およびその他の事務を扱う。審判事件において調査する場合にも，調査官独自の判断でこれを行うのではなく，家事審判官が行う事件の処理に関して家事審判官を補佐し，または補助する立場にあるから，家事審判官の個別の命令による授権のあることが必要である（調査命令，裁61条の2第4項）。他方で，家裁調査官は人間関係の科学の専門的知識を有していることから，その職務の遂行に際しては家事審判官も家裁調査官の専門性を尊重すべきである。調査結果は家事審判官に報告しなければならない。

家裁調査官のその他の職務としては，①家事審判等の期日に出席し，意見を述べること（家審規7条の4第1項，2項），②事件の関係人その他の環境を調整するために，社会福祉機関との連絡その他の措置をとること（同7条の5），③後見に関する調査報告を行うこと（同86条の2など），④履行確保に関する事務として，審判等で定められた義務の履行状況を調査し，義務者に対して義務の履行を勧告すること（同143条の4）などがある。

事実の調査等の詳細については，後述する。

6 技官たる医師

　裁判所法 61 条により各裁判所に配置され，上司の命を受けて技術をつかさどる。裁判所技官がつかさどる技術の範囲には特に制限がない。実際には医療関係を担当する医務室技官が重要である。その職務の執行は，主として司法行政の分野に属するが，家庭裁判所に配置される医療関係の技官は医師であり，当事者が調停や審判の手続を進める能力を有しているかの検査等を担当する（その詳細については，注解・家審規 91 項〈山田〉）。家庭裁判所では主として精神科医が配置され，またさらに内科医が配置されているところもある。家審規 7 条の 6 第 1 項は，家庭裁判所は必要があると認めるときは，医師たる裁判所技官に事件の関係人の心身の状況について診断させることができるとし，また家庭裁判所に命じられたときは，医師も審判・調停の期日に出席して意見を述べることができる（家審規 7 条の 7 による 7 条の 4 の準用）。しかし，これらの調査は事件の円滑な進行に資するものに限られ，本案に関する事実の調査や鑑定を担当するものではない。

3　家庭裁判所の権限

1　裁判所法の定め

　それぞれの裁判所が有する裁判権は，裁判所法によって定まる。同法 31 条の 3 第 1 項によれば家庭裁判所は，①家事審判法（昭和 22(1947) 年法律 152 号）で定める家庭に関する事件の審判及び調停，②人事訴訟法（平成 15 (2003) 年法律 109 号）で定める人事訴訟の第 1 審の裁判（平成 15(2003) 法 109 本号追加），③少年法（昭和 23(1948) 年法律 168 号）で定める少年の保護事件の審判，④少年法 37 条 1 項に掲げる罪に係る訴訟の第一審の裁判の権限を有し，さらに 2 項で他の法律において特に定める権限を有するとしている。

　この定めは，一見したところ明確であるように見えるが，その権限の限界については，学説上争いのある点が残されている。たとえば，家事相談についても法律上の権限とはされていないが，実際には年間 40 万件を超える相談を受理している。

　家庭裁判所は，平成 15 年人事訴訟法の制定までは，家庭事件および少年事件を専門的に扱うが，家庭裁判所による債務名義についての執行文の付与や請求異議に関する訴訟は例外的に扱うことができたにすぎない（民執 34 条 3 項，35 条 3 項による 33 条 2 項の準用）。従来，家庭裁判所が訴訟事件を取

り扱わない理由は，もっぱら非訟事件のみを扱い，家庭裁判所の和やかな雰囲気を損なわないためとされてきた。訴訟事件を扱わない〈裁判所〉というひば従来の原則を放棄した例外的な制度だといえる。逆説的であるが，このことが国民の利用のしやすさを招き，「成功した」原因であるとされる（三ケ月・前掲研究8巻285頁）。しかし，後にも触れるように個々の事件処理の手続についていえば，家庭裁判所と地方裁判所の間の連携は，利用者の側から見て機能的であるとはいえない点があった*。平成13(2001)年「司法制度改革審議会の意見書」においても，その点が指摘されたところである。平成15(2003)年法律109号による人事訴訟法の制定により，人事訴訟事件が家庭裁判所の管轄とされ，訴訟事件を扱うことができるようになった。またこれにあわせて，人事訴訟と家事審判との連携についても改善が施された。

　＊家庭関係事件と家庭裁判所・地方裁判所の権限分配・交錯関係
　　家庭関係事件のうちでも，訴訟事件である婚姻取消・離婚・離婚取消・離婚無効，子の認知，嫡出否認等の事件は人事訴訟事件として家庭裁判所の管轄に属する（人訴2条）。家審法18条はいわゆる調停前置主義を採用しているので，人事に関する訴訟を提起しようとする者はまず調停を申し立てる必要がある。調停が成立しない場合に，家庭裁判所に訴訟の提起を申し立てる（調停不調が訴え提起には連動しないし，両手続の管轄も同じとはいえない）。人事訴訟のうち離婚等に関する附帯処分の審理については，家裁調査官による事実の調査を行わせることができ（人訴34条），裁判で定められた義務の履行の勧告に際しても，家裁調査官に調査を行わせることによってその実効性を確保することができる（人訴38条3項）。また一定の場合には，家庭裁判所で合意に相当する審判または調停に代わる審判がなされる可能性がある（家審23条，24条）。しかし，家事審判と連動する訴訟事件は，人事訴訟だけではない。相続や遺言等をめぐる事件では，訴訟事件と審判事件の関係は今回の人訴法制定でも見送られている（訴訟事件の家庭裁判所への移管の問題に関しては，東京家庭裁判所編『家庭裁判所の制度と展望—家事部』(1960)226頁が詳細である。今回の人訴法制定に際しても，大阪弁護士会「家事事件審理改善に関する意見書」(2000) 8頁＝判タ1045号(2001) 4頁，および日本弁護士連合会「家事事件の家庭裁判所への移管に関する意見書」(2000年3月16日）は，相続関係の事件まで移管するよう提案していた）。一方では，家庭に関する事件はある1つの手続に関連して可能なかぎりまとめて解決することが望ましいが，地方裁判所と家庭裁判所の権限分掌によって一部は実現し，一部はそれぞれ別に扱われる状態となっているのである。これらの状況は，利用者の立場から見ると極めてわかりにくいといわざるをえない。人事訴訟事件の家庭裁判所への移管は，その解決の一歩ではあるが，これで問題がすべて解決したわけではない。

2 家事相談
(1) 概説

　家庭裁判所が家庭事件について行う活動は，主として審判，調停および人事訴訟である。審判とは，家事審判法で定める甲類および乙類の審判事項について審判（裁判）を行う手続であり，調停とは，乙類審判事件および人事に関する訴訟事件ならびに一般に家庭に関する事件について，当事者を斡旋して合意の成立を図る手続をいう。さらに，明文規定によっては定められていないが，調停または審判の手続に入る前の家事相談が行われ，実際にも大きな役割を果たしている。家庭裁判所の行う家事相談は，家庭裁判所を国民（とりわけ社会的弱者とされていた女性や高齢者）にとって身近で親しみやすい裁判所とするための取組みとして，任意に始められたものである（その導入の経過について，野村健「家事相談の現状と展望」最高裁判所家庭局『家庭裁判所の諸問題（上巻）』(1969)515頁以下）。裁判所であるため，相談に対して内容上の回答を与えることはできず，手続教示にとどまるものの，家庭裁判所の本来の職務に匹敵する件数を扱っている＊。おそらく諸外国にもこうしたことは例を見ない。

　　＊司法統計年報平成17(2005)年版・家事事件編・第7表によれば平成17(2005)年度の家事相談の件数は，467,395件であり，その内容は申立ての教示319,134件，再考77,290件，他機関紹介38,465件などとなっている。相談者は圧倒的に女性が多い(288,225人)。婚姻中の夫婦関係の問題，相続に関する相談内容が大半を占める。家庭裁判所において調停および各種審判の申立書の定型化と備え置き，申立てに際しての必要書類の教示なども申立てをしやすくさせる一因である。

(2) 家事相談の法律上の根拠

　家事相談の性格や，実施主体およびなしうる範囲等に関しては，議論もあるので，一応の整理をしておこう。家庭裁判所の行う家事相談の性質については，受付事務の一環またはその延長線上にあるとする受付事務説と，それ自体調停手続または審判手続に属しない独立の業務であるとする独立事務説が対立している（市川・45頁，山木戸・20頁，仁平正夫「家事相談」講座実務家審1巻278頁）。いずれの見解も成り立ちうると考えられるが，現行法を前提とする限りは，受付事務説が無難であるといえる。家審規3条2項を一応の根拠規定とみなしうるからであり（実務講義案7頁），現在の実務の枠内でも，相談を行うことが可能であるとするからである。独立事務説は，理論的にはそのとおりであるとしても，独自の業務について法律上の根拠を欠くと

いう問題を残す＊。

　　＊受付事務説に立つと家事相談の担当者は裁判所書記官によるのが適切であるといえる。実際にも手続や民法，戸籍等の法律問題については書記官による相談が一般的であるとされる。しかし，家庭内暴力その他人間関係の調整を必要とする相談も多く，これらは家裁調査官による相談に適しているといえる。この意味では受付事務説の枠を超えているともいえる。いずれにせよこれだけの実績を有する活動につき法律上の根拠を与えることが必要である。

(3) 家事相談の限界

　家事相談は，その機能に照らしてみると受付事務に密接に関連してなされる処理手続や申立てについての説明が中心となる導入的機能と，相談者の直面する問題が家事審判や調停の対象となるか，他の解決手続との関係などについての説明，助言を与える分類的機能を中心としたものに分けられるという。家事相談は，家庭裁判所として行うものであり，また受付事務またはその延長線上でなされることから，裁判所の公平性，中立性に疑念を抱かせることは避けなければならない。相談自体によって問題の解決を図るという性質を持たないし，相談者の主張の当否や権利の存否等について結果予測や予断を与えることがあってはならない（詳細については，仁平・前掲276頁，実務講義案10頁の「相談担当者の心構え」参照）。

第3節　家事審判規則および非訟事件手続法の準用

1　家事審判規則

　憲法77条1項は，「最高裁判所は，訴訟に関する手続，弁護士，裁判所の内部規律及び司法事務処理に関する事項について，規則を定める権限を有する」と定める。この「訴訟に関する手続」の中に，家事審判・家事調停などの非訟事件手続を含めてよいことについては異論はないであろう。「訴訟」とは各種の裁判手続に関する例示にすぎないと解されるからである。家審法8条はこれを受けて，「この法律に定めるものの外，審判又は調停に関し必要な事項は，最高裁判所がこれを定める」とする。家事審判規則，特別家事審判規則（以下，「家審規」，「特別家審規」と略称する）などがこれにあたる。家審規は，家審法の細則を定めるため，家事審判・家事調停の全体に関する一般的な規則という性格をもち，特別家審規は民法以外の法律によって家庭

裁判所の権限に属するとされた事件の審判について，家審規の規定をさらに補充するものとして制定されたものである（注解・家審規483頁〈斉藤〉）。ところで家審法8条がいう「審判又は調停に関し必要な事項」にどこまでの内容が含まれるかについて，学説上争いがあるが，裁判所の構成，管轄権，管轄区域等組織に関する事項を含まないほか，証拠法および当事者能力，訴訟能力のような当事者の手続関与能力に関する事項も含まれず，これらは法律事項であると解されている（兼子＝竹下・前掲119頁）。誰にどのような事項について不服申立てを認めるか，という問題についても同様に解されよう＊。

憲法77条1項につき，法律事項と規則事項の関係について，規則は細則のみを定めるという制限はないが，憲法77条1項に掲げる事項も規則の専権事項ではなく，これについても法律で規定することは妨げられず，規則は法律があるときはこれに反しえないとの見解が今日においては通説になっている（兼子＝竹下・前掲124頁，注解・家審法102頁〈菊池〉）。しかし，憲法77条1項に掲げる以外の事項であっても，司法権の本質から相当であると認められる場合には，法律で規則に委任することも許されると解されている（兼子＝竹下・前掲120頁）。この立場によれば，家審法8条も，この部分について法律の委任規定とみるべきことになる＊＊。

　＊家審法の制定過程で法律案の構成と家審規との関係について大きな変化があった。家審法の検討の当初においては，現在家審規に定められている事項をも含めて法律で定めることが予定されていた。昭和22(1947)年2月24日の案では全体で166ヶ条とされていた。しかし昭和22(1947)年6月16日の家事審判法案は，わずか24ヶ条に縮小され，現行法とほぼ同様の体裁になる。ここでは「規則事項」と考えられたものが上記の2月24日案から除外されたのである。この理由や，法律事項と規則事項に関する立法者らの基本的な考え方についてはきわめて興味がある。しかし堀内・研究398頁は，別途GHQとの間で協議のあった裁判所法との関連があるのではないかと示唆するが，明確に知ることはできないとしている。
　＊＊この点について，家審法の制定過程でも次のように気にされていた。「家事審判法質疑応答資料」（堀内・研究433頁）によれば，家審法8条に関して次のような想定問答がなされている。すなわち，
「問　第8条の立法趣旨如何
　答　憲法第77条は，最高裁判所に訴訟手続についての規則制定権を認めているが，法律事項とこの規則事項との限界については疑問の余地がある。本条に規定している事項以外には，法律事項はなく，総べて規則事項と考えるが，若し万一本法案に規定すべき法律事項が欠けていたとすると，家事審判制度は運用できなくなるので，本条は，万一法律事項が欠けていたならば，その法律事項は，最高裁判所の規則で定める

ことができる旨を規定したのである。なお，本法案に規定していない事項で，法律事項の疑いのあるものは，次の通りである。
(1)各事件の土地管轄の規定
(2)家事審判所が事実の調査を他の官庁，公署に嘱託し，又は銀行，信託会社等に事件関係人の預金，信託財産等の報告を求める規定
(3)申立人又は相手方の死亡，資格喪失等の場合における手続の受継の規定
(4)事件の申立権者（たとえば民法12条2項の規定による宣告の取消又は変更の申立権者）を定める規定等である」。

　豊水道祐「家事審判法の解説」法時19巻11号(1947)18頁も同旨を指摘する。そして法学協会『註解日本国憲法下巻』(1954)1153頁は，「家審法8条は，審判または調停に関し……裁判所の規則制定をとくに規定しているが，これは厳密な意味での訴訟手続でないため疑問を避けるためにおかれた注意規定と解すべきであろう」とし，その注で，「もっとも，かような明文がある結果，厳密には訴訟手続といえない土地管轄等についても規則で規定することができる（家審規22条，31条参照）。かような意味で，これらの規定を法律による規則への委任と見ることは正当であろう」(1158頁)とする。

2　非訟事件手続法の準用

1　非訟事件手続法の準用

　家審法は特別の定めのある場合を除いて，その性質に反しない限り非訟事件手続法（以下，「非訟法」と略称する）の総則規定を準用している（7条。民調22条にも同趣旨の定めがある）。家審法7条ただし書きは検察官の立会いに関する非訟法15条を適用除外としている。家審法7条の定めは，家事審判および家事調停の性質が，本来非訟事件であることを前提として，家審法に特別の定めがない場合には，補充的に非訟法の総則規定によらしめることを示したものである（市川・20頁，注解・家審法77頁〈菊池〉）。立法者は，この点につき非訟法2条ないし14条および33条は，審判および調停の両者に準用され，16条ないし32条は審判にのみ準用されると考えていた。そして非訟法の適用が除外される場合として，家審法13条による非訟法21条の適用除外，14条による非訟法20条の適用除外を挙げていた（「家事審判法質疑応答資料」堀内・研究432頁参照）。その他の非訟法の規定が，どのように家事審判および調停の手続に準用されることになるかについては，個々の問題ごとに検討する必要がある（注解・家審法78頁〈菊池〉は，各条ごとに検討している）。

2　家審規則による非訟法の適用除外

　家審法自体が非訟法の適用を明文で除外しているのは、上記 **1** に掲げた場合である。その他、解釈によって非訟法の適用が除外される場合は当然に考えられる。それだけでなく、家審規が非訟法の適用を除外する旨を定めていることも多い*。

　　*非訟法の準用を家審法ではなく家審規で排除している場合がかなりあることにも注意が必要である。法律の定めを規則で適用を除外するという立法形式がどこまで許されるかは疑問であるが、次の表に掲げたようになっている（非訟法と同趣旨の内容であっても、家審規で定めてある場合には、非訟法の適用除外と考える）。この点について、市川・21頁以下、注解・家審法78頁〈菊池〉は、いずれも家審規における定めを家審法7条のいう「特別の定め」とみて非訟法の適用を排除するという。このことは、たとえば家事審判手続における証拠調べにつき、家審法7条による非訟法10条の準用から人証および鑑定に関する民事訴訟法の規定だけが準用されると解するか、あるいは家審規7条6項が「特別の定め」となって民事訴訟法のすべての証拠方法に関する規定が準用されことになると解するか（その1例として、大阪高決平成12（2000）・9・20家月53巻7号134頁は家事審判手続において民事訴訟法の文書提出命令が可能であるとする）、大きな差異をもたらす問題でもある。上記 **1** に指摘したように規則で定めることのできる事項との問題にも関係するのであり、留保なしに規則によって非訟法の適用を除外できるとはいえないように思われる。

　また、家審法14条は審判に対する抗告は、「最高裁判所の定めるところにより」即時抗告のみをなすことができる」と定める。これは非訟事件の裁判に対して通常抗告を定める非訟法20条に対して例外をなすといえる。しかし、これに加えて即時抗告をなしうる資格者と場合を家審規で実質的に制限しているといえるのであり、この定めがなければ裁判所が抗告権が認められるか否かの実質的判断をするべきことになるのに対して、家審規の定めがあると規則に定めがないとの理由だけで、抗告が不適法とされてしまう可能性が強くなる（この点については、後述第4章第7節 **2**・**3** 参照）。これも規則による法律の適用除外の1例とみられよう。

非訟法・家審法・家審規則の関係

非訟法の定め	準用有無	家審法	家審規則
非訟法1条 適用範囲	×	7条に準用の定め	
同　2条 管轄裁判所	○		
同　3条 優先管轄 移送	○ ×		4条に定め

同 4条 管轄裁判所の指定	○		
同 5条 裁判所職員の除斥	×	4条に定め 忌避を含む	
同 6条 代理人	×		5条に定め
同 7条 代理権の証明	○		
同 8条 申立て・陳述の方式	×		3条に定め
同 9条 申立ての一般的記載事項	×		2条に定め
同 10条 手続に関する民訴規定の準用 その他の規定	× ○		7条3項に定め
同 11条 事実の探知・証拠調べ	×		7条1項，6項，7条の2に定め
同 12条 他の裁判所への嘱託 呼出し・告知・執行	× ○		7条2項，8条に定め
同 13条 手続非公開	×		6条に定め
同 14条 調書の作成	×		10条に定め
同 15条 検察官立会い	×	7条ただし書き	
同 16条 検察官の通知義務	○		
同 17条 裁判	×		16条により非訟17条2項・3項適用除外
同 18条 裁判の効力発生	×	13条本文に定め	
同 19条 裁判の取消し・変更	○		

同 20条 抗告	×	14条に定め	個別に定め（本書281頁以下参照）
同 21条 抗告の効力	×	13条ただし書き	
同 22条 抗告期間経過後の追完	○		
同 23条・25条 抗告審の裁判・抗告手続	○		
同 26条ないし31条 費用負担・費用の裁判等	○		
同 32条 費用の立替え	×		11条に定め
同 33条 申立ての定義	×		

注解・家審法77頁以下〈菊池〉の解説をもとに作成。○準用あり。×準用なし。その当否や問題点については，該当の箇所で検討を加える。

第4節　家庭裁判所の現状と展望

1　家庭裁判所の利用実態

1　全体的な傾向

家事審判制度はどのように利用されているかをみておこう。これについて，「司法統計年報家事編」によると，次のような特徴が浮かび上がってくる。簡単に触れることにしよう。

家事調停および家事審判の総申立件数は，家庭裁判所設立翌年の昭和25(1950)年度には32万件を上回っている。その後，昭和45(1970)年頃まで申立件数は漸減し，約20万件まで落ち込むが，次第に増加に転じ，平成7(1995)年度には30万件を上回りその後も増加して平成17(2005)年度には54万件を上回っている。家事相談は平成17(2005)年度には467,395件を数えている。また，甲類と乙類に分けてみると，甲類事件がほとんどを占め，紛争性があるとされる乙類事件は約13,000件程度である。乙類事件の家事調停は，平成17(2005)年度において約53,500件（家事調停全体の件数は約

130,000 件）である。

2 各事件の推移

どのような事件の申立てが多いか。これは時代を反映しているともいえる。相続放棄の申述，養子縁組許可，子の氏の変更許可，精神保健福祉法による保護者の順位変更審判など，各年代によって増減が顕著である。成年後見開始決定も，禁治産制度の改革により毎年申立件数が増加しており，平成17(2005)年度には17,185件に達している。乙類審判事件において目立つのは，夫婦同居審判の減少に対して，子の監護者の指定や親権者の指定または変更に関する処分が著しく増加していることであろう。夫婦に関する審判事項として婚姻費用分担事件は，平成17(2005)年度において審判事件が1,687件，調停事件が8,797件である。しかし，子の監護に関する調停は昭和30(1955)年度には53件，昭和40(1965)年度には242件にすぎなかったが，平成7(1995)年度に1万件を超え，平成17(2005)年度には審判事件が4,158件，調停事件が21,570件になっている。親権者の指定または変更に関する調停事件も同年度にはほぼ1万件になっている。夫婦間での争いの主たる対象が変わってきていることを窺わせる1つの顕著な資料であろう。

家庭裁判所の扱う多くの事件は，その効果を発生させるためには，必ず裁判所の関与・審判が必要である。当事者の自発的意志による利用ではない。その意味では，この手続を定める甲類事件が多数であったとしても，家庭裁判所は利用はなされているが，国民に親しまれているとはいえない。民法等の制度を国民がどのように利用しようとしているか，その実態を示すとはいえる。むしろ当事者間の自主的な解決が可能であるが，それにもまして家庭裁判所の調停や審判が用いられ，それが増加しているという場合にはじめて，国民に親しまれ，かつ信頼されているという評価が可能だといえよう*。下記の表が示すとおり，乙類審判事件および家事調停事件の増加という傾向から見て，肯定的な評価を下してよい。

　　＊司法統計年報のデータは最高裁判所のウェブサイトでも公開されている（http://www.courts.go.jp）。また毎年度のデータとその年度の特徴等については，家庭局による分析が家庭裁判月報でも公表されている。さらに家月50巻1号(1998)79頁以下には，最高裁家庭局のまとめにより家庭裁判所発足後50年間の各事件の申立件数・既済件数の推移とそのグラフが掲載されている。

家庭裁判所・家事審判・家事調停新受件数一覧

	昭和24 1949	昭和30 1955	昭和40 1965	昭和50 1975	昭和60 1985	平成7 1995	平成12 2000	平成17 2005
審判事件総数	285,768	307,488	235,588	210,552	304,377	301,133	429,115	548,834
甲類審判事件	281,958	304,396	232,354	205,798	297,148	293,707	419,769	536,004
乙類審判事件	1,838	3,092	3,234	4,754	7,229	7,426	9,346	12,830
家事調停総数	39,229	43,109	52,528	74,083	85,035	96,099	114,822	129,876
乙類調停	8,160	8,450	11,160	17,097	26,434	32,205	44,443	53,438
その他調停	31,069	34,659	41,368	56,986	58,601	63,894	73,635	76,438

最高裁判所司法統計年報・家事事件編平成17（2005）年版第2表より作成

2　家事紛争解決制度の比較法的研究

　戦前において，家事審判所の紛争解決の基本としてわが国古来の淳風美俗に基づく制度設計が主張されたが，これは戦後の家庭裁判所発足の際に，家審法1条が強調するように，個人の尊厳と両性の本質的平等に立脚するものへと転換された。また戦前においてすでに穂積重遠は，アメリカの裁判制度が貧困者にとっても富裕者にとっても利用しがたい状況があり，裁判の遅滞と訴訟費用・弁護士報酬の改革が必要であるとの研究から示唆を受けて家庭裁判所の構想を展開させていた*。

　　＊穂積重遠「裁判所の簡易化1-5完」法学協会雑誌38巻4号(1920)395頁，5号598頁，6号735頁，7号864頁，8号978頁。家庭裁判所については6号で扱われている。穂積はアメリカにおける家庭裁判所創設の動向を紹介した後，わが国においても家庭内の問題，事件を普通裁判所へ持ち出して親子夫婦兄弟が原告被告として敵対の形式により争うことが，わが国の道義人情に反するので，「訴訟の形式を離れて事件の非公開迅速公平円満な解決を期する所の裁判所らしからざる裁判所が欲しいのである。実は裁判所であってもなるべく裁判所らしからざる程目的に適ふのであるから，名称の如きも裁判所と云ふのは避けたいのであるが，差当たり名案もない故仮にFamily Courtの直訳を用ゐた」としていた（756頁）。

　戦後の制度発足においても同様にアメリカの家庭裁判所との比較が強調された（宇田川・前掲『家裁の窓から』199頁）。しかし，他方において非訟手続としての家事審判の研究という側面からは，ドイツ非訟事件手続法（FGG）の紹介や研究が細々とではあるが継続されていた。そして（旧西）ドイツに

おける離婚法改正（1977年）に際して，家庭裁判所を構想する際に日本の家庭裁判所のような独自の制度を設けるか，あるいは区裁判所に非訟事件を担当する部としての家庭裁判所を設けるかの検討に関連して日本の家庭裁判所制度がモデルとして取り上げられることにもなった。（旧西）ドイツの離婚法改正と，離婚に関連する紛争の一体的処理の手続（いわゆる結合審判）は，逆に日本法への示唆を提供し，さらには諸外国における離婚調停・カウンセリングなどの紹介・研究もなされ，家庭裁判所の果たすべき機能，家事審判官，家裁調査官等の新しい役割の模索，手続の見直しと改善案などが提案されている。世界的な視野の広がりの中で家事審判・調停を研究する必要性がある。禁治産宣告手続の廃止とこれに代わる成年後見制度の新設，およびその審理手続についても同様である＊。

＊世界各国の家庭裁判所については，『注解・人事訴訟法（改訂）』355頁以下に12ヶ国の紹介がある。また野田愛子「世界の家庭裁判制度」同『家庭裁判所とともに』(2003) 1頁以下，家族〈社会と法〉21号(2005)にも各国の家庭裁判所ないし家事審判を扱う制度の紹介と検討がなされている。

　また，わが国の家庭裁判所が，渉外事件を多く扱う必要性が生じてきたことも，家事審判や調停を世界的な視野から再検討することを求めているといえよう。ある渉外事件について管轄権を有するかという問題に加えて，わが国の家事審判や調停が，他国において承認を受けることができるかという問題である。これらの点については，家審法にも非訟法にも必要な定めを欠いている。審判手続が，外国によって承認されるに足りる適正な手続を保障し，実現しているかが問われるのである。

3　家庭裁判所および家事紛争解決制度の課題・改革方向

1　人事訴訟事件の家庭裁判所への移管

すでに家庭裁判所の抱える問題点について，断片的に触れてきたが，ここで改めてまとめておこう。まず第1に，人事訴訟事件の家庭裁判所への移管は，平成13(2001)年の司法制度改革審議会意見書において，家庭裁判所の機能充実の観点から「離婚など家庭関係事件（人事訴訟等）を家庭裁判所へ移管し，離婚訴訟等への参与員制度の導入など体制を整備すべきである」とされた。これを受けて法制審議会において検討が続けられ，平成15(2003)年人事訴訟法の制定により人事訴訟事件の家庭裁判所への移管が実現した。これによって家庭裁判所の紛争解決機能の向上が期待されるが，これまでに問題提起されてきたすべてが解決するわけではない。

2 家事債務の履行確保

　第2に，家事債務の履行制度の充実が必要である。財産分与や婚姻費用の分担さらには扶養料の支払い等の債務の実現手段は，家審法に履行確保という制度が設けられているとはいえ，それが効奏しない場合には，一般の強制執行手続によらざるをえない。履行調査・勧告は利用されているといえるが，履行命令はほとんど利用されることはなく，また金銭の寄託制度は金融機関のオンライン化によりすでに歴史的使命を終えたといってもよい（しかし，人訴法には何らの改善策もないまま，家事審判手続と同様の扱いをするというだけの理由でこれが導入されているが，実効性はほとんど期待できないといってよい。詳しくは第2編第7章で扱う）。特別な方策を講じる必要性は以前から主張されているが，その具体化はなおその一部しか実現していない（たとえば民執151条の2，167条の2）。子の引渡しや面接交渉を命じる審判の強制執行手続についても，その特殊性を考慮した手続が求められている。

3　ネットワークの構築・アフターケアの充実

　第3には，家事事件については裁判所の審判や判決だけで全面的な解決にいたることはまれであり，裁判手続中もその後にも当事者や関係者に対する各種の情報提供やカウンセリング等が必要になることが多い。調停や審判に関与する者が，事件本人の福祉を考慮して，それにふさわしい措置が可能となるように，家庭裁判所以外の行政機関，ボランティアとの連携をいっそう緊密にする必要がある。さらに裁判の後も，アフターケアが充実しなければならない。成年後見事件ではリーガルサポートセンターなどが，さまざまな形で各地に構築され，これらが一体となって当事者や関係者をサポートする仕組みがみられる。成年後見のほか夫婦関係の調整や，子の虐待事件にみられるような親権・監護権に関連する事件などに活躍の可能性がある*。

　　＊家庭裁判所の今後のあり方を考える際に重要な視点は，法的判断機関である家庭裁判所が当事者の自己決定にどのようにかかわるかという問題である。法的判断は，当事者の生活全体からみればごく一部分を占めるにすぎないことを認識することが必要である。この意味では，裁判所の決定のために，法律家以外の者がどのように協力するかというだけでなく，むしろ，関係人や事件本人の生き方のために法律がどのような役割を発揮できるかという立場から，他の専門家との協働が求められているといえる。ドイツにおいても，世話事件においてこのような考え方が主張されている（佐上・審理217頁以下参照）。

4　家審法・非訟法の改正

　第4には，ほかならぬ家審法の全面的な改正が求められている。制度発足後すでに半世紀を経過した。この間，民事訴訟法も改正を受け，さらに国民が利用しやすくわかりやすい手続の実現に向けて努力が続いている。家審法は，非訟法を準用しているが非訟法の基本的な考え方は，19世紀末の非訟事件を念頭に置いた，今日的な観点から見れば古い価値観にたった原則に基づいている。現代の問題を扱わなければならないのに，基礎となるべき法律の考え方が古いままでは十分な解決案を提供することができない。家審法制定後に提唱され，一般的に承認された手続保障の観点から，あるいは家族と社会の変動の中で家庭裁判所がいかなる役割を果たすべきかという点を含めて，家審法および非訟法を全面的に改める必要性が高まっているのである。

第2章　非訟事件手続と家事審判手続

第1節　家事審判手続の意義

1　総説

1　概説

　家事審判制度は，審判および調停手続から成り立っている。そのため，以下において広義の家事審判という場合には，審判および調停の両者を含めて扱い，たんに審判というときは家審法の定める審判（狭義）のみを指す。
　本書では，最初に家事審判（狭義）について概説し，その後に家事調停を扱う。
　家事審判は，民法その他の法律に定める家庭に関する事件を対象とし，家庭裁判所が処理する一種の民事裁判手続であるが，その対象は後述のように種々のものを含んでいる（家審9条1項参照）。9条1項甲類に掲げられたものの中には，裁判とはいえずむしろ公証作用といわれるものがある（相続放棄申述，放棄取消申述，遺言の確認など）。他方で，9条1項乙類に掲げられたものの中には，当事者間に争訟性が強く講学上「真正争訟事件」として，家審法制定以前には人事訴訟手続で処理されていたものがあり，紛争の実質に照らしてみると訴訟事件に優るとも劣らない紛争を内包させた事件も含まれている。その代表的な例として，乙類9号の推定相続人廃除事件や同10号に掲げられる遺産分割事件がある。
　こうした多様な事件に対して，家審法は，1条ないし16条および27条ないし31条において，家事審判および家事調停手続に関する総則的規定を置いているにすぎない。その処理手続の基本は非訟法の準用による（家審7条）。すなわち，家事審判手続は家事事件に関する適正妥当な解決を目的として，職権探知主義により（非訟11条），非公開の手続で（非訟13条，家審規6条），厳格な手続によらず，簡易迅速に取り扱うことを旨としている。その反面で，

当事者の審問機会の保障などの規定は十分であるとはいいがたい。したがって、とりわけ争訟性の強い審判事件について、当事者に対する手続保障を認めるべき要請が強まってくるのであり、家事審判制度の大きな論点の1つとなるのである。

　家審法は手続に関し大枠しか定めていないから、規定のない部分について非訟法の準用が問題となる。しかし非訟法も手続について詳細な定めを置いていないうえに、総則規定については明治31(1898)年制定以来ほとんど改正を受けていないので、現代の要請に適合するよう解釈する必要がある。さらに、場合によっては民事訴訟法の準用も問題となる（非訟25条による民事訴訟法の準用）。具体的にどの場合に、非訟法が準用されるか、あるいはさらに民事訴訟法の規定が準用されるかについては、個々の問題に即して検討を加えなければならない。

2　家事審判の特徴
(1)　裁判所の必要的関与

　一般に民事の法律関係は、財産関係の法律関係に典型的に現れるように、その主体がその自由な意思によってこれを処分することができ、権利の行使もその自由に委ねられる。法律関係について争いが生じた場合には、権利または法律関係の存否の主張が認められるか否かを裁判所が判断するが、その結果について一般にはこれを公表するなどの措置をとる必要がない。法律関係の主体が自主的に判断し、相手方と合意した内容にそって権利・義務が形成されるのである。このような効果を生じさせる法律行為についても、原則として国家は関与しない。

　これに対して、当事者の意思のみでは法的効力を生じさせることができず、新たな法的関係を作り出すためには必ず裁判所の関与を必要とする場合がある。たとえば、ある者について後見を開始し、これに後見人を付すという場合を考えてみよう。ある高齢者の痴呆症状が進行しているというので、子供たちが集まって協議し、娘を後見人に選任したとする。これで法的効力を生じたといえるか。答は否である。ある者に後見制度を適用するか否かは、関係者の協議ではなく、必ず裁判所が一定の手続を経てこれを決定し、あわせて裁判所が後見人を選任する手続をとらなければならない（民7条、8条）。相続の放棄や限定承認も、裁判所に申述し受理されるという手続を経なけれ

ばならない（民924条, 938条など）。推定相続人を廃除する場合にも, これを家庭裁判所に請求しなければならない（民892条, 893条）。関係人だけの判断に委ねるのではなく, むしろ裁判所が法的な観点からその当否について判断しなければ効力が生じないとするのである。法律関係の形成に必ず裁判所が関与しなければならない, という点に家事審判の1つの大きな特徴がある（民事訴訟でも形成訴訟はこうした性格をもつ）。また扱われる内容の公益性のゆえに, 関係人の申立てがなくても裁判所が職権によって手続を開始し, 裁判をすることができる場合がある（これが職権事件である）。これらは従来, 法律関係の公益的性格ないし裁判所の後見的関与の必要性から説明されてきた。甲類審判事件は, 多かれ少なかれこうした性格を有する。

(2) **当事者の協議に代わる決定**

家事審判の第2の特徴は, 関係人間で協議が可能であるが, 協議が整わない場合に裁判所が申立てを受けて, 関係人間の事情を総合的に判断して具体的に妥当な解決案を示すという解決の方法である。夫婦間での婚姻費用の分担についての協議や, 共同相続人間で寄与分や遺産分割協議が整わない場合に, 裁判所が関係人を斡旋しつつ解決案を示すというのがその典型的な例である。関係人間の合意による解決を試み, それができない場合には裁判所が合目的的な判断を示すことによって紛争を処理する。二者択一的な解決がふさわしくない場合に, こうした処理が一般的に用いられる。乙類審判事件にこれがみられる。これは, 通常の民事事件であれば調停と調停に代わる決定（民調17条参照）にもみられ, 借地条件の変更等の裁判手続（借地借家41条以下）とも共通する紛争の解決の仕方である。これらの事件を適正に処理するためには, 裁判所が大きな裁量権限を有していることが必要となる。裁判所が関係人の申立てや主張に拘束されるようでは, 合目的的で妥当な解決を図ることができない。このことは民事訴訟の処理方式に対して大きな差を示すものである。

(3) **訴訟の代替的手続**

家事審判の第3の特徴は, 本来民事訴訟（人事訴訟）による解決が予定されているが, その手続に代えてより簡易な手続で解決する方法を提供することである。いわば訴訟の代替的手続ともいえる仕組みを設けることである。人事訴訟事件について, 調停前置主義を採用してまず調停を試みること, 関係人間で争いがないものの当事者で合意では解決できない事件の場合（親子

関係事件など）に，合意に相当する審判（家審23条）や調停に代わる審判（同24条）を準備するのは，こうした考え方に基づいている。

このように，家事審判事件には多様なものがあり，通常の民事訴訟において給付・確認・形成の訴えについて手続に関して差異はないといわれるのに比べると，家事審判では手続についても全体に共通する部分に加えて，事件との関係で審理の構造にそれぞれ特性があることに注意することが必要である。

2 非訟事件と訴訟事件

1 非訟事件とは何か

(1) 事件の特色

① 非訟事件の対象

非訟事件とは，非訟事件手続法（明治31(1898)年法律14号）に定められている事件を総称する。しかしこの間に非訟法自体は大きな改正を受け，とりわけ民事非訟事件とされていた事項は大幅に削除されて家審法に移されている。これらの事件は，裁判所が私人間の生活関係に関する事項を通常の訴訟手続によらないで簡易な手続で処理する事件の総称であり，国家の後見的関与が求められる事項であるとされている。もともと歴史的にみると，非訟事件は民事訴訟制度が整備された際に，民事に関する事件を対象とするが，訴訟事件には包含されずかといって行政機関にその処理を委ねるのもその信頼性に疑問があるという理由で，裁判所に指定された雑多な事件を総称する概念であった。戸籍・登記・供託および公証などの制度や，多数の関係者に影響を及ぼす法人事務や清算の監督，自ら財産の管理ができない者のための後見人や財産管理人の選任とその監督，さらには関係者間で協議が整わない場合の関与（親権者指定・遺産分割等）などが非訟事件に割り当てられていた*。

> *現行の非訟法自体では，民事非訟事件として法人に関する事件，信託に関する事件，裁判上の代位に関する事件，法人および夫婦財産契約の登記に関する事件および公示催告事件ならびに過料事件が定められているにすぎない。いわゆる商事非訟事件（旧126条ないし140条＝会社及び競売に関する事件，社債に関する事件，会社の整理に関する事件，会社の清算に関する事件，商業登記の嘱託に関する事件）は，会社法（平成17(2005)年法律86号）の制定に伴いそこでまとめて規定されることになった（会社868条以下）。

② 非訟事件の本質

　非訟事件の本質は何か，民事訴訟との区別は何に求められるかという問題については，従来から議論が絶えない＊。しかし現時点では，通説が存在しないといってもよいし，これを概念的に論じることの意義についても疑問が出されている（鈴木正裕「非訟事件と形成の裁判」『新実務民事訴訟講座8巻』(1981) 5頁以下，新堂幸司『新民事訴訟法（第3版）』(2004) 25頁など）。ここでは非訟事件の本質や訴訟事件との概念的な区別という一般的な議論は留保して，個々の事項に即して訴訟事件か非訟事件（家事審判事項）か，またその事件の処理のためにふさわしい手続はどのようなものであるべきかを検討するにとどめる。

> ＊非訟事件を一般的に定義する際に基本となるのは，19世紀末にドイツで制定された非訟事件手続法（FGG）に取り込まれた事件の性質・特徴である（日本法でも同様である）。これが一般的に古典的非訟事件と呼ばれる。しかしこのときも訴訟と非訟との区別は明確だったとはいいがたいのである（佐上「古典的非訟事件の研究序説（1・2完）」民商67巻4号 (1973) 537頁，5号739頁参照）。この際にも，それ以前の各ラント法において，訴訟事件としていたり非訟事件と扱っていた事件があり，その一部は非訟事件に取り込まれ，また形式上訴訟事件と扱われた事件もあり，さらには，訴訟と非訟の混合形式による扱いとされたものもあった。禁治産宣告事件は，行為能力を剥奪するというその法律効果の重大性のゆえに，訴訟手続で扱うべきか非訟的処理でよいか，立法者の間でもさんざんに争われた結果，申立から宣告までは非訟的手続とするが，それに対する不服申立ての手続からは訴訟手続によるとされ，しかも民事訴訟法の中に規定された（このことはわが国でも同様で，家審法制定までは人事訴訟手続法に規定されていた。この手続に関する解説として，たとえば松岡義正『特別民事訴訟論（訂正5版）』(1925) 334頁以下など）。つまり，非訟法の成立の当初から，訴訟との関係はそれぞれ典型例を対比すれば差異は明らかであるが，その境界は複雑であり曖昧だったのである。こうした経過から，民事訴訟で扱われるが実質は非訟事件であるという議論が生じる（たとえば境界確定訴訟や父を定める訴え）のは，いわば必然的であったが，扱われる事件の結果の法的重大性と訴訟手続による権利保護が重要であるとして非訟手続への移管論はさほど強くはなかった。
> 　さらにその後，合目的的な解決が必要なために訴訟手続による処理が適切でないとして，多くの特別法が非訟手続による処理を選択したために，非訟法が準用される法領域が拡大することになった。裁判官による個別具体的な裁判を可能とする大幅な裁量権の付与，厳格な証拠調べ手続によらないこと，決定による裁判であるため上訴審の負担が軽減されることを考えればよい。わが国では裁判所の決定による紛争解決手続としての非訟法の適用領域が拡張されるというよりは，調停による紛争解決制度に非訟法が準用されるという方式が多用された（この点について，佐上「我が国におけ

る真正訴訟事件の展開―調停制度を通して（1・2）」龍谷法学6巻2号（1974）173頁、4号321頁参照）。

(2) 非訟事件手続の概略

　非訟事件手続の詳細は、以下において家審法に則して説明するが、民事訴訟の諸原則と対比したときどのように示すことができるかを簡単に示し、また、これを図式的に示して理解を容易にしておこう。

　まず、民事訴訟では原告の訴え提起がなければ手続は開始されないが、非訟事件では職権によって開始されることがある。家事審判でも同様で、形式的には当事者の申立てを前提としているように見えるが、法律上裁判所の職権発動を促す契機にすぎないことが多い（第4章第2節13参照）。民事訴訟では原告と被告が対立的に手続に関与する。非訟事件では、事件に応じて相手方の存在しないもの、相手方を特定して申し立てるものなどがあるが、民事訴訟と異なり、当事者という概念を用いない（関係人という。第3章第3節11参照）。さらに手続に関与する者のほかに、手続に形式的には関与しないが裁判の名宛人とされる実質的意味の関係人が存在する（これを「本人」または「事件本人」という）。当然のこととして、その者にも審問機会が保障されなければならない。この点では形式的当事者概念による民事訴訟とは大きな差異がある。非訟事件においては、一般に申立人はその申立てを特定する必要はなく、それを示しても裁判所はこれに拘束されない（民訴246条の適用除外）。申立てに示された要求がその最大限度であるという考え方自体が非訟事件・家事審判では成り立たないことに注意しなければならない。裁判所は常に何が最適の解決であるかを判断しなければならない。

　審理に際して口頭弁論を行うことが前提とはされていない（民訴87条1項ただし書参照）ので、公開主義、口頭主義、対席での弁論の要請などが後退し、あるいは保障されない（非訟13条、家審規6条）。呼出や、調書の作成も簡略化される（非訟14条）。裁判に必要な事実や証拠は裁判所による職権による事実調査と探知が原則とされる（非訟11条）。また費用のかかる証拠調べよりは裁判所の職権による事実調査が重視される。それゆえに自由な証明が果たす役割が大きい。民事訴訟では権利の存否の判断がなされるから、そのためには法律要件が明確で、その構成要件事実も明確である。そこから主要事実と間接事実が区別される。しかし非訟事件では要件事実が明らかでなく、主要事実が明確でないことが一般的である。非訟事件では証明責任と

いう考え方は採用されないので，主張責任も存在しない。手続の進行についても，裁判の内容についても裁判所の裁量が果たす役割が大きい。裁判は決定でなされ（非訟17条1項），いったん言い渡された後にその裁判が不当であると認めるときは，これを取消しまたは変更することができる（非訟19条1項）。このように非訟事件では既判力は認められない。不服申立ては抗告である（非訟20条）。抗告審では不利益変更禁止原則も働かない。

これを図式的に示すと次のようになる。

	民事訴訟手続	非訟事件手続
当事者関与の形態	二当事者対立構造 　形式的当事者概念	不定形 　当事者概念なし　関係人概念
手続開始	訴え	申立て 職権による開始
申立て	訴訟物の特定を必要	特定を必要としない
事実収集	弁論主義	職権探知主義
証明責任	あり	なし
審理方式	必要的口頭弁論 　口頭主義・公開の原則	任意的口頭弁論 　書面主義・非公開・審問
判断様式	二者択一的判断	合目的的裁量
判断方式	判決	決定
判決の効力	既判力・形成力・執行力	形成力・執行力　既判力なし
不服申立て	控訴・上告	抗告（即時抗告）

佐上『民事訴訟法（第2版）』(1998) 7頁を修正した。

2　家事審判手続の合憲性
(1) 問題の所在
　乙類審判事項は，争訟性が強く，推定相続人廃除のようにそれ自体が訴訟における審理対象と異ならないのではないかと思われるものや，遺産分割の前提問題として相続人資格や財産権の権利帰属をめぐる紛争を内包させている場合も少なくない。乙類審判事項もその法的性質は非訟事件であるとされるが，このような事件について家事審判手続で終局的な裁判をすることが，憲法32条，82条との関係で許されるかをめぐって，一連の最高裁大法廷決

定を見た。

争訟性のある事件につき非訟的処理の合憲性が最初に問われたのは，戦前から戦後直後にかけてなされたいわゆる強制調停の合憲性であった。金銭債務臨時調停法や戦時民事特別法は，当事者間で合意が成立しない場合に調停に代わる決定をなすことを認めていた。この決定に対しては即時抗告を許していたが，裁判の確定とともに終局判決と同一の効力を有するとされていた（第2編第6章第2節１２参照）。このような処理が，裁判を受ける権利を侵害しないかが問われたのである。それに次いで，家事審判における乙類事件の処理について，①乙類審判事件における私人間の権利の形成が，非公開の家事審判手続で終局的に確定されることは憲法32条，82条に違反しないか，次に②家事審判をなすうえで前提問題となる訴訟事項が争われている場合に，家庭裁判所が非訟手続においてこれを判断することは憲法32条，82条に違反しないかが問われたのである。

(2) いわゆる純然たる訴訟事件と非訟的処理

① 昭和35年大法廷決定

まず最初に，いわゆる強制調停を違憲とした最高裁大法廷決定とその問題点から見ていこう。最大決昭和35(1960)・7・6民集14巻9号1657頁がそれである。

事件の概略は次のとおりである。家屋の所有者がその賃借人に対し，家屋明渡しを請求する訴えを提起し，これに対して賃借人が占有回収の訴えなどを提起したため，裁判所が職権により借地借家調停に準用される戦時民事特別法による調停に付したが，不成立となったため，両事件を併合したうえ戦時民事特別法19条および金銭債務臨時調停法7条により調停に代わる決定（いわゆる強制調停と呼ばれていた）をした。その内容は，賃借人は8ヶ月の猶予期間の後に本件家屋を明け渡すというものであった。これに対して賃借人より即時抗告・特別抗告がなされた。

最高裁の決定理由は次の4点に要約できる。①憲法は，基本的人権として裁判請求権を認め，司法権による権利・利益の救済を求めることができるとしつつ，純然たる訴訟事件の裁判については公開の原則の下における対審および判決による旨を定めている。②性質上純然たる訴訟事件につき，当事者の意思いかんにかかわらず終局的に，事実を確定して当事者の主張する権利義務の存否を確定するような裁判が，憲法所定の例外を除き，公開の法廷に

おける対審および判決によってなされないとするならば，それは憲法82条に違反するとともに，同32条が基本的人権として裁判請求権を認めた趣旨を没却する。③金銭債務臨時調停法7条の調停に代わる決定に対しては，即時抗告が認められていたが，その裁判が確定すると，確定判決と同一の効力をもち，当事者の意思いかんにかかわらず終局的になされる裁判といえるが，その裁判は公開法廷における対審および判決によってなされたものではない。④憲法82条・32条から金銭債務臨時調停法7条の趣旨を考えると，この調停に代わる裁判は，「単に既存の債権債務について，利息，期限等を形成的に変更することに関するもの，即ち性質上非訟事件に関するものに限られ，純然たる訴訟事件につき，事実を確定し当事者の主張する権利義務の存否を確定する裁判のごときは，これに包含されていないものと解するを相当とする」。そして本件では，家屋明渡および占有回収に関する純然たる訴訟事件について調停に代わる決定がなされているので，憲法82条・32条に違反する。このように判示する。

② 検　討

この決定は，罹災都市借地借家臨時処理法に基づく借地権設定の裁判を合憲とした最大決昭和33(1958)・3・5民集12巻3号381頁を引き継いで，債務について利息，期限等を形成的に変更するものは非訟事件であるが，権利義務の存否を確定するような純然たる訴訟事件については訴訟手続による解決が保障されなければならないとするのである。昭和35(1960)年大法廷決定は，本件裁判の当時において，すでに廃止された法律についての事件に関するものであり，その意味で実際上の意義は乏しいが，訴訟事件と非訟事件の区別およびその裁判手続のあり方について判示するものであったため，理論的な意味はきわめて大きいものがあった。その一般的な定式は今日においてもなお維持されている。

本件大法廷決定は，紛争の類型を「純然たる訴訟事件」と「性質上非訟事件」に関するものに2分する。しかし，純然たる訴訟事件についてこれを明確に定義しているわけではない。そこから「既存の権利義務の存否を確定する確認的裁判と，法律関係の変動がそれによって起こされる形成的裁判を区別し，前者を純然たる訴訟事件としているように思われる」との評価がなされる（新堂幸司「強制調停を違憲とする決定について」同『民事訴訟法学の基礎』(1998)150頁，また佐々木吉男『憲法の判例（第3版）』(1977)152頁，小室直人

『憲法判例百選』(1963)143頁参照)。性質上非訟事件であるとの説明についても，その限界は明確でないと批判されるのである。さらに性質上非訟事件とされる事件について，どのような裁判手続を用意することが必要であるかについても，本件決定は何ら具体的な基準を与えていない(本件決定については，新正幸『憲法の基本判例(第2版)』(1996)152頁以下)。

(3) 家事審判事件に関する一連の最高裁大法廷決定について

① 最高裁判例の確立

　上記の大法廷決定に続いて家審法に定める事件処理の合憲性が相次いで問われることになった。最決昭和37(1962)・10・31家月15巻2号87頁は，婚姻費用分担審判は非訟事件であって対審および判決によってなされる必要はないとして，その後の一連の大法廷決定と同趣旨の判断をしていたが，当時はほとんど注目を集めなかった。しかしその後，①最大決昭和40(1965)・6・30民集19巻4号1089頁*，②最大決昭和40(1965)・6・30民集19巻4号1114頁，③最大決昭和41(1966)・3・2民集20巻3号360頁が注目を集め，家事審判の合憲性についてさまざまに議論されることになった。

　　*本件大法廷決定は，家事審判事件の合憲性に関する最も重要な判例の1つである。それゆえに，各種の判例百選においても今日に至るまでたびたび取り上げられている。鍛治良堅『民法の判例』(1967)191頁，佐々木吉男『家族法判例百選(新版)』(1975)46頁，山木戸克己『家族法判例百選(第3版)』(1980)38頁，林屋礼二『憲法判例百選II』(1980)210頁，鈴木正裕『民事訴訟法判例百選(第2版)』(1982)12頁，青山善充『民事訴訟法判例百選I』(1992)10頁，同『民事訴訟法判例百選(第3版)』(2003)4頁，高橋宏志『家族法判例百選(第6版)』(2002)10頁など。

　まず，①は夫婦間の同居審判に関し，夫婦間に同居義務自体が争われる場合に，「かかる権利義務自体を終局的に確定するには公開の法廷における対審及び判決によってなすべき」ものであるが，同居の審判については，「民法は同居の時期，場所，態様等について一定の基準を規定していないのであるから，家庭裁判所が後見的立場から，合目的の見地に立って裁量権を行使してその具体的内容を形成することが必要であり，かかる裁判こそは，本質的に非訟事件の裁判であって，公開の法廷における対審及び判決によってなすことを要しない」とし，「審判確定後は，審判の形成的効力については争い得ないところであるが，その前提たる同居義務自体については，公開の法廷における対審及び判決を求める途が閉ざされているわけではない」として，この審判を合憲とした。

これと同日に言い渡された②の婚姻費用の分担審判についても，①と同様に，婚姻費用分担請求権自体の存否については訴訟事項であり，その分担額を具体的に形成するのが家事審判事項であるとしている。そして③は，遺産分割審判に関するものであり，これは分割内容の具体的形成が問題となっているのであって「本質的に非訟事件であるから，公開法廷における対審及び判決によってする必要はなく，したがって右審判は憲法32条，82条に違反するものではない」とし，その審判の前提として遺産の範囲や相続人資格等の訴訟事項が問題となる場合にも，家庭裁判所はその審理をなすことができるが，その判断には既判力が生じないから，これを争う当事者は別途民事訴訟を提起することができ，その訴訟で審判と異なる判断となったときは，審判はその限度で効力を失うものと解されるから，この処理は合憲であるとした*。

*これが問題とされたものとして，名古屋高決平成10（1998）・10・13 高民集 51 巻 3 号 128 頁がある。「前の遺産分割の審判において，その対象となった物件の一部が，その後の判決によって遺産でないとされたときには，その遺産でないとされた物件が前の審判で遺産の大部分または重要な部分であると扱われていたなどの特段の事情のない限り，遺産でないとされた物件について前の審判による分割の効力のみが否定され，その余の物件についての分割は有効である」とする。これは多数説の立場でもある（注解・家審法 566 頁〈石田〉）。

② 検　討

最高裁判所が取り扱った夫婦同居審判，婚姻費用分担審判および遺産分割の審判は，ともにその性質は非訟事件であるとみるべきことについて学説もほぼ一致している。問題とされるのは，その処理手続を憲法82条，32条に違反しないとする最高裁決定の理由づけにある。第 1 点として，最高裁によれば，これらの審判はいずれも裁判所が後見的立場から合目的の見地に立って裁量権を行使してその具体的内容を形成するものであり，上記 **2**(2)で扱った判例を引き継いで，非訟事件とする。しかし，①②の審判については，具体的に形成される同居義務や婚姻費用分担請求権とは別に，その前提ともいうべき請求権を想定して，その存否については審判とは別に民事訴訟による確定を求めることができるとする。これが学説からも実務からも批判される。この 2 分論によるならば，基本的な権利を想定すること自体が不自然な場合にもこの存在を擬制しなければならないという無理を生じさせる。本件決定に対して等しく批判される点である。実務からは，実際に「同居義務の存否

を訴訟で扱った事例は見あたらない」（注解・家審法339頁〈永吉〉，山名学「同居をめぐる紛争の処理」判タ747号41頁）とされ，また審判においては同居の具体的内容だけが問題になることはほとんどなく，むしろ処分の前提問題である同居が認められるか否かそれ自体の解答が求められる争いが多いと指摘される（野田愛子「同居審判の対象と実体的同居請求権の存否」同『家族法実務研究』(1988) 5頁以下）。要するに，前提とされる権利とその具体的形成が一体のものとして把握され，審理され判断されているし，それが望ましいとされるのである（野田・前掲12頁参照）。

　第2点として，最高裁は権利義務の存否の確定と権利義務の具体的形成とを区別して，家事審判は後者を扱うから非訟事件であり，したがって非公開の手続で審理することは憲法に違反しないという。判旨はまた，基本的な権利に関する争いは民事訴訟によって審理されるが，そこで審判とは異なる判断が示されると，審判はその限度で失効するという。③事件のように，前提問題が明らかに訴訟事項である場合には，訴訟による権利関係の確定がなされ，それは訴訟と非訟の適切な役割の分担だともいえる（鈴木正裕『民事訴訟法判例百選（第2版）』13頁参照）。しかし，①②事件においては，基本となる権利とその具体的形成を分けて審理すること自体が適切でないうえに，訴訟による解決の余地を認めることが「非訟事件手続において権利義務をめぐって懸命に攻防し，またその審理に鋭意努力してきた，当事者，裁判所のせっかくの努力を水泡に帰せしめるもの」であり，「したがって，非訟事件において権利義務の存否が審判される場合には，むしろ権利義務の存否をめぐる審判は1回かぎりとし，原則として非訟事件手続かぎりとすべきであろう」（鈴木正裕「訴訟と非訟」小山昇＝中野貞一郎＝松浦馨＝竹下守夫編『演習民事訴訟法』(1987)35頁）といわれるのである。

　第3点として，最高裁は家事審判手続は非訟事件であるから，対審公開の裁判によらなくても憲法に違反しないというだけで，最低限度どこまでの手続保障の必要があるのかという問題には踏み込まなかった。また，有力な学説からは，訴訟と非訟という対立的な思考によるだけでなく，むしろ両者の中間的な第3の手続を構想していく必要があるとの指摘がなされ（我妻栄「離婚と裁判手続」同『民法研究Ⅶ−2』(1969) 153頁以下），これに対しては多くの支持を集めたのであるが，その後も家事審判における手続保障のミニマム・スタンダードについての共通認識が形成されているとはいいがたい状

況にある。

(4) その後の展開

　上記３つの大法廷決定以後，乙類家事審判の合憲性が問題となったものを取り上げて，若干の検討をしておこう。④最決昭和46（1971）・7・8家月24巻2号105頁は，家審法9条1項乙類7号に規定する親権者変更審判は，当事者の意思に拘束されることなく，子の福祉のため家庭裁判所が後見的立場から合目的的に裁量権を行使するものであって，その審判の性質は本質的に非訟事件の裁判であるから公開の法廷における対審および判決による必要はないとする。また⑤最決昭和60（1985）・7・4家月38巻3号65頁も，乙類9号の2に定める寄与分を定める処分について，その性質は本質的に非訟事件であって，家事審判手続による審理は憲法32条，82条に違反しないとする。こうした判断が，判例においては定着しているが，学説上問題とされるのは，次の事件である。

① 推定相続人廃除の審判

　まず⑥最決昭和55(1980)・7・10家月33巻1号66頁と，⑦最決昭和59(1984)・3・22家月36巻10号79頁がある。いずれも推定相続人の廃除に関する審判手続の合憲性が問われたものである。決定理由は，ほぼ同じであるから，ここでは⑦を取り上げよう。最高裁によるとこの手続は，「（民法892条）に定める要件がある場合に被相続人に実体法上の廃除権ないし廃除請求権を付与し，家庭裁判所を介してこれを行使せしめるものとしたのではなく，形式上右要件に該当する場合であっても，なお家庭裁判所をして被相続人の宥恕，相続人側の改心等諸般の事情を総合的に考察して廃除するかどうかを判断せしめようとしたもの」であるという。

　ここでも，これまでの訴訟と非訟を分ける基準が踏襲されている。すなわち合目的的な観点から新たな法律関係を形成するべきものとされている場合には，私法関係に国家が後見的立場から関与するもので非訟事件であるというものである。しかし，相続人廃除審判についてもこれを維持することには批判が強い。民法892条の定める要件は，最高裁のいうように裁判所の後見的立場からの自由裁量による法律関係の形成を認めたものであるか疑問であるとする。すなわち，旧規定に比べて「その他著しい非行」があったときという要件が加えられているとはいえ，民法770条の離婚事件において「その他婚姻を継続しがたい重大な事由」があるときという要件が加えられてもな

お訴訟事件と扱われているのと対比して，非訟事件でなければならない理由はないとされるのである（鈴木正裕・前掲『新実務民事訴訟講座8巻』24頁，谷口安平『家族法判例百選（第5版）』(1995) 139頁）。

しかし，廃除は推定相続人の遺留分を喪失させるだけの意味しかないという点では，ある者の行為能力を制限する禁治産宣告（現在では成年後見開始決定）や，権利能力の喪失につながる失踪宣告あるいはさらに親権の喪失宣告などに比べても，事件本人に対する影響は小さいと評価することができる*。成年後見開始決定や失踪宣告などとの比較からも，あえて訴訟事件だとする必要はないと考えられる。もちろん利益の対立する当事者間の争いとなるから，これにふさわしい手続を準備する必要がある。

*鈴木正裕・前掲『新実務民事訴訟講座8巻』24頁が指摘するように，「家事審判法質疑応答資料」においては，「親権喪失，管理権喪失の宣告またはその取消に関する事件，推定相続人の廃除またはその取消に関する事件等は，この審判があっても親子関係そのものは，これによって発生，消滅するものでないから，前記事件（離婚事件等をさす。引用者注）とは，その軽重の度において格段の相違がある」ことを，家事審判とすることの根拠としていた（堀内・研究434頁）。ただ，推定相続人の廃除を戸籍の記載事項とする（家審規101条，戸籍97条）など，その効果をことさらに大きく扱っている点には問題があると思われる。

② 特別受益と具体的相続分

次に取り上げるのは，⑧最判平成12(2000)・2・24民集54巻2号523頁である（本件の評釈として，佐上・ジュリ1202号(2001)111頁，また生野考司・最高裁判所判例解説民事編（平成12年上) 68頁）。これは遺産分割の前提問題として確定されるべき，いわゆる具体的相続分が，確認の訴えの対象となるか否かが争われたものである。その法的性質および確認の訴えの対象や利益について，学説・下級審判例に対立があった。

これに先立って，最判平成7(1995)・3・7民集49巻3号893頁が，「ある財産が特別受益にあたるかどうかは，遺産分割申立事件，遺留分減殺請求に関する訴訟など具体的な相続分又は遺留分の確定を必要とする審判事件又は訴訟事件における前提問題として審理判断されるのであり，右のような事件を離れて，その点のみを別個独立に判決によって確認する必要もない」と判示していた（これに関する学説・判例の整理については，水上敏・最高裁判所判例解説民事編（平成7年上) 302頁，佐上・ジュリ1091号(1996)107頁）。しかし特別受益をめぐる争いが訴訟事件であるか否かについては明言していなか

った。前掲⑧判決において，最高裁は，「具体的相続分は，このように遺産分割手続における分配の前提となるべき計算上の価額またはその価額の遺産の総額に対する割合を意味するものであって，それ自体を実体法上の権利関係であるということはできず，遺産分割審判事件における遺産の分割や遺留分減殺請求に関する訴訟事件における遺留分の確定等のための前提問題として審理判断される事項であり，右のような事件を離れて，これのみを別個独立に判決によって確認することが紛争の直接かつ抜本的解決のための適切かつ必要であるということはできない」と判示した。共同相続人間で具体的相続分について，その価額や割合の確認を求める利益はないとしたのである。学説において，具体的相続分の権利性を認め，確認の訴えの対象適格性を肯定する見解も根強いが，その対象をどのように考えるべきかが不明確であり，また確認の訴えを想定しても，その判決の紛争解決機能には多くを期待できないことから，判例の立場を支持することができよう（佐上・前掲ジュリ1202号111頁，なお以前からこうした見解を主張していたものとして，田中恒郎「遺産分割の前提問題と民事訴訟（下）」同『遺産分割の理論と実務』(1993)43頁，山名学「遺産分割における特別受益の確定—具体的相続分ないし特別受益の確定は審判事項か訴訟事項か」ケース研究211号(1987)157頁，梶村太市「特別受益の持戻しと確認訴訟の適否」家月44巻7号(1992)71頁，松原正明「遺産分割—特別受益をめぐる争いの確定」判タ996号(1999)132頁，同「特別受益の確定—訴訟事項か審判事項か」判タ1100号370頁）。

　特別受益ないし具体的相続分の確定は民事訴訟によるべきであるとの主張には，権利性が問題となる微妙な場合には，その解決は対審構造が保障されている民事訴訟に委ねるべきであるという，それ自体正当な認識が含まれている（川嶋四郎「『みなし相続財産』（民法903条1項）の確定と確認訴訟の適否について」判例評論402号(1992)148頁以下）。しかしこれは遺産分割や遺留分減殺請求などの解決の前提問題としては権利性をもって登場するものの，この手続と別個独立には確認する意味のないものであり，遺産分割におけるいわゆる訴訟事項である前提問題とは異なるものだと考えられる。

　ともあれ，より重要な問題は，繰り返し指摘しているように，家事審判手続においてこうした争いを含めて充実した審理をなし得る手続が保障されているか，さらになおどのような改善が必要であるかを点検することである*。

　　*なお，家審法とも密接に関係する問題として，非訟法による過料の裁判（旧206条，

現行161条）および過料の裁判に対する不服申立ての裁判が憲法32条，82条に違反しないとする最大決昭和41（1966）・12・27民集20巻10号2279頁がある。本件は法人登記の懈怠（民46条，84条の3）という独立の手続であったが，本案の手続に付随する過料の裁判についても同様の問題が生じる。家審法では家庭裁判所が過料に処することができると定める（家審27条）が，その手続は非訟法162条以下に準じて行うことになるから，同一の問題が生じるわけである。新堂幸司『判例民事手続法』(1994) 1頁以下，霜島甲一・本件判批・法学協会雑誌85巻1号（1968）123頁は，過料の裁判の手続構造が実質的に合理的かつ適正なものとして構成されているか疑問があるとする。少なくとも，審判手続に付随して過料の措置が必要とされる場合には，その旨の教示，警告等の手続を整備する必要があろう。ドイツ非訟法（FGG）33条3項は，これを明記している。

③　判例による法形成の限界

これまでの判例においては，上にみたようにある事件が訴訟事件か非訟事件かという形で，その合憲性が争われてきた。その争われ方として，裁判手続の対審・公開が主要な論点とされてきたため，家事審判事件であるとしたうえで，その審理上の具体的な事項―たとえば，事件本人や関係人を裁判官が直接に審問しないまま裁判すること，あるいは不服申立てを認めていないこと等々―が，果たして裁判手続にふさわしいか，事件本人や関係人の手続上の地位を正当に保障しているといえるか，という点では，判例はほとんど主導的な役割を果たしてきていないように思われる（たとえば，不服申立てについて，第4章第7節1 3(2)参照）。また学説の蓄積も少ないのが実情である。この点を詳細に検討していくことが，家事審判および非訟事件手続に対する国民の信頼を高めるために必要であることを，強く認識しておく必要がある。

第2節　訴訟事件の非訟化とその限界

1　非訟化の流れ

もともと非訟事件手続で扱われる事項は，非訟法制定時にそこで定められた事項のみであった。これを古典的非訟事件と称している。しかしながら，時代の流れの中で，一方では当初非訟事件とされていた事項を行政へ移管する（戸籍・登記・供託など）とともに，訴訟事件の非訟化と呼ばれる現象が顕著である。さまざまな紛争が，訴訟という「重装備」の手続で処理されることを避けて，簡易・迅速な非訟事件で処理され，あるいは非訟法の規定を

準用して処理される事態が増加する。当事者の主張を聴取するには民事訴訟では口頭弁論を行う必要があるが，非訟手続であれば口頭もしくは書面による審問で足りるなど，手続を大幅に簡略化することが可能である。ある特定の法領域で大量の事件を処理しなければならない場合には，訴訟手続によるには限界がある。さらに非訟事件では裁判に対する不服として抗告しか認められていないことを考えると，事件処理の効率化に資することは明らかであろう。

　さらに権利義務の二者択一的な判断では，合目的的な紛争解決が期待できない（たとえば借地条件の変更や正当事由の判断など）など，法律自体が紛争当事者の多様な諸事情を総合的に考慮した上で，具体的事件に適合した解決がなされるよう一般条項による規制をしなければならなくなることがある。裁判官の裁量による個別的な法律関係の形成に期待が寄せられるのである。そのため，民事訴訟の方式による解決よりは，非訟的な処理が求められるようになる。ナチスの時代には，すべての訴訟事件を非訟手続による処理に委ねよという極論が主張され（その紹介として，吉川大二郎「独逸における民事訴訟廃止をめぐる論争」法律時報12巻1号（1940）39頁），わが国では，淳風美俗の精神を維持するために権利の主張を前提とする対立構造をとる民事訴訟の紛争処理方式が嫌われて，調停手続の拡充によって対処してきた。訴訟事件の非訟化という場合には，こうした暗い過去があることを十分に意識しておく必要がある。また人事訴訟事件を家庭裁判所に移管してはどうかという提案が，それは訴訟事件の非訟化を目論むものであるという批判にあい，その実現が遅れてきた理由の1つでもあったのである（この点につき，三ケ月章「家庭裁判所の今後の課題」同『民事訴訟法研究第8巻』(1981)287頁以下）。

　わが国では，特に第2次大戦後における家事審判制度の創設や，借地非訟事件などに訴訟事件の非訟化の現象を見て取ることができる。昭和41(1966)年の借地条件の変更等に関する裁判手続は，非訟手続による（平成3(2001)年改正による現行借地借家42条1項）としながら，家審法に比べると格段に関係人の地位の保障を強化している。審問期日を開いて当事者の陳述を聴くべきこと，そして当事者は他の当事者の審問に立ち会うことができること（同45条2項），裁判所が事実の探知をしたときは原則としてその旨を当事者に告知すべきこと（借地非訟事件規則26条），裁判所が審理を終結するときは，審問期日においてその旨を宣言すること（同47条）のほか，当事者・利害

関係人の記録の閲覧（同53条1項）等について，特別の定めを置いている。人訴法下における附帯処分に関する事実調査についても，相手方の立会権の保障が明記されている（人訴33条4項）。

こうした流れを図式化すると次のようになる。

〈訴訟事件の非訟化・司法から行政への移管概念図〉

行政	←	非訟事件	←	訴訟
行政(警察)か司法か			具体的形成か権利確定か	
手薄い		手続保障		手厚い
弱い		自己責任		強い

2 非訟化の限界

1 考慮される要因

従来訴訟手続で扱われていた事件を非訟事件手続による処理に指定替えすること（訴訟事件の非訟化）は，果たして可能か，また可能であるとしてその限界はどのように設定されるかという問題は，古くから議論されてきた。非訟化のためには，裁判所の負担の軽減，紛争解決コストの軽減，迅速な解決の必要性あるいは訴訟による解決の限界など，さまざまな理由が持ち出される。他方において，家事審判の合憲性の項でみたように，公開法廷において当事者が対立関与し，口頭弁論をするという訴訟法による解決方式には，当事者の弁論権をはじめとする諸権能が結合し，憲法に定める裁判を受ける権利を保障している（憲32条，82条）。この権利は，国民が裁判所において自己の権利を主張しまた防御するために保障されなければならないものであり，容易に奪われることがあってはならない。

非訟化の傾向は，訴訟の処理方式に内在する形式主義を脱して，迅速性・弾力性・廉価性を追い求める方向であり（三ケ月章「訴訟事件の非訟化とその限界」同『民事訴訟法研究第5巻』(1972)92頁），この意味では不可避の傾向であるとはいえる。しかしその限界を考えるにあたっては，その対象となる権利の実体的性格がいかなるものであるか（小島武司「非訟化の限界につい

て」『中央大学80周年記念論文集・法学部』(1965)339頁)という考慮に加えて，「対審構造をとらないことの理由，公開しないことの理由，判決の形式をとらないことの理由を，それぞれ検討すべきであり，その理由いかんによっては，事件の類型的性質に対応して，判決の形式はとらないが公開したり，また双方に対する審問を義務づけ，相手方に対する審問に立ち会う権利を認める等の手続保障を加味することによって，憲法の要請に応えるというような，手続態様面での中間的形態を工夫するなどの道が開かれるし，また開いていくべきである」という考慮が必要になる（新堂・28頁。林屋礼二「訴訟事件の非訟化と裁判を受ける権利」吉川大二郎博士追悼記念『手続法の理論と実践（上）』(1980)83頁以下も同様の指摘をしている）。このような具体的検討が必要となる*。

> *そのような1例として，ドイツにおける旧禁治産制度から新しい世話制度（成年後見制度）への転換と，それに伴う世話事件・収容事件の裁判手続の改正をあげることができよう。ドイツにおいて，禁治産宣告手続は学説からは実質的には非訟事件であるとされつつも，民事訴訟法に規定されていた。世話制度へ転換するにあたり，その手続は全面的に非訟法で定められることになった（世話事件は65条ないし69o条まで，収容事件は70条ないし70n条までに定められている）。この非訟化の際には，訴訟手続ではみられなかった事件本人の手続能力の承認，手続上の法定代理人である手続監護人制度の導入，事件本人の直接の審問にあたっての信頼できる人物の同席（場合によっては親族の立会い除外），後見官庁の意見陳述，審問結果についての事件本人との口頭の協議（終結協議）などの新たな工夫を盛り込むことによって，実質的に事件本人の自己決定と残存能力の活用を最大限に尊重しようとしている。このような措置をとることによって，まさにその制度と手続の目標が適正に達成されることになるのである（この点について詳しくは，佐上・審理165頁以下）。

2 訴訟手続による解決

民事訴訟自体においても，いわゆる形式的形成訴訟のほか，裁判所の裁量の幅の大きい処理がなされている。慰謝料の算定は非訟的処理に親しむといわれてきた。離婚訴訟においても，最大判昭和62(1987)・9・2民集41巻6号1423頁は，有責配偶者からの離婚請求を認容するについて，有責配偶者の責任の態様・程度のほか，「相手方配偶者の婚姻継続の意思及び請求者に対する感情，離婚を認めた場合における相手方配偶者の精神的・社会的・経済的状態及び夫婦間の子，殊に未成熟子の監護・教育，福祉の状況，別居後に形成された生活関係，……さらには，……時の経過がこれらの諸事情に与

える影響も考慮されなければならない」という。この判断では，非訟事件において具体的な法律関係の形成を行う場合と，実質的な差異は見られないであろう。だからといって，離婚事件を訴訟から非訟手続に切り替えてよいかと問われれば，答は「否」である。裁判において裁量的・合目的的判断が求められるというだけでなく，訴訟手続によることが当事者の地位・諸権利・利益保障に果たしている役割・機能まで目配りする必要があるのである。

3 非訟手続の改革

非訟法自体は，総則規定につき制定以来大きな改正を受けていない。非訟法の主要な適用領域をなす家審法の総則規定にも，非訟法と比べて格段の定めが置かれているわけではない。しかし，借地条件の変更等に関する裁判手続（借地借家41条以下）では，審問期日への立会権（同45条2項）が，また離婚訴訟の附帯請求の審理については，事実調査への立会権や記録の閲覧権が定められるに至っている（人訴33条3項，35条2項等）。しかしこれらは，特別規定にとどまっている。

また近時においては，解釈によって家事審判のうち財産上の争いである遺産分割審判等において弁論主義の要素を取り込んだ「当事者主義的」運用が主張され，それを反映した審判例もみられる（後述第4章第4節7）。しかし，学説もこれまでのところ，具体的な問題ごとに，どのような手続上の保障が必要であるかについて，詳細を示すに至っていない。わが国においては，非訟法，家審法における適正な手続保障のための明文規定は乏しいが，これまでの実務・学説の展開さらに外国法との比較検討を通じて，その改革に取り組むことが必要である。訴訟事件の非訟化が語られる際，常に古い非訟事件の観念との対比がなされる間は，新たな手続の構想にもバイアスがかかり，生産的な議論とはならないからである＊。

　　＊（旧西）ドイツにおいては，1955年に連邦司法省に民事裁判権改革委員会が設置され，1961年にはその報告書が提出されている。その中で非訟事件については，その簡易性，柔軟な性格，広い形成の可能性を捨てることなく，手続保障を高めるよう勧告されていた。その後も非訟法改革委員会は，1972年，1975年さらに1978年に非訟法の改革草案を公表してきた。これらの内容は，非訟法全体の改正にはつながっていないが，学説の発展を促すとともに，未成年者の監護権，世話法改正による民法および非訟法の一部改正には結実している。この経過の一端については，飯倉一郎「西ドイツの非訟事件手続法の改正草案について」國學院法学13巻4号(1976)45頁，佐

上「非訟事件手続法改正草案とその理由（1・2・3完）」龍谷法学12巻1号（1979）69頁，2号（1979）184頁，4号（1980）477頁参照。またその後の成年後見制度である世話事件の手続について，佐上・審理165頁以下，同「世話事件および収容事件の手続－ドイツ非訟事件手続法第65条ないし70条の仮訳とコメント(1)～(3)」立命館法学259号(1998)238頁，260号(1998)688頁，262号(1999)1332頁参照。とりわけ世話事件について，訴訟手続から非訟手続に移管するが，旧来の訴訟手続がもち得ていなかった新しい手続保障を盛り込み，事件本人の自己決定を尊重する工夫を導入していることに注意すべきであろう。事件本人の手続能力の承認や手続監護人の制度の導入，終結協議などの手続上の工夫などである（なお，第3章第4節参照）。

さらに，ドイツでは2005年6月6日に連邦司法省は，非訟事件手続法（FGG）を全面的に改正するための参事官草案（Referentenentwurf des Gesetzes zur Reform des Verfahrens in Familiensachen und in den Angelegenheiten der freiwilligen Gerichtsbarkeit（以下FamFGと略称する）を公表した（2006年2月14日には，その補充がなされている）。この草案は，家事事件およびその他の非訟事件に関して包括的に定めたものであり，①判例学説によって形成された成果，とりわけ手続関係人に対する保障を明文で定めること，②他の手続法との調整をはかり，不必要な相違を解消すること，③できる限り素人にもわかりやすい法律とすること，④実効的な権利保護の観点から本案手続から独立した仮の命令制度を導入すること，⑤子の引渡しなどの強制執行の実効性を高めること，⑥手続監護人（今後は手続補佐人と呼ばれる）の制度を一般化することによる権利保護の充実，その他夫婦間に離婚について争いがなく親権等について裁判する必要のない離婚手続の簡素化等をも目標としている。この草案が法律として実現するにはさらに紆余曲折が予想されるが，立法趣旨やそこでの議論状況はわが国の家審法・非訟法の改正に際しても大きな意味を持ちうると考えられる。

第3章　家事審判手続総説

第1節　家事審判事項

1　家事審判事項とその意義

　家事審判の対象である事項を家事審判事項という。審判事項は，民法およびその他の法律で定める家庭に関する事項である（家審9条1項・2項）。家審法は，これを甲類と乙類に分類して列挙している（同1項）。甲類と乙類の区別の基準，意義については以下3において説明する。

　　＊その他の法律としては，戸籍法，児童福祉法，生活保護法，性同一性障害者の性別の取扱に関する法律，精神保健および障害者福祉に関する法律，破産法，および任意後見契約に関する法律があり，これらの事件の扱いは特別家事審判規則（昭和22（1947）年最高裁規則16号，最終改正平成17（2005）・2・7最高裁規則5号）において定められている。

2　家事審判事項の限定性

1　原　則

　家事審判事項は，家庭に関する事項のうちで法律によってそのように定められているものに限られる。家事審判事項は制限列挙的に解釈されるのが原則である（山木戸・23頁，同「訴訟と家事審判」同『民事訴訟理論の基礎的研究』(1961) 203頁，注解・家審法119頁〈高島〉，家審法講座1巻10頁〈綿引〉）。このことは，裁判所法31条の3が，家庭裁判所は家審法で定める家庭に関する事件の審判および調停をなす権限を有するとし，また家審法も民法等の規定を受けて9条1項で「次に掲げる事項について審判を行う」と定めて，これを列挙していることから導かれる。また家事審判は，家庭裁判所が私人間の法律関係に後見的に関与する作用であるから，法律上明記されている場合に限定されるのは当然であるといえる。したがって，民事訴訟や人事訴訟

に属する事項を審判事項として扱うことは許されないし，法律規定がないにもかかわらず新たに審判事項を作り出すことも許されない。たとえば，親子間の同居または別居事件などはこれを作り出すことができない。もっとも，これらを対象とした家事調停の可能性はあり得る（後述第2編第2章第1節2参照）。

ただ民法752条（夫婦の同居，その他の夫婦間の協力扶助）には，これを家事審判に委ねる旨が明記されていないが，家審法には定めがある（家審9条1項乙1号参照）し，民法760条（婚姻費用の分担）についても同様である（家審9条1項乙3号参照）。これらが家事審判事項であることに異論はない（この点について，後述3 1(1)参照）。

家事審判事項は，家庭裁判所が専属的に管轄権を有する。

2 準用ないし類推適用の可能性

上記1に述べたことは，解釈上，民法や家審法の準用または類推適用を全く許さないという趣旨ではない。家庭に関する紛争について，訴訟事項と家事審判の限界が問題となる場合に，家事調停の利用は家裁調査官制度を擁する家庭裁判所における解決が妥当であると考えられることがあるからである。この点について学説上異論は存しない。具体的な例として，内縁関係における同居協力扶助，婚姻費用の分担，内縁関係解消の場合における財産分与の請求などは，家事審判の対象になると解してよい。最判昭和33(1958)・4・11民集12巻5号789頁は，内縁は法律上の婚姻に準じる関係であると認め，その別居中に生じた内縁の妻の医療費負担について民法760条の準用を認めている。婚姻関係が破綻して父母が別居状態にある場合に，子と同居していない親と子の面接交渉についても，民法766条を類推し家審法9条1項乙類4号により裁判所が相当な処分をすることができる（最決平成12(2000)・5・1民集54巻5号1607頁）。また離別による内縁解消に財産分与を類推することも認められていた（広島高決昭和38(1963)・6・19家月15巻10号130頁）が，最決平成12(2000)・3・10民集54巻3号1040頁は，内縁の夫婦の一方の死亡により内縁関係が解消した場合に，民法768条（財産分与）の規定を類推適用することはできないとする＊・＊＊。

＊もともと非訟事件は訴訟事件に対して制限列挙的に位置づけられる。非訟事件は法律でそのように明記された場合にかぎって，裁判所が私人間の法律関係に関与できる

のである。ドイツ非訟法（FGG）1条は，「ライヒ法によって裁判所に委ねられた非訟事件については，別段の定めがない限り，以下の総則規定を適用する」と定めて非訟事件が制限的であることを明記している。この点に関し，鈴木正裕『新実務民事訴訟講座8巻』8頁以下は，「非訟事件の制限的列挙主義は，今ではもはやいささか時代遅れの遺物ではあるまいか」とし，「たとえば，家事事件という，いささか限られた範囲内ではあるが，法律上に明文規定のない，内縁夫婦間の同居協力・婚姻費用分担・財産分与請求あるいは，親権者・非親権者間の子の引渡請求など，それを審判事項化することが，つとに学説・判例において議論され，これを肯定する見解が有力になっている」と指摘する。たしかに，本文において述べたように，家審法の類推適用を認める事例は増加し，また渉外関係においては実定法上の根拠いかんというよりは，具体的救済を先に考える必要性も高い。しかし，民法等において家庭裁判所の裁判による旨を定め，これを受けて家審法が審判事項としてこれを列挙していくという立法形式は，裁判所法31条の3による家庭裁判所の権限の定めがある以上，依然としてこれを放棄することはできないであろう。明文規定がない場合には，訴訟による救済を求めるのが原則である。この意味では家事審判事項はなお制限列挙主義を基礎としているといえる。

　また近時諸外国においては，生活パートナー制度が法律によって承認されている。これらの関係が家庭裁判所に登場した場合に，家事調停や家事審判の対象となりうるかは，今日の時点では疑問であろう。ドイツでは，生活パートナー法（Gesetz über die Eingetragene Lebenspartnerschaft, BGBl I 2001, 266）の制定に伴い，非訟法でも必要な改正がなされている。

**なお，近時の審判例の中には，家庭裁判所の権限の限界に関する問題が散見される。とりわけ，子の監護と児童福祉法関係の事件にそれが見られる。たとえば，仙台高決平成12(2000)・6・22家月54巻5号125頁は，事件本人の親権者（実母）である抗告人が，事件本人について里親委託を受け約3年7ヶ月にわたって里親として養育してきた相手方に対し，事件本人の引渡しを求め，これに対して，相手方が家庭裁判所に自分らを監護者に指定するよう求めた事案である。抗告人は事件本人の親権者であるが，父は事件本人を認知していない。こうした事例で，里親委託の行政処分を家庭裁判所が取り消すことができるか，また里親に本件のような申立権を認めて実体的な審理をしてよいかが問われるのである（本件では，抗告審は双方の申立権を否定した）。

3　甲類審判事項と乙類審判事項

1　両者の区別

(1) 立法趣旨

　家審法9条1項は，家事審判事項を甲類と乙類に分けて列挙している。民法に定めた事項について審判を行うと規定するだけで足りそうであるが，こ

のようにした理由は，立法者によれば，甲類と乙類の処理の違いを明らかにしなければならない要請があること，民法で家事審判所が扱うと明記していない事項で家事審判所がやらねばならない事項を示しておく必要があることを挙げていた（堀内・研究413頁，1185頁参照）*。家事審判は甲類と乙類に分類されているが，それはどのような基準によるのか。また区別されることによって手続上，どのような差異がもたらされるのか。以下，この点を明らかにしておこう。

　＊家審法の制定過程において，GHQとの協議過程から，次のような事情が明らかになる（家事審判法に関する総司令部政治部係官との会談録（第2回）昭和22（1947）年7月26日，堀内・研究1185頁による）。
　「ブレークモア　第8条（法律9条をさす―佐上注）第1項は，民法の規定を細大漏らさず規定しているようであるが，こんなことをする必要はなく，単に「民法の定めた事項について審判を行う」ということにしておけば簡単でよいではないか。
　司法省（出席者は豊水民事局事務官と服部終連部事務官―佐上注）　一々列挙したのには次のような理由がある。第1に，勿論民法に規定はあるが更に再び列挙することによって判り易く明瞭になる。第2に，甲類と乙類とがあって，乙類の〈調停に付しうる事件〉を明らかにしておかなければならないという事情がある。第3に，民法中には家事審判所が取り扱うことを明らかに書いていない事項では家事審判所がやらねばならない事項を示しておく必要がある。たとえば，乙類第1号にあげた「民法第752条の規定による夫婦の同居その他の夫婦協力扶助に関する処分」がその例であって，民法752条には，これらのことを家事審判所がやるということは書いていないから，ここにこれを掲げておかないとはっきりしない。
　ブレークモア　それでは民法752条に家事審判所が扱うことを書いたらよいではないか。
　司法省　民法中に，「夫婦は同居し，互いに協力して扶助しなければならない。もしその点について事がある場合には家事審判所が適当とみとめる処分をする」というような規定をするわけにはいかない。
　ブレークモア　この点は，当方としても，もう少し簡潔にしたらという考えから示唆するだけであって，貴方で一々列挙するのが必要だとか適当だとかいわれるのならば，あえて反対する積もりはない……。」

(2)　家事調停の対象となるか否かによる区分

　家事審判事項は甲類と乙類に分類されている。それが理論的に整合的であるかについては争いがあるが，甲類事項については調停の対象にならないので審判のみがなされ，乙類事項については調停によっても処理される（家審17条参照）という差異がある。そのため，乙類事項については関係人が裁判外で合意によって自由にその内容を定めることが可能であり，協議ができな

い場合に家庭裁判所の利用が可能である。これに対して，甲類に掲げられた事項については当事者の合意による法律関係の形成を許さない性質のものとされている。

しかし，乙類の中には親権者の変更（7号）や推定相続人の廃除（9号）のように，実体法上合意による処分が認められていない事項もある。親権者の変更は，親権の放棄を含むので親権者の辞任と同様に扱われているのである。それゆえ実体法上の処分可能性が甲類と乙類の差異の絶対的基準になっているわけではない。これについても調停の対象になるとされるのは，調停においては裁判所による正当性の判断が加わっているからであるとされている（注解・家審法408頁〈沼辺〉，同447頁〈佐々木〉も同旨）。調停委員会は，成立した当事者の合意が正当でないと認める場合には，調停不成立として事件を終了させることができる（家審規138条の2，142条）のは，その考え方が示されたものだとされる。

(3) 紛争性の有無について

① 紛争の意味

学説においては，甲類と乙類の区別は「紛争性の有無」に求められるという説明が大勢を占めている。すなわち「甲類事項は，国家の後見的作用として，重要な身分行為の許可，認証又は権利義務の付与若しくははく奪に関するもので，争訟性を有していない事項である」と定義される（実務講義案15頁）。また，「甲類に属する事件は紛争性のないものであり，その審判手続は紛争解決手続ではないが，乙類に属する事件は紛争事件であり，その審判手続は紛争解決手続である」という（山木戸・25頁，家審法講座1巻11頁〈綿引〉も同旨）。山木戸は，これをより詳細に展開して次のようにいう。すなわち，「甲類事件に関する手続においては，相対立する当事者は必ずしも存在せず，したがってまた各関係人が自己の主張をもって争うものではなく，審判も争いについて決定するものとはみられないのが常である。かくて甲類審判事件の手続においても，ある程度の争訟性はこれを認めるけれども，その争訟性がきわめて稀薄であることは明らかである」とするのである（山木戸・前掲『民事訴訟理論の基礎的研究』216頁）。

たしかに甲類事件では，関係人間での争いの有無にかかわらず，裁判所の審判がなければ法的効力を生じないために審判が必要とされるが，権利義務を争う形式とはされていないうえに，権利義務に関する関係人間の主張の対

立を争訟というならば，争訟性が稀薄だというのはある意味では当然である（三ケ月・前掲『民事訴訟法研究第5巻』68頁以下）。実際にも，相続放棄の申述の受理（家審9条1項甲類29号）など，特定の相手方も想定せずその申述をするについて関係者の間でも争いが生じないようなケースもあり，甲類に列挙されている事項にはこうした場合が多いとはいえる。

② 裁判による不利益の顕在化

相続放棄もその動機をめぐって相続人間で争いが生じることがあり，相続放棄の取消しの申述として審判が求められることもある（家審9条1項甲類25号の2）。遺産分割の形を変えた争いであるともいえる。新堂は，後見人・親権者選任事件などは「対審性もなく裁量性も高い。対審構造をとることが性質上許されない」といい，親権・管理権喪失宣告事件（甲類12号）や禁治産宣告事件（甲類1号。現行の成年後見開始決定事件）では「要件事実が比較的明瞭であるから，裁判の違法性の問題がより強く意識される」とし，「裁判がいったんなされた後は，これによって不利益を受ける者が顕在化し，これらの者と裁判を求めた者との対審構造性が現実化してくる。この意味で不服申立てを対審構造的なものとするかどうかを考慮する必要がある」と指摘する（新堂幸司「訴訟と非訟」同『民事訴訟法学の基礎』(1998) 217頁）。きわめて重要な指摘である。先にも述べたように，旧禁治産宣告や失踪宣告に対する不服申立てが，利害関係人による不服の訴えとして構想され（明治31 (1898)年人訴法旧規定31条，55条など），非訟手続と訴訟手続を合体させた構造となっていたことなどを想起すると，甲類に位置づけられている事項に紛争性がないと断定することは許されず，事件によっては対審的な形での審理を保障する必要があることに注意すべきである。

また先に指摘したように，乙類には親権者の変更（7号）や推定相続人の廃除（9号）のように，実体法上合意による処分が認められていない事項もある。こうした点を考慮すると，紛争性の有無は必ずしも両者の区別の絶対的な基準とはならないといえるであろう（注解・家審法119頁〈高島〉）。家事審判の合憲性に関して述べたように，非訟事件ではいずれにせよ権利の確定を対象としないのであるから，甲類にせよ乙類にせよ，権利主張をめぐる紛争は存在しないことになるはずである。こうした概念的な論争は実践的意味をもたないであろう。

(4) 審判の背後にある利害対立の考慮

成年後見の開始を求める審判（家審9条1項甲類1号）においては，その申立てをするか否かについて申立権者である親子兄弟の間で深刻な見解の対立を生じることがあり，時には後見開始申立ては遺産分割の前哨戦ともいわれることがある。関係者間に深刻な紛争が生じるのは，民法30条による失踪宣告の申立てや791条1項または3項による子の氏の変更の場合，834条ないし836条による親権ないし管理権の喪失宣告またはその取消審判（家審9条1項甲類12号）の場合にもみられる。

これらの例が示すように，甲類審判事項においてもその申立ての背後に関係者の間で，深刻な対立関係が存在していることに十分に注意しなければならない。そうして，はじめてその審判手続において関係者のどのような意見をどこまで聴取し，どのように審判に反映させることが必要なのか，という問題（関係人の範囲の確定，審問機会の保障や不服申立て）にも適切にアプローチすることが可能となるのである。

(5) 審判対象の定め方は適切か

精神保健福祉法20条2項ただし書きによる，精神障害者の保護者の順位変更審判は，同3項によりいわゆる特別家事審判事項であるが，家審法の適用に関しては甲類に掲げる事項とみなされている。これは一見したところ保護者となるべき者の順位を変更する審判だけのようにみえる。またそれだけならば，関係者間での協議による解決が図られてもよく，甲類に位置づけなくてもよいように見える（もっとも保護者の責任や義務は大きいことにも注意が必要である。その詳細について，大谷實編『条解精神保健法』(2001) 94頁以下〈古田〉参照）。保護者は精神障害者（本人）の治療のみならず財産上の利益をも保護する責任があり（22条1項），退院後の引取義務が課せられている（41条）。さらに医療保護入院の場合には，保護者の同意のみで本人の意思に反しても入院させることができる（33条1項）。このように，時として保護者と本人の利害が対立しうる状況にあるにもかかわらず，その選任・順位変更の審判では保護者となるべき者の意見を聞かなければならないとされているだけである（特別家審規22条）。さらにいったん選任された後は，保護者が本人の自由を拘束する医療保護入院に同意することについて，その同意が妥当であるか否かの判断に，家庭裁判所は一切関与しないのである。わが国では保護者にすべての権限を与えて，その個々の行為に対する裁判所の許可

を審判対象としないで，その保護者の順位を変更する点にしか裁判所は関与しないのである。しかし，その領域でこそ場合によって人権侵害的な問題が登場するのである（その審理手続上の諸問題については，佐上・審理289頁以下参照）。

同種の事件について，ドイツ法と比較するとその審理対象や関係人の審問の範囲等について，大きな差があることがわかる。ドイツ非訟事件手続法（FGG）によると，精神障害者の自由の剥奪を伴う収容の許可や収容類似の措置については後見裁判所による許可が必要であり，そのための手続が定められている（非訟法70条以下に定める収容事件の手続。その詳細については，佐上・審理165頁以下参照）。また審問機会を与えられても十分にこれを行使できない者に対する手続法上の法定代理人である手続監護人制度の導入など，示唆に富む。このことは，裁判所が審理する事項をどのような形で定めるか，また裁判所がどこまで実質的審理することが必要であるかをいっそう厳密に検討する課題があることを示している。

また特別代理人の選任の審判（民826条，家審9条1項甲類10号）についても同様のことがいえる。特別代理人が本当に子の保護を図っているとはいえないとの批判が古くからなされ，少数説ではあるがむしろ法定代理人が個々の重要な法律行為をなすについて家庭裁判所の許可を求める方式にする方が望ましいとする見解がある（我妻栄『親族法』(1961) 341頁，糟谷忠男「民法826条について」司法研修所創立10周年記念論文集（上巻）』(1958) 374頁など）。基本的には，この見解を支持すべきであろう。

2　乙類審判事件と他の手続との関係

ある家庭事件についてみた場合，複数の手続が併存しあるいは専属的に利用される状況がある。甲類審判事件では特別に問題を生じさせないが，乙類審判事項についてはもっぱら家審法のみを念頭に置くというのではなく，他の手続との関係について，正確に理解しておくことが重要になる。このことは，問題領域ごとに詳細を説明することになるが，ここでは一応の原則をみておくことにする。

(1) 家事調停との関係

乙類審判事件は家事調停の対象となりうる。両者の関係について，家審法11条は，家庭裁判所は審判手続が係属する事件をいつでも職権をもって調

停に付すことができる（これを付調停という）とし，また審判手続中の事件について調停の申立てがあり，または事件が職権によって調停に付されたときは，家庭裁判所は調停が終了するまで審判手続を中止することができる（家審規20条）とする。調停が申立てによって開始されたが，調停が成立しなかったときは，調停申立ての時に審判申立てがあったものとみなされる（家審26条1項）。このように乙類審判事項については，調停前置主義は採用されていないが，調停を重視することが法律上も明らかにされ，調停と審判が併用されているともいえよう。

(2) 民事調停との関係

家事調停と民事調停との関係については，家審規および民事調停法がそれぞれ移送をなし得る旨を定めている＊。両者はともに，非訟事件として同質性を有することがこうした処理を可能とさせる根拠だとされている。したがって，家事紛争が民事調停を管轄する簡易裁判所に申し立てられた場合には，簡易裁判所はこれを管轄家庭裁判所に移送することができる。これに対して，家庭裁判所に通常民事訴訟に属する，たとえば所有権確認や金銭支払いに関する調停が申し立てられた場合には，原則として移送の対象となるが，それが親族間の争いであるときは，「一般に家庭に関する事件」として家庭裁判所が管轄権を有し（家審17条参照）調停手続を行うことができる。その限界については、後述する（第2編第2章1参照）。

＊家審規129条の2，民調4条参照。もっとも，同じ内容を定めるのに一方は法律事項とし，他方は規則事項としているのは，一貫性を欠いているといわざるをえない。民事訴訟法も管轄違いを理由とする移送は，法律で定めている（16条，17条）。民訴規則は，法律の定めを受けて申立ての方式，裁判の手続を定めているにすぎない（民訴規7条，8条）。これらに照らしても，家審規129条の2の定めは不統一であり，修正が必要であろう。

(3) 人事訴訟との関係

平成15(2003)年人事訴訟法制定以前においては，家事審判と訴訟との関係については，旧人訴法15条が婚姻取消・離婚訴訟に附帯して子の監護や財産分与に関する申立てをなし得る旨を定めているにとどまった（これを「附帯申立て」と呼んだ）。それゆえ，通常裁判所に乙類審判事項が申し立てられた場合に，これを管轄ある家庭裁判所に移送できるか，あるいは旧人訴法15条に基づいて附帯申立てがなされていたが，離婚請求について訴訟外で協議離婚が成立し訴えが取り下げられた場合に，残された附帯請求につい

てなお通常裁判所が審理できるのか，あるいは家庭裁判所に移送できるのかについて問題を生じさせていた。

人訴法の改正により，人事訴訟事件が家庭裁判所に移管されたこと，離婚訴訟等に伴う附帯請求についての受訴裁判所の取扱いについても規定が設けられ，立法的な解決が図られた（人訴36条参照）。

(4) 通常訴訟・人身保護請求との関係

① 通常訴訟との関係

乙類審判事項の審理において前提問題として訴訟事項が問題となる場合の取扱いについては，前述したとおり，家庭裁判所はこれを審理することができる。しかしその判断については既判力が生じないので，これを争う者は別途民事訴訟を提起することができる（通説・判例）。しかし，同居審判など最高裁の論理が実務においては貫徹していないことは前述のとおりである。実務においては，同居義務の存否自体とその具体的形成が一体のものとして審理されている。家事審判との関係では，先に指摘したとおり遺産確認の訴え（最判昭和61(1986)・3・13民集40巻2号389頁）や相続権不存在確認の訴え（最判平成16(2004)・7・6民集58巻5号1319頁）は民事訴訟として扱われるが，特定財産が特別受益財産であることの確認の訴え（最判平成7(1995)・3・7民集49巻3号893頁），具体的相続分の価額等の確認の訴え（最判平成12(2000)・2・24民集54巻2号523頁）の訴えはそれぞれ不適法とされている。特別受益や具体的相続分はもっぱら遺産分割審判手続で扱われることになる。

また，家事審判の後にその前提問題について通常民事訴訟において反対の判決がなされ，これが確定した場合の取扱いについて，名古屋高決平成10(1998)・10・13高民集51巻3号128頁は，「前の遺産分割の審判において，その対象となった物件の一部が，その後の判決によって遺産でないとされたときには，その遺産でないとされた物件が前の審判で遺産の大部分または重要な部分であると扱われていたなどの特段の事情のない限り，遺産でないとされた物件についての前の審判による分割の効力のみが否定され，その余の物件についての分割は有効であると解するのが相当である」とする*。これ以外に，審判手続における認定が訴訟において否定された事例はほとんど報告されていない。関係人間で争いがある場合には，家裁の判断が慎重になされていることを実証するといえる。ただ，遺産分割審判の過程で前提問題につき訴訟が提起された場合など審判手続の停止等に関する法律上の手続規制

はなされていない。

> ＊本件で問題となったのは，遺産分割の目的物件の遺産帰属性である。この限りでは，名古屋高判のように，遺産でないとされた物件についての前の審判による分割の効力のみが否定され，その余の物件に関する分割は有効であると解し，民法911条の担保責任の問題として解決することは可能であろう。しかし，遺産分割の訴訟事項たる前提問題としては，さらに相続人資格，分割協議の存否，遺留分減殺請求の成否等さまざまな事項がある。それを争う訴訟形態も一様ではなく，既判力の生じ方も異なる。必要的共同訴訟として相続人の全員に既判力が生じるとか，ある者の間で争われた判決の効力が，他の相続人にも拡張されることが保障されているわけではない。その各々について家事審判における判断と訴訟における判断が異なった場合に，審判の効力にどのように影響を及ぼすかは，一概にはいえないことになる（これらの問題の詳細については，さし当たり，注解・家審法561頁〈石田〉を参照）。

② 人身保護請求との関係

別居中の夫婦間で子の監護をめぐる争いの1つとして，子の奪取・連れ去り等が生じることはまれではない。このような場合に，家事調停・家事審判が申し立てられることに異論はないが，これと併行してあるいはこれに先立って人身保護法による救済申立てができるかが問題とされてきた。最高裁は早くからこれを肯定し，最判昭和24(1949)・1・18民集3巻1号10頁が，「夫婦離婚等の場合において，不法に子を拘束する夫婦の一方に対して，法律上子の監護権を有する他の一方から，人身保護法に基づいて，これが救済を請求しうる」と判示して以来，この立場を維持してきた（最判昭和43(1968)・7・4民集22巻7号1441頁，最判昭和44(1969)・9・30判時573号62頁）。家審法の審判前の保全処分に執行力がなく，また解決の迅速性・実効性の点からも人身保護法の手続が優ると考えられていた。昭和55(1980)年の家審法一部改正によって，審判前の保全処分に執行力付与されることになった後も，状況は変化しなかった。最判昭和59(1984)・3・29家月37巻2号141頁は，家審規52条の2によって子の引渡しの仮処分を申請する方法によることができるとしても，その方法では人身保護法によるほど迅速かつ効果的に救済目的を達成することができないから，人身保護法による請求が妨げられないと判示していた。

これに対して，最判平成5(1993)・10・19民集47巻8号5099頁は，人身保護請求よりも家裁の手続を優先させる考え方を示した。すなわち，「夫婦がその間の子である幼児に対して共同で親権を行使している場合には，夫婦の一方による監護は，親権に基づくものとして，特段の事情がない限り適

法」であるから，人身保護規則4条の要件が満たされるというためには「幼児が拘束者の監護の下に置かれるよりも，請求者の監護の下に置かれることが子の幸福に適することが明白であること」が必要であるとされた。そして同判決における可部補足意見は，「監護権を巡る紛争は，本来，家庭裁判所の専属的守備範囲に属し，家事審判の制度，家庭裁判所の人的・物的の機構，設備はこのような問題の調査・審判のためにこそ存在する」と指摘した。本件判決に続いて，最判平成6(1994)・2・8家月47巻2号135頁，最判平成6(1994)・4・26民集48巻3号992頁もこれを踏襲している。

　他方で，学説も基本的には近時の最高裁判決に賛成しつつ，「拘束の顕著な違法性についての明白性」の具体例にそって両手続のあり方を検討しようとしている（梶村太市「子の引渡請求の裁判管轄と執行方法」司法研修所論集(1997-Ⅱ)331頁，棚村政行「人身保護法にもとづく幼児引渡請求」森泉章先生古稀祝賀論集『現代判例民法学の理論と展望』(1998)696頁，吉田彩「子の引渡をめぐる人身保護請求と家裁における保全処分の関係について」関西家事事件研究会『家事事件の現況と課題』(2006)133頁，瀬木比呂志「子の引渡に関する家裁の裁判と人身保護請求の役割分担」判タ1081号(2002)49頁，さらに最高裁判所事務総局家庭局「平成7年度家事事件担当裁判官協議会における協議結果の概要―子の引渡事件の処理に関し考慮すべき事項―」家月48巻11号(1996)7頁）。

　家事審判事件以外で子の引渡しが問題となる場合（民事訴訟事件となる）との比較や，家事審判における保全処分で優先的な審理，迅速な裁判，裁判の執行等の個々の点について人身保護法に匹敵する実効性をあげることができるかについては，疑問も残されている。法改正をも視野に入れて検討する必要がある。

第2節　審判機関

1　家庭裁判所

　家事審判を行うのは，裁判所法上の家庭裁判所の権限である（裁31条の3）。手続法上，家庭裁判所として事件を処理する機関（審判機関）は，原則として単独で事件を処理する1人の家事審判官である。そして家事審判は，事件をたんに法律的に処理するのではなく，その解決に社会の良識を反映さ

せ具体的に妥当な解決を図ることを目的としているので，審判は原則として参与員の参与の下に行うこととされている。すなわち，家事審判官は，特別の定めがある場合を除いては，参与員を立ち会わせ，またはその意見を聴いてこれを行う（家審3条1項本文）。ただし，相当と認めるときは家事審判官だけで審判を行うことができる（同ただし書き）とされるが，実務においてはこれが原則化しているとされる（実務講義案23頁）。

また家庭裁判所は，家裁調査官に事実の調査や環境整備のために社会福祉機関との連絡，その他の措置をとらせることができ，必要に応じて審判に立ち会わせることができる（家審規7条の2第1項，7条の4，7条の5第1項参照）。

2　家庭裁判所職員等の除斥・忌避・回避

1　制度の趣旨

家事審判手続は民事裁判権行使の一態様であるから，適正・公正な裁判を担保するために裁判官の任命を厳格に定め，またその独立を保障している。しかし具体的な事件においても，これを担当する裁判官と事件の関係人との関係から，不公正な審理をするおそれがある場合に，公正な裁判を維持し一般の信頼を確保するために，当該の事件の職務執行から排除する制度を設けておく必要がある。これが除斥・忌避・回避の制度である。

除斥は，一定の事由があると法律上当然に職務執行ができないことであり，忌避は，除斥事由以外の裁判の公正を妨げる事由があるときに関係人の申立てに基づいて裁判により職務執行ができなくなることである。回避は，裁判官等が忌避事由があることを理由に，所属長の許可を得て自発的に職務執行から身を引くことをいう。家審法4条は，裁判所職員の除斥・忌避に関する民事訴訟法の規定で裁判官に関するものは，家事審判官および参与員に，裁判所書記官に関するものは，家庭裁判所書記官に準用すると定めている。さらに，家審規4条の3は，民訴規則の規定の準用を定めている。

家庭裁判所調査官および家事調停委員については，除斥・忌避に関する定めを欠く。家事調停官・家事調停委員に対する除斥・忌避のあり方については後述する（第2編第3章5参照）。ここでは家事審判官，裁判所書記官，参与員および家裁調査官に対する除斥・忌避について説明しておこう。

2 家事審判官に対する除斥・忌避

(1) 除　斥

　家事審判官に対する除斥・忌避理由は民事訴訟法におけると同一である（家審4条）。除斥原因は民訴法23条1項に列挙されている。家事審判官が事件の関係人と一定の身分関係があるとき（同1項1号ないし3号），あるいは事件の審理と関係がある場合（同4号，5号）がある。家事審判手続では，関係人という概念が用いられるため，事件の申立人・相手方のみならず，手続に形式的には登場しない事件本人等をも含むと解するべきである（飯塚重男「非訟事件の当事者」『実務民事訴訟講座7巻』(1969)69頁）。

　家審法の構造から問題が指摘されるのは，家事審判が調停優位の考え方に立脚しているため審判の前に調停が行われることが多いが，この調停主任として関与した裁判官が審判を担当することになるとき，これは除斥理由としてのいわゆる前審関与（民訴23条1項6号）に該当するかという問題である。最判昭和30(1955)・3・29民集9巻3号395頁は，家事調停の後に認知訴訟が提起されたケースである。最高裁は，「前審」とは，当該事件の直接または間接の下級審を指し，調停を前審の裁判ということはできないから調停に関与した裁判官は，その後の訴訟事件の判決に関与することを妨げないとした。乙類審判とその調停との関係についても同様に解してよい（注解・家審法73頁〈岩井〉，岩井峻「除斥，忌避及び回避」講座実務家審1巻77頁）＊。

　除斥の原因があるときは，裁判所は申立てによりまたは職権で除斥の裁判をする。この裁判（審判）は確認的な性質をもつ。除斥を理由ありとする決定に対しては不服申立てができないが，理由なしとして却下する決定に対しては即時抗告をすることができる（民訴25条4項・5項）。

＊市川四郎「家事審判における実務上の問題と判例」家月8巻12号(1956)17頁は，「家事調停に関与した家事審判官が自ら調停不成立後の審判手続においてその事件を担当することはもとより違法でないばかりか，むしろ法律はこれを当然のことと予想しているとさえいえると思う。従って調停に関与したことが除斥の原因になるというようなことはもちろん考えられない」という。また，乙類審判事件については審判と調停との間に有機的連関を図るべきことが目指されており，むしろ同一裁判官が同一事件の審判と調停に関与する方が，より妥当な事件の進行を図ることができるとされ，実務もそのように運営されているといわれる（注解・家審法73頁〈岩井〉，岩井・講座実務家審1巻77頁）。こうしたことから，調停は密度の濃い弁論準備手続であるとも評される。この立場を支持すべきであろう。人事訴訟事件の家庭裁判所への移管に

よってこうしたケースが増加すると考えられる。

(2) 忌　避

① 忌避理由

民訴法24条ないし26条が準用される（家審4条）。

家事審判官につき，裁判の公正を妨げるべき事情があるときは，関係人はその裁判官を忌避することができる。家事審判においては口頭弁論がなされず，また弁論の準備手続も存しないが，民訴法24条2項の趣旨は，関係人が忌避理由の存在を知ったときは速やかにこれを行使すべきであるという点にあるから，その準用を認めてよい（岩井・講座実務家審1巻80頁）。

忌避理由としては，家事審判官と関係人の一方が婚約中であることや，事件の結果について特別な経済的利害関係があることなどがあげられる。判例によれば，裁判官が訴訟代理人の女婿であることは忌避の理由にならないとするものがある（最判昭和30(1955)・1・28民集9巻1号83頁）が，学説は反対する（新堂・77頁，上田・74頁，松本＝上野・78頁）。個々の訴訟指揮のあり方に関するものは，それだけでは忌避の事由とはならない。手続上で許されている各種の不服申立てによるべきである。具体的な事件と直接に関係しない裁判官としての適格性，行状等に関する一般的事由は，弾劾・分限の事由とはなりうるが，忌避の理由とはならない（東京高決昭和45(1970)・5・8判時590号18頁）。

② 忌避の申立てと裁判

忌避の申立ては，その原因を開示して，当該家事審判官の所属する裁判所に対して行う。その原因となる事実は，申立てをした日から3日以内に疎明しなければならない（家審規4条の3による民訴規10条3項の準用）。申立てについては，その家事審判官の所属する裁判所が決定により裁判する。家事審判官は，自己に対する忌避につき裁判に関与することはできないが，意見を述べることができる（民訴規11条）。忌避の裁判に対する不服申立てについては，民訴法25条4項・5項による。

忌避の申立てがあったときは，その申立てについての決定が確定するまでは急速を要する行為を除いて，審理手続を停止しなければならない（民訴26条)＊。忌避申立てがなされても家事審判官は当然には職務執行から排除されないが，後に忌避を認める裁判があったときは申立人の目的が達成されないことを考慮したからである。急速を要しない行為をすることは違法である

が，後に忌避申立てを却下する裁判が確定したときは，この間に忌避申立人が自ら積極的に手続行為をしたときを除いて，違法は治癒しないと解すべきである（新堂・78頁，中野ほか・講義67頁，しかし，伊藤・78頁は治癒されるとする）。これに対して急速を要する行為は，後に忌避を認める裁判が確定しても，当然に有効である。

＊忌避申立権の濫用と簡易却下

　忌避の申立てがなされると，急速を要する行為を除いて手続を停止しなければならないから，手続を遅延させることを目的とした忌避申立てがなされる可能性がある。民事訴訟において下級審の先例には，このような申立てを忌避権の濫用として申立てを受けた裁判官が自ら却下の裁判をなしうる（いわゆる簡易却下）としたものがある（たとえば札幌高決昭和51(1976)・11・12判タ347号198頁など）。学説は分かれているが判例を支持するものが多数といえる（伊藤・78頁，新堂・78頁）が，疑問を提起するものもある（中野ほか・講義68頁，上田・78頁）。刑訴法24条に簡易却下の制度があり，また平成8年の民訴法改正でこの導入が見送られたという経過を考慮すると，民訴法上では簡易却下は認められないことになろう。それゆえ家事審判においても認められないと解すべきである。

3　参与員の除斥・忌避

　参与員については民訴法の裁判官の除斥・忌避の規定が準用される（家審4条）。その理由は，家審法の制定過程の資料から見る限り，立法者は参与員は審判という権力的な行為に関与する（合議という方式ではないが）がゆえに，除斥や忌避が問題となると考えていたようである＊。参与員に対する忌避を認めるという結論自体は正当だと思われるが，その理由づけや司法委員，調停委員に対する忌避と比較すると不統一感をぬぐえない。

　家審法4条および家審規4条の3は，民訴法の裁判官に対する規定を準用するのみであるが，人訴法10条は，参与員について民訴法23条ないし25条を準用しつつも，2項において「参与員について除斥・忌避の申立てがあったときは，参与員は，その申立てについての決定が確定するまで，その申立てがあった事件に関与することができない」と定めて，民訴法26条の適用を除外している。家審法および家審規にはこの定めを欠くが，諮問機関にすぎない参与員に対する忌避申立てがあった場合に，審判手続を全体として停止させる合理的な理由に乏しいから，人訴法10条2項の扱いを家事審判における参与員の忌避申立てにも類推適用することが妥当であろう。

　＊「家事審判法質疑応答資料」（堀内・研究431頁）では，次のような想定問答がな

されている。すなわち、

「問　参与員には、除斥忌避及び回避の規定を準用するに拘らず、調停委員には、斯る規定を準用せざる理由如何。

答　審判は、事件の強制的解決の方法であるから、審判の公平を期し、その威信を担保する必要があるので、この審判に関与する参与員には除斥忌避及び回避の規定を準用したが、調停は、事件の自主的解決の方法であり、又任意処分不能な事項の調停（第23条）及び強制調停（第24条）にあってもその効力は、異議の申立によって失効する弱いものであるから、審判の場合のように、その公平を担保する必要は少なくない（まま）ので、調停手続の指揮者である家事審判官及び任意処分不能な事件の調停又は強制調停の審判をする主体である家事審判官について除斥忌避及び回避の規定を準用すれば足り、調停委員には斯る規定を準用する必要がないからである」。

参与員について除斥・忌避を認めることに問題はないが、調停委員に対する除斥・忌避の理由づけには賛成できない。また、家審法と同時期に導入され、参与員と同様の職務を担当する簡易裁判所の司法委員（民訴279条）についても忌避の規定を欠いているので、立法は必ずしも一貫しているとはいえない。詳細は第2編第3章**5**において説明する。

4　家庭裁判所書記官の除斥・忌避

裁判所書記官は、裁判官の命を受けて事件に対する裁判権行使に付随する事務を担当するほか、事件に関する調書・記録の作成、送達などの固有の権限をも有する。こうした書記官の固有の職務執行においても公平を維持することが重要であるから、裁判官に準じて除斥・忌避が認められる（新堂・80頁）*。家審法4条および家審規4条の3により、民訴法27条および民訴規13条が準用される。これによって民訴法23条ないし26条および民訴規10条・11条の規定が準用される。ただ書記官の職務の性質上、前審関与の事由（民訴23条6号）は準用されない。裁判に関与するとは、裁判の評決に関与することを意味し、書記官はいかなる場合でもこれに関与するものではないからである（最判昭和34(1959)・7・17民集13巻8号1095頁）。

　　*もっとも、裁判所書記官について「裁判の公正を妨げるべき事情」とはいっても直接これに該当する場合は考えられないので、忌避原因は、裁判所書記官としての職務の公正さを妨げるべき事情と解するべきである（岩井・講座実務家審1巻83頁）。

5　家庭裁判所調査官の除斥・忌避

家裁調査官については、家審法に除斥・忌避等の定めを欠く。通説は、家

裁調査官の職責の重大性および職務活動の広範性から，理論上は除斥等の規定を置かなかったことを不当とすることはできないが，他の審判機関と同様の規定を置くことが妥当であるとする（家審法講座1巻27頁〈綿引〉）。家裁調査官は，審判機関を構成するわけではないが，家事審判官の命を受けて事実の調査をなし，意見を述べる（家審規7条の2，7条の4）など審判に実質的に関与する。この点では参与員以上に関与の密度が濃いといえる。家裁調査官の調査結果は，直ちに事実認定の資料とすることもできるとされている（実務講義案89頁）。そして現在の実務によれば，家事審判官が直接に審問を実施すべきだと考えられる場合に，家裁調査官が代わって事実調査を担当しているともいわれる。この職務の遂行にあたって除斥・忌避理由に該当する事由があってはならないのは当然であろう。参与員に忌避を認めたのが審判という権力的な行為に関与するからというのであれば，家裁調査官にこれを認めないのは著しく権衡を失している。除斥・忌避を認めるべきであり，忌避理由や忌避申立ての審理などは参与員に関する人訴法10条を準用してよいであろう*。

＊事実調査やケースワーク的な職務を担当する家裁調査官と関係人ないし関係者との間には，信頼関係が基礎となるから，除斥・忌避の申立てがなされること自体が好ましくないといえる。また明文規定がないのに除斥・忌避の裁判をすることも問題を生じさせよう。それゆえ現行法の下では，家裁調査官からの事情説明と回避によって問題を事前に解消することが重要である。

第3節　関係人（当事者）

1　関係人という概念

1　関係人の意義
① 当事者と関係人

民事訴訟においては，訴えまたは訴えられることによって判決の名宛人となる者を当事者とし，その両者を対立関与させる。権利者・義務者，法律関係の主体という実体法上の属性を捨象して当事者を定義するので，形式的当事者概念という。これに対して家事審判においては，一般の非訟事件と同様に，手続に関与するものを「関係人」と呼んでいる。当事者という概念は用

いない*。

　*ただし，時として，この関係人を指す場合に，「当事者」という表記を用いることがある。たしかに，以下に説明する関係人に関する内容が理解されているならば，当事者という表記をしても問題はないと考えられるからである。鈴木忠一「非訟事件に於ける当事者」同『非訟事件の裁判の既判力』(1966) 198頁は，「非訟事件に於ては民事訴訟の当事者概念をそのまま通用し得ないにしても，少なくとも或る程度乃至範囲においては民事訴訟の当事者概念が変容を受けつつ，非訟事件についても之を適用し得ることを想定し得るのではあるまいか」という。そして，当該論文においても「当事者」の表記を用いている。当事者という表記は，その他の著者にもみられる。ところで注解・非訟法111頁〈三井〉は，ドイツ・フランス・イタリア法の分析等を参考に，非訟事件における当事者概念否定説には十分な根拠があるとは認められず，「民訴の当事者概念が（必要な変更を加えて）非訟事件に適用される」という。しかし，この見解には賛成できない。民事訴訟においては，極めて例外的に実質的当事者概念によるほかは，形式的当事者概念に立脚している。家事審判においては以下に説明するように実質的意味の関係人という，形式的当事者概念とは異なった観点からの定義を持ち込むのであるから，民事訴訟の当事者概念を家事審判手続でも通用するというのは，適切ではあるまい。

　　本書においては，他の論文や審判を引用する場合を除いて，「関係人」と表記する。

② 関係人の定義

　非訟法も家審法も関係人についての定義規定を置いていない。しかしさまざまな箇所で，いろいろな呼称で関係人について触れている。非訟法では抗告権能との関係で，一般的に関係人となる基準が示されている（20条）といえるが，家審法ではこれも個別的に定められているにすぎない（14条参照）。

　家事審判を含めて，非訟事件における関係人の意義を確定することは極めて困難である。古くは，非訟事件の関係人とは，非訟事件の終局的処分により直接その権利義務に影響を受ける者であり，非訟事件の裁判が私権関係の形成を目的とする手続であるから，その裁判の影響する範囲を定めることは困難であると主張されていた（中島弘道『非訟事件手続法論』(1925) 142頁）。しかしこれには関係人の手続上の関係が全く含まれていないという根本的な問題があると批判された（山木戸・29頁）。

　また，従来非訟事件の関係人の概念には，手続の主体という意義が希薄であった。一部では申立てや取下げなどの処分をなしうることが定められているとしても，関係人が手続に関与するに際しても手続の主体としてよりも，むしろ手続の客体として関係することが多いとされていたのである（中島・前掲142頁）。たしかに家事審判を含む非訟事件では，審判の対象が関係人

による処分に親しまない事例が多い。とはいえ手続において申立人となりまたその相手方とされ，裁判官等の忌避を申し立て，審問の機会を保障され，裁判の名宛人となりあるいは不服申立権を認められる関係人が存在する。こうした者に手続主体というにふさわしい地位を与えていくことが，家事審判手続においても必要となるのである。以下，本書においては，このような地位を与えられる者を関係人という（なお，その表記については，以下 **3** 参照）。

2 関係人（当事者）となる者の範囲
(1) 総　説

上記 **1** で述べた，手続の主体としての地位を与えられる関係人を定めていくについては，次のような諸事情を考慮する必要がある。まず，法がある者に申立権を認めている場合である。事件の性質によっては，申立人のみがあって相手方が存在しない場合（たとえば相続放棄の申述），相手方は存在しないが申立てにかかる裁判の内容上の直接の名宛人とされるべき者が存在する場合（たとえば成年後見開始決定申立事件における本人），さらに相手方の存在する場合（たとえば財産分与請求，相続人廃除請求）などである。このことは，形式的に手続に関与している者を関係人とする（これを「形式的意味の関係人」という）だけでなく，手続に関与していないがその裁判によって内容上の名宛人となり，あるいは直接に名宛人とされる関係人（これを「実質的意味の関係人」という）とを区別する必要性があることを示している（山口幸雄「当事者」講座実務家審 1 巻 86 頁参照）。実質的意味の関係人は，審問の機会や不服申立ての機会を保障するため，手続に引き入れられることによって形式的意味の関係人となる。

手続上の諸権能の保障は，まず形式的意味の関係人について検討されるが，さらに実質的意味の関係人が誰であり，この者にどこまで手続上の諸権能が認められるかを点検する必要がある。このようにして，家事審判手続における関係人は，次のように整理することが適切であろう（鈴木・既判力 231 頁以下，注解・家審規 36 頁〈向井〉，注解・非訟法 117 頁以下〈三井〉参照）。

(2) 申立事件
① 申立人

申立人は，法が定める申立権者に該当するか否かにかかわらず，関係人となる。これには次の場合がある。申立人のみがあって，相手方の予定されな

い場合がある。たとえば子の氏の変更についての許可（民791条，家審9条1項甲類6号），特別縁故者への相続財産の分与（民958条の3，家審9条1項甲類32号の2），名の変更許可（戸籍107条の2，特別家審規4条）などの事件であり，申立人以外に関係人は存在しない。しかし，戸籍107条1項の氏の変更許可の審判，戸籍113条・114条の戸籍訂正許可の審判については，利害関係人が予定され，この者に即時抗告権が認められている（特別家審規6条2項，11条2項）。

　② 相手方

　申立人と相手方を予定し，その間の法律関係について裁判される場合である。乙類審判および家事調停がこれに当たる。相手方が誰であるかは法定されていることが多い。裁判は申立人および相手方を名宛人としてなされるのであり，この両者が関係人となる。遺産分割審判の場合，共同相続人の全員が申立人となって審判の申立てをするときは，相手方が存在しないということも生じうる。またたまたま相手方とされたからといって地位の差異を生じさせない。詳細については，以下2 1参照。

　③ 裁判の内容上の名宛人

　当該手続の目的である裁判の内容上の直接の名宛人となるべく法定されており，またはその名宛人となった者である。この者は手続に形式的に関与すると否とを問わず，また申立人であるか相手方となるかを問わず関係人となる（たとえば失踪宣告申立てにおける不在者，成年後見開始決定事件における本人など）。これらの者は，裁判に先立って陳述の機会が保障される（家審規25条など）。

　④ 裁判の直接の名宛人

　形式上手続に関与しないで，当該裁判によって裁判の直接の名宛人となる者（たとえば親族等の申立てによる後見人選任の審判において後見人に選任される者）も関係人となる。これらの者も審判手続において，陳述の機会が保障される（家審規83条1項など）。

　⑤ 裁判の効力を受ける者

　裁判の内容上の直接の名宛人ではないが，法律上当該裁判が目指しその効力を直接に受ける者であって，手続に全く関与しない場合でも関係人となる。たとえば親権・管理権喪失の宣告事件（民835条）においては，申立人は子の親族であるが，親権に服する子も実質的意味の関係人となる。したがって

子が15歳以上であるときは，その意見を聴くことが求められる（家審規54条参照）。

⑥ **裁判所によって手続に引き入れられた者**

家審12条に定めるように，審判の結果に利害関係があるとして，裁判所によって参加させられた者は当然に形式的意味の関係人になる（上記の者と重複する可能性もあるが，手続的には別個であるから，ここに掲げる）。

(3) **職権で開始される手続**

職権による事件（それがどのようなものであるかについては，第4章第2節13参照）では，関係人とされる者が法定の者に該当し，かつ，法の要求する条件が存在する場合に限って裁判所はこの者を名宛人として裁判をなしうる。そこで裁判所が職権をもって手続を開始し，これに引き入れた者およびその裁判の直接の名宛人とした者（一般的には家審法12条があり，さらに，家審規31条・34条によって家庭裁判所が不在者の財産管理人に担保の供与等を命じた場合における当該管理人，また親権・管理権喪失宣告の申立てに付随して家審規74条による職務執行停止・代行者選任の裁判をした場合の親権者・管理人・代行者等。鈴木・既判力237頁）が関係人である。また内容上の直接の名宛人ではないが，法律上当該裁判が目指しその効果を直接に受ける者も，申立事件におけると同様に関係人とされる（上の例でいえば，不在者や親権に服する子がこれにあたる）*。

*関係人の定義およびその範囲を一義的に決定することが困難なのは，ドイツ法においても同様である。現行の非訟法（FGG）には関係人についての一般的定義規定が存しない。これまで何度か提案されてきた非訟事件手続法の改正案の中で，これを定義する努力がなされてきた。2005年6月6日に公表された改正草案（FamFG）においては，関係人について次のような定めを提案している。参考のために掲げよう。

　第8条（関係人）
　⑴ 申立事件においては申立人は関係人である。
　⑵ 次の各号に定める者は関係人として手続に引き入れられる。
　　1 その者の権利が手続の結果によって直接に害される者
　　2 法律に基づいて関与すべき者
　⑶ 次の各号に定める者は，職権により関係人として手続に引き入れられることがある。
　　1 その者の権利が手続の結果によって直接に害されうる者
　　2 法律に基づいて関与できる者
　⑷ 第3項により関係人として手続に引き入れられうる者が裁判所に知られている

(5)　審問を受ける者あるいは通知を受ける者は，第2項または第3項の要件を満たさないときは，関係人とならない。
　(6)　裁判所は，引入れを求める申立てを却下するときは，決定によって裁判する。

　以上のようにかなり幅広く，関係人をとらえようとしていることがわかる。特に引入れによる関係人は，手続の結果によってさまざまな程度に権利に影響を受ける者が存在していることを考慮し，また法律による関係人と引入れによる関係人とを区別することで，手続の負担軽減を図ろうとしている。なお，ここで関係人の概念を広く捉えることは，これ以外に「参加人」をどのように考えるかという問題と直結してくる。上記のFamFGの第2項，第3項のような定め方をするならば，わが国では参加人と扱われる者が関係人の概念に取り込まれているのであって，これ以外に参加人について定める必要がなくなるのである（この点については以下，第6節参照）。

3　関係人の呼称・表記

　家審法および家審規は，上に述べた関係人を指すのに，実にさまざまな表記をしている。それが一貫しているかは疑問である。ともあれ，審判では当事者（家審3条3項，21条1項など），事件の関係人（家審27条など），利害関係人（家審12条，家審規37条など），事件本人または本人（家審規12条2項，21条の3第1項など）という表現のほか，さらに申立人，相手方，当事者，審判を受ける者といった手続的観点からの用語のほか，権利者・義務者（家審規143条の6，143条の7），本人，利害関係人，夫，妻，子，相続人，相続債権者など実体的関係を示す用語が見られる。また抗告審においては，抗告人，相手方と呼ばれる。家事調停においては，常に対立する複数の関係人が存在する。申立人・相手方と呼ばれる。

　家審法や家審規則が「当事者」という用語を用いていても，これが民事訴訟における当事者と同一視されるわけではない。また利害関係人など民法等の実体法における概念がそのまま用いられていることもある。それが具体的にどの範囲の者を指すかは，個別的に検討する必要がある。

4　関係人概念と各種の規定

　審判手続上の制度との関係で，関係人の意味が形式的にあるいは実質的に解されるべきかを若干の具体例に即して検討しておこう。
　① 裁判所職員の除斥・忌避と関係人概念
　裁判の公正を確保するという除斥・忌避制度の目的からみて，関係人の概

念は広く解されるべきであり，形式的意味での関係人のみならず手続に関与しない実質的意味の関係人もともに含められる。

② 関係人と証人の区別

家事審判における証拠調べについては，民事訴訟の例による（家審規7条3項）。「例による」とは，法規の個々の特定の条文だけでなく，その制度ないし関係する法令上の規定を同種の事案に包括的に準用することを指す。したがって，証人調べと本人尋問も区別され，形式的意味の関係人が証人となり得ないのは当然である。上記の分類の2(2)③④⑤の実質的意味の関係人の証人能力を肯定しうるかが問題となる。④に掲げた者は裁判によって初めて関係人としての地位を取得し，後見人選任の候補者であっても理論的にはそのまま裁判の名宛人となるとは限らないことから，証人能力を有するとの見解もある（鈴木・既判力233頁）が，すべての関係人ついて証人能力を否定するのが通説である（家審法講座1巻43頁〈綿引〉，飯塚・前掲71頁）。審問を受けるために呼び出された時点で関係人としての地位を取得すると解すれば，通説に従い証人としてではなく，関係人として審問を受けると解するべきであろう。

③ 審判の告知の名宛人

審判はこれを受ける者に告知されなければならない（家審13条）。この「裁判を受ける者」の意義については，一般的には「具体的な審判の内容に従い，一定の行為または負担を命じられた者，資格または権能を与えられ，またはそれらを奪われる者」と解されている（注解・家審法556頁〈飯島〉，実務講義案123頁）。それゆえ，前記関係人の分類に従って，誰に対して告知されるべきかが検討されることになる。ここでも問題となるのは，実質的意味の関係人であり，とりわけ本人や後見人に選任される者に対する告知の要否である。理論的にいえばすべての実質的意味の関係人に対する告知が必要となりうるが，裁判の効力の発生時期を画一的に定めるなどの考慮も必要となる。告知を受けない実質的意味の関係人に対する抗告権の保障をも考慮して，その範囲が決定されるべきである（たとえば，成年後見事件においては告知のほかに通知の制度を設けた。家審規26条2項など）。詳細は，個々の審判事件に即して検討する（第4章第6節23参照）。

④ 抗告権者

家審法14条は，「審判に対しては，最高裁判所の定めるところにより，即

時抗告のみをすることができる」と定め，これを受けて家審規則が個々的に即時抗告をなしうる旨を定めている。その定め方は，非訟法20条のように「裁判ニ因リテ権利ヲ害セラレタリトスル者」といった抽象的なものではなく，民法等の定めに対応して即時抗告をなしうる者を限定する（たとえば家審規27条1項，64条の8第1項など）こともあるが，多くは「本人又は利害関係人」（家審規42条1項など），「相続人又は利害関係人」（家審規103条の5第1項など）のように実体法上の解釈を必要とする定めになっている。その詳細については，不服申立ての項で扱う（第4章第7節4参照）。

2 家事審判手続における関係人の地位

1 総 説

　民事訴訟においては，2当事者が対立関与し，当事者は手続の主体たる地位を占め，当事者に与えられる権能または責任が理論上も，実際上も重要な意味をもつ。当事者は，処分権主義に基づいて訴訟物を特定することによって裁判所による救済の範囲・態様を画し，裁判の基礎となる資料の収集においても弁論主義により争点を自由に決定することができる。また裁判所は当事者の申し立てていない事項について裁判することはできない。これに対して非訟事件手続（家事審判を含む）は，もともと裁判所が後見的な立場から私人間の法律関係に介入することを1つの典型として手続を組み立てているため，職権主義・職権探知主義を基調とする。審理の方式についても，口頭弁論がなされず，かつ非方式であることに特徴がある。すなわち，裁判内容の形成に加えて手続進行についても，手続主宰者としての裁判所の職権と裁量に多くが期待されているのである。

　このことは関係人の側から見れば，手続客体と扱われやすいことを意味する。また適切な処分（裁判）をするためには当事者の申立てや主張に拘束・制約されないことが必要であるとの理論が優先されやすい。このように見てくると非訟事件手続は，民事訴訟のように当事者が手続の主体として組み立てられているのと対極的な原理に基づく手続ともいえるわけである。しかしながら，裁判を受ける者にとって，裁判が言い渡される前に裁判結果に影響を及ぼしうる主張・立証をなし，相手方の主張に防御する機会を与えられることは，それが職権主義に立脚する手続であるにせよ最低限度の要請ともいえる。裁判を受ける者の手続上のこうした権利をどこまで認めることができ

るかが，非訟・家事審判手続においても重要となるのである。

2 当事者権の保障・手続保障
(1) 当事者権の提唱とその展開

　もともと当事者権とは，「当事者が訴訟の主体たる地位において認められている諸権利」の総称である（山木戸克己「訴訟における当事者権」同『民事訴訟理論の基礎的研究』(1961) 60頁，佐上「当事者権という概念の効用」ジュリ別冊『民事訴訟の争点』(1979) 66頁）。これには当事者の有する忌避申立権，移送申立権，期日の呼出を受ける権利，記録の閲覧権，救済の範囲・態様の特定の権能，弁論権，当事者の争いのない事実に対する裁判所の審判権を排除する権能，証拠申出権，参加する権利，裁判に対して不服を申し立てる権利，等々がある。なかでも，口頭弁論において事実および法律問題について攻撃防御方法を提出することができ，これについての聴取の機会が当事者双方に平等に保障されていることが重要である（広義の弁論権といえる）。このような諸権利が保障されている場合に，手続保障があるといわれる。そして，当事者が十分に自己決定をなし自己責任をまっとうできることが，その裁判を正当なものとして受容する根拠とされるのである（新堂・116頁，618頁，井上治典「手続保障の第三の波」新堂幸司編『特別講義・民事訴訟法』(1988) 76頁以下）。

　訴訟事件を非訟化すると，当事者の主体たる地位の弱体化を招き，その結果としてこれらの当事者権の保障の質も低下する。これを防止し，あるいはその侵害を最低限度のものとし，さらには代替措置を検討することに，当事者権を論じることの第1の意味がある。第2に，非訟事件で処理されている事件における手続関係人に，上記の諸権利をどこまで認めることができるかを研究することに，その意義を認めることができる。審判手続における関係人にこうした手続保障を認めることの結果として，民事訴訟に匹敵する主体的地位を認める見解もある（有紀新「非訟事件における手続関係人の手続協力義務」青山法学論集14巻4号(1973) 14頁）。しかし非訟事件において，一般的に民事訴訟と同様の手続主体性を認めるには限界があるとして，当事者権のうちでも主要には，①審問請求権，証拠申出権（裁判資料提出権）を中心とした弁論権，②証人尋問その他の審理手続への立会権，および③記録閲覧権を認められるべきことを提案してきた（鈴木忠一「非訟事件に於ける正当な手

続の保障」同『非訟・家事事件の研究』(1971) 259 頁，竹下守夫「調停制度における非訟的処理をめぐる課題」ひろば 27 巻 8 号 (1974) 11 頁など)＊。

　　＊筆者の非訟事件および家事審判における手続保障に対する考え方は，「利益調整紛争における手続権保障とその限界」法律時報 52 巻 7 号 (1980) 27 頁，同「非訟事件手続における手続権保障と関係人の事案解明義務」吉川大二郎先生追悼『手続法の理論と実践（下）』(1981) 22 頁以下に示している。なお，この考え方に対して，鈴木正裕・前掲『新実務民事訴訟講座 8 巻』18 頁は，「非訟事件手続における当事者の地位の保障に努めている最近の傾向のせっかくの努力の芽をつみ取ってしまう恐れがある」と批判する。これは的を射ていないと考える。私見は，非訟事件手続における手続保障の充実を主張するものであり，職権主義の支配する中でどのようにして当事者の主体性・自己決定を生み出すかという問題を念頭に置いている。もっとも，家事審判をはじめとする非訟事件では，民事訴訟と同質の当事者権を認めることが必要である場合と，弁論権の保障，審問機会の保障など民事訴訟とは異なる方法でその充実を図るべき場合など，今後さらに検討が深められるべきである。その際，職権主義と当事者主義をたんに対立的に理解するだけでなく，職権性がどのように関係人の自己決定を引き出していけるかという，従来あまり検討されていない問題もたてていく必要がある。さらに，手続監護人の導入や裁判官による直接の審問の確保，あるいは多くの関係者が継続的な関与を必要とする事件における裁判言い渡し前の協議の導入の可能性などが考えられる。そうした検討の 1 例として，佐上「裁判言い渡し前における裁判内容に関する協議の可能性」吉村徳重先生古稀祝賀『弁論と証拠調べの理論と実践』(2001) 239 頁以下参照。

(2)　実務における運用論

　学説の多くが，上記の内容を当事者権として「権利」と把握するのに対して，裁判実務においては，運用によって対処しようとしている。この旨を明らかにする審判例もある。たとえば，高松高決昭和 50(1975)・6・6 家月 29 巻 8 号 48 頁は，「家審 9 条 1 項乙類 7 号に規定する親権者の変更の審判は，家庭裁判所が，当事者の意思に拘束されることなく，子の福祉のため，後見的立場から，合目的的に裁量権を行使するものであって，その審判手続の性質は本質的に非訟手続であるから，訴訟における場合と異なり，事件の当事者であっても，家庭裁判所が調べた資料全部について，その開示を要求し，かつこれに対する意見陳述の機会の付与されることを求める権利はない。もっとも，家庭裁判所は，手続の実際においては，関係人に対し，家審規 12 条により相当と認める限度で記録の閲覧もしくは謄写を許可し，また審問ないし申述の形式により，事実につき陳述機会の付与を与えるのが実情であ（る）」という。

実務家による論稿においても，同様の趣旨が指摘される。すなわち，現行法の解釈としては，家事審判手続において関係人の審問請求権を権利として認めることはできないが，とくに乙類審判事件についてみると当事者間に実質的な利害対立があるから，「この種の事件については，運用上，真実の発見および当事者の権利保障の観点から，なるべく当事者を審問するのが望ましいとするのが，実務の大勢であると思われる」とするのである（井上哲男「乙類審判事件における職権探知と適正手続の具体的運用」講座実務家審1巻130頁，また小田正二「乙類審判における当事者主義的運用」判タ1100号(2002)564頁）。また記録の閲覧についても，これを公開することによる調整活動への支障や，内密性・秘密性が損なわれることを理由とする非公開という考え方が，手続保障という考え方の定着とともに，原則的に開示するという方向に転換していることが見て取れる（最高裁判所事務総局『家事執務資料（下巻の2）』(1979)273頁，司法研修所編『遺産分割運用の手引（上）』(1983)16頁等）。

実務が手続保障から導かれる諸権利を認めることができないというのは，その内容・限界，効果等がなお明確になっていないという学説側に原因があることも確かであろうが，いつまでも運用論としてお茶を濁す扱いにするにも限界があろう。家審法自体では明文規定がなくとも，今回の人訴法制定では離婚訴訟の附帯処分の審理につき相手方の審問期日への立会いや記録閲覧等が明記された（人訴33条4項，35条）。こうした状況から見ても，実務もはっきりとどこまでを権利と認めるか，手続改善に向けて明確化していくことが求められているといえよう。

(3) **審問請求権**

審問請求権とは，もともとドイツ基本法103条1項が定める「裁判所において審問を求める権利」を指している。これは裁判手続において当事者や関係人が，手続の主体として自己の見解を聴取されるべき機会を保障される，ということを中核とする考え方である（この紹介・研究としてフリッツ・バウア・鈴木正裕訳「ドイツ法における審尋請求権の発展」神戸法学雑誌18巻3・4号(1969)512頁，鈴木・研究291頁以下，紺谷浩司「審問請求権の保障とその問題点」民訴雑誌18号(1972)143頁，有紀新「非訟手続における審問請求権」民訴雑誌21号(1975)162頁などがある）。この違反があるときは上訴の理由となり，審問請求権侵害を理由とする責問を理由に不服申立てが尽きた手続の続行を認め（非訟29a条），さらには憲法裁判所に憲法訴願を提起することができる*。

わが国で展開されてきた当事者権に対応する主張機会の保障などがその内容をなすのは当然である。審問の実施が口頭によるべきか，書面による審尋で足りるか，審問が関係人に対する審問請求権の付与を目的としたものか，あるいは裁判所の事実探知の手段としてなされただけかということが重要な問題となる。当該の手続に参加し，あるいは裁判に対して不服申立権が認められるかも，重要な問題群である。ドイツにおいては，審問請求権をめぐる論点はいっそうの展開をみせている。たとえば，ある者の訴訟能力を否定してその者による不服申立てを不適法とすることが，その裁判で目的となっている事件との関係で適法とみなされるかという問題や，成年被後見人を自由の制約を伴う精神病院へ入院させるについて，後見人の判断だけで足りるとする民法の規定が被後見人の審問請求権を奪うのではないか，あるいはさらに後見人が被後見人を精神病院に入院させる許可を求めようとするとき，この両者の間に実質的な利益相反が生じる可能性があり，被後見人のために実体法上の法定代理人のほか手続上の法定代理人（手続監護人）制度を設ける必要があるのではないか，といった問題が扱われてきた。その結果，ドイツにおいては1990年の世話法による非訟事件手続法の改正に際しても，訴訟手続であった旧禁治産宣告・取消事件を非訟化するにつき，事件本人・手続関係人の手続保障が格段に充実することになったのである（この点につき，佐上・審理69頁参照）。

家事審判手続のいかなる局面で，いかなる関係人にどのような地位，権利を認めるべきかという点については，それぞれの箇所で具体的に説明する**。

＊ドイツにおいては，2004年12月9日に成立した法的審問請求権違反に対する法的救済に関する法律（Gesetz über die Rechtsbehelfe bei Verletzung des Anspruchs auf rechtliches Gehör ＝ Anhörungsrügegesetz）によって，民事訴訟法をはじめすべての手続法に，法的審問請求権違反を理由とする救済規定が置かれることになった。民訴法321a条や非訟法29a条がそれにあたる。裁判所による裁判に重大な影響を及ぼす審問請求権違反があった場合に，これに対して通常の不服申立てや救済方法が存しないとき，この責問によって手続の続行を求めうることをその骨子とする。当事者は違反を知った後2週間以内に，異議のある裁判所に申し立てる。責問が理由があるとき，すなわち法的審問請求権の侵害があったときは，手続は裁判以前の状態に復する。審問請求権違反は，まずそれぞれの裁判手続によって救済されるべきであり，その旨の規定がなければならないとする2003年4月30日の連邦憲法裁判所の連合部決定によって法改正が行われた（Bundestag Drucksache 15/3706 S.1, 13）。

＊＊従来，当事者権として論じられてきた内容と審問請求権として論じられてきた内

容には，上にみたように重なる部分も多いが，異なる点もある。いずれは両者を包括したうえで，非訟法や家審法の改善点を明らかにしていくべきであろう。ここでは理論的にややあいまいだが，並記しておく。

3 複数の関係人

1 共同の関係人

家事審判手続においても，民事訴訟と同様に1つの手続に数人の関係人が関与することがある。甲類・乙類の審判ともに問題となりうる。次のような場合がある。

まず，成年後見開始決定の申立てのように数人の者にそれぞれ独自の申立権が認められている場合がある（民7条等）。各人は各別に申立てをなし得るし，数名の者が共同して申し立ててもよい。申立ての取下げも申立人ごとに判断される。また，扶養義務者が数人ある場合に，そのうちの1人だけを相手に申し立てるか，あるいは全員を相手に申し立てるかは，申立人の自由に委ねられる。

これに対して，数人の未成年の子についての監護に関する審判の申立て（民766条，家審9条1項乙類4号）や数人の子について氏の変更許可の審判申立て（民791条1項・2項，家審9条1項甲類6号）などは，形式的意味の関係人はともかく，実質的意味の関係人が複数となっている場合である。数個の申立てが併合されていると解してよい。戸籍法107条1項による氏の変更の許可を求めようとするときは，「戸籍の筆頭に記載した者及びその配偶者」の共同の申立てが必要である。

以上の各場合は，民事訴訟の多数当事者の取扱いと比べても，大きな差異はみられないようにみえる。しかし，次の場合は非訟事件である家事審判における複数関係人の関与の特徴がよく現れる。

2 共同相続人の遺産分割審判手続への関与

共同相続人は，全員が申立人となって遺産分割の審判を申し立てることができる。この場合，相手方が不存在ということになるが，非訟事件である家事審判は2当事者対立構造をとらないため，申立人に対応する相手方という観念を必要としない（家審法講座2巻55頁〈岡垣〉，鈴木・既判力263頁）。実務においては，現実に共同相続人の一方が分割申立てをしたときは，その者

が申立人，その他の共同相続人が相手方と表示されている。共同相続人のうちでたまたま最も早い時期に分割の申立てをした者が申立人となり，相手方はその他の共同相続人というにすぎない。申立人となったか，相手方となったかによって手続上の役割や地位に差異を生じさせることはない。このことは，申立人になったからといって申立て理由について主張責任や，それを具体化する責任が生じるということを意味しない（第 4 章第 4 節 **6** 参照）。抗告審においても，申立人と相手方が各別に入れ替わることがある。共同申立人のうちの 1 人が抗告しないときは，相手方となる*。民事訴訟の共同訴訟においては，手続の全体を通じて原告・被告のグループが入れ替わることがないのに対して，遺産分割の審判ではそうした地位の固定はみられないことに注意すべきである。

分割の審判は，共同相続人全員を手続に関与させ審判の名宛人とすべきであるから，共同相続人の 1 人が一部の者のみを相手方として申し立てても，全員が関係人になり，また一部の者のみが申立てを取り下げてもその効力は生じない。この点では民事訴訟の必要的共同訴訟の規律と同様である。

  *最判平成 11（1999）・11・9 民集 53 巻 8 号 1421 頁は，形式的形成訴訟である境界確定訴訟につき，共有者のうち訴え提起に同調しない者がいるときは，その余の共有者は隣接する土地の所有者とともに訴え提起に同調しない者を被告として訴えを提起することができるとする。この訴えでは，裁判所は当事者の申立てに拘束されないこと，民訴法 246 条の適用がないことを理由とする。原告・被告の役割が民事訴訟のように固定されていないことが指摘されている。この点では遺産分割審判における関係人の地位との共通性がみられる。

4 関係人（当事者）の確定

1 意　義

裁判手続においては，当該の手続において誰が当事者であるかを一定の基準を用いて確定し，当事者に対して期日における陳述機会を保障するとともに，当事者でないものを手続から排除することが必要である。このような作業を当事者の確定という。そして，確定された当事者から裁判籍，裁判官等の除斥・忌避，手続の中断，判決効の主観的範囲が定まる。当事者能力や手続行為能力，当事者適格についても，確定された当事者について判断される。形式的当事者概念をとる民事訴訟では，この作業は不可欠である。当事者の確定には，こうした意義がある。

2　家事審判における関係人の確定
(1)　確定の必要性と基準

　一般論としていえば，家事審判手続においても関係人の確定が問題になる。たしかに民事訴訟と同様に，他人の氏名を騙った申立てがあり得るからである。この点について民事訴訟におけるほど議論がなされているわけではないが，確定基準につき実務ではいわゆる表示説によっているとされている（実務講義案26頁）。確定の基準が明確であるという点にその根拠が求められているが，家事審判においては，申立ての添付資料として申立人等の戸籍謄本，住民票等の提出が求められる（家審規2条参照）から，表示説とはいえ民事訴訟における以上に実質的な審査が可能といえる。また，家事審判では形式的に手続に関与しない事件本人や実質的意味の関係人が誰であるかを探索し，これを確定するといった民事訴訟にはない実質的審査をする必要がある。むしろこうした者の範囲と人物を確定することにこそ重要な意味があるといってよい。

　申立てに際し氏名冒用の事実が判明したときは，無権代理に準じて申立てを却下すべきであり，これを看過して審判がなされたときは，被冒用者は即時抗告をなすことができ，あるいは審判が確定したときは再審を求め，即時抗告の許されないものについては，非訟法19条を準用して取り消すことができる（家審法講座1巻30頁〈綿引〉，山口幸雄「当事者」講座実務家審1巻88頁）。

　職権で手続が開始された事件においては，裁判所が関係人として引き入れた者が関係人として確定される。

(2)　確定に伴う効力

　家事審判手続においては，民事訴訟とは異なり実質的当事者概念がとられている。2当事者対立構造が採用されていないことや，実質的意味の関係人との関係をも考慮しなければならないことなど，当事者確定に伴って生じる効果を個別的に判断しなければならないことが多い。また手続の中断や受継など，民事訴訟とは異なる理解が必要になることも少なくない。民事訴訟においては，表示説によれば氏名冒用訴訟の場合被冒用者に判決の効力が及ぶとされる。当事者が確定されると，これに関連する諸問題に対する解答も一律に引き出されることに，当事者確定の意義が見いだされる。

　しかし，家事審判においては，身分関係が問題となっているときは本人の

意思（真意）が尊重されなければならないから，氏名冒用の場合についても被冒用者に裁判の結果を及ぼすことは妥当ではない。冒用の事実が明らかになれば，その法的効果は生じていない（無効）と扱うことが必要である。浦和家審昭和38(1963)・3・15家月15巻7号118頁は，無権限である者の署名捺印を冒用してその者の意思に基づかないでなされた相続放棄申述を無効であるとしている。もっとも，氏名冒用の事実を看過して審判がなされ，その結果戸籍の届出などがなされている場合には，その訂正を求めるには法的安定の要請から再審や取消しの裁判が必要になると解される。

5 関係人能力

1 意　義

家事審判において関係人となることの一般的能力を，民事訴訟における当事者能力に対応して，家事審判における関係人能力と呼ぶ。家審法にはこの点についての特別の定めがない。非訟法にもこの定めを欠くが，それは非訟事件につき関係人能力の存在を前提としつつ，民事訴訟法の規定によることを期待していたと考えてよいとされる（鈴木・既判力253頁，家審法講座3巻71頁〈沼辺〉）。なぜなら当事者能力に関する民事訴訟の定めは，民事裁判に関する一般的な定めと見られるので，その準用があると考えてよいからであるといわれるのである。しかしこの考え方は，必ずしも必然的ではない。むしろ民法の権利能力を基準に考えるという立場が，筋であるともいえる*。

> *ドイツ非訟法（FGG）にも関係人能力に関する定めは存しない。連邦通常裁判所の判例によれば，これに関する民訴法の規定の準用を否定したうえで，個別的にそこで扱われる事件との関係で，合名会社，権利能力なき社団等の関係人能力を肯定している（KKW-Zimmermann, Rn. 51 zu § 13）。また，非訟法改正草案（FamFG）においてもその9条は，関係人能力については，実体法の権利能力によって定まるとの考え方を維持しつつ，自然人，法人のほか権利能力なき社団，行政庁にもこれを認めるとしている。

2 関係人能力を有する者

(1) 原　則

家事審判において関係人能力を認められるのは，実体法上権利能力を有する者であるから，自然人および法人である（民訴28条）。外国人も権利能力を有するかぎり関係人能力をもつ。権利能力なき社団・財団の当事者能力は

第3章　家事審判手続総説　　85

認められるか。これは民訴法29条が家審法にも準用されるかという問題として現れる。民訴法29条は，訴訟に限った特例措置であることを理由に，これを否定する見解が有力である（鈴木・既判力235頁，注解・非訟法121頁〈三井〉）が，肯定しても特に支障は生じないであろう（山口・講座実務家審1巻91頁，実務講義案27頁，家審法講座1巻71頁〈沼辺〉は家事調停につきこれを肯定する）。ただ，他方において法人についても設立が容易になっているから，実際上は権利能力なき社団等が家事審判における当事者として登場する機会は少なくなろう*。

　　*行政庁の当事者能力
　　児童福祉法や生活保護法等によって家事審判手続に行政機関が関与することがあるが。この場合に，行政機関に関係人能力を認めるか否かは，検討対象となりうる。ドイツ法では解釈上，独自の法的人格を有しない行政庁にも関係人能力を認め（KKW-Zimmermann, Rn. 51 zu § 13），非訟法改正草案（FamFG）9条でもこれを継承して明文規定化しようとしている。しかしわが国では，申立権者は知事または市町村長あるいは児童相談所長とされている（たとえば児童福祉法27条の3，33条の7，33条の8）。他の手続法との関係もあるため，現行法上は家事審判についてのみ行政庁に関係人能力を認めることは困難であろう。

(2)　胎児の関係人能力

　胎児の当事者能力に関しては，学説上争いがある。胎児は権利能力を有しないが，生きて生まれたときは問題となる事件の発生したときに遡って権利能力を有していたと扱うとする停止条件説（人格遡及説）と，胎児もすでに生まれたものとみなされる法律関係の範囲内では，問題となる事件の発生したときから制限的権利能力を有するが，生きて生まれなかったときは遡って権利能力を失うとする解除条件説（制限人格説）との対立がある。後者は関係人能力を肯定するが，現行法上胎児の財産を管理する法定代理人制度が存在しないことを理由として，実務においては停止条件説の見解に立ち（大判昭和7（1932）・10・6民集11巻2023頁），胎児の関係人能力を否定している（山口・講座実務家審1巻91頁）*。

　　*胎児の関係人能力について，民法においては解除条件説（制限人格説）が今日の通説であるとされるが，法定代理人は胎児の権利の保存行為しかできないとする。民事訴訟の教科書においても，解除条件説が通説である。胎児のままで，その母を法定代理人として当事者となることができるとする（たとえば新堂・128頁，松本＝上野・206頁）。しかし実務の考え方を支持し，出生後に訴訟することになると解すべきであろう（伊藤・91頁）。それゆえ，遺産分割も出生まではできないと解すべきである

(二宮周平『家族法（第2版）』(2005) 367頁，内田貴『民法Ⅳ　親族・相続』(2002) 337, 415頁）。

3　関係人能力の調査

当事者能力の存在は，民事訴訟においては訴訟要件の1つにあげられている。家事審判においても手続の適法要件として，裁判所はいつでも職権でこれを調査し，その欠缺を認めるときは，申立てを却下しなければならない。関係人能力のない者に対してその欠缺を看過して審判がなされても効力を生じない。抗告により取り消すことができるが，確定したときは再審は許されない。確定しても内容上の効力を生じないので無効と扱われる。

6　手続行為能力（審判行為能力）

1　原　則

民法の行為能力，民事訴訟における訴訟能力に相当する家審法上の能力を手続行為能力（審判行為能力）という。家事審判手続に関与して有効に手続行為（民事訴訟でいう訴訟行為に相当する行為。以下，本書においては「手続行為」という）を行い，相手方や裁判所の手続行為を有効に受領することのできる能力である。これについても家審法，家審規則，非訟法には明文規定がない。この能力の基準を民法に求めるべきか，民事訴訟によるべきかについて争いがある。当事者能力と同様に民法の規定によると解すべきであろう。もっとも人訴法13条，14条は，民事訴訟法に対する特別の規定を置いているので，これを参考にすることができる（この点については，加藤令造「家事審判手続上の行為能力と私法行為能力との関係」家事研究(1) 358頁，高田裕成「新人事訴訟法における訴訟能力の規律」家月56巻7号(2004) 1頁以下）*。

＊ドイツ非訟法（FGG）も手続行為能力に関する規定を欠いている。この点について，学説は民訴法の規定は準用されないとし，むしろ民法の行為能力の規定が標準になるとする。その理由は，非訟事件では，裁判所が事案の解明に必要または適切と認めるときは，行為無能力者を審問し，またこれらの者から提案・申立てを受けることが必然的にあり得るからだとする。未成年者の審問が明記されていることも，これを裏付けるという。したがって関係人に意思能力がある限りは，その手続行為能力を認めることになる（KKW-Zimmermann, Rn. 32 zu § 13）。また改正草案（FamFG）10条も民法の規定に従うことを前提とした定めをしている。

家事審判における手続行為能力は，民事訴訟よりは本人の意思能力を基準

に訴訟能力を定める人事訴訟法を準用して考えるべきである。可能なかぎり本人の意思に基づくことが望ましいからである。成年後見制度の発足により，本人の自己決定を最大限度尊重するという法律の趣旨にも適合する。しかしその仕組みが現行法上適切であるかについては疑問がある。人事訴訟では通常の民事訴訟において訴訟能力を有しない者であっても，意思能力があるかぎり訴訟能力が認められる（人訴13条1項参照）。さらに人事に関する訴訟の原告または被告が成年被後見人であるときは，その成年後見人は自ら訴えまたは訴えられる（人訴14条1項）。人訴法14条1項の定めは，成年後見人の権限の特例の対象となる訴訟の範囲を，旧法における離婚の訴え，離縁の訴えおよび嫡出子の否認の訴えから，人事訴訟全体に拡張したものである（小野瀬厚＝岡健太郎『一問一答新しい人事訴訟制定』(2004) 62頁）。

　もっとも，この考え方は身分関係に関する事項に限られるべきだと主張されるかもしれない。しかし，財産関係上分関係かの区別は必ずしも明確になされるわけではない。

(1) 未成年者

　意思能力がある限り手続行為能力を有する。意思能力の有無は，行為能力と異なり個別に判断しなければならない。民法は，未成年者が養子縁組（797条），子の氏の変更（791条），離縁（811条）の事件において満15歳以上であるときはその申立権を認めているので，その年齢をもって原則として手続行為能力を認めてよい（家審法講座1巻31頁〈綿引〉，注解・家審法114頁〈林屋〉など通説である）。この点につき，最判昭和43(1968)・8・27民集22巻8号1733頁は，14歳9ヶ月の未成年者の母が法定代理人として提起した認知の訴えに関し，「子に意思能力がない場合に限って法定代理人が訴えを提起することができるものと解することは，子の意思能力の有無について紛争を生じ訴訟手続の明確と安定を害することになるおそれがあって相当でなく，他面，子に意思能力がある場合にも法定代理人が訴訟を追行することを認めたからといって，必ずしも子の利益を害することにはならないと解されるのである。したがって未成年の子の法定代理人は，子が意思能力を有する場合にも，子を代理して認知の訴えを提起することができるものと解するのが相当である」という。

　この判例の考え方と同様に，多数説は子の意思能力の有無にかかわらず法定代理人による訴えの提起が許されると解している（新堂・140頁，須永醇

『家族法判例百選（新版増補）』(1975) 111頁もこれに賛成する)。意思能力の有無についての紛争を避け，手続の安定を図る必要があるとするのである。しかし，このように解すると手続行為能力を承認し，未成年者に申立権を認めた趣旨が生かされないことになる。家事審判においては，意思能力があるかぎり，その意思を尊重した手続を運営することが重要なのであり，その意思が十分に反映できるような手続上の配慮を検討しなければならない。次に扱う成年被後見人で意思能力のある者が手続に登場する際には，その意思能力の確認や手続の効力を個別的に判断することになる。このような場合には，手続の安定の要請は後退するものと解するべきである（なお，前田正昭『家族法判例百選（5版）』(1995) 79頁参照）。法定代理人による申立てがあったときは，未成年者の意思に反しないことが，裁判所に明らかになるような審問などの措置が講じられる必要があり，子の意思能力があると認められるときは，関係人の記載を訂正する必要もある。

(2) 成年被後見人等

成年後見制度発足以前の通説は，成年被後見人（禁治産者）について意思能力があるとされてもそれが継続するとはいえないので，手続安定の観点から手続行為能力を認めるべきではないと解していた（山口・講座実務家審1巻93頁）。この考え方によると，この場合には法定代理人によってのみ手続を追行することになる。しかし，人訴法13条1項は，成年被後見人が意思能力を有するかぎり，その意思を尊重するという成年後見制度の趣旨に照らして，その訴訟能力を肯定している。家事審判でもこれと同様に考えるべきである。この場合でも人訴法14条1項は，成年後見人は被後見人のために訴えまたは訴えられうるとしている。この法律の定めによると，同一の事件について2つの訴訟が競合することがありうるわけである。成年後見人のみが訴えを提起するときは，15歳以上の未成年者についてみたのと同様に，事件本人の意思確認のあり方が問われるし，また被後見人と後見人がともに申立てをしたときは，両者の手続行為の関係をどのように考えるかという問題が登場する*。可能なかぎり本人の意思を確認する審理を優先させるべきであろう。もっとも現行法上この意思を尊重して審理すべき手続上の保障制度が欠けているので，後見人の訴訟行為によらざるを得ないという現実がある。しかし制度不備を理由に本人の意思より手続の安定を志向するのは，問題だといわざるを得ない。明らかな立法の不備である（高田・前掲42頁は，

後見人の訴訟行為を基準にするという。また伊藤・112頁も同旨）。早急な規制が必要であろう。

　法定代理人がない場合または法定代理人が代理権を行使できないときは，身分行為を対象とするときは特別代理人の選任は許されない（最判昭和33（1958）・7・25民集12巻12号1823頁）から，成年後見監督人が職務上の当事者となる（人訴14条2項）。

　　＊上に述べたように，身分行為については，意思能力があるかぎり成年被後見人に訴訟能力を認めるという原則をたてながら，それを実質的に保障する仕組みが整備されていない。人訴法は，成年被後見人が当事者となった場合に，申立てまたは職権で弁護士を訴訟代理人に選任することができるとする（人訴13条2項・3項）だけである。意思能力を基準とする以上は，それに則した本人保護のための手続上の手当が必要となるのに，立法でそれがなされていないのである。さらに本人と実体法上の法定代理人との間に実質的な利益対立が生じかねない場合への対処が十分でない。加えて成年後見開始決定がなされ，本人が即時抗告しようとする場合，あるいは開始決定の取消しを求めようとする場合にも，通説は成年被後見人の手続行為能力を否定するが，成年後見人の立場と調和しがたいという問題が顕在化する。この点について，佐上・審理233頁以下参照。

(3)　被保佐人・被補助人

　被保佐人は家事審判手続につき手続能力を有する。したがって，被保佐人は保佐人の同意なくして離婚調停の申立てなどをすることができる。しかしこれとあわせて，財産分与につき不動産や重要な財産の得喪を目的とする行為をするについては，保佐人の同意が必要になる（民12条参照）。民訴法32条は準用されない。

2　手続行為能力を欠く場合の措置

　手続行為能力は，家事審判に関する行為を有効に行い，また有効にこれを受領するための能力であるから，裁判所は職権でこれを調査しなければならない。手続行為能力を欠く場合の取扱いについては，民事訴訟法と同様に考えてよい。したがって，手続行為能力のない者の行った行為は無効であり，効力を生じない。裁判所は当事者に対して訴訟能力欠缺の補正を命じなければならない（民訴34条）。また手続行為をする能力のない者の行為であっても，能力を有するにいたった当事者本人ないし法定代理人が追認することによって有効とすることも可能である。

　しかし，精神能力に障害のある者のすべてに成年後見等が開始されているわけではない。意思能力のない者がした手続行為の効力をどのように考える

か。これについて判例は，当該の訴訟行為の難易や重要性によって判断するという（最判昭和29(1954)・6・11民集8巻6号1055頁は，精神能力が12,3歳程度の成年者のなした控訴の取下げは無効とするが，控訴の提起は有効としている）。学説もこれを支持し，なされた行為の性質，効果と，行為者の精神能力の程度を考慮して，問題となる行為ごとに意思能力の有無，行為の効果を判断する。ある程度の判断能力を有する者であれば，自己の権利の救済を求めて裁判所に訴えるなどの行為であれば，その趣旨を理解できるとみてよいが，訴訟上の和解ではその趣旨を理解するのは難しいとする（新堂幸司＝小島武司編『注釈民事訴訟法1巻』(1991) 423頁〈飯倉〉）。

手続の係属中に，成年後見開始決定などがあり手続行為能力を失った場合，民事訴訟においては手続中断事由とされている（124条1項参照）。しかし，家事審判においては，その対象によって本人がなお手続行為能力を失わない場合もある。意思能力がある限り手続行為能力を認める本書の立場では，成年後見開始決定があってもなお意思能力の有無が判断されなければならない。

7 弁論能力

弁論能力は，民事訴訟において口頭弁論等の期日に主張や陳述をなす能力をいう。主として訴訟手続の円滑迅速な進行を図り司法制度を健全に運用するために要求されるものである（新堂・146頁）。わが国の民事訴訟は弁護士強制主義を採用してないので，訴訟能力があると原則として弁論能力があるとみなされる（上田・103頁は，訴訟関係を明瞭ならしむるための裁判所の釈明の内容を理解して対応しうる能力を中心に捉えている）。ただ，裁判所は訴訟関係を明瞭にするために必要な陳述をすることができない当事者の陳述を禁じて，新たな期日を定めることができ（民訴155条1項），必要があれば弁護士の付添いを命じることができる（同2項）。

家事審判においては，むしろ本人出頭主義が原則とされ（家審規5条1項），やむを得ない事由があるときにかぎり代理人を出頭させることができるとする。さらに家事審判は，法的保護を必要とする未成年者や精神障害のある者さらには加齢による身体能力・判断能力の低下した者を事件本人とした手続が多く，これらの手続関係人を家事審判官が直接に口頭で審問することが重要である，という考え方に立脚していると考えられる。それゆえ，弁論能力は原則として必要とされないと解すべきであろう。むしろ，本人等の陳述に

ついて支障があるとみられるときは、裁判所の意図を本人に伝えまた本人の意思を裁判所に伝えることのできる者を補佐人または本人が信頼する付添人として付き添わせることなどの対処が求められるといえよう（さらに第4節4参照）。

第4節　代理と代理人・特別代理人

1　総　説

1　代理の意義

　手続上の代理人は、当事者の名において当事者に法律効果を帰属させるために、当事者に代わって自己の意思に基づいて手続行為をなし、またはこれを受ける者である。他人の権利につき、自己の名において手続を追行する訴訟担当者は当事者であって、代理人とは区別される。

　家事審判手続においても、手続行為は原則として代理に親しむ。身分行為のように実体法上代理の許されない行為であっても、訴訟上・手続上の代理は許される。わが国では民事訴訟においても弁護士強制主義は採用されていない。家事審判についても同様である。また未成年者や行為能力に制限を受ける者が関係人として関与する場合には、意思能力がある限り自ら手続行為をなしうるが、これを欠く場合にはその能力を補う制度が必要であることは民事訴訟におけると異ならない。家事審判においても本人の意思によらずに選任される法定代理人と、本人の意思による任意代理人がある。

2　代理権

　実体法上の代理権と同様に、代理人のまたはこれに対する手続行為の効果を本人である当事者に帰属させるためには、代理権の存在が必要である。手続法上の代理では手続の安定を図るため、代理権の存否・範囲については画一性と明確性が要求されている。代理権は書面によって証明されなければならない（非訟7条、民訴規23条1項）。この要請は、将来に向かって代理行為をする場合の証明の方法を定めたものであって、すでになされた行為についての代理権限を証明するにはその他の書面等によっても証明できる（最判昭和36(1961)・1・26民集15巻1号175頁、最判昭和48(1973)・2・8家月25巻9

号82頁）。

代理権の存在は，手続行為の有効要件であって，無権代理人の行為は当事者本人には効力を生じない。代理権の存否は職権調査事項であって，裁判所は常にこれを調査して無権代理人の手続行為を排除しなければならない（新堂・151頁）。補正が可能であれば補正命令を出し，一時手続行為をすることを許すこともある（民訴59条による34条1項の準用）。申立てや相手方への送達受領行為に代理権の欠缺があると，手続の適法要件を欠くが，当然には無効ではなく，上訴・再審によってその取消しを求めることができる（民訴312条2項4号・338条1項3号参照）。

3　双方代理の禁止

民法108条が法律行為につき自己契約・双方代理が許されないとするのと同様に，訴訟や家事審判手続においても当事者の一方が相手方を代理したり，ある者が双方の代理人を兼ねることは許されない。

法定代理人については，双方代理に該当するような場合については，法定代理権の制限として民法等において定めがある（民826条・860条等）。家事審判においてもこれに違反した行為は，無権代理行為として処理される。特別代理人についても同様である。

任意代理人のうち，訴訟委任による訴訟代理人は，通常弁護士であるため，弁護士法25条1号・2号違反の行為として問題とされる。この点については後述する（**3 2(3)**参照）。

2　法定代理人

1　意義と種類

(1) 実体法上の法定代理人

本人の意思に基づかないで代理権が発生する代理人をいう。家事審判において手続行為能力を有しない者が関係人として手続に関与し，手続行為をするためには法定代理人によることが必要である。これには実体法上の法定代理人と手続法上の特別代理人がある。実体法上の法定代理人は，手続法上も法定代理人となる（民訴28条）。家事審判についても同様に解してよい。それゆえ未成年者の法定代理人は，親権者または後見人であり（民818条，838条1号），成年被後見人の法定代理人は成年後見人である（同8条，838条2号，

859条1項)。被保佐人や被補助人のための手続行為に関して代理権を付与される保佐人・補助人(同876条の4第1項,876条の9第1項)も法定代理人である。

　家庭裁判所によって選任される不在者の財産管理人(同25条)は不在者の,相続財産管理人(同918条3項,926条2項,936条等)は相続人の法定代理人である(最判昭和47(1972)・7・6民集26巻6号1133頁,最判昭和47(1972)・11・9民集26巻9号1566頁)。もっとも学説上は,相続財産管理人を訴訟担当者(当事者)とみる見解も有力である(梅本吉彦「代理と訴訟担当との交錯」『講座民事訴訟法3巻』(1984)150頁,鈴木重勝「代理と職務上の当事者」小山昇ほか編『演習民事訴訟』(1987)214頁,高橋宏志『重点講義民事訴訟法(上)』(2005)232頁など)が,通説は判例と同様に代理人とみる(新堂・154頁,伊藤・107頁,上田・228頁)。これに対して,遺言執行者は判例によれば職務上の当事者とみなされる(最判昭和31(1956)・9・18民集10巻9号1160頁)。

(2) 手続上の特別代理人

　法定代理人がない場合,または法定代理人が代理権を行うことができないときは,民訴法35条の特別代理人が選任されなければならない。家事審判・調停についても同様である。親権者(後見人)と子(被後見人)との間に利益相反が生じる場合には,民法826条の定めに従い,特別代理人が選任されなければならない。身分行為については代理に親しまない場合があることに注意する必要がある。夫婦の一方が,成年後見開始決定を受けていないが事理を弁識する能力を欠く常況にあるとき,この者に対して離婚訴訟を提起しようとする者は,民訴法35条の特別代理人の選任を求めることはできず,成年後見開始決定を得たうえ人訴法14条1項によって後見監督人または後見人を職務上の当事者として訴えなければならないとするのが判例の立場である(最判昭和33(1958)・7・25民集12巻12号1823頁)*。

*なお,東京高決昭和62(1987)・12・18判時1267号37頁は,禁治産を受けていないが心神喪失の常況にある者を相手に婚姻無効確認の訴えを提起する場合には,禁治産宣告を申し立て,その宣告を得て後見人・後見監督人の選任の手続をとることはもとより可能であるが,民訴法56条(現行35条)を準用して相手方のための特別代理人の選任を求めることもできるとする。婚姻無効確認は,離婚のように一身専属的な身分行為を目的としているわけではないこと,およびその訴訟の性質上常置機関である後見人または後見監督人に訴訟追行させなければ本人保護に欠けることになるとはいえないことが理由とされている。本件決定に賛成する。

嫡出否認の訴訟を提起する場合に被告である子の母が親権を行使できない場合には，特別代理人が選任される（民775条，家審9条1項甲類5号）。この訴えを提起しようとすると調停前置主義があるため，家審法においてもこの特別代理人の選任が問題となる。この場合の特別代理人は，いわゆる職務上の当事者である。

2 代理権の範囲等

法定代理権の範囲は，当該の法定代理人に関する法律の規定によって定まる（民訴28条）。親権者が未成年者を代理するときは，あらゆる手続行為をなす権限を有する（民824条参照）。後見人は訴えを提起するにつき後見監督人があるときは，その同意を要する（同864条）が，相手方の提起した訴えに応訴するにはこの同意を必要としない。判決によらないで訴訟を終了させる行為については個別的な同意を必要とする（民訴32条2項）。

3 法定代理権の消滅とその通知

法定代理権の消滅原因も民法等の定めるところによる。すなわち，本人の死亡，代理人の死亡（民111条1項1号），後見開始または破産手続開始（同2号），法定代理権発生原因が消滅したこと（同10条，834条，835条，837条，844条等）のほか，特別代理人にあってはその改任などである。手続の安定を図るため，代理権の消滅は能力を回復した本人または新旧の代理人が相手方に通知しなければ，消滅の効果を生じない（民訴36条1項）。通説・判例は，消滅に関する相手方の知・不知を問題としないし，この間は手続中断の効果も生じないとする（大判昭和16(1941)・4・5民集20巻427頁）が，有力な反対もある（新堂・159頁）。

3 家事審判手続における任意代理

1 任意代理人

任意代理人の資格の証明，権限等についてはほぼ民事訴訟におけると同様であるが，ここでは家事審判手続における弁護士以外の任意代理人について，特に問題とされている点についてのみ触れることにする。

家審法には代理人に関する定めはなく，家審規がこれについての定めを置くにすぎない。家審法には，その性質に反しないかぎり非訟法の規定が準用

されるが，同法6条1項は，「事件ノ関係人ハ訴訟能力者ヲシテ代理セシムルコトヲ得但自身出頭ヲ命セラレタルトキハ此限ニ在ラス」とし，その資格について訴訟能力（手続行為能力）を要求しているにすぎない。非訟事件における代理人は弁護士でなくともよいのである。

ところで，民事訴訟でも簡易裁判所では，弁護士でなくても代理人となりうるが，それについて裁判所の許可にかからせている（民訴54条1項ただし書き）。民事訴訟では，それゆえ理論的には訴訟無能力者でも裁判所の許可があれば代理人となることができる。家事審判手続においては，家審規5条1項が「事件の関係人は，自身出頭しなければならない。但し，やむを得ない事由があるときは，代理人を出頭させ又は補佐人とともに出頭することができる」と定め，同2項で「弁護士でない者が前項の代理人又は補佐人となるには，家庭裁判所の許可を得なければならない」と定めている。代理人の能力には触れず，裁判所の許可にかからせる点で，規定ぶりは非訟法よりは民訴法に類似している。

そこで，家事審判における任意代理人は非訟法の原則に従い，訴訟能力者でなければならないかが問題とされる。家事審判における弁護士以外の代理人は訴訟能力者であることを要しないとする見解が有力である（鈴木・既判力255頁，家審法講座1巻30頁〈綿引〉）。しかし，法律の原則を規則で排除できるかは，それ自体疑問があるので，家審法には非訟法6条が準用されると解するのが素直であろう。また，審判や調停の手続にわざわざ手続行為能力のない者を代理人とさせる実践的意義も認められない。したがって弁護士以外の者が裁判所の許可を得て代理人となるには家事審判の手続行為能力を備えていなければならないと解する（注解・家審規30頁〈向井〉）。有力説にはしたがえない*。

> *もともとこの問題は，非訟法の原則に対して，家審規がその適用を除外するような定めを置いたことに原因がある。この点について，ドイツ法では民訴法70条が，弁護士強制の働かない場合に弁護士以外の訴訟能力のある者による代理を認めているのに対して，非訟法13条は代理人に対して何の制約も加えていないため，制限行為能力者であっても代理人となりうると解されている（KKW-Zimmermann, Rn.11 zu § 13）。改正草案（FamFG）11条は，民訴法79条を準用することで，これを解決しようと提案している。

また家事審判においては本人出頭主義が原則とされているから，弁護士以外の代理人が出頭して陳述する場合には，裁判所の許可を受けなければなら

ないかについても争いがある。実務においては許可を要しない扱いとしている（山木戸・30頁，家審法講座1巻30頁〈綿引〉，実務講義案30頁）。

　審判に対する抗告審の手続においても，弁護士でない者も代理人となることができる。家審規18条が，即時抗告につきその性質に反しないかぎり，審判に関する規定を準用するとしているからである（高木積夫「家事審判に対する即時抗告」講座実務家審1巻283頁ほか，通説である）。

2　訴訟委任による代理人
(1)　代理権の範囲

　訴訟代理人は，訴訟追行のため包括的代理権を有する任意代理人であり，特定の事件の訴訟追行のために代理権を授与された者を訴訟委任による訴訟代理人という。訴訟委任をするには代理人は原則として弁護士でなければならない（民訴54条1項）。家事審判手続においても同様である。

　代理権の範囲については，民訴法55条に定めがある。弁護士が代理人であり，手続の円滑な進行の必要から代理権の範囲は包括的に法定され，その制限が禁止され，かつ，これに反する制限は無効だと解されている。家事審判においては家審法7条によって準用される非訟法7条が代理権の範囲を定める民訴法55条を準用していないため，「手続に関与する当事者の主体性は微弱であるから，民訴法81条（現行55条）の準用を認めることは適当ではない」とする見解が有力である（鈴木・既判力256頁，家審法講座1巻33頁〈綿引〉）。また実務上は必ずしも統一されていないといわれる（実務講義案31頁）。しかし，実際上民訴法55条の準用を排除しなければならない格別の理由はないと考えられる＊。民訴法55条2項の特別授権事項については個別の授権を必要とする。

　　＊東京地判昭和32(1957)・1・31下民集8巻1号183頁は，調停事件の代理権に関するものであるが，「調停事件の代理人の代理権は訴訟代理権の場合と異なり，委任者本人によってその権限を特に制限することもできようが，……民訴法81条（現行55条）の規定は，民訴法22条，非訟法7条によって調停代理権にも亦準用され……」と述べる。また，高松高決昭和35(1960)・4・15家月13巻1号138頁）は，婚姻継続の家事調停申立てについての代理権は，夫婦の同居協力扶助に関する事項，婚姻費用分担に関する事項についても含まれるとされるとする。

(2) 代理権の消滅

　民法の原則に従うが，次の特則がある。すなわち，訴訟委任の場合には，委任事務の目的・範囲が明確であるうえに，弁護士が受任者であることから，本人の死亡，訴訟能力・法定代理権の喪失，訴訟追行権の喪失があっても訴訟代理権は消滅せず，また訴訟手続も中断しない（民訴58条・124条2項）。家事審判の場合も同様に解してよい（前掲東京地判昭和32(1957)・1・31。通説である）。ただ，審判事項が関係人の一身専属権に関する場合には，関係人の死亡により手続が終了すると解されるから，代理権も当然に消滅する*。代理権消滅事由が生じたときは，相手方に通知しない限り原則として消滅の効果を生じない。

　　*大阪高決昭和54(1979)・3・23家月31巻10号59頁は，推定相続人廃除申立事件には民訴法58条の準用はなく，申立人が死亡したときは弁護士が申立代理人であっても，民法895条により遺産管理人を選任してこの者に手続を受継させるべきだとする（この決定には問題がある。詳細は第7節**2**参照）。

(3) 弁護士法違反の手続行為の効力

　弁護士はその職務の遂行にあたって，高度の職業倫理を要求される。弁護士法は，一方において依頼者の利益を擁護し，他方では弁護士の職務の公正と品位を維持するために，一定の事由のあるときはその職務を行うことを禁じている。弁護士でない者が業として弁護士の職務を行うことも禁じられる（弁護士72条）。

　弁護士法25条に違反する行為が双方代理禁止との関係で問題とされる。相手方の協議を受けて賛助し，またはその依頼を承認した事件（同1号），および相手方の協議を受けた事件でその協議の方法・程度が信頼関係にもとづくとみられるもの（同2号）の違反行為については，その効力につき学説が対立している。しかし，相手方当事者がこの違反のあることを知り，または知ることができたにもかかわらず異議を述べなかったときは，もはやその無効を主張できないとする異議説が現在の判例・通説となっている（最大判昭和38(1963)・10・30民集17巻9号1266頁）。家事審判についても同様に解してよい。

4 補佐人

事件の関係人は、やむを得ない事情があるときは補佐人とともに出頭することができる（家審規5条1項ただし書き）。補佐人は当事者の専門知識の不足を補い、これを援助する者である。法律以外の専門家・技術者などがなることが多い。弁護士でなくてもよいが、この場合には家庭裁判所の許可を得なければならない（同2項）し、この許可はいつでも取り消される。補佐人は当事者に代わって期日において陳述をすることができるが、単独では出頭できない。家庭裁判所では、上に述べたように広く任意代理人が認められているので、補佐人を必要とすることはそれほど多くはないとされている（実務講義案32頁）＊。

＊ドイツ世話法による手続および収容事件の手続において、手続上の法定代理人とされる手続監護人の果たすべき役割の1つに、自らの意思を十分に表現できない事件本人の非言語上の表現を裁判官等に伝え、また裁判所の意図を本人に伝えるという、いわば翻訳者的な役割がある。また事件本人は、家庭の中などで実質的に利害の対立する可能性のある者から孤立して誰からも助言を求められない状態に放置されてはならないから、専門家、信頼できる者に助言を求めまたは代理されることが保障されなければならないとされる。ここでも手続監護人が必要とされる（この点につき、佐上・審理248頁、268頁など参照）。家庭裁判所が可能なかぎり本人を直接に審問しようとするときは、こうした工夫を手厚くする必要がある。

わが国ではこうした場合に、事件本人の客観的な利益を主張するための手続法上の法定代理人の必要性について認識が乏しいが、ドイツの世話事件においては、「手続監護人」という制度を設けている（ドイツ非訟法（FGG）67条1項）。手続監護人の制度は、もともと後見人が被後見人を精神病院に入院させる措置をとる場合に、それが被後見人の自由の剥奪を伴うことから、両者の間に利益相反があり被後見人の利益を擁護するための手続上の配慮が必要であるということから、1979年の非訟法の改正以来認められていたものである（同64a条）。わが国においても、こうした制度の必要性は、事件本人の実質的な手続保障の充実という観点からもっと検討されてよい。佐々木健「ドイツ親子法における子の意思の尊重(1)(2)」立命館法学302号（2005）286頁以下、306号（2006）128頁以下、またアメリカ法の状況については、橋本聡「アメリカにおけるガーディアンシップ手続と手続保障についての覚え書」東海法学24号（2000）175頁以下参照。

第5節　当事者適格

1　意　義

　民事訴訟において訴訟物である権利関係について，本案判決を求めまたは求められる訴訟手続上の地位を当事者適格といい，これを有するものを正当な当事者と呼ぶ。当事者適格は，当該訴訟による有効適切な解決を図るため必要とされ，訴訟物である権利関係の主体あるいは管理処分権を有する者に認められるのが原則である。

　家事審判においても，相続財産管理人や遺言執行者の手続追行権能が問題とされ，当事者（関係人）かあるいは代理人かが問われることがあり，当事者適格について論じられている。また家事調停では，調停前置主義が採用されているために人事訴訟事件が調停の手続に登場する。この場合にも，後見人や後見監督人の地位に関し，職務上の当事者として当事者適格が問題とされている。このように見ると，家事審判手続においても民事訴訟と同様に当事者適格を扱う必要があるようにみえる。しかし，次に説明するように，家事審判手続においては民事訴訟と同様の当事者適格は原則として問題とならない＊。

　　＊当事者適格と並んで訴えの利益も訴訟要件として問題になりうるが，家事審判では原則として必要でないと解する。家審法9条1項・2項により家事審判事件として家庭裁判所が扱うことのできる事件は限定されているから，裁判所が取り上げ，本案の判断を下すにふさわしい事件を選別する基準である訴えの利益は必要がないからである。個々の事件の申立ての適法要件が満たされているかを審査すれば足りることになる。

2　家事審判と当事者適格の果たす役割

1　これまでの見解

　家事審判においても民事訴訟と同様な当事者適格を肯定する見解がある。たとえば，「家事審判でも，その事件でだれが当事者としての適切な当事者としての資格をもつかが判断され，そうした当事者適格をもつ者が当事者（正当な当事者）となっていることが必要である」といわれる（注解・家審法113頁〈林屋〉。さらに山口・講座実務家審1巻95頁，実務講義案30頁も当事者

適格の必要性を指摘する)。そして，当事者適格の問題の現れ方としては，次のように説明される。すなわち，甲類事件の「禁治産宣告事件では，民法7条との関係で，ある者に対して禁治産宣告を請求する者に当事者適格が認められる。同様に，乙類審判事件にあっても，だれに当事者適格を認めるかが実体法との関係で検討されなければならない」とされるのである（注解・家審法113頁〈林屋〉)。民事訴訟の思考法を非訟事件である家事審判手続に導入することを意図しているといえよう。

2　当事者適格概念不要

家審法においては，民事訴訟と同様の意味での当事者適格の概念は，若干の例外を除いては必要ではないと解する。その理由は次のとおりである。

① **実質的当事者概念**

まず第1に，非訟事件である家事審判では形式的当事者概念は採用されず，実質的意味での関係人が重要な意味を果たしている（前述第3節１１参照）。すでに当事者（関係人）概念自体の中に正当な当事者（関係人）の判断が含まれているといってもよい（福永有利『民事訴訟当事者論』(2004)14頁参照)。形式的に確定された関係人が訴訟物との関係で，紛争を有効かつ適切に解決することができるか，といった判断形式によらないで，その審判によって直接に影響を受ける者は誰か，そのための裁判を申し立てることができるのは誰か，審問の機会が保障され，審判の名宛人となるのは誰かが法定されている。

② **関係人の実体的属性**

第2に，民事訴訟における給付訴訟の当事者適格の判断基準と比べると，家事審判においては審判事項の個別的な性格を捨象して，当事者適格を論じることができないことがある。民事訴訟において給付訴訟の当事者適格は「訴訟物たる給付請求権を自らもつと主張する者に原告となる適格があり，原告によってその義務者と主張される者に被告たる適格がある」（新堂・265頁）と説明される。給付の訴えという形態をとったこと自体，すなわち，原告が自らの給付請求権をその義務者たる被告に対して主張する形をとったことで，すでに原告にも被告にも適格が認められる。そのために，「適格の有無の判断は，独立に行われず，被告とされた者に対する原告の給付請求権が存在するかどうかの本案の判断に吸収されてしまう」（新堂・265頁)。形式

的当事者概念をとり，実体法上の権利者・義務者の属性と無関係に当事者適格を考えると，上のような説明となる。しかしながら家事審判においては，給付を求める場合（たとえば財産分与，婚姻費用分担，未成熟子の養育料の支払い，扶養料請求等）であっても，請求権者・義務者の属性を抜きにして，申立人や相手方を論じることはできない＊。一般的に給付請求の申立人の当事者適格は云々と説明できないのである。まさに個々の実体法上の請求権者・義務者というに尽きるわけである。このように，実体法上の権利義務主体であるかどうかの判断は，民事訴訟における当事者適格の判断とは根本的に異なるのであるから，これに同じ概念を用いることはできない。

> ＊未成熟子の養育費の支払いを求める法的根拠や請求方式をめぐる見解の対立も，これに関連するものであった。最判平成元(1989)・12・11民集43巻12号1763頁が，人訴法15条（現行32条）の附帯処分につき，離婚請求を認容するに際し，親権者の指定とは別に子の監護者の指定をしない場合でも，申立てにより監護費用の支払いを命じることができるとされるまで，見解が対立していた（この点につき，佐上・本件判批・民商103巻2号(1990)237頁）。

③ 職権発動の促し

第3に，家事審判には，民事訴訟におけると異なって，申立人に対して相手方が存在しない事例が多くみられる。この場合は，申立人のみが存在するか，あるいはその申立てに対応する審判の直接の名宛人である事件本人が存在する場合がある（前述第3節1 2 (2)）参照。その場合事件本人は手続に形式的に関与しないままであることがある）。これらの事件は申立人が当該の事件につき処分権や管理権あるいは決定権を有するわけではない。むしろ裁判所の職権発動を促すにすぎないともいえる。申立人としての資格は問われても，手続追行主体または裁判を受けるにふさわしい主体とは考えられていないともいえる。このような事件では，当事者間に存する紛争の有効適切な解決を図るための必要とされる当事者適格を観念する基礎を欠いているといえる。ここでは申立人が事件本人の法的地位・権限等に介入できる実体的な地位にあるか否かが問題であり，それは実体法の定めに依存するのである。多くの場合に申立人が法定されているのは，こうした考え方を示しているといえよう。

④ 家事審判の限定性

第4に，当事者適格は訴えの利益と並んで，一方では国家制度としての訴訟が取り上げるべき紛争を選別し，他方では訴訟による権利保護を求める門

戸を開く要請を調整する役割を果たすものである（新堂・261 頁）。誰と誰のどのような紛争を民事訴訟として取り上げることができるかが問われるわけである。これに対して家事審判においては，その限定性が指摘されなければならない。民法その他の法律により家事審判とされたものだけが対象とされる。どのような事項を審判事項とするかは，法律の定めによる。この判断の中で，家庭裁判所の関与のあり方も定まり，申立人や相手方の属性も定められる。このような判断を前提とするために，それに適合する限り，申立人，相手方に該当するか否かが決定されるのである。

家事審判においては，結局のところ申立権の有無が問題とされることが多い（なお，注解・家審規 7 頁〈山口〉に問題となる場合が列挙されている）。

3　職務上の当事者・申立代位など

家事審判において，民事訴訟と同様の当事者適格という概念を否定するといっても，現実には法定訴訟担当者（職務上の当事者）とされる遺言執行者（民 1015 条）や，成年被後見人のために訴えまたは訴えられる後見人・後見監督人（人訴 14 条 1 項），嫡出否認の訴えの場合の特別代理人（民 826 条，家審 9 条 1 項甲類 5 号）などが家事調停・審判手続にも登場する。上に述べたことは，このことまで否定するものではない。遺言執行者が当事者として訴訟追行資格を有するのは，遺言の執行に関する訴訟につき代理人の構成が適切でないことにその原因があり，後見人や後見監督人が当事者として登場するのは，同様に身分行為について代理が許されないことに原因があるからである。

また民事訴訟では 2 つの制度が一体のものと捉えられている場合がある。たとえば，中断・受継などである。非訟事件では，その一方しか観念できないこともある。後に説明するように，家事審判手続では中断はないが受継は存在する。これと同様に当事者適格についても，一般的な基礎は存在しないが，職務上の当事者のみが存在するのは背理とはいえないであろう*。

相続人の債権者は相続人に代位して遺産分割の申立てをなしうると解されている。しかし，債権者は分割協議自体の当事者にはなりえないとされるので，代位現象が一般的に認められるわけではない。

身分関係を対象とする審判においては，選定当事者やその他の任意的訴訟担当は問題になり得ないであろうが，遺産分割審判等においては手続に登場

する人数を限定し，協議の成立を容易にすることができる場合には選定当事者制度が許されるかが問われるかもしれない。しかし，家事審判においては手続の基本として本人出頭主義（家審規5条）が前提とされ，また事件の関係人の直接の審問に重要な機能が認められること，また民事調停においても代表当事者の制度は公害等調停についてのみ例外的に認められているにすぎない（民調規37条）ことからみて，一般的にこれを許容する趣旨とは解されないことから，家事審判においても不適法と解する。

　　＊ドイツ非訟法（FGG）において，通説・判例は真正争訟事件について職務上の当事者および任意的訴訟担当を認めるとしている。しかし，その他の申立事件において，任意的訴訟担当を認めるか否かについては，判例もなく学説も未検討だとする（KKW-Schmidt, Rn. 36 zu § 12）。同書は，これを認めても非訟事件の他の手続原則と衝突しないとしている。そして許される例として，相続分の譲受人が譲渡人の同意を得て，相続人名義の相続証明書の交付を求める手続をあげる。

4　当事者適格を看過した審判

　関係人に当事者適格が欠けている場合には，審判をする必要がないから申立てを却下すべきである。関係人が適格を有しないのにこれを看過して審判したときは，即時抗告を許す裁判の場合にはそれによって取り消される。確定したときは，再審は許されないが，本来の関係人に対しては裁判の効力は生じていない。この意味で無効な審判である（山口・講座実務家審1巻96頁）。

第6節　参　　加

1　総　説

　民事訴訟は原告対被告という当事者間の紛争を解決するものであり，判決も例外的な場合を除いては第三者には及ばない。当事者以外の第三者はその判決によって不利益を課せられることはなく，また独自に訴えを提起して，別途自己のために判決を求めることができる。これを判決の相対的解決という。しかし他人間でなされている訴訟で確定される法律関係に密接な関連をもつ第三者も存在する。そこで，他人間に係属している訴訟の結果に法律上の利害関係を有する第三者は，その訴訟に介入して，当事者の一方を補助して勝訴させることを通じて，あるいは自ら訴えを提起して当事者となって訴

訟を遂行することによって，自己の利益を擁護する可能性を与えることが第三者の手続保障として重要になる。これを訴訟参加といい，補助参加と当事者参加に分かたれる。

人事訴訟においては，当事者適格が限定されているために，訴訟物となる身分関係に重大な利害関係を有する者に対しては，裁判所は参加させることができ（人訴15条1項），また民法732条違反を理由として婚姻取消請求が棄却されたときは，その前婚の配偶者がその訴訟に参加したときにのみ効力を及ぼすとしている（人訴24条2項）。

家事審判は，身分関係を対象とする場合には，多くの利害関係人に影響を及ぼす。また審判は多くの場合形成的効果を有し，対世的に効力を生じると考えられる。こうした場合に参加が問題となるが，家審法および家審規は次のような定めを置いている。まず審判の結果について利害関係を有する者は，家庭裁判所の許可を得て審判手続に参加することができ（これを「任意参加」と呼んでいる。家審規14条），また家庭裁判所は相当であると認めるときは，審判の結果について利害関係を有する者を審判手続に参加させることができる（これを「強制参加」と呼んでいる。家審12条）。この規定は家事調停にも準用される（家審20条，家審規131条）。この参加が，民事訴訟におけると同様の制度と解されるか，参加の利益，参加人の地位あるいは参加の効力について争われている。以下において検討する。

2　家事審判手続における参加

1　議論の前提

家審法12条が家事審判手続における強制参加について定め，家審規14条が任意参加を定めていること，さらにこれらの規定を家審法20条および家審規131条が家事調停に準用していることから，広義の家事審判においても参加が認められていることは明らかである。しかし，参加の態様，参加の利益，参加人の地位および参加の効果をめぐっては，従来の通説の説明には疑問点が多い。その原因は，何よりも家審法制定の際の立法者の曖昧な趣旨説明に起因するように思われる。まずこの点を明らかにしておこう*。

　　＊「家事審判法質疑応答資料」（堀内・研究435頁）によれば立法者は，家審法12条について次のように理解していた。すなわち，
　　「問　第12条の立法趣旨如何。

答　家庭事件の審判においては，申立人と相手方間だけに効力を及ぼす審判では，その事件を解決しえず，関係人をも参加させて審判をすることを要する場合があり（例えば，共同相続人が3人ある場合に，その1人が他の1人のみを相手方として遺産分割の申立をした場合には，残りの1人も審判に参加させる必要がある）又関係人を参加させて審判するのが適当な場合もあるので，本条を設けたのである。
　問　第12条の参加には当事者参加と補助参加の両者を含むのか。
　答　然り。両者を含む」。
　第20条の説明では，第12条の立法趣旨と同様である（第12条の答参照）としているのみである。

　ここでの疑問は，まず第1点として立法者が掲げる例示の意味が適切なものか，というものである。立法者は，共同相続の場合の遺産分割審判において，共同相続人を申立人側ないし相手方に追加することを「参加」と解しているのである。これが参加の代表的な例というのであれば，民事訴訟において共通理解となっている参加の意味とは大きく異なるというべきである。これをどのように理解するか明らかにする必要がある。第2点として，「関係人を参加させて審判する」という場合，これが引き入れによる関係人と同一なのか，それとも異なるものであるかが明らかではない。第3点として，補助参加としてどのような場合が想定されていたかが明らかにされる必要がある。これも民事訴訟が想定するのと同様な状況を想定していたかは疑問があるのである。なぜなら，立法者は「補助参加」と称しているが，その後の学説においては「補助的参加」という曖昧な表現を用いるに至っているからである（当事者参加についても「当事者的参加」と称している。たとえば山口幸雄「代理，参加及び受継」講座実務家審1巻104頁）。立法者は家事調停における参加と狭義の審判手続における参加とを一律に規律しても差し支えないと考えていたようである。第20条の立法趣旨の説明からはそのように読める。第4の疑問は，はたしてこれは適切な理解といえるかというものである。
　この疑問に若干の検討を加えた後に，家事審判における参加の意義・態様・利益・効力等について整理することにする*。

　　*ドイツの非訟法（FGG）には，わが国の非訟法と同様に参加に関する定めがない。学説においても参加（とくに補助参加）を認めることができるかについては，対立がある。Bärmann, §11 Ⅲ, や Habscheid, §16 Ⅱ, Jansen-von König/von Schuckmann, Rn.66 Vor§§8-18. などは，真正争訟事件である契約救助事件では明文規定があることから，他の真正争訟事件についても肯定する。しかしこれらの学説も，いわゆる古典的非訟事件ではその余地がないとする。Keidel/Kuntze/Winkler の注釈書においても

補助参加（Nebenintervention）や当事者参加という索引もみられない。当事者参加はいずれの見解によっても認められていない。また非訟法の改正草案（FamFG）においても，参加に関する定めは予定されていない。このことは，先に紹介したように（73頁参照），非訟事件における関係人の定義と密接に関係する。FamFG の関係人の定義の中には，わが国でいう参加人に該当する者が含まれているのであり，これが裁判所によって引き入れられると関係人の地位を取得する。それゆえに，これ以外に参加の制度と参加人という概念を必要としない。引入れによって関係人になるとして，その手続を定めるだけで足りるからである。わが国では，家審法および家審規が参加という概念を用いているため，本書においても当面はこれを用いるが，将来の法改正にあたってなお参加という概念が必要であるかは，検討の余地がある。

2　関係人の追加・訂正と参加

立法者は，申立書において相手方とされるべき者を欠落させていた場合に，これらの者を手続に関与させる方法として家審法12条の利用を考えていた。そして現在の実務においてもこうした処理がなされているといわれている（家審法講座1巻34頁〈綿引〉）*。しかしこれらの場合には，裁判所は職権によっても関係人を確定し，手続に関与させなければならないのであるから，これを参加の代表的な形として説明するというのは明らかに誤りといわなければならない。便宜的処理として，この方法をとることがあるとしても，それは参加という制度とは別のものである。したがって，家事審判における当事者参加の代表例は別に求めなければならない。

　　＊民事訴訟の場合においても，固有必要的共同訴訟の共同訴訟人として当事者となるべき者が誤って除外されている不適法な訴えであっても，共同訴訟参加（民訴52条）があれば，その瑕疵が治癒されると解されている（新堂・713頁）。この扱いは例外的である。しかし共同訴訟参加の本来の姿は，適法に係属している訴訟に当事者適格を有する第三者が原告または被告側に共同訴訟人として参加する場合であって，類似必要的共同訴訟となる場合である（新堂・727頁）。家審法の立法者の説明では，まさにこの「本来型」の当事者参加が触れられていないのである。

3　遺産分割審判と利害関係人

補助参加の典型的な例がどのようなものであるかもあわせて検討する必要がある。この点を，家審規則において参加を明記している遺産分割を例にとって考えてみよう。遺産分割審判を申し立てることができる者，すなわち関係人となることができるのは民法907条2項により共同相続人であり，さら

にこれと同じ地位に立つ包括受遺者，相続分の譲受人である。家審規104条は，申立てに際して共同相続人および利害関係人を表示するよう求め，さらに同105条は，家庭裁判所が相当と認めるときは，利害関係人の参加を求めることができるとしている。ここでいう利害関係人とは，特定受遺者・相続人の債権者・相続債権者・遺産の一部を買い受けた者その他遺産につき権利を有する者である。共同相続人と同じ立場に立つ者は手続上関係人であり，遺産分割協議につきその主体として関与する。これに対してその他の利害関係人は，分割協議の主体ではないが分割の結果につき利害関係を有する。ここでは関係人とはいえない参加の例が示されているといえよう*・**。

＊東京高決昭和44（1969）・7・21家月22巻3号69頁は，遺産分割手続で共同相続人から遺留分減殺請求があった事実を考慮して遺産の範囲を定め，遺産分割をするため受益者を利害関係人として参加させ金銭給付を命じた例である。静岡家審平成2（1990）・11・26家月44巻1号124頁は，相続分の譲渡人は遺産分割協議の当事者ではないが，分割の結果移転登記を命じるなどの必要があるときは，参加を命じた上で遺産分割の審判をなしうるという。さらに，東京家審昭和42（1967）・10・12家月20巻6号55頁は，系譜，祭具および墳墓の権利の承継者指定審判事件であるが，祭祀財産の所有名義人の相続人を全員参加させた上，祭祀財産を分けて別個にその所有権者の承継者を指定した審判をした例である。いずれも審判の主文に掲げて給付を命じるなどの必要性が参加を命じる根拠になっている。審判の名宛人であり執行力を及ぼされる。審判手続の過程で攻防を尽くすことに重点があるというよりは，審判の名宛人とすることに意義があり，そこから関係人またはこれに準じる地位を与えられている。しかし，これは審判の結果によって影響を受ける者として関係人と扱ってよい場合であろう。

＊＊遺産の全部またはその一部が自己の所有に属することを主張する第三者が，遺産分割手続に参加できるかに関しても争いはある。非訟事件である家事審判手続においては，これらの主張を既判力をもって確定できないし，こうした参加を許すことが遺産分割協議の目的と整合的であるかについて疑問がある。こうした第三者は分割協議の当事者を相手として民事訴訟を提起することによってその確定を求めるべきであろう（家審法講座2巻56頁〈岡垣〉，注解・家審法482頁〈野田〉）。

4 その他の審判手続

参加が問題となる審判事件は，遺産分割以外では扶養請求事件がある。扶養義務者が複数人存在するが，そのうちの一部の者を相手として審判申立てがあった場合，扶養義務者全員の扶養能力を勘案して扶養義務の具体的内容を形成すべきであるから，相手方とされた以外の扶養義務者をも手続に参

加させることができる（東京家審昭和42（1967）・3・17家月19巻10号144頁）。この場合にも関係人としての参加が問題にされているといえる。

　親権者から委託され，または養子縁組を前提として養親たるべき者に子が引き渡されている場合に，親権者から子の引取請求があった場合には，親権の妨害排除請求権が問題となるからとして，この事件は訴訟事項であるとの見解が有力である（沼辺愛一「子の監護・引渡しおよび面接交渉に関する家裁の審判権」同『家事事件の実務と理論』（1990）125頁）。しかしこれも民法766条に準じて家事審判事項となしうると解するならば，親権者でない第三者を審判手続に参加させたうえ子の引渡しを命じることもできる（東京家審昭和47（1972）・11・6家月25巻10号73頁）。審問の機会を保障されるべきであり，主文で引渡しを命じられるのであるから手続上関係人として扱われるべきであろう。

　また近時最高裁は，遺言執行者による推定相続人の廃除申立事件に廃除を請求されていない他の推定相続人が参加することを認めたうえ，廃除申立てを却下する審判に対しては即時抗告ができないとの判断を示している（最決平成14（2002）・7・12家月55巻2号162頁）。抗告権を否定したことが本件の判示事項であるが，こうした事件に推定相続人が参加することによっていかなる地位を占めるのかは大いに疑問である（以下，3 2参照。本件については徳田和幸「家事審判手続における利害関係人の参加と即時抗告」谷口安平先生古稀祝賀『現代民事司法の諸相』（2005）351頁以下に検討がある）。

5　家事調停における参加との異同

　先に指摘したように，家審法の立法者は審判手続と調停手続における参加の形態・態様を同一のものと捉えていた。その後の多くの学説においても，この区別には特に注意が向けられていないともいえる。たしかに家事審判は調停前置主義こそ採用されていないが，多くの場合に調停が先行し，また審判手続中であっても裁判所は職権で調停に付すことができる（家審11条）から，調停と審判は一体的に把握することが適切であり，それゆえ両手続に登場する概念についても共通のものとしておくことが便宜であると考えられる。参加についてもこの要請があるように思われる。

　しかしながら，調停と審判において，参加の意味を共通のものと捉えるについては，次の点に注意する必要がある。①扱う事件の差異，②合意による

手続と裁定型の手続の差異，③家事審判の審判権の限界の3点である。

まず扱う事件の差異についてみてみよう。家事調停は，乙類審判事項のほか，人事訴訟となる紛争，その他広く親族間の財産権上の紛争（これらは民事訴訟の対象ともなる）を扱うことができる。それゆえ，乙類審判事項の紛争のみを基準として参加の仕組みを定めることは必ずしも適切とはいえないであろう。第2に，調停はそこで扱われる紛争，権利関係の範囲を当事者間の協議（合意）で決定することができるという特徴がある。遺産分割の調停についても，分与される目的物に関係する諸問題にまで拡大して協議対象とすることが可能である。それに応じて協議に関与すべき者の範囲も変動する。調停では，当事者および関係人の範囲はまさに協議対象として何を設定するかという合意に依存するといってもよい（小山・159頁。それゆえ調停における参加は当事者参加のみであるとする）。関与者の範囲は一義的には定まらないという特徴がある。こうした考え方は，審判には通用しないであろう。審判事項の対象は特定されており，利害関係人に対する法律関係についても審判をなし得るかは，家庭裁判所の審判権によって制約を受けている。遺産分割手続に相続人の債権者が利害関係人として参加したとき，これとの関係も審判できるか，あるいは遺産分割の対象としている土地につき所有権を主張する第三者が関与できるかは，まさに乙類審判事件の審判権から判断するべきであって，このような所有権帰属に関する紛争を審判対象とすることはできず，それゆえ参加も認められない。

3　審判手続における参加の形態——参加人の地位

1　当事者参加と補助的参加

家事審判手続における参加の形態は，基本的には当事者参加（関係人の地位を与えられる）とその地位は与えられないが審判によって自己の利益が侵害されないように主張して参加する詐害防止参加に分かたれると考える。後者については後に検討することとして，まず補助的参加の必要性について考えよう。

これまで学説は，審判手続における参加につき，「非訟事件の関係人は手続上の主体的地位を有しないから，民事訴訟における当事者参加と補助参加に類する区別はない」とし（山木戸・30頁），あるいはこれに対して両者を区別する意義があると主張されている（鈴木・既判力258頁）。しかしこの説

明には基本的が疑義がある（なお，池尻郁夫「家事審判手続における強制参加」家月43巻6号（1991）8頁も両者の区分に疑問を呈している）。このことを次の例にそって考えることとする。

　親族間扶養の審判においては，扶養関係者全員が関係人となる必要はないと解されている。そこで扶養権利者（請求者）からある1人の扶養義務者に対して審判申立てがあった場合に，他の扶養義務者が参加してくると，この参加者との関係でも扶養に関する具体的内容が形成され裁判されることになるから，関係人として参加するといえる。参加後は従前の関係人と同じ地位で審判手続に関与する＊。

　　＊家審法講座3巻84頁〈沼辺〉は，この点につき次のような説明をしている。「扶養請求事件において，第1順位の扶養義務者の資力が扶養に要すべき費用の全額を賄うに足りない場合，後に扶養権利者がその不足分を第2順位の扶養義務者に対して請求するについて生ずる虞のある紛争を未然に防ぐために，第1順位の扶養義務者の資力が実は扶養に要すべき費用を十分賄えるだけあるのだということをこの第2順位の扶養義務者に事実上いわせないようにする限度で，同人に参加を命ずる場合のごときは，その者は本来当事者適格を有するが，当事者として参加させる場合でないから，補助参加である」というのである。しかしこれは設例として不適切であろう。こうした参加がはたして「相当」であるか疑わしい。また参加させるのであれば，関係人としての地位を与えたうえで陳述機会を保障して審判するのが筋であろう。扶養の請求などは，事情変更も考えられ，ここで「第1順位の扶養義務者の資力が実は扶養に要すべき費用を十分賄えるだけあるのだということ」をいわせ，それに何らかの法的効力を認めることは適切とはいえない。当事者的参加と補助的参加との差異を示すことを意図した設例であるが，かえって議論を混乱させていると思われる。

2　補助的参加

　上に述べたように，家審法の代表的な教科書においても，審判手続における補助参加についてはその姿が明確であるとはいいがたい。ここで前述の推定相続人の廃除事件に他の推定相続人が参加する場合について考えてみよう。推定相続人の廃除は，被相続人が自らまたは遺言によって遺言執行者が家庭裁判所にこれを請求する（民892条，893条）。審理の中心はその要件となるべき事実が認められるかどうかである。請求が認められたときは推定相続人は遺留分を失う。その結果として，被相続人の遺贈の自由度が増し，また廃除されなかった推定相続人の相続分は増加することになるが，申立てが却下されたときでも他の推定相続人の法的地位には何らの影響も与えない。廃除

の審判をあたかも相続分をめぐる争いであるようにすることは適切ではない。そうだとすると，他の推定相続人は廃除の審判手続にどのような利害関係を持つことになるのであろうか。まして，被相続人が生前中にこの請求をするときは一身専属的な請求であるとして，他の者の介入を許さないし，申立人が死亡すると手続は終了すると解すべきである。遺言執行者が請求する場合でも基本的な枠組みに変更はない。したがって参加人は事実上の影響を受けると感じているにすぎない＊・＊＊。この事例に典型的に現れるように，家事審判手続においては補助参加（補助的参加）と呼ばれる形態は認める必要がないと思われる。

　＊明治31（1898）年人訴法34条が定めていたように，廃除の取消しの相手方が「廃除ニ因リテ推定家督相続人又ハ推定相続人ト為リタル者」とされるのであれば，廃除対象でない推定相続人は，審判の結果に法律上の利害関係を有するといえ，廃除の審判手続における当事者双方の主張を知り，また防御する地位が予め与えられるという手続保障が与えられるべきであろう。しかし現行法では，廃除の効果はきわめて限定的であり，他の推定相続人が手続に関与する必要性はないと解される。これに対し徳田・前掲363頁は，「廃除の審判があれば利益が得られるという点を重視すれば，廃除対象外の推定相続人は，審判の結果について重大な利害関係を有していると考えられよう」とし，前掲最決平成14（2002）・7・12が参加を認めたことは妥当であるという。しかし，他の推定相続人は，せいぜい証人的な役割を与えられるにすぎないし，裁判に対しても不服申立てはできない。廃除の審判から得られる利益は，単なる事実上の期待権にすぎないと解すべきであろう。

　＊＊家事審判における参加の要件として「審判の結果について利害関係」がなければならない（家審14条）。この利害関係が法律上のものに限られるか，事実上の利害関係をも含むかについては，従来から争いがある。もともと，参加については「その要件・手続等は必ずしも訴訟の場合のように厳格に解する必要はない」（市川・35頁）とされていた。そして，参加の要件としての利害関係について，事実上の利害関係を有する者まで含めても，家庭裁判所が「相当性」の判断において事件の迅速な解決・抜本的な解決といった観点を考慮して決定することができるので，とくに差し支えがないとされてきた（注解・家審法547頁〈山口〉）。たしかに運用論としては，それで問題を生じさせないかもしれないと思われる。しかし参加の要件はそれ自体として明確にしておく必要がある。本文に示したように，参加の利益としては法律上の利益でなければならないと解すべきである。事実上の利害関係を有するにすぎない者に対しては，審問の機会を与えることで足りるであろうし，こうした者まで参加させるとその概念の不明瞭さがつきまとうからである。また，その者を手続に関与させ，陳述の機会を保障し，さらには審判によって不利益を課す可能性がある者は，端的に関係人としての地位を与えるのが適切である。

3 詐害防止参加

　遺産分割の審判手続中に相続分の譲渡があった場合には，共同相続人としての地位自体の移転があったことになるから，譲受人は関係人としての地位を取得する（大阪高決昭和54(1979)・7・6家月32巻3号96頁）。それゆえ，関係人として自ら参加しあるいは参加を求められることになる（民事訴訟においては訴訟係属中の係争物の譲渡による訴訟承継の生ずる場合である。家事審判では受継の可否として処理される。後述第7節3参照）。これに対して被相続人の債権者や相続人の債権者が参加する場合はどうか。金銭債権のような可分債権は相続の開始と同時に，法定相続分に従って分割される（大決昭和5(1930)・12・4民集9巻1118頁）。そこで遺産分割協議によって積極財産の相続分がほとんどないという相続人が生じると，相続債権者を害することになる。これに対して相続債権者は債権者取消権を行使することができる（最判平成11(1999)・6・11民集53巻5号898頁）。また相続人間で債務を遺産分割の対象とすることは可能であり，債権者の同意があれば債権者に対しても効力を生じる。

　このように相続債権者や相続人の債権者は，共同相続人間の遺産分割の協議自体に関係人として参加するのではないが，分割の結果が自己の権利を害することを避けるため分割に先立って意見を述べる機会が保障される必要がある。家審規104条・105条がこうした利害関係人の参加を定めるのは，民法260条と趣旨を同じくする。分割の結果に対して債権者取消権を行使しうるとはいえ，それよりも事前にこうした結果を防止する点に意味がある。そうだとすると，相続債権者や相続人の債権者は，遺産分割協議によって自己の権利が侵害されることを防止する限りにおいて参加するのであるが，この場合には「意見を述べる機会が」保障されることで目的を達成する。これは民事訴訟の参加に則していえば，民訴法47条1項前段にいういわゆる詐害防止参加に近いといえる。民事訴訟と異なって2当事者対立構造をとらないため，当事者参加という方式ではないが，手続関与の機会が保障されているのである。これは，従来の学説が補助（的）参加として理解してきたものであるが，制度趣旨が全く異なることに注意すべきである。ただ，詐害防止参加といっても遺産分割協議自体の当事者適格，すなわち関係人の地位が認められるわけではない＊。

　　＊遺産分割にも債権者取消権が認められること，また分割後にこれを行使するのみな

らず，その協議手続に債権者が自己の利益を守るために関与できることは，フランス法の考え方であり，すでに戦前から知られていたという（この点につき，前田陽一「相続法と取引法」椿寿夫教授古稀記念『現代取引法の基礎的課題』(1999) 467頁以下，また星野英一「遺産分割の協議と調停」同『民法論集3巻』(1972) 498頁以下，簡単には，池田恒男『家族法判例百選（6版）』(2002) 140頁）。しかし，このことは家審法の制定の際の参加の立法理由には全く触れられていないうえ，家審規の制定の際にどのように理解されていたかは明らかではない。またその後の学説においても，本文で述べたような捉え方はなされていない。この意味で補助（的）参加という捉え方は適切ではない。本来，補助参加とは被参加人を勝訴させることによって参加人の利益を守ることを目的としているが，審判手続ではそうした関係は一般的とはいえない。補助（的）参加という呼称は誤解を与える。本書ではさし当たり詐害防止参加と表記しておく。

4　参加の手続

家事審判における参加の方式には強制参加と任意参加がある。その手続について説明する。当事者参加および詐害防止参加に共通する。

(1)　強制参加の手続

家庭裁判所が利害関係を有する者に参加を命じるのは，審判による。その旨の審判書が作成され，また期日において参加を命じる審判がなされたときは，調書にその旨の記載がなされる（注解・家審法548頁〈山口〉）。実務上は，当事者から「利害関係人何某を審判手続に参加させられたい旨の陳述，あるいは書面の提出がなされる場合が多い」（実務講義案34頁）とされている。参加を命じるかどうかは，家庭裁判所が「相当と認める」（家審12条）という裁量によるから，この審判に対しては不服申立てをすることができないとされている（通説である。家審法講座3巻92頁〈沼辺〉，注解・家審法548頁〈山口〉，山口・講座実務家審1巻103頁）とされているが，疑問である。手続上の地位を有するか否かに関する判断であり，地位があると主張する者にその機会が保障されなければならないからである。家庭裁判所は，いったん参加を命じた場合でも，それが相当でなくなったと判断したとき，あるいは参加させておく必要がなくなったと判断したときは，いつでも参加を取り消すことができる。

(2)　任意参加

「審判の結果」について利害関係を有すると主張する者が参加するには，家庭裁判所の許可を必要とする（家審規14条）。参加の申立ては書面または

口頭でなすことができる（家審規3条1項）。参加の申立てがあったときは，家庭裁判所は職権で利害関係の有無を調査する。家事調停の任意参加に関し，参加の申立てをする者は利害関係の有無等について疎明することを要しないとする見解もある（家審法講座3巻91頁〈沼辺〉）が，参加の趣旨および理由を明らかにすべきだと解すべきである。家審規14条には示されていないが，参加の相当性について強制参加の場合と別異に解釈する必要はないから，家庭裁判所は利害関係の有無と参加の相当性をあわせて判断すべきである（家審法講座3巻91頁〈沼辺〉，山口・講座実務家審1巻103頁）。不許可の審判に対しては不服申立てができないとするのが通説である（注解・家審規144頁〈山口〉）が，上記(1)で述べたように疑問である。

5　参加人の地位

当事者参加の場合には，参加人は関係人と同じ地位につく。民事訴訟の場合と異なり，申立人・相手方のいずれの地位につくかは，審理を進める上では重要な意味をもたない。詐害防止参加の場合には，審判対象との関係で関係人というわけではないが，期日への呼出し，自身の審問機会の保障，証拠提出権が認められるほか，関係人の審問や証拠調べに立ち会うことができ，また裁判に対する不服申立権が認められる（家審規111条参照）。しかし権利主体ではないから，申立ての取下げなど，手続自体の処分行為をなし得ないし，関係人が共同して申立てを取り下げる場合にも同意は必要がない。

6　参加の効果

すでに参加人の地位に関して述べたところと共通する。当事者参加の場合には，参加人は手続上関係人の地位につき，審判の名宛人となる。詐害防止参加の場合には，参加人は関係人の地位につくことはないから審判の効力を受けない。ただ，遺産分割審判において債権者が参加し，分割結果に対して不服申立てをしたが認められず確定したという場合，さらに債権者取消権を行使することはできないと解すべきである*。家事審判においては，当事者間においても既判力を生じないから，当事者参加人と当事者との関係においても既判力はもちろん補助参加の参加的効力のような効力は生じない。

また訴訟告知の制度は規定されていないが，認める必要もないであろう。

　＊もともと，家事調停で遺産分割がなされた場合，審判によって分割がなされた場合

には，債権者取消権の対象とはならないと考えられるが，その実質的な意味は，上に述べたように，債権者に事前にこうした不利益を防止する機会が与えられているという点にある。

第7節　手続の中断と受継

1　家事審判手続と手続の中断

1　中断制度の不存在

家審法には，手続の中断に関する定めを欠いている。その一般原則を定める非訟法も同様である。しかし手続の受継については，家審規15条が申立人側でのそれについて定めを置いている。そこでまず問題となるのは，家事審判手続においては民事訴訟と同様に手続の中断が認められないのか，ということである。

訴訟手続の中断は，訴訟の係属中に当事者の一方の側で訴訟追行者に交替すべき事由が生じた場合に，新しい当事者の手続関与の機会を実質的に保障するために，新しい当事者が訴訟手続に関与できるようになるまで手続の進行を停止することをいう。双方審尋主義にその根拠を有するものである（新堂・369頁，中野ほか・講義174頁など）。しかしながら家事審判手続においては手続の中断という制度は認められないとするのが通説である（鈴木・既判力266頁，同「非訟事件に於ける手続の終了と受継」『新実務民事訴訟講座8巻』31頁，家審法講座1巻65頁〈綿引〉，同3巻95頁〈沼辺〉，注解・家審規144頁〈山口〉。判例も同様である。大決昭和2（1927）・9・6民集6巻495頁。菊井維大「本件判例批評」『判例民事法昭和2年度』（1927）379頁も同旨である。家事調停についても同様の問題があるが詳細は後述する）。

2　中断を認めない根拠

家事審判で手続の中断を認めない理由について，各見解の説くところは必ずしも一致しない。古くは，非訟事件においては関係人は原則として手続の主体性をもたないことが強調されていた（中島弘道『非訟事件手続法論』(1925)44頁）。手続がいったん開始されると，関係人の死亡があっても最初に企図された私権形成の必要がなくならない限り職権で手続進行するのに差

し支えがないとされていた。また非訟事件においては，訴訟手続における口頭弁論という観念がなく，その手続をいかに形成するかは，もっぱら裁判所の裁量に委ねられるという点に求められていた（菊井・前掲379頁）。すなわち，手続の中断と受継が必要であるか否か，また受継者が誰であるかは，裁判所が職権によって調査するという建前のために，中断という制度を設けて関係人に受継申立てをさせるという考え方を採用していないのだとされるのである（鈴木・前掲『新実務民事訴訟講座8巻』59頁）。この考え方は，家審法9条1項甲類に掲げられる関係人間において調停による解決を許さない職権性の強い事件のみならず，乙類に掲げられている争訟性の強い審判事件でも同様と解されている*。

　　*昭和41年借地非訟事件手続の新設に際して，借地非訟事件手続規則（昭和42最規1号）8条は，家審規15条と同趣旨の定めを置いた。この規定の解釈について，借地非訟の手続は訴訟のように中断することがないとされ，「当事者対立構造をとる借地非訟手続についても，中断については特別の定めは設けられていないから，手続の中断はないものと解せられる。したがって，借地非訟事件には，中断を前提とするような訴訟手続の受継と同じ意味での手続の受継はありえない」とされていた（井口牧郎編『改正借地法にもとづく借地非訟事件手続の解説』(1967)91頁〈加茂〉）。

3　陳述機会の保障

　たしかに，申立人や相手方が死亡して受継が問題となるケースにおいて，中断という制度を認めるならば，この間は急速を要する行為のほかは，一切の手続行為をなしえないし，その間になされた手続行為は承継人との関係では効力を生じないことになる。それゆえ，家庭裁判所の職権による事実調査としての家裁調査官による調査もなし得ないことになり，不都合を生じさせる。しかしながら他方で，関係人の審問や関係人の申立てによる証拠調べ等を中断の状態があるにかかわらず行うことは，承継人の立会権を無視する結果となり，特に争訟性の強い乙類審判事件については，こうした扱いは許されないと解されよう。したがって，民事訴訟とは異なり，家事審判手続については一律に中断という効果を認めることができないとしても，関係人の陳述機会の保障や立会権を保障する必要のある行為については，中断と同様の効果を認めるという扱いが必要であると解する。

2　家事審判手続の終了・続行

　家事審判においては，関係人の一身専属的な権利または法律関係を審判の対象とすることが多い。また手続の開始後に事実関係の変化によって，手続の対象や目的が消滅することもある。とりわけ申立人・事件本人の死亡等が問題となる。このような場合，民事訴訟においては形成の訴えにつき，訴訟の係属前または係属後に事情の変化によって訴えの目的たる法律関係を変動させることが無意味になるとされ，訴えの利益を失うとされている（形成の利益の途中消滅，本案の終了）。これと同様の事態が家事審判でも生じる。次のような場合である。手続が終了するか，継続するか，争いがあるものを含めて列挙してみよう。

　申立人またはその審判の直接の名宛人とされている者（事件本人）の死亡等により手続が終了するもののうち，問題となるものには次のような例がある。甲類審判手続のみならず乙類審判事件にもみられる。

　(1)　相続放棄の申述後受理の審判の前に申立人が死亡したとき（民919条3項・938条，家審9条1項甲類25号の2,29号）。

　学説上，①申述人の相続人に手続を受継させたうえ受理または却下の審判をする（市川・82頁，「昭和45（1970）年11月広島高裁管内家事審判官会同家庭局見解」『執務資料（上巻の1）』370頁），②申述人の申述書提出当時から死亡時まで引き続き受理要件を具備していれば受継させることなく受理すべきであるとの見解，③再転相続と解し，あらたな相続開始と扱うべきで，事件は申立人死亡により当然に終了する（家審法講座2巻146頁〈岡垣〉，静岡家裁浜松支審昭和43（1968）・3・13家月20巻9号102頁）などの見解がある。実務上は①に従っているとされる（注解・家審規147頁〈山口〉）。

　(2)　夫婦の同居・協力扶助，婚姻費用分担の審判につき，関係人である夫婦の一方の死亡したとき（民752条，760条，768条2項，家審9条1項乙類1・3・5号）。

　財産分与請求権は，離婚によって当然に発生するが，その具体的内容（具体的分与請求権）は，協議または協議に代わる審判によって初めて形成される（最判昭和55（1980）・7・11民集34巻4号628頁）。そしてこの請求権は，清算的要素，扶養的要素のほか賠償的要素を含むものであり（最判

昭和46（1971）・7・23民集25巻5号805頁），請求権としては1個のものとされるので一身専属的とはいえず，相続の対象となると解されるから請求者の死亡によっても手続は終了しない（注解・家審規148頁〈山口〉，東京家審昭和48（1973）・11・24家月26巻6号33頁，吉本「死亡した元配偶者に対する財産分与請求」家月36巻3号（1974）206頁，大津千明「財産分与」講座実務家審2巻65頁など）。

(3) 扶養請求事件において扶養権利者または義務者が死亡したとき（民877条以下，家審9条1項乙類8号）。

東京高決昭和52（1977）・10・25家月30巻5号108頁は，「一般に親族間の扶養請求権そのものは，一身専属の抽象的な権利であるが，扶養料の請求によってその範囲が具体化し，さらに審判等によって金額等が形成されたときは，その形成された扶養料は過去のものであると現在および将来のものであるとを問わず，純然たる金銭債権と化し，一身専属性を失うものと解するのが相当であるから相続の対象となる」という。しかし，審判等によって形成された扶養の権利義務は，権利者または義務者が死亡のときまでに弁済期の到来したもののみが相続の対象となると解するのが通説である。審判が確定する前に当事者が死亡したときは，相続の対象とならないと解すべきであろう（向井千杉「要扶養者を扶養してきた扶養義務者の他の扶養義務者に対する求償」沼辺愛一＝太田武男＝久貴忠彦編『家事審判事件の研究(1)』(1988) 299頁，注解・家審規149頁〈山口〉）。

(4) 親権に関する事件，子の監護に関する処分事件において子が死亡したとき。次のような場合がある。

婚姻関係にないか，もしくは婚姻関係解消後の父母に単独親権が認められる（民819条）。その親権者変更を求める審判手続中（家審9条1項乙類7号）に単独親権者が死亡した場合，手続が終了するか，続行するかについては争いがある。親権を行う者がないとき（民838条1項）に該当して後見が開始するとするならば，手続は終了することになる。他方，親権の回復がありうると解すると，相手方の死亡にもかかわらず手続は続行される。釧路家審昭和53（1978）・11・15家月31巻8号68頁，熊本家裁八代支審昭和56（1981）・8・7家月34巻11号51頁など，実務は後者の見解が優勢とされる。（なお，山畠正男「単独親権者の死亡と親権者の指定・変更」沼辺＝太田＝久貴編・前掲157頁参照）。

(5) 推定相続人廃除事件において当該被相続人が死亡したとき（民892条、家審9条1項乙類9号）。

通説は、推定相続人の廃除請求後に申立人である被相続人が死亡したときは、民法895条により相続財産管理人が受継して手続は続行されるとする（注解・家審法257頁〈稲田〉、注解・家審規149頁〈山口〉、大阪高決昭和54（1979）・3・23家月31巻10号59頁）。民法895条によって選任される相続財産管理人は、将来確定される相続人の法定代理人であるから、この者が手続を受継して推定相続人を相手に廃除の手続の関係人となることは利益相反行為になるはずである。したがってこの場合には、手続を受継すべき者を欠くに至り、手続は当然に終了すると解してよい。これに対して、被相続人がさらに遺言で廃除の意思を表示し、遺言執行者を選任していたときは、遺言執行者が手続を受継する（名古屋高裁金沢支決昭和61（1986）・11・4家月39巻4号27頁）。

(6) 相続財産分与事件において申立人が死亡したとき（民958条の3、家審9条1項甲32の2）。

特別縁故者が相続財産分与を申し立てた後に死亡したときは、その一身専属的な性質からその相続を否定する見解もある（福島家裁郡山支審昭和43（1968）・2・26家月20巻8号84頁）。しかし、実務は一般に申立て後は申立人にも分与の審判を条件とする期待権が発生しているとして、申立人の相続人に受継を認める（神戸家審昭和51（1976）・4・24判時822号17頁。岡垣学・本件判例評釈・判例評論219号（1977）152頁、大阪高決平成4（1992）・6・5家月45巻3号49頁、有地亨・本件判批・私法判例リマークス（1994上）21頁、注解・家審規145頁〈山口〉）。また、東京高決平成16（2004）・3・1家月56巻12号110頁は、大阪高決平成4年を引用しながらも、本件においては相続人捜索期間中に申立人が死亡したときは、申立人の相続人は特別縁故者の地位を取得できないとする。

3　家審規15条の定め

1　申立人側の受継
(1) 制度の趣旨

上に述べたように、家事審判においては手続の中断は認められず、また関

係人等の死亡により当然に手続が終了する場合がある。しかし，申立人が死亡しても手続の対象が相続の対象とはならず，また手続も終了しない場合がある。民法7条による成年後見開始決定の申立て，民法25条1項による不在者の財産管理人の選任申立事件において，申立人が死亡した場合がその例としてあげられる。この場合には，申立資格を有する者が複数予定されており（たとえば成年後見開始決定申立てでは，配偶者，4親等内の親族，未成年者後見人，未成年者後見監督人，保佐人，保佐監督人，補助人，補助監督人または検察官とされているほか，さらに老人福祉法32条等によって市町村長にも申立権がある)，これらの者は共同申立てをすることができるのはもちろん，各人がいずれも独立の申立権をもち，さらにその間に優劣の順序がない。

　ある者の申立ての後，その者が死亡したときでも，本人について成年後見を開始すべき必要性が認められる限り，手続は終了することはない。他方で，手続は申立人が不在のまま進行することを予定していない。この手続は職権的色彩が強いが，家庭裁判所は申立てがないにもかかわらず手続を開始・続行することまではできない。このままでは手続を廃止せざるを得ないことになる。直ちに他の申立権者からの申立てがない限り，手続は無駄になってしまう。そこで家審規15条は，このような場合に，死亡した申立人と併行して申立資格を有する者に新たな申立てを立てさせることなく，従前の手続を受継させることによって進行できなくなっていた手続の続行を図ることができるようにした（鈴木・前掲『新実務民事訴訟講座8巻』67頁，家審法講座1巻65頁〈綿引〉，注解・家審規145頁〈山口〉，山口・講座実務家審1巻107頁など通説である）＊。

　　＊最判昭和51（1976）・7・27民集30巻7号724頁は，養親が年長者養子縁組取消しの訴えを提起した後死亡し，その後この原告の兄弟が共同訴訟参加した事件について，年長者養子縁組取消請求権は各取消権者の一身に専属する権利であって，原告が死亡したときは訴訟は終了するとして，兄弟等による受継を認めなかった（鈴木正裕『民事訴訟法判例百選Ⅱ』(1992) 180頁参照）。民法7条による後見開始申立てと民法805条による申立ての定めに格段の差異がないにもかかわらず，こうした取扱いの差異が生じるのは合理的とはいえないであろう。

(2) 適用範囲

　家審規15条の趣旨をこのように解すると，第1項は，法律上他に受継の方法がある場合には適用の余地がない。このように極めて限定的に解釈されることになる。たとえば，遺言執行者が推定相続人廃除請求の手続中に死亡

したときは，民法1010条，家審法9条1項甲類35条によって新しい遺言執行者を選任して，この者に受継させるべきだとされる（鈴木・前掲『新実務民事訴訟講座8巻』67頁）。そして第2項は，このような第1項の規定に対応して，第1項によって手続の受継の権限があると認められる者に，家庭裁判所が必要があると認める場合に申立てがなくても受継をさせることができることを認めたものだとするのである（鈴木・前掲『新実務民事訴訟講座8巻』67頁）。なるほど，この見解は理論的には極めて緻密であると思われる。しかし，あまりに厳密すぎるであろう。実際に，法令により当該の死亡した申立人とは別に申立権を有する者のほか，死亡または資格を喪失した申立人の権利ないし地位を実体法上承継した場合をも含めて受継を考えても，問題を生じさせないであろう（山木戸・30頁，注解・家審規145頁〈山口〉，山口・講座実務家審1巻107頁）。後者の見解を支持する。

2　相手方の死亡等

家審規15条は，申立人側の死亡等の場合について規定しているにすぎない。相手方に死亡等の事由がある場合に受継を認めることができるか。形式的意味の関係人としての相手方が存在する事件，つまり乙類審判事件において問題となる。家審規15条を上記のように厳格に解すると，当然に適用は否定される（鈴木・前掲『新実務民事訴訟講座8巻』67頁）。しかし，受継を認めた趣旨からこれを肯定するのが通説である（市川・36頁，山木戸・30頁，家審法講座3巻100頁〈沼辺〉，注解・家審規146頁〈山口〉，山口・講座実務家審1巻107頁）。この見解を支持すべきであろう。

3　受継の手続

(1)　申立てによる場合

承継人や申立人から受継の申立てがなされると，家庭裁判所はその要件の有無を審査して許否を決する。その裁判は，申立書の余白に許可または不許可の表示をすることによってなされる（家審規16条参照）。この裁判に対しては不服申立てができないとされているが，手続が終了するか続行されて申立人が当事者の地位につくか否かに関する判断であり，他にこの判断の是正を求める手続がないことを考えると，不服申立てを認めることが必要であろう。職権によって開始される手続では，受継の申立ては裁判所の職権の発動

を促すにすぎない。

(2) **職権による場合**

家庭裁判所が職権で受継させるときは，受継を命ずる審判をする。

成年後見開始決定の申立てなど，申立てをめぐって申立権者の間で賛否の意見が対立することがある。そのため申立人の死亡の場合に他の申立権者から受継の申立てがなされないことも考えられる。裁判所が受継の裁判をする場合には，こうした事情を事前に聴取しておくことが必要である。通説によれば，受継の裁判に対して不服申立てが定められていないので，申立てに反対する者に受継を命じることはできないと解すべきである。

第4章　審判手続

第1節　家事審判事件の管轄

1　家事審判事件に関する管轄の規律

　多数の裁判すべき事件は，さまざまな観点から区分され国法上の意味の裁判所が分担して処理する。多数の裁判所に裁判権の行使が分割されているので，この裁判権の分配の定めを管轄という。この分配の定めによって個々の裁判所に与えられた裁判権が管轄権である。裁判される特定の事件からみると，その事件を担当する裁判所（管轄裁判所）はどれかを定めるものである。

　分配を定める基準の違いによって，職分管轄，事物管轄，土地管轄が，管轄権の発生の根拠の違いによって法定管轄，指定管轄，合意管轄，応訴管轄が区別され，さらに管轄の定めの遵守度の強弱によって専属管轄と任意管轄が区別される。狭義の家事審判手続においては，このうち職分管轄，土地管轄，法定管轄および専属管轄が重要であるので，以下これについて説明する。

2　職分管轄

1　法律の定め

　裁判権の種々の作用をどの種の裁判所の役割として分担させるかの定めを職分管轄という。受訴裁判所と執行裁判所，審級管轄の定めなどがここで扱われる。家庭裁判所は，その設置の経緯から職分管轄は限定的で比較的明確である。すなわち，家庭裁判所は家審法で定める家庭に関する審判事件，調停およびその他の法律において特に定める事項について職分管轄を有する（裁31条の3，詳細については第1章第2節3参照）。同一審級で家庭裁判所の職分管轄を有する裁判所は，他に存在しないので家庭裁判所については事物管轄は存在しない。

2 職分管轄に違反した場合

(1) 通常民事訴訟事件を家庭裁判所が審判手続で処理した場合

家庭裁判所に民事訴訟事項に関する申立てがなされたとき，その処理が問題となる。もちろん移送が問題となるが，その検討は後にすることとする。その申立てを受けた裁判所が，誤ってそのまま裁判をしたときはどうなるか*。家庭裁判所が通常民事訴訟に属する事項を審判手続で裁判した場合には，その裁判は無効である（鈴木忠一「非訟事件に於ける裁判の無効と取消・変更」同『非訟事件の裁判の既判力』(1966) 74頁）。この場合には，たんに違式の裁判というにとどまらず，権利または法律関係の終局的確定が非訟手続によってなされたのであるから，裁判を受ける権利（憲32条・82条）の侵害となるからである。まさに訴訟と非訟の限界に関する問題領域では，常にこの問題が登場し，それゆえたとえば，具体的相続分の確認が訴訟事項であるか，そうでないかという議論もこの観点から，極めて重要な意味を有するのである（第2章2 2(4)②参照）。

*これに気がついたときは，当該申立てを移送するべきであると解する。かつての通説は，不適法却下するとしていた（市川四郎「家事審判の本質」岩松裁判官還暦記念『訴訟と裁判』(1956) 713頁，家審法講座1巻41頁〈綿引〉，盛岡家審昭和33(1958)・9・30家月11巻2号27頁）。この点については，後述4参照。

(2) 審判事件を地方（簡易）裁判所が訴訟手続で処理した場合

家庭裁判所に属する審判事件を地方（簡易）裁判所が訴訟手続で処理した場合には，管轄を侵した裁判が違式により丁寧になされたにすぎないことになるから，当然無効ではなく有効と解すべきであるとされる（鈴木・既判力75頁）。さらにこの見解は，この裁判に対しては上訴することができ，上級審裁判所は手続違背または管轄違背を理由に取り消しうるが，移送の裁判はなしえないとする。しかし，訴訟手続と家事審判手続の比較では，慎重な手続か簡略な手続かといった比較だけでなく，主張・立証責任の存否，弁論主義の適用などによる裁判の基礎に質的な差異もあるために，この見解には疑問点もある（栗原平八郎＝太田武男編『家事審判例の軌跡(2)手続編』(1995) 32頁〈岩井〉）。もっとも，この裁判をあえて当然に無効であるという必要はないであろう。

3　土地管轄

1　意　義

　土地管轄は所在地を異にする同種の裁判所の間で，同じ職分の分担に関する定めである。ある事件がどの裁判所の管轄区域と密接な関係を有するかを基準として定められる。ある裁判所が特定の事件について裁判権を行使するためには，事件の当事者や請求と特定の裁判所の管轄とを連結させる裁判籍を観念し，そこに土地管轄を発生させるのである。すなわち，ある事件についての土地管轄は，その事件の裁判籍の所在地を管轄区域内にもつ裁判所に生じることになる。民事訴訟ではその裁判籍として，普通裁判籍（4条）と特別裁判籍（5条，7条）を区別する。このため1つの事件についても複数の裁判所が管轄権をもつことになる。しかし家事審判法は，こうした考え方を採用せず，管轄裁判所の競合を避けている。

2　家事審判法の土地管轄の定め

(1)　土地管轄

① 規則による定め

　家審法は管轄に関する一般的原則を定めることがなく，家審規および特別家審規が個々の審判事件ごとに管轄裁判所を規定している。非訟法3条は，数個の管轄裁判所がある場合の優先管轄についての定めを置き，第2編以下に定める各事件ごとに法律上で土地管轄を定めている。これに対して，家審法7条で非訟法の準用を定めながら，8条において必要な事項は最高裁規則で定めるとして，管轄についてはすべて規則に委ねている。この扱いは，立法者自身が「法律事項の疑いがある」（この点について，第1章第3節1参照）と意識していたように問題があるといえよう。その他の非訟事件については，すべて法律で管轄を定めているのに，家事審判・調停だけは規則で定めるとする合理的根拠を欠くからである＊。

　　＊家審法以後に制定された民調法3条は，一般的な定めを置くほか，各種の調停についても同24条，32条，33条の2，33条の3で管轄の定めをしている。また借地条件の変更に関する裁判手続の管轄についても借地借家法41条で定めている。

② 住所地を基準とする土地管轄

　家審規則の管轄に関する定めを概観すると，土地管轄を定める要因となる

のは，事件本人（後見開始決定を受ける者，未成年の子等）の住所地，相手方の住所地，相続の開始地などである。民事訴訟および人事訴訟において，人の普通裁判籍は住所によって定まり，国内に住所がないときまたは知れないときは居所によって定まる（民訴4条2項，人訴4条1項）。非訟法（2条1項）および家審規則も同じ考え方に立つので，特に問題はないといえるかもしれないが，検討の余地がある*。

住所は人の生活の本拠である（民22条）。住所は住民登録の土地と一致するのが原則であるが，実際にそこに継続的に生活していなければ住所とはいえない。

　　*ドイツ非訟法（FGG）も，後見事件などでは依然として住所を管轄の基準としながらも，世話事件や収容事件においては事件本人の通常の居所を第1次的な土地管轄の原因としている（65条1項，70条2項）。その理由としては，離婚訴訟に関する土地管轄の定め（民訴法606条）にならったというだけでなく，より積極的には事件本人，世話人と裁判所との間の緊密な人的コンタクトを確保することがあげられている（KKW-Kayser, Rn. 2 zu § 65）。こうした考慮は，わが国でも同様になされるべきであり，家庭裁判所の利用の便宜を図るためにも検討が必要であると考えられる。

③　居所による管轄

日本に住所がないとき，または日本の住所が知れないときは居所のある地の家庭裁判所が，居所がないときまたは居所が知れないときは日本における最後の住所地の家庭裁判所が，そして日本における最後の住所地がないときまたは知れないときは，日本における財産の所在地または最高裁判所の指定した地の家庭裁判所が，それぞれ管轄裁判所となる（家審7条による非訟法2条の準用による。また人訴による住所地等指定規則（昭和23(1948)・10・1最高裁規則30号）により，非訟2条3項の地は東京都千代田区である）。

(2)　合意管轄

非訟事件および家事審判事件の管轄はすべて専属管轄である。家事審判を含む非訟事件では，種々の事件を扱うため，民事訴訟におけるような管轄の定めをせず，各種事件ごとに法律が管轄裁判所を定める方式をとっている。法律による管轄の定めは専属的であると解されるので合意管轄や応訴管轄は認められない。もっとも家事調停については乙類審判事項の調停をも含めて合意管轄が認められている（家審規129条1項。家事調停における管轄合意については後述する。第2編第3章第2節1 2参照）。また，家事審判については応訴管轄が認められない。その根拠につき，非訟事件にはそもそも応訴とい

う観念がないからであるという見解もある（注解・非訟法 92 頁〈三井〉）が，専属管轄については応訴管轄は認められないという手続法の一般原則を指摘するだけで十分であろう（民訴 13 条 1 項）。

(3) 寄与分を定める審判の管轄

　寄与分を定める審判の申立ては，当該の遺産分割の審判事件が係属している裁判所に申し立てなければならない（家審規 99 条 2 項）。寄与分は遺産分割の前提問題という性格があり，両者ともに一括して矛盾のない判断をする必要があるから，両手続は併合しなければならない（家審規 103 条の 3）。一種の特別裁判籍といえる。したがって寄与分を定める審判申立てが，遺産分割審判の係属している以外の裁判所になされたときは，これを遺産分割審判の係属している裁判所へ移送しなければならない（注解・家審法 353 頁〈野田〉）。

(4) 優先管轄

　非訟法 3 条本文は「数個ノ管轄裁判所アル場合ニ於テハ最初事件ノ申立ヲ受ケタル裁判所其事件ヲ管轄ス」と定める。この考え方を優先管轄という。同一の事件について複数の土地管轄のある裁判所が競合する場合に管轄の競合に関する争いを避けるため，この定めが置かれた（注解・非訟法 102 頁〈三井〉）。これに該当する場合には，最初に申立てを受けた裁判所にだけ管轄権が認められ，他の裁判所の管轄権は消滅する（KKW-Sternal, Rn. 19 zu § 4）。この定めは家審法にも準用されると解されるべきである（注解・家審規 25 頁〈篠〉，しかし家審法講座 1 巻 40 頁〈沼辺〉は反対する）。家審規は，それぞれの事件ごとに管轄裁判所を定めているため，土地管轄の競合は生じないように見えるが，土地管轄が関係人等の住所によって定まる場合には，1 人についても複数の住所を考えることができる（我妻栄『新訂民法総則』(1965) 95 頁，内田貴『民法 I（第 3 版）』(2006) 130 頁等）。住所は常に住民登録と一致するわけではない。別居している夫婦についても，すでに生活の本拠が別々になっていると認められるときは，住所は別である（注解・家審規 25 頁〈篠〉）。このように，この優先管轄によって最初に事件の申立てがなされた裁判所に管轄権を認めることが適切である*。

　　*ドイツ非訟法（FGG）でも優先管轄の考え方が採用されている。事件本人となる被世話人，被後見人等について同時に複数の住所地が存在しうるからであり，その他養子縁組事件，相続事件などでも養親や被相続人につき複数の住所が存在するからであ

る（KKW-Sternal, Rn. 8 zu § 4）。非訟法の改正草案（FamFG）でもこれが継承されている（草案2条1項）。

(5) 管轄裁判所の指定

非訟法4条1項は，数個の裁判所の土地管轄について疑いがあるときは，管轄裁判所の指定がなされるとし，その2項で，この指定は関係ある裁判所に共通する直近上級裁判所が申立てにより決定によって行うと定めている。これを管轄裁判所の指定という。この規定は家審法7条によって家事審判にも準用されると解される。理論的に，上に述べたように数個の住所を認めることができるか，またその結果優先管轄の効果が発生しているかについて，数個の裁判所の間で見解を異にするときは，いずれの裁判所が管轄権を有するかについての決定手続が必要となるからである*。非訟法4条は，土地管轄について疑いがある場合にのみ適用される。そもそも当該の事件につき家庭裁判所が管轄権を有するか否かという職分管轄には適用されない。またこの裁判に対しては不服申立てができない（非訟4条2項）。

*注解・非訟法105頁〈三井〉は，この疑いは常に事実に関して生じたものであることを要し，法律問題に関するものであってはならないとする。そして，ある者の居住場所を住所と解するか否かは法律問題であるという。しかしこの見解には疑問がある。このように解すると，非訟法3条の優先管轄の定めと本条による管轄裁判所の指定の定めとの関係が理解できなくなってしまう。複数の裁判所がそれぞれ管轄を主張して移送を否定し，あるいは管轄権を否定する場合にも管轄の指定がなされるべきであるからである（KKW-Sternal, Rn. 21 zu § 5）。

(6) 土地管轄の標準時

民事訴訟では管轄は訴えの提起の時を標準として定まる（民訴15条）。家審法や非訟法にはこの定めを欠く。民訴法の規定が準用されると解してよい。そこで申立事件については民事訴訟と同様に，申立てのあった時と解してよい。職権事件（第4章第2節 **13** 参照）についても，関係人の申立てを前提とするものについては，その申立てのあった時としてよい。関係人の申立てを必要とせず，職権によって開始される事件については，裁判所の手続開始行為について定めを欠いているが，裁判所が手続を開始すべき事情を認識した時と解すべきであろう。

家事審判事件が適法に係属した後に，事件本人や相手方等の住所の変更など，管轄を定める事実関係に変動があっても，管轄権には影響しない。移送の問題が残るだけである。

4　移送および自庁処理

1　原　則

　ある裁判所にいったん係属した家事審判事件を，その裁判所の裁判（審判）によって他の裁判所に係属させることを移送という。手続中に審理を担当する裁判所が変更されることになる。

　移送には，一般的に管轄違いに基づくものと遅滞を避けるためのものが区別される（民訴16条・17条参照）。また優先管轄が生じた後に移送されることがある（非訟3条ただし書き）。

　ところで，非訟法および家審法自体には移送についての一般的規定を欠いている（この点はドイツ非訟法でも同様である）。非訟法は優先管轄によって定まる管轄裁判所が事件の処理のために適当と認める場合の移送と，管轄裁判所の指定を定めているにすぎない（3条）。土地管轄を欠く事件の移送について非訟法自体には定められていない。家審法もこれを規定していない。家審規4条がこれを扱っているが，他の手続法との対比からも法律で規定すべきであろう。

2　優先管轄と移送

　非訟法3条ただし書きは，優先管轄が発生した場合に，申立てまたは職権をもって事件を他の管轄裁判所に移送することができると定めている。その要件は示されていないが，民訴法17条でいう著しい損害または遅滞を避けるため必要があるという要件よりも幅広い裁量権が与えられると解されていた（注解・非訟法102頁〈三井〉）。この規定は，ただし書きとして置かれているので，優先管轄の場合に限って適用される。非訟法には移送の一般規定がないことを考慮すると，3条ただし書きはその内容は原則的な事項であるといえるのに，きわめて特異な定めである*。

　　＊非訟法3条ただし書きは，それだけを取り出せば，法定管轄が生じた場合の遅滞を避ける等のための移送（民訴17条）とその趣旨を同じくする。このような原則的意義をもつにもかかわらず，これを優先管轄の原則に対する例外として定めた点には大きな疑問が残される。ところで，ドイツ非訟法（FGG）4条は，わが国非訟法3条本文に該当するが，移送については定めを欠く。学説や判例は，明文規定を欠くため方式によらない措置（移送の裁判の拘束力を欠く）としてこれを肯定してきた（Habscheid, S. 79; WWK-Schmidt, Rn. 40 zu § 1）。非訟法の改正草案（FamFG）4条

2項は，管轄に関する一般規定を置き，その中で民訴法281条第1項に従って「複数の裁判所が管轄権を有する場合には，申立人によって選択された裁判所に移送する」としている。

3 家審規4条の定め
(1) 移送について

家審規4条は，移送について次のように定める。すなわち，申立人が管轄権のない家庭裁判所に審判の申立てをしたときは，その家庭裁判所はこれを管轄家庭裁判所に移送しなければならない。このことは，管轄権のある裁判所で処理をするのが原則であるという手続法一般の考え方に基づく。家審規の特徴はそのただし書きに現れる。すなわち，事件を処理するために必要があると認めるときは，これを他の管轄権のない家庭裁判所に移送することができ，また管轄権がなくとも自らこれを処理することができる（これを「自庁処理」という。家審規4条1項）。そして2項においてはさらに，本来管轄権のある家庭裁判所に申立てがあった場合でも，事件の処理上適当であると認めるときは，これを他の（管轄のない）家庭裁判所に移送することができるとするのである。民事訴訟法には見られない家事審判に特有の定めである。事件処理の必要性・適切性が，法定管轄よりも重視されているといえるのである。こうした考え方は，人事訴訟法でも一部分採用されるに至っている（人訴6条参照）。

乙類審判事項については，法律上明文規定はないものの調停を優先する実務となっている。調停の管轄の定めは，基本的には相手方の住所地とされている（家審規129条）ので，この間の調整が必要になることがある。特に最初に調停が申し立てられた場合には，審判について管轄を有する裁判所とは異なることがあるからである。

(2) 移送の判断基準

移送の基準は，事件を処理するため特に必要があるとき（家審規4条1項ただし書）とされている。これは2項において自庁処理をする基準である，事件を処理するため適当であるときとほぼ同趣旨とされている。一般的にいえば，本来の土地管轄の定めによれば関係人にとって不便であるとか，関係人の年齢や健康ないし経済力等と比較してその一方に著しい負担を強要することになるなど，法定管轄からはずれても事件の適正迅速な解決にとって必

要ないし適切であることを意味する（注解・家審規 27 頁〈篠〉）。さらに，家庭裁判所や家裁調査官による関係人等の審問や事実調査，調整活動などの関係も，自庁処理や移送の判断にとっては重要な意味をもつといえる。

4 移送の申立権・移送決定に対する不服申立て
(1) 移　送
① 申立権

移送は，審判によって行われる。移送の審判は，家庭裁判所の職権事項であって，かつ裁量事項であるから，関係人には移送の申立権がなく，たんに職権の発動を促すにすぎないとされている（注解・家審規 27 頁〈篠〉，実務講義案 42 頁，東京高決昭和 36(1961)・12・1 家月 14 巻 6 号 110 頁，名古屋高決昭和 44(1969)・1・10 高民集 22 巻 1 号 1 頁）。家審規 4 条は，裁判所が職権によって事件を移送する場合を定めているが，関係人が移送申立権を有することは規定していないことが，その根拠とされている（民事訴訟法においても，かつては当事者には移送申立権はないとするのが通説であったが，現行法は移送申立権を明記している。16 条，17 条）。しかし，民事訴訟法の原則と対比しても，関係人に申立権を認めないとする根拠に合理性があるかは疑問である。とりわけ民訴法 17 条の定める遅滞を避けるための移送における判断要因と，家事審判事件における移送のための要件の間に決定的な差異は認められないであろう。したがって，申立人・相手方（および事件本人を含めてよい）には移送申立権があると解すべきである。

② 意見の聴取

民訴規 8 条 1 項は，遅滞を避けるための移送につき申立てがあったときは相手方の意見を聴くとし，2 項は職権によって移送の決定をするときは，当事者の意見を聴くことができると定めている。家審規は移送の裁判の手続について定めをしていないが，民訴規則のこの規定が準用されると解すべきであろう。

(2) 移送審判の効力

民事訴訟における移送の決定は，移送を受けた裁判所を拘束し，移送を受けた裁判所はさらにその事件を他の裁判所に移送できない（民訴 22 条 1 項・2 項）。家審法および家審規則にはこの旨の定めを欠く。家事事件の性格上，もともと管轄の規律が比較的緩やかであり，事件の特性に応じた合目的的処

理を広く許していること等を理由に、再びもとの管轄裁判所に移送した審判例がある（東京家審昭和46(1971)・4・26家月24巻5号63頁。移送を受けた裁判所に相手方が調停期日へ欠席を続けていたが、当初申立てのあった裁判所なら出頭する旨を表明したという事情があった事案である）。また学説もこれを支持している（山木戸・32頁、家審法講座1巻40頁〈綿引〉、注解・家審規26頁〈篠〉、岨野悌介「非訟事件の移送」『実務民事訴訟講座7巻』(1969)58頁。なお鈴木・既判力80頁は反対）。

(3) **移送の審判に対する不服申立て**

家審規4条の2は、関係人は移送の審判に対して即時抗告をすることができる旨を定めている。これに対して、関係人には移送申立権がなく、またたとえ申立てがあってもこれは職権発動を促すにすぎないものであるから裁判所はこれを無視してもよく、申立却下の審判を要しないとして、移送申立てを却下する審判に対しては即時抗告を否定するのが実務の立場である（注解・家審規31頁〈篠〉、実務講義案41頁）。しかし上述したように、関係人には移送申立権を認めるべきであるから、移送の申立てを却下する審判に対しても即時抗告をなしうると解すべきである（山木戸・32頁、家審法講座1巻40頁〈綿引〉、名古屋高決昭和29(1954)・11・25高民集7巻10号822頁は非訟20条1項を準用して抗告を認めるが、家審規4条の2を準用する方がよいであろう）。

(4) **移送の効果**

移送の審判が確定すると、審判ははじめから移送を受けた裁判所に申し立てられたものとみなされる（民訴22条3項参照）。申立てによる時効中断・期間遵守の効果は維持される。移送以前になされた手続行為の効果は、管轄違いを理由とする移送の場合には管轄のない裁判所での手続行為が効力を生じないから、移送の審判によってすべて取り消されたと解すべきである（民訴308条2項、309条の類推が適当であろう。新堂・112頁、上田・70頁参照）。しかしそれ以外の移送の場合にはその効力を維持する。また移送の審判が確定したときは、移送の審判をした裁判所の裁判所書記官は、移送を受けた裁判所の裁判所書記官に対し記録を送付しなければならない（民訴規9条参照）。

(5) **回　付**

地方裁判所・家庭裁判所の支部、出張所の管轄は、家事審判規則のいう管轄ではなく、たんに裁判所内部の事務分配にすぎない。支部等は本庁と独立した管轄権をもつのではなく、本庁は支部等の管轄区域内の事件についても

管轄権をもつとともに、支部等もまた本庁の管轄区域内の事件についても管轄権をもつ。このような本庁と支部、支部と支部の間での事件のやり取りは移送ではなく司法行政処分としての回付と呼ばれる（事実上のものであり、訴訟事件の移送ではないとされる。兼子一＝竹下守夫『裁判法（第4版）』(1999) 182頁、注解・家審規27頁〈篠〉)。最判昭和41(1966)・3・31判時443号31頁は、「事件を地方裁判所本庁において審理するか或いは支部において審理するかは、地方裁判所内部の事務分配に関する事項であって、訴訟法上の問題ではない」とし、支部で審理すべき事件を本庁で審理しても専属管轄違いにはならないとする。家庭裁判所に属する訴訟事件や家事審判事件についても同様である。また刑事事件についてであるが、最判昭和44(1969)・3・25刑集23巻3号312頁も、回付に対しては不服申立てができないとする。

5 自庁処理

(1) これを認める趣旨

家庭裁判所は、その管轄に属しない事件について調停または審判の申立てを受けたときは、手続法一般の原則に従い、これを管轄ある裁判所に移送するのが原則である。しかし、家事事件ではその処理のために特に必要があると認めるときは、管轄権がなくとも自らこれを処理することができる（家審規4条1項ただし書)。これを自庁処理という。特に必要があるときとは、移送する際の要件である「事件を処理するため適当であると認めるとき」と同様である（上記3(1)参照）*。

> *申立人の勤務の都合上相手方の住所地の裁判所に出頭することが困難である事情や、子の監護に関する処分（養育費請求）で調停では相手方の住所地の家庭裁判所が管轄裁判所であるが、審判に移行すると事件本人の子の住所地の家庭裁判所になるときで、調停を行った家庭裁判所がそのまま審判をする場合（大阪家審昭和51(1976)・6・4家月29巻6号50頁)、あるいは以前に関連する事件を処理して事情が理解されている場合などが考えられる。

(2) 自庁処理の手続と不服申立て

家庭裁判所が自庁処理をするために、その旨の審判をなすべき旨を定めた規定は存しない。実務上は審判をすることなく処理しているとされる（注解・家審規28頁〈篠〉、東京高決昭和48(1973)・10・26東高民時報26巻10号186頁は、自庁処理をした理由を審判書に記載する必要はないという)。自庁処理に対しても、明文規定がないことのほか、即時抗告を認めなければ他に救済

の方法がないような事態は想定できないとして，移送却下の審判と同様に，通説・判例は即時抗告を認めない（注解・家審規32頁〈篠〉，また大阪高決昭和39(1964)・12・18高民集17巻8号628頁は，移送審判に対し自庁処理の必要性のあることを理由としてする即時抗告申立てはそれ自体理由がないという）。

しかしながら，自庁処理に対して何らの審判もしないから，これに対して不服申立てを許さないという形式論には賛成できない。本来管轄権のない裁判所が審理し，裁判できることを明らかにする（そうでなければ管轄のない裁判所の審理と異ならない）のであるから，関係人にとっては移送に匹敵する意義を有するのである。移送の審判に対して即時抗告を認めていることと比較しても，自庁処理に対して不服申立てを認めるべきである（家審法講座1巻40頁〈綿引〉，山木戸・32頁）＊。

＊山木戸・32頁は，「即時抗告を認める理論構成としては，黙示の自庁処理の審判があったとするか，移送の申立てをなしその却下審判をまって即時抗告できると解することができよう」というが，迂遠であるといえよう。端的に自庁処理の審判が必要であると解し，これに対して即時抗告することができると解したい。

5　家庭裁判所・地方裁判所（簡易裁判所）間の移送

1　訴訟事件と家事審判事件

(1)　判例の立場

訴訟事項が家庭裁判所に審判事件として申し立てられた場合，あるいは審判事項が訴訟事件として地方（簡易）裁判所に提起された場合など，申立てを受けた裁判所は裁判権を有しない（上記22参照）。これらの場合に，それぞれの裁判所は事件を管轄ある裁判所に対して移送できるかについて，最高裁判例は一貫してこれを否定する＊・＊＊が，学説ではこれに反対する見解が有力である。

＊家審法の立法者自身は，これについて必ずしも否定的ではなかった。すなわち，「家事審判質疑応答資料」（堀内・研究429頁）によれば，移送について次のように考えていたことが示される。
「問　家事審判所以外の裁判所が，家庭事件の審判又は調停の申立てを受けた場合の処置如何。
　答　家事審判所以外の裁判所は，家庭事件の審判又は調停について管轄権を有しないから，民事訴訟法30条に従い，事件を管轄家事審判所へ移送すべきである」
との想定問答がみられるのである。家事審判所がその管轄に属しない事件の申立て

を受理した場合にも同様に移送するとしている。
＊＊これに関する判例を見ておこう。まず，①最判昭和38(1963)・11・15民集17巻11号1364頁では，国を被告として準禁治産宣告取消事件が地方裁判所に提起された事例につき，「民事訴訟法（旧）30条（現行16条）は，……訴訟事件についての移送に関する規定たるにとどまり，原則として，移送された訴訟事件が移送された裁判所において訴訟手続によって処理されることを前提としている」として家庭裁判所への移送を否定した。②最判昭和44(1969)・2・20民集23巻2号399頁は，離婚および離婚反訴事件において婚姻費用の分担および子の扶養料の請求が附帯して申し立てられたところ，地方裁判所がこの附帯請求について審判権を有しないとすれば，これを家庭裁判所に移送することができるかが問われた。最高裁は，乙類審判事項についても前記①昭和38(1963)年最判と別異に解すべき理由はないとして，その移送を許さないとした。次いで③最判昭和58(1983)・2・3民集37巻1号45頁は，人訴法（旧）15条1項（現行32条1項）により離婚の訴えに附帯してなされた財産分与の申立てが，離婚の訴えが当事者間の協議離婚の成立によって訴訟係属を失ったときは，もはや当該訴訟手続内で審理することができず，不適法として却下され移送も否定されるとした。

(2) 検 討

　訴訟事件と家事審判事件では，手続構造が異なり，移送を認めるならば手続種類の転換を生じさせる。たとえば，上記①事件では移送を認めると甲類審判事件になって従前の被告とされていた国は，突然に手続関与の機会を失う。それゆえ，移送は同種の手続内に限って許されるとの考え方になじみやすく，その限界を超えるのにためらいを生じるといわれる（梶村太市「家裁・地裁間での事件移送の可否」判タ1100号(2002)566頁）。しかし，移送は広く認められるべきであると解される。訴訟と非訟（家事審判）といった民事司法の内部分掌と，それに基づく職分管轄を誤ったことの不利益を当事者の負担とさせないという点に，移送の制度趣旨があるからである（山木戸克己「上記②判決批評」同『民事訴訟法判例研究』(1966) 13頁以下参照）。

　人事訴訟法の制定により，人事に関する訴えが家庭裁判所の管轄とされたことによって，上記のような事例が解消することが期待される。特に上記③の事案については，人訴法36条によって立法的な解決が図られた。すなわち，この場合において「すでに附帯処分の申立てがなされているときであって，その附帯処分にかかる事項がその婚姻の終了に際して定められていないときは，受訴裁判所はその附帯処分についての審理及び裁判をしなければならない」とされた。しかしこれによっても，②のような事例には対処できな

い。これは人訴法32条の附帯処分には含まれないから，同法36条による対象から除外されるからである＊・＊＊。

　　＊新堂・110頁は，「人訴法の制定により家事事件については訴訟事件も家庭裁判所に移管したのでこの種の問題はほとんど生じなくなったと考えられる」というが，訴訟と家事審判の間の移送の許否の問題は原理的に解決をみたわけではない。訴訟事件として提起された事件を審判事件として移送できるかという問題（またこの逆も）は，人事訴訟の家庭裁判所への移管によっても解決を見ていないからである。この場合には，どのような処理をすることになるか。明文規定もなく，参考にすべき事例もないが，弁論の分離（民訴152条1項）の趣旨を生かして，不適法に併合されている家事審判事項を，審判事項を扱う部に引き渡すことができると解したい。

　　＊＊家事事件を地方裁判所に申し立て，あるいは訴訟事件が家庭裁判所に訴えられるなど，誤った裁判所に訴えないし申立てがなされた場合には，上に述べたように移送は許されないと解されている。この点に関し，ドイツ法のもとでは法的手段（訴えの方法＝Rechtsweg）に関する争いの処理を定めた裁判所構成法17条ないし17b条を準用して解決するとの学説・判例が定着している。訴訟と非訟はともに民事裁判権に属するから，同条の適用対象とはいえないが，問題状況の類似性から準用が認められている（KKW-Sternal, Rn. 12 zu § 5）。とくに裁判所構成法17a条は，おおむね次のように定める。すなわち，法的手続が不適法であるときは，裁判所は当事者を審問した後，口頭弁論を経ない決定でこれを言い渡し，事件を管轄裁判所に移送する。この決定は法的手続の性質に関しては移送を受けた裁判所を拘束する。この決定に対しては適用されるべき手続法の定めに従って即時抗告ができる。本案の裁判に対する上訴審裁判所は，法的手続に関する審査をなし得ない。わが国の問題状況に即していえば，たとえば，地方裁判所に訴えられた本来非訟事件（家事審判事件）である特別受益や具体的相続分の確認を求める訴訟（第2章第1節２２(4)参照）において，この事件を地方裁判所から家庭裁判所に法的手続の誤りを理由とする移送の手続を認めることは，無駄な審理を回避するためにも有益であると考えられる。地方裁判所と家庭裁判所との間の移送が，民事訴訟法や家審法が定める移送の概念には含まれず許されないとするだけでなく，こうした解決策を検討する必要性があるといえるであろう。

2　民事非訟事件と家事審判事件

　家事審判事件が地方裁判所に非訟事件として申し立てられたとき，あるいは民事非訟事件が家庭裁判所に申し立てられたとき，それぞれ管轄を有する裁判所に移送をなし得るかという問題もある。それぞれともに非訟事件とされる民事調停と家事調停については，明文規定によって認められている（民調4条1項，家審規129条の2第1項）。それ以外の事件については，非訟事件同士なので同質性があるとして肯定する見解が有力である（岨野・前掲55

頁以下，家審法講座1巻41頁〈綿引〉，鈴木・既判力80頁など)。

3 家庭裁判所の扱う請求異議訴訟

　家事審判の執行力ある債務名義による強制執行に対する請求異議の訴えは，家庭裁判所の専属管轄に属する。家庭裁判所に提起された請求異議の訴えが，損害賠償請求の訴えに変更された場合，はたしてこうした訴えの変更が許されるか，またこの訴えを管轄地方裁判所へ移送できるかという問題がある。

　これにつき，最判平成5(1993)・2・18民集47巻2号632頁がある。この事実関係は，次のようなものである。すなわち，もとの妻(Y)が家事審判の執行力ある正本に基づいて，もとの夫(X)が第三者に対して有する賃料債権の差押命令を得て，すでにその債権を全額取り立てているにもかかわらず，さらに差押命令を得たので，XがYを相手方として家庭裁判所に請求異議の訴えを提起した。その後，Yが取立てを完了してしまったので，XはYの同意を得て訴えを不法行為による損害賠償請求に変更した。本件訴え変更の許否および家庭裁判所から地方裁判所への移送について，最高裁は，「家庭裁判所における請求異議の訴えの審理は民事訴訟によってなされるのであるから，右請求異議の訴えの審理中に民訴法232条(現行143条)により訴えの交換的変更の申立てがなされた場合には，家庭裁判所は受訴裁判所としてその許否を決める権限を有し，訴えの変更の要件に欠けるところがなければ，これを許した上，新訴が家庭裁判所の管轄に属さない訴えであるときは，同法30条1項(現行16条1項)により，新訴を管轄裁判所に移送すべきものと解するのが相当である」という。

　移送の前後を通じて訴訟事件としての性質は異ならないこと，とくに上記1で見た訴訟裁判所から非訟裁判所への移送，あるいはその逆の場合のように移送によって事件の法的性質に変更を生じさせないことから，管轄を誤った事件の移送と同様に扱ってよいと考えられる。

第2節　審判手続

1　審判手続の開始

　家事審判手続が開始される事由としては，①関係人の申立て，②調停手続からの移行，③移送ないし回付および④家庭裁判所の職権による開始がある。以下，順に説明する。

1　関係人の申立て

　家事審判の手続は，多くは関係人の申立てによって開始される。家事審判手続は，非訟事件として私法上の法律関係に対して裁判所が後見的立場から関与するものであるが，関係人の申立てをまって関与するのが原則である。実際にも家事審判のほとんどは申立てによって開始されている。

　以下にも説明するとおり，家事審判の申立てには民事訴訟の訴えに準じるようなものとして，関係人の申立てによって開始され，申立ての変更や取下げ，調停の成立等関係人が処分権を有する事件（以下，これを「申立事件」という）がある。乙類審判事項に掲げられているものは，おおむねこれに該当するといえる。これに対して，関係人の申立てという形式はとっているものの申立内容について当事者の処分権がなく，たんに裁判所の職権発動を促すにすぎないもの，本来は職権によって開始されるべきであるが，関係人からの申立てという形式をとっているにすぎないものなどがある。さらに申立てが法律上，当事者の義務とされているものもある（以下，これを「職権事件」という）。

(1) 申立権者
① その範囲

　民事訴訟においては，訴えを提起することができる者が法律によって定められていることは，むしろ例外的である。訴えを提起した者が，訴訟上の請求（訴訟物）との関係で当事者適格を有し正当な当事者であるかを判断して処理すれば足りるからである。これに対して家事審判においては，申立てをなしうる者は，審判事項ごとに民法等の法律によって定められており，原則としてこれに限られる。申立権者に関する民法，家審規則等の定め方は，そ

れを列挙するとか（たとえば民7条）利害関係人と概括する（たとえば民25条）とかさまざまである*。後者の場合には，その意味を個別的に明らかにしなければならない。一般的に非訟事件において「利害関係人」とは当該の申立てにかかる裁判を求めるにつき法律上の利害関係を有する者である。ただこの概念も，申立て，審問，裁判の名宛人あるいは不服申立権者などを考察する際に，一義的に範囲を明確にすることはできないのであって，それぞれの局面に照らしてその範囲を具体的に決定しなければならない。それゆえ，各種の事件において，誰が申立権を有するかについては，個別の検討が必要である**。

　*審判事件は私法上の法律関係に国家が形成的に関与するものであるから，必要以上の関与は避けるべきであり，したがって申立権者も原則として法の規定した者に限るべきであるとされる（鈴木・既判力203頁，家審法講座1巻43頁〈綿引〉，注解・家審規7頁〈山口〉）。これはまさに実体法の解釈による。
　**検察官の申立てについて
　　家審法は，非訟法の1分野を定め，後に制定されたという意味では非訟法の特別法的な意味を有する。非訟法15条によれば，検察官は事件につき意見を述べ審問をなす場合にこれに立ち会うことが原則とされている（一般的関与・立会権）。しかし家審法7条は，この規定の準用を排除している。審判および調停の性質上検察官の関与を不適当と考えたからである（豊水道祐「家事審判法の解説」法律時報19巻11号(1947) 18頁）。他方で，検察官が家事審判事件について申立権を有するケースは依然として多い。当事者としての検察官の関与である。たとえば，成年後見開始決定申立ておよび同取消申立て（民7，10条），保佐・補助の開始申立ておよび取消申立て（同11, 14, 15, 18条）である。さらに不在者の財産管理（同25条），親権・管理権喪失宣告の請求（同834条），後見人・保佐人・後見監督人の解任請求（同846, 852条），遺産管理の請求（同859条），相続の承認・放棄の期間伸張の請求（同915条），相続財産管理の請求（同918条），相続財産管理人の選任（民952条），相続財産分離に伴う管理に関する請求（同943条）などである。しかし，検察官の申立ての実績はほとんど見られない。鈴木忠一「非訟事件に於ける検察官の地位」同『非訟・家事事件の研究』(1971) 97頁以下は，申立事件と職権事件の区別，事件の公益性等の指標として意味があるから，活動実績がないからといってこれを廃止することはできないという（127頁）。しかしながら，成年後見開始事件については，当該の行政機関の責任者である都道府県知事に申立権を認め（老人福祉32条，知的障害者福祉27条の2，精神保健福祉51条の11の2），また児童福祉との関係で里親委託や児童福祉施設への入所の承認申立ておよび親権・管理権の喪失または未成年者後見人の解任申立権を児童相談所長に認めている（児童福祉28条，33条の6，33条の8）という点を考慮すると，こうした専門の行政機関の申立権や手続関与（事実調査への協力，審判に必要な各種情報の提供，家裁調査官との協同等々）を充実させることこそが重要で

あり，行政機関に重ねて検察官の申立権を認める意義がどれだけあるかはきわめて疑問であるといわざるをえない。

② 共同申立て

申立人として複数人が規定されている場合でも，それぞれの者は各自単独で申立てをすることができるのが原則である。もちろん共同して申し立てることもできるが，各自単独で申立てを取り下げることができる（もっとも遺産分割の審判では，相続人全員が手続に関与していなければならないから，申立てを取り下げたからといって関係人でなくなるわけではない）。時期を異にして複数の申立てがあったときは，申立てを認容または却下するには併合して1つの申立てと扱って処理する。とくに併合審理を明文で命じているものとして，寄与分を定める審判申立てや相続財産の処分に関する審判がある（家審規103条の3，119条の4第2項）＊。

＊共同申立てなど関係人全員が手続に関与し，関係人相互間で合一にのみ確定すべき遺産分割審判などでは，民事訴訟と同様に必要的共同訴訟のような関係が成立する。しかしこの場合でも，必要的共同訴訟の法的効果は手続関係人に対して1つの統一的な裁判がなされるべきであるという点に尽きるものであり，民訴法40条1項，2項のような法律効果には及ばないとされている（KKW-Schmidt, Rn. 34 zu § 12）。

③ 代位申立て

家事審判では抽象的な権利が審判によって初めて具体化される。こうした側面からいえば，債権者代位権もその権利等が具体化した時点で初めて行使できることになる（離婚に伴う財産分与についてこのことを明らかにするものとして，最判昭和55（1980）・7・11民集34巻4号628頁）。また家事審判事項は多くは一審専属的な性質を有するので，こうした事件では代位申立ては許されない。しかし，遺産分割などの財産関係を対象とする事件においては，代位申立ての可否が問題とされてきた。債権者が債権を保全するための必要性，債務者が自ら権利を行使しないことおよび債権が原則として履行期にあることという，民法423条所定の要件を満たすときは，相続人の債権者は相続人に代位して遺産分割の申立てをすることができるとの見解が通説となっている（家審法講座2巻55頁〈岡垣〉，篠清「関係人及び審判手続の受継」小山昇編『遺産分割の研究』(1973)473頁，井上哲夫「債権者代位による遺産分割申立ての可否」判タ688号(1989)123頁）。債権者は遺産分割前であっても，債務者の相続分に対して強制執行できることや，代位による申立てを認めてもこれに

よって分割協議の当事者にはなりえないという疑問もあるが，代位申立て自体は許されると解される＊。

＊債権者による代位申立てがあったときは，他の分割当事者において分割協議をなすべき義務を生じる。これによって遺産分割審判事件の係属を生じるにとどまり，分割協議自体は依然として本来の分割当事者間でなされるのであって，審判の場合にも事件が係属すれば代位はその目的を達すると解するのが妥当であろう（篠・前掲473頁，注解・家審法480頁〈野田〉）。また遺産分割手続では，遺産を直接に債権者に分与させるような審判をなしえないとされている（名古屋高決昭和47(1972)・6・29家月25巻5号37頁）。

④　申立ての時期

法律が申立ての時期を制限している場合がある（財産分与につき民768条2項，相続放棄につき同915条1項，限定承認につき同924条，特別縁故者への相続財産分与の申出につき同958条の3第2項，死亡危急者の遺言の確認につき同976条4項など）。これらの場合には，申立期間を徒過した申立ては不適法となる。しかし，形式的に申立期間を徒過したというだけで却下することはできない。まさにその起算点自体が問題になりうるからである（たとえば相続放棄の熟慮期間について，最判昭和59(1984)・4・27民集38巻6号698頁など）。寄与分を定める審判は，遺産分割の前提問題として扱われ併合して審理されるから，遺産分割審判の申立てと同時にあるいはすでにこれが係属しているときに申立てをしなければならないという制約がある（民904条の2第4項）。そしてまた審理の迅速を図るため，遺産分割審判手続中に寄与分を定める申立てをなしうる期間を定めることができる（家審規103条の4）。それ以外の場合には必要がある限り，いつでも申し立てることができる。

また乙類審判事件につき家事調停が係属している場合に，相手方等は審判の申立てをなしうる。家事調停の申立人がその係属中に，重ねて家事審判の申立てをなすことも認められる。いずれの場合でも手続の調整を図ることができるからであり，二重申立て（重複申立て）と扱う必要はない。

⑤　申立権の濫用

これまでの審判例の中で，申立権の濫用を指摘するものがある。たとえば，改名の申立てにつき，申立てが却下され，これに対して即時抗告をしないまま確定させ，その直後に同一の事由に基づいて再度改名の申立てをするのは，申立権の濫用とする（東京家審昭和41(1966)・2・23家月19巻9号93頁）。また，申立人の親権者が虚偽の申立てをして出生年月日の訂正許可を得て（9

ヶ月間出生時期を早めた)，それを基本として法律関係を自ら形成してきたときは，再度従前の戸籍に訂正すると，それによって従前の法律関係が一挙に覆され，これによる公益の被害は申立人の利益よりはるかに大きいとして，この申立てを著しく正義に反し，条理にもとるとして却下したものがある（秋田家審昭和41(1966)・6・27家月18巻10号80頁)。

(2) 申立ての方法
① 書面または口頭申立て

申立ては，書面または口頭ですることができる（家審規3条1項)。口頭でする場合には，家庭裁判所の裁判所書記官の面前で陳述し，裁判所書記官は調書を作成しなければならない（同2項)＊。また申立てに際しては，民訴費3条別表第1の15および15の2に定める手数料を納付しなければならない（甲類審判では800円，乙類審判では1200円である)。実務ではさらに関係人の呼出や告知のための通信費を手続費用として予納させている（各家庭裁判所の窓口には，申立書および記載例が備え置かれており，また最高裁判所のウェブサイト http://www.courts.go.jp/ からもダウンロードすることができる)。

審判の申立ては代理人によってもすることができる（家審7条)。弁護士以外の者が任意代理人として申立てをするにも，家庭裁判所の許可を必要としない（第3章第4節31参照)。

＊家庭裁判所の事件係等が代筆し，申立人の署名押印を求める方式で申立てがなされる場合を準口頭申立てと呼んでいる。申立人の作成する書類の代筆・指導という形をとって申立人名義で申立書が作成されるわけである。最高裁判所家庭局「家庭裁判所事件の概況－家事事件」家月58巻1号(2006)14頁によれば，準口頭申立ては平成16(2004)年では審判事件全体の新受533,654件中6,667件（甲類事件6,623件，乙類事件44件であり全体の1.2％)，家事調停については新受133,227件中203件(0.2％)となっている。また毎年その数は減少している。家庭裁判所の手続は，意思能力がある限り手続行為能力を認めるという原則に立脚するから，こうした手続は今後も維持されなければならない。ドイツ非訟法の改正草案（FamFG）16条でも，こうした制度を継承することを明らかにしている。

② 申立書の記載事項
(a) 総　説

申立書の記載事項について，家審規2条は，その趣旨および事件の実情を明らかにすることを定めるにすぎない。家審法7条によって準用される非訟法9条によれば，申立ての年月日，裁判所の表示のほか，申立人の氏名，住

所，申立ての趣旨およびその原因となる事実を明らかにし，申立人または代理人が署名捺印しなければならない*。証拠書類があるときは，同時にその原本または謄本を提出しなければならない。事件本人あるいは相手方の表示は，上記の規定からはその記載が求められていない。しかし，これらの者の住所地が管轄の定めとなり，また裁判所職員の除斥・忌避の基準となることから，実務上はにこれを記載させる必要があるといえる。

家事審判事項は民事訴訟のように権利の存否を確定するものではなく，また裁判の内容も裁判所が当事者間に具体的な法律関係を形成するものから，たんに受理を公証するにとどまるものまで多様なものを含んでいる。そこで申立書の記載内容についても民事訴訟とは異なる規律となっている。

> *民事訴訟法および民訴規則には，訴状等の申立書に申立人が署名することまでは定められていない（民訴規則2条は記名捺印で足りる）。またドイツ非訟法（FGG）では，申立書の記載事項について定めがなく，実務上署名が求められているにとどまる（KKW-Zimmermann, Rn. 28 zu § 11）。これに対して，非訟法の改正草案（Fam-FG）15条2項は，法的明確性を理由として申立人または代理人の署名を求めている。わが国でも実務では記名押印で足りるとされている。次に掲げる判決参照。
> **最判昭和29(1954)・12・21民集8巻12号2222頁は，相続放棄の申述受理につき「家事審判規則114条2項が，申述書には本人又は代理人がこれに署名押印しなければならないと定めたのは，本人の真意に基づくことを明らかにするためにほかならないから，原則としてその自署を要する趣旨であるが，特段の事情があるときは，本人又は代理人の記名押印があるにすぎない場合でも家庭裁判所は，他の調査によって本人の真意に基づくことが認められる以上その申述を受理することを妨げるものではない」として記名押印も認めている。また，外国人の場合にあっては署名捺印すべき場合は，署名だけで足りるし，捺印のみをなすべき場合には署名をもって捺印に代えることができるとされている（外国人ノ署名押印及無資格証明ニ関スル法律（明治32(1899)年法律50号））。

(b) 相手方の記載

乙類審判事件等相手方の存在が予定されるものであっても，家審法・家審規は特別の定めを置いていないので，その記載は必要的ではない。それゆえ事件を受理した裁判所が相手方となるべき者を調査のうえ自ら決定しなければならない，と解されている（家審法講座1巻46頁〈綿引〉）。ところが，何人を相手方とすべきかは必ずしも明瞭でないことが多く，問題を生じさせる。申立人にこれ記載させても，その不備を当事者の負担とさせるわけにはいかない。しかしながら他方において，いわゆる当事者主義的運用（第3章第3

節2 2(2)および第4章第4節7 3参照）という立場に立つと，申立人が相手方を特定しないままの申立てには問題があるとされる。詳細は後述する。

(c) 申立ての趣旨・事件の実情

申立ての趣旨とは，申立人が裁判所に対して，審判の目的となる法律関係について，形成の態様またはその範囲の要求内容を記載するものである。子の監護に関する処分，財産分与，養育費請求，扶養請求といった法律関係を識別するとともに，請求金額や請求物件を記載する。家事審判では民訴法246条に定める申立てに対する裁判所の拘束力などが認められないため，理論上この記載が必要的であるというわけではない。裁判所や相手方の判断資料の1つとして参考にされるにとどまる（注解・家審規10頁〈山口〉）。

事件の実情とは，申立ての基礎となる事実を指し，民事訴訟にいう「請求の原因（民訴133条2項）より広い内容をもつ。さらに，裁判所が早期に紛争の要点を把握できるよう申立ての動機や紛争の経過をも記載させるのが実務の実情であるとされている（注解・家審規10頁〈山口〉，実務講義案48頁）*。

*家事審判と訴訟物（審判対象）

民事訴訟上，訴訟物（訴訟上の請求）とは，原告の被告に対する一定の法的利益の主張と，その主張を認容して特定の判決をせよとの裁判所に対する要求であると定義される（新堂・280頁）。訴訟物は狭義では，被告に対して主張される権利または法律関係を指す（同281頁）。そして訴訟物は，「訴訟手続のはじめから終了までの種々の手続行為を判決の生産という統一目標につなぎ合わせる実践的意義をもつ」（同282頁）ものと位置づけられる。

このような意義をもつ訴訟物（審判対象または手続対象）という概念を家事審判手続でも想定すべきであろうか。わが国では，これまで詳細には論じられているとはいえない。ドイツにおいては，真正争訟事件について民事訴訟の考え方を類推してよいかが議論されてきた（Bärmann, S.92; Habscheid, S. 41f., 125)。真正争訟事件についてこれを認める（Jansen-von König/von Schuckmann, Rn.11, 13 vor §§ 8-18)。相手方に対する関係で一定の処分を求める申立てがあるとされる。しかし，家事審判においては争訟性が強いとされる乙類審判事件を含めて，訴訟物を観念しなくても支障はなく，また必要性も乏しいというべきであろう。まず，職権事件については，裁判所の関与の範囲は，申立てによらずに裁判所によって定められ，必要に応じて拡大されることもある。この意味では関係人による審判対象の特定という問題は生じない。また乙類審判事項などの申立事件であっても，相手方を想定し得ない事件もある。遺産分割の事件がそうである。たしかに婚姻費用分担や，財産分与，扶養請求あるいは推定相続人の廃除等の事件では，民事訴訟に準じて訴訟物を想定しても違和感は少ないかもしれない。しかしその場合でも法的効果の主張は，民事訴訟のように具体的ではなく，

特定が求められているわけではない。また審判過程において，たとえば婚姻費用分担だけでなく財産分与さらには扶養を含めて審理・判断されることもある。この場合には，家審法9条1項乙類1号または3号事件として審理対象が特定されているとはいえないし，名称いかんにかかわらず複数の請求が含まれていることもある（後述4 2参照）。また同一事件の再審理の拒絶という要請も家事審判では，既判力がないため強くは働かない（大阪高決平成15(2003)・5・22家月56巻1号112頁）。裁判の変更として，継続して取り扱われることもある。申立ての変更については，事情は複雑である。乙類審判事件の多くの場合に，申立ての特定を要しないとすれば，申立ての趣旨の変更は申立ての変更と扱わなくてもよい。また職権事件では，当事者の申立てに対する処分権が制限されているから，原則として申立ての変更を観念できない。しかし，事件本人の保護の観点から申立ての変更の手続をとることが求められることもある（後述4 2(1)参照）。さらには申立てを超えた審判の禁止の要請などは，各種の審判事件ごとに，制度の趣旨をふまえて議論すべきである（Habscheid, S. 126，以下4 2参照）。

このように考えると，家事審判においては申立事件についても，訴訟物という概念に民事訴訟において果たすような役割を期待することはできないというべきであろう。なお，梶村＝徳田・394頁は，「訴訟物」より緩やかな「審判物」概念を肯定することができるとするが，本書においては，以上のとおり訴訟物（審判対象）という概念は用いないこととする。

③　申立てに際しての添付書類

証拠書類がある場合には，その原本または謄本を提出しなければならない（家審規2条）。もっともこの規定は訓示規定と解されている（注解・家審規11頁〈山口〉）ので，事後の提出も許される。提出された証拠書類は，記録の一部となるから原則として返還すべきではない。最も多くかつ重要なのは，戸籍謄本（抄本）や登記事項証明書（後見登10条）である。これは身分関係を公証するものであり，また同時に法定代理権（親権者，後見人，後見監督人等）を証するものでもある。とりわけ甲類審判事件においては，書面審理に大きな比重が置かれるため，添付書類は重要となっている。

2　調停手続からの移行

(1)　審判申立てとみなす場合

乙類審判事項についての調停事件において，調停が成立しないときは，調停の申立ての時に審判の申立てがあったものとみなされる（家審26条1項）。これにより事件は調停不成立によって当然に（裁判所の処分や関係人の申立てを要しないという意味である）審判手続に移行する。財産分与事件など，申立

期間があるものについてこうした措置をとらなければ，申立人に不利益が生じるからである。この限りでは手続は一体的なものと構成されているといえよう。この場合原則として手数料の納付を必要としない。

(2) **調停をしない措置をとった場合**

家審規138条は，「調停委員会は，事件が性質上調停をするのに適当でないと認めるとき，又は当事者が不当な目的で濫りに調停の申立をしたと認めるときは，調停をしないことができる」と定めている。これに該当する場合，調停委員会（調停機関）は，「調停をなさず」と宣言し，これによって調停手続は終了する。乙類審判事項についてこの措置がとられたとき，審判手続に移行するかについては見解が対立している。家審法26条1項の適用を全面的に否定する見解（市川・140頁），当事者の利益のためこれを肯定する見解（山木戸・97頁）がある。調停をしない措置が家審規138条後段にいう「当事者が不当な目的で濫りに調停の申立をした」という要件にあたる場合には審判に移行すべきでないとする見解（家審法講座3巻245頁〈沼辺〉）が妥当であろう*。

＊申立人の「精神的情況に照らし，調停を開始しても進展は不可能と認めたので，終了させたのであるから，実質的には調停不成立と同視することができ，そうだとすると不成立と同様，審判に移行するものと解するのが相当である」とする審判例があり（京都家審昭和59(1984)・4・6家月37巻4号62頁），東京家審平成11(1999)・8・2家月52巻3号50頁も，金銭債権のみが遺産とされている遺産分割調停が不成立となったが，複雑な経過を考慮して審判に移行させ，その上で分割すべき遺産は存しないとして審判申立てを却下している。

(3) **調停事件と審判事件の裁判所の違い**

家事調停事件の管轄裁判所は，一般的に相手方の住所地を基準として定まる（家審規129条）が，審判事件においては事件本人の住所地等が管轄裁判所を定める標準となっており，両者の管轄裁判所が異なる場合がある。たとえば，（元の）夫婦間における親権者変更や子の監護に関する処分などの調停事件は相手方（たとえば父親）の住所地を基準に定まるが，その審判事件の管轄は子の住所地を基準とする（家審規72条による60条の準用）。また相続に関する調停事件でも相手方の住所地であるが，審判事件は被相続人の住所地または相続の開始地である（家審規99条）。そこでこうした場合に，調停が不調となり審判に移行する場合，審判を受ける裁判所は調停を担当した裁判所なのか，あるいは審判事件について管轄を有する裁判所かという疑問

が登場する。実務は，前者の裁判所と解している（家審法講座3巻254頁〈沼辺〉）。審判手続において，さらに付調停の措置をとることができることなどを考慮すると，実務の立場を支持することができる。

3 職権による開始
(1) 職権事件の意味

非訟事件においては職権事件と呼ばれる一群の手続がある。扱われる事件に対する公益の強さから，裁判所が関係人の申立てを前提とすることなく，職権によって手続を開始する場合が最も典型的な事例である。しかし実際上はこの例は少ない。職権事件は法律上，関係人の申立てについて，申立事件におけるとは異なって裁判所が応答する義務がない。関係人の申立て，申請，願い等々の表現をとっていても，法律上は裁判所に対する職権発動を促す意味を与えられるにすぎない。ただ，こうした建前があるとはいえ，裁判所は事件の端緒を見いだすための独自の調査機構を備えているわけではないから，法は，事情をよく知る私人または行政機関に対して，ときには申立義務を課し，場合によってはさらに「申立権」を付与することによって手続を開始するためのきっかけを得ようとしている。したがって，職権事件であっても関係人の申立てが定められている場合には，それがない限り裁判所は手続を開始させることができない。この意味では職権事件においても申立ては手続要件としての意義がある。さらに職権事件では，関係人は手続対象につき処分権を有しないから，申立権はあっても原則として取下げをなし得ないという帰結が導かれる＊。

＊こうした説明がドイツ法においては一般的である（Bärmann, S. 90; Habscheid, S. 33, 123f.; KKW-Schmidt, Rn. 7 zu § 12）。もっとも，このような職権事件と申立事件との区別は必ずしも明確ではない。もともと非訟事件では職権事件が原則であり，申立事件は例外であったから，申立事件については常に明示的に手続開始のための申立てが必要である旨が定められるといわれる（Bärmann, S. 90, Brehm, Rn.63）。しかし職権事件でも申立てという用語が用いられるから，規定の文言上では両者の区別はつかない。結局のところ，当該手続対象に対する公益の内容と強度，他の類似の事例との比較などから決する以外にはない。ドイツ非訟法の改正草案（FamFG）は，基本的には職権事件についての上記の理解を前提としている。すなわち改正草案15条1項は，この法律による手続は，法律により申立てが要件とされていない限り，職権によって開始されるとし，18条1項は，手続が職権によって開始される場合であっても，手続の開始を申し立てることができる，との提案をしている。

(2) 職権事件の類型

　職権事件にはどのようなものがあるか。また同じく職権事件といってもそれにはどのような種類があるのであろうか。これらは解釈によって区別するしかない。ところが，これまで職権事件に関する研究が少なく，さらに検討が必要であるが，一応次のように整理しておこう（以下の説明は，鈴木忠一「非訟事件における手続の終了と受継」『新実務民事訴訟講座8巻』(1981)35頁以下を土台としている）。

　第1類型　法律が明示的または黙示的に裁判所が職権によって手続を開始し，裁判をなし得ると定めている場合。裁判所が選任した管理人，後見人等に対する監督や報酬付与，手続の円滑な進行を図るために裁判所に与えられている権限を行使する場合がこれにあたる（民29条1項・2項，862条，863条1項・2項など）。

　第2類型　本質的に職権事件であるが，法律上その発動を申立人の権限とすることによって，職権発動を容易にしているもの。成年後見人の選任（民843条2項・3項），後見人・後見監督人の選任（同849条，849条の2），およびその解任（同846条，852条）事件などは，一定の者の請求によるほか，職権によってもなしうる旨を定めている。

　第3類型　申立てのあることが手続開始の前提とされているが，その申立てが実際には法律上の義務として規定されている場合である。これらは手続の目的について，関係人が何ら処分権を有しない場合には，裁判所の職権が特に明示されていなくても事件の本質は国家の後見的保護処分の発動をなすべき職権事件だとされるものがある。利益相反する場合の特別代理人の選任申立て（民826条），父母による未成年者後見人選任の請求（同841条），辞任した後見人による新たな後見人の選任の請求（同845条），遺言執行者による推定相続人の廃除請求（同893条）などがあげられる。

　またこの類型の中には，申立てによって開始されるが，申立人自らの権利または法律関係を手続対象としているのではなく，事件の公益性のゆえに裁判所が公権的に職権によって手続を開始すべき場合に，事件の緊急性を明らかにさせまた裁判の正確を期すため関係人の申立てを認めているが，実質的には裁判所の職権発動を促す作用を営むものがある。これには成年後見（保佐・補助を含む）開始決定・取消申立事件（民7，10条），不在者の財産管理人選任・改任申立事件（同25，26条），失踪宣告・取消申立事件（同30，32

条），親権または管理権の喪失宣告の請求（同834，835条），後見人の解任（民846条）などがある。これらの事件では，検察官の申立てのほか行政機関による申立ても認められている（児童福祉33条の6，33条の7，33条の8など）。

　家庭裁判所は，上記の第1類型・第2類型など，職権をもって開始すべき事由があると認めるときは，直ちにその手続を開始する義務がある。開始の方法については何ら定めがないが，事実上これを開始して必要な審判その他の処分を行うとされている（家審法講座1巻49頁〈綿引〉）。

(3) 申立事件と職権事件の区別の意義

　上記(1)で述べたとおり，申立事件と職権事件の区別は手続の開始について意味を有する。職権事件では裁判所は関係人の申立てに対して法律上応答する義務を負わない（この申立てを却下する裁判に対して申立人が不服申立てをすることができるかは，別の問題である）。職権事件においては，関係人（申立人）の手続処分権も制約され，申立てを取り下げることができないのが原則とされる。たしかに，申立てが義務だとされている場合には，それを取り下げることができないのは当然である。第3類型に該当する事件についても，ほとんどの事例では取下げを許さないと解してよい。しかし，かつては取下げを許さないとされた禁治産宣告申立ても，その後継制度である成年後見開始決定申立てを取り下げることができるのは当然視されている（この点については，第4節 II 2(2)参照）。個々の事件ごとに検討する必要がある。さらに，申立人や事件本人が死亡した場合に事件が終了するか受継されるかについても，各事件ごとに考察する必要があるので，両者を区分したからといって関連する問題が一挙に解決するわけではない。

2　申立書の形式審査および補正命令

　家審法，家審規則に明文規定はないが，民事訴訟の訴状の審査（137条）に準じて家事審判官は申立書の形式的記載事項の審査および補正命令をするとされている。本来訴状（申立書）の形式的審査の主体は，裁判長（家事審判官）にある。しかし，訟廷事務として事件の受付に関する事務は，裁判所書記官の職務であるから，その審査が先行する。非訟事件である家事審判においては，申立書の審査の意義は理論的には大きくないと解される。裁判所が関係人の申立てに拘束されるわけではなく，また職権探知主義が採用され

ているので，申立ての趣旨や事件の実情については，概略が示されておればよいからである。請求の趣旨は，申立ての当初の段階で特定していることは必要ではなく，審理を進める中で具体化し，あるいは変化することも考えられるから，それを任意的に補正を促すことはあり得るが，申立書を却下するような措置をとるべきではない（家審法講座1巻47頁〈綿引〉）*。ただし手数料の納付がなく，裁判所の命令にもかかわらず納付されないときは申立書を却下できる。

*乙類審判事件について調停申立てが先行しているとき，審判手続に移行した場合に，申立ての趣旨が不明確であるという事態を生じさせることがあることにつき，家審法講座1巻46頁〈綿引〉。また市村光一「家事乙類審判事件手続の展望」家月9巻10号(1957)6頁は，事件の表題を離婚でなく夫婦関係調整や家庭関係調整などと表記している実務を家事事件の手続の調整的作用を明らかにする意義はあるが，後の手続が分明でないことがあると注意を促していた。

3 申立ての効果

　事件が家庭裁判所に係属することにより，申立人は係属中の事件について重ねて申立てをすることができなくなる（二重起訴の禁止の準用）。申立人以外の者による同一内容の申立ては，不適法ではなく併合すればよい。法律に定められた申立権者はそれぞれ独自の申立権を有し，また家事審判における申立ては，相手方に対する特定の法的主張というよりは，裁判所の審判に対する提案と考えればよいからである（後述**62**参照）。その他，申立期間の定められている事件については期間遵守の効果が生じ，その他時効の中断の効果が認められることは民事訴訟と同様である＊。審判事件の場合には，家審法9条1項のいずれの号に該当するかについては，原則として関係人の申立てに拘束されると解される。たとえば，成年後見開始決定の申立てに対して，保佐開始の決定をすることは許されない（これをするには，申立人の申立ての変更が必要である）。しかし他方において，婚姻費用の分担請求と財産分与請求および扶養請求などは，一体の申立てと解すべき場合も多い。申立ての真意を見極めた上での対応が必要になる。詳細については，申立ての趣旨の拘束力として次の**4**で述べる。

*申立てを審判事件として事件簿に登載することを立件と呼んでいる。事件は符号（審判事件－家，調停事件－家イ，抗告提起等－家ニ，雑事件－家ロ，共助事件－家

ハ）と，進行番号および関係人によって特定される。審判事件は審判事項を単位として立件の数を決めるとされる。しかし実際上事件の個数等については判断のむずかしい点が多いと指摘されている（実務講義案57頁以下参照）が，ここでは説明を省略する。

4 申立ての趣旨の拘束力

1 総説

家事審判の申立ての趣旨は，上述のように家庭裁判所の審判の対象が何であるかを明らかにするものである。民事訴訟においては，訴え提起時における訴訟物特定の要請や246条の定めがあることによって，請求の趣旨は訴状において特定していなければならない。また請求の趣旨は，原告の要求の最大限を示すものであるから，裁判所は請求の趣旨を上回る裁判をしてはならないことが示されていると解されている。

これに対して非訟事件や家事審判においては，この定めを欠いている。また民事訴訟手続によって審理されるがその性質は非訟事件であるとされる，形式的形成訴訟においても判例によれば原告は申立を特定して示す義務を負っていない（形式的形成訴訟である境界確定訴訟について，大判大正12（1923）・6・2民集2巻345頁がこのことを指摘する）。家事審判においては，先に見たように職権事件と申立事件が区別される。職権事件では，原則として裁判所が関与の範囲を定めるから，関係人の申立てに拘束されないといえるが，例外もある。申立事件では，申立人の意思や処分権能が尊重され，裁判所はその申立てに拘束されるように思われる。このような審判手続において，申立人は申立てを特定する責任があり，また裁判所は関係人の申立ての趣旨をこえて裁判してはならないという要請が働くのであろうか。審判事項の多様性，裁判所の関与のあり方などにも関連して議論はそう単純ではない。

2 申立ての拘束力

(1) 審判事項の特定

一般的には，家庭裁判所は審理の範囲も家事審判の特色にかんがみて，申立てのあった事件でも申立書記載の申立ての趣旨に拘束されるべきではなく，申立人の真の目的にそう対象についてのみ審理すべきである。それゆえ，申立人の意図を逸脱して処分すべきではないから，申立人が審判の対象を限定

して申し立てているにかかわらず，他の対象について審理し判断すべきではない。しかし，合目的的裁量によって裁判すべき範囲では，いかなる処分をなすのが相当であるかについて必要な一切の事情を審理すべきであるから，関係人およびその他の利害関係人の陳述に拘束されない（家審法講座1巻57頁〈綿引〉）。一般論としてはそのとおりであり，学説の理解もほぼ一致している。まして，審理の過程で申立人，相手方も想定せず，裁判所からも指摘のなかった裁判がなされることは関係人に対する不意打ちであり，許されないと解される。審判に先立って申立人に対して変更を促し，また相手方に対して意見を述べる機会を保障するなどの措置が不可欠である。しかし，いくつかの具体例では申立ての拘束力について見解が分かれる。このことを若干の事例をもとに検討しておこう。

① 成年後見開始決定の申立て

すでに歴史的使命は終えたが，旧禁治産・準禁治産宣告制度のもとにおいて，禁治産宣告の申立てに対して準禁治産を宣告できるか，またその逆の場合はどうか，ということが問題とされていた。当時の民法の通説は，「心神喪失と心神耗弱とは，要するに精神障害の程度の差であるから，制度の性質からみて，家庭裁判所は申立人の主張に拘束されず，いずれの申立てに対し，いずれの宣告をすることも妨げない」と解していた（我妻栄『新訂民法総則（民法講義Ⅰ）』(1965) 78頁以下）。手続的にみれば，両者は一個の申立てと解してよいとするのである。両者は，ともに本人の行為能力の制限という点で共通すること，精神障害の程度の差にすぎないこと，申立ては法律上の陳述にとどまることがその根拠とされていた。もちろんこれに対しては，禁治産・準禁治産の制度は程度の差に過ぎないとはいえず，同質の制度ともいえないこと（旧法の準禁治産の理由には「浪費」が含まれていた），申立ての趣旨や実情の記載から包括的な申立てとはいえないこと等を理由に，申立てを欠くのに職権で申立て以外の種類の宣告をすることは許されないとの見解が対立していた（この詳細については，佐上・審理315頁以下）。

新しい成年後見制度の下では，補助開始決定申立てを本人以外の者がする場合には本人の同意を必要とするから，保佐開始の申立てをしていた場合にもそのままでは補助開始決定をすることができない（民14条2項参照）。この趣旨からいえば，後見開始と保佐開始でも本人に対する効果，残存能力の尊重のあり方等々で大きな差異があるから，申立ては1個であるとすること

は許されないであろう。裁判所の釈明と申立人による申立ての変更をまつことが必要になるのである（小林昭彦＝大鷹一郎＝大門匡『一問一答新しい成年後見制度』(2000)102頁，実務講義案82頁）。この限りでは，当事者の申立ての趣旨に拘束力が認められるといえる*。

> *成年後見を3つの類型に分けて，それぞれいずれかを選択して申し立てさせるという民法の定め方がこうした問題を生じさせる。3つの類型相互の間では，柔軟な対応が可能となったとはいえ，なお固有の要件・効果があるから，その間に垣根が存在するのである。これに対して，ドイツ法では審理の結果，事件本人に最も適合する世話の内容を個別に定める方式を採用するので，ここで述べたような問題は生じない（佐上・審理167頁以下参照）。

② 夫婦の協力扶助・婚姻費用分担請求の場合

家事調停において夫婦関係調整事件として係属した事件では，夫婦間の扶助協力に関する内容，過去の婚姻費用の分担請求などは，渾然として主張され，議論されていることが多いであろう。この調停が不調になり審判に移行すると，申立ての趣旨を特定しなければならない。家審法9条1項乙類1号の事件か，同3号の請求か（さらには同8号の請求を含むか）を明確にしなければならないのである。この場合に，1号の申立てをしたとき，裁判所はこれに限定して審判するべきか，あるいは3号についても審判できるかが問題となる。実体法上，両請求の同質性を認めることができるかということだけでなく，申立ての趣旨の拘束力をどう考えるかという2つの問題が含まれている。

実務上は両請求の同質性を認める立場が優勢となっている。申立ての趣旨に対する拘束力も緩やかに解されている*。

> *東京高決昭和31(1956)・12・1家月9巻1号22頁は，事件の内容が乙類1号か3号か，あるいは8号か明瞭でないまま審判したのを違法として差し戻している。しかし福岡高決昭和43(1968)・6・14家月21巻5号56頁は，両者はほぼ同一の機能を果たすこと，また合目的性の理念から，裁量によって具体的に妥当な結果を確保する処分であるから申立てのないまま審判したことにはならないことを理由として，申立ての趣旨に拘束されないとする。事実関係は両事件ともほぼ同一であり，民法752条による申立てを却下して改めて民法760条による申立てをさせる不便を考えれば，当事者の申立てにかかわらずその真意を確認して適正な裁判をすることが必要となるから，福岡高決の立場を支持できよう。
> 　この関係は，さらに離婚訴訟において附帯処分申立て（人訴32条）をする際の財産分与請求の趣旨として，その中にどのような要素を含めているかの確認にまで及ぶ（最判昭和53(1978)・11・14民集32巻8号1529頁参照）。訴訟の後になお請求でき

るか，すでに判断済みといえるかという点が問題となる。こうした関係は，親権者指定・変更の審判と監護権者の指定・変更の審判についても生じるが，婚姻費用分担請求の取扱いの場合と同様に解してよいであろう。

(2) 申立ての趣旨の解釈
① 非訟事件・家事審判事件における申立ての特定
先に指摘したように，非訟法や家審法においては民訴法246条に対応する定めを欠いている。そのため，申立人は申立ての趣旨を特定する必要はなく，また申立てがあっても裁判所はこれに拘束されないと解されている。判例においても財産分与につき「裁判所は申立人の主張に拘束されることなく自らその正当と認めるところに従って分与の有無，その額及びその方法を定めるべきものであって，裁判所が申立人の主張を超えて有利に分与の額等を認定しても民訴186条（現行246条）の規定に違反するものでない」という（最判平成2(1990)・7・20民集44巻5号975頁。また別居中の夫婦間の子の監護者の指定に関する事件について，同旨を説くものとして，岡山家審平成2(1990)・12・3家月43巻10号38頁がある）。

一般的には，家事審判を含む非訟事件の裁判においては，法律関係は裁判所の合目的判断によって形成されるため裁判所の裁量権が要請され，また要件事実が明確に規定されていないので種々の事情を総合的に判断しなければならない。このような事情が裁判所が関係人の申立てに拘束されない根拠として説明されている。深く立ち入って，その理由が説明されることは意外に少ない。

② 申立てに拘束されない根拠
(a) 職権事件
家事審判を含む非訟事件において，裁判所が関係人の申立てに拘束されないとする通説の根拠を整理しておこう。まず職権事件については，申立事項につき関係人の処分権限が制約され，公益的な観点から裁判所が適切と認める処分をする必要があるから，ここでは裁判所が関係人の申立てに拘束されないのが原則だといえよう。関係人の申立ては，法律的には裁判所の職権発動を促すにすぎないと考えられるからである。申立てを契機として，裁判所の事実調査からむしろ裁判所が関与の内容を特定すべきだとさえいえるのである。

(b) 申立事件

　これに対して申立事件についてはどうか。通説の考え方はおおむね次のようにまとめることができる。(佐上「利益調整紛争における手続権保障とその限界」法律時報52巻7号(1980)29頁、同「家事審判における当事者権」『新実務民事訴訟講座8巻』86頁以下参照)。すなわち、審判では合目的判断が要請されるために裁判官の広範な裁量権が要請されるから、民事訴訟の処分権主義は妥当しえない。なぜなら裁判官が関係人の申立てに拘束され、あるいは関係人が審判権の範囲を特定するならば、自由な裁量権を行使できないし、衡平に従った裁判も可能ではなくなるからである。この説明は、同義反復的なところがあり、裁判所の裁量の必要性がほとんど唯一の根拠とされている。関係人がこの範囲で、合目的的な裁判をして欲しいという枠をなぜ設定できないのか、という疑問に正面から答えていないともいえる。

　しかし、だからといって、関係人の申立てに拘束力を認めることができるという結論を導くのは早計である。非訟事件、家事審判においては、民事訴訟と同様に原告に要求の提示とそこから導かれる申立てへの拘束力を認めるにはなお慎重でなければならない。財産分与や扶養あるいは遺産分割の申立てなどの財産上の請求に限ってみても、申立人自身が申立てを特定するという責任を果たすことができないという状況を認識しなければならない。ある要求とそれを根拠づける具体的事実を特定して主張できない。代替的な要求とそれを根拠づける事実が多数存在するからである。したがって、通常の民事訴訟で普遍的にみられる審判要求提示責任を家事審判では関係人に要求することが不可能であり、放棄されていると見なければならない。申立人の要求は裁判所に対して1つの提案をするにすぎない。裁判所の事実調査の結果、関係人の申立てを超えたところに最適の解決が存在する可能性を否定できない以上、申立てを要求の最大限と見てはならないのである*。家事審判における申立てが調停など協議に代わるものとして要求されているとし、申立ては協議における要求と同視されるとして、要求は特定しているという見方(宇野聡「財産分与事件における申立ての拘束力」香川法学12巻4号(1993)38頁)は適切とはいえない。協議における「要求」自体が多義的に解釈されなければならないからである。

　　＊「家事事件研究会の記録(2)－手続法関係」家月23巻9号(1971)162頁以下における婚姻費用分担の請求額をめぐる参加者の次のやり取りは、家事審判における申立

てを考えるうえできわめて興味深いといえる。
　田中恒朗発言「(福岡家裁甘木支審昭和41(1966)・11・8家月19巻7号67頁の審判を取り上げて－佐上注)……これは婚姻費用分担で，月1万円貰いたいという申立てですね。裁判所は調べた結果，保護基準額によって18,086円という数字をはじき出している。しかし申立人は月1万円でいいと言っているから月1万円の支払を命ずる審判をしていますね。」
　鈴木忠一発言「私は乱暴な解釈かもしれませんけれども，婚姻費用分担の請求の場合など当事者が主張する金額は，特別の理由がない限り，最低という意味だと思う。少なくともこれだけは希望するというのが通常の場合だと思います。若しそれを裁判所が民訴の申立と同じようになってしまうと，それは裁判所の認識が足りないという結果になると思います（以下略）」。
　矢部紀子発言「(前略)申立には相当額というのが普通なんですが，高くちゃいけないかなと考えて最低に書く人と多めに書く人と色々なんですね。それをまともに受け取ってその範囲にするということは随分間違いが起こるんじゃないかと思うんです」。……
　山木戸克己発言「(前略)職権主義というのは，結局裁判所がまあ責任を負うといいますか，その審判に対して一切の非難を覚悟しなければならんという意味だと思うんです。ですから当事者がいくらこの位でいいと，1万円でいいと言っていても……非常識だということになると，（そのまま裁判したのでは－佐上注）裁判所は非難されると思うんです（以下略）。」
　この発言は，要求が最大限の期待水準，譲歩できない最低限度，あるいはその中間に位置する獲得水準等々のいずれのレベルで考えられなければならないかという問題を提起しているといえる。家事審判における申立ては，民事訴訟のように訴状で特定された要求が，原則として訴訟過程を通じて一定である（訴えの取下げや変更はあるが）という理解とは異なった取扱いが必要なのである。また，親権者指定の申立てがなされている場合には，裁判所は監護者を定めかつ監護に必要な処分として子の引渡しや養育料の支払いなどの具体的処分をもなし得るというのが実務の扱いである。当事者の申立ての範囲内でのみ裁判所が判断を下すという民事訴訟の考え方は，申立てに必然的に含まれる関連の諸問題をも併せて処理しなければならないことがある家事審判では，基本的に維持できないといわなければならない。

3　関係人の責任のあり方

(1)　原　　則

　上に述べたことは，関係人は申立てに対して一切責任を負わないということではない。家事審判においても，関係人間の実質的平等と自由な決定権が，問題を解決していく上で重要な役割を果たしていることにも注意しなければならない。このことは，紛争の解決を求めその過程に参加する関係人が，そ

の解決方法や内容を協議するについて，それぞれの提案や判断に対して一定の自己責任を負うことを意味する。ただその責任が，民事訴訟のように手続開始の段階で一定の事項に対して一定の責任を負うという対応関係で示すことがきわめて困難なのである。さまざまな論点・争点との相関関係で，状況依存的な性格が強いといえるのである。手続開始の当初の段階では，申立人の要求が具体的でなくとも，審判経過の中でその大枠が示され，具体的な姿になることが通常であろう。さまざまな可能性の指摘とこれに対する討論を通じて選択肢が狭められ，焦点が絞られていく。関係人の主観的評価が家事審判官からの中立的な立場からの評価によって撤回されあるいは修正されることによって，関係人の要求が一定の幅の中に収斂されていく。裁判所の事実調査とそれに基づく釈明や，関係人の提示する要求に対する疑問を呈示することを通じて，関係人が再考することによって主張が取捨選択され，明確化されて要求が特定してくる。その段階で，要求の最低限度と最大限度，特に強い要望等が裁判所にも相手方にも明らかにされていくことになるし，相手方もこれに対してどのような態度をとるかが明らかにされよう*‥**。こうしたプロセスを経て，審理の終結時点で関係人の要求提示という責任も具体化するといえる。

　　*関係人要求の具体化という点は，同時にそれを支える根拠，事情の説明等にも影響する問題である。事実や証拠の提出については，職権探知主義が採用され裁判所の責任とされているが，遺産分割手続などでは弁論主義的要素を取り入れた当事者主義的運用の可能性が議論されている。この点について考えるには，家事審判手続における関係人の手続協力義務などについてもあわせて検討する必要があるので後述する（第4節73）。
　　**補助開始の審判申立ては，本人以外の者がするときは本人の同意がなければならない（民15条2項）。しかし，ここに述べたように申立て段階で同意を取り付けるよりは，手続過程において裁判所がその有無を確認する方がより実質的に本人の自己決定を尊重することになると考えられる（この点については，佐上・審理338頁参照）。

(2)　抗告の申立て

　申立てに対する裁判所の拘束力（申立てのない事項に対する裁判の禁止）の問題は，上訴との関係では（不）利益変更禁止の原則の適用という形で現れる。従来，非訟事件においては民訴法246条の適用が排除され，抗告審では不服申立人の不利益にも裁判をなしうると考えられている。しかし後にも説明するように，非訟事件において関係人は，第1審における職権事件か申立

事件かを問わず，すべての場合につき不服の限度を特定する責任があると解され，裁判所の審判権もその範囲内に限られると解すべきである（後述第7節 6 2⑶参照）。

5 再度の申立ての許否

　民事訴訟においては，判決確定後に同一当事者間において同一訴訟物に関する再訴が許されるかについては，主要には終局判決後の訴えの取下げの効力あるいは既判力の問題として処理される。しかしながら家事審判は確定してもその裁判には既判力が生じないから，再度同一当事者間で同一の審判申立てがなされた場合でも，これを不適法として却下することはできない（注解・家審規15頁〈山口〉）。審判の後に申立てが取り下げられた場合に，再度同一内容の申立てがあった場合の扱いも同様である。

　なおこの問題は，家事審判の既判力や，事情変更による審判の変更等とも関連するが，これについては後述する。

6 申立ての変更・反対申立て

1 申立ての変更

⑴ 申立事件

　家事審判においても民事訴訟と同様に，申立ての変更がなされる場合がある。たとえば同一夫婦間において離婚に伴い，財産分与を請求している場合に，これに婚姻費用の分担や損害賠償を追加するようなケース，あるいは保佐開始の審判申立ての手続中にこれを後見開始の審判申立てに変更するようなケースが考えられる。学説においてもこれが許されることにつきほとんど問題とされていない。

　家事審判における申立て，とくに乙類審判事件における申立てはそもそも民事訴訟における「訴え」のように特定したものではないから，基礎となる事実関係は同一であっても，申立ては広狭の差がある。また婚姻費用の分担請求といっても，その中には未成熟子の養育費用が含まれていることがある。また財産分与請求にもいろいろな「請求」が内包されていると解されている。それゆえ，これらの場合に審判要求の名称や根拠条文を変更することは，必ずしも申立ての変更とはいえないことに注意すべきである。申立てを変更する場合には，書面によって明示的にする必要はないとする審判例もある（東

京高決昭和 46(1971)・3・15 家月 23 巻 10 号 44 頁)＊。

　＊数人の相続人が適式に限定承認の申立てをした後，その内の 1 名が単純承認に主張を変更したので，他の申立人が相続放棄をすると主張した場合，すでに相続放棄の申立期間が経過している場合にも，申述受理の審判がなされるまでは，先の限定承認の申立てを相続放棄の申述に切り替えることができるとするとされる（「昭和 51(1976)年 1 月 23 日大阪高裁管内家事審判官有志協議会協議結果」家月 28 巻 11 号 (1976) 235 頁）。また実際上，申立ての変更という厳格な手続によることなく，申し立てられた事項と審判する事項とが実質的に同一と認めるのが相当な場合には，申立ての趣旨の解釈によって申立人の真意にそう審判をすることも許されると解されている（実務講義案 82 頁）。

　なお，抗告審においても申立ての変更が許されるかが問題となる。この点については，抗告審の裁判との関係で問題がある。家事審判の抗告審において抗告を理由があるとするときは，原則として原審判を取り消して家庭裁判所に差し戻す（家審規 19 条 1 項）。家庭裁判所中心主義を採用しているのである。したがって，申立ての変更をしても，原審の資料によって新しい申立ての審理がほぼ可能である場合に限って許されると解される（金田宇佐夫「抗告審における諸問題」判タ 250 号 137 頁，吉岡進「家事審判の抗告審における諸問題」『新実務民事訴訟講座 8 巻』290 頁）。

(2) 職権事件

　職権事件においては若干の例外を除くと，裁判所が職権で審判の趣旨，範囲を決定することができ，またこれを変更することができると解されているから，関係人の当初の申立ての変更を許すかどうかという問題は理論的には意味がないであろう。もっとも，裁判所が審判の趣旨や範囲を変更するときは，関係人にその旨を伝え，陳述や証拠提出の機会を保障することが重要になる。

2　反対申立て

　相手方当事者からの反対申立ては，民事訴訟における反訴とは意義を異にする。民事訴訟においては，原告の被告に対する請求の当否を判断するという構造から，原告の所有権確認請求を棄却したからといって被告の所有権が確定するわけではない。被告が所有権の確定を求めるなら反訴を提起する必要がある。しかし非訟事件においては，申立てを契機として裁判所は当該の法律関係につき最適と思われる処分をしなければならないから，理論的には相手方の反対申立てを必要とはしない。裁判所が示す解決の中には，反対申立てにかかる内容も含まれていると解されるからである。申立人の申立ては，

解決のための1つの提案にすぎないと考えられる。相手方の申立てがなくても，裁判所は申立人に対して一定の給付を命じることができる。相手方の反対申立ても同様に解してよい。もちろん，反対申立てが不適法とされるわけではなく，これががあった場合には，これをまとめて審理することになり，申立ての取下げがあれば反対申立てについての審理が継続される＊・＊＊。

＊控訴審における反対申立ての適否については，上述した申立ての変更と同様に，審理の対象が本来の申立てのそれと同一であるか，あるいはそれに含まれるような場合に限って許され，この場合には相手方の同意を必要としない（金田・前掲137頁）。
＊＊反対申立てが，事件が係属しているのとは別の家庭裁判所に申し立てられたときは，優先管轄との関係でその裁判所には管轄が生じない。当初の事件が係属している裁判所に事件が移送されることになる（非訟4条）。それゆえ民事訴訟では生じる事件の重複審理は，非訟事件・家事審判では理論的には生じないといえる（Habscheid, S. 175）。

第3節　審判前の保全処分

1　保全処分制度の必要性

1　保全処分の意義
⑴　意　義

審判が申し立てられてから終局審判が効力を生じるまでには若干の日時を必要とする。この間に，関係人の財産状態に変動が生じて後日の執行が困難となったり，この間に関係人の生活が困難で危機に直面する可能性がある。審判前の保全処分（以下，「保全処分」という）は，暫定的に関係人間の法律関係を形成して，権利者の保護を図ることを目的とする。通常の民事訴訟に関する事件において民事保全の制度が認められているのと趣旨を同じくする。

ところで家事審判については，昭和55(1980)年法律51号によって，家審法15条の3が追加されるまでは，同法上，審判前の保全処分を認める規定がなく，家審規則に個別的に定められている保全処分が執行力を有するかが大いに争われていた。大方の見解によれば，これには執行力がなく調停前の措置（民調35条，家審28条3項，家審規133条）と比べてもその実効性に乏しく，たんに勧告的なものにすぎないとされ，実務および学説から強くその改正が求められていた。昭和55(1980)年の法改正はこの要請に応え，審判

前の保全処分について民事保全法におけるそれと同一の執行力と効力を有することを認めたものである（改正の経過，内容については，橘勝治＝宇佐美隆男「民法及び家事審判法の一部を改正する法律の解説」家月32巻8号（1980）159頁以下，174頁以下）。

(2) 利用の実態

司法統計年報・家事編（平成17年度）第6表によれば，審判前の保全処分およびその取消申立件数は，平成17（2005）年度において1,566件である。既済事件のうち認容625件，却下127件，取下げ795件である。保全処分の内容として，財産の管理者選任等が408件，仮差押え・仮処分が926件（うち子の引渡しを求める仮処分申立てが469件ある），親権者等の職務執行停止・職務代行者選任等の申立てが106件である。申立ての取下げが多いのが目立つ。申立ての約半数で取り下げられている。とりわけ乙類4号の子の監護に関する処分としての子の引渡しでは既済471件中で301件が取り下げられている。逆に認容率が低いといえる。このことは申立てに無理があることを示唆しているかもしれない。本案との関係で実態が明らかにされ，保全処分制度の改正の必要性についての議論が展開されるべきであろう。

2　特殊保全処分としての位置づけ

家審法に定められた保全処分は，本案である家事審判が性質上非訟事件であることから民事保全法の適用を受けない（民保1条参照。同法の保全処分は民事訴訟の本案の権利の実現を保全するためとされており，家事審判法上の権利の保全を対象としていない）＊。家事審判法上の保全処分は，破産法上の保全処分などと並んで，講学上いわゆる特殊保全処分と呼ばれるものの1つである。民事保全法は，審判前の保全処分の執行力について準用されるにすぎない。それゆえ，仮差押え・仮処分の効力，満足的仮処分と本案審判との調整などの問題については，基本的に民事保全法におけると同様に解される（家審15条の3第6項）。しかし，審判前の保全処分の申立て，要件およびその審判に関しては，家事審判の性質に即して独自に検討される必要がある。

　　＊人事訴訟における家事審判事項を対象とした保全処分
　　　人事訴訟法30条は，人事訴訟を本案とする保全事件の管轄について定めている。人事訴訟を本案とする保全処分は，民事保全法による保全処分だと解されてきた。それゆえ，離婚訴訟に附帯して申し立てられる財産分与等について保全処分をなすとき

は，民事保全法によるものかどうかが争われ，訴訟と附帯しては申し立てられない夫婦同居，婚姻費用分担請求等についても保全処分をなしうるかが問われてきた（その状況については，深見敏正「人事訴訟を本案とする民事保全(1)」判タ 1100 号 596 頁）。人事訴訟法は，旧法における取扱いを変更するものではないと解されている（野田愛子＝安倍嘉人編『人事訴訟法概説』(2004) 269 頁〈瀬木〉，梶村＝徳田・228 頁，松本博之『人事訴訟法』(2006) 254 頁）。それゆえ，人訴法 32 条による附帯処分を本案とする保全処分はなしうるが，併合できない家事審判法によって処理される請求を本案とする保全処分はできないと解すべきである。なお，子の引渡しを命じる保全処分については，後述 7 3 で扱う。

2 保全処分の態様

1 概　説

保全処分の態様として，家審法 15 条の 3 第 1 項は，仮差押え，仮処分，財産の管理人の選任その他必要な保全処分を命じることができるとしている。どのような審判事件に，どのような保全処分をなし得るかは，一般の保全処分の場合と異なって家審規則が具体的に定めている。以下，一般に分類されている 4 類型に従って説明する（この全体的な概略・問題点の指摘としては，永吉盛雄「審判前の保全処分」講座実務家審 1 巻 47 頁，岡部喜代子「審判前の保全処分を巡る諸問題」判タ 1100 号 572 頁参照）。

2 財産管理人の選任の類型

この保全処分は，財産の管理者を選任し，または事件の関係人に対して事件本人の財産の管理もしくは事件本人の監護に関する事項を指示することを内容とする。成年後見の開始決定（家審規 23 条 1 項），保佐開始決定（同 30 条），財産の管理者の変更および共有財産の分割（同 47 条，48 条 3 項，106 条），遺産の分割（同 106 条），破産法 61 条 1 項において準用する民法 758 条 2 項，3 項による財産の管理者の変更および共有財産の分割の審判事件（特別家審規 25 条，家審規 47 条，48 条 3 項，106 条）にみられる。

この財産管理人の権限については，家審法 16 条が民法 28 条を準用しているので，原則として民法 103 条に掲げる管理行為の範囲内で代理権を有する。財産管理人が選任された場合でも，その権限が原則として管理行為の範囲に限定されていること，成年被後見人または遺産分割事件の相続人が財産について処分権を失う旨の実体法上の規定が存しないことから，事件本人，相続

人等は当該財産について処分権を失わない（永吉・前掲47頁）＊。家庭裁判所はいつでもその選任した財産管理人を改任することができる（家審規23条7項による32条1項の準用）。

> ＊東京高決平成5(1993)・10・28判時1478号139頁は，遺産分割審判前の保全処分により遺産管理者が選任された場合においても，不実登記の更正登記手続を求めることは保存行為であって，遺産管理者の管理権と抵触しないから，相続人はこの訴えの当事者適格を有するとする。

3　後見命令の類型

　この保全処分は家審規23条2項にみられる保全処分である。後見開始等の申立てがなされた場合に命じられる。財産管理者の選任がなされても本人による財産処分の危険性が高い場合に，財産上の行為について財産の管理者の後見を受けるべきことを命じることを内容とする。保佐開始および補助開始の審判についても認められている（家審規30条2項，30条の8第2項）。

　後見命令の対象となる財産上の行為は民法9条ただし書きに規定する行為を含まない（家審規23条2項）。保佐命令の審判の対象となる財産上の行為については，民法13条1項に定めるものに限られる（家審規30条2項。補助開始の場合について家審規30条の8第2項）。この保全処分がなされたときは，裁判所書記官は財産管理人に対して告知するとともに，本人に対しても通知しなければならない（家審規23条3項，4項，30条3項，30条の8第3項）＊。

　この保全処分がなされた後に事件本人がした財産上の行為は，後見命令の審判があったときは取り消しうべきものとなる。この場合には，制限能力者の行為の取消しに関する民法の規定が準用される（家審規23条6項，30条5項，30条の8第5項）。またこの保全処分の審判がなされたときは，家審法15条の2および家審規21条の2によって戸籍に記載される。

> ＊成年後見事件に於ける審判前の保全処分については，佐上「審判前の保全処分」実践成年後見5号(2003)8頁以下，また田島康宏＝中村京子＝椎野肇「東京家庭裁判所本庁における成年後見事件に関する審判前の保全処分事件の概況」実践成年後見5号(2003)4頁以下参照。

4 職務執行停止または職務代行者の選任の類型

家審規74条1項が定めるように，この保全処分は親権喪失宣告の審判事件において親権者等の職務執行を停止し，または職務代行者を選任するものである。親権者または後見人がその権限を濫用して子の福祉を害するおそれがあるとき，これを防止することにその目的がある。この処分がなされると親権者は第三者との関係においても，その権限の行使が停止され処分に反してなされた行為は無権代理と扱われ無効とされる。この保全処分が認められるのは，前記のほか，後見人・後見監督人・保佐人の解任（家審規86条，92条2項，93条3項），遺言執行者の解任（同126条），親権者の指定，変更（同70条，72条），特別養子縁組・離縁（同64条の5第1項，64条の12），および破産法61条1項により準用する民法835条による管理権の喪失の宣告（特別家審規27条）などである。

児童相談所長は親権または管理権喪失宣告を申し立てることができる（児童福祉法33条の6）から，この保全処分をも申し立てることができるとする審判例がある（熊本家審平成10(1998)・12・18家月51巻6号136頁）。この審判は，未成年者が養父から虐待を受けているとして児童相談所長が未成年者を一時保護して，親権喪失宣告の申立てと同時に審判前の保全処分として職務執行停止と代行者選任を求めたのに対し，同所長を職務代行者に選任する仮の処分をしたものである。親権者変更に関する争いで，親権者が子の引取りを強行しようとする際に，子の福祉に反するとして親権者の職務停止と代行者選任が求められることもある（札幌家審昭和58(1983)・6・7家月36巻7号98頁）。

この保全処分がなされたときは，家審法15条の2および家審規21条の2により，戸籍に記載される（大塚正之「親権停止と親権代行者の選任の保全処分」判タ1100号153頁参照）。また家庭裁判所はいつでもその選任した職務代行者を改任できる（家審規64条の5第2項による32条1項の準用）。

5 仮差押え，仮処分その他必要な処分の類型
(1) 仮差押え・係争物に関する仮処分

仮差押えは，本案の審判における金銭給付命令の執行を保全するためになされる，本案の審判において財産分与として金銭の支払いが命じられる場合，過去の婚姻費用・未成熟子の養育料等が一括して支払いを命じられるような

場合に利用される（家審規52条の2など。これらにつき，浦野真美子「婚姻費用分担の審判前の保全処分」判タ1100号38頁）。

仮処分は，係争物に関する仮処分と仮の地位を定める仮処分がある。民事保全法の定めと異ならない。係争物に関する仮処分は，夫婦財産契約における管理者の変更および共有財産の分割，財産分与，遺産分割の審判で問題となる。たとえば，財産分与を請求する場合に相手方の名義となっている不動産の処分を禁止しておく必要があるときに，これを申し立てることができる。仮の地位を定める仮処分については項を改めて次に述べる。

(2) 仮の地位を定める仮処分

この保全処分は，本案の審判による給付内容を先取りする仮処分である。民事保全法でもこの仮処分は，請求権の保全というよりは，当事者間に紛争のあることから生じる現在の危険・不安を除去するために，その解決に至るまで権利関係に暫定的に規制を加えるために発令される。本案に基づく執行と同様の状態を達成するものであるから，断行仮処分または満足的仮処分ともいわれる。家事審判においては，金銭の支払いが問題となるのは，夫婦間の扶助，婚姻費用分担，養育料，財産分与，扶養および遺産分割などである（納谷肇「婚姻費用仮払仮処分事件の実務上の諸問題」家月45巻12号(1993)1頁）。子の監護や親権者の指定変更の審判事件においては子の引渡しも考えられる。

遺産分割においては，遺産の一部を分割する仮処分がありうる（たとえば，大阪高決昭和59(1984)・9・5家月37巻7号50頁は相続税を支払う必要性を理由とする）。

家事審判においては，裁判所は関係人の申立てに拘束されないことから，保全処分においてなされた権利関係と，本案の審判によって形成された権利関係が異なりうる。たとえば，財産分与請求の審判において，不動産の処分禁止仮処分が命じられたが，本案の審判において金銭の給付が命じられるという場合がある。この場合，仮処分によって保全されている地位を金銭債権に基づく執行のためには援用できないとされている（永吉・講座実務家審1巻49頁，岡部・前掲判タ1100号574頁）。

(3) その他の処分

その他の必要な保全処分としては，別居中または離婚後の親権・監護権に関する争いにつき，子の生活の妨害禁止，子の連れ去りの禁止，子の就学手続をとるべきことの命令，親子の面接交渉に関する処分，児童福祉法事件に

おける面接通信制限（特別家審規18条の2）などがある*。また地方裁判所の管轄であるが、配偶者からの暴力防止及び被害者の保護に関する法律10条に定める保護命令も、家事調停や審判との関係で重要な役割を果たす。

> *浦和家審平成8 (1996)・3・22家月48巻10号168頁は、栄養失調等により入院した7歳の子供に関し、児童相談所長から福祉施設収容の承認が申し立てられた事件であるが、親権者に対して本人を退院または転院させる手続をしてはならない旨の仮の処分を命じた。この仮処分はそれをなしうる根拠を示していない。特別家審規では、当時仮処分をなしうる旨の定めがなかった。そこで児童福祉法28条の承認によって、児童相談所長は、監護に関してその児童の福祉のため必要な措置をとれるようになる（同法47条2項）から、これに監護者の指定等に関する保全処分（家審規52条の2）を準用できるとする解釈があった（たとえば、吉田恒雄編『児童虐待への介入（増補版）』(1999)154頁〈岩佐〉）。児童虐待やネグレクトの場合に迅速に対処するため保全処分に大きな期待がかけられるが、この審判は法律の規定から見る限り無理があるといわざるを得ない。平成17年の規則改正によって、ようやく面接通信制限の保全処分（特別家審規18条の2）が認められただけであるということからも、現在の状況からはこうした保全処分はできないといわなければならない。早急な法、および規則の改正が必要である。

3 保全処分の審理手続

1 特　徴

家事審判手続における保全処分には、特殊仮処分として、①それぞれの審判事項に関して保全処分が類型化されていること、②保全処分が本案の申立てを必要とし、本案である家事審判手続内で審理され発令される（附従性）こと、および③本案の審理については職権探知主義が採用されているが、保全処分については、被保全権利および保全の必要性の疎明に関してはむしろ当事者責任が原則とされているという特徴がある。①についてはすでに述べたので、それ以外の点につき以下に説明を加える。

2 本案審判係属の必要性

保全処分の申立てには本案の審判が係属していなければならない（家審15条の3第1項）。これは民事保全法の考え方とは異なる。家事審判においては、保全されるべき具体的な権利は本案の審判の確定によってはじめて形成されるから、それが係属していなければ保全されるべき権利が形成される蓋然性を判断することができないことが根拠とされている。むしろ本案の中でそれ

と一体的に処理することが望ましいとされているのである。したがって、乙類審判事件について調停申立てがあっただけでは審判前の保全処分をなしえない（橘＝宇佐美・前掲家月32巻8号183頁）。しかし、乙類審判事件が調停に付されているときは保全処分をなしうる。保全処分のこのような性格から、管轄裁判所は本案の審判の係属している家庭裁判所である（家審15条の3第1項）。審判事件が抗告審である高等裁判所に係属するときは、高等裁判所が保全処分をなしうる（同5項）＊。

＊家事審判における保全処分は、現行法によれば本案が係属していることが必要である。しかし本案の手続をとる前に、関係人に生じている危難を防止し、現状を維持し、あるいは本案で求められる内容の一部を実現するような措置が必要とされる場合も多い。前記 **2** **4**および**5**で指摘したような職務代行者選任の保全処分、婚姻費用、扶養料の支払の確保、あるいは早期に子の引渡しを求める場合、児童虐待が認められる場合の児童の保護のための措置などがある。この点で、本案に対する附従性を廃止することが十分に検討されてよい。げんに、ドイツにおいても現行法では、総則規定に仮の命令に関する規定がなく、個々の事件ごとに定めが置かれるにとどまり（たとえば世話事件については非訟法（FGG）69f条）、しかも本案の申立てがある場合に、これに付随して発令されるにすぎない。しかし、今回提案されている非訟法の改正草案（FamFG）においては、この本案係属要件を廃して、緊急の必要性がある場合には本案から独立して、迅速に対応できるよう提案している（改正草案53条ないし61条）。わが国の今後の議論でも同様に問題となりうると思われる。

3　申立て

(1)　申立人

原則として関係人の申立てによる。家審規23条1項は、後見開始の審判申立てに際してなされる本人の財産管理人選任の保全処分については、職権によってもなしうると定めている。本人の権利を強く侵害するものではなく、また公益上の要請があることがその根拠とされている（注解・家審規211頁〈安井〉）。申立権者は原則として、各事件ごとに家審規則が定めている。多くの場合には「当該審判の申立人」とされているが、相手方にも認められる場合がある（家審規106条1項）。

(2)　申立書

保全処分の申立ては、家審規15条の2により、求める保全処分と当該の保全処分を求める事由を明らかにしなければならない。求める保全処分は、どのような種類の保全処分であるかを示し、保全処分を求める事由として保

全の必要性と被保全権利を示すことになるが、この申立ての審理は本案の審理とあわせてなされるから、本案につき認容される蓋然性を記載することになる。

4 申立ての審理の特徴

家審規15条の2第2項は、被保全権利および保全の必要性の疎明について、いわゆる当事者主義を原則とし、職権による調査を補充的なものとしている。本案の審理原則と逆転させているのである。その理由は、審判前の保全処分についてはその迅速かつ的確な審理を図るため（山田博「家事審判規則等の一部改正について」別冊判タ8号431頁、注解・家審規150頁〈安部〉）とされている。職権探知主義による審理に対して保全の必要性を、自ら積極的に疎明せよという考え方である。家庭裁判所は、後見的な立場から必要があると認めるときは職権によって事実の調査および証拠調べをすることができる（同3項）。

保全の申立てが認容されるためには、本案が認容される蓋然性がなければならない。したがって、保全の申立てをした当事者は、たとえば、財産分与請求を例にとって考えると、申立人が一定の財産分与請求権を有するとの具体的事情を示し、さらに特定の不動産の処分禁止仮処分を求めるには、財産分与が金銭ではなく主張されている当該不動産の分与を命じる審判が認容される蓋然性を疎明しなくてはならないことになる（注解・家審法606頁〈安部〉、注解・家審規150頁〈安部〉、永吉・講座実務家審1巻52頁）。

法律の定めはそのとおりではあるが、保全処分の発令が、本案認容の蓋然性に強く依存することになれば、この見解自ら承認するように、保全処分の発令は必然的に本案の審理がかなり進んでからということにならざるをえない。保全の目的や必要性との関係で、このような理解が適切か、問題が残るといえる（佐上「家事審判における保全処分」木川統一郎博士古稀記念『民事裁判の審理の充実と促進（中巻）』(1994) 568頁参照）。

5 立保証（立担保）

審判前の保全処分を命じるときは、相手方が不当な処分によって被る損害を担保するため、保証を立てさせることができる（家審15条の3第7項による民保14条の準用）。しかし、婚姻費用や養育料の仮払い等の場合には、そ

の債権の性質上保証を立てさせることは適当ではないとされる（浦野・前掲判タ1100号39頁）。他方で財産分与請求の場合や，遺産分割における給付命令の執行保全のためになされる仮差押えや係争物に関する仮処分では，その対象不動産の中に営業用資産が含まれることがあり，被保全権利も高額になることから民事保全の場合と同等の扱いになることもあると指摘されている（注解・家審法606頁〈安部〉，実務講義案75頁）。

4　保全処分の裁判と効力

　保全処分は，審判の形式で裁判される（抗告審である高等裁判所では決定の方法による）。手続的要件を具備し，かつ被保全権利や保全の必要性が疎明されたときは保全処分が発令される。保全処分はこれを受ける者に告知することによって効力を生じる（家審15条の3第4項）。
　保全処分の裁判については，次の点を考慮しなければならない。
　まず第1に，保全処分は本案の審判で命じられるべき処分の範囲内であること，第2に保全の目的を達する限度でなされること，第3に本案申立ての目的を達するのに必要な限度にとどまることである。いずれも本案に付随する保全処分という性格から導かれる。
　保全処分は，形成力を有し，これによる地位の創設や停止・能力の制限等は対世的効力を有し，また強制執行が可能であるときは執行力を有する。保全処分の効力は，仮差押え・仮処分については，いわゆる本執行の着手の時まで存続するが，その他の保全処分は本案の審判の確定までである。

5　不服申立て

1　不服申立方法・不服申立てのできる審判

　審判前の保全処分も審判であるから，これに家審法14条が適用され，家審規則に定めのある場合には即時抗告によって不服申立てをすることができる。保全処分に対する不服申立てについては，家審規15条の3の定めがある。それによれば，①申立てを却下する審判に対しては申立人が，②申立てを認容する審判に対しては本案の審判に対して即時抗告をすることができる者がそれぞれ即時抗告をなしうる（同2項）。名古屋高決昭和62(1987)・4・23家月40巻4号149頁は，特定物の占有移転禁止の保全処分を命じられた相手方は，当該目的物が第三者の所有に属することを理由として即時抗告を

申し立てることができないとする。ただし，家審規23条1項等による財産管理人選任の保全処分および家審規64条の5第1項による職務代行者選任の保全処分に対しては不服申立てが認められない（家審規15条の3第1項1号かっこ書。その本案についても不服申立てが認められていないからである。注解・家審規154頁〈安倍〉。親権喪失宣告申立事件における親権者の職務執行停止・職務代行者選任の保全処分につき大阪高決平成6(1994)・3・28家月47巻2号174頁は不服申立てができないとする)。

2　執行停止

即時抗告がなされても，当然には執行を停止しない（家審が準用する非訟21条参照)。そこで即時抗告が提起された場合において，執行により回復の困難な損害を生じることにつき疎明があったときは，高等裁判所は，裁量により担保を立てさせ，または立てさせないで執行の停止を命じ，あるいは担保を立てさせてすでにした執行の取消しを命じることができる（家審規15条の3第3項)。

6　事情変更による取消し

保全処分の裁判が確定した後に，裁判の理由となった事情が消滅するなど事情が変更したときは，申立てによりまたは職権で保全処分を取り消すことができる（家審規15条の4第1項)。保全処分の取消しを申し立てるときは，その理由を疎明しなければならない（同2項)。事実の収集等については保全処分の審理の場合と同様である。この裁判をなし得るのは，本案が審理されている裁判所と解されている。保全処分が取り消されるときは，その効力は将来に向かってのみ生じる（遡及しない）と解されている＊。

　　＊広島高裁松江支決昭和57(1982)・3・25判時1048号117頁は，養育料支払いを命じる審判が確定した後に，事情変更を理由とする減額請求を本案として，確定審判に基づく強制執行手続を停止する審判前の仮処分を認めている。

7　審判前の保全処分と執行

1　保全処分の執行開始の要件

保全処分の執行は，民事保全法その他の仮差押えおよび仮処分の執行に関する法令の規定に従って行う（家審15条の3第6項)。保全命令は，即時の

効力を生じかつ直ちに執行される必要があり、また換価・配当の手続まで進まないから、保全処分の執行については原則として執行文の付与を必要としない（民保43条1項）。保全命令は、債務者への送達の前であっても執行できる（同43条3項）が、債務者に送達された日から2週間を経過すると執行できない（同2項。子の引渡しを命じる保全処分が期間内に執行に着手できなかった例として東京高決平成15(2003)・12・25家月56巻8号60頁）。この期間は伸縮できない。しかしこの期間内に執行が完了する必要はない（東京高決平成4(1992)・6・10判時1425号69頁）。

2　仮差押えの執行と効力

不動産に対する仮差押えは、仮差押えの登記をするか強制管理によって行う（民保47条1項）。この登記は、保全処分を発した家庭裁判所の裁判所書記官の嘱託によって行われる（民保47条2項・3項、53条3項）。債権に対する仮差押えは、仮差押命令を発した家庭裁判所が執行裁判所として、第三債務者に対し債務者への弁済を禁止する命令を発する方法によって行われる（同50条1項・2項）。仮差押えの効力は、第三債務者に送達されたときに生じる（同5項）。

仮差押えは、その目的物について債務者による譲渡、担保権・用益権の設定などの処分行為を禁止する効力を生じる。これに違反する債務者の処分行為は、仮差押債権者に対抗できない。しかしこれに違反した行為は絶対的に無効ではなく、本執行との関係で相対的にその効力が否定されるに過ぎない。

3　金銭の仮払い・物の引渡しを命じる仮処分の執行

民事保全法53条以下は、実務上利用の多い仮処分の執行方法を定めている。これ以外の仮処分は仮差押えまたは強制執行の例に従って行われる（民保52条1項）。金銭の給付を命じる仮処分は、金銭債権の強制執行の方法（民執43条以下）による。物の引渡を命じる仮処分は、民執法168条以下の規定によって執行される＊。

　＊子の引渡しを命じる仮処分の執行について
　　審判（本案または審判前の保全処分を含む）において、子の引渡しを命じた場合に、相手方が任意にこれに応じないときは強制執行の方法を用いてそれを実現するしかない。しかし、執行の対象が人であるにもかかわらず、家審法や民事執行法にもその特

徴を踏まえた規定がないため，学説が対立している。問題となるのは，意思能力をもたない子の場合である。意思能力があるときは，間接強制の方法によるしかない（最近の文献として，吉田彩「子の引渡をめぐる人身保護請求と家裁における保全処分の関係について」関西家事研究会編『家事事件の現状と課題』(2006)133頁，中山直子「婚姻中の夫婦間の子の引渡事件について」判タ1042号（2000）51頁，瀬木比呂志「子の引渡しに関する家裁の裁判と人身保護請求の役割分担」判タ1081号（2002）49頁，高野耕一「人事・家事事件における保全処分」同『家事調停論』(2002)131頁など）。

まず①民事執行法169条の動産引渡執行の規定を類推適用して直接強制が可能であるとする見解がある（瀬木・前掲61頁，高野・前掲142頁）。間接強制では実効性がないこともあり，また直接強制によっても子の人格を否定することにはならないとする（東京家審平成8(1996)・3・28家月49巻7号80頁は，未成年者の年齢，従来の相手方の対応を考慮すると子の引渡しを実現する方法は，直接強制しかないと指摘する）。②間接強制の方法によるべきであるとする見解がある。直接強制によるべき規定がないこと，子の人格を尊重する立場から直接強制は適切ではないことを理由とする（本間義信『民事執行・民事保全判例百選』(2005) 177頁）。間接強制を基本としつつ，意思能力のない子に対しては直接強制が可能であるとする見解もここに含めてよかろう。③子の引渡請求権とは親権行使に対する妨害排除請求であり，債務者に対して親権行使に対する受忍義務（不作為義務）を求めるものであるから，債務者がこの受忍義務に違反した場合に，債権者が裁判所の授権決定を得て適当な処分をなしうるとする見解（山木戸克己「幼児の引渡」同『民事訴訟法論集』(1990) 409頁，中野貞一郎『民事執行法（増補新訂5版）』(2006)762頁）も有力である。実務は，間接強制によることを原則としつつも，直接強制をみとめる例もあるとされている。最判昭和38（1963）・9・19民集17巻8号968頁が直接強制の方法によるべきでないことを示唆していたし，最近でも旭川家審平成元(1989)・9・25家月41巻12号129頁，札幌地決平成6(1994)・7・8判タ851号299頁が間接強制の方法によることを判断している（実務の状況については，山崎恒「子の引渡の強制執行」判タ1100号186頁）。

上にみたように，子の引渡しが問題になるのは親権・監護権の主張が基礎になっており，その権利行使の妨害排除という構成による（最判昭和35(1960)・3・15民集14巻3号430頁。この点については学説においても異論をみない）。そうすると，審判等の主文も「引き渡せ」というよりは「子を取り上げることを妨害してはならない」といった形態になるのが原則といえる（中野・前掲761頁。札幌家審平成8(1996)・8・5家月49巻3号80頁。しかし実務においては，「引き渡せ」という主文になっていることが多いといわれる。山崎・前掲188頁）。そこで，幼児の引渡請求権の実質は，幼児を手元に置く者に対して権利者の引取りを妨害しないことを求める不作為（受忍）請求権に他ならない。従って，その強制執行も，不作為執行の方法によるべきであることになろう。具体的な執行方法としては，債務者が幼児の引取を妨害するときは，裁判所は申立てにより，妨害の抑圧のために間接強制として金銭の支払いを

命じ（民執172条），あるいは必要があるときはこれに加えて将来のための適当な処分（同171条）として執行官による幼児の取り上げ，債権者への引渡しを命じることができる（同169条）。

　山崎・前掲189頁によると，現実の執行は次のようになされるという。①執行官が権利者とともに子の所在する場所に臨み，相手方に対してその監護下にある子の引渡しを要求し，相手方がこれに応じるか，執行官の引き取り行為を容認するのであれば，執行官がこれを引き取って権利者に引き渡すことで執行が完了する。②相手方が引渡しを拒否する場合には説得し，これに応じないときでも，その場で実際に執行官が子を確保できれば執行は可能とされる。しかし相手方や同居者が子を抱えて離さないようなときは，強度の物理的強制力を用いることは適当ではなく，説得にも応じないときは，執行は不能になる（ただし，住居の入り口を施錠しているときは強制解錠は可能であるとされている。民執169条2項，123条2項）。これに対して，瀬木・前掲62頁はこれを可能なかぎり強制力を行使しない考え方とし，直接強制という以上はある程度の強制力を行使できてもよいという。

　ドイツにおいては，子の引渡しは非訟事件手続法(FGG)33条によってなされる。同条は，第1項において，ある者が裁判所の命令によって……ある行為の実施を受忍すべき義務を課せられたときは，……別段の定めがない限り，強制金の確定によって行為を遵守させることができる……と定め，同2項において，さらに実力を用いることができると定める（ただし，面接交渉権を行使するためには利用が制限される）。そして，第3項において強制金は25,000ユーロを超えてはならないとする（KKW-Zimmermann, Rn. 35 zu §33）。非訟法の改正草案(FamFG)も，これを踏襲しようとしている（99条以下）。

4　履行確保

　保全処分についても家審法15条の5ないし7に定める履行確保の手続の適用がある。それゆえ，保全処分についてもその本来の執行と履行勧告の手続が併存することになる。保全命令の執行期間を徒過した命令は家審法15条の3第2項の取消事由にはなるが，履行勧告の対象とはなりうると解されている（実務講義案80頁，406頁）。

5　保全執行と本執行との調整

　仮の地位を定める処分で金銭の支払い等が命じられ，これに基づいて履行がなされた場合に，この履行状態を後の本案審判においてどのように扱うかが問題となる。これにつき，民事訴訟においても見解が対立するが，最判昭和54(1979)・4・17民集33巻3号366頁は，「仮処分における被保全権利は，債務者において訴訟に関係なく任意にその義務を履行し，又はその存在が本

案訴訟において終局的に確定され、これに基づく履行が完了してはじめて法律上実現されたものというべきであり、いわゆる満足的仮処分の執行自体によって被保全権利が実現されたと同様の状態が事実上達成されているとしても、それはあくまでも仮のものにすぎないのであるから、この仮の履行状態の実現は、本来、本案訴訟において斟酌されるべき筋合いのものではない」という。

家事審判の保全処分による履行状態と本案審判についても同様の問題が生じる。ただ理論的に見て、家事審判においては保全の対象となるのは本案の審判によってはじめて具体的に形成されるという差異があるものの、保全と本案の両者の関係については民事訴訟法の考え方と共通するといえよう。その意味では、本案の審判においては、保全処分またはこれに基づく履行状態を考慮しないということになろう（永吉・講座実務家審1巻60頁、岡部・前掲判タ1100号575頁）*。

  *ちなみに福岡高決昭和59(1984)・1・6家月36巻12号67頁は次のようにいう。「しかし、本案審判前の仮処分の執行による抗告人の満足は、仮定的、暫定的なものにすぎず、本案の審判においては、これを斟酌することなく、申立についての当否の判断をなすべきものであって、仮処分によって満足を受けた金額と本案の審判によって支払いを命じられた金額との重複は、本案審判の執行の段階で調整せらるべきものである」。

第4節　家事審判事件の審理

1　概　説

家事審判事件は、性質上非訟事件に属するため、その審理の諸原則は民事訴訟とは大きく異なっている。審判（決定）で裁判されるため、必要的口頭弁論は採用されない（民訴87条1項ただし書き）。申立て等に対する関係人の主張の聴取は審問（非訟13条）による。これはどのように実施されるか。これを考えるために、以下においては民事訴訟の審理原則と対比する形で、家事審判の審理を支える考え方を見ていくことにする。

非訟法および家審法が、審理手続について定めているところはきわめて少ない。すなわち非訟法の定めについてみると、10条が期間、期日、疎明、

人証および鑑定について民訴法の規定を準用すること，11条が職権探知主義を採用すること，12条が事実の探知，呼出，告知および裁判の執行に関する行為はこれを嘱託しうること，13条が審問は公開しないことを，そして14条が証人または鑑定人の尋問については調書を作成するがその他の尋問では調書作成が任意的であることを明規しているにとどまる。家審法は7条で特別の定めがない限り，非訟法を準用すると定めるが，その適用を除外する特別の定めはほとんどない。

　これらは，非訟法が従来より「枠組み法」にとどまると称され，また審理の方法について一定の方式がなく柔軟性を発揮できるとされてきたことの根拠でもある（この点について，佐上「審理の非方式」判タ1100号562頁）。すでに指摘したように，訴訟事件の非訟化に伴い関係人間に争訟性の強い事件が非訟事件手続で扱われる事態が増加し，これに対して十分な手続保障が付与されるべき必要性，関係人の地位の主体性を承認すべき必要性が説かれている。非訟手続や家事審判手続においても，従来のように職権主義，職権探知主義あるいは裁量性をいうだけでなく，関係人の裁判を受ける権利を充足させ，さらに当事者にとって透明性が高く，公平でまた信頼するに足りる審理を実現するために新たな要請を組み込み，従前の考え方を修正することが求められている*。

　　*家事審判事件の審理は，その対象とする事件によっても大きな差異がある。相手方もなく，公証の必要性のために裁判所の手続を経由しなければならないものから，関係人間に深刻な対立を生じさせその人間関係の調整とともに法的判断を示さなければならないものまで多様である。ここでの説明は，いわばその総論的な内容を示すにとどまる。

2　家事審判事件の審理

1　審理諸原則を規定するもの

　改めて言うまでもなく，民事の裁判において審理のあり方を定めるのは，裁判の方式による。すなわち判決が言い渡されるべきときは口頭弁論がなされなければならない。これに対して「決定で完結すべき事件については，裁判所が，口頭弁論をすべきか否かを定める（民訴87条1項ただし書き）」。家事審判事件は審判（決定）によって裁判される（家審13条）から，口頭弁論は必要的ではなく，口頭弁論を支える原則は必然的に修正を受け，あるいは

適用されない。げんに非訟法13条は，審理を公開しない旨を明規している（家審規6条でも同様の定めを置く）。口頭弁論が開かれないと，口頭主義も後退して書面主義の果たす役割が大きくなる。さらに事件の性格から，2当事者対立の構造がとられないため，双方の関係人が審理期日に常に対立関与することも保障されない。民事訴訟に対比した場合の審理原則の変容がどのようになるかについて検討することが必要となる。

しかしながら，民訴法87条の定めは本案としての訴訟手続とこれに付随する，または派生する問題を処理するための決定手続を念頭に置いている。家事審判では，本案自体について決定で裁判される。その裁判が関係人の法律関係を具体化し，または法的地位に重大な影響を及ぼすことが予定されている。その裁判内容を支えるに足りる審理の原則が尊重され，また保障されているかが重要なのである。

ここではまず，審理の進行からみていくこととする。

2 職権による手続形成
(1) 裁判所の裁量と関係人の権利

民事訴訟においても，手続進行については裁判所の主導権を認める職権進行主義が採用されている。このことは家事審判についても同様である。家事審判の審理手続については画一的に進行されうることを確保するような定めはない。関係人間の紛争性の強い乙類審判においては，申立人の主張とこれに対する相手方の主張を聞いたうえで，争点の整理と関連する事実の調査を行い，関係人の証拠申請など民事訴訟に準じた審理の枠組みを想定することができるかもしれない。しかし，「甲類については，家事事件の自由裁量性と手続の性質上，審判は手続運用や認容基準にばらつきが生じ，恣意的になる虞を構造的に内包している」との危惧が表明されることがある（野田愛子「家事審判制度の総則的課題」講座実務家審1巻11頁）。

他方において，家事審判手続に形式的に関与する関係人は，当該の審判内容につき意見を述べ，相手方の主張に反論し，証拠の提出を求め，裁判所のなす事実調査に対して意見を述べるなどの機会が保障されるべきである。しかし審問には一定の方式がなく，意見の陳述も関係人全員が同一の機会に同時になされるとは限らない。また書面によって陳述を聴取することも可能とされるなど，審理の進行についても統一的ではない。とりわけ紛争性の強い

乙類審判事件では，家審法および非訟法の簡易な手続で対処するには限界がある。裁判所の自由裁量を基調とする手続構造をとるとしても，民事訴訟において関係人に与えられている手続上の諸権能を可能なかぎり承認することも必要である。審判事件に対する処理マニュアル等の作成が試みられているのは，家庭裁判所全体としての審理の統一を図るということに加えて，手続の柔軟性・迅速性の要請を満たしつつ，審理方法の改善を図り当事者の手続保障をも尊重しようとする努力の現れであるといえる。

(2) 期日の呼出し

期日とは，裁判所，関係人およびその他の関係者が予め定められた日時・場所に会合して，審判に関する行為を行うために定められた時間である。その意味は民事訴訟におけると同様である。家事審判手続においては，期日において関係人等の審問，事実調査，証拠調べその他の行為がなされる。期日については民訴法の規定が準用される（家審7条・非訟10条により民訴93条・94条および民訴規62条が認められる）。期日の指定，変更，続行等はすべて職権でなされ，関係人に申立権はない。関係人の申立は職権発動を促すにすぎない。高松高決昭和50(1975)・12・10家月28巻9号50頁は，遺産分割申立事件につき家庭裁判所は「必ずしも事件の関係人を法定の手続で調査，審問しなければならないわけではないから，関係人が右調査・審問期日の呼出を受けなかったからといって，直ちに審判手続の違法をきたすいわれはない」というが，こうした実務は審問請求権保障の観点から疑問である。人訴法33条4項は，附帯処分に関する事実調査につき，他の当事者に対する期日への立会権を原則として認めるに至ったことからも，家事審判事件の審理についても同様に解されるべきであろう。

期日の呼出は，呼出状を送達するのが原則であるが，実務では費用や手数を省くため書記官が期日の通知書を郵送して送達に代えている（実務講義案85頁）*。期日における手続は家事審判官が指揮して（家審規4条の4），原則として家庭裁判所において実施される。

　　*正式の呼出状には出頭しない場合の法律上の制裁を記載しなければならない。呼出状を送達してする正式の呼出がない以上，郵便はがきによる便宜的呼出があっても，家審法27条による過料に処すことはできない（大阪高決昭和33(1958)・3・11家月11巻6号116頁）。学説は正式の呼出状に制裁の記載を欠いても，これは訓示規定であるから過料に処す妨げにはならないとする（家審法講座3巻173頁〈沼辺〉，同4巻214頁〈岡垣〉，注解・家審法844頁〈生熊〉）が，賛成できない。また，広島高裁

松江支決昭和56(1981)・3・13家月35巻1号97頁は，呼出状に誤記があっても，抗告人が出頭すべき日時を期日前に知っていたときは，誤記は過料の審判に対して影響を及ぼさないというが，裁判所の過ちを棚に上げたまま関係人を過料に処すことは，裁判所に対する信頼を失わせるものであろう。

(3) 本人出頭主義
① 意　義

民事訴訟の審理においては，訴訟代理人に包括的な代理権が認められ，当事者本人は常に口頭弁論期日に出頭する必要がない。裁判所の釈明処分として当事者本人の出頭が命じられるにとどまる（民訴151条1項1号）。これに対して家審規5条1項は，「事件の関係人は，自身出頭しなければならない。但し，やむを得ない事由があるときは，代理人を出頭させ，または補佐人とともに出頭することができる」と定めている。これを本人出頭主義（または自身出頭主義）と呼んでいる。民事訴訟とは逆の考え方が基礎とされている。この原則が採用された理由として，①家事事件においては親族間の紛争で複雑な背景をもつ非合理的な人間感情が絡んでいることが多いため，本人から直接に事情を聞くことで事件の真相を的確に把握できること，②とりわけ調停については真相把握に加えて，身分行為を対象とするときはその性質上本人の意思決定による必要があること，したがって裁判所が直接にそれを確認する必要性が挙げられている（注解・家審規35頁〈向井〉）。非訟手続である家事審判手続では，審問は一面では裁判所による事実調査であり，他面では事実調査としての審問が関係人に対する直接の審問機会の保障という機能も果たすという関係がみられる。本人からの事情の聴取が実情の把握に適する場合には，これを優先すべきであろう。本人出頭主義には，このような積極的な意味を与えることができる＊。

＊家事審判手続においては，老人性痴呆の患者，精神障害者さらには未成年者が事件本人となり，あるは利害関係人として，その審問がなされ，またその陳述を聴く必要のある事件がある（以下，3(2)②参照）。これらの手続においては，裁判所が事件本人等が最も陳述のしやすい環境でこれを実施する必要があるといえるのであり，裁判所よりは彼らの自宅等での審問を実施することもなされてよい。ドイツの成年後見事件では，19世紀の制度発足当初から本人の居所での審問がなされていたことにつき，佐上・審判30頁以下参照。ドイツ世話法の審理実務の状況については，阿部潤「オーストリアおよびドイツの成年後見制度」家月49巻11号(1997)1頁以下参照。またドイツ非訟法（FGG）は，関係人の自身出頭主義に関する規定を置いている（13条）

が，今回の非訟法改正草案（FamFG）では，裁判所への出頭の困難な関係人がある場合に，なお本人に対する直接の審問を実施するときは，裁判所外での出頭をも規定した（33条2項）。さらに現行非訟法68条1項2文，70c条2文で定める，事件本人の通常の環境での審問の定めは維持され，草案33条2項に優先するとされている。

② 事件の関係人の範囲

家審法および家審規則上，関係人という用語が形式的意味の関係人あるいは実質的意味の関係人のいずれかまたは両者を含むかを，それぞれの場面で明らかにしなければならない（第3章第3節14参照）。審判の対象である事項について，それに直接に利害関係をもち，審判によって影響を受ける者から直接意見を聴取することに本人出頭主義の目的があるのであるから，ここでは形式的意味の関係人だけでなく実質的意味の関係人をも含むと解するのが相当である（注解・家審規37頁〈向井〉参照）。

③ 不出頭に対する制裁

家審規5条1項の本人出頭主義の導入は，事件本人に対する審問機会の保障という意味と，裁判所の側からみた審理の効率性を高める手段としての意味をあわせもつ。しかし，従来は本人出頭主義は，「多分に家庭裁判所または調停機関の円滑かつ適切な事件処理上の便宜から事件の関係人に課せられている義務」であると解されてきた（注解・家審規40頁〈向井〉）。すなわち，本人の出頭は不出頭の場合の制裁（家審27条）によって担保されている。制裁の内容は5万円以下の過料であるが，民訴法151条1項1号には同趣旨の定めはなく，証人が不出頭の場合の制裁の構成（民訴193条1項）に類似している。家審法は職権探知主義をとっていることから，本人が不出頭の場合に相手方主張を真実だと擬制することはできないし，弁論の全趣旨として斟酌することができるにとどまる。そこで端的に不出頭に対して過料の制裁を加えて，出頭を担保しようとするのである*。こうした点からみて，家審規制定の際はもとより，その後においても，本人出頭主義が本人の陳述機会を保障するという側面には目が届いていなかったといわざるをえない。

  ＊不出頭の場合に過料によって対処するだけでは，以下④に指摘するように実効的とはいえない。家裁調査官による調整活動を充実させるほか，関係人に対する手続協力義務の導入との関係，さらにはいわゆる当事者主義的運用の一環として，不出頭の関係人に対して主張・証拠提出機会の制限など不利益な審判がなされる可能性の導入を検討することが必要であろう。ドイツ非訟法（FGG）でも，関係人の出頭を確保するには強制金を課し，または勾引を命じると定めている。とくに世話事件および収容

事件の手続では，事件本人の裁判所への出頭が強く求められている（68条3項，68b条第3項，4項，70c条，70e条など）。これらの場合には，裁判所が事件本人を直接に審問する必要があり，出頭を求めることが不可欠だとされている。これに対して，和解を成立させるために必要であるとの理由で出頭を命じ，不出頭の場合に強制金を課すことは許されないと解されている（KKW-Schmidt, Rn. 191 zu § 12）。

④　代理人の出頭

やむを得ない事情があるときは，関係人は代理人を出頭させることができる（家審規5条1項ただし書による出頭代理）。具体的な例として，本人の病気，海外出張，配偶者や子または親の急病，近親者らの吉凶事などが考えられる。家事審判および家事調停が対象とする事件の性格から，本人自身から事情を聞くのが一番よいのであるから，手続をさほど遅延させるのでない限り，期日変更で対処できないかという点をも検討したうえで判断すべきであるとされる（注解・家審規39頁〈向井〉）。

不出頭に対しては，家審規27条により過料に処すことができるが，調停による円満な話し合いのために出頭させる手段としては適切ではない。それゆえ，実務上もこれはほとんど利用されていない。むしろ家裁調査官による調整活動の中で出頭勧告がなされる（家審規7条の5参照）。なお，民事調停規則8条は，家審規5条と同趣旨の定めを置く。関係人が出頭できるのに，代理人を出頭させても違法とはいえないし，代理人が関与して成立した調停の効力にも影響しない（最判昭和36(1961)・1・26民集15巻1号175頁）。

補佐人の出頭とその意義については前述第3章第4節4参照。

3　期日における審問

(1)　総　説

家事審判事件の審理経過は，事件の多様性（甲類，乙類というだけでなく，さらには事件にかかわる関係人の数・態度など）を反映して，その種類や具体的状況に応じて多様であり個別的である。同種類の事件であっても関係人の態度等により全く異なった審理経過をたどる。また法律上も一定の方式に従った事実審理が要求されているわけではない。もちろん，審理手続において最も重要なのは関係人の審問と事実調査である。審理を担当する家事審判官が，関係人を呼び出して，申立てその他の陳述を聴取し，証拠調べを行うことになる。この場合でも民事訴訟と異なって，口頭弁論という方式をとって

行われるのではない。関係人からみれば，手続の主体として事件につき意見を述べ，相手方の主張や裁判所の見解に対して反論を提出し，裁判所の事実調査や証拠調べを促すのは，相手方の在席する審問期日が最も有効な機会であるといえる。

非訟法および家審法には，民訴法149条に定める釈明に関する規定および民訴法151条の釈明処分の定めは存しない。これは，裁判所の職権探知義務の内容に当然に含まれている（後述72参照）。

(2) 審問の方式
① 書面による審問・口頭による審問

非訟法および家審法は，裁判所による審問の方式についての定めをしていない。非訟法の下では，期日における事情聴取等を審問と呼んでいるにすぎない（非訟13条，借地借家45条1項）。そこで，審問とは一般的にいえば，事件の関係人を任意かつ方式によらないで尋問し，または陳述の機会を与えて事件の実情を明らかにさせることをいう。書面によって行うことも，口頭で行うこともでき，さらにこの両者を併用することもできる。民事訴訟において判決をするためには，口頭弁論を行わなければならない。それゆえ，申立て，事実主張や証拠調べは，口頭で行わなければならないし，口頭弁論に顕出されたものだけが裁判の基礎になる。これに対して，家事審判では，審問を口頭で行うか書面で行うかは，裁判所の裁量に委ねられる。関係人は口頭による審問を請求する権利を有するとはいえない（KKW-Schmidt, Rn. 157 zu § 12）。

② 口頭による審問の原則化

口頭による審問と書面による審問のいずれを優先させるべきか。その選択は裁判官の裁量に委ねられている。一定の判断基準がなければならないであろう。家審規則においても，本人や子の陳述を聴くと定めている規定はかなり多い*・**。これらの場合に，書面による審問で足りるか口頭による審問でなければならないかは，審理の実際にも大きな意味をもつ。関係人の対立が厳しい事件においては，その立会権を認め，質問や反論をする機会を保障することが重要であるから，これが十分に保障されない書面による審問は適切とはいえない。また家事審判官が事件本人やその他の関係人に対して直接に陳述を聴取することが必要な場合（未成年者や知的障害のある者の陳述を聴く場合。後述③参照），あるいは家事審判官が関係人の人物について直接の印

象を獲得する必要がある場合には，口頭での審問が優先するというべきである。他方で，口頭での審問が聴取を受ける者の健康上の理由から困難または不可能とされる場合もある。相手方が同席することによって暴力が振るわれる危険がある場合も，対席の上での審問は困難となる可能性がある。

　　＊家審規則が陳述を聴く，または意見を聴くと定めているのは次のような場合である。成年後見開始決定に際して本人の陳述を聴く（家審規25条，保佐・補助に準用される。同30条の2，30条の10），子の監護者の指定の審判において子が15歳以上であるときは子の陳述を聴く（同54条，認知の場合の子の監護者の定めについて準用する。同61条），特別養子縁組の場合に関係人の陳述を聴く（64条の7。その離縁の場合も同じ。同64条13）。親権・監護権喪失宣告の事件において本人の陳述を聴く（同76条，喪失宣告の取消しおよび後見人の解任事件に準用する。同79条，86条，92条2項），後見人選任に際して後見人候補者の陳述を聴く（同83条2項，保佐・補助開始について準用する。93条2項）。また特別家審規においても，任意後見監督人選任事件において，本人および後見監督人候補者の意見を聴く（同3条の3），任意後見監督人の解任事件において家審規76条を準用する（同3条の9第3項），任意後見契約の解除の許可について本人および任意後見人の意見を聴く（同3条の12），氏の変更許可につき同一戸籍内の15歳以上の者の意見を聴く（同5条），市町村長の処分に対する不服事件において市町村長の意見を求める（同14条），児童福祉法事件において監護者，親権者の陳述を聴き，子が15歳以上であるときはその陳述を聴く（同19条），生活保護事件において当該児童の親権者または後見人の陳述を聴き，子が15歳以上であるときはその陳述を聴く（同20条の3），そしてまた精神保健福祉法事件においては，保護者となるべき者の意見を聴く（同22条）。

　　このうち，家審規64条の7は審判の期日に陳述を聞くと定めるが，これ以外の定めでは，関係人の陳述の聴取の方法が定められていない。それゆえ書面による審問も不適法といえないと解される。しかし，ここに掲げられている各場合は，子や事件本人等にとって重大な法律効果を生じさせるのであり，家事審判官が直接に本人の意向や考え方を確認することが求められていると解されるされるから，口頭による審問が原則とされるべきである。

　　＊＊ドイツ非訟法（FGG）は，未成年者や被世話人を対象とする事件および収容事件においては，裁判官による事件本人の直接の審問（persönliche Anhörung）を定めている（50a条1項，50b条1項，55c条，68条，69d条，69g条1項，69i条6-8項，70c条などである）。手続における事件本人と位置づけられ，その者の権利が当該手続（裁判）によって直接に影響を受けるべき場合である。同じこれらの規定においても，他の手続関係人－たとえば未成年者の財産管理事件における両親，監護事件における監護権を有する親，監護人，世話事件における被世話人の法定代理人，近親者または世話官庁等－に対しては，口頭による審問までは保障されていない（KKW-Schmidt, Rn. 157, 183 zu § 12）。さらにまた，事件本人に対する審問を行わなくてもよい要件を法律で定めている（68条2項，70c条）。こうした区別は，手続関係人に

対する審問請求権の具体的差異としてわが国でも、いっそう議論されることが望まれる。

③ 審問の実質的保障

未成年者や被後見人等が審問を受ける場合、その意見を十全に聴取するためには、意見表明に障害となるような状態を除去しておく必要がある。そのため信頼できる人物の同席、または両親等の退席、あるいは立法論であるが手続上の法定代理人としての手続監護人（補佐人等）の同席などの工夫が必要であり、さらにはその審問結果を手続関係人である実体法上の法定代理人等に通知する際の工夫も同時に必要となる*。未成年者や被後見人の自己決定権の尊重や、その福祉のために他の手続関係人の立会権や記録閲覧権がある程度制約されるのはやむを得ない。

> *ドイツ非訟法（FGG）68条4項は、世話事件につき裁判所が事件本人を直接に審問し、事件本人の直接の印象を獲得する場合には、事件本人の要求に基づいて彼の信頼する人物を同席させなければならないとし、さらに、裁判所はこれ以外の者の同席を許すことができるが事件本人の意思に反することができないとして、事件本人の意思を優先させることを明らかにしている。この措置は手続の信頼性を維持するという法治国家の要請によるとされている（KKW-Kayser, Rn. 16 zu § 68; Jansen-Sonnenfeld, Rn. 47 zu § 68）。

④ 審問違反の法的効果

審問を受けることなく裁判を受けることは、裁判所の職権探知義務違反として、審判に対する抗告または再抗告の理由となりうる。もっとも非訟法の定めからすると、この場合にも、この手続違反によって、その権利を侵害されたことが抗告の理由となる（非訟20条参照）。審問を受けなかったことは、重大な手続違反と解されるが、それ自体で審判を当然に取り消すものでも無効とするものではない（この点については、第4章第7節3 1(2)参照）。

4 調整のための措置

(1) 総　説

家事事件においては、関係人その他の関係者が心理的葛藤や環境との不調和等に陥っていることが少なくなく、これらの不適応の原因を除去し、あるいは緩和して社会的適応性を回復しなければ、事件の円滑な進行や紛争の再発防止を期しがたい。そこで家庭裁判所の事件処理において、事件の関係人とその環境との相互関係を再構築できるように家庭裁判所が助力することを、人間関係の調整と呼んでいる。これをなし得るよう昭和31(1956)年の家審

規則の一部改正で7条の5が追加された。同条は，その調整のための具体的措置を家裁調査官に行わせることができることを明らかにしたものである（ここでの事実調査・調整の意義について，鮫島竜男「家事事件における調査官の事実調査と調整活動の関係」最高裁家庭局編『家庭裁判所の諸問題（上巻）』(1969) 415頁以下）。家事調停についても同種の規定が置かれている（家審規137条の3）。

家庭裁判所が行う調整のための措置は，その具体的な内容によって，①社会福祉機関に対する連絡ないし協力依頼，②関係人やその家族等に対する助言援助，③心理的調整の3つに分類される。なおこの点については，審判に先立つ調停においても問題となるので，第2編においても扱う（第2編第5章第4節3 3(5)，また家庭裁判所調査官研修所編『家事事件の調査方法について（下巻）』(1992) 542頁以下，高野耕一「家庭裁判所の事実調査」同『家事調停論』(2002) 76頁以下）。ここではその概略を指摘するにとどめる。

(2) 社会福祉機関との連絡その他の措置

家審規7条の5は，家裁調査官が行う調整措置について，社会福祉機関との連絡その他の措置をとることを定めている。これは事件の処理のうえで関係人に対して社会福祉事務所，婦人相談所，児童相談所，保健所，養護施設，老人ホーム，病院等々の社会福祉機関の援助が必要な場合に，当該機関から現実に適切な保護・援助が受けられるように連絡・斡旋することをいう。保護者が児童を虐待しまたは著しく監護を怠る場合に，児童を里親に委託しまたは児童養護施設に入所させる場合や，生活保護法の適用など（特別家審規18条，20条の2参照），解決までの間の暫定的な保護援助などの措置を必要とする場合などは，とりわけその必要性が高い（馬杉葉子「家庭裁判所と福祉機関との連絡調整」講座実務家審1巻281頁）。行政機関との有機的で，緊密な連携が確保されることによってはじめて，審判の実効性が期待される*。

また，家庭裁判所の機能として，必要な場合には社会福祉機関の協力を受けられる態勢を整えておくことが求められているため，主席調査官が関係機関との連絡調整の事務をとることとされている（裁61条の2第3項参照）。

*このことを，児童福祉法28条1項に基づく措置（特別家審規18条）に即してみると，家庭裁判所と児童相談所との連携には，基本的に困難な問題が存在していることに気づく。両者の緊密な協力および連携が必要であるとの一般論に異論はない。しかし，この手続においては児童相談所は申立人として家庭裁判所に対置するのであり，

家庭裁判所はその実質的な相手方ともいうべき地位にある保護者との関係で中立かつ公平な判断者としての役割を維持しなければならない。ここで抑制的に，情報伝達やケース処理のための協議などにとどめると子の福祉を損なう。他方，多くは誤解に基づくとはいえ，保護者に対して「家裁と児相が結託して親を虐待者扱いする」といった印象を与えてはならない。児童相談所も家庭裁判所もともに子の最善の利益を図る点で共通の目的，役割を分担するが，手続上で中立公正の要請をどのように満たすかが問われるのである（惣脇美奈子「児童虐待と児童福祉機関」判タ1100号160頁，堀尾夕起子「児童福祉法28条事件の調査試論」調研紀要74号(2002)49頁，塩見准二「児童虐待が問題となる家事事件における家庭裁判所と児童相談所との連携の実情及びその在り方」調研紀要75号(2003)47頁）。

(3) 関係人・その家族に対する助言援助

関係人の置かれている人間関係や環境に適応した生活を送れるように，関係人やその家族等に対して助言援助を行うことをいう。ケースワーク的活動といってもよい。たとえば，関係人あるいはその家族の一員が，医療措置が必要とされるようなアルコール依存症で，それが当該紛争の原因ともなっていて解決を困難にしているような場合に，必要な情報を提供するなどにより自発的に当該の機関を利用する気持ちを強める働きかけや，生活指導的な助言援助活動をいう（春日完和「家庭裁判所調査官の役割」判タ996号(1999)201頁。この際，関係人の主体性を確保し，関係機関の自立性を尊重することが重要である。前掲『家事事件の調査方法について（下巻）』545頁）。家庭裁判所の審判が司法権に属することは疑いがないが，その機能を行使するうえで事件処理のために必要な社会的不適合のある関係人に対して調整を図る作用を行使するのは，司法権の概念から直ちに導き出されるものとはいえない。非訟事件であり家庭事件を対象とする手続であるからこそ，こうした措置をとることが是認されるのであり，次に述べる心理的調整を含めて今後いっそう充実させることが期待される。ただ，それはあくまでも事件処理との関係において，限定的になされるものであって，行政機関が本来的になすべきそれとは異なる。

(4) 心理的調整

関係人の心理に情緒的混乱や感情の著しい葛藤などがあると，調停などの円滑な進行が期待できないため，そのような関係人に対して，理性的な状態で審判・調停に参加できるように働きかける活動である。通常，カウンセリングと称されている。このカウンセリングという用語も多義的であるが，精

神的混乱ないし情緒的不安定により社会的不適応状態にある者に対して，面接を通じて行われる治療的措置ないしこれを意図した目的的対応の過程と解され，ケースワークと重複する面がある。他方で，対象者の心理の内面にまで立ち入って行われる治療的効果を意図した助言指導という性質をも有する。このカウンセリングは，家事審判や調停の手続に導入するための導入調整の限度で行われるとされている（注解・家審規77頁〈山田〉，前掲『家事事件の調査方法について（下巻）』546頁）。すなわち，精神的な混乱等によって審判・調停の手続に乗りがたい関係人をその手続に導入するため，関係人自ら混乱した感情を整理し，自己の置かれている事態や状況を冷静にまた客観的に認識して自律的に対応できるように助言し指導する措置をいうのである。手続過程の導入部だけでなく，終局段階に至る過程全体を通じてなされる（注解・家審規77頁〈山田〉，春日・前掲202頁）*。

> *一般に家事事件のうち，とりわけ夫婦親子関係の裁判手続において，メディエーションやカウンセリング等の措置を組み込み，関係人による自主的な解決に役立てることは，世界的な傾向とみてよいであろう。わが国においてはすでに家事調停として制度化されている。ドイツにおいても離婚による子の監護や面接交渉につき，裁判官や青少年局等の社会福祉機関，心理学者等の学際的なネットワークの中で，合意の成立や子の成長のための措置を講じる地域的な試み（いわゆるコッヘム・モデル Cochemer-Modell）が注目を集め，今後の全国的な展開が期待されている（Referentenentwurf des Gesetzes zur Reform des Verfahrens in Familiensachen und in den Angelegenheiten der freiwilligen Gerichtsbarkeit, S. 336, またミヒャエル・ケースター（岩志和一郎訳）「ドイツの家庭裁判所の手続におけるメディエーション的要素」比較法学38巻1号（2004）293頁以下）。

3　家事審判事件の審理の諸原則

　家事審判の審理の方式や原則に関する事項は，すでに断片的に触れられているが，ここで整理したうえ，さらに関連する事項についてもあわせて検討しておこう。民事訴訟の審理原則と対比しながら検討することが理解を容易にするであろう。民事訴訟の審理においては，公開主義，口頭主義，直接主義および双方審尋主義が重要である。人事訴訟では当事者尋問につき公開主義が一部制限される（人訴22条）が，他の原則は維持されている。家事審判ではこれらの原則がどのように扱われるかをみていこう。

1　手続の非公開

(1)　一般公開について

　非訟法13条は「審問ハ之ヲ公行セズ」と定め，家審法7条が非訟法総則規定を準用しているので，これを受けて家審規6条は，「家庭裁判所の審判及び調停の手続は，これを公開しない。ただし，家庭裁判所は，相当と認める者の傍聴を許すことができる」と定める（また人訴33条5項にも同趣旨の定めがある）。

　家事審判手続が非公開とされる理由は，次の点に求められている。まず第1に，家事審判事件はその性質上，家庭内の秘密を保持する必要があるので手続を公開するのは望ましくないこと，これを公開すると当事者その他の関係人が事件の真相にかかわる発言を控えるために，事件の真相を把握するのに困難を生じ，その結果適正妥当な解決を図ることが難しくなるということである（注解・家審規42頁〈向井〉）。たしかにそれは，戦前からの家事審判所創設の理由ともされていた。第2には，家事審判のうち甲類事件には，争訟性がなく手続上の対立当事者の存在を予定しないなど，手続を公開する必要性に乏しい事件があることである。

(2)　傍聴の許可

　家庭裁判所は相当と認める者の傍聴を許すことができる（家審規6条ただし書き）。審判の結果について利害関係を有する者がこれに該当する。実務上は，たとえば離婚事件において関係人の親が付き添ったり，遺産分割審判において関係人の配偶者等が付き添ってくることも多いといわれる（注解・家審規46頁〈向井〉）。これらの者は利害関係人には該当しないし，代理人の許可を得ているわけではないが，傍聴させてもプライバシーが害されるわけではないので，手続進行が妨げられないかぎり在席を許しているという。

　傍聴を許さなかったことに対しては不服申立てができないし，いったん傍聴を許可した場合であっても，家庭裁判所はいつでもこの許可を取り消すことができる。

　その他，司法修習生，新たに選任された参与員，調停委員等も傍聴が許される。

　家事審判事件に対して即時抗告がなされた場合の抗告審についても，その性質に反しない限り審判に関する規定が準用される（家審規18条）から，当然に非公開とされる。それゆえ婚姻費用の分担に関する処分の審判の即時抗

告事件において，口頭弁論を経ないで審理裁判をしても憲法に違反しない（最決昭和 37(1962)・10・31 家月 15 巻 2 号 87 頁）。

(3) 当事者公開

当事者公開という考え方は，事件の関係人に審理の立会い，記録の閲覧・謄写を許すことをいう。非訟事件は原則として非公開で行う（非訟 13 条，家審規 6 条）が，争訟性の強い事件では，とくに相手方に対する審問に立ち会う機会を法令上保障することがある（民訴 187 条 2 項，借地借家 45 条 2 項，借地非訟規 15 条，人訴 33 条 4 項参照）。当事者公開の保障は，一般公開をしない点で，関係人のプライバシーを保護することができ，また，手続の形式化を免れる利点がある。さらに当事者公開によっても，裁判の公正を監視する効果をかなり期待できる（新堂・441 頁参照）。

家審規 6 条は，手続の一般公開を非公開とする旨を定めただけであり，当事者公開についてはこれとは別に検討を加える必要がある。家事審判においても，すでに述べたように，とりわけ審問および証拠調べへの立会い，記録の閲覧が問題となる。人訴法の改正に伴い離婚請求に附帯する財産分与・子の監護に関する処分についての事実調査につき，裁判所が審問期日を開いて当事者の意見を聴くときは，他の当事者は当該期日に立ち会うことができるとされた（人訴 33 条 4 項）。この立会いによって事実の調査に支障を生ずるおそれがあると認められるときはこの限りではない（同ただし書）。ここには当事者公開を原則とする考え方が示されている。家審法にはこの定めを欠くが同様に解すべきであろう。

(4) 記録の閲覧について

① 総　説

家事審判手続における関係人の手続保障のうち，記録の閲覧については，議論が多い。まず家審法自体にはこの旨の定めがなく，また非訟法にもその定めがない。家審規 12 条 1 項が，「家庭裁判所は，事件の関係人の申立により，これを相当であると認めるときは，記録の閲覧若しくは謄写を許可し，又は裁判所書記官をして記録の正本，謄本，抄本若しくは事件に関する証明書を交付させることができる」と定めているにとどまる＊。民事訴訟と異なり，事件の関係人であっても当然には記録の閲覧権を有しないとされていることに注意が必要である。

閲覧対象となるのは，関係人の提出した書面，裁判所書記官の作成した調

書，裁判所が職権で収集した資料（関係人の審問，調査嘱託によってえられた資料，証拠調べの結果，家裁調査官の作成した調査記録など）である。家事審判官や調停委員が作成したメモなどは，この対象には含まれない（注解・家審規126頁〈中島〉）。なお，この問題は人訴法の定めにより一応の立法的解決をみたといえるが，なお残されている問題も多い。

*なお，民事訴訟法および人事訴訟法では記録閲覧権の原則を法律で規定しているのに，家事審判ではこれを規則で扱っているにすぎない。審理の原則にかかわるのであるから，規則ではなく法律で規定するのが本則であろう。

② 記録の原則的開示

この問題は，一方における家事事件の秘密性・プライバシーの保護と家裁調査官の調査活動における関係人等との信頼性の確保の必要性（特に情報源の秘匿）という立場と，他方における当事者権の重要な内容である記録閲覧権の保障の要請との間で議論されてきた。遺産分割審判などのように審判の対象が財産法的性格が強い場合には，家庭裁判所調査官の調査報告を含めて閲覧を認めてよいとする方向が一貫してみられる。

特に議論が集中するのは，親権者の指定など，夫婦，親子，親族等の感情や心理的状況等に関する家裁調査官の調査報告，あるいは未成年の子の審問調書の閲覧である。家裁調査官の作成した記録が開示されないという場合には，当事者は双方ともにその内容を知ることができない。裁判を受ける者が裁判所の事実認定の資料に対してアクセスすることが排除され，その内容に対して意見を表明することも反論することもできないことになる。こうした状況は，適正な裁判手続という観点からはとうてい是認できない（佐上「家事紛争と家庭裁判所」『岩波講座現代の法5　現代社会と司法システム』(1997) 284頁）。そこで，「原則は開示であって，例外的に不開示が認められるのは，開示について当事者や事件本人の能力上の問題がある場合や子供の福祉，精神，健康への影響が懸念される場合である。……どうしても当事者や第三者との関係で開示できなければ，それは審判の判断材料から排除する取り扱いをなすべきである」という考え方が登場するのである（本間靖規「家事審判と手続保障」吉村德重先生古稀記念論文集『弁論と証拠調べの理論と実践』(2002) 122頁，同「調停・家事事件と手続保障」民訴雑誌48号(2001)143頁，146頁参照，なお金子修「調査報告書の開示（閲覧謄写）」判タ1100号235頁も，実務家の立場から原則開示の方向を指摘する）。この考え方を支持すべきである*。

＊ドイツの非訟事件手続法（FGG）改革に関し，その改正草案（FamFG）は，関係人に対する記録閲覧について，これまでの考え方を一歩進める提案をしている。すなわち，その7条において，記録閲覧についてはおおむね次のように定める。すなわち，①裁判所は関係人に対し書記課で裁判記録を閲覧することを許可することができる。②関係人または第三者の重大な利益に反するときは，関係人の記録の閲覧は拒絶される。③手続に関与しない者に対しては，その者が正当な利益を疎明し，かつ，関係人または第三者の保護に値する利益に反しないときに限り，閲覧が認められる（以下省略）。さらに37条では，裁判の基礎となる事実について次のように定める。すなわち，①裁判所はその自由で，手続のすべての内容から得られた心証に基づいて裁判する。②裁判所は，関係人の権利を侵害する裁判を，これについて関係人が意見を述べることのできた事実に基づいてのみすることができる，とするのである。この定めから，7条において閲覧することのできない調査記録を，どのような形でどこまで関係人に開示するかということが問題となる。記録を閲覧させないときは，その事実に基づいて裁判することができないことになる。ここで問題となる記録とは，世話事件，収容事件における事件本人の鑑定書，監護および面接交渉事件における子または親の審問記録などがある。権利を害される関係人に，その法的審問請求権を擁護するために，書面または口頭で要約を伝達することなどが必要とされている。わが国の家事審判手続においても，このような厳密さが求められよう。また法改正に際しても十分に検討されるべきである。

③ 記録閲覧の相当性の判断

現行法の下では少なくとも次のように解されるべきであろう。

人事訴訟法の制定が実現したことから，附帯処分にかかる事実調査とその記録の閲覧について新たな規定が設けられた。家事審判や家事調停における記録の閲覧について，関連する規定の改正はなされていないが，人訴法・人訴規則の規定を準用することが求められよう。これによると，附帯処分の記録中事実調査にかかる部分についての閲覧，謄写請求については，関係人から閲覧等の申し出があったときは，原則として許可するが，次の①から③に該当すると認められるときは，裁判所が相当と認めるときに限り閲覧等を許可する（人訴35条2項）。①関係人間に成年に達しない子がある場合においてその子の利益を害するおそれがあるとき，②関係人または第三者の私生活または業務の平穏を害するおそれがあるとき，③関係人または第三者の私生活についての重大な秘密が明らかにされることにより，その者が社会生活を営むのに著しい支障を生じ，またはその者の名誉を著しく害するおそれがあると認められる部分については，裁判所が相当と認めるときに限り許可されることとされている（人訴35条2項）。上記①の例として立法者は次のように

説明する。すなわち「親権者の指定に関し，家裁調査官が子自身の意向を聴取した部分については，これを当事者である父母が閲覧すると子の心理に悪影響を及ぼすおそれがあると考えられます。また，現在は母に監護養育されている子が，内心は父母の離婚後は父に監護養育してもらいたいという意向を述べた場合には，これが母に知られてしまうと良好な母子関係が損なわれるおそれがあると考えられます」（小野瀬厚＝岡健太郎『一問一答新しい人事訴訟制度』(2004)152頁）。同様に②については，たとえば「家庭内暴力のように暴力的な行動が予想されるような事案や，幼稚園から聴取した事情（たとえば，現実に子を監護している夫婦の一方が満足に子供の面倒をみていないことを推認させる事実）をきいた当該夫婦の一方が逆上して幼稚園に押しかけ，その業務の平穏を害するような態様の言動を行うおそれがあるといった事案等がこれにあたる」（小野瀬＝岡・前掲152頁）。

　利害関係を疎明した第三者から事実調査部分の閲覧等の申し出があったときは，相当と認めるときはその閲覧等を許可することができる（同3項）。

　このような例外的な場合には，関係人の手続保障の要請を考慮しても，なお子の福祉等の法的保護に値する利益を優先させるべきであると考えられている。家事審判における事実調査の記録閲覧についてもこれと同様の考え方が求められるであろう。家庭裁判所でなされる人事訴訟の附帯処分についての事実調査の定めが，乙類家事審判や家事調停における事実調査と異なる点はないことから，その記録の閲覧についても別に解する理由を見いだしがたいからである。

2　口頭主義
(1)　原則的な考え方

　一般に非訟事件においては，決定をもって裁判されるため，口頭弁論は必要的とされない（民訴87条1項ただし書）。口頭弁論が開かれない場合には，裁判所は関係人を審尋することができる（同2項）。審問はこのように決定手続の審理方式の1つであり，関係人・申立人の言い分を聞く「口頭弁論に代わる審尋」と，関係人や証人に供述をさせる「証拠調べとしての審尋」がある。審問の方法は一定の方式はなく，口頭によっても，書面によってもよい。それゆえ，家事審判においては口頭主義が原則だとはいえない。他方で，家審規5条1項は，関係人の自身出頭主義を採用している。したがって，家

事審判における審問は原則として裁判官が関係人に口頭で行う方法が予定されているようにも読める。しかしながら、通説によればこれは、事件本人から事件の実情を聞くための便宜から、あるいは本人の意思を確認する必要性から定められたものであって、口頭主義が採用されたものではないとする*。

口頭主義は、口頭弁論期日において関係人から口頭で陳述されたもののみが裁判の基礎となる、ということを要請する。家事審判においては、口頭弁論が開かれないうえ、事実の調査は家裁調査官による調査や関係人の提出した書面によってもなされることからも、口頭主義を原則とはしていないといえる（鈴木忠一「非訟事件に於ける正当な手続の保障」同『非訟・家事事件の研究』(1971) 297 頁、家審法講座 1 巻 58 頁〈綿引〉59 頁は、「口頭主義が重視されていない」という）。また、民事訴訟とは異なり、相手方のある事件においても関係人が欠席した場合の陳述擬制、擬制自白等の制度（民訴158条、159条）は、職権探知主義ともあいまって存在しない。

*鈴木・研究 269 頁は、「非訟事件の中にはその性質・規模からみて、厳格な口頭主義になじまず、従って口頭主義を当然の前提とする一般公開にもなじまず、これを採用することは却って当事者に不必要な労力と費用とを強ふる結果となり、また裁判所側から見ても煩瑣に陥るやうな事件が少なくない。蓋し公開主義・口頭主義は必然的に期日の指定・呼出（送達）・出頭・開廷・弁論等の経過を踏まざるを得ず、而も此の結果は費用および労力の増大等を招かざるを得ないからである」という。

(2) 口頭による審理・口頭による審問

上に述べたとおり、家事審判においては、口頭主義を基本とすることはできない（もっとも、家事調停では口頭主義が主であるといえる）。しかし、このことと審理に際して、裁判所が事件本人や関係人を口頭で審問し、事実を探知し、また証拠調べを実施することとは別である。口頭での審問は、家事事件のように微妙な人間関係についての理解や、本人の意思確認のうえからも、あるいは関係人に対する手続上の諸権能を保障するという面からも、書面主義に優るといえる。口頭主義を採用しないことは、書面による審問を優先させる根拠にはならないことに注意しなければならない（前述 2 3(2)参照）。

3　直接主義
(1) 原　則

非訟事件手続においても、裁判を言い渡す裁判官が自ら関係人を審問し、証拠を取り調べることを直接主義という。この原則は家事審判においても維

持されるか，またこの原則を採用した場合，裁判官の更迭があるときは，弁論の更新や証拠調べの再施などが認められるか（民訴249条参照）が問題となる。

　まず民事訴訟と同様に，関係人の陳述の聴取や証拠調べは裁判をする裁判官が自ら行い，受命裁判官や受託裁判官を利用するのは例外である（鈴木・研究297頁）。家庭裁判所では単独制であるから受命裁判官は問題とならない。抗告審においてのみ問題となる。

　非訟事件手続および家事審判手続においては，口頭による審理をするか否かは裁判官の裁量に委ねられる。また口頭によって提出されまたは取り調べられた資料だけが裁判の基礎となるわけでもない。職権探知の原則から，裁判所がいかなる方式によって裁判の基礎を獲得するかも原則として裁判官の裁量に委ねられている。このようにして理論上は，直接主義は後退しているといわざるを得ない＊。その結果，「口頭での審問を実施した裁判官に更迭があっても所謂弁論の更新の必要はない。従って当事者または関係人の供述について審問調書が作成されても，また民訴法の形式によった証人・鑑定人の尋問調書が作成されている場合でも，更迭後の裁判官にとっては，それらは単に記録，書証としての性格を有するのであって，民訴の場合，裁判官の更迭があっても，また上訴審に移審しても，証人の供述は常に証言たる性質を失わないで，書証となることがないのとは異なるのである」とされる（鈴木・研究298頁。東京高決昭和52(1977)・6・27判時864号92頁も，「直接主義を規定した民訴法187条（現行249条）は，非訟事件手続及び家事審判手続にはその性質上準用されない」という）。理論的にはそのとおりであるが，重要な争点について関係人からの申立てがあり，直接の印象を獲得する必要がある場合には，改めて証人調べを実施するべきであるといえよう（KKW-Schmidt, Rn 72 zu § 12）。

　　＊東京高決昭和53(1978)・7・27家月31巻8号50頁は，婚姻費用分担の審判事件につき，「家事審判手続においては……当事者には事実の調査ないし証拠調べに関する申立権は認められていない以上，原審において家裁調査官による事実の調査がなされ，その際抗告人の意見も徴されている以上，家事審判官が審問期日を開き直接抗告人らの陳述を徴しなかったとしても違法，不当ではない」とする。しかしこの決定に対しては，「家裁調査官による事実の調査は，家事審判官による意見聴取とは質的に異なるのであって，家裁調査官に意見を述べたことをもって代替を認めることは許されない」と批判されている（吉岡進「家事審判の抗告審における諸問題」『新実務民事訴

訟講座 8 巻』288 頁，さらに金田宇佐夫「抗告審における手続」判タ 250 号 138 頁）。後者の見解を支持すべきであろう。

(2) 直接の調査と証拠調べの必要性

直接の審問の必要性についてはすでに述べた（23(2)参照）。ここでは家事審判官による事実調査と家裁調査官による調査との関係について補足しておこう。

家事審判においては関係人等の意見を聴くについて家事審判官が自らこれを行う方法と，家庭裁判所調査官に聴取させる方法がある（家審規 7 条の 2 第 1 項）。どのような場合に，家事審判官が自ら審問し，あるいは家裁調査官による調査で足りると考えるか，その基準については明らかでない。

家事審判官の事実調査を家裁調査官が代行するという理解は正しくない。家裁調査官による事実調査は，その専門知識を利用してなされるものであり，裁判官による事実調査とは異なる意義をもつ。またこれが命じられ事実が収集されたとしても，家事審判官はこれによって事件および当事者につき直接の印象を得たとはいえない。家事審判官と家裁調査官によるチームワークとしての多面的な事実調査が必要だとしても，家事審判官自身による審問の必要性はなくならない。家裁調査官に調査を命じたからといって，それによって家事審判官による事実調査が省略できる，あるいはそれによって当事者に対する審問機会が付与されたと解してはならないのである＊。

＊この点について，岡垣は次のように述べていた。この立場を基本的に支持すべきであろう。

「家庭裁判所が直接当事者から陳述ないし意見を聞かず，家裁調査官がこれを代行することの適否に関しては，つとに最高裁判所事務当局の行政先例がこれを是認している（昭和 28(1953)・8・8 最高裁家庭甲 145 号家庭局長回答家月 5 巻 7 号 148 頁）。裁判例も例外なくこの立場を支持しており（例えば，大阪高決昭和 49(1974)・9・5 家月 27 巻 8 号 70 頁，東京高決昭和 53(1978)・7・27 家月 31 巻 8 号 50 頁），私の知る限り，家裁調査官が代行した事案について，家庭裁判所が改めて当事者からの陳述ないし意見を聞いたものは極めて少数であった。人間関係調整の専門家たる家裁調査官による陳述ないし意見の聴取はそれなりの意義があることは否定できないところである。しかし，法律専門家として事件の最終判断権を有する家事審判官のするそれとは質的にも相違し，審判資料収集における直接主義に反する疑いもあるので，乙類審判事件など特に当事者間に激しい利害対立のある事案については，家庭裁判所は家裁調査官の調査結果を資料として直接当事者から陳述ないし意見の聴取をすべきである」（岡垣学「家事審判に対する抗告について」家月 38 巻 4 号(1986)18-19 頁。さら

に同旨の見解として，井上哲男「乙類審判事件における職権探知と適正手続の具体的運用」講座実務家審 1 巻 130 頁）。

　また，禁治産宣告手続においてドイツの裁判実務は，19 世紀末以来裁判官による事件本人の直接の審問と直接の印象の獲得を極めて重視していたのに対し（このことはまた新しい成年後見制度である世話法の下では，より厳格に定められている），わが国ではそうした理解がなく，また実務が定着しなかったことについて，佐上・審理 23 頁以下参照）。

4　双方審尋主義

　当事者双方にその主張を述べる機会を平等に与える建前を双方審尋主義という（当事者対等の原則・武器平等の原則）。まず，家事審判事件においては相手方が予定されない事件があることに注意しなければならない。こうした事件では双方審尋主義という，民事訴訟の 2 当事者対立構造から要請されるこの原則は適用の余地がない。双方審尋主義の考え方の基本は，請求原因や抗弁などの主張を相手方の反論にさらすことを保障するという点にある。その機会が当事者双方に与えられるというものである。

　家事審判において相手方のある申立事件について，申立てに対して相手方がその認否や理由を述べる機会が保障されなければならないし，相手方の主張に対して申立人が反論をする機会が与えられなければならないという意味で双方審尋主義という概念を用いるならば，これは家事審判においても最低限度承認される審理の原則だといえる＊。そしてこのような条件を満たし，関係人が適切にこれに応じるような条件を整えることは，職権主義の手続においては裁判所の手続指揮上の義務である。

　また訴訟手続の中断は，双方審尋主義を体現する制度の 1 つであるが，家事審判においてはこの制度がなく，受継の手続が定められているにすぎない（第 3 章第 7 節参照）。

　　＊名古屋高決昭和 48(1973)・5・4 家月 25 巻 11 号 92 頁は，親権者変更の審判につき「家事審判手続においては，その性質上申立てのあったことを特に相手方に告知する必要がなく，また，審理をなすにあたっては，適当と認める方法で審理すれば足り，提出された書類，関係人審問から，申立ての事実を十分に認定しうると判断したときは，相手方の審問手続を経ることなく，直ちに審判しても違法ではない」とするが，きわめて問題が多く，今日ではもはや支持できない処理であろう。

4　期　間

1　期間の意義

期間は関係人（当事者）が行為をなすために定められた一定の時間であり，期間については民事訴訟法が準用される（家審7条，非訟10条）。民事訴訟においては期間には次の種類がある。以下，期間について概説しておこう。

(1)　行為期間と猶予期間の区別

行為期間とは一定の行為を一定の期間内にさせる趣旨で定められたものであって，とくに当事者（関係人）の訴訟行為について定められたものを固有期間という。補正期間（民訴34条1項，137条1項），準備書面提出期間（同162条），上訴期間（同285条，313条，332条）などがこれにあたる。当事者（関係人）がこの期間中にその行為をしないで経過すると，その行為をする機会を失うなどの不利益を受ける。猶予期間とは当事者（関係人）の利益のため，一定の行為をするには一定の期間をおかなければならないとの趣旨で認められるものである（同112条など）。

(2)　法定期間と裁定期間

期間の長さが法律で定められているものが法定期間であり，裁判所がその長さを決めることができるものが裁定期間である（民訴137条1項，162条など）。法定期間のうちで，法律が特に不変期間と明示しているものがあり，裁判に対する上訴期間にその例が多い。それ以外のものを通常期間という。この区別は，次に述べるように期間の伸縮を許すか否か，あるいは追完を許すか否かに意味がある。

2　期間の伸縮

不変期間を除く法定期間および裁定期間は，訴訟指揮の観点から裁判所がこれを伸縮できる（民訴96条1項）。不変期間についてはその伸縮が許されないので，遠隔の地に居住する当事者（関係人）等のため付加期間を定めることができる（同2項）。

3　懈怠と追完

(1)　原　則

関係人が行為期間中に定められた行為をしないことを懈怠という。これに

よって関係人はその行為をする機会を失う。しかし関係人が自らの責めに帰すことのできない事由によって期間内にその行為ができなかったときは，救済する必要がある。特に不変期間は，通常 1 ないし 2 週間という短期間であるうえに，懈怠すると上訴期間の徒過による裁判の確定といった重大な効果を生じさせる。そのため追完という制度が認められている（民訴 97 条 1 項，非訟 22 条）。追完が認められるための要件は，関係人が責めに帰すことのできない事由により不変期間を遵守できなかったことである。大洪水，震災，予期しない郵便の遅配などがその例である（最判昭和 55(1980)・10・28 判時 984 号 68 頁）。追完が許されるのは，その理由が消滅した後 1 週間以内であり，この期間は伸縮できない。本人の過失がなくても訴訟代理人に故意・過失があるときは追完は許されない（最判昭和 24(1949)・4・12 民集 3 巻 4 号 97 頁）。原告（被告の以前の夫）が，被告が住民登録のある地に居住していないことを知りながら，訴えを提起して，公示送達により被告欠席のまま原告勝訴の判決が下されたようなときは，公示送達の濫用と認められ，被告が控訴期間を遵守できなかったときは追完が認められる（最判平成 4(1992)・4・28 判時 1455 号 92 頁）。この考え方は基本的に家事審判にも妥当する。追完は，そのために特別の申立ては必要ではなく，懈怠した行為をその方式に従って行うことで足りる（松本＝上野・331 頁）。またその要件を満たすときは，職権によっても認められると解される。追完の事由は，その行為の適法要件である。

(2) **家事審判の告知と即時抗告期間**

家事審判においては，審判に対して利害関係人が即時抗告をなしうるとされている一方で，審判が利害関係人に対して告知されないことがある。その結果，申立人に対して審判が告知されたときから利害関係人の即時抗告期間が進行する。この期間内に利害関係人が当該審判のあったことを知りえなかったときでも，追完は認められないとするのがこれまでの判例の立場である（遺言確認審判につき，東京高決平成元(1989)・4・25 東高民時報 40 巻 1-4 号 39 頁，東京高決昭和 55(1980)・12・25 判タ 473 号 153 頁，氏変更許可審判につき，東京高決昭和 57(1982)・2・15 家月 35 巻 6 号 94 頁など）。これに対して，最決平成 15(2003)・11・13 民集 57 巻 10 号 1531 頁は，遺産分割審判につき各相続人ごとに告知の日が異なる場合において，各自が告知を受けた日から抗告期間が進行すると開始するから抗告人の抗告はその期間を徒過しているとしつつも，従前の実務が告知を受けた日のうち最も遅い日から全員につき一律に進

行するとの見解・取扱いが広く行われていたことを考慮して追完を認めた。

5 期日の調書

1 調書作成の省略

(1) 調書の意義

　裁判所書記官は，家庭裁判所の手続について調書を作らなければならないが，家事審判官においてその必要がないと認めるときは，その作成を省略することができる（家審規10条）。この規定は，証人，鑑定人の尋問を除くその他の審問について必要と認める場合に限って調書を作成させるとする非訟法14条の例外をなす。民事訴訟においては期日の手続は法律に従った厳格な方式によって行われ，その期日における手続が公正に行われたことを担保するために，書記官の立会いと調書の作成が求められている。そして口頭弁論の方式に関する規定の遵守は，調書によってのみ証明することができるとされている（民訴160条3項）。

　しかし，家事審判手続においては手続の簡易性，非方式性ないし合目的性のゆえに調書の作成は家事審判官の裁量に委ねられているから，調書自体が作成されないこともあり得るとされている。この裁判官の裁量の限界に関連して，証拠調べまたは即時抗告がなされた場合にも調書の作成が省略できるかが議論されてきた。期日における審問の結果が審判や調停の資料となる点に鑑みて，可能なかぎり作成すべきだと解される。また調書が作成されたときも，民事訴訟のような証明力は規定されていない。またこれに関する民訴法の規定も準用されないと解されている（注解・家審規111頁〈中島〉，実務講義案93頁）が，書記官が立ち会って作成した以上はその証明力を肯定してよい＊。

　　＊家事事件の調書には，①期日調書，②審問調書（これは①と一体となり事件の関係人の審問結果を記載する），③証人等調書（これは①と一体となり証人，本人，鑑定人または通訳人の尋問結果を記載する）があり，④その他の調書（検証調書，遺言検認調書等）がある（平成12(2000)・3・7家一第67号家庭局長・総務局長通達「家事事件の期日調書等の様式及び記載方法について」（実務講義案94頁以下参照）。

(2) 調書の記載事項

　家審規則は調書の記載事項については定めていない。調書の意義，必要性は他の訴訟手続におけると異なるところはないから，民訴法の定め（民訴

160条）を準用すべきであろう（注解・家審規111頁〈中島〉）。その記載は，形式的記載事項（民訴規66条）と期日調書については実質的記載事項（民訴規67条）に分かたれる。後者には，当該期日における家庭裁判所および関係人のした手続行為等が記載される。

2 事件経過表

調書が作成されないときは，これに代えて審判または調停期日等における手続の経過等を明らかにするために事件経過表が作成される。期日等における手続の経過・内容の要旨を記録するためである。とりわけ裁判所書記官が常時手続に関与できない家事調停においては，実務において幅広く利用されているといわれる（注解・家審規113頁〈中島〉，実務講義案94頁）。事件経過表は，①調書，②調書の一部，③代用調書（報告文書），④期日または期日外のメモとして利用することができるとされ，裁判所書記官の記名押印と家事審判官の認印，その他調書としての要件が備わっておれば，調書と同一の効力を有するとされている（注解・家審規114頁〈中島〉，実務講義案94頁）。関係人の記録閲覧権の保障という観点からも，審判および調停の手続経過の記録化が求められる。

6 家事審判における関係人の主張の制御

1 民事訴訟との対比

(1) 民事訴訟の場合

民事訴訟においては，原告の申し立てた権利または法律関係の存否を確定するという判断形式をとり，当事者の事実主張は訴訟物たる権利の請求原因事実，抗弁事実，再抗弁事実等々に割り振られる（構成要件該当事実であり，要件事実と略称する）。相手方が証明責任を負う事実を争うのが否認であり，自らが証明責任を負う事実をもって相手方主張を争うのが抗弁である。訴訟における事実は，証明責任分配を前提として，抗弁と否認が区別され訴訟上の位置づけが異なってくる。主要事実と間接事実の区別も要件事実を基礎としてなされる。当事者の主張が尽くされたかどうかの判定もこれによってなされる。このように民事訴訟においては，審理過程における事実の位置づけが明確になされていることが特徴的であり，裁判官による当事者の主張整理に大きな役割を果たす。証明責任が訴訟審理のバックボーンといわれるのも

こうした趣旨からである。
(2) 家事審判の場合
① 包括的な事実の提示
　家事審判は，甲類事件および乙類事件を含めて，具体的な法律関係形成のための要件が明確ではなく，事実について請求原因事実や抗弁事実といった区別をなし得ない。また主要事実と間接事実の区別も存在しない。審判の申立書に，「事件の実情」を記載するとしているのも，この事情を反映している。申立事件であっても，裁判所は原則として申立人の申立てに拘束されることがなく，申立ての変更などの手続をとることなく，最適の解決を選択できるから，ある請求に対する請求を根拠づける事実などを固定的に考えることは適切ではない。

　もちろん，申立人が求める処分につき必ず主張されなければならない事実，最低限度主張されなければならない事実は，当然のことながら考えられる。しかし，そのうちどこまでが申立人が主張しなければならないかの区別は，明確ではないのである。たとえば，婚姻費用の分担請求を例にとって考えてみよう。婚姻費用の分担を命じることができるかどうかの判断については，申立てのあった夫婦につき，婚姻が実質的に破綻しているか否かの判断が重要であり，そのためには別居に至った事情，ことにそれが一方の配偶者の意思に反しているような場合には，その原因が明らかにされなければならない。加えて，夫婦それぞれの資産・収入，現在の生活状態，未成熟子の養育状態等が具体的な金額を算定する際の基礎的な資料となる。さらに給付義務について終期を定めるか否かが問題となるときは，これに関する事実が明らかにされなければならない。法的な意味のある事実のみならず，関係人相互で協議の進行を妨げる人間関係，性格等々も手続の進行にとっては重要な意味をもつ。このうち，申立人がどこまでの事情を主張すべきか，相手方がどの事実を明らかにしなければならないか，そうした主張責任の分配に関する基準は明確ではない。包括的に事実関係が明らかにされなければならないが，裁判所は適宜それをすべての関係人から引き出し，全体像が示されるように試みるのである。

② 申立てとの関係
　家事審判における申立ては，それを申立人の要求の最大限とみてはならない。また申立ての当初にその申立てが特定されていると扱うこともできない

（第4章第2節 4 2）。申立人の真意・本心は，申立て時ではなく，相手方の対応や裁判所からの釈明などによって変化しうるものである。そのため，申立てを支える事実も，訴え提起時における事実主張とは扱いを異にしなければならない。事実主張を民事訴訟と同様に考えた上で争点の整理をするという考え方も，この意味から正しいとはいえない。

2 事実・証拠申出に関する時間的規律

民事訴訟においては，当事者は口頭弁論の終結に至るまで攻撃防御方法を提出することができる。しかし訴訟の審理は裁判所および相手方との間でなされるものであるから，手続主宰者である裁判所は複雑な事件については審理の計画について当事者と協議し（147条の2），弁論の準備と証拠の整理を行い（164条以下），準備書面の提出時期を定めるなど審理の集中と充実に努めなければならない。これに応じて当事者の事実・証拠の申出につき適時提出主義が採用され，時機に後れた攻撃防御方法は却下されることがある（民訴156条，157条）。これは2当事者が対立的に関与し，当事者が攻撃防御を尽くすことが期待されている訴訟において，訴訟遅延を防止するために認められているものである。

非訟事件・家事審判においても集中した審理・迅速な解決の要請は民事訴訟と異ならない。職権探知主義を前提とする家事審判においては，事実の収集，証拠調べは裁判所の職責とされているので，適時提出主義および時機に後れた攻撃防御方法の却下は原則として認められない。それゆえ，審理を終結した後で裁判の言渡しの前に関係人から提出された事実や証拠が，裁判する上で重要であると認められる場合には，なおこれを斟酌しなければならない（KKW-Schmidt, Rn. 120 zu §12）。もっとも，裁判所が手続指揮の一内容として，関係人に対し相手方主張や証拠調べ結果に対する意見等の提出を求めるに際して，期間を設けることは許されると解すべきであろう。

3 家事審判手続における争点整理等

家事審判に現れる事実は，民事訴訟における以上に複雑である。この意味で，審判手続の進め方や，争点を明確化するためにいわゆる争点整理が充実されることが必要である。乙類審判事件では調停を併用することにより，調停委員等の斡旋や事実に対するさまざまな角度からの協議等によって，紛争

の実情がよりよく把握されることが期待されている。この意味で，調停手続が密度の濃い争点整理の手続となっていると理解されている。審判手続だけを取り出して，争点整理の制度枠組みをどのように検討するかといった必要はなく，調停との連携あるいはそこでの家裁調査官による事実調査や調整活動を適切に組み込むことによって，民事訴訟以上の争点整理が期待できるのである。

7 事実および証拠の収集

1 総説

　非訟事件の裁判における事実および証拠の収集につき，非訟法11条は，「裁判所ハ職権ヲ以テ事実ノ探知及ヒ必要ト認ムル証拠調ヲ為スヘシ」と定める。事実の探知を行ったうえで，必要な場合には非訟法15条による証拠調べを行うとするものである。事実の探知の方法については，法律に定めがなく，一般に方式によらない探知（自由な証明）と呼ばれる。ところで非訟法11条が家審法に準用されるかについては，家審規7条の定めがあるためこれを否定する見解が通説となっている（注解・家審法83頁〈菊池〉）。別段の定めがなければ準用されるはずの法律を規則でその準用を排除できるか疑問だと思われる（同旨：注解・家審規48頁〈山田〉）が，家審規7条自体は①裁判所は，職権で，事実の調査および必要があると認める証拠調をしなければならないこと，②家庭裁判所は，他の家庭裁判所又は簡易裁判所に事実の調査又は証拠調を嘱託することができること，③証拠調については，民事訴訟の例によることを定めて非訟法11条とほぼ同じ内容を定めている。同条2項にいう嘱託についても，非訟法12条に同旨の規定がある。

　家審規則も非訟法も，いずれもいわゆる職権探知主義を定めている。また非訟法が職権探知主義を採用しながら，裁判所に事実や証拠探知のための具体的手段がなかったのに対して，家審法は家裁調査官や技官を配置して，職権探知に遺漏が生じない手当をしている。職権探知主義が採用されるのは，対象となる事件が身分関係を対象とするため多かれ少なかれ公益的性格があること，事件の関係人に審判対象について処分権が認められていないことなどがあげられる。もともと非訟法の職権探知は，国家の後見的任務を遂行するために裁判所が関係人の態度いかんにかかわらず方式によらないで事実を探知することを保障することに意味があった。しかし，乙類審判事件に典型

的に見られるように，関係人間に適切な法律関係を形成し，利害の合理的な調整を図るようになると，事実探知，証拠調べの手続に関係人の立会いを認め，発問権等を認めることによる積極的な手続関与へと転換する必要が生じてくるのである。

2 職権探知主義
(1) その意義
① 原　則

まず原則的な内容を確認しておこう。非訟事件および家事審判手続では，公益的な性格のある事件を扱うため，実体的な真実を基礎として裁判しなければならない。この裁判を実現するために職権探知主義が採用される。職権探知主義とは，裁判の基礎となる事実や証拠の収集を裁判所の責任とする建前をいう。この考え方は，裁判所は裁判をなすにあたって，関係人が提出した事実のみならず自ら職権を用いて事実を探知し，必要と認める証拠を収集して取り調べなければならないことを意味し，関係人間で争いのない事実であっても疑問があると認めるときは，積極的に事実調査を行い真相を明らかにしなければならない（名古屋高決昭和33(1958)・12・20家月11巻3号133頁）。したがって，申立てによって開始される事件においても（甲類・乙類を問わずに），事実調査の不足や事実の真偽が不明であることを理由に関係人に対して不利益な裁判をすることは許されない（東京高決昭和37(1962)・10・25家月15巻3号136頁は，就籍の要件をなす事実を認める証拠がないとして申立てを却下した原審判を失当であるとする）。民事訴訟におけるような関係人の主張責任や証拠提出責任は観念できないのである。関係人が欠席した場合でもその不利益に事実を擬制することは許されない。関係人が陳述を拒絶したり，証拠の提出を拒否するなど手続に協力しない消極的な態度をとる場合であっても，これを弁論の全趣旨として事実認定の参考とすることができるにとどまり，これに特別の効果を付与することはできないのが原則である（家審法講座1巻56頁〈綿引〉）。しかし，関係人にも以下2に述べるように，事実収集上の義務が課されていると考えられる。理念的には民事訴訟における弁論主義と対極をなす考え方に立脚している。

裁判所が事実確定について責任を負うということから，事実の探知や証拠の収集について厳格な定めがあるときは，実体的真実を基礎に裁判するとい

う職責を全うできない。そこで審理の方式は一定の法律の枠にはめられるというよりは、無方式であることを特徴とする。すでに述べたように審問も口頭で行うか書面で行うかは、裁判所の選択に委ねられている。さらに裁判所は、関係人の主張や証拠の申し出に拘束されないだけでなく、事実探知の方法についても事件の実情に応じて、家裁調査官を活用するか、自ら審問を行うか、あるいは調査嘱託をするか等々、審理の形態について裁量権を行使することができる。

② 申立事件における職権探知

非訟法11条および家審規7条の職権探知の原則は、職権によって開始される事件のみならず、申立事件についても適用される。しかし、例外的に申立事件において申立人に申立てを理由づける事実を提出するよう定めている場合がある。たとえば、保全処分の申立てについては家審規15条の2第1項が、「(家審規) 7条第1項の定めにかかわらず、保全処分を求める事由を疎明しなければならない」と規定する。また非訟法22条に定める追完の場合にも、その申立人が「其責ニ帰スヘカラサル事由」を指摘し、その理由づけをしなければならない。これらの場合には、申立人に疎明の責任があり、裁判所の探知義務は補充的だと解されている（第4章第3節 **34** 参照）。もっとも、裁判所は関係人が事実主張を怠るときは、その欠缺を除去し、申立てを理由づけるよう釈明すべきことは裁判所の探知義務から導かれる（KKW-Schmidt, Rn. 57 zu § 12）。

③ 職権探知と関係人の権利

非訟法および家審法には定めを欠いているが、人訴法20条ただし書きは、職権による事実および証拠調べの結果について当事者の意見を聴かなければならないことを明規した。訴訟手続と非訟手続という差異はあるとしても、家事審判の手続においても人訴法の考え方を排除する理由はなく、手続の透明性を確保し、また関係人に対する手続保障の一環として同様の取扱いが求められるというべきである。

職権探知主義は、裁判所が関係人間の具体的法律関係を形成するうえで最終的な責任を負い、そのための判断材料を収集するについて関係人の意向に左右されないことを基本とするものであるが、後にも触れるように、その裁判過程や審判を通じて、関係人が自立的に自らの法律関係を協議し形成することができる条件を整えるような形で行使されなければならない。やや逆説

第4章　審判手続

的に聞こえるが，職権行使が関係人の自主性を引き出していかなければ，関係人の裁判所に対する依存性は解消しない。

(2)　事実の調査と証拠調べ
① 原　則

家審規7条1項は，裁判所は「事実の調査及び必要があると認める証拠調べ」を行うと規定している。事実の調査および証拠調べは，いずれも家庭裁判所が行う事実認定のための資料収集の方法をいう。証拠調べについては6項が，民事訴訟の例によるとしているため，事実の調査については裁判所はその裁量により無方式でこれを行うことができる。それゆえ，この事実の調査はいわゆる自由な証明と解してよい。証拠調べについては民事訴訟法の規定に従う必要がある（いわゆる厳格な証明である）という差異がある。また，1項の定めが示すように，証拠調べよりは事実調査を原則としている（注解・家審規51頁〈山田〉）。その趣旨は，家事事件における職権探知は，一般の民事訴訟や人事訴訟のように時間と費用とをかけて厳格な証拠調べを行うことをなるべく避けて，可能なかぎり強制力によらずに，また方式にとらわれない事実の調査によることとしたのであって，必要がある場合に限って証拠調べの方法によることを意味している（家審法講座3巻179頁〈沼辺〉，注解・家審規51頁〈山田〉）。

② 自由な証明と正規の証拠調べの選択

裁判所による方式によらない事実調査（たとえば，電話による問い合わせ，書面による照会，記録の取寄せなど）の場合には，関係人の立会権が認められない。それゆえ，自由な証明によるか，あるいは民事訴訟法の定めに従う正規の証拠調べによるべきかは，関係人の手続上の地位の保障との関係で重要な意味をもつ。どのような事件につき，またどのような事実の確定のために正規の証拠調べによるべきかについては，後述81(2)参照。

(3)　調査の範囲

事実の調査については，「家事審判手続では審判資料の収集のみならず無方式かつ非強制的に家庭内の人間関係や環境を調整して事件の解決を図る処理も含まれる」とするのが一般的な理解である（山木戸・40頁）。これによれば，家庭裁判所は，申立ての適否，申立ての利益等のほか，本案に関しても単にその法律要件に関する事実のみならず，申立ての趣旨からより合目的的な解決に必要と思われる関係人の諸関係についても調査する必要がある。

すなわち手続を円滑に進行させるために必要となる事実と，本案の解決にとって必要となる両者をともに職権によっても調査しなければならない。

これに対しては，人間関係や環境を調整して「事件の解決を図る処理」は，審判または調停それ自体の機能であり，事実の調査は事件処理のための資料の収集を主たる目的として行われる手続的処理であって，「事件の解決を図る処理」とは異なるとする見解もある（注解・家審規52頁〈山田〉）。たしかに後者の見解は，理論的にはそのとおりだといえるが，実際上は両者の区別は困難であろう。たとえば，本人が出頭を拒否する理由を明らかにして手続の進行を図ろうとする場合には，事件の進行に関する局面の打開を主目的とはするが，その事実の中には本案の解決にとっても重要な事実が含まれていることが多いであろう。また，家事審判事件においては民事訴訟のように主要事実と間接事実，事情などの区別もなく，また訴訟資料と訴訟資料との区別もなされていないこと等から，前者の見解に従う（高野・前掲『家事調停論』64頁以下）。

3　関係人の説明義務（手続協力義務）
(1)　問題の所在
① 総　説

上記2(1)②において述べたとおり，家事審判手続においても例外的であるが，申立人がその申立てを基礎づける事実を自ら提出し，必要な証拠を申し出て疎明しなければならない事件が存在する。これ以外に，関係人は事実主張や証拠の収集の義務を負うといえるであろうか。これはわが国では，乙類審判事件の「当事者主義的運用」として議論され（第3章第3節2 2参照），まだドイツにおいては関係人の手続協力義務として扱われてきた問題である。職権探知主義が支配する手続のもとで，一見したところこれと矛盾する要求が立てられる。その理由や具体的な内容および解決の可能性について検討することにする。

② 実務からの問題提起

以前から「裁判所の職権による資料の蒐集も決して万能ではなく，当事者の協力をまたなければ，真実を究明することは困難であり，ある場合には不可能ですらある。かかる場合に，なおかつ真実究明の責任を裁判所が負担するものとすることは難きを強いるものであろう。いわゆる挙証責任の分配な

る観念は存在する余地はないが，ある事実の存在について利益あるものが，その事実の存在について証明の得られないときはその者の不利益に帰せしめられることはいうまでもない。かかる意味においての挙証責任の存在することは否定できないであろう」（家審法講座1巻61-62頁〈綿引〉）と主張されていた。すなわち，職権探知主義の限界を指摘し，関係人に対する事案解明への協力を求め，主張や証拠を提出させる考え方である。こうした状況が生まれる理由については，よく理解できる。問題はこれをどのように理論的に解決するかである（この点の詳細については，佐上「利益調整紛争における当事者責任とその限界（1・2）」家月37巻4号(1985)1頁，39巻3号(1987)1頁参照）。

具体的には次のような提案や希望が，かなり以前から家事審判官の会同の席上で繰り返し提出されていた。すなわち，①遺産の範囲を確定する方法として，家庭裁判所に弁論主義に基づく確定手続を設けるか，または地方裁判所に確定訴訟を提起すべき命令を発しうるように立法してはどうか，②争訟的審判事件に，弁論主義手続を導入するよう改正を望む，③遺産分割事件は，家事審判中特に困難な事件である。関係人の主張・立証に，弁論主義をもっと導入しないと，関係人が裁判所に一切お任せという態度になりがちである。そういう意味で遺産分割審判の適正迅速処理のために弁論主義を導入した方が適切ではないか。④乙類審判事件につき，財産関係の処分の対象となり，または審判の前提として審理の対象となる事項については，その主張する関係人に立証責任を負担させることはできないか，またその方法がないか等々である。

近時においては，②ないし④を内容とする主張が有力である。第3章第3節2 2(3)において指摘した家事審判手続の当事者主義的運用論の内容は，ここで述べる関係人の手続協力義務を引き出すための前提となる議論である。

③　実務における対処──若干の審判例

それでは，実務はこうした場合に，現実にはどのように対処してきたのであろうか。若干の例を挙げてみる。必ずしも一致した方向をとっているとは限らない。

（審判例Ⅰ）東京高決昭和53（1978）・10・19家月31巻9号31頁

この事例は，遺産分割審判の原審で土地所有権の帰属および寄与分が争われていたが，抗告人が期日に欠席しがちで，家庭裁判所が十分に審理を尽くせないまま抗告人の所有権および特別寄与分を否定したのに対して抗

告したものである。決定理由は次のとおりである。

「尤も，原審において抗告人は重なる裁判所の呼出にも応ぜず，かつ何らの主張・立証もしなかったので，原審が他の当事者の主張のみを基礎として審理・判断していることはやむを得ないといわざるを得ないが，当審において抗告人より初めて主張・立証がなされ，その主張および立証が直ちに排斥できないものであるときは，抗告人の原審における態度に遺憾なものがあったとしても，事実につき職権探知の原則の支配下にある家事審判手続においてはなお審理を尽くさねばならないことに変わりはない」。

（審判例2） 東京高決昭和54（1979）・6・6家月32巻3号101頁

このケースは，抗告人が本件相続開始後，相続財産全部の固定資産税，土地改良費を支払い，またその一部である建物および畑を管理してその費用を負担し，さらに被相続人の妻の医療費を支払ったのに，原審判はこの点を何ら考慮していないからその取消しを求めるとして抗告したものである。これに対する決定理由は次のとおりである。

「相続財産に関する固定資産税，土地改良費，管理費等は民法885条1項，259条1項により第一次的には相続財産の負担に帰し，遺産分割の際考慮の対象とすべきであると解される。

ところで家庭裁判所は職権により事実を調査する義務があるが，それには当事者の協力が不可欠である。しかしながら抗告人は，同人が右費用を負担したと抽象的に主張するのみで，具体的に，誰が，いつ，いくら支出したか等抗告人のみが知っている事実につき後日立証すると述べたまま何ら証拠を提出しない。従って原審判において右の点が考慮されなかったのもやむを得ないというべきである」。

（審判例3） 東京高決平成5（1993）・7・28家月46巻12号37頁

遺産分割審判の手続において，抗告人らは原審において調停期日・審判期日に欠席を続け，家裁調査官からの照会に対しても応答しなかったが，抗告人の一部は遠隔地に居住する等の事情があり，また「今後その主張を補充し，必要な資料の提供もし，裁判所の呼出には必ず応ずべきこと，将来各土地の価額の鑑定が必要となった場合は，手続に要する費用を速やかに予納すべきことを約する旨の上申をしている」として，原審に差し戻しをした。

（審判例4） 横浜家審平成8（1996）・9・11家月49巻4号64頁

このケースにおいては，本件申立人は住所を変更しながら裁判所にも通知しない，家裁調査官の照会に対しては1回出頭しただけで，それ以外は無視している。審判期日にも無断で出頭しない。こうした状況の下に，裁判所は申立人においては審判を維持遂行する意思が認められないと認定し，手続に協力しない申立人の養育費請求の申立てを不適法として却下した。

（**審判例5**）熊本家審平成10（1998）・3・11家月50巻9号134頁

遺産分割の審判手続において相続財産である多数の建物の特定に必要な資料の提供を釈明にもかかわらず当事者双方が応じないうえ，申立人が本件の申立てを維持する意思を有しないという事例に対して次のようにいう。

「遺産分割事件は，相続財産の分配という私益の優越する手続であり，司法的関与の補充性が要請される性質を有するところ，特に遺産の特定については家審規則104条の趣旨から当事者主義的審理に親しむ事項であり，遺産分割事件の当事者は当事者権の実質的保障を受けて主体としての地位を認められる反面として，手続協力義務ないし事案解明義務を負うものと解することができる。本件申立人らは，上記認定のとおり物件目録の大部分の建物についてその特定に必要な事項を明らかにしないのみならず，本件申立てを維持する意思のないことを表明し，当裁判所の釈明にも協力する意思が認められない状態である。これは申立人らの事案解明義務懈怠であり，結局，本件申立は不適法として却下を免れないものということができる」。

(2) 関係人の説明義務の根拠

上に掲げた審判例は，すべてが同一の方向を目指しているものではなく，また対処の仕方も異なっている。ここでは関係人に事実提出や証拠収集に際しての説明義務（協力義務）をどのように考えるかという観点から検討を加えることにする。民事訴訟のように，関係人が第1次的にその義務を負うとはいえないからである*。

　　*この問題にいち早く注目した指摘として，有紀新「非訟事件における手続関係人の手続協力義務」青山法学論集14巻4号(1973)1頁，同「非訟手続における審問請求権」民訴雑誌21号(1975)1頁がある。しかしこの論文では，手続関係人の主体性を承認することから直接的に事案解明義務までが引き出されており，賛成できない。

① 申立てと申立ての理由

家事審判において職権探知主義が採用されているからといって，関係人

（申立人）は，申立てに至る経過（従前の相手方との交渉の経過や行き詰まりの原因等），申立ての趣旨について，書面または口頭で説明する義務がないと解することはできない。裁判所に対して裁判権の行使を求め，相手方およびその他の関係者を裁判手続に引き入れる申立てをする以上は，最低限度の要請として，裁判所や相手方が応答することのできる説明をし，また事情を明らかにするべき義務を負うと解すべきである。理論的には，職権探知主義は事実および証拠の収集に関する裁判所の責任を意味し，裁判所が事実確定について最終的な責任を負い，事実が解明できなかったことの不利益を関係人の責めに帰すことができないことを意味する。しかし，これと対極の考え方である弁論主義が，事実および証拠の収集について全面的に当事者の責任とすることができないのと同様に，職権探知主義も，現実にはさまざまな制約がある。

　職権事件にせよ申立事件にせよ，申立人の申立てによって開始される手続では，申立人が裁判所が事実を探知する端緒を提示しなければ裁判所の職権を発動させることができない。職権発動を促すに足りる事実は少なくとも提示しなければならない。申立事件についても同様に解される。申立事件においては審判を得ることによって，申立人に何らかの利益が生じると認められる（財産の分与，寄与分，特別受益等々）。裁判所が申立てを受けて手続を開始し，相手方が申立てに対して具体的に応答できるような事実を提示することが求められる。関係人の事実主張や提出した証拠に基づくだけで裁判所は審判することはできない。これを端緒としてさらに自ら事実調査を行い，必要な証拠を取り調べなければならない。関係人は少なくとも裁判所にこの職権発動をさせるための資料を提供する必要がある。申立人がこうした義務を尽くさないときは，相手方および裁判所に対して事案の解明をなすべきであると要求できないと解してよい（KKW-Schmidt, Rn. 121 zu § 12）＊。

　　＊ドイツにおいては，手続関係人が裁判所の事実探知に対して協力義務を負うことは当然だと解されている（Bärmann, S. 105f.; Habscheid, S. 132f.; KKW-Schmidt, Rn. 121 zu §12; Brehm, Rn.252）。非訟法には民訴法が規定する釈明権についての定めはないが，これは職権探知を定めるドイツ非訟法（FGG）12条（日本非訟法11条）に含まれる裁判所の義務である。ドイツ法における理解は，簡単に図式化すると，裁判所による当事者の申立てまたは事実主張の足りない部分を指摘し，これを完全なものとする裁判所の義務と，これに応じる関係人の義務という関係で理解される。また，非訟法の改正草案（FamFG）も，申立てには理由を記載することを求め（同15条2項），

また同 27 条は関係人の協力義務を次のように提案している。(1)関係人は事実の探知に協力しなければならない。(2)関係人は，事実上の事情に関する提出を完全かつ真実に従って陳述しなければならない。草案のこれらの定めは，いずれも現行法の下で認められているものを明文化したものであるとされている。

② 関係人の協力なしに探知できない事実

裁判所が調査の嘱託や記録の取り寄せ等によって事実を収集できる場合はともかく，家事審判の対象となる事件においては，関係人間の複雑な事情を探知することが必要な場合が多い。それは関係人の個人的な生活領域に属する事実が多い。たとえば，遺産分割において問題となる寄与分や特別受益，あるいはある財産の遺産帰属性，その他の遺産の所在等々の調査のためには，関係人から各自の主張を支える具体的事実と証拠方法が提示されなければ，裁判所の職権探知は不可能である。関係人が自ら容易になしうる行動をとらないで，裁判所に職権探知を求めるときは，裁判所がそれをしないとして問責できないと解すべきである。裁判所の職権探知の範囲と程度は，関係人の協力に比例するといってもよい。関係人が裁判所の釈明に応じて，事実を明らかにし，証拠提出に協力すれば，それだけ裁判所の探知の成果も期待できるのである（なお，家事審判における当事者主義的運用に関しては，佐上・前掲家月 37 巻 4 号 1 頁，39 巻 3 号 1 頁のほか次のような文献がある。佐上「家事紛争と家庭裁判所」『岩波講座現代の法 5』(1998)294-295 頁，吉村德重「家事審判手続の当事者主義的運用？」民訴雑誌 35 号(1989)141 頁，池尻郁夫「遺産分割審判手続における事実・証拠の提出責任(1・2)」愛媛法学会雑誌 17 巻 1 号(1990)59 頁，18 巻 1 号(1991) 1 頁，井上哲男「乙類審判事件における職権探知と適正手続の具体的運用」講座実務家審 1 巻(1989)127 頁以下，稲田龍樹「調停前置主義と乙類審判事件（上・下）」家月 52 巻 9 号(2000)1 頁，10 号(2000) 1 頁，小田正二「乙類審判における当事者主義的運用」判タ 1100 号 564 頁など）。

③ 適用される手続

家事審判手続において，従来その当事者主義的運用が指摘されていたのは，財産上の争いとしての寄与分，特別受益の審判のほか遺産分割が主に念頭に置かれていた。財産に関係するが，婚姻費用や，養育費あるいは扶養等の事件では裁判所の強度の後見的役割が認められるため，適用されるべきだとの意見はみられなかった。しかし，ここに指摘したように関係人の説明義務，協力義務は，申立てによって開始されるすべての事件について適用されると

いう一般的性格をもつものと解される*。

> *横浜家審平成8 (1996)・9・11家月49巻4号64頁（前掲審判例4）は，養育費の支払いを求める審判事件であり，申立人が手続協力義務を怠ったことを理由として，また調査結果により申立人が申立てを維持する意思が乏しいことをも理由として不適法な申立てとしてこれを却下している。

(3) 関係人の協力が得られない場合の措置

職権探知による手続においては，事実や証拠が不十分なために裁判の基礎が得られないときは，原則としてそれを関係人の不利益に帰することができない。しかしながら，上に説明したとおり，関係人の協力が得られないことに裁判資料の不十分さの原因があるときは，次のように取り扱うことができる。

問題となっている事項が，家事審判事項（たとえば寄与分，特別受益，遺産分割等）であり，それを判断するために事実関係が，関係人の非協力によって十分に明らかにされないときは，すでに得られている資料に基づいて裁判することができる。それによって不利益を受けたと主張する関係人は，裁判に対して即時抗告することができるが，抗告審において自ら事実や証拠を提出する必要がある。

これに対して，判断の前提として訴訟事項（遺産帰属性や遺言の有効性など）が問題となるときは，現行法のもとでは有効な解決策を見いだしがたい。家事審判の中で，それまでに収集されている事実と証拠に基づいて判断することも可能であるが，審判の後に訴訟が提起される可能性がある。むしろ立法論として，審判手続の中止を定めるべきであろう*。

> *わが国には，民事訴訟法をはじめ各種の手続法において，手続の中止に関する定めを欠いている。これに対してドイツにおいては現行非訟法（FGG）95条が相続事件につき，当該争点の解決に至るまでの手続の中止を定め，また同127条が登記事件について手続の中止を命じ，関係人に対して訴え提起のための期間を定めることができる旨を定めているにすぎない。非訟法の改正草案（FamFG）は，手続中止を一般的に定めようとしている。すなわち，その27条によると，裁判所は，裁判が他の手続の対象となりあるいは行政庁によって確定される法律関係の存否に全部または一部依存するときは，手続を中止することができるとし，この裁判に対しては即時抗告を認めるとしている。このような措置は，わが国においても立法論として十分に検討されるべきであろう。

(4) 関係人の合意の取扱い

　職権探知主義および職権進行主義の支配する手続では，当事者間に争いのない事実であっても裁判所はそれに拘束されないし，事実関係につき当事者間で合意が存在していても，それをそのまま審判の基礎にすることは許されない。しかし当事者主義的運用として，関係人間の合意をそれが公益に反するなど不相当でない場合には，審判に利用することが考えられてよい（東京家審平成 8 (1996)・6・20 家月 48 巻 11 号 85 頁は，遺言中にはある遺産を特定の相続人に取得させる旨の文言も存するが，同遺言で具体的相続分なしとされた相続人を除く全員が，遺言の解釈およびその解釈に基づいて遺産分割手続中で遺産全部を分割することに合意している場合には，右遺産も分割の対象とすることができ，また，遺留分減殺の請求をしている者が，減殺によって取り戻される遺産も含めて分割することに合意している場合，この合意にそって審判できるとしている）。

4　事実の調査と直接の審問

　事実の調査は，裁判官が自ら行う場合と，家裁調査官に調査を命じる方法などがある。ドイツの非訟事件（わが国の家事審判を含む事件）においては，こうした調査官の制度がないために，裁判官が自ら当事者の審問を行う方式が基本である。しかも審問請求権の保障との関係で，口頭による審問が重視されている。理論上は，事実の調査のための審問と審問請求権を保障するための審問が区別されるが，裁判官が直接にこれを行う場合には両者は重なり合う。しかしわが国では，家裁調査官による事実調査の重要性が指摘されるが，これだけでは関係人の審問請求権が保障されたとみるには問題が残ることになる。裁判官による当事者の直接の審問の意義は軽視されてはならないのである（前述 3 3 (2)参照）。

　事実調査のための審問についてはすでに触れた（前述 2 3 (2)）ので，ここでは調査の嘱託および家裁調査官による事実調査について説明するにとどめる。

(1)　調査の嘱託

　調査の嘱託とは，裁判所から他の裁判所・官公署・その他の団体等に裁判事務または司法行政事務の補助を求めることをいう。家審規 7 条 2 項は，家庭裁判所は他の家庭裁判所または簡易裁判所に事実の調査または証拠調べ

（裁判事務）を嘱託することができるとする。嘱託は，手続法上の家庭裁判所が事実調査をするについて，その対象となる人物等が遠隔の地にある場合などに，自らあるいは所属の職員に行わせるのが困難な場合に行われる。受託裁判所が家庭裁判所であるときは，その裁判所に配置された家裁調査官に命じて事実調査を行わせることもできる。しかし家裁調査官の派遣などに，特に障害がないならば，可能な限りその方法によるべきであろう。

(2) **家裁調査官による調査**

① 総　説

家審法自体には，家裁調査官の関与，職責等に関する定めはなく，家審規7条の2がこれを定めるにすぎない。したがって本条は，「家庭裁判所の事件処理は家裁調査官を活用して行うとする家庭裁判所の事件処理の基本的な在り方をも示している規定でもある」（注解・家審規57頁〈山田〉）ということになる。ところで，いかなる場合に調査官が事件に関与し調査命令を受けるか，ということは家裁調査官の活用の基本にかかわる問題であり，また事実収集のあり方の問題でもある。この点については，制度発足当初からさまざまな検討がなされてきた。実務上いわゆる事件の選別基準（インテーク基準）の問題である。

家事審判官による調査命令（裁61条の2第4項）は，調査をなすべき時期によって，審判または調停の第1回期日以前に事件の実情等をあらかじめ調査しておく「事前調査」と，第1回期日以降その間の必要に応じて行われる「進行中調査」がある。また調査の範囲をどのように限定するかによって，調査すべき事項が具体的に特定されない「包括調査」と，当該事件に関して特定の事項について調査を行う「部分調査」に分けられる（最高裁家庭局「家事事件における家庭裁判所調査官の関与基準について」家月32巻11号(1975)135頁以下，家庭裁判所調査官研修所編『家事事件の調査方法について（上巻）』(1991) 405頁以下参照）。

② 調査の方法・実施

家事審判においては，家裁調査官による事実の調査は，必要に応じ，事件の関係人の性格，経歴，生活状況，財産状態及び家庭その他の環境等について，医学，心理学，社会学，経済学その他の専門的知識を活用して行うように努めなければならない（家審規7条の3）。

調査の方法としては，裁判所内の面接室ないしは裁判所外で行う面接と観

察，文書の調査，書面や電話による照会などがあり，最も主要なものは，関係人等事件の関係者と面接して事情を聴取する面接調査であるとされる（注解・家審規 66 頁〈山田〉，家庭裁判所調査官研修所編・前掲 411 頁，西岡清一郎＝篠田悦和「科学的調査―家庭裁判所調査官及び医務室技官の活用」講座実務家審 1 巻 150 頁など一致した見解である）。調査の項目は，各事件の性質によっても異なるが，基本的な事項としては，①関係人の主張，②申立ての動機，③生活史，紛争の経過，④当事者の性格，生活態度，⑤家族関係，⑥生活，経済状況などである（西岡＝篠田・講座実務家審 1 巻 150 頁）。

関係人の人格理解や，家族理解をより精密かつ客観的に行う必要がある場合には，さまざまな心理テスト等が利用される（特に子の監護をめぐる紛争において利用されることが多いという）。家裁調査官は，事件の関係人を家庭裁判所に呼び出すことができるが，事実の調査には強制力はなく，任意の出頭を求めることができるにすぎない。

③ 家裁調査官の調査結果の報告・意見の提出

家裁調査官は，自らの行った調査結果を家庭裁判所に提出しなければならない。家事審判では書面または口頭による報告が可能である（家審規 7 条の 2 第 2 項）。報告内容は，事件の種類と調査命令の時期・内容によって次のようになる。甲類審判事件においては，客観的事実についての報告が中心であるが，養子縁組許可事件などでは，事件の関係人の主観的・内面的な事実も考慮する必要があるため，未成年者の福祉に関連して関係人の意思や性格等についても報告がなされる（西岡＝篠田・講座実務家審 1 巻 151 頁）。乙類審判事件においては，法律の要件に該当する客観的事実のほか，主観的事実も重要であるとされる。調査官報告書は，家事審判官が必要な事実を認定し，事件の処理方針を決定するための資料となる。家事審判官による関係人の口頭による審問が実施されないときは，調査官報告書の記載によって審判がなされることもありうる（家庭裁判所調査官研修所編・前掲 413 頁。なおこの問題点については前記 3 3 (2)参照）。

家裁調査官は，調査結果の報告をする場合に意見をつけることができる（家審規 7 条の 2 第 3 項）。ここにいう意見とは，調査の結果に関する意見であって，「包括調査の場合には，調査の結果に関する意見から必然的に事件処理に関する意見を導きだし得るから，この点の意見をつけることが可能であるが，調査事項が特定された部分調査の場合には，全体的な事件処理に関

する意見は出し得ないから，これをつけるべきではない」とされている（注解・家審規67頁〈山田〉）。

(3) 医務室技官の利用

医務室技官は，事件の関係人の心身の状況について診断し，その結果を書面または口頭で報告することになっている（家審規7条の6）。この措置がとられるのは，審判対象に関する事実を収集することに目的があるのではなく，当該の事件処理の必要のために医学的知識を活用するためである。とりわけ調停や審判手続に対応する関係人の手続能力の有無および程度，精神医学的観点から見た事件全体に対する理解・把握の仕方に関する見解，心理的調整についての助言等を含むものである。

8 証拠調べ

1 総説

(1) 事実調査の優先

家事審判手続においては「事実の調査及び必要があると認める証拠調べ」がなされる（家審規7条1項）。証拠調べよりは，事実の調査が原則だとされている。このことは，家事審判手続における職権探知にあっては，訴訟手続のように時間と費用をかけて厳格な証拠調べを行うことをできるかぎり避け，また可能なかぎり強制によらず，かつ，方式にとらわれない事実の調査（自由な証明）によること，証拠調べは必要のある場合に限ることを意味している（家審法講座3巻179頁〈沼辺〉，注解・家審規51頁〈山田〉）。

ではいかなる場合に証拠調べの手続によるべきか。この問題は，家事審判手続における自由な証明の許容性と限界として検討されることになる。すでに事実の調査，関係人に対する立会権の保障などとの関係でも説明しているが，ここでまとめておこう。

(2) 自由な証明とその限界

厳格な証明とは法律上定められた証拠調べ手続によって行われる証拠調べをいい，自由な証明とはこの法定の手続によらないで行われる証拠調べ手続をいう。いずれも裁判官の確信の度合いにおいて差異はない。証拠調べの手続を厳格に定めることは，事実認定の公平さを担保し，証拠の信憑性を保障し，関係人に証拠調べ手続への立会権・尋問権・証拠弁論権を認めることによって関係人に積極的に真実発見の機会を与えることになるなど，審理手続

上重要な意味をもつ（新堂・488頁）。家事審判手続では上に述べたように裁判所が職権により事実を探知することが要求されており（非訟11条・家審規7条1項），方式によらない事実の調査（自由な証明。証拠収集とその取り調べを含む）が行われる。それゆえ自由な証明が原則であるように読める。しかし関係人の証拠の申立権，立会権，尋問権等を認め，また厳格な証明によってもたらされる証拠の信憑性を確保し，事実認定の公平さを担保するという要請は，家事審判手続においても妥当する。とりわけ，争点の重要性，関係人間における利害対立の深刻さ，あるいは裁判結果が関係人（事件本人）の法的地位に対して与える影響の重大さなどを考慮して，乙類審判事件や成年後見開始決定，親権・監護権の喪失宣告等の事件では，自由な証明ではなく，厳格な証明を原則とすべきであろう*。また，自由な証明による場合であっても，関係人に対する開示をはじめ，立会権や尋問権を認めることとは矛盾しないのであり，裁判所はその努力をするべきである。

> *実務においても，いかなる場合に正規の証拠調べによるべきかとして，事案の重要性により強度の心証が要求される場合，すなわち強度の信憑性が要求されるとか，強制力を行使してでも取り調べを行い心証を得る必要がある場合が挙げられている。たとえば，遺産分割審判において，前提問題となる訴訟事件にあたる遺産の範囲や，相続人の範囲，あるいは対立を生じやすい遺産の評価などの事項については争訟性の強さから訴訟に相応する証拠調べが求められるとし，また重要な参考人が呼出に応じないために証人尋問の方式によりその出頭を強制する必要性が指摘される（注解・家審規51頁〈山田〉，『家事執務資料（下巻の2）』318頁以下）。大阪高決昭和58(1983)・7・11家月36巻9号69頁は，次のような事件である。すなわち，遺産評価額が相続時で2億円，分割時で3億円を超す遺産分割事件において，原審が，関係人が不動産の価額の鑑定を申し出ているのにかかわらず，宅地価格調査一覧表，不動産取引広告を主な資料とした家裁調査官の土地建物評価に関する調査結果をほぼ採用して不動産の時価を評価して審判したというものである。大阪高裁は，このような場合には関係人全員が明確に同意するなど特別の事情がないかぎり，不動産鑑定士等専門知識を有するものによる鑑定の方法を採用するべきであるとする。なお，ドイツ法の状況につきKKW-Schmidt, Rn. 3ff. zu §15；Jansen-Briesemeister, Rn.52 zu §12のほか，飯塚重男「非訟事件における自由な証明」法学新報80巻3号(1973)1頁以下，高田昌宏「非訟事件手続における『自由な証明』研究序説」石川明先生古稀記念『現代社会における民事手続法の展開(上)』(2002)121頁以下。

(3) 民事訴訟法準用の限界

家審規7条6項は，「証拠調べは民事訴訟の例による」と定める。この定めをみれば，家事審判の手続においても民事訴訟と同様の証拠調べがなされ

るように読める。しかし，家事審判手続につき家審法に定めがないときは，非訟法が準用される。そして同法10条は「民事訴訟ニ関スル法令ノ規定中期日，期間，疎明ノ方法，人証及ビ鑑定ニ関スル規定ハ非訟事件ニ之ヲ準用ス」と定めている。それゆえ証拠調べについては，証人尋問と鑑定が定められているに過ぎない。家審規の定めとの間には齟齬があるようにみえる。なぜ，非訟法自体がこのように証拠方法を制限しているのか，また家事審判手続における証拠調べについてはどこまで民訴法の規定が準用されるかについて疑問が生じるのである。

① 非訟法の立法者の意図

非訟法の立法者は，人証（証人尋問）および鑑定のほかは，裁判所が書類の取り寄せなどの必要がある場合には，すべて職権探知による事実調査に委ねることにしたので，その他の証拠方法については，ここで民訴法の規定を準用する必要がないと考えていた*。

   *明治31(1898)年5月21日開催の法典調査委員会における非訟事件手続法の提案理由を河村譲三郎は次のようにいう（岡垣学「非訟事件手続法の制定と改正(1)」民商72巻4号(1975)726頁以下による）。
   「10条ハ期日，期間，疎明ノ方法，人証及ビ鑑定ニ関スル民事訴訟ノ規定ハ非訟事件ニ之ヲ準用スルト云フコトニ致シマシタ
   　其他ノ証拠調ノ方法ハ之ヲ準用致シマセヌ考ヘテアリマスソレハ11条ノ規定（職権探知を指す……引用者注）ニ依リマシテ裁判所カ総テ職権ヲ以テ調査シナケレハナラヌト致シマシタノデアリマス，ソレテ此ノ人証，鑑定外ニ或ハ書類ノ取寄セヲ命スルトカ何トカ云フ必要ノアル場合ニハ職権ヲ以テソレダケノ手続ヲスルコトカ出来ルト云フコトニ致シマシタ別ニ他ノ証拠方法ヲ此処ヘ準用スルト云フ必要ハアリマセヌ其手続ハモウ便宜ニヤツテ宜シカラウト云フ考ヘテアリマス」。同委員会においては，この説明に対して疑問や反対の意見は提出されていない。

戦後の家審法制定に際して，立法者が非訟法を準用するにつき，相続人廃除や遺産分割など当事者間に争訟性の強い事件が指定されたが，その事実の認定のために人証と鑑定だけで足りると考えたのか，あるいは家審規7条6項で，民訴法の他の証拠方法についても証拠調べをなしうると考えたのかは明らかではない。しかしこの定めの曖昧さのゆえに，家事審判における証拠調べに関する民訴法の準用の範囲について，今日にいたるまで争いが絶えない*。早急な立法による解決が必要である。

   *非訟法10条の母法といえるドイツ非訟法（FGG）15条1項も，当初は証人尋問と鑑定および宣誓に関する民事訴訟法の規定を準用していたに過ぎない。その後の法改

正によって検証が追加されたが，書証および当事者本人尋問に関する規定は準用されないままである（この点について，鈴木・既判力235頁，飯塚・前掲4頁，高田・前掲133頁参照）。KKW-Schmidt, Rn. 2 zu § 15 は，この規定は完全ではなく，書証および関係人尋問についても，非訟法の特質，とりわけ職権探知の原則と矛盾せず，規制の目的ならびに利益状況から類推を許すかぎりで民訴法の準用が認められるとする。そして民訴法の証拠調べに関する総則規定が非訟法の証拠調べに準用されるとする。

② 準用の制限

証拠調べに関する民事訴訟法の規定の準用については，家審規7条6項を根拠としてすべての証拠方法に関する民事訴訟法の準用を認めるのが，今日の多数説である。証明が求められている場合に，他に適当な審理方法の考えられないかぎり証拠調べの範囲，方法を制限すべきではないと主張される（山木戸・39頁，家審法講座1巻64頁〈綿引〉，同3巻213頁〈沼辺〉，注解・家審法81頁〈菊池〉，注解・家審規55頁〈山田〉）。また非訟法10条が人証および鑑定に関する民事訴訟法の規定を準用しているのは例示にすぎず，民事訴訟法上の証拠方法はすべて認められるとの主張もある（石川明「非訟事件の定型分類」法学研究31巻3号(1958)258頁）が，これは上記立法理由から見る限り全く根拠がない。

書証，検証および関係人尋問につき民事訴訟法の規定の準用を肯定する見解は正当とはいえず，賛成できない。家審法自体に非訟法10条の適用を除外し，証拠方法に関する特別の定めがない以上は，家審法7条によって非訟法10条がそのまま準用されると解釈しなければならない。家事審判において現実の必要性があるという理由だけで，「規則を以て制裁の伴う書証，検証，当事者本人尋問までも規定したと解するのは——立法者の意思如何に拘らず——疑問なしとしない」（鈴木忠一「非訟事件に於ける民訴規定の準用」同『非訟・家事事件の研究』(1971) 350頁）といわざるを得ないからである。家審規7条1項が非訟法11条と同様の定めを置いたことによって，家事審判手続では正規の証拠調べとしては証人尋問と鑑定のみが認められ，その取り調べについては家審規7条6項によって民事訴訟の例によるとされていると解するほかはない。多数説は，家審規7条6項を根拠に，民事訴訟法の準用を認めるが，証拠法に関する定めは本来法律事項である（兼子一＝竹下守夫『裁判法（第4版）』(1999) 119頁）という原則を無視した解釈は許されないであろう。それゆえ書証，検証，本人尋問については，民事訴訟の定めは準用されないと解する*。

＊家審法の立法者は，証拠に関する定めを当初は家審法（案）の中に置いていた。「家事審判法第3次案－昭和22・2・24」（堀内・研究1127頁）の第13条は「①家事審判所は，職権で，事実の調査及び必要と認めた証拠調べをしなければならない。②家事審判所は，他の家事審判所に事実の調査又は証拠調べを嘱託することができる。③証拠調べについては，民事訴訟法を準用する」と定めていた。しかし，昭和22・6・16の「家事審判法案（第1案）」（堀内・研究1162頁）以降は，これらがすべて削除されて現行の家事審判法の姿となり，削除された部分は規則に定められることになった（この経過について，前述第1章第1節2 2(2)参照）。したがって，当初の定めであれば，家事審判にも民事訴訟の証拠に関する規定が，非訟法10条にかかわらず準用されるという解釈が可能である。しかし，以上の経過から立法者は重大な見落としをしたか，あるいはあえて非訟法の例外を認める意図はなかったということになろう。おそらくは前者であろうが，この誤りは解釈によっては補えないと解する。検証や文書の取調べについて，規定する必要があることは十分に理解する。しかし，それは法改正によるべきであり，あいまいな解釈に委せてはならない。あえて少数説を支持する。

③　非訟法に定めのない証拠方法

　家事審判においても，書証，検証および関係人尋問についてはこれを取り調べる実際上の必要性が高いと主張される。たしかにそのとおりであろう。この証拠方法に関して民訴法の規定の準用を否定する立場からは，これはどのように取り扱えばよいかという問題が生じるので，説明を加えておこう。

　もちろんこうした証拠方法を排斥する趣旨ではない。証拠調べに関する総則規定や，書証についていえばその意義，文書の分類，文書の成立の真正等々の定めなどは，手続法一般に妥当するものとして，そのかぎりで準用を認めてよい。それ以外では非訟法の立法者が考えたように職権による事実探知，事実調査として調査嘱託，文書の送付嘱託によるか，あるいは自由な証明として扱うことにならざるを得ない。本人尋問についても証拠調べという方式によるのではなく，事実調査の対象としての審問と扱うことになろう。裁判所の方式によらない事実調査では，当事者の審問機会の保障，立会権，尋問権保障の観点からは不十分さが残される。それゆえ，関係人尋問については可能なかぎり民事訴訟の手続に従って行われることが望ましい。他方で，第1に家事審判における職権探知主義から，これと適合しない民事訴訟法の規定は準用されないこと，第2に家審法の定めと適合しない定めは準用されないこと，第3に家審法に明文規定がないために，強制を加えあるいは制裁を課すことはできないことを考慮しておく必要がある＊。詳細については，個

々の証拠方法に即して説明する。

　　＊たとえば，当事者尋問についていえば，民事訴訟では不出頭の場合には，裁判所は尋問事項に関する相手方主張を真実と認めることができる（208条）が，これは職権探知主義から適用が除外される。また家審法は，当事者の不出頭に対しては過料という制裁を加えている。民訴法209条1項は，宣誓した当事者が虚偽の陳述をしたときは過料に処すとしているが，家審法では明文規定がないのでこの制裁を加えることはできない。

2　証拠の申出

　家事審判手続においては，裁判所が必要と認めるときは職権で証拠調べをする（家審規7条1項）。それゆえ関係人の申出をまって証拠調べをするのではない。一般に関係人には証拠の申出権はなく，裁判所は証拠の申出に拘束されないと解されている。しかし，とりわけ争訟性の強い乙類審判事件では対立する各関係人から証拠の申出がなされるのが常であり，これが裁判所の職権発動を促し，適切な事実の認定につながる。実務上も関係人の証拠の申出を許す扱いがなされている（注解・家審規50頁〈山田〉，井上哲夫「乙類審判手続における職権探知と適正手続の具体的運用」講座実務家審1巻131頁，実務講義案90頁）＊。

　実際上，関係人の申立てによって開始される事件においては，申立てを理由づける事実とその証拠も関係人からの申出にまつのは当然であろう。この点で裁判所の職権を強調して，関係人の証拠申出権が認められないことを強調するのは，裁判所の負担を重くするだけである。民事訴訟においても証拠申出を認めつつ，「必要でないと認めるものは，取り調べることを要しない（181条1項）」として裁判所の裁量が認められているのである。この考え方と，理論上は関係人に証拠申出権が認められていなくても，裁判所が必要と認めるときは証拠調べを行わなければならないとする家審法の考え方との間には，対極的といえるほどの差異はないといえるであろう。

　　＊証拠調べへの立会いが認められた場合には，これに対して不服申立てがなされることは考えにくい。しかし東京高決昭和53(1978)・7・27家月31巻8号50頁は，婚姻費用分担の審判事件につき「家事審判手続においては……当事者には事実の調査ないし証拠調べに関する申立権は認められていない以上，原審において家裁調査官による事実の調査がなされ，その際抗告人の意見も聴取されている以上，家事審判官が審判期日を開き直接抗告人らの陳述を徴しなかったとしても違法，不当ではない」とし，大阪高決昭和58(1983)・5・2判タ502号184頁は，戸籍訂正申立事件につき「審問

をするか否か，審問する場合の被審人の採否は家庭裁判所の裁量に委ねられており，また，審問期日に事件関係人を立会わすべき規定も存しないから，原審判手続には何らの違法もない」とする例もある。したがって，実務は証拠の申出を認めるのが通例であると主張されるのであるが，こうした例を目にすると実務に定着しているとはいえないとの印象を持たざるを得ない。

3　各種の証拠方法

　家事審判手続における各種の証拠方法の取り調べについて，以下に概説する。もっとも，ここに現れるさまざまな用語・概念は民事訴訟法におけると同一であるから，逐一説明するのを省略する。重要な事項，注意を喚起する必要がある事項および家事審判・非訟事件に特殊な事項の説明にとどめる。

(1)　証人尋問

　家審法7条により非訟法10条が準用されることによって，証人尋問に関する民訴法の規定が準用される。民事訴訟の場合には相手方当事者の立会権が保障され，反対尋問権が認められている（202条1項）。非訟・家事審判手続では，期日が相手方に通知されることがなく，この立会権や尋問権が保障されないとされているが，乙類審判等，争訟性の強い事件ではこれを認める必要がある。相手方の尋問権を認めることによって，証拠の信憑性が高まり，審判に対する信頼が得られることになる。

　呼出しを受けた証人が出頭しないときの対処（民訴192条1項，193条，194条），宣誓を拒む場合の制裁（同200条），証言拒絶事由の解釈（同196条，197条）についてはすべて民事訴訟と同様に扱われる。裁判所による任意の事実探知では可能でない場合に，強制力を用いて証拠調べをするのであり，この制裁に期待がかけられている＊。

　家事審判手続において証人尋問を実施する場合には，いわゆる関係人の範囲との関係で誰が証人能力を有しないかが問題となる。民事訴訟の場合には，形式的当事者概念がとられているために，証人能力の判断が容易であるが，家事審判の場合には事件につき利害関係を有する者は関係人（当事者）と扱われるからである。事件が多様であるために一概にはいえない。具体的な事件ごとに判断するしかない。たとえば，後見人の選任・解任の事件においては，被後見人または子は，事件本人と扱われるのであるから証人能力を有しないことになる（飯塚重男「非訟事件の当事者」『実務民事訴訟講座7巻』(1969)

71 頁，家審法講座 1 巻 63 頁〈綿引〉)。

　　＊証言拒絶事由の解釈についても，民事訴訟と同様に扱ってよい。他方で，人事訴訟その他の手続において家事調停委員が証人として喚問された場合において，証言拒絶権が問題となる。拒絶権を肯定すべきであるが，詳細については，吉田健司「家裁調査官及び家事調停委員の証人喚問」講座実務家審 1 巻 187 頁以下参照。

(2) 関係人尋問

　民事訴訟の当事者尋問については，家審法にも非訟法にも定めがないために，民訴法の規定は準用されないと解すべきである。家審規 7 条 6 項を根拠にこの準用を認める見解には賛成しがたい。関係人が裁判所から口頭により審問を受ける場合には，関係人尋問とほぼ同様の内容について質問を受けることになる。異なる点は，審問では相手方の反対尋問が保障されないということである。口頭による審問の期日が通知され，相手方の立会いの下で実施され，その質問権が保障されるような運用がなされれば，正規の証拠調べによらなくても，実質的にはほぼその目的を達成することが可能になる。また審問期日への不出頭に対しても，家審法 27 条によって対処することができる。正規の関係人尋問を行うには，法改正が必要である。

(3) 書　証

① 原　則

　家事審判においては，自由な証明により，さまざまな文書を取り寄せてこれを閲覧することができ，また関係人に対しては事実調査のために所持する文書の提出を命じることができる。そしてその内容について自由に評価することができる。これ以外に，正規の証拠調べとしての書証の取調べが必要であるとされる場合は，民事訴訟に比べると極めて少ないはずである。

　すでに述べてきているように，書証に関する民訴法の規定は家審法には準用されない。このことは書証という証拠方法を認めない趣旨ではない。家事審判においても文書による証拠は不可欠であり，その有益性も疑いがない。その取り調べは結局のところ民事訴訟法の定めに準じて行うことになる。しかし，家事審判手続の職権探知主義の原則と調和しない規定や，明文の根拠がないために，関係人や第三者（文書の所持者）に対して強制力を行使し，あるいは制裁を課すことは許されない。それゆえ，公文書と私文書の違い，文書の成立に関する規定（民訴 228 条，229 条 1 項・2 項の準用はあるが，同条 4 項以下，230 条は準用されない）や準文書（同 231 条）の規定は準用される。

これらの規定は民事の手続法一般に妥当する基本的な性格をもつと考えられるからである。

② 文書提出命令の可能性

家事審判手続において文書提出命令を申し立てることができるか，また裁判所はこれに応じて命令を発することができるかも問題となる。多数説は書証についても民訴法の規定が準用されるとの前提から，文書提出命令についても民訴法224条の定めを除いて準用されるとする。これを認めた先例もある*。

しかし家事審判においては強制力ないし制裁の存在を前提とした証拠調べは，明文規定がないかぎりできないと解すべきである。文書提出命令によるのではなく，民訴法186条による調査嘱託または，226条による文書送付嘱託によるべきであろう（非訟12条参照）。法律上の明文の根拠もないのに命令を発すること自体が争われうる。また多数説の立場に立って，これが可能だとしても民事訴訟の場合とは異なり，民訴法224条，225条に定める制裁は働かない旨を明示しておく必要があろう**。

＊大阪高決平成12(2000)・9・20家月53巻7号134頁は，遺言執行者からの相続人廃除請求事件であるが，暴行等の事実の立証のため関係人以外の第三者である市民病院に対し診療録の提出命令を申し立てた事件である。原審はこれを認めなかったが，大阪高裁は家庭裁判所には職権で証拠調べをなす義務があること，証拠調べは民事訴訟の例によると定められていること等を理由にして，民訴法224条を除外して220条以下の規定が準用されるとした（佐藤鉄男・本件判批・判例評論511号(2001)224頁，高田昌宏・本件判批・私法判例リマークス25号(2002)126頁，栄春彦・本件判批・判タ1096号(2002)176頁は，いずれも判旨賛成）。しかし本件決定は，何を根拠としているかが明確ではなく，しかも第三者に対する命令でありながら当事者が提出命令に応じない場合の制裁である224条の適用を除外しているだけである。民訴225条1項により文書の所持者に対して過料に処すことは，法律上の根拠を欠くためにできないと解するべきである。ドイツにおいても，文書提出義務に関する規定は弁論主義に立脚するものとして，適用されないと解されている。これとは別に非訟事件の手続において，裁判所は関係人に対して文書の提出を命じることができるが，非訟法(FGG)33条によってこれを強制することはできないとされている（Bärmann, S.117; Habscheid, S.160; KKW-Schmidt, Rn. 53 zu §15; Jansen-von König, Rn.78 zu §15）。

＊＊提出を命じられる者に対して誤解を与えないことが求められる。何の留保もつけないまま文書提出命令が送達されると，所持者は不提出の場合に過料に処せられると誤信してこれに応じるかもしれない。こうした事態を生じさせてはならない。多数説はこうした配慮を全くしていない点でも賛成できない。そうしてこのような形式によ

(4) 鑑定人
① 意　義
　鑑定は，裁判官の判断能力を補充するため，特別の学識・経験に属する経験法則，その他の専門知識・意見を報告させるための証拠調べである。そしてその証拠方法が鑑定人である。非訟法10条は，民訴法の鑑定に関する定めを準用している。また家審規24条は，成年後見開始の審判をするには本人の精神状況について医師その他適当な者に鑑定をさせなければならないと定めている。たんに医師の診断書が提出されるだけでは足りず，鑑定人の指定（民訴213条），鑑定人に対する忌避（同214条），鑑定人の陳述の方式（同215条），鑑定人質問（同216条）など，民事訴訟法の手続に従うことが求められている。簡易裁判所の手続において認められている鑑定人の尋問に代わる書面の提出（同278条）は，これをもって足りるとする家審法の特別の定めがないため，準用されないと解すべきである。

② 鑑定（検証）受忍義務
　何人も，法律の定めがないかぎり自身あるいは所持する目的物を鑑定の目的で検査を受けることを強制されないと解すべきである＊。

　　＊通常この問題は検証協力義務として議論されている。すなわち，検証の目的物を挙証者の相手方または第三者が所持している場合に，所持者が目的物を裁判所に提出すべき検証物呈示義務，および目的物につき検証を受忍すべき検証受忍義務をいう。
　　　わが国では，これについて民訴法にも明文規定を欠く。さらに家審法・非訟法は以下(5)で指摘するように民訴法の検証の規定を準用していない。鑑定人が鑑定を実施する際に，当事者または関係人をたとえば医学的に検査しようとする場合に，被検者はどのような義務を負うのか，またこの義務はどのように実現されるかについて明文規定がない。鑑定人の検査を拒む場合，裁判所は「鑑定人某のもとへ○月○日○時に出頭せよ」という命令を発することができるのか，さらに強制力を行使できるのか，等の問題が生じる（ドイツ法におけるこうした議論について，佐上・審理63頁以下参照）。被検者を裁判所に出頭させることはできるが，鑑定人である医師のもとへの出頭は命令できない，また行為能力を欠く者については法定代理人の承諾が必要であり，子の検査を実施するには親権者の意思に反してはできないと解するのが正当といえよう。明文規定がない以上，強制力を行使することはできず，関係人の同意をえて実施するしかないといえる。
　　＊＊家事審判においても血液鑑定やＤＮＡ鑑定が問題となる。そのほとんどは23条審判に関するものであり，また「家裁実務では鑑定を強制するということは，およそ考えられない」と指摘されている（梶村太市「家裁実務におけるＤＮＡ鑑定」ジュリ

1099号(1996)97頁)。しかしまた，限界もあることが示されている。23条審判の対象となる事件は人事訴訟事件であり，職権探知主義のもとでは検査を受けることを拒んでも，直ちに民訴法232条1項を準用することができない。また証明妨害または解明義務違反として，証拠提出責任を転換するとの解釈論も提唱されている（春日偉知郎「父子関係訴訟における証明問題と鑑定強制（検証受忍義務）」法曹時報49巻2号(1997)325頁以下）が，家事審判にそのまま用いることができるかは疑問がある。こうした事件においてはＤＮＡ鑑定結果のみしか判断資料がないとは考えられないから，家裁調査官の調査結果，当事者に対する尋問結果等を総合して，裁判官の自由心証によって事実を認定するしかあるまい。

(5) 検　証

検証については，民事訴訟法の規定は準用されない。検証は，裁判官がその五感の作用によって直接に事物の性状，現象を検査してその結果を証拠資料とする証拠調べである。裁判官が直接に事実調査をする場合には，検証に該当する認識を得ていることがあり，また家事審判においては，家裁調査官の調査活動においても，検証に該当する検査結果が得られているともいえる*。それゆえ，検証についても民事訴訟ほどには，正規の証拠調べを必要とする場合は少ないといえるかもしれない。また検証については書証に関する多くの規定が準用されている（民訴232条）。ほぼ書証と同様に扱ってよく，検証受忍義務については上記の説明を参照のこと。

*ドイツにおいては，録音テープその他のフィルム等の取り調べは，検証の手続によるとされている（KKW-Schmidt, Rn. 17 zu § 17 など通説）。わが国ではこれを書証として取り調べる（民訴231条参照）ので，これについては検証の必要性に乏しい。また Habscheid, S. 159 は，検証は多くの手続において有益であり，また必要であるとして次のような例を掲げている。子または被後見人に対する親権・後見の濫用の確定のため居住環境を検分し，または後見人の法律行為に対する許可に際して，その行為と有益性の評価のために必要な場合に法律行為の目的とされた土地を検分することなどである。

9　事実の確定

1　自由心証主義

(1) 総　説

家事審判においては，関係人の事実主張，家事審判官による関係人の審問のほか，家裁調査官による調査報告書および証拠調べから得られる資料をもとに審判がなされる。もっとも家事審判の手続では自由な証明が認められる

ため，調査の結果と証拠調べの結果とは厳密には区別されない（KKW-Schmidt, Rn. 207 zu § 12）。この際，どのようにして事実を取捨選択して認定するか，証拠の評価はどのようにして行われるかという問題がある。これらは民事訴訟においても自由心証主義として扱われている。家事審判においても同様である。

民事訴訟法において自由心証主義は 247 条に定められている。自由心証主義とは，弁論の全趣旨および証拠調べの結果を斟酌して，経験則を用いて事実上の主張の存否を判断することをいう。この際，裁判官は①あらゆる証拠方法を用いることができ，②証拠力を自由に評価することができ，さらに③ある事実から別の事実を推認する（推定）ことができることをその骨子とする。家事審判においても全く同様に解してよい。

(2) **自由心証による事実の認定**

裁判官の事実についての判断を心証といい，事実の存否の判断が確信をもつ状態に至ることを心証形成と呼ぶ。家事審判において心証形成のために用いることのできる資料は，職権探知主義をとり，かつ職権証拠調べをなしうるので民事訴訟におけるよりも広範である。この資料は，民事訴訟では適法に訴訟に顕出された一切の資料や状況をいい，適法に行われた証拠調べから得られた証拠資料と弁論の全趣旨を指す。家事審判では家裁調査官の調査から得られた資料，その他職権調査から得られた資料をも含む。また家事審判は決定手続であり，口頭主義・直接主義などの原則が後退するから，民事訴訟では適法とはいえない証拠資料も裁判の基礎とされることもありうる。

証拠能力の制限，証拠力を経験則に基づいて自由に評価することについては，民事訴訟におけると異ならない。しかし弁論主義のもとでは当事者の一方が相手方の証明活動を妨害するような場合に，制裁としてその者の不利益に事実を認定してもよいとされる場合がある（民訴 224 条，232 条など）が，家事審判では弁論の全趣旨として考慮されるにとどまる。

(3) **経験則**

家事審判においては，法律関係を形成する要件が抽象的な形で定められていることが多く，多様な事実群を基礎として裁判所がどのような内容の裁判をするかを判断する必要がある。経験則の働く余地はきわめて広く重要な役割を果たしている。審判対象として夫婦，親子，親族間に関係する問題を扱うため，複雑で微妙な経験則が問題となることも多い。

また家事審判における事実の評価に関して，家裁調査官による事実調査は医学，心理学，経済学その他の専門知識を活用して行われる（家審規7条の3）から，これらの諸科学における知識・法則等が当然に前提とされている。家事審判官はこれを尊重するとともに，当面の法的措置をとること（あるいはとらないこと）が，関係人にどのような影響を及ぼすかについても判断を加えなければならない。夫婦同居，親権・監護権に関する処分，養子縁組等々の事件についてはとりわけこうした人間諸科学の経験則と，その例外たる特段の事情等の見極めが重要となる。また事実推定，権利推定等の定めも他の手続におけると同様に，非訟・家事審判手続においても妥当する（Habscheid, S. 164; KKW-Schmidt, Rn. 215 zu § 12）。

(4) 行政機関の判断・他の裁判所の裁判に対する拘束

① 総説

家事審判事件を処理するうえで，その前提問題として行政機関の判断または他の裁判所の権限に属する事項が問題となることがある。すでに最大決昭和41(1966)・3・2民集20巻3号360頁は，遺産分割の前提問題として家庭裁判所は，訴訟に属する事項についても自ら審理判断することができるとしている。すでにその前提問題について，行政機関の決定または他の裁判所の判決があるとき，家事審判官は事実認定のうえでこれに拘束されるのであろうか。

② 行政機関の判断

行政機関の決定が，家事審判官を拘束するか，あるいは家事審判官は前提問題となる行政機関の判断を自ら審査し，異なる判断を下すことができるかという問題である。たとえば，ある団体への法人格の付与（民33条，一般法人22条参照）はどうか。これは形成的効果をもつので，裁判所を含めて承認しなければならないとされる（Habscheid, S. 141）。さらに，たとえば，特別家審規20条の2により，生活保護法30条3項の規定による被保護者を保護施設に収容することについての承認が求められた場合に，家庭裁判所は，本人についての生活保護の扶助決定の妥当性を審査することができるか，という問題も提起されうる。ここでの審判の範囲は，保護施設への収容の必要性に限られるとすれば，本問は前提問題とはいえないであろう＊。

＊わが国では，こうした点についての検討が少ないが，ドイツでは頻繁に争われてきた問題の1つであった。ここで提起した問題の逆の形が，非訟事件の裁判が行政機関

または他の裁判所でどのような拘束力をもつか，という議論である。この点については，家事審判の効力として後述する。

③ 民事訴訟との関係

たとえば，遺産分割の審判においては，関係人を当事者とする遺産確認の訴えや相続人資格の確認訴訟などが提起されることがある。これらはいずれも共同訴訟人全員が当事者となる固有必要的共同訴訟である（最判平成元(1989)・3・28民集43巻3号167頁，最判平成16(2004)・7・6民集58巻5号1319頁）。これらの訴訟は，後の遺産分割手続において遺産帰属性や相続人資格に関する紛争の再燃を防止する点に意義があるから，家庭裁判所がこの判決に拘束されるのは当然であるといえる。しかし，その他の訴訟においては，相続人全員が当事者となっているとは限らない。たとえば，遺言無効確認の訴訟は必要的共同訴訟ではない（最判昭和56(1981)・9・11民集35巻6号1013頁）。それゆえ，前訴において当事者となっていなかった者との間で，遺言の効力について争われることは，理論的には排除できないことに注意が必要である*。認知の訴えや嫡出否認など人事訴訟の判決は，当事者になっていなくても第三者に対しても効力を生じる（人訴24条1項）。

*この点につき，最判平成9(1997)・3・14判時1600号89頁は，次のように判示する。「共同相続人甲，乙，丙のうち甲と乙との間において，ある土地につき甲の所有権確認請求を棄却する旨の判決が確定し，右確定判決の既判力により，甲が乙に対して相続による右土地の共有持分の取得を主張し得なくなった場合であっても，甲は右土地につき遺産確認の訴えを提起することができると解するのが相当である。けだし，遺産確認の訴えは，特定の財産が被相続人の遺産に属することを共同相続人全員の間で合一に確定するための訴えであるところ……，右確定判決は，甲乙間において右土地につき甲の所有権の不存在を既判力をもって確定するにとどまり，甲が相続人の地位を有することや右土地が被相続人の遺産に属することを否定するものではないから，甲は，遺産確認の訴えの原告適格を失わず，共同相続人全員の間で右土地の遺産帰属性につき合一確定を求める利益を有するというべきである」。

2 証明と疎明

(1) 概 説

証明とは，裁判の基礎として明らかにすべき事実について，裁判官が確信を抱いてよい状態，またこの状態に達するように証拠を提出する当事者の努力をいう。民事訴訟において訴えに対する判決の基礎となる事実を認定するには，この証明が必要である。証明は，通常，人が経験則の助けをかりて日

常生活上の決定や行動の基礎とするのをためらわない程度に確実であるとの蓋然性が認められることをいう（最判昭和50(1975)・10・24民集29巻9号1417頁）。

これに対して，判決の基礎となる事実以外の迅速な処理を要する事項，派生的な手続事項については，その事実を認定するためには疎明で足りるとされていることが多い（民訴35条1項，44条1項，91条2項・3項など）。疎明は，証明の程度には至らないものの，一応確からしいとの推測をもってよい状態，またはそのような状態に達するように証拠を提出する当事者の活動をいう。疎明ではさらに証拠方法も即時に取り調べられるものに限っている（民訴188条）。

(2) 家事審判と証明

家事審判は決定によって裁判すべき手続ではあるが，当事者や関係人の法的地位に対して重大な効果を生じさせ，訴訟とは独立した手続であるから原則として証明によるべきであり，疎明は明文規定のある場合に限られるべきである（たとえば家審15条の3第3項）。非訟法10条は，疎明については民事訴訟の例によるとするが，これは非訟事件の裁判一般につき疎明で足りるということを示したものではなく，疎明が認められる場合には民事訴訟法に従うことを意味するにすぎないと考えられている（鈴木・研究352頁）。

3 証明責任・証明責任の分配について

(1) 訴訟と証明責任

証明責任という考え方は，民事訴訟においては次のように説明される。すなわち，判決をするためには，判決の基礎である事実を認定しなければならない。しかし事実が存否不明のときにも判決を可能とする必要があり，そのためには原則として存否不明の事実は存在しないものと扱い，その事実を要件とする法律効果の発生を認めない裁判をする（証明責任規範による）。このことを当事者からみると，ある事実が存否不明のときは，その事実を要件としている自己に有利な法律効果の発生が認められないということになる。このような不利益を当事者からみたとき証明責任という。この証明責任は，訴訟における主要事実について定められ，必ず当事者のいずれか一方が負担している。

証明責任は原告の被告に対する請求を審理するという構造のもとで観念さ

れるから、事実・証拠の収集について弁論主義・職権探知主義のいずれの審理方式によっても必要となる。人事訴訟においても証明責任が観念される。証明責任は、上述のように本来は審理の最終段階で、事実の存否いずれとも心証を形成できない場合の裁判の仕方を定めるものであるが、その分配を通じて当事者の攻防にも大きな影響を及ぼす。訴状における請求原因事実の記載、これに対する被告の否認・自白・抗弁、さらに原告の再抗弁等々のように、訴訟過程における主張の制御も証明責任の所在を基礎とするから、証明責任とその分配は訴訟過程全体にとって重要な機能を果たすことになる。

(2) **家事審判における証明責任**

① 総説

家事審判手続においては証明責任は観念されない。一般的には次のようにいわれる。すなわち、「いわゆる挙証責任の分配なる観念は存在する余地がないが、ある事実の存在について利益あるものが、その事実の存在について証明の得られないときはそのものの不利益に帰せしめられることはいうまでもない。かかる意味においての挙証責任は存在することは否定できないであろう」(家審法講座1巻62頁〈綿引〉)。この説明は、ややわかりにくい。次のように考えるべきであろう。

② **客観的証明責任と証拠提出責任**

証明責任は、一般的には上に述べたように、確定責任として理解されるが、あわせて証拠提出責任としても理解される。後者は、弁論主義をとる手続において観念されるが職権探知主義をとる家事審判においては採用されない。職権事件において、職権を行使する要件が証明されないかぎり、具体的な処分がなされることはなく、申立事件において申立てを理由づける事実が証明されないかぎり、申立てが認容されない。こうした意味で、証明責任という概念を用いるならば、たしかに家事審判においても妥当するといえる*。

　　＊ドイツの非訟事件においては、こうした意味で確定責任が理解され、これは非訟事件においても存在するとされている (Bärmann, S. 111; Habscheid, S. 163; KKW-Schmidt, Rn. 212 zu §12 ; Jansen-Briesemeister, Rn.13ff. zu §12)。その証明責任分配は、請求を根拠づける事実、請求の発生障害および消滅に関する事実によってなされると説明する。通常、申立事件においては、申立人は原則として権利根拠事実についての、相手方は権利障害ないし権利滅却事実についての確定責任を負い、職権事件であれば国が負う (Bärmann, S. 112; KKW-Schmidt, Rn. 214 zu §12)。そして、具体的に最も問題の多い相続証明書 (実体法上、相続開始時の相続法上の諸関係に関する証明をす

る文書であり，誰が相続人であるか，いかなる相続持分権を有するか，被相続人の相続人に対する指示が証明される）に即して説明がなされる。相続証明書は申立てに基づいて交付されるが，その前提として遺言の効力（その真正，遺言能力）等の訴訟事項に関する前提問題が争われることが多い。この事件において，確定責任はどのように作用するかが説明される（Habscheid, S. 164; KKW-Schmidt, Rn. 218ff. zu § 12）。しかしそこで説かれる内容は，遺言の効力に関する争点についての証明責任の分配であり，遺言能力に関する争点についての証明責任の分配である。それは，通常の訴訟において争われるところと異なるところはない。

　しかし問題にしなければならないのは，たとえばわが国に即していえば，婚姻費用の分担請求，財産分与請求，寄与分の請求等々の典型的な乙類審判事件（非訟事件）において，申立人がどこまでの事実を主張するべき責任を負うのか，あるいはどのような事実が請求の発生を障害する事実となるのかということである。このような分配に関する説明がドイツ非訟法の説明では欠けている。

(3)　証明責任の分配について
① 主要事実の不存在

　まず，形式的なことからいえば，家事審判事件においては証明責任の対象とされる主要事実が存しない。家事審判においては権利または法律関係の存否について判断するものではなく，裁判所が後見的立場から具体的な法律関係を形成するのであり，主要事実を観念できないとされているのである。そうすると家事審判においては，民事訴訟と同様の証明責任を想定できないことになる。

② 判断様式の差異

　家事審判の対象となる事件は，多くは当事者間に具体的な法律関係を形成するものである。その判断は，ある事実が存在しないから特定の法律効果を生じないとか，ある事実が存在するから特定の法律効果を生じさせるといった二者択一的な判断ではないことに注意しなければならない。すなわち，過去の事実を法律要件に当てはめて，そこから一律に解答を引き出すという回顧的判断形式ではなく，むしろ個々の事実を将来に形成される法律関係との関連でどのような意味を持たせるか，重視する必要があるか，あるいはさほどの比重を置かなくてもよいかの判断に生かすという将来指向的判断形式をとるのである。したがって，ある事実が存在しなくても，それを補う他の事情が存在するならば，これを法律関係の形成の要因として利用することも可能であり，特定の法律関係を形成するうえで妨げとなりうる事実が存在しているとしても，別の事実の存在によってその障害が克服できると判断される

ならば，この事実も考慮されることになる。こうした将来指向的な判断にあっては，特定の事実についてその存否の確定を目的とする証明責任を考えることは，なじまないばかりでなく，そもそも不適切であるといえる。

③ 関係人の請求の不特定との関係

家事審判においては関係人の申立てには拘束力がなく，裁判所は自ら正当と認める具体的法律関係を形成する義務を負う。このことは，関係人相互の主張が請求原因と抗弁，再抗弁といった具合に整序できないことを意味している。関係人の申立ては一応の提案にすぎないのである。裁判所が審理の結果，多様な選択肢の中から具体的な法律関係を形成するのであるが，その責任は裁判所にある。関係人の申立ては，民事訴訟における請求とは位置づけを異にし，その提案について関係人に責任を負わせることはできない。いくつかの選択肢の中から，当該申立てが一番正しいという論証を当事者にさせるものではない。そのような主張と証明は，関係人に対して著しい不利益を与えるのに対して，他方の関係人はそれが正しくないと主張するだけで足りる。関係人間にこうした実質的な不公平を生じさせないためにも，非訟事件である家事審判では請求の特定，証明責任の分配といった考え方を基本的に排斥している（佐上「利益調整紛争における手続権保障とその限界」法律時報52巻7号(1980)30頁，同「非訟事件における手続権保障と関係人の事案解明義務」吉川大二郎博士追悼論集『手続法の理論と実践(下巻)』(1981)34頁以下。鈴木・研究268-269頁もほぼ同旨）。

10 審判手続の中止

1 意 義

民事訴訟法上，中止とは手続の進行を停止することをいう。この点について非訟法は特別の定めを置いていない。民訴法130条に定める裁判所の職務執行不能による停止は，裁判手続一般に適用されるものと考えられる。問題となるのは，同131条の当事者の不定期間の故障による中止である。非訟事件手続においては，関係人が主体的に手続に関与する程度が弱いので，特に手続の進行を中止しておかなければならない理由はないとされ，このことは家事審判についても同様とされる（家審法講座1巻66頁〈綿引〉）。

2 家事調停申立てと審判手続の中止

　審判手続の中止につき，乙類家事審判においては調停との関係で家審規20条の特則が定められている。同一の事件について調停と審判が同時に申し立てられた場合に，一方が解決すれば他方の解決も期待されるので双方ともに進行させる必要がないこと，また乙類審判事件についても合意に基づく解決を優先させることを根拠とする。中止できるのは，審判手続中に調停の申立てがあったとき，または家審法11条に基づいて審判事件が調停に付されたときである。明規されていないが調停につき審判が申し立てられたときも同様である（山木戸・43頁，注解・家審規197頁〈石田〉）。両者の関係としては，関係人が共通で紛争の内容が実質的に同一であるか，相当程度関連していて，調停事件が解決すれば審判も実質的に解決される場合であればよい。

　中止するかどうかは家庭裁判所の裁量による。中止の審判に対しては不服申立てを認める規定はない。審判事件につき調停によるかどうかは，手続指揮上の裁判であるから独立して不服申立てする対象とはならないと解される（民調規5条による訴訟手続の中止につき，最判昭和28(1953)・1・23民集7巻1号92頁は，裁判所の自由裁量に委ねられたものであるとする）。中止の審判はいつでも取り消しうる。何らの手続を要しないで審判手続を進行できる（注解・家審規198頁〈石田〉，実務講義案111頁）。

　審判手続の前提問題につき訴訟が提起された場合に，審判手続を中止すべきかについて，家審法には定めを欠く。遺産確認の訴えやその他遺産の帰属をめぐる訴訟が提起されたとき，審判手続を中止するというよりも，申立てを取り下げてもらうのが実務であるとされている（第4節 7 3(3)をも参照のこと）。

3 調停終了と中止されていた審判手続

　家審法11条により事件が審判から調停に付されていた場合に調停が成立すると，関係人の取下げをまたずに審判手続も終了する。家審法19条2項は，人事訴訟についてこのことを定めるが，乙類審判についても同様に解してよい。その他の場合については，調停と審判が同時に係属した場合，調停が成立しても審判に直接影響を与えず，審判を終了させるには審判の取下げが必要だとされている（注解・家審規198頁〈石田〉）。調停が不成立のときは，審判手続が進行される。

11 審判手続の終了

1 総説

　審判手続は，申立てが不適法であるか，あるいは処分をなす理由がないとするときは，却下の審判により，また申立てが適法で理由があると認めるときは，申立てにそう審判をすることによって終了する。さらにまた，申立ての取下げ，調停の成立および当事者（関係人）の死亡の事由によっても審判手続は終了する。このうち，当事者の死亡と手続の終了については受継との関係で触れた。審判については，後に説明を加える。

2 申立ての取下げ

(1) 家事審判事件と申立ての取下げの許否

　家審法および非訟法には申立ての取下げに関する定めを欠いている。家事審判においては，多くは関係人の申立てによって手続が開始される。しかし先にみたように，純粋に申立事件とされるのは少なく，形式上関係人からの申立てをまつとはいえ，実質的には職権事件と解されるべきものが多くみられる。このような場合にも関係人は申立てを取り下げることができるかが問題となる。また仮に取り下げることができるとしても，その時期や効果についても民事訴訟と同様に考えてよいかという疑問も生じる。以下，これらについて概説する。

(2) 取下げが禁止または制限される場合

　申立てが法律上関係人の義務とされる場合には取り下げることができない。遺言書の検認（民1004条，家審9条1項甲類34号）がこれにあたる（村崎満「取下」判タ250号130頁参照）。しかし遺言の確認（民976条2項）は，原則として取り下げることができるが，申立権者の取下げによって他の申立権者の申立権が害される結果になるときは，他の申立権者全員の同意が必要である（岡垣学「応急遺言の確認」判タ150号（1963）29頁，昭和36(1961)・2・22最高裁家二第17号家庭局長回答・家月13巻4号（1961）164頁，小林崇「危急時遺言と確認手続」判タ1100号461頁など）。

　親権者が辞任した場合の未成年者後見人選任申立て（民841条），後見人が辞任した場合の後見人選任申立て（民845条）などは，申立てが義務的であると解され，また事件本人の保護のため必要的な措置であることから申立

てを取り下げることができないとする見解が有力である（村崎・前掲130頁，山木戸・44頁，実務講義案114頁）。しかし必要に応じ，新たな申立てにより後見人を選任すれば足りるから，これらの場合には申立てを取り下げることができると解すべきであろう（昭和34(1959)・3・18大阪高裁管内家事審判官有志協議会協議結果・家月11巻5号（1959）202頁）。

　検察官にも申立権がある後見開始申立事件（民7条，保佐開始につき同11条，補助開始につき同14条），不在者の財産管理事件（同25条），後見人解任・親権喪失宣告事件（同834条，846条）などでは，その事件の公益的性格から取下げが許されないとする見解が有力である（山木戸・44頁，家審法講座1巻67頁〈綿引〉など）。しかしながら，これらの場合に申立てが義務とはされていないこと，申立てなしに職権では審判をなしえないこと，また成年後見についていえば，関係者の自主的な監護と財産の管理・処分で十分に対処できるような場合にまで国家が職権で介入することはできないことから，申立ての取下げができると解すべきである（旧禁治産宣告申立てにつき，東京高決昭和56(1981)・12・3高民集34巻4号370頁，小山昇・本件判批・判例評論287号(1983)184頁（判旨賛成），また東京高決平成16(2004)・3・30判時1861号43頁，佐上・審理315頁以下，323頁参照）＊・＊＊。

　民事訴訟における必要的共同訴訟に類似した関係となる数人の遺産分割審判の場合などは，一部の者による取下げ，または相手方の一部の者に対する取下げはいずれも効果を生じないと解すべきであろう。一部の者によって取下げられても，形式上は相手方として手続に関与しつづけなければならない。

　　＊非訟事件における職権事件とされる類型（第4章第2節13参照）においてはすべて申立ての取下げを認めないのが，鈴木忠一「非訟事件に於ける手続の終了と受継」『新実務民事訴訟講座8巻』46頁以下である。職権事件の定義いかんにもよるが，鈴木はこの問題に関しては，当事者の処分権のないことを前面に立てて取下げが許されないと主張するが，本文にも述べたように，職権事件であるから公益的性格があり，ゆえに取り下げられないというのは形式論に過ぎ，賛成できない。
　　＊＊ところで，前掲東京高決平成16(2004)・3・30の事案は，成年後見開始申立事件につき事件本人の精神鑑定を終えて本人が要保護状態にあると判断されていたが，申立人の提案した後見人候補者が選任されない見通しとなったために，申立てが取り下げられたというものである。東京高裁は，取下げを認めたが，本人の監護等について親族間で協議が調ったうえで取り下げられた前掲東京高決昭和56(1981)・12・3の事案とは顕著な差異を示し，後味の悪いものとなっている。このような事案であっても，取下げを認めざるを得ないと考えるが，後見人選任（人選）の裁判に対して独

立して不服申立てを認めない実務にも問題があるといえる（なお，後述第4章第7節13(1)参照）。

(3) 相手方の同意について

甲類審判事件については相手方の観念がなく，申立ての取下げにその同意は必要でない。相続の放棄の期間伸張の申立てなど，他の共同相続人が知らない間に申立てを取り下げると単純承認を強制されるような事態が生じる（村崎・前掲130頁参照）。しかし，実務においては取下げを制限するような扱いをしていないとされる（実務講義案118頁）。

相手方のある乙類審判事件については，紛争状況が訴訟に類似するため取下げに相手方の同意が必要かについても争いがある。遺産分割事件につき民事訴訟の訴えの取下げに準じて相手方の同意を必要とし，また必要的共同訴訟に準じて他の申立人の同意を必要とする審判例もある（大阪高決昭和49(1974)・11・6家月27巻7号49頁）。しかし，家事審判には既判力が生じないこと，相手方のためにも本案の審理をしなければならない実益はなく，相手方は自ら申立てをすることも可能であり，取下げによって格別の不利益も生じないことから，通説は同意は必要でないとする（家審法講座1巻68頁〈綿引〉，遺産分割審判につき高松高決昭和45(1970)・9・21家月23巻7号51頁，実務講義案118頁）。この見解を支持すべきであろう。

(4) 取下げの手続・効果

取下書を提出してするのが通常であるが，口頭でもなしうる。審判期日において口頭で取下げがなされたときは，調書にその旨を記載し，相手方に不当な損失を与えないため相手方にも通知する。

申立ての取下げは，審判がなされそれが確定するまですることができる。しかし，告知によって直ちに効力を生じるときは，審判の告知までに取り下げなければならない。審判後の取下げの場合，裁判の取消し・変更が認められているときは，民事訴訟におけるような再訴禁止の効力は働かないと解すべきである。

(5) 調停の成立による審判手続の終了

審判手続中の事件につき，家庭裁判所が調停に付した場合，または関係人から調停の申立てがあった場合において，調停手続において調停が成立すると審判手続は当然に終了すると解されている（明文規定はないが一致した見解である）。

(6) 当事者の死亡

事件の申立権，または審判の目的をなす法律関係が一身専属的なものであるときは，当事者本人の死亡により審判手続は終了する。ただ，どのような法律関係が一身専属的と解されるかについては議論があり得る（たとえば財産分与請求権，扶養を求める権利等）。これについては，手続の受継に関連して説明した（第3章第7節32参照）。

第5節　審判手続の費用

1　費用負担の考え方

家事審判手続に関する手続の費用のうち，関係人等が負担すべき費用の範囲・額および裁判所に納付すべき費用等については，家審法，家審規則等に定めるもののほか，民事訴訟費用等に関する法律の定めるところによる。家事審判においても，費用は裁判費用と当事者費用に分けられ，前者について当該事件の処理のために直接必要なものとして関係人（検察官申立ての場合は国）および家庭裁判所が支出した費用（民訴費用法2条各号に定めるもの）は，関係人が負担しなければならない。

非訟法，家審法には，訴訟救助に関する定めを欠く。民事訴訟が定める救助の要件がそのままでは家事審判に適用されるとはいえない。家事審判に適合する形で，法律で明記する必要がある。

2　裁判費用と当事者費用

裁判費用とは，当事者から裁判所に納入される費用であり，手数料とそれ以外の費用（立替金）に分けられる。手数料は民訴費用法3条別表第1に掲げられた申立等のために納入されるものである。手数料以外の費用は民訴費用法11条1項各号に定められた費用であり，証拠調べ，送達等の手続上の行為をするのに必要なものである。関係人が概算額を郵便切手等で予納する（同12条1項，13条，また家審規11条1項ただし書き）。

当事者費用は，関係人が手続を追行するために直接に支出した費用で，民訴費用法2条4号ないし12号に掲げられた費用と額を指す。申立書の書記料，書類を裁判所に提出する費用，関係人・代理人が裁判所へ出頭するため

の費用，日当，宿泊料などである。

3 国庫の立替え

1 原 則

　家審規11条は，事実の調査，証拠調べ，告知その他必要な処分の費用は国庫においてこれを立て替えることを定めている。民事訴訟等においては，当事者の予納を原則としていることから，この定めは原則と例外を逆転させているわけである。国庫立替を原則としたのは，関係人からの予納を待つと手続の遅延を招き，家事事件手続における迅速処理の要請にそわない結果をきたすおそれがあるためと解されている（山木戸・45頁，家審法講座3巻270頁〈沼辺〉，注解・家審規117頁〈中島〉）*。

　　＊証拠調べのための出張費は関係人負担であるが，当事者の審問等のための事実の調査の出張費は国庫負担であり，家裁調査官が事実調査のため出張した場合に支給する旅費も国庫負担とされる。これに対して家裁調査官が関係人の呼出をする場合の呼出費用は，関係人の負担となる（実務講義案37頁）。

2 予 納

　実際の実務においては，関係人からの任意の予納を求めており，むしろこれが原則化しているとされている（注解・家審規117頁〈中島〉）。また予納をさせるのを相当と認めるときは予納命令をすることができる。ある証拠調べのために要する費用を関係人に予納させる命令をしたにもかかわらず，関係人がこれに応じない場合，家庭裁判所はこの証拠調べをしないでよいか。民事訴訟の場合には，これを肯定してよいが，家事審判の場合には国庫立替が原則とされているので，証拠調べを中止することはできないと解すべきであろう*。

　　＊長崎家裁佐世保支審昭和40(1965)・8・21家月18巻5号66頁は，先に述べた家事審判手続の当事者主義的運用に関連して，遺産に属する鉱業権の評価費用の予納をしなかった関係人の申立を一部却下している。その理由として「鉱業権を評価すべくその費用の予納を命じたところ申立人はもち論，相手方，参加人も十分な資力を有しながらこれに応じなかったため，右不動産の鑑定費用は国庫より立替支出せざるを得なかったのであるが，更に鉱業権の評価費用を立替支出しても，その納付には困難が予想されるのみならず，本件審理の経過に徴しても，申立人，相手方及び参加人等において手続の遂行につき十分な熱意を有するものと認めるを得ないから，結局この点に関する申立ては，信義誠実の原則に反するものとして却下せざるを得ない」という。

4　費用の負担者

家審法および家審規則には特別の定めがないため，非訟法の規定によって負担者が定められる。その結果，審判においてとくに負担者を定めない限り，申立事件においては費用は申立人の負担とされる（非訟26条）。裁判所が職権で開始した事件については国庫が立て替える（実務講義案38頁）。

費用の負担について法律上当然に負担者が定まるときは，特に費用の負担についての裁判をしないが，その必要性を認めて負担者を定めるときは費用額を定めたうえで裁判する（実務講義案38頁）。費用の裁判に対しては，その負担を命じられた者が，本案の審判に対する不服とともに不服申立てができる（非訟30条）。特別の事情があるときは申立人以外の関係人にその全部または一部を負担させることができる（非訟27条，28条）*。

*民事訴訟法においては，訴訟費用の負担額の確定は裁判所書記官の権限とされている（民訴71条以下，民訴規24条以下）。しかし，非訟事件手続法では，依然として費用額の確定を含めて「裁判所」の権限とされている（同26条・27条）。もちろん書記官が進行管理事務の一環として実際の計算事務を行うことになろうが，法改正が伴っていないことは指摘しておく必要があろう（実務講義案39頁参照）。

5　総合法律支援

家事審判手続においても高度の法律知識を必要とし，訴訟代理人に委任する必要性は民事訴訟におけると異ならない。また証拠調べの費用は，かなりの額になることが一般的であり，とりわけ鑑定が必要となる場合には，きわめて高額になることがある。この点は他の手続と異ならないといえる。費用を予納させることが通例化しているが，調停および審判の申立て自体は民事訴訟に比べるときわめて低廉な手数料に設定されている。

総合法律支援法（平成16（2004）年法律74号）30条1項2号は，自己の権利を実現するための準備および追行に必要な資力を支払う資力のない者に対して，裁判手続（家事審判手続も含まれる）の準備および追行のために代理人に対して支払うべき報酬等の立替えをすることを，同法によって設立された日本司法支援センター（「法テラス」と略称される）の事業内容の1つとしている。その支援を受けるためには，法テラスにおいて法律相談を受けて，代理援助や書類作成援助を利用するための資力要件および事件内容（勝訴の見

込みがないとはいえないこと，あるいは調停によって紛争解決の見込みがあること）の審査を経て援助決定を受けることになる。

第6節　審　判

1　審判の意義と性質

1　審判の意義

　審判という言葉は，家審法および家審規則において多義的に利用されている。たとえば，家審規18条が「即時抗告については，その性質に反しない限り，審判に関する規定を準用する」というときは，家審法による手続を指している。また，家審法23条の「合意に相当する審判」とか，同24条にいう「必要な審判」＝「調停に代わる審判」という場合には，家庭裁判所の観念的な行為（判断，意欲の表示）を意味している。このほか，狭義の家事審判手続においてなされる家庭裁判所の観念的行為を指すこともあり，さらにそれが終局的なものに限られている場合もある（家審15条）。

　家庭裁判所の審判は，裁判の形式から見れば「決定」であるが，特にそのように呼ばれるのであり，高等裁判所が家事審判の抗告審としてなす裁判は決定であって審判とは呼ばれない。しかし，高等裁判所が原審判を取り消して，自ら事件について裁判するときは，審判に代わるものである（家審規19条2項）から，審判と同一の効力を有する。

　以下においては，狭義の家事審判手続において家庭裁判所が行う観念的な行為という意味での審判について説明を加えることとする。

2　審判の性質

　家事審判は，民事の裁判権を担当する家庭裁判所が行うものであるから，一般的には裁判といってよい。しかし，すでに述べたように家事審判事項には種々雑多な事項があり，乙類審判事項のように裁判といって何ら問題のないもののほか，はたして裁判といえるか疑問が提起されている事項もある。そのような例として，相続の限定承認（家審9条1項甲類26号），相続放棄の申述の受理（同29号），遺言の確認（同33号），遺言書の検認（同34号）などが挙げられている（注解・家審法551頁〈飯島〉）。たしかに，これらの審

判は，事実の確定と法の適用あるいは具体的な法律関係の形成という意味合いは稀薄である。しかしながら，他方でなぜこうした事件が裁判所の管轄に属せしめられているかという観点からの検討が必要である。もともと非訟事件では法律関係ないし法律状態等の「公証ないし認証」という役割も大きかったのである。現在では，公証事務の大半は公証人や裁判所書記官に委ねられているが，その中でやはり裁判所にもその役割が割り振られていたのである。こうした経過および裁判所の役割をも考慮した上で，審判の意義・性質を考える必要がある*。

> *戦前から家庭裁判所の発足当初にかけて，限定承認や相続放棄の申述受理などは，裁判所による公証行為と解されていたが，徐々に裁判に準じるものと把握されるようになる（たとえば，山木戸・46頁は遺言の確認の審判についても，「遺言書の真否すなわち遺言が遺言者の真意にでたものかどうかを判断してする一種の確認行為であって，それらは広い意味での家庭裁判所の裁判であるということができる」という）。この見解は，家庭裁判所が発足した直後の昭和20年代において，相続放棄申述の受理や子の氏の変更などの軽微な事件は家庭裁判所から簡易裁判所へ移管させるべきだとの意見に対抗する形で登場したものである。その問題点については，佐上「相続放棄申述受理の審判について」谷口安平先生古稀祝賀『現代民事司法の諸相』（2005）379頁参照。

3 審判の種類
(1) 概　説

家事審判における審判は，民事訴訟における判決に準じて，中間的なものと終局的な審判に区別することができる。移送の裁判，自庁処理の判断などは中間的審判といえる。また遺産分割審判等においては，その前提問題につき中間審判をすることができる（東京家審昭和51(1976)・1・28家月28巻9号77頁）。終局審判には，一部審判と全部審判があり*，また手続要件の欠缺を理由とする審判と，本案に関する審判とが区別される。ただ，決定手続においては本案の棄却と手続要件欠缺による却下は，表現上区別されていない。いずれも「申立てを却下する」といわれる。

> *一部審判をなしうるか否かは，主として遺産分割において全部の遺産を一括して分割しなければならないか，あるいは一部の遺産のみの分割も許されるかという問題に関連して争われている。一律に許さないとするのではなく，個々の事件の実情によって個別的に判断することになろう。肯定例として，大阪高決昭和46(1971)・12・7家

月 25 巻 1 号 42 頁,高松高決昭和 50(1975)・12・10 家月 28 巻 9 号 50 頁などがある。また佐藤康「一部分割の可否」判タ 688 号 231 頁参照。

(2) **手続要件（訴訟要件）と却下の審判**

家事審判を含めて，非訟事件においては，民事訴訟の訴訟要件に対応する本案審理または本案審判の要件をなす手続要件は体系化されていない。手続の開始自体について，職権事件と申立事件との区別があり，家事審判事件全体について手続要件（訴訟要件）を観念することが困難であるからである。

職権によって開始される事件については，①事件がわが国の裁判権に服すること，②裁判所が管轄権を有すること（土地管轄，職分管轄等）が必要である。関係人は裁判所によって引き入れられるため，手続行為能力は問題とされないが，裁判に対して不服を申し立てるには手続行為能力を必要とする（Habscheid, S. 175）。申立事件（申立てによって開始される職権事件を含む）においては，上記のほか③関係人能力，④手続行為能力が必要である。当事者適格については，申立人または相手方となるか否かという実体的判断と共通する。代位申立て等のごく例外的な場合にしか当事者適格は問題とならない（第 3 章第 5 節 2 参照）。また訴えの利益（申立ての利益）についても，本案の審理と共通するから，独自に問題とする必要性に乏しいといえる。もっとも，乙類審判事項のうち，関係人の処分を許す事項については仲裁契約も可能であろうから，これがあるときは妨訴抗弁に準じて考えてよかろう（再度の申立ての適否については，第 4 章第 2 節 5 参照）。

2 審判の成立と告知

1 審判書の作成

(1) **審判書**

① **作成の原則**

審判はその内容が外部に表示されたときに成立すると解される。ただ民事訴訟法と異なり，家審法・家審規則には審判の言い渡し等について定めがなく，何をもって外部的に表示されたとみるべきかにつき見解が対立する。家事審判官が審判書に署名押印しただけでは内部的な成立にとどまるから，これを告知したときに外部的に成立すると解するのが合理的であろう（注解・家審法 595 頁〈飯島〉，実務講義案 122 頁）。

審判をするには，特別の定めのある場合（家審規 115 条 1 項にその例がある。

相続の限定承認・放棄またはその取消しの申述を受理するときは，申述書にその旨を記載するとされている）を除いて，審判書をつくる必要がある（家審規16条）。

② 代用審判

相当と認める場合には，即時抗告をすることができない審判については，申立書または調書に審判の主文を記載して家事審判官が署名押印して審判書に代えることができる（家審規16条2項）。これを代用審判と呼んでいる*。

> *代用審判は，非訟事件の裁判が簡易迅速になされることから認められる制度である（非訟17条1項ただし書参照。根本松男『非訟事件手続法釈義』(1948) 68頁）が，その許される要件を厳密に定める必要があろう。審判書の理由の記載が省略されるとしても，やはり審判書を作成するのが本来であり，審判に対してすべての関係人に不服がない場合，あるいは抗告権を放棄している場合に限って理由の省略ができるなどというように，関係人の地位等を考慮した規定とすべきである。現行ドイツ非訟法（FGG）16条2項1文は，告知によって期間の進行を開始しない事件においては告知の方法，場所および日時を調書に記載するとして審判書の作成を省略している。しかしこれに対して，非訟法改正草案（FamFG）38条では，関係人の申立てが認容されあるいはすべての関係人の表明されている意思にそっているとき，または決定がすべての関係人の在席のもとで口頭で告知され，すべての関係人が上訴を放棄しているときは，理由の記載を省略してよいと提案している。

③ 合意に相当する審判

家審法23条による合意に相当する審判をする場合には，家事調停の手続と狭義の家事審判手続とを区別すると，23条審判は家事調停に関するから家審規16条によるのではなく，非訟法17条2項によってこれを行うとするとの有力説がある（山木戸・107頁，注解・家審規157頁〈飯島〉）。しかし，通説はこの審判は人事訴訟の簡略な手続であり，また確定すると確定判決と同一の効力を有することになるから，民事訴訟法253条を適用すべきであるとする（家審法講座3巻314頁〈加藤〉，実務講義案361頁）。家審規16条により申立書や調書に主文のみを記載するにとどめ審判書作成を省略することは許されないとする（なお，第2編第6章第1節4参照）。後者の見解を支持すべきであろう。

(2) 審判書の形式

家審法16条は，審判書の作成には主文および理由の要旨を記載し，家事審判官がこれに署名捺印しなければならないと定めている。判決書の記載事項（民訴253条1項）に比べると，大雑把な定めである。もっともこれまで

の半世紀に及ぶ実務の中で，審判書の形式も整えられている。すなわち，①事件の表示，②表題（審判，中間審判，追加審判など審判の内容の表示），③関係人等の表示，④主文，⑤理由の要旨，⑥審判書作成年月日，⑦裁判所の表示および⑧家事審判官の署名押印が記載される（注解・家審規165頁〈飯島〉）*。

　　*記名押印をもってこれに代えることができる。最判昭和45(1970)・11・20家月23巻5号72頁は，相続放棄申述受理に家事審判官の押印のみがあって署名・記名を欠いている場合でも審判は無効にならないと判示する。
　　　ドイツ非訟法においても，現行法は裁判の形式・記載事項に関する統一的な定めをしていない（KKW-Meyer-Holz, Vorb. 16 zu §§ 8-18）が，非訟法改正草案（FamFG）は，決定の必要的記載事項，決定理由を省略できる場合を明規するよう提案している（草案38条）。

2　主文と理由の要旨

　申立てが不適法であるとき，および申立てが理由がないときも，いずれも「本件申立てを却下する」と記載する。申立てを認容する主文は，事件の種類に応じてそれぞれ異なるが，審判によって形成される法律関係や命じられる給付の内容が明確に示される。

　審判書に理由が必要なことは，民事訴訟の場合と異ならない。非訟法23条は，抗告審の裁判に対してのみ理由を付すことを義務づけているにすぎない。家事審判においては理由の要旨を記載することで足りる（家審規16条1項）。しかし，裁判に理由の記載が求められるのは，判断の客観性と公正さを担保することにその目的があるから，判決ほどに詳細である必要はないとしても，最低限度その要請を満たさなければならない*。

　　*東京高決昭和53(1978)・10・13家月31巻3号92頁は，次のように判示する。「原審判には，その主文に先立って『上記申立人……からの当庁……準禁治産宣告事件，……保佐人選任申立事件について，当裁判所はその申立を相当と認め次のとおり審判する』との記載があるところ，右にいう『その申立を相当と認め』とは，原裁判所が，その取り調べた資料に基づいて審理した結果，……申立のとおり事件本人が心神耗弱の状態にあって準禁治産の宣告をするのを相当と認めた趣旨であることが明らかであり，本件のようにもともと対立当事者およびその間の紛争の存在を予定しないいわゆる甲類審判事件においては，その審判に対し即時抗告が許される場合であっても，なお，右の程度の理由の記載をもって，家事審判規則16条にいう『理由の要旨』の記載を欠く違法なものとまでいうことはできない」。これにつき，注解・家審規171頁

〈飯島〉は、救済的な裁判例という。しかし、理由の要旨は、裁判所がなぜそのように判断したか、その判断過程であるべきであり、上記のような審判は、全くこれに答えていない違法があるといわざるを得ないであろう。

3 審判の告知
(1) 告知の方法

　審判は非訟事件における裁判であるから、判決と異なって言渡しがない（民訴252条参照）。審判はこれを受ける者に対して告知しなければならない（家審13条）し、告知されることによって審判の効力を生じるのが原則である。告知の方法については家審法にも家審規にも特別の規定がないので、非訟法18条2項により家庭裁判所は相当と認める方法によって、これをすることができる（民訴法119条も決定・命令について同趣旨を定める）。それゆえ、①言い渡し、②書記官による交付送達（同100条参照）、③執行官・郵便業務従事者による交付送達（同99条）、④書留郵便による送達（同107条）、⑤普通郵便による送付、⑥請け書による直接交付などの方法がある（実務講義案127頁）。

　審判を受ける者が審判があったことを了知し、次にとるべき手段を誤らせないことが必要であるから、即時抗告の許されている事件や戸籍の届出を必要とし、かつ、届出期間の定めのある事件（後見人の選任や就籍許可など）では、前記②③の交付送達ないし⑥の請け書による直接交付が行われ、即時抗告の許されない事件や戸籍届出の必要のない事件では、⑤の普通郵便による送付によるとされている（実務講義案127頁）。

　告知は受領によって完了し、発信主義はとらない。告知を受けるべき者が所在不明の場合などには、公示送達以外の方法がないので、明文規定はないもののこれを認めるべきであるとされている（民事訴訟の場合と異なって、申立てを必要とすることなく職権でなしうると解されている。山木戸・47頁、家審法講座1巻72頁〈綿引〉、実務講義案127頁）*。

　　*上記1(2)で述べたように、相続の限定承認、放棄の申述の受理などは、そもそも審判という概念に入らないと考える説によれば、これについては告知も必要でないとされる（注解・家審法551頁〈飯島〉参照）。

(2) 告知を受ける者

　審判はこれを受ける者に対して告知しなければならない（家審13条）。審

判を受ける者が誰であるかについては，一般的には関係人および事件本人など，具体的な審判の内容により，一定の行為または負担を命じられた者，資格または権能を与えられた者あるいはこれを奪われた者などをいうと解されている（市川四郎「家事事件における実務上の問題と判例」家月8巻12号(1956)26頁，注解・家審法596頁〈飯島〉，実務講義案123頁）。したがって，各事件ごとにこれを定めていく必要がある。

乙類審判事件は，申立人と相手方が関与する手続であるから，申立てを却下する審判および認容する審判は，申立人および相手方が審判を受ける者としてともに告知されるほか，参加人（家審12条，家審規14条参照）にも告知される。

これに対して，甲類審判事件においては申立てを却下する審判は，申立人に対して告知するだけでよいとする点で見解は一致している。認容の審判については誰が告知を受ける者であるかにつき若干の問題がある。前記のように，申立人が一定の行為または負担を命じられあるいは資格・権能を与えられ，またはこれを奪われる者に該当するとは限らないからである。養子縁組の許可，親権または管理権の辞任，成年後見人・後見監督人の辞任，特別縁故者への財産分与，遺留分の放棄，就籍の許可，氏の変更許可などの申立事件では申立人が審判を受ける者となる。後見開始，不在者の財産管理人の選任，親権喪失宣告等の審判事件において審判を受ける者は，事件本人，財産管理人，親権者等である。申立人の地位や権利義務に直接の影響を与えるわけではない。しかし手続は申立人の申立てによって開始されたのであるから，申立人に告知するのは手続の原動力になった者に対してはその手続結果を告知するべきであるという考え方から当然であるとされる（通説であるといってよい。家審法講座1巻71頁〈綿引〉，注解・家審法598頁〈飯島〉，実務講義案123頁）。

ところで，成年後見開始決定申立てを認容する審判については，本人は審判を受ける者であるが，審判の告知を受ける能力が定型的にないと考えられ家審法13条の適用対象から除外されている。本人に対しては，審判が通知されるにとどまる（家審規26条2項）*。

 *成年後見開始決定が本人に告知されないこと，また本人の即時抗告の期間が成年後見人に選任された者に対して告知された日から進行を開始すること（家審規27条1項）は，本人に対して即時抗告権を認めながら（民7条），実質的にこれを行使する

ことがきわめて困難な状態を作り出していることを重視する必要がある。本人のために後見人とは異なる手続上の法定代理人を設けてその利益を確保できるようにする必要がある（この点につき，佐上「成年後見事件の審理手続」立命館法学271-272合併号(2001)1015頁参照）。

保佐・補助開始決定の審判は，本人に対しても告知される。

(3) 審判の通知

家審規12条の2は，審判の通知について定めている。多くの審判事件が身分関係に基づく法律関係に関係し，戸籍の記載にも影響を及ぼすため，事件の関係者に対してのみならず戸籍事務の管掌者に対しても審判の発効または確定を通知しておく必要があるためである。通知の方法については定めがない。書記官が相当と認める方法で行えばよく，口頭または書面により，また書面の送付の場合も普通郵便で差し支えないとされている（家審規141条による，同138条・138条の2による調停をしないことまたは調停不成立の通知に関するものであるが大阪高決昭和51(1976)・9・6家月29巻5号74頁，また注解・家審規137頁〈中島〉）。

戸籍事務の管掌者に対してどのような内容の審判を通知すべきかについては，家審規および特別家審規が個別的に定めている。それには，失踪宣告（家審規44条），特別養子縁組の成立（同64条の9），親権者の指定（同71条），未成年者に対する後見人の選任（同85条），推定相続人の廃除またはその取消（同101条），戸籍訂正の許可（特別家審規12条）などがある。

審判の通知をしたときは，その旨と方法を記録上明らかにしなければならない（家審規12条の2）。

(4) 審判の効力の発生時期

家事審判における審判の効力の発生時期は，即時抗告が許されるか否かによって異なる。即時抗告のできない審判は，これを受ける者に告知することによってその効力を生じるが，即時抗告の許される審判は確定しなければその効力を生じない（家審13条ただし書き）。

非訟法によれば，裁判は告知によってその効力を生じ，特に定められた場合の抗告に限って執行停止の効力を有する（非訟18条1項，21条）が，家事審判ではこの例外が定められていることになる。家事審判の内容は以下に説明するとおり，形成的な内容を中心としているが，告知によって即時に効力を生じることにすると即時抗告によって抗告審で審判が取り消された場合に，

法律関係が複雑となって関係者に損失を被らせるおそれがあるため，むしろ即時抗告の許される審判についてはその確定によってはじめて効力を生じさせることが適当だと考えられたからである（「家事審判法質疑応答資料」堀内・研究436頁，山木戸・53頁）。

(5) 公示・公告・戸籍記載・登記の嘱託

① 公示・公告

　家事審判の対象となる事件は，人の身分や相続法上の問題を対象とするから，手続に関与した者以外の一般第三者に対しても影響を生じさせる事項が含まれている。審判による身分関係の変動等については，多くは戸籍に反映されるが，そうでない場合もある。そこでこれを補うため，審判の結果を公告することとしている（家審規21条）。公示催告と同様の趣旨である。公告は家庭裁判所の掲示板に掲示し，かつ官報に掲載して行う。相当であると認めるときは日刊新聞紙にも掲載する。

　失踪宣告（家審規39条以下），失踪宣告取消し（家審規44条），相続人が不在の場合の相続財産管理人の選任（民952条2項，家審規119条1項），相続人捜索（民958条，家審規119条2項），遺産分割（家審規105条）などがこれを定めている。

② 戸籍記載の嘱託等

　家審法15条の2は，同9条1項甲類に掲げる事項に関する審判で，最高裁判所の定めるものが効力を生じた場合，または審判前の保全処分で最高裁判所の定めるものが効力を生じ，または失効したときは，遅滞なく戸籍事務を管掌する者に対して戸籍記載を嘱託しなければならないとする。これを受けて家審規21条の2がその事項を定め，同21条の3がその方式について定めている。これは，親権または管理権の喪失宣告の審判，未成年後見人を解任する審判，親権者の職務執行停止の審判など，事件本人に戸籍届出義務を負わせることができないため，家庭裁判所書記官が登記を嘱託することとしているのである。

　また成年後見制度の改正によって，後見開始，保佐および補助の開始等は，戸籍の記載および官報での公告が廃止され，これに代えて後見登記がなされることになった（後見登記4条参照）。その登記の嘱託に関する家審法の規定が設けられた（家審15条の2，これに対応して家審規21条の4，21条の5がその手続を定める）。また任意後見契約法に規定する任意後見契約も登記される。

3 審判の無効

1 無効となる場合

　民事訴訟において判決が無効であるとは，実在しない者を名宛人とした判決，わが国の裁判権に服しない者に対する判決，当事者適格を有しない者が得た判決など，判決が内容上の効力を生じない場合をいう。しかし外形的には判決が存在するから，上訴または再審によって取り消すことができるとする。また，当事者が相手方や裁判所を欺いて確定判決を入手した場合には，例外的に判決の無効を直接的に主張できるとする判例もある（最判昭和44（1969）・7・8民集23巻8号1407頁）が，通常は判決の成立過程や内容に法律違反があっても，当然には無効ではなく上訴や再審によって取り消される必要があるとする。

　家事審判においても審判の無効が問題となりうる（鈴木忠一「非訟事件に於ける裁判の無効と取消・変更」同『非訟事件の裁判の既判力』（1966）71頁以下，注解・家審法635頁以下〈飯島〉）。無効をきたす理由として手続上のものと実体法上のものがある。

　まず手続上の事項についてみてみよう。訴訟事項と非訟事項による裁判権行使との関係では，訴訟事項を家庭裁判所が家事審判手続によって裁判した場合は，無効となる（ただし前提問題として扱った場合は有効である）。これに対して，家庭裁判所の権限に属する事件を地方裁判所が裁判した場合には，訴訟手続によったか審判手続によったかを問わず有効と解されている。民事訴訟手続によった場合には，違式であるがより慎重な手続によったにすぎないからである（第4章第1節2**2**(2)参照）。法律に従い裁判所を構成しなかった場合，除斥または忌避の裁判官が関与した場合，代理権欠缺のままされた裁判等はいずれも当然には無効とならない。上訴によって取消しを求めることができるほか再審の理由となる（第4章第7節**9** 2(2)参照）。

　実体上の理由による無効については，基本的には民事訴訟と同様に解される。そこで，現行法上認めることのできない法律効果を生じさせる裁判，実在しない当事者を相手方とする裁判，裁判の意味を確定できない裁判は無効である。実体法上欠格事由のある者が後見人が選任された場合（民847条参照）には無効と解される。すでに未成年者につき後見人が存在するにもかかわらず，裁判所が誤ってさらに後見人を選任した場合，後見人は1人でなけ

ればならない（民842条）こととの関係で無効と解される（昭和32(1957)・3・20第11回大阪家審・大阪法務局管内戸籍協議会決議・家月9巻3号(1957)185頁，注解・家審法636頁〈飯島〉）。

2 無効の主張

無効の審判は，取消しをまたずに何人もこれを主張できる*。しかし，外形上審判が存在しているので，即時抗告によって不服申立てをなし得る審判についてはそれにより，またそれ以外の審判については非訟法19条1項によっても取消し・変更を求めることができる（この場合には第3項の適用はないとされる。家審法講座1巻91頁〈綿引〉）。審判の確定後は，再審によることができる場合がある。

  *千葉地判昭和36(1961)・7・7判タ121号121頁は，審判無効確認の訴えについて，「審判は，家事審判法によって認められた裁判の一形式であるから，論理上当然に無効である場合を除き，無効となることのないものであり，而して，当然無効の場合は，審判が無いに等しいものであるから，その無効を主張して，更に審判を求め得べく，従って，この場合は訴えをもって無効の確認を求める利益がな（い）」という。大阪地判平成10(1998)・3・23判タ967号206頁もこれと同旨を述べ，審判の無効は家審法で定められた不服申立方法である即時抗告によってしか争うことができないとする。

4 審判の取消し・変更

1 取消し・変更の趣旨

(1) 総　説

一般に裁判は，これを言い渡した裁判所を拘束する。裁判の自己拘束力と呼ばれる効力である。これがないと，裁判はいつまでも安定しない。しかし，非訟法19条1項は，「裁判所ハ裁判ヲ為シタル後其裁判ヲ不当ト認ムルトキハ之ヲ取消シ又ハ変更スルコトヲ得」と定め，その第3項においては，「即時抗告ヲ以テ不服ヲ申立ツルコトヲ得ル裁判ハ之ヲ取消シ又ハ変更スルコトヲ得ズ」と定めている。すなわち不服申立てが即時抗告によるもの以外の非訟事件の裁判は，その告知の後であっても，裁判をした裁判所によって取消し・変更ができるのであり，裁判の自己拘束力の大きな例外を認めているのである。非訟事件の裁判は，権利等の終局的確定を目的とするのではなく，国家が後見的な立場から私人間の法律関係の形成に関与するものであり，裁判が実情にそわないことが明らかになったときは，これに拘束されることは

適切ではなく，むしろ事実に適合するように裁判を変更することが必要だと考えるのである。そのために裁判の取消し・変更の制度が認められている。非訟法19条が家審法にも準用されることについては争いがない（注解・家審法86頁〈菊池〉など）。さらに明文の規定によって裁判の取消し・変更を認めている場合がある。以下これについて概説する。

(2) その他の法律規定による取消し・変更

非訟事件の裁判が，後に取り消されることを定めているのは，非訟法19条だけではなく，民法にもその旨の規定がある。また一定の法律要件が具備されることにより，審判が当然にその効力を失うものもある（たとえば，未成年者の後見は被後見人が成年に達することにより当然に終了する。後見取消しの審判を要しない）。さらに実体法のみならず，家審法も独自の定めを置いて審判の取消し・変更を認めている。これらの法律規定による裁判の取消し・変更は非訟法19条と同趣旨のものもあれば，異なる要件を定めているものがある。

以下においては，最初に非訟法19条以外の裁判の取消し・変更について概観し，次いで非訟法19条による取消し・変更の適用に関する問題を取り上げ，最後に審判後の事情変更による審判の取消し・変更について検討する。

2 非訟法19条1項によらない場合

家審法は非訟法の特別法である。裁判の取消し・変更についても非訟法と異なる定めがなされていることがある。また，民法等の実体法においても家事審判の取消し・変更が定められていることがある。これらの場合には，非訟法19条1項によらないで，裁判の取消し・変更ができる。

(1) 民法に明文の定めがある場合

非訟法19条の定めによることなく，民法が明文の規定を置いて審判の取消し・変更を認めている場合がある。成年後見開始決定の取消し（民10条，保佐・補助の開始決定の取消しについても同様である。同14条，18条），不在者の財産管理人選任の取消し（同25条2項），失踪宣告の取消し（同32条1項），離婚後の子の監護者の変更（同766条2項），離婚または認知の場合の親権者の変更（同819条6項），親権・管理権喪失宣告の取消し（同836条），扶養の審判の取消し（同880条），相続人廃除の取消し（同894条）などである。

成年後見開始決定の取消しを例にとってみると，これらの類型については

次のようにいえる。すなわち，開始決定とその不服申立手続と開始決定の取消しとその不服申立ての手続を別個のものとして構成しているのである（山木戸・48頁，この点の詳細については，佐上「成年後見事件における即時抗告」鈴木正裕先生古稀祝賀『民事訴訟法の史的展開』(2002) 835頁以下参照）。事件本人および利害関係人に開始決定に対して不服申立てのみならず，その後の事情変更による取消請求権を認めるのである。審判の自己拘束力の例外としての取消し・変更ではなく，別個独立の取消制度であり，非訟法19条とは無関係である*。

*審判例の中では，離婚後の養育費について民法880条によって変更している例が目立つ（東京家審平成2(1990)・3・6家月42巻9号51頁，山口家審平成4(1992)・12・16家月46巻4号60頁など。これらの事例は次の3で述べる審判後の事情変更による取消変更によっても可能である。

(2) **家審法・家審規則で定めている場合**

家審法は非訟法19条を準用するが，それは「特別の定めがある場合を除」き，「その性質に反しない限り」においてである（家審7条）。それゆえ，家審法および家審規則が明文をもって独自に審判の取消し・変更を定めているときは非訟法19条は適用されないと解すべきである。これには，次に掲げるように審判手続上の暫定的な処分，事件の実情に即して臨機応変の措置をとることが求められている処分などがある。しかし当該の処分に対して即時抗告が認められていないものと，認められているものが混在している。この類型に数えられるものが統一的に把握できるかは問題がある。

これには，審判前の保全処分の取消し（家審15条の3第2項），審判前の遺産の換価の処分（同15条の4第2項），不在者の財産管理人の改任（家審規32条1項，これは遺産管理人の改任，第三者が子に与えた財産の管理人の改任等に準用される。同102条，118条，68条，90条など），子の懲戒に関する処分の取消し・変更（同66条2項），後見人に対する指示（同84条），遺産分割の禁止の取消し・変更（同112条）などがある。

3 非訟法19条の定め

(1) **当初から不当な場合と審判後の事情変更**

非訟法19条1項は，「裁判ヲ不当ト認ムルトキ」という。これは現時点における具体的な事情に照らしてみると，裁判内容が相当ではないことを意味

する。通説は，これを裁判の法的解釈が正確でないとか，事実の評価が正当でないなど当初から不当である場合と，本来は正当であったが後の事情の変更によって不当となった場合の両者を含むと解している。わが国では古くから非訟法の解釈としてこのように主張されていた（中島弘道『非訟事件手続法論』(1922)337頁）。家審法のもとでも同様に解されている（市川・前掲家月8巻12号26頁，山木戸・50頁，家審法講座1巻79頁〈綿引〉，注解・家審法88頁〈菊池〉，日野原晶「家事審判の取消・変更」同『家族法実務の諸問題』(1990) 312頁，日野忠和「審判の取消，変更及び再審」講座実務家審1巻216頁）。

　これに対して非訟法19条1項は，裁判が本来不当な場合にのみ適用されるのであり，言い渡し当時には正当であった裁判がその後の事情の変化によって不当となった場合を含まないとする有力な少数説がある（宮脇幸彦「家事審判及び家事調停の効力(一)」戸籍131号(1959)5頁，鈴木・既判力96頁，飯倉一郎「非訟事件の裁判の変更性と形式的確定力」國學院法学8巻3号(1971)248頁，林順碧「非訟事件の裁判の取消・変更」『実務民事訴訟講座7巻』(1969)84頁）＊・＊＊。

　　＊非訟法19条は，通常抗告（非訟事件の通常の不服申立方法である）を念頭に置いた規定であり，いわゆる再度の考案の変形という性質をもっている。通常抗告に服する裁判の取消し・変更では，裁判の告知後，不服申立がなされた時点までの事実の変動も当然に審査対象となりうる。しかし，これと形式的に確定した審判や19条3項が定めるように即時抗告に服する審判が確定した後に，なお事情変更による取消し・変更を認めるかは別の問題である。このように，審判後の事情変更による取消し・変更を非訟法19条の適用から除外すると，即時抗告に服する審判についても，非訟事件手続の一般原則として事情変更による取消し・変更の対象になるという結論を導くことが可能となる。これに対して，注解・家審法94頁〈菊池〉は，このような解釈をとると「非訟事件の本質というような一般的理由を挙げるのみで，非訟法19条では許されない場合にも事情変更による取消し・変更が一般に認められるとすることには疑問があろう。それではなぜ非訟法19条の規定が置かれる必要があったかという疑問が生じるのみならず，同条3項の存在はほとんど無視されることになる」と批判する。通説は，先に述べたように審判後の事情変更による取消し・変更をも19条1項によって対処しようとするが，それとは別に扱うのが正当である。
　　＊＊ドイツ法においても同様に争いがある。ドイツ非訟法（FGG）18条は裁判後の事情変更を含まないとするのが通説である（たとえば，Bärmann, S. 150; Habscheid, S. 198; Brehm, Rn.368）が，KKW-Schmidt, Rn. 2 zu § 18は，当初からの不当と事情変更による不当を含むとする。立法者の意図も明確ではないといわれる（Bärmann, S. 154）。結局のところ，対立点はその理論構成であって，いずれの見解も実際上の考慮から非訟法18条の準用を認める点では一致する。上記注解・家審法94頁〈菊池〉の

ように，これを認めないのではない点に注意が必要である。

　非訟法19条3項が定めるように，即時抗告に服する裁判では同条1項による裁判の取消し・変更をなしえない。しかし，これらの裁判であってもとりわけ継続的な法律関係を対象とするような審判にあっては，事情変更による審判の取消し・変更の必要がある。これについては19条1項とは別に考慮する必要があるのであるから，理論的には少数説を支持すべきであると考える。19条1項が適用されるのは，上記1・2の審判および即時抗告に服する審判以外の審判であって，しかも裁判が当初から不当である場合に限られるのである。

(2) 取消し・変更の対象となる裁判

　終局裁判には限られない。中間的裁判でもよい。しかし裁判が形式的確定力を有するに至ったときは，もはや取消し・変更をなしえない。また非訟法19条3項がいうように，即時抗告に服する審判も取消し・変更の対象とはならない。迅速に手続を終結させて法的安定を図るためである。抗告権の放棄のあった場合，または抗告審の裁判があったときは，この理由によってもはや取消し・変更ができない。このように見ると家事審判法では，不服申立てとして即時抗告が原則とされている（家審14条）ことから，非訟法19条1項の対象となる裁判は例外的だといえる*。

　また申立てによってのみ裁判をなすべき場合において，申立てを却下した裁判は，申立てがなければこれを取消し，変更することができない（非訟19条2項）。この規定は，申立却下の裁判によって当該手続が終了したことになっているのに，職権でその取消し・変更を行うことは申立てなくして裁判をすることとなるからであり，本来申立てに基づいてのみ裁判すべき事件の趣旨と反することになるので，注意的に定められている。

　　*福岡高決平成15(2003)・6・25判タ1145号296頁は，家審法24条審判の確定後に，介護費用の支払条項を非訟法19条1項に基づいて取り消した原審審判を，裁判が形式的に確定した後は非訟法19条による審判の取消し・変更はできないとして，違法であるとした。この場合，「当事者は前の調停が有効であることを前提として，その後事情の変更があった場合には，その内容の変更を求めて別途家事調停を申し立てる」等の手続をとるべきであるという。

(3) 申立てと取消し・変更の裁判をなしうる裁判所
① 申立て

裁判の取消し・変更は当事者の申立てにより，または職権によってなしうる。当初の申立人である必要はない。非訟法19条は裁判所が自らのなした裁判を不当と認めたとき，これを取消し・変更することを認めた規定だと解し，当事者には申立権を認めたものではないと解するのが通説である。申立ては裁判所の職権発動を促すにすぎない（東京高決昭和60(1985)・3・25家月37巻11号41頁，日野・講座実務家審1巻220頁）。したがって，申立てに対して裁判所の応答義務はなく，応答しないことに対して不服申立もできない。他方で，非訟法19条1項は，「取消又ハ変更スルコトヲ得」として，これが裁判所の権能であるかのように定めているが，その要件が満たされているかぎり，取消し・変更の義務を負っていると解される。

② 裁判をなしうる裁判所

取消し・変更の裁判をなしうる裁判所は，当該の審判をした家庭裁判所に限られる。ただし，事件を移送したときは，移送を受けた裁判所は当初から管轄裁判所であったと擬制されるため，移送を受けた家庭裁判所が移送前の家庭裁判所がした審判を取り消し，または変更することができる。抗告裁判所が，自らのした裁判を取り消し・変更することができるかについては争いがあるが，否定説が通説である（東京高決昭和46(1971)・12・21判タ275号313頁）＊。取消し・変更の審理は以前の手続の継続として，同一手続内で付随的な形で行われる。別個の新しい手続によるのではない。審判を不当とする理由は事実問題と法律問題によるとを問わないから，事実調査，証拠調べ等一般の審理と同様に必要な行為をなしうる（実務講義案150頁）。

＊抗告裁判所の職責は，原裁判の当否の審査を行うことにあり，その裁判をすることでその職責は終了しているからと解するのである（日野・講座実務家審1巻219頁。ドイツでもこのように解されている。KKW-Schmidt, Rn. 8 zu § 18）。このように理解すると，審判に対して抗告が提起された場合，家庭裁判所はいつまで取消し・変更をなしうるかという問題が生じる。抗告がなされ事件が抗告審に送付されるまではなしうると解する。

(4) 取消し・変更をなしうる時期

取消し・変更をなしうる時期については特に定めはないので，その必要性があるかぎりいつでもできる。しかし法的安定性，取引安全の保護等の理由から，未成年者に関する審判は成年に達した後にはもはや取り消すことがで

きない。また未成年者の養子縁組または離縁の許可の審判に基づいて縁組または離縁の届出が受理された後，あるいは後見人選任の審判や就籍許可の審判について戸籍の記載が完了した後は，もはや取消し・変更ができない（市川・前掲28頁，鈴木・既判力117頁，講座家審法1巻81頁〈綿引〉，日野・講座実務家審1巻218頁）。

相続放棄申述受理の審判も取消し・変更はできない。新たに放棄の取消しの申述をすることになる（民919条4項，家審9条1項甲類25の2参照）。

(5) 取消し・変更の理由

非訟法19条は，裁判を不当と認めるときというが，これは裁判が当初から不当であったことを理由とする。通説は，裁判がなされた時点では相当であったものがその後の事情の変更によって不当となったときも，ここに含めている。しかし事情変更による取消し・変更は，これとは別に非訟事件の裁判の性質から独自に認められると解する（以下，4参照）。

裁判を不当とする理由は，事実問題および法律問題のいずれであってもよい。法的な見解の変更，法解釈の誤りの発見，あるいは判例の変更などがその理由となる。また事実の評価が変化したこと，あるいは当初の審判の段階で存在していた事実が，探知が十分でなかったために審判手続には現れなかったが，後にそれが判明し，これが当初とは異なる内容の審判となることなども取消し・変更の理由となりうる（林・前掲84頁参照）。

(6) 取消し・変更審判の効力

非訟法19条1項による審判の取消し・変更は，すでに述べたように審判がなお未確定の状態での措置である。審判がすでに確定し執行を終えている場合には，もはや取消し・変更は問題とはならない。取消し・変更をした場合にその裁判には遡及効が認められるかについては，争いがある。裁判が当初から不当であったことを理由とするならば，取消し・変更の裁判の効力は遡及するとするのが筋が通るようにも思えるが，これを認めると当然無効な裁判との差異がなくなること，第三者の地位を害すること等から，遡及しないとするのが通説である（市川・前掲28頁，鈴木・既判力133頁，講座家審法1巻82頁〈綿引〉，林・前掲89頁，日野・講座実務家審1巻221頁）*。

　　*ドイツ非訟法（FGG）32条は，ある者が法律行為をなし，あるいは意思表示を受領する能力または権能を取得する処分が不当であるとして取り消される場合に，処分が管轄権不存在により無効でないかぎり，その間になされた法律行為に影響を及ぼさ

ないと定め，法的安定性を優先させることを明規している。

4 事情変更による取消し・変更
(1) その必要性
　非訟法19条1項による取消し・変更は，形式的確定を生じていない審判につき適用されるにすぎない。しかし非訟事件・家事審判においては，関係人間の継続的な法律関係に関与することが多く，また将来に向けて長期間にわたって効力を生じることがある。たとえば親子関係にしても，人の成長や環境の変化があり裁判所の判断がいつまでも変わらないこと自体が，逆に桎梏と感じられる場合もありうる。家庭裁判所が後見的機能を発揮するためには，裁判の内容が関係人間の事情の変化に対応して最適な内容を維持し続けることが必要であり，そのためには審判がその後の事情の変化に対応して取り消され，変更されうる可能性がなくてはならない。裁判所が後見的機能を発揮するにも，こうした制度が必要になる。非訟事件の裁判について事情変更を原因とする裁判の取消し・変更が認められている理由はこの点にあるといえる。

(2) 事情変更による取消し・変更の対象となる裁判
　事情変更を理由とする取消し・変更の対象となる審判は，継続的な法律関係に関するか，または審判によって継続的な法律関係が創設された場合である（鈴木・既判力117頁）。また裁判は積極的な内容をもつものでなければならない。その審判に対する不服申立てが即時抗告とされ，確定しているときでも取消し・変更をなしうる。非訟法19条3項の制限は，ここでは働かない（民訴117条による定期金による賠償を命じた確定判決の変更を求める訴えと趣旨を共通にする部分がある）。婚姻費用の分担に関する審判が審判後の事情の変化により増減をなしうることについては異論はないであろう（大阪高決昭和49(1974)・2・28家月26巻12号58頁，東京高決平成16(2004)・9・7家月57巻5号52頁）。しかし実務においては，審判の対象が継続的な性質のものではなく，1回限りの法律関係に関するものであってもそれ以外に取消しの手段がないときは，事情変更による取消し・変更を認めている*。

　　＊たとえば，東京高決昭和50(1975)・1・30判時778号64頁は，相続人の存否不明であるとしてされた相続財産管理人の選任審判の後，相続人の存在が明らかになったため，その選任審判が取り消されたときは，事情の変更を理由に相続財産の分与の審

判を取り消すことができるとしている。本件では相続財産管理人の選任の審判と，相続財産の分与の審判がともに非訟法19条によって取り消されている。しかしながら，類似の事例につき大阪高決昭和40（1965）・11・30家月18巻7号45頁は，非訟法19条によっては財産管理人選任の審判を取り消すことができないとし，むしろ家庭裁判所は，「家審規118条によりこの場合に準用される同37条により，相続財産管理人の選任を取り消すべき」であるという。この立場を支持すべきであろう。

(3) **事情変更の具体例**

神戸家裁尼崎支審昭和44(1969)・9・19家月22巻6号71頁は，「婚姻費用分担に関する協議又は審判の事情変更に基づく取消・変更は，協議又は審判のあった後に，その基準とされた事情に変更が生じ，従前の協議又は審判の内容が実情に適合せず不公平なものとなった場合に限られ，右分担額決定に際し，当事者においてすでに判明していた事情ないし，予見し得た事情を理由としてその変更を主張することはできない」とする（東京高決昭和50(1975)・3・19判時779号66頁も同旨）。

東京家審昭和48(1973)・8・8家月26巻3号47頁は，「当分の間別居する旨の調停が成立している事案において，調停成立後既に2年半以上経過し，相手方夫は別居後殆ど間をおかないで他女を引き入れ夫婦同様の生活を営み，しかも，調停条項に違反する等の判示の事項の下においては，調停による別居の合意の変更に代わる審判をすべき事情の変更があったものと認められる」としている。したがって審判の後，当事者間において審判の基礎とされた事実関係に変動が生じ，審判を維持することが当事者間の公平からみて不適当になった場合に，事情変更による取消し・変更が許される＊。

　　＊遺留分放棄許可審判の事情変更による取消し
　　　遺留分放棄許可の審判について，民法および家審法にはこれを取り消すことができる旨の明文の規定がない。しかし，通説および実務は，家審法7条による非訟法19条1項の準用により，家庭裁判所は事情の変更により審判時には正当であった遺留分放棄許可の審判を維持することが不当となったときは，これを取り消すことが許されるとしている（山木戸・49頁，注解・家審法314頁〈松原〉，東京家審平成2(1990)・2・13家月42巻6号55頁，東京高決昭和60(1985)・8・14家月38巻1号143頁，東京高決昭和58(1983)・9・5家月36巻8号104頁，仙台高決昭和56(1981)・8・10家月34巻12号41頁など）。また相続の開始後においても取消しをなしうるとされている。
　　　遺留分放棄許可の審判に対しては即時抗告を認める規定がない。それゆえ，この審判が当初から不当であるときは，非訟法19条1項により取消し・変更が許されるが，審判後に事情が変更したことを理由とするときは，本書の立場では同条の適用はない

ことになる。非訟事件（家事審判事件）の一般原則として事情変更による変更が許されるかが問題となる。本審判の許可基準とされる①遺留分権利者の自由意思，②遺留分の事前放棄制度の趣旨に反しないこと，③放棄と引き換えに贈与等の代償給付がなされていること等の要因が，審判後にどのように変化したかが重要となろう。実体法からの見解によれば，取消権を認めるのが当然だとする主張もみられる（前記仙台高決評釈として村井衡平・判例評釈・法律時報 54 巻 5 号 (1982) 146 頁，松倉耕作・判例評釈・判タ 499 号 (1983) 158 頁，右近健男・判例評釈・判例評論 303 号 (1984) 190 頁など）が，審判手続を経ている以上，当然に認められるとは言い難いであろう。事情変更を理由に取り消すとすれば，事実関係の変更が，当初の審判を維持できないほどに変化したかが問題である。

(4) 手続・審判

当該の審判が申立てによって開始される場合には，事情変更を理由として審判を取り消しあるいは変更するためには申立てを必要とするが，職権によって開始しうる事件の場合には，裁判所が職権によってもこれをなしうる。この場合，関係人の申立ては職権発動を促す意味がある。審判はすでに確定しているから，別個の新たな申立てとなる。

事情変更による取消し・変更は，当初正当であった裁判がその後の事情の変化によって不当となったのであるから，これを取消しまたは変更する審判は遡及的な効力を有しないのは当然である。

5 審判の効力

1 総　説

審判は，その主文に記載された具体的な法律関係につきその内容に応じた効力を生じる。家審法自体は，15 条において執行力について触れるにとどまる。しかし従来よりその他の効力についても議論されてきた。その効力を考察するにあたっては，判決と同様に，形式的確定力，既判力，執行力，形成力等に分けて検討することが便宜であろう。以下において順次検討することにしよう。

2 審判の形式的確定

(1) 意　義

裁判が形式的に確定するとは，裁判がその手続内においてもはや取消し，変更し得ない状態になることをいい，そのような状態になったとき形式的確

定力を生じる。たとえば家審規13条ただし書きにおいて、即時抗告をすることのできる審判は、確定しなければその効力を生じないという場合がこれを指している。したがって即時抗告のできる審判については、不服申立方法である即時抗告期間の徒過、抗告権の放棄、即時抗告期間徒過後の即時抗告の取下げ、抗告審の裁判の確定があったときに審判は確定する。審判が確定すると、関係人は強制執行を行いあるいは戸籍の記載や訂正を求めるため書記官に対して確定証明書の交付を求めることができる（民訴規48条1項参照）。

ところで家審法7条によって準用される非訟法19条3項によれば、即時抗告をすることができない裁判は、裁判の後もこれを取消し・変更することができると規定している。したがって、家事審判においても即時抗告をすることができない裁判については、形式的確定力が生じないということになる。どのような場合がこれにあたるかについては、後述する。

(2) 審判の更正

審判につき計算違い、誤記その他これに類する明白な誤りがあるとき、これを更正することができるかについて家審法および家審規には定めがないが、民訴法257条および民訴規160条の類推適用が認められると解されている（林・前掲81頁）。また実務もこのように取り扱っている（実務講義案156頁）。更正をするのは原則として当該の審判をなした家庭裁判所であるが、裁判に審査権限をもつ上訴裁判所も誤りを訂正できると解してよい（最判昭和32（1957）・7・2民集11巻7号1186頁、通説もこれを支持している。新堂・607頁など）。申立てまたは職権によってなしうる。更正の審判に対しては独自に即時抗告が認められる（民訴257条2項）から、本案の審判につき即時抗告が許されない審判についても更正に対しては、民事訴訟法の規定に従って即時抗告ができると解すべきであろう（民訴257条1項参照）。これに対して更正申立てを却下する審判に対しては不服申立てが許されない。裁判所自身が誤りがないとする以上、他から強制される筋合いのものではなく、不服があるならば判断内容に対する不服として扱うべきだと考えられるからである（新堂・607頁）。更正の審判は、審判の原本と正本に附記する（民訴規160条1項）*。

　　*東京高決平成14(2002)・3・26家月54巻9号129頁は、遺産分割審判の更正審判につき、相続人の各相続分の評価額の計算違いは、明白な誤りといえなくもないが、これに伴って各相続人が取得する具体的な遺産内容や代償措置を大幅に変更すること

は，更正の限度を超えており違法，かつ無効であるという。

3 既判力
(1) 問題の所在
　民事訴訟の判決が確定した場合に生じる，判決の実体的確定力を既判力という。既判力とは確定判決の判断内容が当事者および裁判所を拘束し，これに反する主張や矛盾する判断をなしえなくさせる効力である。このような効力を認めなければ，判決後も同一の紛争について蒸し返し主張が可能となり，また裁判所の判断が異なる余地が生じるので紛争に決着をつけることができなくなる。審理を遂げ判決が言い渡され，しかもその手続内で争う可能性がなくなった以上は，その判断内容は他の手続との関係でも尊重されるべきである。既判力はこのような趣旨で認められる。

　一方，家事審判は非訟事件に属するが，非訟事件の裁判に既判力が認められるかについては議論がある。もともと甲類審判事件に含まれる事件の審判については既判力が否定されてきたし，特に疑問も提起されていなかった。法的効果が問題となるときは，その終局的確定は民事訴訟に委ねられるからである。たとえば，限定承認や相続放棄の効果が生じているかどうかは，審判手続で争われるのではなく，相続人と債権者等との間の民事訴訟の中で抗弁等として争われ判断される。しかし紛争性の強い乙類審判事件では，いわゆる真正争訟事件としてその審判は訴訟における判決に類するものとして，既判力を肯定すべきではないかという疑問が提起されるのである。

　さらにはやや特殊な例であるが，家審法は，その23条において合意に相当する審判の制度を設け，人事訴訟事件について関係人間に合意が成立し，無効または取消しの原因の有無について争いがない場合，必要な調査を加えた上で合意に相当する審判をすることができるとする。この審判の性格について争いはあるが，人事訴訟の判決の代用とも称されるのであり，この審判には既判力が必要ではないかという問題が登場するのである。

(2) 学説の状況
　学説においては，既判力を肯定する少数の見解がある（市川・127頁，同・前掲家月8巻12号28頁）*が，否定するのが通説である。確定判決と同様の既判力が家事審判に認められないとしても，その裁判を関係人も第三者も争うことができないことは異論なく承認されている。

＊市川は、ここで甲類、乙類のいずれの審判についても既判力を認めて次のようにいう。すなわち、「不在者の財産管理人を選任する審判や後見人を選任する審判は告知によってその効力を生じたときは、当然に何人に対する関係においても財産管理人または後見人たる資格が認められ、関係人は別個の事件においてこの資格を否定することはできないことはもちろん、裁判所もまた前の審判と抵触する審判をすることはできない。また、財産分与の審判をした場合に、その審判が確定すれば、事件の当事者はその審判によって拘束され、財産分与を内容とする別の審判事件を申し立てることを得ないとともに、裁判所もまた、前の審判と矛盾する審判をすることを得ないわけである」という（前掲家月28頁）。ただ、前者の例を既判力として扱うかどうかについては問題がある。また宮脇幸彦「家事審判及び家事調停の効力㈣」戸籍155号（1961）1頁は、既判力は認められないとしつつ、「一事不再理の原則ならば認めることができるはず」とし、たとえば養子縁組の許可を却下された者が、全く同一の事実関係を主張して再度申請をし、全く同一の証拠しかない場合には、その申請は一事不再理の原則によって却下されることになるという。

既判力を否定する理由は、乙類審判事項では当事者間の争訟的性格が強いことは承認するものの、これが審判手続において処理されるのは、権利または法律関係の二者択一的解決を避けて、合目的的に法律関係を形成する必要性があるためであること、またその審判は裁判所が後見的な立場から裁量権を行使して行うものであることである（鈴木・既判力48頁、山木戸・57頁、家審法講座1巻78頁〈綿引〉、篠清「審判の効力」判タ250号116頁、鈴木正裕「非訟事件の裁判の既判力」『実務民事訴訟法講座7巻』(1969)106頁、日野忠和「審判の効力」講座実務家審1巻210頁）。さらには、家事審判における法律関係の形成は、民事訴訟の判断とは異なり一定の要件を定めた法規の存在を前提とするものではなく、当事者間の衡平ないし合目的性の立場からもっぱら家庭裁判所の権能に基づいて行われるのであって、法的安定性の要請は働かないこと、さらに近時の既判力の正当化根拠として主張されている当事者に対する手続保障が必ずしも十分には認められていないことから、当事者の自己責任を問うことはできないとされる（注解・家審法587頁〈飯島〉）。

(3) 既判力の否定の根拠

基本的には否定説に賛成すべきであろう。実務においても否定説が採用されている。否定説の挙げる上記の理由のほかに、家事審判においては後述するいわゆる23条審判以外には、既判力を承認しなければならない必要性を見いだしがたい。家事審判事件は、合目的的見地から将来の具体的法律関係の形成に向けられているので、その審判に民事訴訟のような過去の事実の確

定とそれに基づく権利の確定のように、法的安定性を強く求めることにはならないという認識が基本になる（山木戸・56 頁）。すなわち、将来に向けての法律関係の形成の判断は、その判断の基礎とされた事実の評価とその結果がその後に適合しなくなった場合には、修正され変更されるべきであるという要請を内在させているのであり、判断の基礎である事実について異なる主張を禁止することはできない。このように非訟事件の裁判では、その判断の通用力を貫徹させるのではなく、むしろ事実関係の変動に適応していくことが求められるのである。権利または法律関係の存否について非訟事件の手続で審理し、この判断に既判力を生じさせることは、裁判を受ける権利の侵害となる（この点については、第 2 章第 1 節 2 2 参照）。

*家事審判手続の合憲性を認めた最大決昭和 40(1965)・6・30 民集 19 巻 4 号 1089 頁は、審判の前提についても訴訟提起の可能性を認めていたし、最大決昭和 41(1966)・3・2 民集 20 巻 3 号 360 頁は、遺産分割の前提問題について家庭裁判所で審理をしても、その判断には既判力が生じないことを明言していた。家事審判自体についても、東京高判昭和 58(1983)・9・28 家月 36 巻 11 号 109 頁は、婚姻費用分担審判に対する請求異議訴訟につき婚姻費用分担審判には既判力が生じないので、その確定の前後を問わず婚姻費用分担義務の存否に関する異議の事由を主張できるとし、広島高裁松江支決平成 2(1990)・3・26 家月 42 巻 10 号 45 頁は、財産分与は家事審判によりなされた場合も、離婚の訴えに附帯して訴訟裁判所で審理された場合でも、この処分については既判力を生じないとしている。

また札幌高決昭和 61(1986)・3・27 家月 38 巻 11 号 105 頁は、家事審判手続における相殺の抗弁についての判断には既判力類似の効力が生じないから、財産分与請求権に対して、法律上確定していない離婚慰謝料による相殺の主張をもって対抗することができないとする（この点については、佐上「家事審判における相殺主張の取り扱い」新堂幸司先生古稀祝賀『民事訴訟法理論の新たな構築（下）』(2001)31 頁以下）。

(4) 既判力がなくても支障は生じない

① 蒸し返しの禁止

家事審判において既判力を必要としない理由を補足しておこう。まず、申立てを認容する審判の後に同一の関係人が審判内容に矛盾する主張をする場合に、既判力が生じないとすると紛争の蒸し返しが生じることが考えられる。これに対処するにはいくつかの方法がある。まず、家事審判の多くは法律関係の具体的形成に向けられた裁判であるから、その審判が無効でない限り形式的確定により、形成力を生じる。この形成力は何人に対しても生じるのであり、同一の審判対象につき申立てがあるときは、「形成対象を欠き従って

申請の利益なきものとして不適法却下すれば足りる」。「形式的確定力を有する裁判が存する以上，同一内容の裁判を重複することは，それ自体利益がないからである」（鈴木・既判力49頁，日野・講座実務家審1巻210頁）。また第三者や他の裁判所に対しても，確定した審判が拘束力を有することは，この形成力から説明されることが通常であるが，さらに家庭裁判所の職分管轄性から根拠づけられることもある（鈴木正裕・前掲『実務民事訴訟法講座7巻』106頁は，とりわけこの形成効による説明を批判する。徳田和幸「家事審判の既判力」判タ1100号583頁）*。近時の民事訴訟において論じられているように，前訴の判決と実質的に矛盾する後訴を信義則に反するという理由で排斥するという理論構成を準用することも考えられよう**。

> *不在者の財産管理人選任審判につき，名古屋高決昭和45(1970)・2・7判タ244号199頁は，「この審判は，家庭裁判所が固有の職分管轄に基づきなす，いわゆる形成の裁判であるから，家庭裁判所が家族関係法令所定の手続に基づき，これを適法に取消変更しない限り，利害関係人はもちろん一般民事裁判所もこれに拘束され，審判の主文および理由中の判断に抵触する主張ないし判断をなし得ない」という。
>
> **大阪高決平成15(2003)・5・22家月56巻1号112頁は，事件本人である母親を扶養した申立人が，母親の死後寄与分の審判を申し立てた（乙類9号の2）が却下され，その審判確定後に，過去の扶養料の求償を求めた事件（乙類8号）につき，申立人の扶養を理由とする寄与分を否定した先行の審判が確定していても，本件審判申立てが紛争の蒸し返しにあたるとはいえないとして，扶養料の求償の可否を判断するための事実調査をさせるため原審に差し戻した事例である（なお，島岡大雄「乙類審判における先行審判のむし返しの可否」関西家事事件研究会編『家事事件の現況と課題』(2006)356頁以下参照）。

申立てを認容する家事審判に既判力を認めない結果，たとえば離婚に伴う財産分与の審判がなされた後に，関係人の一方は分与額を増額する審判を申立てて，前審判の当時に相手方が財産を隠匿していたことを主張できる可能性が生じる。これを認めて申立てにつき審理するか，それとも却下するかは，既判力ではなく申立ての利益あるいは事情変更による審判の取消し・変更の問題として処理される。

次に，申立てを却下する審判に既判力を認めるかについても，議論がある。この場合にも既判力を否定するのが通説である*。

> *鈴木・既判力49頁，山木戸・57頁。鈴木正裕・前掲『実務民事訴訟講座7巻』109頁は，裁判所の負担を軽減し相手方関係人の利益を保護する見地から既判力を承認する。しかし，既判力をこの場合に限って認めるのは整合的ではない。否定すべき

である。それゆえ，裁判の標準時以前に存在していたが，関係人が主張しなかった事実・証拠には失権効が生じない。したがって，たとえば後見人の解任申立てにつき，その理由がないと認めて申立却下の審判がなされこれが確定した後に，再び解任の申立てがあったときは，前審判の前に存在した事実をも斟酌して改めて審理することになる。

② 裁判の取消し・変更，調停

すでに**4**において説明したように，家事審判においては審判の確定後も，これを取消し，または変更するさまざまな可能性を認めている。審判に対して既判力があるとして新たな申立てに対して謙抑的に対処するよりも，乙類審判では関係人に調停による協議の場を設定し，関係人間にいかなる問題が生じているか，その調整をはかる必要があるかを確認する方が，紛争解決にとっては合理的であるといえる。

(5) 家審法23条審判の既判力

この審判は，狭義の家事審判手続においてなされるのではなく，調停前置主義により人事訴訟事件についての調停手続の中でなされるものである。それゆえ，別個の判断が必要になる。この審判の対象となる事項は，判決によって処理されるべきものであり，またこの審判が確定すると関係人およびその他の提訴権者も訴えを提起できなくなることなど，人事訴訟の簡略な手続としての機能を果たしている点に鑑みて，既判力を肯定するのが通説である（山木戸・107頁，小山昇「家事審判法23条，24事件」『新実務民事訴訟講座8巻』243頁，鎌田千恵子「法23条事件の運用上の留意点」講座実務家審1巻404頁，日野忠和「審判の取消，変更及び再審」講座実務家審1巻210頁等。なお，詳細については本書第2編第6章第1節**6**参照）。

4 形成力

(1) 原則

裁判によって，その対象である法律関係についての裁判の趣旨に従い，新しい状態が発生し，あるいは既存の状態が変更または消滅するときは，その裁判は法律関係を形成する効力（形成力）を有するという（山木戸・53頁参照）。家事審判において，申立てを認容する審判はこの形成力を有することが多い。またこれらの事件においては，その審判が確定しない限り何人も形成の効果を主張できない。法律関係の形成について，関係人に処分権がなく

その効果の発生を求める場合には常に審判の申立てをしなければならない事項（甲類審判事件の多くがこれに該当する）と，関係人間で合意が成立すればその法律効果を認めるが，協議が整わない場合に裁判所がこれを具体的に形成する場合がある（乙類審判事件の多くがこれに該当する）。

　たとえば，後見開始・取消しの審判（民7条，10条，家審9条1項甲類1号），不在者の財産管理人の選任・改任の審判（民25条，26条，家審9条1項甲類3号），子の監護者の指定（民766条，749条等，家審9条1項乙類4号），親権・管理権の喪失の宣告・取消しの審判（民834条，835条，家審9条1項甲類12号），推定相続人の廃除・取消しの審判（民892条，家審9条1項乙類9号）など，それを認容する審判は形成力を有する。子の氏の変更許可（民791条，家審9条1項甲類6号），養子縁組・離縁の許可（民794条，798条，家審9条1項甲類7号），特別養子縁組の成立・離縁（民817条の2以下，家審9条1項甲類8号）は，家庭裁判所が当事者間の身分関係の形成に後見的立場から関与し，審判することによって初めてその効果を生じる。

　婚姻費用分担の審判（民670条，家審9条1項乙類3号），離婚・婚姻取消しによる財産分与（民768条2項，家審9条1項乙類5号），扶養に関する審判（民877条以下，家審9条1項乙類8号），寄与分を定める処分（民904条の2第2項，家審9条1項乙類9号の2），遺産分割（民907条，家審9条1項乙類10号）などは，当事者間の協議が整わない場合に，申立てにより裁判所が関係人間の法律関係を合目的的に調整し，法律関係を形成するものである。

(2)　第三者に対する効力

　審判による形成の効果は，手続関係人以外の一般の第三者に対しても及ぶ（もっとも夫婦同居の審判のように第三者への効力を考えられないものもある）。家事審判については申立人，不服申立権者が法定されているので，それ以外の第三者は実質的に利害関係を有しないことを意味するにすぎないともいえる。もっとも，上に掲げたさまざまな審判が形成力を有するとしても，特に乙類に掲げられている審判事件については，その効果が第三者に対しても及ぶことを必然的な内容としなければならないかについては，疑問がある。財産分与の効果や遺産分割の効果が直ちに第三者に拡張されるわけではない。第三者との関係で所有権帰属が争いになることはありうるが，その争いは別途訴訟によって決着がつけられなければならない。「遺産分割審判によって何某に分与された」という点を争えないだけであり，その前提となる権利関

係の存否まで第三者との関係でも不可争になることはない*。

*家事審判は行政機関や他の裁判所に対してどのような効力を生じさせるか。既判力を生じないという前提で考える。限定承認，相続放棄の申述についても，これが受理されたこと自体は，何人によっても争われない。しかしその実体的効力は，家事審判では審査しないから，民事訴訟において争われることがある。遺産分割の前提問題である訴訟事項の判断についても同様である。これに関する判断は，たとえ当事者が家事審判の関係人と同一であっても，当事者相互間でも拘束力はなく，また他の裁判所を拘束する効力を有しない。

他方で，家庭裁判所による後見人，遺言執行者等の選任の審判は，家庭裁判所に委ねられた専権事項であり，審判に無効原因がないかぎり，他の行政機関・裁判所によって承認されなければならない（Habscheid, S. 213）。形成的効力を有する裁判であるから，第三者に対してもその効力が及ぶとの説明がなされうるが，これらの事項についての家庭裁判所の専属管轄性から，他の機関がこれを尊重することが法的安定性から要求されている。

5 執行力

(1) 給付を命じる審判と執行力

審判の執行力とは，審判がその内容を民事執行（強制執行）によって実現しうる効力をいう。家審15条は，金銭の支払い，物の引渡し，登記義務の履行その他の給付を命ずる審判は，執行力ある債務名義と同一の効力を有すると規定する。このような定めを置いたのは，審判は多くは関係人間の法律関係の形成を目的とするが，その結果生じた金銭の支払い等についてもあわせて関係人に命じ，これに執行力を付与することが迅速かつ適切な紛争解決のために必要であるからである。民事執行法との関係でいえば，家事審判においては給付を命じる審判には当然に執行力が付与されていることが特徴である。

家事審判規則上で，給付を命じることができるとしている場合は，すべて乙類審判事項に関するものであり，主要なものとして次のようなものがある。①夫婦間の協力扶助の審判（家審規46条，98条，49条），②婚姻費用の分担の審判（同59条，49条），③子の監護に関する審判（同53条，61条），④財産分与の審判（同56条，49条），⑤親権者の指定・変更の審判（同70条，74条，53条），⑥扶養の審判（同98条，49条），⑦遺産分割の審判（同110条，49条）。

なお，家庭裁判所が財産の管理人に対して，財産の状況の報告や管理の計

算を命じる（同33条，68条）ことがあるが，これは家庭裁判所によって選任された財産の管理人に対する選任庁の命令であって，財産管理人の負う特別義務を示しているものである。したがって上記の給付を命じる審判とは性質を異にし，これを請求できるのは家庭裁判所であって執行力を認めることはできないとされている（家審法講座1巻75頁〈綿引〉，山木戸・55頁。この義務を履行しないときは解任その他の処分で対応するしかない）。

審判の執行力の客観的範囲は，主文において宣言された給付義務に限られる。給付を命じる審判の中には，調停に代わる審判（家審24条），費用の負担を命じる審判（非訟31条）および過料の審判等を含まない。これらの審判は，それぞれ執行力を有しているからである（実務講義案138頁）。執行力を受ける者は，審判書に掲げられた関係人であるが，当該の権利または義務が相続または譲渡の可能性があるときは，承継人にも拡張される（家審法講座1巻76頁〈綿引〉，注解・家審法635頁〈飯島〉）。

(2) 強制執行
① 執行文の付与

強制執行をするには，民事執行法の規定に従う。民執22条は，金銭の支払いその他の給付を命じる審判を債務名義に掲げていないが，これにより強制執行ができるのは当然だとされ，この点について争いはない。上述したように家審法15条により，執行文の付与を必要としない。ただし，執行が条件に係る場合や関係人に承継があった場合には，執行文の付与を必要とする（民執27条参照）＊。

＊民事執行法の考え方とは異なる規制であるから，本来ならば家審法自体に規定するべきではなかったかと考えられる。また家審法講座1巻77頁〈綿引〉は，「原則として私人間の債務名義については執行文の付与を必要とするのであり，一般に執行文の附記なくして執行することのできるものとする場合は，……当事者の承継執行文の附記を要する例外の場合についても規定するという形式をとるのが通例と思われるので，（家審法15条などの）法条の文言自体から通説の結論を導き出すことには疑問がある」と指摘する。

② 強制執行ができない場合

給付を命じることのできる審判がなされても，その性質上強制執行に親しまないとされているものもある（通説は夫婦同居の審判は直接強制はもちろん間接強制も許されないという）。他方で一般的に強制執行には親しむとされているものの，具体的な執行方法につき問題の多い子の引渡しなどがある（こ

の点については第3節83参照)。また家審法は,金銭の支払い等に関し履行確保の制度(履行状況の調査・勧告,履行命令等。家審15条の5以下)を設けて,いわゆる家事債務の実効的な履行を図るべく規定を置いている。これらについては,後に改めて触れることにする。

給付を命じる審判に基づく執行に関して,執行文付与の訴え(民執33条),執行文付与に対する異議の訴え(同33条),請求異議の訴え(同35条)の管轄裁判所は,当該の審判をした家庭裁判所である。

6 審判のその他の効力

甲類家事審判の中で,遺言書検認の審判については,そもそも審判という概念に含まれるか疑問があるとの見解もある。この審判は,遺言書の偽造変造を防止しその保存を確実にするために,たんにその外形的状態を検閲するにとどまり,遺言書の効力を何ら確定するものではない。またこの検認を経ていなくても遺言の効力には影響がない(その詳細については,松原正明「家庭裁判所における開封・検認手続の実際」判タ1100号478頁参照)。それゆえ,この審判の効力は「いわば一種の保存的効力ないし確定的効力である」とされる(山木戸・58頁)。

第7節　審判に対する不服申立て

1　総　説

1　抗　告

家事審判は,民事裁判権の行使としてなされる裁判であるから,他の裁判と同様に不服があるときは,これに対して上訴することができる。家審法は非訟法が準用される手続である。その裁判は審判(決定)でなされるから,この裁判に対しては抗告による不服申立てが認められる。抗告には,抗告提起の期間の定めのない通常抗告と,法が特にこれを許す旨を個別に規定し,迅速な解決の必要から不変期間内に限って抗告を提起することを認める即時抗告がある(民訴328条1項,332条参照)。通常抗告に服する裁判は告知によって効力を生じ,裁判を取り消す利益があるかぎり,いつでも提起することができる。これに対して即時抗告は,抗告期間を徒過すると裁判が形式的

に確定し，それとともに裁判の効力を発生させる（即時抗告があると，原裁判の執行を停止させる）のが原則である。

民事訴訟法上，抗告は訴訟手続上の付随的・派生的な問題の裁判に対する不服申立てとして位置づけられている。しかし，非訟法が適用または準用される手続においては，本案の裁判および付随的な事項に対する裁判に対する不服がすべて抗告によってなされる＊。

＊平成17(2005)年度司法統計年報・家事事件編第12表によれば，同年度の家事抗告事件（高等裁判所で取り扱った民事抗告事件のうち，家庭裁判所を原審とする事件）の新受件数は1,937件である。既済2,020件の内訳をみると，却下44件，棄却1,317件，取消し469件（自判441件，差戻し28件），取下げ141件等となっている。

2　通常抗告と即時抗告——家審法の選択

非訟法は，裁判に対する不服申立てにつき，その20条において「裁判ニ因リテ権利ヲ害セラレタリトスル者ハ其裁判ニ対シテ抗告ヲ為スコトヲ得」として広く不服申立てを認めている。抗告期間に制限のない通常抗告が原則である。しかし，家審法14条は，「審判に対しては，最高裁判所の定めるところにより，即時抗告のみをすることができる。その期間は，これを2週間とする」として，不服申立てを即時抗告にのみ限定し，また最高裁規則である家審規に明記されている場合に限っている点で，特別の定めを置き，非訟法の適用を除外している。このような定めとする理由について，家審法の立法者は次のような説明をしている（同法案審議のために昭和22年8月に作成された「家事審判法質疑応答資料」，堀内・研究436頁による）＊。

＊「（第7条に関連して——引用者注）非訟法の準用につき注意すべき事項は，次の通りである。

(1)（非訟法）第20条は，普通抗告と即時抗告に関する規定であるが，審判に対しては，本法案第14条により即時抗告のみしかできないから，この即時抗告についてのみ準用される。而も本法案第14条により，最高裁判所は，即時抗告権者を定めることができるから，本条は，最高裁判所が特に即時抗告権者を定めなかった場合にのみ準用されることになる」。

「問　第14条の趣旨如何。

答　第7条において準用する非訟事件手続法は，裁判に対して抗告の途を拓いたが，その普通抗告の期間については，何等の制限がないから，審判は永く不確定な状態にある訳である。然し審判が永く不確定の状態にあることは，とうてい許されぬので，本条は，審判に対しては，即時抗告だけができることにして，一定期間を画して審判

の確定を図った。而して即時抗告の期間は，特別の規定なき限り，第7条において準用する非訟事件手続法第25条民事訴訟法415条第1項により，1週間であるが，審判事項には，相当重要な事項があり判決事項と同様なものがあるので，2週間とした。
　　問　第14条により最高裁判所は，如何なる事項を定めるか。
　　答　⑴即時抗告のできる審判とそうでない審判，⑵即時抗告権者，⑶数人に審判の告知のある場合に即時抗告期間の起算日を定める。」

　この立法者の説明からは，人の身分関係に関する法律問題を取り扱う家事審判においては，早期に裁判を確定させる必要があるため，非訟法に対して特別の定めを置いたということであり，この理由は基本的には尊重されるべきであろう。家族法・相続法上の法律関係は，関係人の利益のため早期に確定することが望ましいこと，多数の関係人に影響する法律関係が長く不確定な状態にあることは法律関係の明確性から望ましくないことからも，審判に対して即時抗告を認めることが必要だと解されるからである。この規定は，その後基本的な変更を受けることなく今日に至っている。

3　非訟法の準用とその限界
(1)　原　　則

　家審法が非訟法の適用を除外したのは，上の立法者の説明からも判明するように，抗告に期限を設けるという点についてのみである。以下に説明するように，通常抗告と即時抗告では不服申立てをなしうる裁判，不服の理由および抗告権者について実質的な差異はない。しかしながら，通説は即時抗告としたこと以外に，①即時抗告の許される審判および②即時抗告をすることができる者の範囲は，すべて家審規則等に定めがある者に限り，それ以外の者に対しては不服申立てが認められないこと，および非訟法の準用が否定されるとの結論を引き出す（市川・128頁，注解・家審法609頁〈岡垣〉，蕪山巌「家事審判に対する抗告」『実務民事訴訟講座7巻』333頁，吉岡進「家事審判の抗告審に於ける諸問題」『新実務民事訴訟講座8巻』278頁）。実務においても，明文の規定がない限り即時抗告を認めない。たとえば，最決昭和55(1980)・2・7家月32巻5号40頁は，保護義務者（現行，保護者）選任審判に対する不服申立てにつき，審級制度については憲法81条に定めるところを除いて立法をもって適宜これを定めることができるから，「家審法14条及び特別家審規則において右審判に対し即時抗告による不服申立の方法を認めるかどうかも立法政策の問題に帰着し，右法の規定及び規則が憲法32条に違反する

かどうかの問題を生じない」とする＊。しかしながら，この解釈には重大な疑義があり従うことができない。

> ＊本件決定に先立って，最決昭和32(1957)・10・23民集11巻10号1776頁は，後見人選任申立却下審判に対する不服申立てを認めないことにつき，同趣旨の判断を示していた。そしてこの後にも，高裁決定であるが明文規定のない即時抗告を否定するものがある。遺言執行者の職務執行停止および職務代行者選任の保全処分の審判に対しては即時抗告ができないとする東京高決昭和60(1985)・2・26判時1147号102頁，準禁治産宣告とともになされた保佐人選任の審判に対しては独立して即時抗告できないとする東京高決昭和62(1987)・11・4判時1261号94頁，後見人選任申立ての却下の審判に対しては即時抗告ができないとする仙台高決昭和63(1988)・12・9家月41巻8号122頁，東京高決平成12(2000)・4・25家月53巻3号88頁などがある。

(2) 家審法の類推解釈論
① 救済的な解釈

わが国の家事審判に関する従来の説明においては，非訟事件・家事審判における抗告権能について十分な理論的検討を加えることなく，家審法のいうように家審規に個別的に定めのある場合に限って抗告を認めるとするのが通説である。これに対して，家審規則について，不備がないとはいえず「規定の不備ないし遺漏の存することがないではない」（山木戸・51頁）とされ，これが認められるべき場合には「他の明文の規定を類推適用することができるのは，法の解釈理論上疑いを容れないところである」との見解がある（家審法講座1巻84頁〈綿引〉，注解・家審法575頁〈岡垣〉，高木積夫「家事審判に対する即時抗告」講座実務家審1巻231頁）。実務もごく例外的であるが類推適用を認めてきた＊。この立場は，家審法・家審規がきわめて短期間に急いで立法されなければならなかったので，それに欠缺がないとはいえないから，個別的に救済する解釈を許容しようとするものである。具体的にいかなる審判に対して即時抗告を認めるかについては，見解の対立することも多い。どのような場合が問題とされてきたか，若干の例を挙げておこう。

> ＊移送を認める審判に対する相手方の即時抗告は認められているのに対して，移送申立てを却下する審判に対しては即時抗告を認めないとするのが，これまでの通説であった（この点については，第4章第1節4 3 (3)参照）が，近時においては認めるべきであるとの見解が有力である。参加の許否についても不服申立てを許さないとするのが通説であるが，再検討が必要であろう（第3章第6節3 4参照）。
>
> 　内縁の夫婦間の婚姻関係解消に伴う財産分与請求に家事審判法の準用を認めるときは，その審判に対する即時抗告を認めることになるのは当然である。実務においても，

大阪高決昭和38(1963)・2・15家月15巻6号63頁は，遺言執行者に対する報酬付与の審判に対する即時抗告を規定した明文規定がないのは，「家事審判規則の不備ないし遺漏というべきである」として，これを認めている。また遺言執行者選任の審判を家審法7条，非訟法19条1項によって取り消した審判につき，この審判は実質上家審規126条2項のいわゆる遺言執行者解任審判と同視すべきものであるとして同規定を準用して，遺言執行者に即時抗告を認めたものがある（名古屋高裁金沢支決昭和39(1964)・4・1高民集17巻3号187頁）。そして近時東京高決平成11(1999)・9・30家月52巻9号97頁は，後見人選任の申立てを却下した原審判に対する即時抗告審において，家事審判規則上は後見人選任申立却下の審判に対する即時抗告を認める規定はないが，未成年者が親権者（後見人）のないままに放置される事態を生じる場合には，即時抗告により救済をはかるべきだとしている。しかし，東京高決平成12(2000)・4・25家月53巻3号88頁は，禁治産宣告と同時になされる後見人選任審判に対してのみ不服申立てをすることはできないとする。学説においてもこの点については異論をみない（さしあたり，本件評釈として稲田龍樹・判タ1065号(2001)166頁，高田昌宏・ジュリ1246号(2003)122頁がある。新法の下でも同様に解されるとする）。しかし，後見人の人選に対して，ドイツ法の下では独立して不服申立てを認めるのが，日本とは逆に学説・判例の一致した態度である（可分の裁判に対しては部分ごとに不服申立てができるのは当然であるとされている（Damrau/ Zimmermann, Betreuungsrecht, 3. Aufl. (2001), Rn. 53 zu § 1897 BGB）ことに照らすと，わが国の通説・判例の立場には反省が求められる点があるのではないかと考えられる。

② 原則への回帰

上記①で指摘した見解は，家事審判における不服申立ての範囲を拡張しようとする意図があり，その限度では賛成できる点がないわけではない。しかし，個別的な利益考慮や個々の規定相互間の比較等による解決に頼るには限界がある。なによりも，こうした方法では家事審判手続における不服や抗告権についての原則が示されないという根本的な問題がある。家事審判における上訴要件としての不服について，その基準を示したうえで，家審規の定めを点検していくことが筋道であろう。この意味で改めて非訟法の定めの解釈から出発する必要があると思われる。

(3) 非訟法の準用

家審法は，どのような裁判に対して不服申立てを認めるのか（不服申立てできる裁判），不服の意味，抗告の提起に与えられる効果，および抗告裁判所の審判手続については，何ら独自の定めをしていない。また，どのような裁判に対して誰に不服申立権を認めるかについて，何らの基準を示すことなくこれをすべて規則に委ねることができるかも疑問がある。これは，まさに

裁判を受ける権利に関する問題であって，訴訟手続の細則的な事項とはいえないからである（樋口陽一・佐藤幸治・中村睦男・浦部法穂『注解法律学全集憲法Ⅳ』(2004) 37 頁〈浦部〉参照）。それゆえ，本書においては以下に説明するように抗告の対象となる裁判および抗告権能については，非訟法 20 条が準用されるとの立場に立って説明を加える。もっとも，非訟法自体も抗告について定めるところはきわめて少なく，解釈によって補う必要がある＊。以下，家事審判における不服申立手続について概観することにする。

＊非訟 20 条 1 項は「裁判ニ因リテ権利ヲ害サレタリトスル者」に抗告権を認めている。ドイツ非訟法（FGG）20 条 1 項も同じ定めである。しかし，この定め方に対しては，古くから学説により批判が加えられている。なぜなら，権利が裁判によって侵害されたか否かは，抗告が適法であり，かつ抗告に理由がある場合に初めていえるからであり，この規定は抗告の適法要件と理由具備の要件とを取り違えているといわれるのである（Baur, S. 318; Bärmann, S. 177; Habscheid, S. 226）。

2　即時抗告の対象となる裁判

1　原　則

家事審判手続における不服申立ては，終局裁判のみならず中間的裁判ないし付随的裁判をも含めて抗告（即時抗告）の対象となる。このことは不服申立方法が通常抗告であるか即時抗告によるかによって差異はない。家事審判においては，本案のみならず手続上の付随的裁判も審判と呼ばれるため，家審法 14 条は，このすべてを含めて定めていると解される。

(1)　**抗告の対象とならない審判**

家庭裁判所の審判手続においては，他の裁判手続と同様にさまざまな判断が積み重ねられ，終局裁判を準備する。その多くは手続指揮上の措置である。これらの措置，命令は原則として独立して不服申立ての対象とはならない。家審法 14 条にいう審判に含まれるものは何か，逆にいえば不服申立ての対象とならない審判，処分等は何かについて最初に明らかにしておく必要がある。

①　明示的に不服申立てを許さないとしている場合

たとえば，家審法 7 条によって準用される非訟法 4 条による管轄裁判所の指定は，決定（審判）によってなされるが，不服を申し立てることができない（非訟 7 条 2 項）。この裁判がいずれの関係人にとっても権利の侵害（非訟

20条）とはならないと考えられているからである（Baur, S. 313）。また，費用の裁判についても，独立して不服申立てをすることができない（同30条ただし書き）。この場合には本案の裁判とともに不服申立てができるからである。他方で，家審規が審判に対して不服申立てを認めない旨を定めていても，それが実質的に正当とみなされるかは検討を必要とする。詳細については，以下3において権利侵害として検討する。

家審規15条の3第1項・第2項によれば，審判前の保全処分のうち，財産管理者選任および職務代行者選任の保全処分については，認容する場合，申立てを却下する場合のいずれの場合も不服申立てを許さないとしている。本案の審判事件につき，不在者の財産管理人の選任や後見人の選任の処分についても即時抗告が認められていないこととの権衡から，即時抗告が認められなかったとされている（注解・家審規313頁〈沼辺〉，第3節61参照）。

② 裁判所の公証的行為

相続放棄，限定承認および相続の限定承認または放棄の取消しの申述の受理（家審9条1項甲類25の2, 26, 29号）等の審判は，家庭裁判所の行う公証的行為と解されている。これらの申述の受理については不服申立てが認められていない。限定承認，相続放棄またはその取消しの審判は，それぞれの有効・無効を確定する裁判ではなく，それぞれの意思表示を家庭裁判所が受領し，相続人の意思に基づくことを公証するものである（注解・家審規372頁〈稲田〉）。この審判に対して異論があるときは，その確定を家事審判事項として確定するのは適切ではなく，訴訟手続において決着をつけることを想定している。しかし，裁判所がこの申立てを却下したときは不服申立ての対象となる（家審規115条による111条の準用）。

(2) 即時抗告の対象となる審判

家事審判手続中になされる中間的・付随的問題に対する審判についても，それが実体的な内容のものであるか，手続上のものであるかを問わず，上記(1)に該当しないかぎり即時抗告の対象となる。特に重要な事項について補足しておこう。

手続指揮上の措置であるが，関係人の法的地位に直接不利益をもたらす処分に対しては即時抗告が認められる（たとえば，本人に対する出頭命令で過料処分があったとき。家審27条）。審判前の保全処分（家審15条の3）は，家事審判事件の係属を前提とし，その審判手続の中で命じられる。この保全処分

については，独立して不服申立が定められている（家審規15条の3）。移送や参加の許否についても不服申立てが許されると解されるべきである（第3章第6節３４，第4章第1節４３(3)参照）。

もっとも，民事訴訟における中間判決のような判断（たとえば，遺産分割審判における遺産帰属性についての判断）は，中間審判という形式が認められたとしても，独立して抗告をすることは許されず，本案に対する不服申立ての中で判断されるべきである（民訴283条参照）＊・＊＊。

　　＊後述するように，通説が即時抗告に対しても再度の考案を認めるときは，本案以外の抗告についての裁判の前に，本案自体の審判が変更され，その結果抗告が対象を欠くに至ることが理論上は生じうる。この場合には，抗告が後に不適法となる。
　　＊＊ドイツ非訟法改正草案（FamFG）第62条は，第1審においてなされた決定に対しては即時抗告による不服申立てを認めることとし，終局裁判，法律において即時抗告が明文で定められている場合，および手続の開始を求める申請を口頭弁論を要しない裁判で却下した場合に，これを認めるとしている。またその第65条では抗告金額を定め，財産上の事件では200ユーロを超える場合にのみ抗告を認め，これを下回る場合には第1審裁判所の許可によって即時抗告を認めるとしている。

2　非訟法の準用による抗告の可能性

家事審判手続における審判につき，家審法14条に定める即時抗告のほか，非訟法20条の規定を準用して，通常抗告が許される場合があるかが問題とされている。実務家の中でも見解が対立し，家審法が即時抗告のみを認めた家審法14条の趣旨，および可能な限り速やかに審判を確定させる必要性からこれを否定する見解が有力である（注解・家審法577頁〈岡垣〉，高木・講座実務家審1巻278頁，また家審法講座1巻84頁〈綿引〉は，理論上は非訟法による抗告の可能性はあるとしつつも，家審法14条の規定から結局はこれを否定する）。これに対して，家事審判のすべてが非訟法に定める通常抗告に適しないとするのは問題であるとしてこれを肯定する見解（山木戸・51頁）と対立している。家事審判手続における実体判断に関する不服申立てと，手続問題に関する不服申立てを含めて即時抗告に服させたと解するのが相当であるから，非訟法の準用を否定したうえで明文規定がなくても不服申立てを認めるべきかを検討すべきであろう（肯定した実務例としては，調停申立却下の裁判に対して非訟法20条による通常抗告を許したものがある。東京高決昭和53(1978)・6・27判時902号65頁がそれである。しかしこのケースも本来は即時抗告によって迅速

に解決を図るべきであると考えられる)。

3 民事訴訟法の規定による抗告の可能性

除斥・忌避に関する手続、証拠調べに関する手続については、民事訴訟の例によるとしている（家審4条、家審規7条3項）から、これらの手続でなされる決定に対する不服申立てについても民訴法による不服申立てとしての抗告が許されると解されている。また解釈上これを類推適用するのが相当であると考えられる事項についても同様である（家審法講座1巻89頁〈綿引〉、注解・家審法408頁〈菊池〉、蕪山・前掲331頁、注解・家審規577頁〈岡垣〉）。そのような例として、鑑定人の忌避申立却下、審判費用額の確定、審判の更正の審判などが挙げられている（東京高決昭和33(1958)・5・15高民集11巻4号270頁は、審判事件における鑑定人に対する忌避申立却下の審判に対する不服申立期間は、審判の告知のあった日から1週間以内に限られるとする。民訴214条4項、332条参照）。また仙台高裁秋田支決平成15 (2003)・2・6家月55巻12号60頁は、家事審判に対する再審申立てを却下した審判に対する不服申立てについては、家審法14条の適用はなく、民訴法349条、347条、341条および332条により不服申立期間は1週間であるとする＊。

＊以上に概説したように、家事審判手続における不服申立制度は、終局裁判、中間裁判あるいは付随裁判であれ抗告であるという点では一致するが、その内容はきわめて不統一である。即時抗告といっても、家事審判による場合には不変期間は2週間であり（14条）、民事訴訟による即時抗告では不変期間は1週間である（332条）。こうした状況は、十分に根拠のあるものとはいえず、また合理的な説明がつくものとはいえない。利用者の便宜の観点からも、また手続の理解を容易にするためにも法規制を統一する必要があると思われる。

3 抗告の要件としての権利の侵害

1 権利とその侵害

(1) 総　説

非訟法20条1項は、抗告の提起につき申立事件と職権事件を区別することなく、抗告の要件を定めている。また関係人が手続に関与していたか否かをも問わず、手続における関係人の範囲等とも無関係に、抗告権を有する者の範囲を定めようとしている。それは、裁判によって権利を害されたということであり、抗告の適法要件をなす。そして第2項は、申立事件においては

申立てを却下する裁判に対しては、申立人のみが抗告権を有するとする。これは、形式的不服を定めたものであると解されているが、これ以外の場合に不服がどのように解されるかについての定めはなく、解釈に委ねられている*。

　*ドイツ非訟法（FGG）20条は、日本法と同様の定めをしている。これに対して、非訟事件改正草案（FamFG）は、抗告権を有する者の範囲を定めるにあたって、手続への関与をも考慮した定めをしようとしている。その63条においては、抗告権については次のような提案がなされている。(1)抗告権は次の者に帰属する。①第1審において関係人であった者、②関係人として引き込まれた者あるいは引き込まれ得たが、実際には引き込まれなかった者で、かつ決定によって権利を害された者。(2)決定が申立てによってのみなされ、申立てが却下されたときは申立人にのみ抗告権が認められる。

(2) 権　利
① 原　則

家事審判は、主として家族法、相続法上の事件を扱うが、審理の対象となり、また審判によって影響を受けるのは、人格権、財産上の権利、身分法上、相続法上の諸権利に限られず、公法上の権利を含むことがある。抗告の要件とされる権利侵害の対象となるのは、これらの権利である。さらにそれらの総体として法的地位と称されることもある。伝統的な権利のみならず、さまざまな法的問題に対する自己決定権や法的に保護された期待権、さらには法的保護に値する利益をも含めてよいと解される。しかし、単なる経済的な利益、倫理上または感情的な利益が害されるというだけでは、抗告の理由とはならない*。

　*手続上の権利はどのように扱われるか
　　かつてドイツにおいては、「関係人の事件の適切な処理を求める一般的な権利」という手続上の権利を、非訟法（FGG）20条1項の権利に含め、その違反がある場合に抗告の理由とすることができるとの見解が主張され、今日においてもなお一部の上級地方裁判所では採用されているといわれている（KKW-Kahl, Rn. 10 zu § 20。なお、この権利をめぐる論争については、佐上「非訟事件における抗告権能」小室・小山先生還暦記念『裁判と上訴（下）』(1980)191頁以下参照）。しかし、通説は法的審問請求権違反を除いては、手続上の権利は抗告の対象である権利には含まれないと解している。手続違反の責問は抗告の適法性に関するものではなく、その理由具備要件に属し、抗告が適法な場合にのみ抗告審は職権をもって第1審の手続を審査し、違反が確定されれば抗告審においてその治癒が考慮されるとする（KKW-Kahl, Rn. 10 zu § 20）。

② 抗告権の拡大

　ドイツ非訟法（FGG）20条1項は，日本法と同様に権利の侵害を抗告の要件としているが，家庭事件（同55b条），未成年後見事件（同57条），世話事件（同69g条）および収容事件（同70d条）などにおいて，特定の処分（裁判を指す）との関係で，抗告権を拡大する特別の定めを置いている。たとえば，未成年後見事件において後見命令の申立てが却下され，または後見が取り消される処分に対しては，処分の変更につき法的利益を有する者，配偶者，親族および姻族に，20条の規定にかかわらず抗告権が与えられている（同57条1項1号）。また子または未成年被後見人の身上監護に関する事項を含む処分に対しては，未成年者等に権利を主張する正当な利益を有する者に抗告権が認められている（同9号）。制度の趣旨，裁判の意味に応じて非訟法（FGG）20条の原則に対する例外を定めているわけである。これらの裁判の前提となる後見制度に関係する第三者の地位も考慮しなければならないからである（KKW-Engelhardt, Rn. 11 zu § 57; Jansen-Briesemeister, Rn. 7 zu § 57）。わが国の成年後見開始決定に対する抗告についても同様に解される（家審規27条参照）。このことは，当該の裁判手続での形式的意味での関係人の範囲，審問の機会を付与される者の範囲を考える上でも重要である。抗告の要件をなす権利の意味も，このような観点から捉え直す必要があり，非訟法20条および家審法14条の定めは当面そのままであっても，家審規則における抗告の定めを再検討する必要があることを示している。

2　権利の侵害・不服

(1) 権利の侵害

　非訟法20条1項にいう権利の侵害は，抗告人の上記1(2)に述べた権利が裁判によって不利益な影響を受けることをいう。裁判を受ける従前の権利または法的地位が裁判によって全部または一部否定され，制限され，負担を課せられ，あるいは権利行使に障害が生じ，困難になること等を意味する。この影響が抗告人の権利や法的地位に対して直接的に生じていることが必要である。抗告人は抗告を理由づける義務を負わない。抗告人はいかなる権利が侵害されたか，あるいは裁判所がいかなる法律違反をしたかを特定して述べる必要はない。抗告人の権利または法的地位に侵害があるかを確定することは，抗告裁判所の職責に属する（Baur, S. 318）。これとの関係で，非訟事件における抗告には実体的不服で足りるか，あるいはさらに形式的不服が必要

第4章　審判手続

であるかが問われるので、次にこれをみておこう。

(2) 実体的不服・形式的不服

上記1(2)で述べたように、非訟事件における抗告には、抗告人の権利の侵害が要件とされている。このことは、民事訴訟の上訴要件としての形式的不服とは異なる考え方を示している（実体的不服）。また職権事件においては、形式的不服概念を採用することも困難である。主文に比較されうる「申立て」を欠くからである（職権事件においては、申立ては職権発動を促すにすぎない）。この限度では、非訟事件手続の抗告については実体的不服概念に従っているといってよい。それゆえ、職権事件においては、抗告人が裁判に同意し、自らこれを申し立てている場合であっても、抗告人の権利が害されているときは、抗告権は奪われないと解される（KKW-Kahl, Rn. 13 zu § 20。これに対し東京高決平成12 (2000)・4・25家月53巻3号88頁は、禁治産宣告の申立人は禁治産宣告の審判に対して即時抗告を申し立てることができないとする）。

しかし、非訟法20条2項は、申立事件において申立てが却下されたときは、申立人のみが抗告をなしうる旨を定めている。他に同等の申立権を有する者があっても、その者に抗告権はない。この意味では、ここでは形式的不服が前提にされているといえる。この趣旨を申立事件における申立認容の場合にも拡張して考えることができるかについては、争いがある。わが国では、とりわけ婚姻費用分担、扶養、財産分与、遺産分割の審判などでは、申立てを認容された者も当該審判が自己の意図にそぐわず、不当で自己の権利を害されたと主張して抗告権があるとされる（鈴木・既判力241頁、家審法講座1巻142頁〈綿引〉、蕪山・前掲336頁、注解・家審法571頁〈岡垣〉、高木・講座実務家審1巻232頁等。これに対して、ドイツにおいては、形式的不服が必要で、申立人には抗告権がないとされている。Baur, S. 323; KKW-Kahl, Rn. 49 zu § 20）。これらの事件において、申立人に申立ての趣旨を特定することまで要求していないこと、抗告審は続審的構造を有すること、裁判所の裁判が裁量的であること、裁判内容からさらに新たな主張の可能性があり得ることを考慮すると、わが国の通説を支持してよいであろう。

4　即時抗告権を有する者・相手方

1　総説

以上において家事審判における抗告権について一般的な検討を加えてきた。

かなり抽象的な説明であったので，家審規の定めにそって誰に抗告権が帰属するか個別にみてみよう。審判に対する不服申立てに関する家審規の定めの全体は，条文をみるだけではわかりにくい（285頁以下の別表を参照のこと）。

2 事件の分類による検討

家事審判における不服申立てを整理するについて，どのような方法が適切かは困難な問題であるが，第4章第2節13において，申立事件・職権事件の類型をしているので，ここでもそれを基礎として考えてみることにしよう。

(1) 職権事件

① 法律が明示的または黙示的に裁判所が職権によって手続を開始する事件

たとえば，甲類3号による不在者の財産管理人への報酬の付与，同20号による後見人への報酬の付与，同21号による後見人等への事務報告等に関する事件では，認容・却下の審判に対しても不服申立てが定められていない。

② 本質的に職権事件であるが，法律上その発動を申立人の権限とすることによって職権発動を容易にしている事件

事件の性格とは別に，利害が対立する者の手続関与という形式になり，またその審判が影響する範囲が広いため，即時抗告は広く認められる。後見人・後見監督人の解任申立て（甲類16号），遺言執行者解任申立て（甲類35号）などでは，認容・却下のそれぞれに抗告権者が幅広く認められている。しかし，これらの者の選任審判（たとえば甲類14号）では，不服申立てが認められていないことが特徴である。後見人，後見監督人，財産管理人等の人選に対しては不服申立てを認めないのがわが国の通説・判例である（前述13(2)参照）が，問題が残される。ドイツ法と同様に，これらによって代理される者からの不服申立てを認めるべきである。

③ 申立てのあることが前提とされるが，その申立てが実際には法律上の義務として定められている場合

父母による未成年後見人の選任請求（甲類14号），辞任した後見人による新たな後見人選任請求（甲類14号），利益相反する場合の特別代理人選任（甲類10号）などの審判である。これらの場合には，認容・却下のいずれの場合にも不服申立てについての定めがない。上記②に指摘したように不服申立てを認めないことには疑問がある＊。

④ 申立人自らの権利または法律関係を手続対象とするのではなく，事件の公益性のゆえに裁判所が後見的に職権によって手続を開始すべき場合で，関係人の申立てを認めている場合

　成年後見開始・取消事件（甲類1号。保佐・補助についても同様），親権または管理権の喪失宣告・取消事件（甲類12号）などがその典型的な場合である。この場合には，審判が事件本人のみならず，多くの利害関係人に影響を及ぼすため，即時抗告権を有する者が，認容・却下の場合とも幅広く認められている点に特徴がある。

> ＊特別代理人の選任の審判について不服申立てが認められていないことから，次のような実務が形成されることになる。すなわち，家庭裁判所が利益相反行為ではないとして，特別代理人の選任をしなかったが，後に利益相反行為だと判断される場合があり得るから，家庭裁判所としては，疑わしい場合には，特別代理人を選任しておく方が無難ということになる。これは予防的な特別代理人の選任だといわれている。しかし，この特別代理人による行為が果たして適法な代理行為といえるか，未成年者の利益が実質的に保護されているかという重大な問題を内包させることになることに注意する必要がある（於保不二雄・中川淳編『新版注釈民法(25)親族(5)』（2004）149頁〈中川〉）。

(2) **申立事件**

　申立事件についても，いくつかの類型を考えることができる。相手方のある事件とない事件に分けることができるが，それだけでは抗告権の問題を整理できない。

① 申立人に対応する相手方がない事件

　相続放棄・限定承認申述受理事件については，これを認容する審判に対しては何人も即時抗告ができないが，却下する審判に対しては申立人のみならず相続人または利害関係人が抗告権を有する（家審規115条による111条の準用）。他方で，戸籍法による氏名変更許可，戸籍訂正許可の審判については，認容する審判につき利害関係人の即時抗告を認める（特別家審規6条2項，11条2項）。これらは，その審判がどのような法的性質を有するかによる差異であるといえよう。

② 乙類審判事件など相手方のある事件

　手続に関与する申立人・相手方のほか，利害関係人が申立認容の審判に対して即時抗告ができる。親権者指定・変更の審判（乙類4号）では子の監護者が，寄与分・遺産分割（乙類9号の2, 10号）では相続債権者等がここに

含められる＊。

> ＊乙類1号において，夫婦同居・協力扶助に関する認容審判に対し，家審規46条は97条を準用しているから，利害関係人も即時抗告ができるように読める。しかし，これは定め方がおかしいのである。夫婦同居に関して，他の者がくちばしを入れる権能は認める必要がない。

これに対して，申立てを却下する審判に対して即時抗告が認められていない場合も目立つ。たとえば子の監護者の定め（乙類4号）では，そもそも申立ての却下はあり得ないからと考えられているのかもしれない。しかし，他の審判を含めて，即時抗告が明記されていない以上は不服申立てができないと解されている（注解・家審法611頁〈岡垣〉）。たしかに，乙類に属する他の審判では却下の場合に家審規27条2項を準用するか，独自の定めを置いている（たとえば50条，63条の3，100条2項等）ので，規定のない以上は却下の審判に対して即時抗告を排除したのだと考えられる。しかしそれでよいかは別の問題である。家審規に定めのない事例について，申立人による不服申立てを排除する合理的な根拠があるかは疑問である。

(3) 未成年者の抗告権

家審規則における抗告の定めについて，従来から指摘されている問題点（上記１３(1)，(2)参照）のほかに，とりわけ次の点を指摘しなければならない。

家審規における抗告権を概観して，未成年者を事件本人またはこれを実質的な関係人とする審判事件において，未成年者の抗告権が指摘されていないことに気がつく。たとえば，親権・管理権喪失宣告の審判（甲類12号），後見人・後見監督人解任の審判（甲類16号）においても，子の親族には抗告権が認められている（家審規77条2項参照）ものの，子自身については明記されていない。また未成年者養子縁組許可・離縁許可（甲類7号・8号），あるいは利益相反による特別代理人の選任についても同様である。これらの審判は，いずれも親権や後見，管理権に服する子・未成年者のためにも効力を生じ，実質的な関係人とされる（本書第3章第3節１２参照）。それゆえ，これらの事件においては，子・被後見人も利害関係人として，独自の抗告権が認められなければならない（注解・家審法615頁〈岡垣〉は，これらの者は「手続の形式面では当事者とされない」という）。これを見落としていることは，家審法・家審規の，そしてまた学説の重大な落ち度というべきであろう＊。

＊このことを確認したうえで，未成年者が抗告を提起する場合の法律上の手当について考える必要がある。たとえば，民法834条（甲類12号）の，親権喪失宣告を例にとって考えてみよう。子の親族の請求によりその親権を喪失させる審判があったとき，子に独自の不服申立権を認めると，①未成年者自身がこれを行使する，②法定代理人が行使する，という方法がある（法定代理人独自の不服は別とする）。子に意思能力があるかぎり，①の方法が認められる。ないときは②の方法によることになるが，子のために新たに親権者または後見人となった者が，これを行使できるかは疑問であろう。そのために子の利益を主張する特別代理人を別途設ける必要がある。

なお，ドイツ非訟法（FGG）59条は，後見事件に関し，未成年者の抗告権について次のような定めをしている。すなわち，(1)親権に服する子，または後見に服する被後見人は，その身上に関係するすべての事件において，その法定代理人の協力なしに抗告権を行使することができる。子または被後見人が，裁判所の裁判に先立って審問されるべきその他の事件においても同様とする。(2)子または被後見人が抗告権を行使することができる裁判は，子または被後見人にも告知される。裁判の理由は，その発達，教育または健康状態に不利益を及ぼすおそれがあるときは，通知されない。この裁判に対しては不服を申し立てることができない。(3)この規定は，行為無能力であるか，裁判のときに14歳に達していない者に対しては適用しない。裁判が告知されないときは，告知に代えて，裁判官によって署名された裁判書が書記課に交付されたときとする。

非訟事件改正草案（FamFG）の64条においても，この規定が踏襲されている。わが国でも，こうした趣旨が明記されるべきであろう（誤解があってはならないが，ドイツ非訟法（FGG）59条が認めているのは，裁判に対する不服申立権のみであって，ここから第1審の開始を求める権利までは引き出そうとするものではないことである。KKW-Engelhardt, Rn. 2 zu § 59）。

以下に，家審規・特別家審規に定める抗告権の状況を一覧表にまとめてみる。

9条号数	事件名	認容審判に対する不服	却下審判に対する不服
甲1号	後見開始決定	27条1項 民7条に掲げる者ほか	27条2項 申立人 28条2項 民10条に掲げる者
	後見取消決定	――	
甲2号	保佐開始決定	30条の4第1項 民11条に掲げる者ほか	30条の4第2項で27条2項準用 申立人 30条の6第2項 民14条1項に掲げる者
	保佐取消決定	――	

甲2号の2	補助開始決定	30条の12第1項 民15条に掲げる者ほか	30条の12第2項で27条2項準用 申立人
	補助取消決定	──	30条の14第2項 民18条1項に掲げる者
甲3号	不在者財産管理人選任	──	──
甲4号	失踪宣告	42条1項 　本人・利害関係人	42条2項で27条2項準用 　申立人
	失踪宣告取消	43条1項 　利害関係人	43条2項 　本人・利害関係人
甲5号	民775特別代理人選任	──	──
甲6号	子の氏の変更許可	──	62条の2で27条2項準用 申立人
甲7号	養子縁組許可	──	63条の2で27条2項準用 申立人
甲7号の2	親権者指定・未成年後見人選任	──	63条の3で27条2項準用 申立人
甲8号	離縁許可	64条の2第1項 　利害関係人	64条の2第2項で27条2項準用 申立人
甲8号の2	特別養子縁組許可	64条の8第1項 　64条の7に定める者	64条の8第2項で27条2項準用 申立人
	特別養子離縁許可	64条の14第1項 　64条の13に定める者	64条の14第2項で27条2項準用 申立人
甲9号	子の懲戒許可	──	──
甲10号	民826の特別代理人選任	──	──
甲11号	民830の財産管理人選任等	──	──

甲12号	親権・管理権喪失宣告 その取消	77条1項 　宣告を受けた者・その親族 80条1項 　子の親族	77条2項 　申立人・子の親族 80条2項 　本人またはその親族
甲13号	親権・管理権辞任許可	――	――
甲14号	後見人・後見監督人等の選任	――	――
甲15号	後見人・後見監督人・保佐人等の辞任許可	――	――
甲16号	後見人・後見監督人・保佐人等の解任	87条1項 　後見人・後見監督人・被後見人・その親族	87条2項 　申立人・後見監督人・被後見人及びその親族
甲17号	財産目録作成期限伸張	――	――
甲18号	数人の成年後見人の権限行使等	――	――
甲19号	成年被後見人の住居用不動産の処分許可	――	――
甲20号	後見人等に対する報酬の付与	――	――
甲21号	後見人等に対する事務報告等	――	――
甲22号	後見の計算の期間伸張	――	――
甲22号の2	臨時保佐人の選任	――	――
甲23号	遺産管理に関する処分	――	――
甲24号	相続放棄期間伸張	――	113条による111条の準用 　相続人・利害関係人
甲25号	相続財産保存処分	――	――

甲25号の2	限定承認・放棄の取消申述の受理	──	115条2項による111条の準用 相続人・利害関係人
甲26号	限定承認申述受理	──	115条2項による111条の準用 相続人・利害関係人
甲27号	鑑定人選任	──	──
甲28号	相続財産管理人選任	──	──
甲29号	相続放棄申述受理	──	115条2項による111条の準用 相続人・利害関係人
甲30号	相続財産の分離	117条1項 相続人	117条2項 相続債権者・受遺者・相続人の債権者
甲31号	相続財産管理処分	──	──
甲32号	相続財産管理人選任	──	──
甲32号の2	相続財産の処分	119条の7第1項 申立人又は相続財産管理人	119条の7第2項で27条2項を準用 申立人
甲33号	遺言の確認	121条1項 利害関係人	121条2項 立会った証人・利害関係人
甲34号	遺言書の検認	──	──
甲35号	遺言執行者選任	──	127条1項 利害関係人
甲36号	遺言執行者に対する報酬付与	──	──
甲37号	遺言執行者の解任 遺言執行者の辞任許可	126条2項 遺言執行者 ──	127条1項 利害関係人 127条2項 遺言執行者
甲38号	遺言取消	128条1項 受遺者・その他の利害関係人	128条2項 相続人
甲39号	遺留分放棄許可	──	──

乙1号	夫婦同居・協力扶助	46条による97条準用 　当事者または利害関係人	──
乙2号	夫婦財産管理者選任	50条 　夫または妻	──
乙3号	婚姻費用分担	51条による50条準用 　夫または妻	──
乙4号	子の監護者の定め	55条 　父・母または子の監護者	──
乙5号	財産分与	56条による50条準用 　夫または妻	──
乙6号	権利の承継者	59条 　当事者または利害関係人	──
乙6号の2	民811親権者指定	63条の3による55条準用 　父・母または子の監護者	63条の3による27条2項準用 　申立人
乙7号	民819親権者指定変更	70条による55条準用 　父・母または子の監護者	──
乙8号	扶養	97条 　当事者または利害関係人	──
乙9号	推定相続人廃除	100条1項 　推定相続人	100条2項による27条2項準用 　申立人
乙9号の2	寄与分	103条の5第1項 　相続人または利害関係人	103条の5第2項 　申立人
乙10号	遺産分割	111条 　相続人または利害関係人	111条 　相続人または利害関係人
特別家審	任意後見監督人選任	──	特別家審規3条の5 　申立人

特別家審	任意後見監督人解任	特別家審規3条の10第1項で家審規87条準用 後見人・後見監督人・被後見人その親族	特別家審規3条の10第2項で家審規87条準用 申立人・後見監督人・その親族
特別家審	任意後見契約解除	特別家審規3条の14第1項 本人・任意後見人	特別家審規3条の14第2項で3条の5準用 申立人
特別家審	氏名変更許可	特別家審規6条2項 利害関係人	特別家審規6条1項による3条の5準用 申立人
特別家審	就籍許可	――	特別家審規8条による6条1項の準用（3条の5準用） 申立人
特別家審	戸籍訂正許可	特別家審規11条2項 利害関係人	特別家審規11条1項による3条の5準用 申立人
特別家審	市町村長に対する処分	特別家審規17条1項 市町村長	特別家審規17条2項による3条の5準用 申立人
特別家審	性別取扱い変更申立て	――	特別家審規17条の3による3条の5準用 申立人
特別家審	児童福祉法18条事件	特別家審規20条2項 19条前段に掲げる者	特別家審規20条1項による3条の5準用 申立人
特別家審	生活保護法30条事件	特別家審規20条の4第2項 20条の3第1項に掲げる者	特別家審規20条の4第1項による3条の5準用 申立人
特別家審	費用負担額確定事件	特別家審規20条の6 当事者・利害関係人	――

注1　条文はとくに指摘しないかぎり，家事審判規則を示す。
注2　事件名は略称で，正式の呼び方ではない。
注3　特別家審規第6章に定める破産法に関する事件においては，財産の管理者の変更，管理権の喪失宣告，相続放棄の申述が扱われるが，すべてそれぞれの事件に関する家事審判規則が準用されるので，ここでは省略した。
注4　表の中で――で示したのは，即時抗告についての明文規定がないものを示す。

なお，長山義彦・篠原久夫ほか編『家事事件の申立書式と手続（第8版）』(2004) 687頁以下にも，即時抗告の対象となる家事事件の一覧表がある。

3 抗告の相手方
(1) 明文規定の不存在

家事審判における抗告の相手方を誰にするかについては，家審法，家審規および非訟法にも定めがない。民事訴訟の場合には，2当事者対立構造がとられているので控訴審における相手方を定めるについては，さほど困難を生じない。しかし，家事審判では繰り返し指摘しているように，実質的意味の関係人，形式的意味の関係人の区別を前提としたうえで，実体的不服を有し，抗告権を有する者を判断し，さらに申立事件と職権事件のそれぞれにおいて形式的に関与させるべき者の範囲を考える必要がある。家事審判における抗告の相手方の決定は容易ではないが，以下に一応の考え方を示すことにしよう。

(2) 申立事件
① 甲類事件

ここでは甲類審判事件であって関係人の申立てによって開始される事件を中心に考えてみよう。まず申立人のみで相手方の存しない事件についてみてみよう。この申立ての認容審判に対して，利害関係人が抗告するときは申立人を相手方とする（戸籍法による氏名の変更許可・戸籍訂正許可の審判など）。逆に申立てを却下する審判に対して申立人以外の者が即時抗告をなしうる場合（限定承認・相続放棄の申述受理など）には，相手方について困難な問題が生じる（相続放棄の申述受理の却下審判に不服を申し立てない者を相手にするというのも奇妙であるから，不服申立てをしない申立人を相手方とする必要はない。あえて2当事者の対立図式にするまでもない）。第1審において，申立人・相手方が存在する形で争われる後見人解任等の事件では，後見人が抗告するときは申立人を相手方とする。また，成年後見開始の審判に対して，第1審に関与していなかった者が抗告をしたときは，申立人を形式的に相手方とする必要はない*。

　　　*禁治産宣告手続が人事訴訟とされていた頃から，その宣告に対する不服の訴えの被告をだれにするかについては問題があった。日本法はドイツ法と異なり，禁治産宣告申立人を被告とすると定めた（旧人訴57条）。しかし，なぜ申立人が被告適格を有す

るのかが疑問であったし，申立人が死亡していたときはどうなるのかという問題もあった。禁治産手続が家事審判に移管された後も，この問題について十分な検討がないまま今日に至っている（この点について，佐上「成年後見事件における即時抗告」鈴木正裕先生古稀祝賀『民事訴訟法の史的展開』（2001）852頁）。この事件を公益性の強い事件である（事件本人の自己決定の尊重を必要とし，その確認とそれに対応する措置が必要であるという意味で）とすれば，抗告権を有する者からの抗告があるかぎり手続を続行させることができ，敢えて相手方としての第1審の申立人を必要としないと解してよい。

② 乙類事件

第1審手続において申立人と相手方が存在する事件について考えてみよう。婚姻関係の事件，扶養，寄与分，遺産分割の審判事件などである。申立ての趣旨にそう審判がなされたときは，通例相手方が抗告人となり，他方が抗告審の相手方となる。申立ての認容の審判に対して，第1審に関与していなかった利害関係人が抗告するときは，従前の関係人双方または全員を相手方とする。第1審に形式的に関与した者は，原則として全員が抗告審でも関係人となるべきである。遺産分割審判では，数人の共同相続人が各自抗告権を有する。その結果，数個の抗告が競合することになるが，実務上は最初に抗告を提起した者を抗告人とし，その他の者を相手方と扱っている（注解・家審法614頁〈岡垣〉）。

第1審における関係人以外の者が抗告した場合に，その第三者が新たに形式的意味での関係人の地位につくほかは，原審における対立関与，事件本人の位置づけなどに変更はないとされる（鈴木・既判力252頁，注解・家審法614頁〈岡垣〉）。

5　抗告期間・追完

1　抗告期間

即時抗告をなしうる期間は2週間である（家審14条）。民事訴訟の即時抗告が1週間とされている（民訴332条）のに対し，期間が延長されているのは，審判が身分関係等に重大な影響を及ぼすことを考慮したためである（1 2参照）。その期間は，特別の定めがないかぎり，即時抗告権者が審判の告知を受けたときはその日から，そうでないときは申立人が告知を受けたときから起算される（家審規17条）。法律関係を画一的に，かつ迅速に確定させる必要性があるからである。また事件によっては，裁判に対して複数人が即

時抗告を申し立てることができることがあり，即時抗告の申立ての起算日を明確にしておく必要がある。たとえば後見開始決定については，即時抗告の期間は，成年後見人に選任される者に対する告知があった日（複数ある場合には，そのうち最も遅い日）から進行する（家審規17条ただし書，27条1項）＊。

＊保佐開始・補助開始の審判（家審規30条の4第1項，30条の12第1項）も同様であり，失踪宣告については申立人が告知を受けた日（同42条1項），親権・管理権喪失宣告の審判では本人が告知を受けた日（同77条1項）である。この扱いは，本文に説明したように画一的な処理の必要性に基づくが，問題も多い。たとえば後見開始決定について，被後見人の即時抗告の申立期間も後見人に選任される者に告知があった日から進行する。禁治産宣告が人事訴訟手続法に規定されていたときは，禁治産宣告を受けた者の抗告期間は，本人の保護の必要から本人自身がそれを知ったときから進行を開始するとされていた（旧人訴55条1項）。禁治産事件が非訟化され，家事審判に移管された際に抗告期間が短縮されたのであるが，成年後見法改正でも見直しはされなかった。しかしドイツ世話法の改正では，本人の抗告期間については旧法以来の規定が十分に考慮され，独自に認められている（ドイツ非訟法（FGG）69g条第4項は，同意留保が命じられまたは棄却された裁判に対する事件本人の抗告期間は，世話人に対する告知によっては進行を開始しない。本人に対する告知によって進行を開始するが，世話人に告知された後6ヶ月を経過したときは（本人に対する告知がなくても）進行を開始するとする）。現行法においてもこうしたきめの細かい配慮が必要であるように思われる。この点についての詳細は，佐上・前掲鈴木古稀記念835頁以下参照。

遺産分割等のように関係者全員が必要的に手続に関与する場合に，告知の日が各人ごとに異なる場合の即時抗告の起算点については，次に述べる最高裁決定によって各人が告知を受けた日から起算されることに実務上統一された（以下 **2** 参照）。

2 追 完

関係人の責めに帰すことのできない事由によって期間の遵守ができないときは，その事由のやんだ後1週間以内にこれを追完することができる（家審7条，非訟22条）＊。その事由は民事訴訟におけると同様である（第4章第4節 **4** **3** 参照）。

＊最決平成15(2003)・11・13民集57巻10号1531頁は，遺産分割審判につき各相続人への審判の告知の日が異なる場合における即時抗告期間は，相続人ごとに各自が審判の告知を受けた日から進行するとし，「各相続人への審判の告知が異なる場合における遺産の分割の審判に対する即時抗告期間については，告知を受けた日のうちもっとも遅い日から全員について一律に進行するとの見解に基づく取扱いが実務上相当広

く行われており，この取扱いを前提とする趣旨の裁判所書記官の回答に基づいて相続人全員に対する告知が完了した日から2週間以内に即時抗告がなされた」といった事情があるときは，非訟法22条の追完が認められるとした。

6 抗告の申立て

1 総　説

抗告審の審理の手続は，民事訴訟法の抗告に関する規定に従う（家審法7条による非訟25条の準用）が，民訴法の抗告および抗告裁判所の訴訟手続については，その性質に反しないかぎり第1審の規定が準用され（民訴331条），したがって抗告審は続審制を採用したものと解される。さらにその性質に反しないかぎり審判に関する規定が準用される（家審規18条）。

家事審判手続は非訟事件であり，また第1審では家庭事件の性質を考慮してさまざまな特別の規定が設けられている。この点で，抗告審の手続にどの規定がどのように準用されるかについては，不明確な点も多い。以下，重要な点についてみていくことにする。

2 抗告の提起

(1) 抗告を提起する裁判所

家事審判事件の抗告審の管轄裁判所は高等裁判所である（裁16条）。抗告には民事訴訟法の規定が準用される（家審7条による非訟25条の準用）。したがって即時抗告は，原家庭裁判所に書面でしなければならない（民訴331条による286条の準用）。民訴法の規定によれば，書面によることが必要であるが，家事審判では書面または口頭による申立てが許されているので，抗告も書面または口頭によることができるとするのが実務の扱いである（注解・家審規165頁〈岡垣〉，実務講義案144頁）。即時抗告申立書を提出するときは，控訴状に準じて，抗告人およびその法定代理人，不服を申し立てる審判の表示，即時抗告をなす旨を記載し，これに所定の手数料を納付する。抗告状が誤って抗告裁判所に提出されたときは，原審に移送すべきである（実務講義案145頁）。抗告の提起を受けた家庭裁判所は，抗告を不適法または理由がないと認めればその旨の意見を付して，事件を抗告裁判所に送付する。これによって事件は抗告裁判所に移審する（移審の効力）。

抗告すべき裁判所を誤った場合に，移送が可能かどうかは，第1審の場合

と同様の問題が生じる。抗告申立てを受けた裁判所が管轄権を有しない高等裁判所または家庭裁判所である場合には，抗告受理の権限のある裁判所に移送できるが，地方裁判所が抗告申立てを受けたときは移送はできないとするのが，実務の扱いである（この問題については，前述第4章第1節43参照）。

(2) いわゆる二重抗告

抗告人は重ねて同一の抗告をすることはできない。これに対して，数人の関係人が，抗告期間内に相前後して抗告をしたときの取扱いについては議論がある。抗告権者の1人から適法な抗告があって移審の効果を生じた以上，その後における他の抗告権者の抗告は不適法であるとする先例もある（遺産分割審判につき大阪高決昭和40(1965)・4・15家月17巻5号63頁）*。しかし各別に提起される抗告はいずれも適法と解すべきであり，判断の矛盾を避けるため，各抗告を併合したうえ，同一事件として審理し1個の終局的決定で判断されることになる（注解・家審法579頁〈岡垣〉，高木・講座実務家審1巻234頁ほか通説である）。家事審判では相手方のある事件でも，申立人か相手方かによって手続上の地位に決定的な差異を生じさせないから，通説を支持する。各抗告人の抗告理由は抗告審に対する意見であると扱えばよい。

*金田宇佐夫「抗告審における手続」判タ250号136頁は，これを二重抗告として，後に提起された抗告を不適法であるとするが，その抗告理由は最初の抗告について審理する際に考慮すべきものとする。

(3) 抗告申立ての意義

家事審判手続においては，申立事件と職権事件が区別される。職権事件においては関係人の申立ては職権発動を促すにすぎないとされることがある。しかし，こうした事件にあっても抗告審の手続は，すべて申立事件となる。申立てがなければ手続は開始されないし，職権発動を促すものではなく，抗告による移審の効力，確定遮断の効力を生じさせる。

① 職権事件

抗告が適法であるためには，その適法要件を満たさなければならない。非訟法20条1項にいう権利侵害が必要である。抗告審においては，職権事件であっても，抗告人はさらに抗告を取り下げることができる。抗告の提起および取下げの2点で，第1審にはみられない特徴がある。このことから，抗告審における審理の枠組みは，抗告の申立てによって特定され決定されるという帰結を引き出すことができる（Baur, S. 341）。公益性の強い親権，後見

事件などでも，抗告がなされないかぎり家庭裁判所の審判が通用する。成年後見開始決定等についても同様である。これらの事件においては，公益の代表者を申立人に加え，抗告権にも配慮している（詳細については第4章第2節11⑵参照）。それゆえ，その抗告のないかぎり，抗告審は公益を理由に抗告の趣旨を，抗告人の申立ての趣旨を超えて拡大し，変更してはならないと解すべきである。新たな事情を生じたときは，新たな申立てで対処することになる。このようにして，職権事件においては，抗告審の審理の対象は抗告によって画されると解してよい。

② 申立事件

上に述べたことは，基本的には申立事件にもあてはまる。財産分与，寄与分あるいは遺産分割審判のように，裁判所の裁量性の強い事件では，第1審の申立ての際に，申立てを特定することを要しないし，また裁判所も申立てに拘束されないのが原則である（この点については，第4章第2節4参照）。しかし，審判に対する不服申立てについても同様に解することができるかは問題である。第1審の審判に対する不服は，その取消し・変更に向けられているのであり，第1審とは異なってその申立対象は特定している。何をどのようにするかではなく，第1審の審判に対して不服があることが示されている。その不服の範囲も特定していると解してよい（Baur, S. 341）。抗告人が不服を申し立てている審判ですら不服なのであるから，抗告審がそれより不利益を課すことは当然に不服に含まれる。この意味で，抗告審は申立事件についても不服申立ての範囲については，抗告人の申立てに拘束されるといってよい。このことは，抗告裁判所の選択権を制限するものではない。この点は，以下に述べる不利益変更禁止の問題と密接に関連する。

3 即時抗告の提起と原裁判所による再度の考案

(1) 制度の趣旨

抗告が提起されると，原裁判所は上級審の負担を軽減し，また事件を迅速に解決するために，自ら抗告の当否を判断し，理由があると認めるときは，原裁判を取消しまたは変更することができる（民訴333条）。これを再度の考案という。これによって更正がなされると，抗告は目的を達して手続は終了するが，抗告を理由なしとして更正しないときは，意見を付して事件を抗告裁判所に送付する（民訴規206条）。

(2) 再度の考案の許否

　家事審判に対し即時抗告がなされた場合にも，再度の考案によってその審判を更正できるかという問題が生じる。見解は対立している。その対立の原因は，民訴法の再度の考案の規定は，非訟事件の裁判にも準用される（非訟25条）が，さらに家事審判法にも準用されるかという点にある。すなわち，家審法および家審規に，民訴法規定の準用を除外する特別の定めが存するか，また存しないとしても準用することが審判の性質に反しないか，という解釈上の問題である。否定説は，非訟法19条3項が即時抗告のできる裁判については取消変更ができないとしており，この制約のもとに同規定が審判手続に準用されるということを根拠とする（鈴木忠一「非訟事件に於ける民事規定の準用」同『非訟・家事事件の研究』(1971) 347頁，高木・講座実務家審1巻240頁。東京高決平成元(1989)・12・22家月42巻5号82頁，佐上・本件評釈・民商104巻1号(1993)138頁）。肯定説は，抗告審の判断をまたずに迅速に事件を処理する再度の考案の制度は審判の性質に反しないことから，民訴法の規定の準用を妨げないと主張する（山木戸・49頁，家審法講座1巻90頁〈綿引〉，奈良次郎「再度の考案について（上）」判時1344号(1990)11頁，実務講義案144頁）。そして折衷説は，審判手続に関する裁判の即時抗告には再度の考案が許されるが，財産分与や遺産分割のようなとりわけ乙類審判については否定説と同様に許されないとする（注解・家審法581頁〈岡垣〉，吉岡進「家事審判の抗告審における諸問題」『新実務民事訴訟講座8巻』281頁，春日偉知郎「即時抗告をめぐる諸問題」判タ1100号236頁）。

　困難な問題ではある*が，否定説を支持しておこう。前述したように，家審法および家審規則は，本案に関する審判と手続上から派生する審判をもとに即時抗告に服させているから，折衷説のように両者を分けることは適切とはいえないであろう。再度の考案によると即時抗告より早期に解決できるということは，これを認める根拠にはならない。また，家審法と同様にすべて決定で裁判される民事保全法においても再度の考案が廃止された（民保41条2項参照）ことも，今後の家審法の改正で考慮されるべきであろう。ただし，家事審判においては，非訟法または民訴法による抗告をなしうる場合がありうる（前記2 2，3）。これらの場合に，再度の考案が認められるかという問題はあるが，これは家審法の適用外の問題である。

＊再度の考案の包括的な研究として，林淳「即時抗告と再度の考案」木川統一郎博士古稀祝賀『民事裁判の充実と促進(中)』(1994) 413頁は，この制度を肯定的に見ている。しかし，鈴木正裕「抗告の特質」『講座民事訴訟法第7巻』(1985) 291頁以下は，その歴史的な位置づけ等からむしろ否定的である。

4 審理の諸原則等

(1) 原 則

抗告審の審理には，基本的には家庭裁判所における審判の審理諸原則が準用される（家審規18条）。したがって，本人の自身出頭主義，手続の非公開，職権による事実探知と証拠調べ，当事者の審問請求権の保障，処分権主義の制限等については，審判におけると同様である。関係人，利害関係人を審問するかどうか，実施する場合に書面または口頭で行うかも裁判所の裁量に委ねられている。家事審判においても，関係人が抗告審で新たな事実の主張をしたり証拠の提出をすることがあるから，主張立証の機会を保障すべき必要性は家庭裁判所におけると異ならないことに注意すべきであろう。しかし，高等裁判所において審理されることから生じる以下のような制約がある。

(2) 付調停・自庁調停

家庭裁判所においては，審判事件につきいつでも調停に付すことができる（家審法19条1項）。抗告審においても同様の措置をとることができるかが問題となる。乙類審判においてはできるかぎり関係人の合意による解決が望ましいことから，抗告審の審理の状況，特に関係人の意向を斟酌して家庭裁判所の調停に付すことができると解されている（金田・前掲137頁，家審法講座3巻129頁〈沼辺〉，注解・家審規172頁〈岡垣〉，高木・講座実務家審1巻239頁）。この間抗告審の手続は中止される。家庭裁判所での調停が成立したときは，審判申立てが取り下げられたものと扱われることになろう（家審19条2項の準用による。注解・家審規189頁〈石田〉）。調停が不成立であるときは，抗告審の手続が続行される。

これに対して，抗告審において自ら調停をすること（自庁調停）はできない。家事調停は，調停委員，参与員，家裁調査官等の専門的機構を備えた家庭裁判所において行うとするのが家審法の趣旨であるからである。

(3) 職権による事実調査と証拠調べ

家事審判におけると同様の原則に従う。したがって高等裁判所は職権によ

り事実を調査し，必要と認める証拠調べを実施しなければならない。証拠調べの手続についても同様である。抗告審の手続は，原則として「第2の第1審」であるといってよい。関係人は，第1審で主張しなかった事実を主張でき，新たな証拠の申請をすることができる。抗告裁判所は，第1審における手続行為を再度行うこともでき，第1審がしなかった手続行為をすることもできる。

　家庭裁判所の審判手続では，家裁調査官に事実の調査を命じる権限が与えられ，実際にこれが大きな役割を果たしている。抗告審である高等裁判所にも，家裁調査官制度が設けられ（裁61条の2第1項），高等裁判所が家裁調査官に直接に事実の調査を命じることができるようになった。抗告審においても，関係人は申立てを変更することも可能であるが，従前の資料のみでは判断することが困難で，さらに事実の探知や証拠調べをしなければならないときは，著しく手続を遅延させるものとして許されないと解することができる（金田・前掲137頁，注解・家審法623頁〈岡垣〉）。このような事例では，むしろ新たな申立てをさせる方が適当と考えられる。関係人の証拠申立権，審問や証拠調べへの立会い，証明責任とその分配等の問題は，すべて家事審判手続におけると同様である*。

　　*抗告審からみて，原審が関係人や利害関係人に対して陳述機会の保障や証拠調べへの立会い，記録の閲覧等の手続保障に十分でないと認めるときは，抗告審において必ずこれを認めるべきである。とりわけ民法や家審規において，その意見を聴かなければならないとされている場合（家審規54条，70条，72条，76条，125条等）には，審問は必要的である（この指摘として，菊池博「抗告審における審理」別冊判タ8号413頁，岡垣学「家事審判に対する抗告について」家月38巻4号（1986）17頁，高木・講座実務家審1巻235頁など）。

7　抗告審の裁判

1　裁判の内容
(1)　取消し・差戻しの原則

　抗告審においては，即時抗告の適否および抗告の理由の有無を判断して終局裁判をする。即時抗告が不適法であるか抗告の理由がないときは，これを却下または棄却する。審理の結果，即時抗告の理由があると認めたときは，原審判を取り消して，事件を家庭裁判所に差し戻さなければならない（家審

規19条1項)。これは民事訴訟や非訟事件の抗告については，原決定を取り消すときは抗告審が自判するのを原則とし，差戻しを例外としているのに対して，原則と例外を逆転させている。その理由は，家庭裁判所が家事事件に関する専門の裁判所であり，その審理のために家裁調査官，参与員さらに調停委員等をも配置しているのに対して，抗告審である高等裁判所にはそうした人的施設を有していないことから，家庭裁判所で事件を処理させることが適当であるという考え方にある。家事事件につき家庭裁判所中心主義を建前としているといわれるゆえんである。

高等裁判所が相当であると認めるときは，審判を取り消して自ら「審判に代わる裁判＊」をすることができる（家審規19条2項）。この「相当であるとき」とは，原審判を取り消して新たな裁判をするにつき，家庭裁判所による調査等を行う必要性がない場合，いいかえれば原審および抗告審における事実の調査，証拠調べの結果からみて，すでに事実関係が明らかであってさらに家庭裁判所で事実審理を行う必要がない場合とされる（吉岡・前掲『新実務民事訴訟講座8巻』290頁，注解・家審規185頁〈岡垣〉)。

　＊なお，「審判に代わる裁判」とは，抗告審である高等裁判所の裁判の形式は審判ではなく，決定であるがその効力は審判と同一であることを表現したものである。

(2) 決定理由

家事審判は，審判書において理由の要旨を記載することで足りるとされている（家審規16条。その趣旨については，第6節２２参照)。しかし，非訟法23条は，抗告審の裁判に対しては理由を付すことを義務づけている。その趣旨は，再抗告に対する関係で再抗告された場合に，その抗告が再抗告理由を有するか否かを明らかにするためのものである（注解・非訟法234頁〈豊泉〉)。元来，非訟事件の第1審が区裁判所（簡易裁判所）であり，抗告裁判所が地方裁判所，再抗告裁判所が控訴院（高等裁判所）という関係で定められていたものである。しかし，現行法の下では家事審判は第1審として家庭裁判所，抗告審として高等裁判所が管轄を有するから，もとの非訟法の制定趣旨からすれば，家審規16条自体で審判には理由を付さなければならないとして，非訟法23条と同様の趣旨を定めなければならなかったのである。そして，その抗告審でも当然のこととして裁判には理由が付されるということになるはずである。また民訴法337条により許可抗告が認められることからも，抗告審の裁判にはその判断に必要な法令の解釈等の内容が盛り込まれ

ていることが求められる。

2 抗告審における不利益変更の禁止原則
(1) 制度の趣旨
　民事訴訟の抗告の提起があった場合，抗告審は不服を申し立てられている限度で審理するのが原則である（民訴296条1項）。不服申立てのない部分については，第1審の審判を前提にしなければならない。それゆえ抗告審の裁判は，抗告人に対してその申立てを超えて第1審の裁判より有利に変更できない（利益変更の禁止）。また相手方の抗告ないし附帯抗告がない限り，抗告人の不利益に変更することもできない（不利益変更の禁止）。これは，当事者の申立てを超えて裁判してはならないとする民事訴訟では重要な意味をもつ原則である（民訴304条）。

(2) 家事審判手続への準用の可能性
① 問題の所在
　上に述べたいわゆる不利益変更禁止の原則が，家事審判の即時抗告にも適用があるかについては，学説上争いがある。家審法7条による非訟法の準用，同法25条による民事訴訟法の準用という筋をたどれば，家事審判についても不利益変更禁止を認めてよいように見える。しかし，当事者の処分権を認めない事項に関する裁判や，争訟性のある事件についても裁判所の合目的的観点からの法律関係の形成が重要であり，原則として当事者の申立てに拘束力を認めないといった家事審判の特徴から，民事訴訟法の考え方はそのままでは通用しない。

② 学説・判例の状況
　学説は，すべての事件についてその適用を否定するものがある（家審法講座1巻87頁〈綿引〉，高木・講座実務家審1巻242頁）が，申立てによって開始される事件については不利益変更禁止を肯定し，職権によって開始される事件については否定するという考え方が多数を占める（鈴木・既判力91頁，同・研究345頁，金田・前掲135頁，吉岡・前掲『新実務民事訴訟講座8巻』290頁，注解・家審規186頁〈岡垣〉，高木・講座実務家審1巻241頁）。しかしこれら多数説も，個々の審判についてはさらに対立する。たとえば，遺産分割審判は当事者の対立のきびしい事件の典型例であるが，そもそも裁判所による形成に対して利益・不利益の観念が存するかが問われるし，続審である抗告

審が分割しようとする場合に抗告人につき不利益変更禁止の原則が作用すると、適正な分割が不可能になってしまうこと等から、むしろ不利益変更禁止は適用されないと主張されるのである（注解・家審規108頁〈岡垣〉、同320頁〈石田〉）。婚姻費用分担請求、財産分与請求等など多様な紛争を含む家事審判においては、一律に不利益変更禁止原則の適用の有無を判断することは困難であり、原則的には否定説に立ちながら具体的事情に応じて判断するしかないとの見解もある（春日・前掲237頁）＊。

　上記6 2(3)で述べたとおり、抗告審の手続は申立事件であり、また申立てに対して抗告人の処分権が認められていることから、申立事件・職権事件ともに不利益変更禁止の原則が適用されると解すべきである。公益性の強い事件であっても、抗告審がそれに対する不服がないのに、抗告人に第1審よりも不利益な裁判をすることは許されない。それを希望するのであれば、公益の代表者による、あるいは抗告に反対する別の申立てが必要であると解される。抗告裁判所が独自に公益の観点を取り上げることはあり、また裁量権を行使することはあっても、それは抗告人の不服の限度にとどめられるべきである。

　　＊審判実務においても、立場の差異が認められる。たとえば次のような例がある。遺産分割審判に対する即時抗告について、不利益変更禁止原則が適用されるとする高松高決昭和36(1961)・1・8家月14巻7号62頁があり、また福岡高決昭和53(1978)・5・18家月31巻5号84頁は、原審の判断には相手方乙1の特別受益持ち戻し計算に誤りがあり、その結果相手方乙2の具体的相続分が増加することになるが、乙2が原審判の変更を望んでいない以上、乙2の利益に審判を変更しないとしている。
　　　また、最判平成2(1990)・7・20民集44巻5号975頁は、人訴法15条1項（現行人訴32条1項）の規定により離婚の訴えにおいてする財産分与の申立てについては、控訴審が控訴人の不利益に分与の額等を認定しても民訴法186条（現246条）に違反しないとした。そして、「申立人の相手方のみが控訴の申立をした場合においても、控訴裁判所が第1審の定めた分与の額等が正当でないと認めたときは、第1審判決を変更して、控訴裁判所の正当とする額等を定めるべきものであり、この場合には、いわゆる不利益変更禁止の原則の適用はないものと解するのが相当である」とする（本件判決評釈、山本克己・民商105巻2号(1991)208頁、宇野聡・私法判例リマークス6号(1993)136頁はともに判旨反対）。上記6 2(3)で述べたとおり、抗告審は抗告人の申立ての範囲内で審判することが必要であるという本書の基本的な立場からも、不利益変更の禁止は申立事件・職権事件の双方ともに認められることになるから、本件最高裁判決の趣旨には賛成しがたい。

3 附帯抗告

　抗告審手続において，相手方が抗告申立人の申し立てた審判対象を拡張して，自己に有利な決定を求める申立てを附帯抗告という。附帯控訴（民訴293条）と趣旨を同じくする。この規定が家事審判手続にも準用されるかについても，学説上争いがある。婚姻費用の分担，扶養あるいは遺産分割などの乙類審判事件では当事者が相対立する利害関係にあり，審判が一定の法律関係の形成を目的とする場合には，手続法上の公平と訴訟経済の見地から，通常の抗告と同様に附帯抗告をすることができるとする見解が有力である（鈴木・研究335頁，注解・家審法580頁〈岡垣〉）。これらの見解も，家事審判において附帯抗告を認めるとしても，それは民事訴訟における一定の申立てとは異なって，裁判所を拘束する申立てではなく，裁判の資料とするための主張にすぎないことを自認している。本書では，申立人の申立てを認容する審判に対しても不服申立てを認める立場をとっている（３２(2)）ので，それとは別に附帯抗告という概念を用いる必要はないと解する。

4 抗告提起に伴う執行停止

　決定や命令は，即時に効力を生じるのが原則であるが，即時抗告が提起されるといったん発生した執行力が停止される（民訴334条1項）。しかし，家審法13条1項ただし書きは，即時抗告をすることのできる裁判は，確定しなければその効力を生じないとして，その例外を定めている。家審法がこうした例外的措置をとった理由は，法律関係を簡明なものとするという点にある。すなわち，審判によって執行が可能だとして強制執行ができ，これが抗告審で取り消されるとなれば，法律関係を複雑にするので，「即時抗告のできる審判は即時抗告期間の徒過又は即時抗告棄却の審判の確定によって審判が確定する迄は効力を生ぜず，従って審判が確定するまでは，形成力も，執行力も生じないこととした」（「家事審判法質疑応答資料」，堀内・研究436頁）のである。

　家事審判においても通常抗告の余地がありうる（上述２２(3), (4)参照）。この場合には執行停止の効力はないが，抗告裁判所等は抗告についての決定があるまで，原裁判の執行の停止その他必要な処分を命じることができる（民訴334条2項）。執行停止の裁判は，申立てによりまたは職権でできる。この裁判に対して関係人は不服を申し立てることができないが，裁判所は後に事

情変更を理由としてこの取消し・変更をすることができる。

8　再抗告・特別抗告

1　再抗告の意義

　再抗告は，抗告審の終局決定に対する不服申立てである。その決定に，憲法の解釈の誤りがあること，その他憲法の違反があること，または決定に影響を及ぼすことが明らかな法令の違反があることを理由とするときに限って許される（民訴330条）。家事審判事件における抗告審は高等裁判所であるから，その裁判に対する不服申立ては再抗告である。上告に類似する。家事審判事件は，家庭裁判所が第1審であり，高等裁判所が抗告審である。そして高等裁判所の裁判に対しては一般の抗告はできない。憲法違反を理由として最高裁判所に特別抗告することは許される（家審7条による非訟25条の準用，非訟25条による民訴336条の準用）。特別抗告は裁判の告知を受けた日から5日以内にしなければならない（民訴336条2項）。

2　許可抗告

　許可抗告は，憲法以外の法令の解釈の統一をはかる目的で，高等裁判所の決定および命令に対して認められる最高裁判所への抗告である。許可抗告が許可されるのは，高等裁判所の決定および命令について，最高裁判所等の判例と相反する判断，その他法令の解釈に関する重要な事項を含むと原裁判所（高等裁判所）が認める場合である（民訴337条2項）。許可抗告は許可抗告理由書を原裁判所に提出してする（民訴337条6項，313条，286条）。この申立ては，裁判の告知を受けた日から5日以内にしなければならない（同336条2項）。

9　再審の手続

1　再審を認める必要性

　再審とは，確定した終局判決に対して，判決が確定し既判力を生じているからといって無視し得ない重大な手続上の瑕疵，あるいは判決の基礎である裁判資料に異常な欠陥（これらが再審事由として民訴法338条1項に列挙されている）があるため，確定判決の効力を維持できないとして，確定判決の取消しと事件の再審理を求める独立の訴えによる不服申立方法をいう。再審は確

定した判決に対するものと確定した決定・命令に対するものが区別され、後者を準再審という（349条）。家事審判において問題となるのはこれである。

しかし家審法および家審規則にも、さらには非訟法にも、再審に関する直接の規定がないために、家事審判において再審を許すかどうか、また仮に再審を許すとしてもその手続はどうなるかについての検討が必要となる。

家事審判手続は他の裁判手続と同様に、慎重な審理がなされるが、その裁判に民事訴訟法の定める再審事由が付着する場合がありうる。このことから、非訟事件である家事審判について再審制度を否定することは不正義を存続させることになって、とうてい容認できることではない。ただこのような場合でも非訟事件の裁判は既判力を有しないから、再審事由が付着するような場合には事情変更による取消し、裁判の変更によって対処できるのではないか、という疑問が生じる。しかし、事情変更による取消し・裁判の変更の効力は遡及しないこと、また即時抗告の許される審判が確定した後にも取消し・変更を許すことは本来許されないはずであることから、再審を許すのが今日の通説である（家審法講座1巻89頁〈綿引〉、注解・家審法98頁〈菊池〉、実務講義案154頁等）*。

*これに対して、鈴木・既判力98頁以下は、「裁判確定後の救済方法として考え得られるのは、条理上手続法に共通の一般原則として再審の規定の準用を認めることに踏み切るか又は事情変更に因る取消変更に依るかの何れかであろう。筆者は、非訟法に再審の規定のない点に鑑み、非訟事件の裁判の本質上事情変更に因る取消変更に依るべきものと考える」という。注解・非訟法246頁〈豊泉〉も鈴木説を支持する。また、東京高決昭和50(1975)・1・30判時778号67頁も再審を否定して、事情変更による取消変更で対処している。ドイツ法においても、非訟法（FGG）には再審に関する定めがなく、民訴法の再審規定の準用に関して争いがあった。今日では、非訟法（FGG）に定めるすべての法的救済が閉ざされたこと、同法18条による裁判の変更も可能ではないこと、追完による原状回復も可能ではないことという要件のもとに、真正争訟事件や既判力を生じるその他の事件のみならず、すべての非訟事件につき再審を認める見解が通説となっている（Bärmann, S. 219; Habscheid, S. 191; KKW-Schmidt, Rn. 69 zu §18; Brehm, Rn.391）。

2 再審の手続
(1) 再審の法律上の根拠

再審を認めるとしてもその法律上の根拠については若干の疑義がある。非訟法に定める裁判は、通常の抗告を前提としているため、同法によって民事

訴訟法の再審に関する規定を準用することができるかについては問題がある。家事審判においては即時抗告を主たる不服申立てとしているから、家事審判法 7 条によって非訟法 25 条を準用し、そこから民訴法 349 条を準用すると解する*には、たしかにその連結に無理があるといわざるをえない（鈴木・既判力 99 頁）。非訟法 25 条が準用するのは抗告の手続であって再審の規定ではないからである。この類推の連結ではなく、民事訴訟法の再審が手続法一般に妥当する基本的考え方でありそれを類推するといっても、結論的には変わりはない。この解釈が簡明であろう。

*この考え方をとるものとして、家審法講座 1 巻 89 頁〈綿引〉、西塚静子「家事審判と再審」兼子先生還暦記念『裁判法の諸問題（上）』(1969) 731 頁、日野忠和「審判の取消、変更及び再審」講座実務家審 1 巻 226 頁、西口元「家事審判に対する再審」判タ 1100 号 584 頁がある。実務においては、裁判例の多数はこれに従っていると思われる（仙台高決平成 15(2003)・2・6 家月 55 巻 12 号 60 頁、山形家審昭和 57 (1982)・12・27 家月 36 巻 5 号 109 頁などがある）。また、最判平成 7 (1995)・7・14 民集 49 巻 7 号 2674 頁も、子と血縁上の父であると主張する者が戸籍上の父と子の間の親子関係不存在確認を求める訴えを提起するなどしていたにもかかわらず、この訴えの帰趨が定まる前に子を第三者の特別養子とする審判がなされた場合には準再審の事由があるとし、家審法 7 条、非訟法 25 条、民訴法 429（現行 349 条）によることを明らかにした。

(2) 再審事由・再審期間

① 再審事由

審判に対する再審事由については民事訴訟法に定める再審事由に準じる（民訴 338 条参照）。ここに掲げられている事由は、訴訟の上告理由にも含まれている。そこで審判の確定の前に当事者がこれらの事由のあることを知りながら、抗告によって主張しなかったとき、また抗告理由としたが却下されたときは、再審事由とすることはできない（民訴 338 条 1 項ただし書の準用）。個々の再審事由につき概観しておこう。

①裁判所の構成（同項 1 号・2 号）、②代理権の欠缺（同 3 号）、③審判に影響を及ぼすべき可罰行為その他の違法行為があったこと（同 4 号ないし 7 号）である。可罰行為は原則として刑事手続で有罪の判決か過料の裁判が確定していることが必要である。しかし、有罪判決を得られない事由が証拠不十分ではなく、犯人の死亡、大赦、公訴時効の完成、情状による不起訴処分などである場合には、その事由が再審で証明されなければならない（民訴 338 条

2項後段)。④審判の基礎となった民事または刑事の判決，その他の裁判または行政処分が，後の裁判または行政処分によって変更されたこと（同条1項8号)。⑤審判に影響を及ぼすような重要な事項について判断遺脱があるとき（同9号)。当事者が適法に提出した攻撃防御方法で，審判の結論に影響するものである。⑥確定審判と抵触するとき（同10号)。これは既判力の抵触を避ける趣旨で認められている再審事由であるが，家事審判については既判力を生じないこと，個別的な判断が重要であることから，これが再審事由とされることは手続的な問題に関する審判を除くと稀であろう（西塚・前掲734頁以下参照)。

② **再審期間**

再審期間についても民事訴訟と同様に考えてよい。すなわち，再審の申立ては，関係人が審判の確定後，再審事由のあることを知った日から30日以内にする必要があり（民訴342条1項)，この期間は不変期間である。審判の確定後5年，あるいは審判確定後に再審事由が発生したときはその時から5年を経過するともはや申し立てられなくなる（同2項)。ただし代理権欠缺・確定審判との抵触を理由とするときは期間に制限がない（同3項)。もっとも，可罰行為を理由とするときは，可罰行為が判決（審判）確定前に生じていても，再審期間は有罪の確定判決があったときから進行を開始する（最判昭和52(1977)・5・27民集31巻3号404頁)。

再審申立てを却下する裁判に対する不服申立てについては，家審法14条の適用はなく，民訴法の規定（349条，347条，341条）により裁判の告知を受けた日から1週間以内とするとの先例がある（仙台高裁秋田支決平成15(2003)・2・6家月55巻12号60頁)。

(3) **当事者**

再審の申立人は，審判の効力を受け，これに対して不服を有する関係人である。相手方となるのは審判手続において申立人または相手方となった者である。

(4) **再審の手続**

① **再審の対象となる決定**

民事訴訟法の再審手続によるので，再審の対象となる裁判は即時抗告に服するものに限られる。即時抗告のできない裁判であっても，終局的裁判の性格を有する決定であれば独立した再審の申立てをなしうる（最大決昭和30

(1955)・7・20 民集 9 巻 9 号 1139 頁)。ただし申立てを却下した裁判は，既判力を有しないから再び同一内容の申立てをしようとするときは，わざわざ原裁判をさかのぼって取り消す必要はなく，新たな事件として申立てをすればよいから，この場合には原審判に再審事由があっても再審の手続をかりる必要はない。このように解するのが通説である。

また甲類審判につき即時抗告のできない審判において形成的にある法律状態が作り出されているときに，その解消を求めることが必要な場合がある。たとえば相続財産管理人が選任されたが相続人の存在が明らかとなったような場合である。この場合には相続人解任の申立て等により対処することになる（西口・前掲 585 頁）。

② 申立てをなす裁判所

不服の申し立てられている審判をした裁判所である（民訴 349 条 1 項参照）。

③ 再審の裁判

再審の申立てについては，決定手続で再審事由の存否が審理される。再審期間が遵守されていないなど不適法な申立てであれば却下され（民訴 345 条 1 項参照），再審事由が認められないときは再審請求が棄却される（同 2 項）。これらの決定に対しては即時抗告できる（同 347 条）。

再審事由が認められるときは，再審開始の決定がなされる（同 346 条 1 項）。この決定が確定したときは確定した審判で判断された事件（本案）の審理が続行される。そして再審理の結果確定審判が誤っていたことが判明したときは，確定審判を取り消して新たな審判をする（同 348 条 1 項）。再審理をしても確定審判と同一の結果となるときは，再審の請求を棄却する（同 2 項）。

第2編　家事調停

第1章　家事調停制度概説

第1節　家事調停総説

1　家事調停の概念と性質

1　家事調停の概念と歴史

(1) 家事調停の概念

　家事調停は，家庭に関する紛争の解決手段の1つである。調停とは，調停機関（第三者）が紛争当事者を斡旋して，当事者の権利，義務等の法律関係につき合意を成立させることによって，自主的な解決を図ることを目的とする制度である。紛争当事者に第三者が関与することによって，当事者間での合意の成立を図る。その趣旨は扱う対象を異にするのみで，民事調停と同様である。当事者は，お互いに譲歩することにより，その間に存する争いをやめ，紛争の解決に合意する。当事者の合意による紛争解決であり，裁定型の紛争解決制度である訴訟または審判とは顕著な対立を示す*。当事者の合意による紛争の解決であることから，裁判外の紛争処理制度においては最も基本的なものである。

　民調法1条は，同法の目的として「民事に関する争いにつき，当事者の互譲により，条理にかない実情に即した解決を図る」ことを掲げる。家審法には家事調停の目的に関する定めを欠いているが，同様に解してよい。調停という用語は，日常的にも用いられ，多義的である**。ここでは家庭裁判所の行う調停のみを扱うが，それについてもなお多様な意味で用いられる。

　　*わが国において裁判所が扱う調停は，民事調停と家事調停であるが，それぞれ別の法律に基礎を置き，しかも家事調停は家事審判ないし人事訴訟と関連して扱われるため，民事調停と共通の基礎を有する（たとえば遺産分割事件は，財産上の紛争であり民事の争いであるが，紛争当事者間の身分関係の存在を考慮して家事調停として扱われる。以下第2章第1節参照）。しかし，別々に解説されることが一般的となっている。ここでも民事調停に関する議論を参考とするが，家事調停に特化した解説となっ

ている。
　＊＊第1に最も広義では，家事調停制度自体を指し，第2に家事調停制度を構成する一連の手続過程としての家事調停を意味するものとして使用される。第3には，一連の家事調停過程を組成する個々の調停行為（裁判所や調停委員会および当事者が行う個々の調停手続）を意味するものとして使用され，そして第4には家事調停条項（調停合意）を意味するものとして用いられる（家審法講座3巻2頁〈沼辺〉）。

(2) 当事者の合意・調停機関の判断

　調停では，第三者である調停委員の判断は当事者に対して何らの拘束力を生じさせるものではなく，あくまで合意を成立させるための提案・勧告にとどまり，当事者双方がこれを受け入れてはじめて当事者間に合意（和解）が成立し，紛争の解決が得られる＊…＊＊。調停は最も当事者の合意を基礎にする紛争解決制度であるが，調停に代わる決定（民調17条，家審24条）や合意に相当する審判（家審23条）などのように，調停委員会が裁定的な紛争解決基準を示すことを排除しているわけではない。ただ，この場合でも当事者が受け入れない限り，調停に代わる決定も効力を生じない。当事者の意思いかんにかかわらず終局的に権利関係につき解決案を示し，これを確定させるいわゆる強制調停は許されていない（第1編第2章第1節２２参照）。調停に代わる決定等が認められている趣旨については，後述するが，これらの制度があることによって調停の制度が裁定（裁判）であるということにはならない。

　＊調停による紛争の解決は当事者間の合意に求められる，とするのがわが国の通説であるが，調停は民事訴訟とともに当事者間では解決し得ない民事紛争を国家の紛争解決機関の公権的判断によって解決する制度であるとする「調停裁判説」も有力に説かれている（とりわけ佐々木吉男『増補民事調停の研究』(1974)の各所に登場するほか，石川明＝梶村太市編『民事調停法』(1985) 22頁〈佐々木〉など）。この見解は，民事訴訟と調停では単に公権的判断の対象・主体・手続に技術的な違いがあるにすぎないのであって，調停制度の沿革，民事調停法等にみられる強制的契機，成立した調停の実効性の確保の観点等々からも，これを根拠づけることができるという。また家事調停に関しては，合意に重点を置いて考えると，合意がすべての権利関係の正当な判断によらない円満な調停となり，合意を得るために弱者に対して譲歩を強要することがあることを理由に，調停は裁判（判断）でなければならないとする見解もある（村﨑満「家事調停における法的解決と人間関係調整」『現代家族法大系Ⅰ』(1980) 326頁，穴沢誠二「家事調停に関する2つの考察」判タ589号(1986) 23頁）。
　しかし学説上は，これを支持する見解はごく少数といってよかろう。家事調停についても同様に考えてよいが，これについては民事調停にはみられないいわゆる23条審判の制度があり，その捉え方から実務家の中にはなお，調停裁判説を支持する見解が散見される。また，高野耕一「家事調停論」同『家事調停論』(2002) 181頁は，家

事調停における「調停合意説」の危険な性格として,①調停機関の中での家事審判官の存在の希薄化,②調停のプロセスにおける無法式化への傾斜,③当事者の家事調停からの逃避への誘いを挙げる。そしてこれらの諸点をきちんと評価することが重要であると指摘する。また同書において,調停合意説には調停における「事実認定」に甘さないし軽視があり,それが調停不信につながった側面がないとはいえないとの指摘もなされている（同書71頁以下）。家事調停においては,調停機関の判断と当事者の合意がともにその本質を構成すること,調停の主体の面から見ると調停機関と当事者との共同主役であるとの認識が理論的にも実践的にも相当であるとする。ここでは,調停は当事者の合意による自主的な紛争解決であるとする見解に立ち,これ以上詳しく扱わない。なお,佐上「家事紛争と家庭裁判所」『岩波講座現代の法5 現代社会と司法システム』(1997)286頁参照。

(3) 家事調停の対象

家事調停は,家庭に関する紛争を対象とする。財産権上の紛争および身分法上の紛争の双方を対象とする。訴訟事件（通常訴訟および人事訴訟）および家事審判事項の双方を対象とする。本来当事者の合意による処分を許さない人事訴訟事件についても家事調停の対象となりうる（家審23条参照）。その詳細は後に説明するが,家事審判は法によって列挙された事項を対象とするのに対して,家事調停は家庭に関する紛争であれば家事審判や人事訴訟事件として,家庭裁判所の管轄とされている事項以外の事項をも対象とすることができるという特徴を有する。

(4) 優先的な紛争解決制度

家庭に関する紛争を解決するための法制度としては,調停のほか訴訟（人事訴訟・通常民事訴訟）,審判制度がある。家審法は,人事訴訟やその他の民事訴訟を提起するにあたっては,まず調停による解決を試みることを求めている（家審18条。これを調停前置主義という）。また乙類家事審判事件についても,事実上,調停による解決が優先されている。このように家事調停は,民事調停と異なり調停優先主義ともいうべき立場を採用している点で,きわめて特異な法制度であるといえる。一般に,家庭に関する紛争は調停に親しみやすいと指摘されている。そのことからは直ちには調停前置主義という考え方は導かれないであろう。その詳細については後に改めて検討する。

2　家事調停制度の歴史的展開

(1) 第2次大戦以前——臨時法制審議会

家事審判法はその17条以下に調停について定めを置く。ここでは,家審

第1章　家事調停制度概説

法に家事調停制度が取り込まれるに至った過程と，その後の改正経過について概説しておこう。家事調停制度の必要性が説かれ，検討対象となってきたのは，家事審判所構想とほぼ軌を一にする。この間の経過については，すでに家事審判制度に関連して触れた（第1編第1章第1節1 2, 3）のでここでは簡単に指摘するにとどめる。臨時法制審議会は，諮問第1号主査会議を設けて民法改正を審議していたが，大正10(1921)年7月7日に「家事審判ニ関スル綱領」を示し，その中で「温情ヲ本トシ道義ノ観念ニ基ヅキ家庭ニ関スル事件ノ調停及ビ審判」をなすための家事審判所を設けること，「家庭ニ関スル事件ハ先ツ家事審判所ノ調停審判ヲ受クヘキモノトスルコト」等を議決していた＊。

＊わが国における調停制度の歴史は長い。明治時代以降についても，調停は多用されてきた。その歴史的な概観については，最高裁判所事務総局『わが国における調停制度の沿革』(1951)があり，さらに注解・民調法6頁以下〈石川・大内〉が詳しい。さらに小山・3頁でも詳しく述べられている。家事調停との関係で，特に指摘しておくべきことは，調停制度の導入が，訴訟による権利の救済の否定として構想され，またそうした考え方が戦前のみならず，家審法成立後においても根強く存在したということである。まず，戦前の臨時法制審議会の大正11(1922)年6月7日の内閣総理大臣に対する中間答申においては，調停制度の導入が次のように指摘されていた。すなわち，「臨時法制審議会ハ諮問1号ニ就キ目下審議中ノ処，我邦ノ淳風美俗ヲ維持スル為民法ノ各部殊ニ親族編相続編中改正ヲ加フベキ事項ニ付調査ヲ進ムルニ従ヒ，家庭ノ争議ノ現行ノ制度ニ於ケルガ如ク訴訟ノ形式ニ依ラシムルハ古来ノ美風ヲ維持スル所以ニ非ズ，寧ロ道義ヲ本トシ温情ヲ以テ円満ニ解決スル為特別ノ制度ヲ設クルノ極メテ緊要ナルヲ確認セリ。而シテ此ノ制度ノ採否ハ本諮問ニ於ケル民法改正ノ事項ニ頗ル密接ナル関係ヲ有シ，寧ロ先決問題タルコトヲ認メタリ。依テ本会ハ本諮問ノ他ノ部分ヲ審議決定スルニ先チ，予メ前記ノ制度ヲ設クルノ点ニ付慎重審議ノ上，全会一致ヲ以テ左ノ如ク議決シタリ。

道義ニ本キ温情ヲ以テ家庭ニ関スル事項ヲ解決スルタメ特別ノ制度ヲ設クルコト」（この点については，堀内・研究64頁参照）。

ここでは訴訟の形式による紛争解決を否定する考え方が見て取れるのであり，しかも民法という法による解決を否定する考え方が特徴的である。紛争を法によるのではなく，淳風美俗という道徳観によって解決しようとするものである。当事者間の自主的な合意形成ではなく，非・法的，あるいは反・法的な紛争解決のための道具だと捉えられているのである。この考え方は人事調停法にそのまま引き継がれる。

その後，昭和2(1927)年10月21日に「家事審判法案」が仮決定された。その中でも調停については，①調停は調停主任及び調停委員をもって組織する調停委員会においてなすこと，②調停は親族間，戸主家族間，無能力者後

見人間，親族会員間または婚姻及び縁組の予約者間などにおける紛議について行われ，③とくに婚姻の無効・取消，離婚もしくは子の否認または認知などの事件については調停前置主義を採用すること，④調停のための審判をなし，調停が成立または当事者が調停のための審判に服したときは，確定判決と同一の効力を生じるとされていた。

(2) 人事調停法の成立

① 制定の趣旨

しかし，民法改正が予定どおりに進行しなかったため，家事審判所の創設も実現をみなかった。ところが，家事審判所の設立に費用がかさむことに加えて，昭和13(1938)年の「日華事変」によって生じた軍人家庭内部の遺族恩給扶助料問題をすみやかに解決し，「銃後の備えを強化して戦線の将士に後顧の憂いなからしめる必要」のため，民法改正や家事審判所の設立とは切り離して，早急に人事調停制度を設ける必要に迫られた。昭和14(1939)年1月28日，人事調停法の議会への提案理由はこの間の事情をよく示している＊・＊＊。

＊「親族間ノ紛争其ノ他家庭ニ関スル事件ニ付キマシテハ，之ヲ道義ニ本ヅキ温情ヲ以テ解決スルコトガ我国古来ノ淳風美俗ト特有ノ家族制度トニ照シテ最モ望マシイノデアリマシテ，此ノ事ハ固ヨリ申スマデモナイト存ジマス。随テ裁判所ノ調停ニ依リ当事者ノ和衷妥協ヲ図リ，家庭ニ関スル事件ヲ円満ニ処理解決スル途ヲ開クコトハ，多年各方面カラ要望サレテ居タ処デアリマシテ，貴衆両院ニモ屡々其ノ趣旨ノ請願等ガアッタノデアリマス。司法省ニ於キマシテハ既ニ臨時法制審議会ニ於テ決定サレマシタ基本要綱ニ則リ，民法親族編及ビ相続編ノ全般的改正並ビニ之ニ附帯スル家事審判制度ノ制定ニ付テ予テ調査中デアリマシテ，家事審判制度ヲ制定スル際ニハ之ニ調停制度ヲ採入レル積リデアッタノデアリマス。然ルニ今日ノ非常時局ニ際会致シマシテ，家庭ニ関スル紛争ノ円満ナル解決ヲ，調停ノ方法ニ依ッテ解決スル途ヲ開キマスコトハ，正ニ焦眉ノ急務トナッテ参ッタノデアリマシテ，民法改正案ハ未ダ提案ノ運ビニ至ラヌ事情ニ在リマスケレドモ，人事調停ノ制度ハ急速ニ之ヲ確立スベキモノト認メマシテ，茲ニ本案ヲ提案スルニ至ッタ次第デアリマス」(堀内・研究219頁より引用。なお，衆議院におけるその提案趣旨の全文と議事要領については，同書1010頁以下に収録されている)。

＊＊人事調停法（昭和14(1939)年3月17日法律第11号）は，次のようなものであった。そう長くはないから，参考のために掲げておこう。

第1条 家族親族間ノ紛争其ノ他一般ニ家庭ニ関スル事件ニ付テハ当事者ハ本法ニ依リ調停ノ申立ヲ為スコトヲ得

第2条 調停ハ道義ニ本ヅキ温情ヲ以テ事件ヲ解決スルコトヲ以テ其ノ本旨トス

第3条　調停ノ申立ハ相手方ノ住所地ヲ管轄スル区裁判所又ハ当事者ノ合意ニ依リテ定ムル区裁判所ニ之ヲ為スコトヲ要ス

第4条　裁判所其管轄ニ属セザル事件ニ付申立ヲ受ケタルトキハ決定ヲ以テ事件ヲ管轄裁判所ニ移送スルコトヲ要ス但シ事件ノ処理上適当ト認ムルトキハ之ヲ他ノ区裁判所ニ移送シ又ハ自カラ処理スルコトヲ妨ゲズ

　裁判所其ノ管轄ニ属スル事件ニ付申立ヲ受ケタルトキト雖モ事件ノ処理上適当ト認ムルトキハ決定ヲ以テ之ヲ他ノ区裁判所ニ移送スルコトヲ得

　前2項ノ決定ニ対シテハ不服ヲ申立ツルコトヲ得ズ

第5条　調停ノ申立ガ淳風ニ副ハズ又ハ権利ノ濫用其ノ他不当ノ目的ニ出ヅルモノト認ムルトキハ裁判所ハ其ノ申立ヲ却下スルコトヲ得

第6条　当事者及利害関係人ハ自身出頭スルコトヲ要ス但シ已ムコトヲ得ザル事由アル場合ニ於テハ代理人ヲシテ出頭セシムルコトヲ得

　弁護士ニ非ザル者前項ノ代理人ト為ルニハ裁判所ノ許可ヲ受クルコトヲ要ス

　裁判所ハ何時ニテモ前項ノ許可ヲ取消スコトヲ得

第7条　調停ハ裁判上ノ和解ト同一ノ効力ヲ有ス但シ本人ノ処分ヲ許サザル事項ニ関スルモノニ付テハ此ノ限ニ在ラズ

第8条　借地借家調停法第2条，第4条ノ2乃至第6条，第8条乃至第11条，第13条乃至第15条，第16条1項，第18条乃至第23条及第26条乃至第32条ノ規定ハ本法ノ調停ニ付テモ之ヲ準用ス

第9条　調停委員ハ徳望アル者其ノ他適当ト認メラルル者ニ就キ毎年予メ地方裁判所長ノ選任シタル者又ハ当事者ノ合意ニ依リ選定セラレタル者ノ中ヨリ各事件ニ付調停主任之ヲ指名ス

第10条　調停委員会ヲ開キタル場合ニ於テハ第6条第2項及第3項ニ規定スル裁判所ノ権限ハ調停委員会ニ属ス

第11条　調停委員会第5条ニ規定スル事由アリト認ムルトキハ調停ヲ為サザルコトヲ得

第12条　調停委員又ハ調停委員タリシ者故ナク評議ノ顛末又ハ調停主任，調停委員ノ意見若クハ其ノ多少ノ数ヲ漏泄シタルトキハ1,000円以下ノ罰金ニ処ス

　調停委員又ハ調停委員タリシ者故ナク其ノ職務上取扱ヒタルコトニ付知得タル人ノ秘密ヲ漏泄シタルトキハ3月以下ノ懲役又ハ1,000円以下ノ罰金ニ処ス

　前項ノ罪ハ告訴ヲ待テ之ヲ論ズ

　附則

本法施行ノ期日ハ勅令ヲ以テ定ム（昭和14（1939）年勅令第361号ヲ以テ昭和14年7月1日ヨリ施行ス）

② 　現行家事調停との差異

　人事調停法は，たしかに家事審判法の家事調停の前身であることに間違いはないが，制度設計上で両者の間には大きな相違点もある。人事調停法では，なによりも急いで制度を確立する必要があったため，最小限度の制度設計と

しており，それ以前から提案されていた調停前置主義が採用されていないこと，調停に代わる決定（23条審判に相当するもの）が存在しなかったことなどが指摘できる。

実際の利用という点からみると，新受件数は昭和14(1939)年5,236件，昭和15(1940)年6,899件と増加したが，この後は次第に減少に転じ昭和19(1944)年3,736件，昭和21(1946)年には3,851件であった。調停の成立率は，発足当初の昭和14(1939)年には51％であったが，その後はほぼ61％前後で推移した（最高裁事務総局・前掲84-85頁の表から）。

また人事調停においては昭和18年度において521名にのぼる女性調停委員が携わっていたとされている（最高裁事務総局・前掲90頁）。同年度家事調停委員全体の数が9,038名であるからその比率は小さいが，その他の調停と比較すると女性調停委員が多数投入されていたことは特筆されるべきであろう。

2　家事審判法の制定と家事調停

1　家事審判法と民事調停法

家事審判法の制定経過，制定の趣旨等については，すでに第1編の解説において触れたので，ここでは繰り返さない。家事審判法の制定に伴い，人事調停法は廃止された＊。

＊戦前における各種調停制度の統合と民事調停法の制定について
戦前においては，人事調停法以外にも借地借家調停法（大正10(1921)年），小作調停法（大正13(1924)年），商事調停法（大正15(1926)年），金銭債務臨時調停法（昭和7(1932)年），鉱害の賠償に関する調停につき鉱業法（昭和14(1939)年）および戦時民事特別法（昭和17(1942)年）があった。戦時民事特別法は昭和20(1945)年12月20日に廃止されたが，調停に関する部分は当面なお効力を有するとされていた。これらをとりまとめ，統一した民事調停法になったのは昭和26(1951)年になってからである。すでに制定・施行されていた家事審判法に定めのある家事調停を除いたものを民事調停として統括したのである。

ところで民事調停法と家審法17条に定める家事調停との関係について，次のような議論がある。民事調停法2条は，「民事に関して紛争を生じたときは，当事者は，裁判所の調停の申立をすることができる」と定め，家審法17条は「人事に関する訴訟事件その他一般に家庭に関する事件について調停を行う」とする。このことから民事調停法が一般法であり，家審法17条の家事調停は特別法であるとみるのである。しかし，この見解は支持できない。家事調停は一般の財産事件とは異なる性質を有す

ることから、独自の裁判所で行われ、また家裁調査官の関与など民事調停とは異なる手続が認められるなど、民事調停とは紛争解決の機能を分担しあう関係にあるとみるべきである（小山・119頁参照）。なお、後述第2節2をも参照のこと。

　新しい家事調停制度は、個人の尊厳と両性の本質的平等を基本として、家族の平和と健全な親族共同生活の維持を図ることを目的としている（家審1条参照）。調停制度の構造は、人事調停法におけると家事審判法におけるとで異なることはない。それを指導する理念・目的は、両者では全く異なる。調停に関与する当事者および調停機関を支援する仕組みも、家審法のもとで初めて整備されている。戦前において早くから提唱されながら、人事調停法の下でも実現できなかった調停前置主義がようやく法制度として承認されたことは、きわめて大きな意義を有している。それが適切に実現されているかという点は、不断に点検を受け評価されてきた。制度の連続と不連続という問題は、審判と同様に調停においても生じるのであり、調停は民間人からなる調停委員会によってなされるだけに、その改善はいっそう困難であった。

2　家事審判法制定後の主要な改正

　家審法制定後、家事調停に関する事項についても何度かの改正を経てきている。そのうちで最も重要なものは昭和49(1974)年改正である。これを中心として概観しておくことにする。昭和26(1951)年法律222号により、調停委員会または家庭裁判所の調停前の措置に従わない当事者や参加人に対する過料の制度が導入され、昭和31(1956)年には調停または審判で定められた家事債務の履行を確保するために、履行状況の調査勧告、履行命令および寄託の制度が認められた（法律91号）。同時に調停における事実調査が、医学、心理学、社会学等の専門的知識を活用して行われるべきこと、家庭裁判所が審判や調停事件の処理に関して、家庭その他の環境を調整するために、家裁調査官に社会福祉機関との連絡その他の措置をとらせることができるようにした（昭和31(1956)年最高裁規則改正による家審規7条の2の追加）。

　昭和46(1971)年には、民事調停および家事調停制度を時代の要請に適合させることが必要であるとして、最高裁判所に臨時調停制度審議会が設けられた。そこには、核家族化の進行、家族間における権利意識の高揚等が、多種多様な家庭に関する紛争を生じさせ、調停制度がこれに十分に対応できていないという批判があった。調停委員に関しては、その高齢化、固定化の傾

向が指摘され，供給源の狭さに由来する新陳代謝の不活発や肩書きのみで現実に職務を行わない委員の存在が指摘された（三宅弘人＝浦野雄幸＝南新吾＝伊藤滋夫「民事調停法及び家事審判法の一部を改正する法律の解説(一)」法曹時報27巻1号(1975)63頁。以下，「三宅ほか」と略す)。この答申に基づいて，昭和49(1974)年には，優れた人材を調停委員に加え，充実した活動を期待した改正がなされた（昭和49(1974)年法律55号。この改正を受けて，昭和49(1974)年9月30日最高裁事務総長通達として「調停手続の運用について」が出されている（家月26巻12号116頁以下))。それによると，家事調停委員は具体的事件の指定とは無関係に，当初から非常勤の裁判所職員（特別国家公務員）として任命され，「一般職の職員の給与に関する法律」22条1項に基づき給与として委員手当が支給されることになった（これ以前は，実費弁償という考え方に基づいていた)。また家事調停委員の任命資格等についても大きな変更が加えられているが，これについては後に詳しく扱う。

　また平成15(2003)年には司法制度改革のための裁判所法の一部改正によって，家事調停官の制度が導入された。弁護士で5年以上その職にあった者のうちから任命される非常勤裁判官制度であり調停に従事する（家審26条の2以下)。その詳細は後述する（第3章第1節7参照)。

第2節　家事調停の存在理由

1　議論される理由

　家庭に関する紛争を国家が関与することなく当事者の合意によって解決することは，広く行われてきたし，今後も同様であろう。当事者間の協議が行き詰まった場合に，国家が家事調停の制度を用意し，調停委員の斡旋による合意の成立を図る制度を設けることには，どのような意義が認められるのであろうか。小山・48頁以下は，この点につき次のように言う。すなわち，「法制度には社会に不可欠のものとそうであるとはいえないものとがある。訴訟制度は不可欠である……だが，仲裁制度は必ずしもそうではない。調停制度もまた同様である。このような絶対不可欠とはいいがたい制度が法制度化される場合には，ある政治的目的（＝政策）としてなされるという色彩と社会的需要を吸い上げてこれに満足を与えるという理由が多かれ少なかれ混

在する」。そして，政策の必要や社会的需要が状況の変化により減退・消滅してもなお法制度が利用され続けるようになると，それはすでに日常的・一般的必要性に裏打ちされている。では調停制度の場合には，そのような存在理由は何に求められるかが検討されなければならない*。

これが，調停制度の存在意義，存在理由として論じられてきた問題である。小山・48頁以下は，①実定成文法規による規制の限界，②訴訟制度の効用の限界をあげ，とりわけ後者にはさらに訴訟による解決が迅速・簡易・低廉という要請を満たさず，また解決が円満でない，すなわち当事者間の感情の融和が図れず，一刀両断的解決にとどまるが，調停においては互譲により円満な解決を実現できる長所があると指摘する。

この点について，従来どのように議論されどのような共通理解が得られているのか，また新たな視点が提起されているかを検討しておこう*。

*この問題提起自体が果たして正しい，適切なものであるのか，ということ自体が問われてしかるべきであろう。民事訴訟だけが不可欠で，他の紛争解決制度は不可欠のものでない，ということがいかなる基準から断定できるかが問題である。法的解決だけが国家が備えるべきものであるのか，他の制度は必要でないと断言できるか。それに答える能力は持ちあわせないが，以下に述べるようなさまざまな理由からこれが求められてきたことだけは確かである。

2　家庭裁判所創設の趣旨から

すでに家庭裁判所の創設の趣旨について述べたように，家庭に関する紛争を訴訟以外の方法で解決すること，簡易な手続でかつ秘密の手続で解決を図ることが期待されていた。公開法廷での対審的な審理構造が，親密な家族共同体の紛争を扱うには好ましくないという理由づけは，以前においては家族間の紛争を権利関係として構成することなく，非公開の場所で伝統的価値観によって解決するという考え方と結びつけられやすかった。こうした発想法や価値観はもはや維持できない。上記第1節1に述べたように家庭に関する紛争を関係者の合意の方法で解決することは，まさにそれにふさわしい必然性をそなえ，各人の自由な自己決定を促進するためにこそ活用されるべきものなのである。

紛争の主体が，自己の選択により自らの問題を自主的に解決することを，国家が側面から援助すること，そのための専門的な裁判所を設けることは，広く支持を得られるものであろう。

3　家事紛争の特徴から

　家庭は人の生活の拠点であり、社会生活の重要な単位である。そこに紛争を生じた場合には、国家が後見的に関与する必要性は高い。その理由として次のような点を上げることができよう。夫婦および未成年の子から構成される家庭では、各人が独自の価値観・倫理観等を持ちながら共同生活を営んでいる。共同生活が継続すると、明示の合意や了解のみならず、暗黙の了解や既成事実が付加され、蓄積され、それらもまた1つのルールのように作用する。家庭は、各人にとっては日常的で、包括的で継続的であるだけに、当事者を取り巻く多様な諸関係が持ち込まれやすい。

　家庭の各構成員の密接な関係のゆえに、家族構成員の価値や考え方は共有されていることが多いとしても、時として衝突し対立することもある。そのような場合にも、各人は通常は自己および相手方を尊重しあい、共同生活を維持するために、共通点を探り、あるいは対立点を受容・容認し、新たな関係を築いていくのである。

　しかし、このような関係が何らかの理由によって、当事者に葛藤を生じさせ、対立点が顕在化し、その修復能力を超えてしまうことがある。そうすると、情緒的不安定をはじめとして、多方面で対立が拡大される。その解決の対象が不明確になってしまうことも多い。このような場合には、医学、心理学、社会学、精神医学等法律以外の諸科学の助けを借りて、紛争・対立・葛藤の原因を探り、カウンセリングやその他の手段によって人間関係調整をも図りながら、その解決を図る必要があるのである。もちろん紛争を解決していくのは、当事者自身であり、そのために自由かつ自主的な判断が求められる。国家が当事者に対してこうした助力をなすことは、当事者の自主的判断をするためにも重要なのである。家庭裁判所における調査官、医師たる技官等の配置、社会福祉機関との連絡調整などの措置のほか、適切な人材によって調停委員会を構成し、当事者を斡旋する必要性は他の法領域におけるよりもずっと高いものということができる*。

　　　*紛争当事者を援助し、解決に協力することは裁判所が独占すべきものではない。さまざまな団体が、それぞれの経験や蓄積をもとに共働すること、ネットワークを形成し、さまざまな人材がその専門的な知識を活かしながら困難に直面している当事者に関わり合うことは、裁判所以外の場所でも広く行われているし、今後ますます重要に

なってくると思われる。こうした動きは，わが国のみならず各国に共通するといえる。家庭事件を扱う裁判所がメディエーションやカウンセリングの機能を充実させているのもそうした動きに連動するものといえよう。わが国の家庭裁判所は，審判手続や訴訟手続に調停制度を組み込み，調停を担当するため民間人を登用するほか，参与員の制度をも設けて，民間のさまざまな経験を導入しているが，それ以外にも多くの自主的な組織・団体・ネットワークが存在する。これらの諸団体との連携をどのように実効的なものとしていくかは，今後の家庭裁判所のあり方として重要な課題をなすといえる。

4　家事調停の利用実態

司法統計年報によれば，家事調停は発足当初の昭和24(1949)年には約4万件程度であったが，平成8(1996)年にはじめて総数10万件を超え，平成17(2005)年度には129,876件に達している。乙類審判事件については，子の監護者の指定に関する事件（21,570件），親権者の指定・変更に関する事件（9,756件），遺産分割に関する事件（10,130件）が多数を占めている。婚姻費用分担に関する事件もこの10年間で倍増している（8,797件）。時代により調停事件として現れる紛争にも特徴がみられる。上に掲げた事件が一貫して増加しているのに対して，夫婦の同居・協力扶助に関する事件は激減している。訴訟事件との関係でいえば，事件全体としては緩やかな増加傾向にあるといってよい。とりわけ婚姻中の夫婦間の事件（離婚に関連する事件）が平成14(2002)年度に，6万件を超えてその後もこの水準を維持して調停事件全体の半数近くを占めるに至っている。

また，人口1,000人当たりの申立て件数でみると，平成4(1992)年以降も増加傾向にあったところ，平成14(2002)年には，1.01件と過去最高の数値となっている（最高裁家庭局「家庭裁判所事件の概況－家事事件」家月56巻1号（2004）1頁以下参照）。数字から見る限り，家事調停制度は国民の間に浸透し，利用されているといってよいであろう。

家事調停新受件数推移抜粋

	昭和24 1949	昭和30 1955	昭和40 1965	昭和50 1975	昭和60 1985	平成7 1995	平成15 2003	平成17 2005
総数	39,229	43,108	52,528	74,083	85,035	96,099	136,125	129,876
乙類	8,160	8,450	11,160	17,997	26,434	32,205	53,207	53,438
乙3	114	23	836	1,339	1,739	3,274	7,340	8,797
乙4	510	53	242	2,016	7,855	10,300	22,629	21,570
乙5	1,964	482	270	504	804	1,080	1,382	1,177
乙7	314	1,188	2,698	5,196	8,457	7,388	10,186	9,756
乙10	853	2,186	3,439	4,395	5,141	8,166	9,582	10,130
乙類以外	31,069	34,659	41,368	56,986	58,601	63,894	82,918	76,438

(平成17 (2005) 年司法統計年報家事編第2表より抜粋)

〔若干のコメント〕

ここでは代表的な調停事件のみを掲げている。乙3号（婚姻費用分担），乙4号（子の監護者の指定その他の処分），乙5号（財産の分与），乙7号（親権者の指定または変更），乙10号（遺産の分割に関する処分）である。乙類以外とは，婚姻中の夫婦関係の事件，婚姻外の男女間の事件，婚姻その他男女関係解消に基づく慰謝料請求事件，親族間の財産上の紛争，家審法23条に掲げる事件，離縁等の事件を包括する。

第2章　家事調停の対象と調停前置主義

第1節　家事調停の対象

1　家事調停条項

　家事調停の対象となる事項を家事調停条項という。これにつき，家審法17条は，「家庭裁判所は，人事に関する訴訟事件その他一般に家庭に関する事件について調停を行う。ただし，9条1項甲類に規定する審判事件については，この限りでない」と定めている。それゆえ，家事調停の対象となるのは，人事に関する訴訟事件その他一般に家庭に関する事件であって，甲類審判事件を除外したものということになる。

　家事審判事件については，一般に法律により審判事件と定められたもののみを対象とするというように，限定的に解されているのに対して，家事調停の対象は甲類審判事件の除外を別とすれば，特に限定が加えられていないことが特徴といえるが，あまりにも抽象的である。なぜこのように広く家事調停の範囲を定めているのか，趣旨や家審法17条の意味について解説が必要であろう。以下これについて若干の説明を加える。

2　人事に関する訴訟事件その他一般に家庭に関する事件

1　概説

　「人事に関する訴訟事件その他一般に家庭に関する事件」というのは，もともと旧人事調停法が調停対象を「家族親族間ノ紛争其ノ他一般ニ家庭ニ関スル事件」としていたのと同義であると解されている（立法者がそのように考えていたことは，家事審判法の国会審議の準備のために作成された「家事審判法質疑応答資料」でも，そのように示されていることから明らかになる。堀内・研究437頁。豊水道祐「家事審判法の解説」法律時報19巻11号(1947)20頁，市川・138頁，家審法講座3巻58頁〈沼辺〉）。しかし，旧人事調停法は離婚・離

縁以外の人事訴訟事件を対象としていなかったことからも，この説明は妥当性を欠く（旧人事調停法7条ただし書きは，本人の処分を許さない事項についての調停の法的効力を除外していた）。また平成15（2003）年人事訴訟法改正により，人事訴訟事件についても定義が置かれたという状況を踏まえて，その範囲を明らかにする必要がある。

　家事調停の対象となるのは一般に「家庭に関する事件」である。人事に関する訴訟等がその例示として掲げられているので，最初に人事に関する訴訟事件の意味について明らかにしておこう。この意味を明確にすることは，調停前置主義の適用範囲（家審18条）や家事調停事件と民事調停事件の限界を定めるうえで意味がある。

2　人事に関する訴訟事件

　人事に関する訴訟事件とは，人訴法2条がいう「人事に関する訴え」と同義であると解してよい。したがって同法2条各号に定める訴えのほか，「その他の身分関係の形成又は存否の確認を目的とする訴え」を含むことになる。これは次の訴えをいう。

　①婚姻の無効および取消しの訴え，離婚の訴え，協議上の離婚の無効および取消の訴え，ならびに婚姻関係の存否の確認の訴え（人訴2条1号）

　②嫡出否認の訴え，認知の訴え，認知の無効および取消しの訴え，民法773条により父を定めることを目的とする訴えならびに実親子関係の存否の確認の訴え（同2号）

　③養子縁組の無効および取消しの訴え，離縁の訴え，協議上の離縁の無効および取消しの訴え，ならびに養親子関係の存否の確認の訴え（同3号）

　旧人事訴訟手続法は，人事訴訟事件自体について定義規定を設けていなかったため，人事訴訟とされる事件のほか人訴法が適用されることに異論のない準人事訴訟事件などが区別されていた。新法はその定義を置いて，従前準人事訴訟事件とされていた事件をも取り込んでいる。これ以外になお，その他「身分関係の形成または存否の確認」を目的とする訴えとしては，夫が妻の死亡後にした姻族関係を終了させる意思表示（民法728条2項）の効力が争われる場合に，その姻族関係の存否を求める訴えなどが考えられる（吉岡睦子＝長谷部由紀子編『Q＆A人事訴訟法解説』(2004)8頁，松本博之『人事訴訟法』(2006) 17頁）。

3 乙類審判事件

　乙類審判事件は家事調停の対象となる。これには家審法9条1項乙類として列挙された事件のほか，特別法による乙類審判事件（同2項参照）として，生活保護法による扶養義務者の負担すべき費用額の確定事件（同77条3項），破産法による配偶者の財産管理者変更等の処分事件（同61条2項）がある。乙類7号による親権者の変更や9号による相続人の廃除事件は，実体法上合意による処分が許されていないが，調停においては裁判所による正当性の判断がなされるので調停の対象となりうる（注解・家審法408頁〈沼辺〉）。これらの事件は調停不成立の場合には当然に審判手続に移行する（家審26条1項）。

4 その他「家庭に関する事件」

(1) その意義

　「家庭に関する事件」という概念は，旧人事調停法以来用いられている（旧人事調停1条参照）が，その意味は必ずしも明らかではない（旧法のもとでも争いがあった。宮崎澄夫『調停法の理論と実際』(1941) 209頁以下，堀内・研究220頁）。調停の対象となるのが，単に家庭内の紛争事件に限定されるのではなく，「広く家庭の平和と健全な親族共同体の維持」という家審法の目的に影響する身分上および財産上のすべての紛争を含む（山木戸・83頁）という点については，学説および実務において争いはない。しかしこれでは，親族間の金銭貸借や賃貸借あるいは閉鎖的会社の経営をめぐる争いのように，一面では家事調停の対象であり，他面からみれば民事調停の対象ともみられ，その限界を明らかにしているとはいえないので，これを精細化・明確化するための努力が重ねられてきた。

　現在では，①親族またはこれに準じる者という，一定の身分関係が存在し，②この者の間で紛争が存在し，かつ③紛争の内容に人間関係調整の余地が認められる，という3つの要素を満たすものが家事調停の対象と解されている（家審法講座3巻60頁〈沼辺〉，注解・家審法701頁〈石田〉，実務講義案165頁，梶村＝徳田・55頁）＊。

　　＊この問題は，家事調停の対象を確定するという基本的な問題であるが，曖昧さを残したままである。上記の3つの要件の定立は，高野耕一「家事調停の対象となる事件の限界」ジュリ292号(1964) 64頁で示された（後に東京家庭裁判所身分法研究会『家事事件の研究(1)』(1970)391頁に収録され，さらに高野耕一『家事調停論』(2002)

45頁以下に収録)。その後、これを基本的には土台としながらより改訂しようとする実務家の努力が積み重ねられてきた(柳沢千昭「家事調停と民事調停との関係」別冊判タ8号133頁、最近のまとめとして、沼辺ほか・マニュアル84頁以下〈沼辺〉、および石田敏明「家事調停の対象と調停前置主義」判タ1100号540頁)。しかし、概念の明確化の努力は必要であるとはいえ、現実に家庭裁判所で家事調停として取り扱う必要性を考慮すると、単に定義だけの問題ではないともいえる。ここでは、さしあたり、上記3つの要件がどのように考慮されるか、その結果どこまでが家事調停の対象となるかを明らかにするにとどめる。

(2) 具体的な検討

① 親族またはこれに準じる者という、一定の身分関係の存在

申立人と相手方との間に、夫婦、親子、兄弟等の親族関係(民725条参照)があることをいう。家庭に関する事件という以上は、当事者間のこのような身分関係があることが必要である。しかし、実務ではこの要件はさほど厳格には解されていない。申立ての当時にこの関係があることを必要としない。離婚後の慰謝料請求や、離婚後の元の夫のつきまとい中止を求める場合も、かつて夫婦関係が存在したことで足りる。親族に準じるというのは、民法725条に準じる者のほか、内縁の夫婦関係や婚姻予約者〈婚約者〉の関係等である。相続回復請求、遺留分減殺なども身分関係の存在を前提とするので、家事調停の対象となる(山木戸・84頁、家審法講座3巻60頁〈沼辺〉、注解・家審法702頁〈石田〉)。婚約に至らない男女間の紛争は、法律上は準親族とは認められないが、実情に応じて現実には調停対象として扱うこともあるといわれる(栗原平八郎＝太田武男編『家事審判例の軌跡(2)手続編』(1995)83頁〈丹宗〉)。また最判昭和43(1968)・11・5家月21巻4号136頁も、「事実上夫婦関係があった者の間の婚姻予約不履行を理由とする慰謝料請求の調停事件を申し立てて成立した後に、みずから調停無効確認の訴えをなした場合、右事件は準親族間の事件として家裁が調停をする権限を有する」とする。相続人でない包括受遺者は、相続人と同一の権利義務を有するので、この包括受遺者と相続人との間の紛争も家事調停の対象となる*。

> *近時諸外国においては、生活パートナー制度が法律によって承認されるに至っている。わが国でこれらの関係から生じる問題が、家事調停として申し立てられた場合に、受理することができるかは微妙である。審判事件として立件することは難しくても、調停は当事者間での合意の成立を基礎とした解決を目指すものであるから、生活パートナーの関係が公序良俗違反と評価されないかぎりは、取り扱う可能性があるといえる。

② この者の間で紛争が存在すること

　一般に紛争とは，もめ事，トラブル，いさかいなどといわれる。調停の対象となる紛争という要件も多義的に解釈される。身分関係の争いに限られない。親族間における金銭貸借，不動産の賃借権をめぐる財産権上の争いも家事調停の対象となる。また調停の対象とするには，紛争が顕在化していなくても良いとされる。紛争を生じるおそれ，すでになされている合意の履行に対する不安がある場合にも調停は可能である。民事訴訟において訴えの利益として要求される「即時確定の利益」といった要件は必要とされない。訴訟手続では十分に対処・解決できないような紛争（親族間での道徳的・倫理的な価値観の差異が引き起こしている紛争など）をも対象とし，種々の調整を加えて適切な解決策を見いだすように努めることも，家事調停の重要な役割であるからである（注解・家審法702頁〈石田〉）。

③ 紛争の内容に人間関係調整の余地が認められること

　一定の身分関係のある者の間で生じた紛争には，その背後に複雑な人間関係の葛藤を含んでいることが多く，その解決のためには人間関係の社会的不適合状態の調整が不可欠だといわれる。いわゆる同族会社において，ともに会社の機関である兄弟が相争い，会社の業務に支障をきたしている場合の紛争や，長男の妻が次男を被告として同人やその母らの組織する合資会社の商業登記無効の訴訟を提起した場合に，次男が家庭平和のために申し立てた調停は，家事調停の対象となるとされる（注解・家審法704頁〈石田〉，実務講義案165頁）。また夫と情交関係を結んだ女性に対する妻からの慰謝料請求に関する紛争も，慰謝料請求の存否の判断のみによっては解決に至るべきものではないから家庭に関する事件として家事調停の対象として調整を図る必要があるとされる（田中恒朗「夫と情交関係を結んだ女性に対する妻からの慰謝料請求」ジュリ550号(1973)117頁，沼辺ほか・マニュアル84頁〈沼辺〉）。

　しかし，人間関係調整的機能は民事調停についても多かれ少なかれ指摘される調停全体に共通する要因であるから，この要件にさほど大きな比重を置くことはできないであろう。

　結局のところ上記①ないし③の要件を具体的にし，民事調停との間の決定的な区別の標識を明らかにすることは極めて困難であるといえる。①の親族またはこれに準じる者の間の紛争（より平たくいえば，もめ事）を対象とすると解しておくことで，さしあたりは十分であるといえよう。

(3) 甲類審判事件の除外（家審法17条ただし書き）

　甲類審判事件は家事調停の対象とはならない。調停は当事者間に合意が成立して紛争を解決させる制度であるが、甲類審判事件は当事者の処分を許さないからである。また甲類審判事件では、相手方が予定されていない場合もある。当事者間で親権者が管理権を辞する旨の合意が成立しても、これは甲類審判事項（甲類13号）であり、調停に親しまないから家審法21条に掲げる効力（確定判決と同一の効力）も生じない。

　しかしながら、甲類審判事件に関連して親族間での人間関係の調整をはかる必要がある場合には、当該の親族間での調停を試みることは可能であると解される。たとえば精神障害者の保護者からの申立てによる事件本人の財産管理等をめぐる紛争を親族間の調整事件として調停することができる。

3　民事調停との関係

1　総　説

　家事調停と民事調停は、制度の建前としては、対象を異にし互いに競合することはないが、上述の説明から明らかなように、両者は排斥しあうものではない。通常の民事訴訟を提起することのできる事項については、いずれの対象となるか明らかでない場合もあり得る。こうした場合に、当事者がいずれかを選択としても、調停委員会からみて他の調停手続の方が適当であると考える場合もある。そこで両手続の間で移送等の定めが置かれている。

2　家庭裁判所から地裁・簡裁への移送

　家庭裁判所は、家庭に関する事件の範囲に属しない民事調停の対象となる事件について家事調停の申立てを受けたときは、これを地裁または簡裁に移送しなければならない（家審規129条の2第1項）。ただし、事件を処理するために特に必要があると認めるときは、土地管轄の定めにかかわらず、事件の全部または一部を他の管轄裁判所に移送できる（同ただし書き）。また家庭裁判所は、家庭に関する事件の範囲に属し、かつ民事調停の対象となる事件について家事調停の申立てがあった場合に、事件を処理するために必要があると認めるときは、事件を地裁または簡裁に移送することができる（同第2項）*。

　　*財産分与（民768条）、遺産分割（同907条）、特別縁故者のへ財産分与（同958条

の3）以外の理由で農地の所有権の移転や賃貸借等を伴うものは，成立した調停の効力に差があるから管轄裁判所に移送して農事調停として処理するのが望ましいとされる（注解・家審規391頁〈篠〉）。

3 地裁・簡裁から家庭裁判所への移送

家庭に関する事件の範囲に属し，民事調停の対象とならない事件について民事調停の申立てがなされた場合には，地裁・簡裁は事件を家庭裁判所に移送しなければならない（民調4条1項本文）。

これに対して，家庭に関する事件の範囲に属し，しかも民事調停の対象ともなる事件（民事調停と家事調停が競合する事件）について，民事調停の申立てがあった場合の移送については明文の規定がない。家事調停を民事調停の特則的なものと考えれば，移送を肯定することになろう。しかし，そのように解する必然性はなく，地裁・家裁は自ら処理してよく，いずれで解決しても適法であり，必要があれば管轄家庭裁判所に移送できるとしてよいであろう（山木戸・89頁，家審法講座3巻69頁〈沼辺〉，注解・家審法706頁〈石田〉）。

第2節 調停前置主義

1 意 義

1 その意味

家事調停事項のうち，訴訟を提起できる事項について訴えを提起しようとする者は，まず家庭裁判所に調停の申立てをしなければならず，これをしないで訴訟の提起があった場合には，受訴裁判所が原則として事件を調停に付さなければならない（家審18条）。このように家事調停の手続を経なければ訴訟手続を進行させないという原則を調停前置主義という。裁定型の訴訟による解決に先立って，当事者の合意による解決が望ましいということを法律によって制度化し，それを経なければ訴訟手続を進行させないということは，紛争解決のあり方としてはそこに特別の意義が込められていると解される。一定の政策的な目的が込められているといわざるを得ない。その意義を明らかにし，家審法の立法時のみならず，今日においてもなおこれに積極的な意味を与えられることが説明できなければならない。

そしてこれまでも調停前置主義をめぐっては，その意義や機能をめぐって肯定的な見解と消極的な見解が対立してきた。

2　調停前置主義を採用する理由
(1)　従来の考え方
① 立法者の意図

家事紛争につき，まず調停によって解決するという考え方は，すでに述べたように第２次世界大戦前の家事審判所構想の中に現れていた。しかし，昭和14(1939)年の人事調停法でも実現することなく，家審法によって初めて実現した。戦前においては，道義に基づき温情をもって解決するという明確な政策的理由から，訴訟よりは調停が優先され，しかもそれが正当化されたといえる。戦前の考え方を払拭し個人の尊厳と両性の本質的平等を基礎として，家庭の平和と健全な親族共同生活の維持を図るという，家事審判法のもとで調停前置主義はどのような理由によって採用されたのであろうか。

立法者は，家庭に関する紛争がいきなり訴訟によって公開の法廷で争われることは家庭の平和と健全な親族共同体を維持するという見地からは上好ましくないので，訴訟はやむを得ない最後の手段とし，なるべく調停による円満な解決が望ましいと考えた*。

*「家事審判法質疑応答資料」（堀内・研究438頁）によれば，家審法18条の立法の趣旨は次のように説明されている。
　「問　18条の立法趣旨如何。
　　答　第９条に規定する以外の家庭事件（第９条の「民法親族篇，相続篇に規定する事件の中で審判事件より除外した事件は何か」の答中に掲げた事件及び親族間の金銭貸借事件等）は，訴訟事件であり従て審判の対象とならぬのであるが，斯る訴訟事件をいきなり訴訟によって法廷で争わせることは，家庭の平和と健全な親族共同生活を維持するという見地からは，望ましくないことなので，本条は，右訴訟事件については，調停前置主義を採り可急的（ママ）に関係人の互譲により円満且つ自主的に解決するように措置したのである。又本条は，第23条，第24条と相俟って，右訴訟事件の大部分を家事審判所において解決し，真に争いのある訴訟事件だけが，通常の訴訟手続によって処理されることになる」。

② 学説

さらに学説は，調停前置主義の根拠として，①家庭に関する事件は，その特殊性（継続性・非合理性）から，訴訟で法の適用により画一的な結論を出すのではなく，紛争の内容によって人間関係の調整を図りながら，円満な関

係形成を含めて具体的に適正妥当な解決を図る必要性が高いこと，②自主的・任意的な解決を尊重する必要性が高いこと，③訴訟の構造（一般公開，対審構造）が家庭の平和と健全な親族共同生活の維持を図るためには適切とはいえないこと，さらに④調停により簡易迅速に解決する機会を確保することが経済的に弱い立場にある妻などのために必要である，といった理由を挙げている＊。

＊我妻栄「家事調停論」同『民法研究Ⅶ-2』(1969)119頁以下は，調停制度が一般に民事裁判に代わる紛争解決の役割を果たすことに懐疑的な立場を表明しつつも，「身分関係が……非合理的なものであり，これに関する法律は，それ自身として財産法と異なる性質をもつとともに，その規律する範囲についても重要な限界を与えられるものとすれば，同じく合理的なことを本質とする裁判制度が身分関係に不適当なものであることは，改めていうまでもない……」として，「家庭事件こそ，調停という特別の紛争処理機構に本質的に適したものだ」という。この論旨は，その後の学説および実務に対して調停前置主義を正当化するものとして絶大な影響を長きにわたって与え続けた。今日においても通説は上記のように基本的にこの説明に依拠している（家審法講座3巻66頁〈沼辺〉，注解・家審法707頁〈石田〉，青山達「調停前置主義について」『現代家族法体系1』(1980)318頁以下，池田光宏「調停前置主義」講座実務家審1巻297頁，石田敏明「家事調停の対象と調停前置主義」判タ1100号540頁，梶村太市『新版離婚調停ガイドブック』(2004) 10頁など）。

しかし，調停前置主義が家事紛争の解決システムにとって，あたかも本質的要請のごとく説かれ，それが身分関係の非合理性に由来するというだけで，本当に納得のいく説明であるかはきわめて疑問である。何よりも比較法的にみて，このような説明が普遍的妥当性をもつとはいえないのは明らかである。そうだとすると，この主張はわが国の身分関係のみが非合理性を持ち，紛争解決システムとしてもその非合理性を尊重し存続させるという趣旨であると解釈することが可能である。後者につながるような調停による紛争解決に対しては，非・法的ないしは反・法的紛争解決であるとして厳しい批判の対象とされてきた（その代表的なものとして，川島武宜の一連の論文がある。たとえば，「新民法と家事調停」，「家事調停制度の当面する諸問題」いずれも『川島武宜著作集第11巻』(1986)所収，「日本人の法意識」『川島武宜著作集第4巻』(1982)所収などがある）。

(2) 新しい位置づけ

近時ようやく新たな観点から調停前置主義を見直し，位置づけようとする理論的試みがなされている。たしかに，調停では当事者が訴訟におけるように相手方や請求を特定する必要がなく，また対立構造的な審理形態をとらないために，調停を申し立てることに心理的抵抗が少ないので，利用しやすいのは事実であろう。

調停前置主義は，離婚などのように当事者の合意による身分変動を許す事件のみならず，婚姻無効・取消しや親子関係存否確認などのような当事者の合意による解決を認めない事件でも調停を先行させるのである。その理由は，その紛争解決には法的判断だけでなく，その背後や周辺にある当事者の人間関係の調整が法的解決に先立って必要であり，かつ不可欠であるとの認識があるためである。紛争を取り巻く当事者や関係人の感情的対立，心理的葛藤，社会的不調和，人間理解等々の局面にまで立ち入って問題をとらえ，当事者らを援助して客観的に事態をとらえられるように援助し，自ら問題に立ち向かう能力を回復させる機能を，調停が果たすことができると期待されているのである。家裁調査官による調整活動（ケースワークやカウンセリング等），社会的経験の豊富な調停委員との対話等，多様な手段を手続の開始から終局段階まで持続的に投入することで，当事者が自主的な解決をなしうる諸条件を作り出すことができる。こうした機能は，手続構造が柔軟な調停においてこそよりよく発揮できるのである（稲田龍樹「調停前置主義と乙類審判事件（上）(下)」家月52巻9号(2000)1頁，10号(2000)1頁（特に34頁以下），同「調停前置主義と訴訟事件」判タ1143号(2004)69頁以下，沼辺ほか・マニュアル26頁〈稲田〉，佐上「人事訴訟事件等の家庭裁判所への移管と手続構想」民訴雑誌48号(2002)13頁）。

当事者の生活基盤である家族，親族間での紛争について，当事者の自主的な解決能力を援助するため，訴訟の前にこのような手続を経させることは，十分に意味のあることだと考えられる。しかし，調停前置主義は訴訟を避けて調停による解決を強行するものではない。合意による解決が可能な場合，当事者間に実質的に争いのない場合には，訴訟手続を省略させることができる。こうした紛争の選別効果をもつ。調停が訴訟にまさる紛争解決制度であることを主張するものでもなく，また調停による解決を強いるものでもない。調停と訴訟といういわば対極的な解決手法を併用するについて，紛争の対象が身分関係，家庭に関するものであるから，人間関係の調整のため調停を先行させているにすぎないのである。

(3) **新人訴法と調停前置主義**

司法制度改革審議会意見書は，国民に利用しやすい司法制度の実現のために，人事訴訟の家庭裁判所への移管をあげていた*。

　*同意見書は次のようにいう。「家庭関係事件のうち，離婚，婚姻の取消し，子の認

知などのいわゆる人事訴訟事件については，訴えの提起に先立ち，原則として，まず家庭裁判所に家事調停の申立てをし，調停によって紛争の解決を図るべきものとされている。家事調停が不成立に終わり，改めて訴訟によって解決しようとするときは，地方裁判所に訴えを提起すべきものとされている。このため，1つの家庭関係事件の解決が，家庭裁判所の調停手続と地方裁判所の人事訴訟手続とに分断され，手続間の連携も図られていない」。

人事訴訟事件の家庭裁判所への移管は，調停前置主義を前提として，手続の利用の利便性を高めるための改正であるといえる。これをうけて，家事調停と人事訴訟とのより密接な手続間の連携についても改正がなされている（管轄に関する6条の定めなど）。しかし，このような改善が施されたのは，人訴法2条に掲げる人事訴訟に関してのみであり，他の民事訴訟手続と家庭裁判所の審判手続との関係は，依然として司法制度審議会意見書のいう手続の連携のなさ，すなわち使い勝手の悪さは改善されていないことを忘れてはならない。

調停が成立しなかった場合に，訴訟手続には自動的に接続しない。当事者は改めて訴えを提起するか否かを判断しなければならない。また調停手続で得られた資料は訴訟手続でそのまま利用できるわけではない。訴訟に先立つ調停は，通常の訴訟手続においてみられる争点および証拠の整理手続のような役割を果たすことはできない。人事訴訟については，家庭裁判所に移管されたので，むしろ訴えが提起された後に調停に付す（これを付調停という）ことで，調停前置主義に期待されている機能を果たすことができる。

2　調停前置主義の適用

1　適用を受ける事件

家審法18条1項は，「前条の規定により調停を行うことができる事件について訴を提起しようとする者」と定めているので，人事訴訟または民事訴訟を提起できる事件のすべてであると解される（これが通説である。家審法講座3巻67頁〈沼辺〉，注解・家審法707頁〈石田〉，池田・講座実務家審1巻306頁など）。家審法17条は，調停の対象を「人事に関する訴訟事件その他一般に家庭に関する事件」としているので，親族間の民事訴訟事件をも含むからである（第1節22参照）。調停前置主義は訴え提起の前に，当該の事件について調停がなされ，自主的な解決の努力がなされていることを尊重するのであるから，調停を申し立てた者が原告ではなく，相手方（被告）であっても差

し支えない。

これに対して、乙類審判事件については調停前置主義は適用されない。しかし実務においては、多くの場合乙類審判事件の申立てがあるときは、これを不相当とする特別の事情がない限り調停に付しているとされている（注解・家審法708頁〈石田〉）。

2 渉外事件と調停前置主義

人事に関する紛争を調停によって解決することができるとしている法制度は、世界的にみて必ずしも一般的ではない。そこで日本人と外国人間の人事に関する紛争についても調停前置主義の適用があるかが問題となる。主要には渉外離婚事件をめぐって、調停前置主義の適用が問題とされてきた。

わが国の家審法は、裁判手続を定めた法として適用されると解されるが、家審法に定めた調停手続が裁判手続といえるかが問題とされてきた。

準拠法が、家審法の調停離婚と同様の協議離婚を認めている場合、あるいは法の適用に関する通則法41条適用の結果日本法への反致が成立する場合には、わが国で調停離婚を成立させることも可能となるので、調停前置主義の適用もあると解される。これに対して、準拠法上、裁判離婚のみが認められている場合に、調停離婚または審判離婚をなしうるかが問われるのである。学説および実務の多数は、調停または審判による離婚はいずれも当事者の合意に基礎を置くものであり、法の適用によって離婚を成立させる裁判離婚とは性質を異にするとして、これをなしえないと解している（注解・家審法710頁〈石田〉）。この立場では調停前置主義は適用されない。もっとも実務においては、準拠法上の裁判離婚の原因が認められる場合には調停離婚、24条による審判離婚を行い、外国における承認を考慮して、離婚原因を記載し「この調停調書は、日本法により確定判決と同一の効力を有する」旨を付記する、とされている（吉田健司「家庭裁判所における渉外事件の取扱い」判タ996号(1999)169頁、沼辺ほか・マニュアル433頁以下〈小野寺〉）。こうした事例では、調停前置主義は適用されうると解されるが、これを強制することは適当でないとされている（注解・家審法711頁〈石田〉）。準拠法が離婚を認めていない場合には、法適用42条を適用して準拠法とすべき外国法の適用が公序良俗に反するとして排除することが前提となるが、これは裁判手続でのみなしうる法令適用の問題であるとして調停ではなしえないと解されている

(注解・家審法 711 頁〈石田〉)。

3　調停手続の開始など
(1)　調停手続の進行
　家審法 18 条 1 項によれば，家事調停事項について民事訴訟を提起しようとする者は，まず家庭裁判所への調停申立てをしなければならない。「一般に家庭に関する事件」といっても民事調停ではなく，家事調停を申し立てなければならない。しかし申立てをすればそれで十分というのではなく，調停前置主義が遵守されたというためには，実質的な調停活動がなされていることが求められる。したがって，受訴裁判所は訴訟手続を中止して調停手続による解決を促すことが期待される。

(2)　調停申立ての取下げ
　家事調停の申立てをしても，申立人はこれを取下げることができる。調停申立ての取下げは，民事訴訟における訴えの取下げと同様に，それ以前における調停活動の効力を遡及的に消滅させるから，調停申立取下げ後に訴えが提起されたときは，調停前置の要請を満たしていないのではないかという疑問が生じる。しかし，実質的に考えて，取下げによっても調停委員会による調整活動が行われたという事実自体までが消滅するのではなく，また実質的に調停による解決への努力がなされたと評価される場合には，すでに調停前置がなされたと扱ってよい（家審法講座 3 巻 68 頁〈沼辺〉，注解・家審法 709 頁〈石田〉)。

4　付調停（必要的付調停）
(1)　家審法 18 条 2 項本文の場合
　調停の申立てをすることなく訴えを提起したときは，裁判所は，その事件を家庭裁判所の調停に付さなければならない。これを必要的付調停と呼ぶ。しかし，調停申立てはその訴訟の訴訟要件ではないので，調停を経ていないことを理由に訴えを不適法としてこれを却下することはできない。

　調停に付された場合，訴訟手続は当然には終了しない。受訴裁判所は調停が終了するまで訴訟手続を中止することができる（家審規 130 条)。調停に付された事件につき調停が成立したとき（23 条・24 条の審判が確定した場合を含む）は，訴えの取下げがあったものとみなされる（家審 19 条 2 項)。乙類

審判事項について調停が成立した場合について，明文規定はないが，家審法19条2項の類推を認めてよい（家審法講座3巻134頁〈沼辺〉，注解・家審法712頁〈石田〉）。

調停が不成立となったときは，中止の効力が消滅して訴訟手続を続行することになる。

また裁判所によって付された調停は，当事者によっては取り下げられないと解されている。申立てによって開始されたものではないからであり（注解・家審法712頁〈石田〉，調停が不成立となれば訴訟手続が続行されるので当事者にとって不利益はないからである。

(2) その例外（家審法18条2項ただし書きの場合）

受訴裁判所は，事件を調停に付すのが適当でないと認めるときは，調停に付さないことができる。合意による解決が期待できない場合である。次のような場合がある。

①合意が成立する余地のない場合

職務上の当事者として検察官を相手とする事件（最判昭和36(1961)・6・20家月13巻11号83頁参照），相手方が行方不明の事件，相手方が調停行為能力を欠く程度に事理弁識能力の障害がある事件（ただし代理人による合意が許されない事件であり，成年被後見人の後見監督人を相手方とする離婚調停申立て）などである*。

　　*第6章第1節26で触れるように，合意に相当する審判においては検察官を相手方とする調停も可能であると解される。

②合意による解決ができない場合

渉外事件のうち調停による解決ができない事件である。

③事件の内容から調停の成立の見込みのない場合

当事者が調停に付すことを強く拒んでいる場合，調停を経た訴訟が取り下げられた後に改めて提起された訴えの場合など，当事者間における合意による解決の見通しが極めて乏しい場合である（離婚の訴えの取下げの後，再度離婚の訴えを提起する場合，前訴が調停を経たものであれば後訴では調停を経る必要はないとする名古屋地判昭和48(1973)・2・19家月26巻7号68頁がある）。訴訟が係属した後にも調停に付すことが可能である（家審19条）から，訴え提起の段階で調停前置主義を形式的に適用することは妥当ではない。

④その他適当ではない場合

調停前置主義は，家事調停を試みることを意味しているから，事案からみて必ずしも家事調停の対象とはいえないような場合（通常民事訴訟事件である事件）にまで適用する必要性は乏しいといえる。また審理の過程で合意による解決が考慮されるなら，上記③と同様にその時点で調停に付すことが可能である。

(3) 調停に付すべき裁判所

調停に付すべき裁判所は，原則として家審規 129 条に基づき調停事件の管轄権を有する裁判所である。事案の内容や当事者の事情等を考慮して，他の家庭裁判所の調停に付すこともできる（家審法講座 3 巻 133 頁〈沼辺〉，注解・家審法 713 頁〈石田〉）。

(4) 任意的付調停

家事調停を行うことのできる事件の訴訟が係属しているときは，裁判所はいつでも職権でその事件を家庭裁判所の調停に付すことができる（家審 19 条 1 項）。受訴裁判所で審理している間に，日時の経過によって再び調停成立の可能性が生じることがあり，また同条 2 項ただし書きの規定によって調停に付さないまま訴訟事件の審理をしていたが調停成立の可能性が生じることがあるからである。受訴裁判所が事件を家事調停に付すことのできる時期，回数についても制限がなく，控訴審裁判所も事件を家事調停に付すことができると解されている（注解・家審法 715 頁〈石田〉，実務講義案 203 頁）。

5 不服申立て

調停に付する旨の決定に対しては，不服申立てをすることができないと解されている。家審法および家審規則に不服申立てを許す旨の規定がないからである（東京高決昭和 29(1954)・4・23 高民集 7 巻 3 号 349 頁）。また，調停に付する措置がとられたとしても，そのことから特段の不利益が生じるわけでもないとして，不服申立てができなくても当事者に実質的不利益が生じないともいわれる（注解・家審法 714 頁〈石田〉）。調停前置主義は当事者の意思いかんにかかわらずまず調停を経させるという法の建前であるから，上記 4(2) に掲げた理由を適切に見極めることが重要であろう。手続指揮上の措置であり，独立して不服申立てを許すものではないと解される（家審法講座 3 巻 139 頁〈沼辺〉）。

6 調停前置主義違反の効果

調停前置主義に反して判決がなされた場合，判決の効力には何ら影響を与えないし，再審事由にもならない（柳沢・前掲別冊判タ8号136頁，注解・家審法714頁〈石田〉）。

第3章　家事調停の機関

第1節　家事裁判所と調停委員会

1　家庭裁判所

　家事調停を行うのは，裁判所法上の裁判所，すなわち官署としての家庭裁判所の権限である（裁31条の3第1項第1号）。この官署としての家庭裁判所に，調停が申し立てられると，事務分配によって手続上の家庭裁判所（これを受調停裁判所という。以下，たんに「家庭裁判所」というときはこれを指す）が定まる。家庭裁判所は，調停手続に関しては審判ならびに一定の行為を行うが，調停の主要な行為を行う権限は調停委員会または家事審判官にある。そして調停委員会が原則的な調停機関である。家事審判，家裁書記官，家裁調査官等については，家事審判法の概説において説明したところ（第1編第1章第2節）を参照のこと。以下，調停委員会を中心に説明する。

2　調停委員会

1　組　　織

　調停委員会は，1人の家事審判官および2人以上の家事調停委員をもって組織される（家審3条2項本文，22条1項）のが原則である。家庭裁判所が相当と認めるときは，家事審判官だけで調停を行うことができる（同3条2項ただし書），が，当事者の申立てがあるときは調停委員会で調停を行わなければならない（同3条3項）。

　実際には2名が指定される例が圧倒的に多く，通常の夫婦関係の調停事件では男性委員1名，女性委員1名とされることが多いとされている（注解・家審法754頁〈岩井〉）。3名以上の者が指定されることもある*。

　家事調停委員が最低2人いないと調停委員会を構成しない。家事審判官と家事調停委員1人だけのときは調停委員会による調停ではなく，家事審判官

だけで行う調停となる（実務講義案170頁）。また事件の特殊性に応じて特別の知識経験を有する委員1名が加えられる場合である。たとえば，戸籍実務，渉外事件において国際私法の専門的知識を有する委員，遺産分割等財産の評価が問題となる事件において不動産鑑定士の資格を有する委員を追加する場合などである（注解・家審法754頁〈岩井〉）。

*裁判官不在の調停という批判・現状など
　この言葉は，もともと高野耕一「家事調停における裁判官の責任」ケース研究72号(1962年)に発表されたものであり（現在は同『家事調停論』(2002)3頁以下に収録されている），家事審判官があまりの多忙ゆえに家事調停にほとんど関与できない実情とその打開策について指摘したものである。家事審判官の調停委員会に対する関係や責任が明らかにされ，整理されている（この点につき，沼辺ほか・マニュアル40頁以下〈野田〉は，同一調停期日に同時に数件，ときには数十件の調停を主宰する裁判官がすべての期日に立ち会うことは物理的に不可能であるが，事件の経過にあわせて時期を選んで立ち会い，その他の事件について調停委員との評議によって事件の進行を把握しているかぎり，形のうえでの裁判官不在の批判はあたらないという）。

2　調停委員とその指定

　調停委員は，司法行政機関である最高裁判所によって非常勤の公務員として任命される（民事調停委員及び家事調停委員規則1条）。家庭裁判所は，その家事調停委員の中から具体的事件について調停委員を指定する（家審22条2項）。この指定は，単に事務分配の実質を有する職務命令と解されている（三宅ほか・法曹時報27巻3号(1975)43頁，注解・家審法755頁〈岩井〉）。

　家事調停委員に任命されうるのは，「弁護士となる資格を有する者，民事若しくは家事の紛争の解決に有用な専門的知識経験を有する者又は社会生活の上で豊富な知識経験を有する者で，人格識見の高い年齢40年以上70年未満の者」である（民事調停委員及び家事調停委員規則1条）。その任期は2年である（同3条）。欠格事由は同2条に，また解任事由は同6条に定められている*。

*調停委員の選任について改善を加えることが，昭和49(1974)年の調停制度改革の大きな目的であった。改正以前においては調停委員は，具体的な事件の指定を受けてはじめて調停委員会を構成する調停委員の地位を与えられたが，この改正により，具体的事件の指定とは無関係に当初から非常勤の裁判所職員（特別職の国家公務員）として任命されることになった。また任命の基準についても，①弁護士となる資格を有する者，②家事の紛争の解決に有用な専門的知識経験を有する者，③社会生活を送るうえで豊富な知識経験を有する者とされている。③に掲げた要件に該当する者は，地

方の名望家や有力者ではなく，家事問題に深い理解力があって社会経験が豊富な者であるべきである。

3 調停委員の職務

1 概　説
　家事調停は主として夫婦・親子・親族間の争いを対象とするが，その解決のためには高度に専門的な知識，経験が求められることも多い。そうした知識・経験を有する調停委員を確保することはもとより重要であり，事件ごとにそうした人材によって調停委員会を組織することが合理的で，紛争の実態に即した解決を図る点からも望ましい。
　家審法22条の2第1項によれば，家事調停委員は，調停委員会で行う調停に関与するほか，家庭裁判所の命を受けて，他の調停事件について専門的な知識経験に基づく意見を述べ，または嘱託にかかる紛争の解決に関する事件の関係人の意見の聴取を行う，とされている。このことから，調停委員の職務をまとめると，
　A　調停委員会で行う調停への関与
　　①本来の調停における調停委員会としての活動
　　②調停委員会の命を受けてする事実の調査（家審規137条の4）
　B　調停委員会を離れて家事調停委員として行う職務
　　①他の事件について専門的な知識経験に基づく意見を述べること（家審22条の2第1項，家審規136条の2）
　　②嘱託にかかる紛争の解決に関する事件の関係人の意見の聴取を行うこと（家審規22条の2第1項，家審規136条の3第2項）
に分類されることになる。上記A①②については，後に調停過程として扱うので，ここではB①②について説明しておこう。

2 専門的な知識経験に基づく意見の陳述（上記B①）
(1) 規定の趣旨と想定される事例
　この規定の趣旨は，専門的な知識経験を有する委員によって常に調停委員会を組織することが困難であることを考慮し，得がたい専門的知識等を活用して調停委員会の機能を補充することにある。意見を聞く手続の段階につい

ては，特に定めがない。次のような場合が立法者によって考えられていた。

①当事者（関係人）の中に精神障害の疑いのある者があって，その者の精神状態が紛争解決の妨げになっている事案。②不動産の得喪・賃借権の存否等が問題となる事案で，当該地域における不動産取引の一般的な動向や慣行を知る必要がある事案。③個人企業が遺産分割の対象であるが，動産・不動産・無体財産権・のれん等の結合であって，この企業を存続させつつ遺産分割を行うのが適当と考えられる場合に，各相続人の経営への関与，利潤の分配等をするとき，企業経営や会計等の専門家の意見を聞く必要のある事案などである（三宅ほか・法曹時報27巻3号47頁）。

意見を述べるべき者として指定を受けた家事調停委員は，調停委員会に出席して口頭で意見を述べる（家審規136条の2第3項）が，その補充として書面の提出をすることもできる（注解・家審規417頁〈山田〉）。

関係人の主張を正確に理解し，問題点を的確に把握するために，家庭裁判所は調停委員から，それぞれの専門分野の基礎的な知識について説明を受け，専門的な立場からみた手続進行上の留意点，争点や明らかにすべき事項の確認，さらには調停条項作成上の注意点などについて意見を求めることができる。調停委員会を構成する調停委員に欠けている専門的知識・経験を補うものであるから，その分野を問わない*。この意味では参与員や家裁調査官の意見陳述と同様の機能を営むものといえる（三宅ほか・法曹時報27巻3号56頁）から，これらの意見陳述に当事者の立会権はないとされる。

*遺産分割調停事件における不動産専門委員の活用の例について，木村要「遺産分割調停委員の事実調査，専門的知識を有する調停委員の活用」判タ688号161頁，司法研修所編『遺産分割事件の処理をめぐる諸問題』（1994）75頁以下に詳しく紹介されている。それによると意見聴取は，調停期日または期日外において口頭によってなされ，その結果としてたとえば不動産の価額が調停または審判で利用される。秘密性が要求される事項でもないので調停期日調書または事件経過表に記載されるとされている。東京家裁では，遺産分割に関して不動産専門委員の意見聴取は，①価額についての紛争性が高くなく，専門委員が関与することにより調停が成立する見込みが高いとき，②専門委員の意見を尊重し，鑑定を行わないことの合意があるとき，③対象物件の数が少ないとき，④当事者に経済的能力がないなど鑑定費用を負担させることが困難であるとき，また事件の解決に必要かつ相当であるとき，⑤対象物件が都内の住宅地であること，⑥利用権について個別の事情調査が必要な場合でないことという条件がいずれも満たされる場合に行われるという（雨宮則夫「遺産分割―家裁における遺産分割調停・審判事件の実務」判タ996号(1999)103頁以下）。

(2) 問題点

　この制度は，調停委員の専門的な知識経験を利用するもので，鑑定に類する側面をもつともいえる（注解・家審規416頁〈山田〉）。家事調停においても証拠調べとしての鑑定をなし得るから，その区別が問題になりうる。立法者は，この制度は手続の全般にわたって，調停の適正な進行を図るために，専門的立場からの参考意見を聴こうとするものであって，鑑定とは趣旨・目的を異にし，かつ，鑑定ではまかないきれない広い機能を有するという（三宅ほか・法曹時報27巻3号48頁）。

　この制度は，平成16（2004）年改正によって民訴法92条の2以下に導入された専門委員の関与の先駆をなすものとも評価できるが，その関与と当事者の意向の確認，手続過程における当事者の審問との関係などが不透明であるといえよう。きわめて簡易な方法で調停委員会が専門的知識を獲得しうるものであるが，民事訴訟法で専門委員の制度が導入された今日においては，少なくとも必要のある専門知識を有する調停委員を追加的に指名するとか，その関与につき当事者の意見を聴取し，簡易鑑定となるような現地見分などにおいては当事者の立会権を認めるなどの改善が求められよう*。

　　*民訴法92条の2第1項は，専門委員の関与について当事者の意見を聴くこととされ，また当事者の申立てがあるときは関与が取り消されうるし，また当事者双方の申立てがあると関与が取り消されなければならないとしている。また和解に関与するときは当事者双方の立会いが必要とされる。また専門委員に対しては除斥・忌避が認められる（民訴92条の6）などの手続的配慮がなされていることが，調停委員の意見聴取についても参考とされる必要があろう。

3　嘱託に係る紛争の解決に関する事件の関係人の意見の聴取（上記B②）

　遺産分割の調停では，遠隔の地に居住する多数の相続人が関与することがある。こうした場合に，当該事件を担当している調停委員会は，他の家庭裁判所に，紛争の解決に関する事件の関係人の意見を聴取することを嘱託することができ（家審規136条の3第1項），嘱託を受けた家庭裁判所は，相当と認めるときは家事調停委員に当該嘱託にかかる関係人の意見の聴取をさせることができる（同2項）。

　この制度は，遠隔地に住む事件の当事者の紛争解決に関する考え方を知るために活用されることが予定されている（三宅ほか・法曹時報27巻3号51頁，注解・家審規418頁〈山田〉）。したがって，事件の関係人が調停手続の継続ま

たは訴訟提起を考えているか，調停委員会による調停案を受諾する意向があるかあるいは審判を求めているか等の事情を聴くことである。これらは事実の調査（家審規7条，137条）とは異なり，当事者に対して斡旋，調整，さらに調停案の受諾の説得も行わない（注解・家審規420頁〈山田〉）。

4 調停委員会の権限概説

1 本来的な任務・権限

調停委員会の最も本来的な任務は，当事者間に存する問題点を正確に把握し，これに判断を加えて当事者を説得し，合意の成立を図ることである。調停委員会には調停事件を適切に処理するために，さまざまな権限が規則によって付与されている。その詳細については，調停過程のそれぞれの箇所で説明するが，ここでその概観をしておくことにする。

事実の調査および証拠調べ（家審規137条による7条の準用），調停をしない措置（同138条），調停前の仮の措置（同133条），代理人または補佐人の出頭の許可・その取消し（同137条による5条の準用），傍聴の許可（同137条による6条の準用），家裁調査官や技官の調停期日への出席許可・意見陳述許可（同137条による7条の4の準用），官庁等への調査の嘱託（同137条による8条の準用），さらに家事審判官に事実の調査および証拠調べをさせ，また家事審判官に家裁調査官による家庭環境等の調整的措置をとらせることができる（同137条の2）。

2 合議制

調停委員会は合議制による機関である。調停手続は，家事審判官の指揮のもとに進められる（家審規134条）。調停委員会の意思決定は，すべて，家事審判官を含む構成員の決議によることが必要である。その決議は，構成員の過半数の意見によるが，可否同数のときは家事審判官が決める（同135条）。

調停委員会における評議は秘密であり（同136条），家事調停委員または家事調停委員であった者が正当な事由なく，評議の経過や構成員の意見等を漏らしたときは，10万円以下の罰金に処せられる（家審30条1項）。

5 除斥・忌避

1 家事審判官に対する除斥・忌避

　家審法4条は，裁判所職員の除斥および忌避に関する民事訴訟法の規定を家事審判官にも準用する旨を定めている。したがって家事調停を担当する家事審判官に，除斥・忌避の制度が認められることについては，疑問の余地がない（除斥・忌避等に関する民訴規則の準用については，家審規4条の3参照*）。

　　*なお，民事調停法ではこの定めがなく，調停を担当する裁判官の除斥・忌避が認められるかが論点になっている。通説によれば，裁判所の職員が非訟裁判権（調停を含む）を行使するにあたっては，公正であることが必要であり，この点については民事訴訟と異ならないとして，除斥に関する民事訴訟法の規定が準用されるとする。しかし，忌避については，調停の処理の合目的性と手続の簡易・迅速が特に重視されていること，また調停においては，公正を疑わせるような行為があった場合には，当事者は合意をしないことができるとして，忌避の制度を設ける必要がないとする（注解・民調95頁〈木村〉，小山・138頁，注解・民調法125頁〈魚住〉，同328頁〈三井〉）。しかしこれに対して，近時においては当事者の信頼を基礎とする調停においては，むしろ民事訴訟手続以上に裁判官の忌避を認める必要があるとの見解が有力となっている（萩原金美「民事調停における当事者権の保障」別冊判タ4号(1977) 39頁，飯塚重男「非訟事件の当事者」『実務民事訴訟法講座7巻』(1969) 73頁，鈴木正裕「訴訟と非訟」小山昇＝中野貞一郎＝松浦馨＝竹下守夫編『演習民事訴訟法』(1987) 42頁など）。後者の見解が妥当である。

　家裁書記官および家裁調査官に対する忌避については，第1編第3章第2節2参照。

2 家事調停委員に対する除斥・忌避

(1) 除斥・忌避を認める必要性

　通説によれば，調停委員については，除斥・忌避に関する民事訴訟法の規定は準用されないとされている。除斥が認められない理由として，調停委員は国の権力的な強制力をもった行為（とくに裁判）に関与することを職責としているのではなく，国の権力の行使が公正になされていることとは直接の関係を持たないからであるとされる（大阪高決昭和58(1983)・1・31家月36巻6号47頁）。そして忌避についても同様だとされるのであり，さらに当事者が調停委員を信任しないときは，調停において合意をしないことができるとされる（小山・143-144頁，上記1に掲げた文献参照）。そして，「裁判官の除斥原因に相当する事由が存在するために，調停の成立しないに至ることは，手続経済に反するが，この不経済を実際の運用によって避けることはさほど困

難ではないであろう」という（小山・144頁）。

　通説は，当事者が調停の成立を拒否できることを理由に，調停における公正さの確保が維持できるというが，その合意に至る過程自体に不公正が生じる可能性を認めつつこれを考慮しようとしない。これは当事者を納得させることはできないであろう。問題はまさにこの調停過程にあるのである。これを認識しようとしない通説にはとうてい賛成できない。斡旋や主張の評価，調停案の作成と提示，調停案の受諾の説得等の過程に忌避原因を抱えた調停委員が関与し手続を進行させること自体が，きわめて不正常・不公正なのであり，あってはならないのである。調停において調停委員が当事者の意見を聴き，事実や証拠を中立的に評価し，相手方に斡旋し，さらには調停案を作成して当事者に説得するという一連の経過が，中立的で公正であることが重要なのである。また家審法の立法者が挙げた，調停委員に対する忌避を認めない理由（第1編第3章第2節23参照）も，同じように支持できない。調停は，当事者間に合意を成立させる手続過程であるから，その中心に位置する調停委員としての公正さに疑念を生じさせる者が関与すること自体が，調停制度の公正さを疑わせるのである。早急な立法的手当が必要である。

(2) 忌避理由

　調停委員に対しても，忌避を認める立場に立てば忌避理由を検討する必要がある。調停委員は民間人であるから，裁判官以上に当事者との関係が多様である可能性がある。手続の公正さを疑わせる事由として，民事訴訟においても指摘されているような，当事者の一方と調停委員が婚約中であるとか，親密な交際あるいは怨恨があるなどの理由（新堂・77頁，上田・74頁）のほか，とくに事件の結果についての経済的利害関係，当事者との経済的取引関係，当事者および親族等との密接な社会的関係（師弟関係・隣人関係・同好会等の会員等），さらにはジェンダーバイアスなども忌避理由となりうると解すべきである＊。

　　＊裁判官に対する忌避の場合とは異なり，裁判外の紛争解決制度における調停で実施されているように，調停委員に指名された者の略歴等の開示と，これに対する当事者の意見表明という仕組みが，家事調停においてもいずれは求められるのではないかと思われる。まさに忌避権が適切に行使される条件をどのように整えるかが問題となるのである（仲裁18条参照）。

6　家事審判官だけで行う調停

1　家審法の考え方

　家事調停は，調停委員会によって行うのが原則である。家事審判官だけで行う調停（これを「単独調停」という）は例外である。なぜなら，家事審判官だけによる調停は，法律上家庭裁判所が相当であると認める場合に限って行うことができ（家審3条1項ただし書き，2項），さらに当事者が調停委員による調停を申し立てたとき，必ず調停委員会によって調停を行わなければならないからである（同3項）。

　調停委員会を原則的な調停機関としたのは，調停においては当事者の合意による紛争の解決が重要であって，法律的な判断作用は最優先されるものではなく，当事者間の実情に即しかつ条理にかなった妥当な解決を図るためには，法律以外の社会規範をも考慮し，専門的な知識経験を有する調停委員を関与させることが望ましく，また調停委員会の有する和やかな雰囲気が，当事者間の話し合いを促進させるためにふさわしいと考えられたためである。しかし家庭裁判所でなされる調停においては，当事者間の合意による解決であるとはいえ，そこで法律が無視されてはならないし，適切な解釈にそったものでなければならない。こうした点を踏まえて，家事審判官も調停委員会に加わることとされているのである（注解・家審法68頁〈岩井〉）。

2　相当であると認められる場合

　家事調停は，家事調停委員の有する専門的知識・経験を必要とする場合が多く，また和やかな雰囲気を持つ調停委員会による調停が期待されるから，単独調停はできる限り避けるべきだとされてきた（市川・139頁，注解・家審法68頁〈岩井〉）。家事審判官だけで調停を行うことができる「相当であると認められる場合（家審3条3項による同2項ただし書きの準用）」とは，具体的には，①事件の内容が極めて簡単であるか，あるいはその解決が主として法律上の解釈いかんにかかり特に調停委員会を開くまでもない場合，②極めて緊急迅速な処理を要し，調停委員会を開く間もない場合，③当事者双方が家事審判官だけで調停を行うことを希望し，調停委員会を開くことが適当でない場合が，これにあたるとされている（高野耕一「実務家事審判法－調停関係㈠」ケース研究79号(1963) 4頁，家審法講座3巻37頁〈沼辺〉，注解・家審法68

頁〈岩井〉)。

いったん調停委員会で調停を行うべきものとされ、調停委員会の調停が行われている事件についても、上記の要件が満たされる限り単独調停に切り替えることができると解されている（家審法講座3巻37頁〈沼辺〉、注解・家審法69〈岩井〉)。

＊単独調停は、形式的には調停であるが家事審判官が全面的に手続に関与するため実質的には審判との差が小さくなると評価されている（司法研修所編『遺産分割事件の処理をめぐる諸問題』(1994) 72頁)。それによると夫婦関係調整事件においては、調停委員会の調停を原則とする趣旨が当てはまるが、遺産分割調停事件では法律的判断と経済的合理性が基本となるので、いちがいに調停委員会による調停を原則とすべき必然性に乏しいとされる。そして各家庭裁判所の調査によると、大阪家庭裁判所は遺産分割専門部が編成されて以来、①当事者代理人から単独調停を希望すること、②調停委員として弁護士を指定すると期日指定の間隔が長くなりがちなこと等の理由から、単独調停が活用されているとされている（同79頁)。各家庭裁判所ごとにさまざまな要因が加わって、調停委員会による調停と単独調停の振り分けも多様であることが知られる。事件の内容、弁護士資格を有する調停委員の関与の実態と機能、人間関係の調整の必要性等々から今後に向けても、工夫を重ねるしかあるまい。

7 家事調停官

1 制度創設の趣旨

平成15(2003)年7月18日に「司法制度改革のための裁判所法等の一部を改正する法律」が成立し、それによって民事調停法および家事審判法等の一部改正がなされ、民事調停官および家事調停官の制度（いわゆる非常勤裁判官制度）が創設された。これは、もともと司法改革審議会において、判事の供給源の多様化・多元化が提言されていたところ、最高裁判所と日本弁護士連合会との間での協議がまとまり、法律制定がなされたものである。この制度の趣旨について、簡単に説明を加えておくことにしよう（なお、詳細については、小山太士＝武藤貴明「民事調停官及び家事調停官の制度の創設について」判タ1128号(2003) 2頁以下参照)。

2 家事調停官の地位・職務

家事調停官は、最高裁が任命し、調停という裁判所の公務に従事する裁判所の非常勤職員である。家事調停官は、弁護士で5年以上その職にあった者のうちから任命される（家審26条の2第1項)。いわゆる弁護士任官を促進

することが期待されている。その任期は2年であり，非常勤勤務である（同3項，4項）。家事調停官は，その在任中，法定された解任事由に該当する場合を除いては，解任されることがない（同5項。その解任事由は，弁護士の欠格事由に該当すること，心身の故障のため職務の執行ができないこと，および職務上の義務違反その他家事調停官たるに適しない非行があると認められたときである）。家事調停官は，家事審判法の定めるところにより家事調停事件の処理に必要な職務を行う（同2項）。

3 家事調停官の権限

家事調停官は，家庭裁判所の指定を受けて調停事件を取り扱う（家審26条の3第1項）。指定の方法は特に定めがない。実務の運用に委ねられる。家事調停官は，その取り扱う調停事件の処理について家事審判官が行うものとして規定されている調停に関する権限，および家庭裁判所が行うものとして規定されている調停に関する権限を行うことができる（同2項）。

家事調停官は，独立してその職権を行う（同3項）。それゆえ，家事調停官に対しては除斥・忌避・回避について家事審判官と同様に扱われる（同4項，家審規143条2項）。

第2節　家事調停の管轄と移送

1　土地管轄

1　総　説

(1) 土地管轄の定め

家事調停事件の管轄は，家事審判事件と同様に職分管轄と土地管轄が問題となる。家事調停を扱うのは家庭裁判所のみであるから，事物管轄は存在しない。家事審判については事件ごとに家審規則において管轄の定めをしているのに対して，家事調停事件の土地管轄の定めは一律に相手方の住所地が標準とされている（家審規129条1項前段）*。これは民事調停でも同様である（民調3条）。また，家事調停事件については，当事者が合意で管轄家庭裁判所を定めることができる（家審規129条1項後段）。

　　*小山・162頁は，調停の土地管轄につき次のように指摘する。「法（民事調停法を

指す―佐上注）は土地管轄を一般管轄としている。事柄の性質に基づく。調停の土地管轄ある裁判所を定める連結点のとり方にはいろいろあるが，法は相手方の生活または業務の本拠を連結点とした。かつて，借地借家調停法は土地または建物の所在地を連結点とし，小作調停法も係争土地の所在地を連結点とし，鉱業法は鉱害発生地を連結点とし，他方において商事調停法および金銭債務臨時調停法は相手方の生活または業務の本拠を連結点とした。このように，2つの傾向に分かれていた。戦時民事特別法は後者を踏襲した。昭和26(1951)年民事調停法は後者に統一した。そして今日に至っている」。昭和14(1939)年人事調停法3条も相手方の住所を連結点としていた。昭和23年家事審判規則はこれを引き継いでいる。しかし，管轄の定めを法律ではなく，規則に委ねているところに家事調停の特徴があるといえる。統一的な規制という観点から問題がある。

(2) 自庁処理

　管轄権のない家庭裁判所に調停が申し立てられた場合には，事件を管轄ある家庭裁判所に移送するのが原則であるが，事件処理のため特に必要があるときは，土地管轄のない家庭裁判所に移送することができ，また自ら処理することができる（これを「自庁処理」という。家審規4条1項。第1編第4章第1節44参照）。自庁処理の理由としての「事件処理のため特に必要があるとき」とは，「調停申立てを受けた家庭裁判所が義務履行地であるとか，著しき損害又は遅滞をさける便宜があるといった事情は勿論，その他経済的な理由或いは身体の故障などの理由のため相手方の住所地の裁判所に出頭しがたい事由があれば，これを相手方の事情と比較のうえ，これらの事情を考慮に入れて」判断する（大阪高決昭和36(1961)・11・28家月14巻4号199頁）という。妥当な判断だといえる。

2　訴訟・審判事件との関係
(1) 人事訴訟

　相手方の住所地を管轄裁判所とする定めは，訴訟事件における普通裁判籍の考え方と共通するから，その限りでは特に問題はないようにみえる。しかし，人事訴訟において，とりわけ離婚訴訟においてはその管轄の定めについて，かねてより，疑問が提起されていたところであり，人訴法の制定によって管轄は当事者の普通裁判籍を有する地の家庭裁判所（したがって夫または妻の住所地）と改められた（人訴4条1項）。これに関する家審規則の改正はなされていない。そこで離婚訴訟と調停について管轄に違いが生じる可能性

がある。このため、人訴法6条は、本来管轄がない場合でも調停事件が係属していた裁判所において調停の経過、当事者の意見、その他の事情を考慮して特に必要があると認めるときは、申立てまたは職権で自庁で審理・裁判できるとして、この間の調整を図っている。しかし、人事訴訟については調停前置主義が適用されるから、手続的にいえばまず調停についての管轄の定めを改正することが必要である。

(2) **乙類審判事件**

　乙類審判事件の管轄の定めと調停の管轄の定めが基本的に異なっているのも、検討を必要とする。乙類審判事件の審理は、審判手続と調停手続が一体的に考えられるだけに、可能なかぎり同一家庭裁判所である方が適切であると考えられるからである。もっともこの場合でも、自庁処理（家審規4条1項ただし書き）によって対処することは可能である。

　当事者が複数で、管轄する家庭裁判所もそれぞれ異なる場合に、どの家庭裁判所が調停につき管轄を有することになるか。家審規則は特に定めを置いていない。「規則129条は、相手方が数人ある場合にはその中の1人でも住所のある裁判所に管轄が認められるという意味」だとされている（最高裁家庭局「昭和28(1953)年広島高裁管内家事審判官会同家庭局見解」『改訂家事執務資料集（下巻の1）』42頁）。非訟法4条の優先管轄の適用があると解され、いずれかの裁判所に申し立てられると、他の裁判所の管轄権が失われることになる（第1編第4章第1節**32**参照）。

　家審規129条2項により、寄与分を定める調停事件については、99条2項が準用されるため、すでに遺産分割の調停が係属しているときは、その遺産分割事件の係属する家庭裁判所に申し立てなければならない。これらの調停事件の一括処理を図る必要があるからである（家審規137条の5による103条の3の準用）。遺産分割審判が係属している場合にも同様の処理が望ましいといえよう。

2　合意管轄

1　合意の方式

　当事者は、家事調停の管轄裁判所につき合意することができる（家審規129条1項）。合意の方式は、民事訴訟におけるほど厳格に解する必要はなく、必ずしも書面による必要はないと解されている（家審法講座3巻107頁〈沼辺〉、

小山・107頁，注解・家審規387頁〈篠〉）。民事訴訟の場合には，合意は書面でなければならない（民訴11条2項）が，家審法・家審規則にはその旨の規定がなく，またもともと家事調停の管轄の定めが緩やかなので，書面による必要がないとされている。実務上は簡単な合意書面が添付され，あるいは申立書に相手方も合意している旨が書き添えられているだけのこともあるとされている（注解・家審規387頁〈篠〉）。合意が特定の調停事件に限らず，夫婦間の紛争に関する調停について管轄の合意をすることも許される。専属的管轄合意がある場合でも，事情に応じて家審規4条1項によってもとの管轄家庭裁判所が自庁処理すること，同2項によってより適切な裁判所へ移送することも許される。

2　合意の時期等

管轄の合意は，専属的なものであっても付加的なものであってもよい。

管轄の合意は，遅くとも調停申立てのときまでになされなければ管轄を定める理由とはならない。調停申立てのときに管轄が固定されると解されるからである。この点につき，家審法・家審規則には明文規定はないが，民訴法15条の管轄の標準時に関する定めは手続法一般に妥当するとみてよい。調停申立ての後に管轄の合意がなされても申立てのあった管轄家庭裁判所の管轄は失われない。しかしこの合意は，自庁処理または移送の判断の重要な要素となる（注解・家審規387頁〈篠〉）。

3　応訴管轄

被告（相手方）の応訴によって生じる管轄を，応訴管轄という。家事調停にもこれが認められるかが問題となる。本来管轄のない裁判所に調停が申し立てられ，相手方も何度か出頭して，協議をしているという場合に，管轄について異議を述べず管轄について黙示の合意が成立したと認めてよいか，またその後管轄裁判所への移送を求めて出頭しなくなったような場合，その裁判所に応訴管轄が生じているかという問題が生じる。民事調停についても家事調停についても，民事訴訟の応訴管轄に関する定めを置いていない。あえてこの規定を置いていないとみて，応訴管轄を生じさせることはできないと解されている（注解・民調法112頁〈岩井〉，注解・家審規389頁〈篠〉）。

管轄違いに気がついたときは，直ちに移送するのではなく，自庁処理と移

送の可能性について，これまでの調停の進行状況，移送による利害得失を考慮して当事者の意見を聴取したうえで判断すべきである。また管轄違いであることが看過されて調停が成立したときは，その調停は有効である。管轄違いは調停の無効・取消しの事由とされていない。

4　移　送

　家事調停における移送の考え方は，基本的には家事審判と同様である。それゆえ第1編第4章第1節4の説明を参照のこと。また家事調停事件については，民事調停との関係で移送が認められている。この点については，第1編第2章第1節3において，家事調停と民事調停との関係に関連させて述べた。

第4章　家事調停の当事者・代理人

第1節　当事者

1　意　義

　調停手続において，その名において手続に関与する者を当事者という。調停は，相対する者同士を斡旋してその間に合意を成立させる過程であるから，常に相対する当事者が存在するといえる。申立人・相手方は訴訟事件を対象とする調停の場合には，対立関与するのを原則とするが，乙類審判事件ではこの対立構造が複雑になることがある。その名において調停の申立てをしている者を申立人，その申立てがなされている者を相手方と呼ぶ。もっとも，家事審判および家事調停は非訟事件であるから，厳密にいえば「当事者」という表現は正確ではなく，「関係人」としなければならない（この点については，第1編第3章第3節1参照）が，法律，学説および実務において「当事者」と表記することが通例化しているため，ここではそのように表現する*。

　　*家事調停に関しては，家審21条1項，21条の2，23条1項，24条1項，26条のほか，家審規においても「当事者」という表現を用いているので，ここでの説明にあたっては第1編家事審判とは異なり，「当事者」と表記する。また，民事調停法でも当事者と表記している（1条，2条，5条2項，12条など）。

　調停手続における当事者は，手続に関与する者として主体性を認められている（山口幸雄「当事者」講座実務家審1巻86頁）。また調停手続は合意型の手続であり，裁定型の訴訟手続とは異なるから，当事者の地位や権能を単純に家事審判のそれと比較することは適当ではない。もっとも調停においては，その対象の選択みならず，協議の方法の決定，調停の内容についても基本的に当事者の協議と合意が必要であるという意味では，当事者の主体的地位は民事訴訟よりも大きいことを認識しておく必要がある。調停手続の進行をはじめとして，内容の形成が当事者の合意に依存し，それが得られない場合に

は，調停不成立というリスクと隣り合わせの状態にある。それだけに当事者の地位の確保の必要性と，当事者自身の責任の大きさに注意しておくべきである（なお，当事者に対する手続保障の考え方については，第1編第3章第3節2を参照）。

2 当事者能力

民事訴訟，家事審判手続と同様に，調停手続において当事者となりうる一般的能力を当事者能力という。その判断は家事審判と同様に考えてよい。家審法・家審規則には，この点についての特別の定めがない。民事訴訟の定めは，民事裁判権に関する一般的な定めとみられるので，家事審判および家事調停にもその準用があると解してよいといわれる（家審法講座3巻71頁〈沼辺〉）。しかし，家事審判では民法の権利能力を基準に考えるべきである（詳細は，第1編第3章第3節5参照）。権利能力なき社団等もその名において調停の当事者となることができる（民訴29条。民事調停についても同様に解されていることにつき，小山・148頁，注解・民調法166頁〈高見〉）。

3 調停行為能力

1 概 説

調停は，調停委員会の関与のもとに当事者の合意によってなされるものであるから，当事者は自ら有効に調停行為をなし，相手方や調停委員会の調停行為を受け取る能力を必要とする。この能力を調停行為能力と呼ぶこととする（小山・148頁参照）。これは民事訴訟における訴訟能力，家事審判における手続行為能力に対応する。家審法や家審規則にはこれに関する明文規定を欠く。民事訴訟法の訴訟能力の規定を準用すべきであるとすることに見解は一致している（家審法講座3巻73頁〈沼辺〉，山口・講座実務家審1巻92頁）。しかし，調停不調の後の訴訟手続や審判手続をも考慮すると，家事審判についてみたのと同様に民法の定めを原則としつつ，人事訴訟法における訴訟能力の定めを基準に考えることが妥当であろう（第1編第3章第3節6参照）。家事調停においては，親族間の財産上の紛争を対象とする場合と，身分関係を対象とする調停が含まれるので，それぞれについて調停行為能力をみておこう。

2 財産上の紛争を対象とする場合

財産関係の調停については，民事調停において要求される調停能力と同様に解してよい。調停自体は相手方との合意による法律関係の形成であり，この合意は権利義務の発生・変更・消滅の原因となるから法律行為能力が必要となる。他方で裁判所において調停委員会の関与のもとになされるから，民法の行為能力ではなく民事訴訟法の訴訟能力の規定によって判定することが適当である（小山・148頁）。行為能力者はすべてこれを有する。

未成年者および成年被後見人は，原則として財産上の紛争に関する調停行為能力を有しない。未成年者であっても婚姻している者は調停行為能力を有し，独立して法律行為をすることができる場合には，その範囲内の調停について自ら調停行為をすることができる。被保佐人は自ら調停行為をなし得るが，原則として保佐人の同意を必要とする（民12条1項4号参照）。ただし，被保佐人が相手方となって調停行為をするには，その同意を要しない（民訴32条1項参照）。被保佐人がすでに保佐人の同意を得ている場合であっても，申立ての取下げなど事件の終結については特別の同意を必要と解すべきであろう（民訴32条2項参照）。

3 身分関係に関する調停行為能力

身分関係については，当事者の地位に重大な影響を及ぼすから，可能なかぎり本人の意思に基づくことが望ましく，調停行為能力もこの観点から定める必要がある。通常の訴訟手続において訴訟能力を認められなくても，人事訴訟においては意思能力がある限り訴訟能力を承認するのは，そうした趣旨からである（人訴13条1項）。家事調停においても同様に解すべきであり，この規定を準用すべきである。

しかし実務においては，未成年者，成年被後見人ともに，その調停行為能力を否定する見解が有力である。第1編第3章第3節6において触れたように，最判昭和43(1968)・8・27民集22巻8号1733頁は，未成年の子が意思能力がある場合でも子の法定代理人が子を代理して認知の訴えを提起できるとするので，実務においては調停においても子が意思能力を有していても法定代理人によって手続を進めるべきだとする（山口・講座実務家審1巻93頁）。また成年被後見人は手続安定の見地から，法定代理人によってのみ手続を追行することができるとする（栗原平八郎＝太田武男編『家事審判例の軌

跡(2)手続編』(1995) 93 頁〈丹宗〉, 実務講義案 182 頁)。しかしこの見解には賛成できない。その理由は, 家事審判について述べたところと同じである。

4 調停行為能力を欠く者の行為

調停行為能力のない者のした行為の効力については, 民事訴訟と同様に解するべきである。したがって調停行為能力のない者のした行為は無効である。これに気がついたときは調停委員会は, 期間を定めてその補正を命じなければならない。ただし遅滞のために損害を生じるおそれのあるときは, 一時調停行為をさせることができる。欠缺が補正されなかったときは, 調停申立ては却下される。ただし, その者のした行為でも, 能力を有するにいたった本人または法定代理人が追認することで有効となる (民訴 34 条参照)。

調停行為能力はあっても, 現実に調停委員会や相手方に対して十分に自己の言い分を述べ, あるいはこれを受け取ることができないときは, 調停委員会の許可を受けて補佐人とともに出頭することができる。家事審判手続に関して説明した補佐人の位置づけは, 家事調停においても同様に機能しうるであろう (第 1 編第 3 章第 3 節 7, 同第 4 節 4 参照)。

第 2 節　代 理 人

1　総　説

家事調停手続についても代理が認められる。当事者が調停行為能力を有しないときは, 法定代理人によって代理されなければならない。また任意代理に関して, 家事調停は本人出頭主義を採用しつつも代理人の出頭を認め, 口頭でなすべき調停行為について本人を代理できるとする (家審規 5 条 1 項)。基本的には, 家事審判におけると同様である。ここでは重要な事項に関してのみ簡単に指摘するにとどめる。

2　法定代理

上記第 1 節 3 に説明した調停手続能力を有しない者は, 法定代理人によって代理されなければならない。未成年者の法定代理人は, まず親権者であり, 第 2 次的に後見人である。成年被後見人の法定代理人は後見人である。

ところで, 家事調停の対象となる事件のうち, ①人事訴訟事件または乙類

審判事件のうちで当事者の意思を尊重することが必要で，かつその対象について当事者の処分権が認められている事件（離婚，離縁，親権者の指定，監護者の指定），②当事者の処分権は許されていないが当事者の自主的な解決が望ましいとされている事件（親権者の変更，監護者の変更，相続人の廃除），③当事者の処分もなく自主的な解決も認められないが当事者の意思を尊重する必要のある事件（子の否認）では，法定代理人による代理は許されないと解されている。それゆえ，これらの事件では当事者の一方が成年被後見人であるときは，法定代理人との間での調停も許されない（参考，最判昭和33(1958)・7・25民集12巻12号1823頁）。この場合には，後見監督人が職務上の当事者として関与する（人訴14条1項参照）。

これ以外の場合には，成年被後見人の法定代理人によって調停が追行される。未成年者の場合には，常に法定代理人による。

法定代理権の証明，法定代理権の消滅は，民事訴訟の場合と同様である（民訴規23条，民訴36条等）。これについてはすでに説明した（第1編第3章第4節2）。

3　任意代理

1　代理人の許否

家事調停手続についても，一般に任意代理が許されることについては争いがない。しかし家審法・家審規則等の規定が明確さを欠くため，その法律上の根拠については争いがあり，その権限や地位についての理解の差を招いている（なお，家事審判手続についても同様の問題がある。これについては，第1編第3章第4節3参照）。

一方の見解は，家審規5条および137条を根拠として，弁護士以外の代理人は訴訟能力（調停行為能力）があることを要しないとする。他方の見解は出頭代理については家審規5条によるが，他の一般手続上の代理は家審規7条により非訟法6条が準用されるとして調停行為能力を備えていなければならないとするする。本書では，後者の見解を支持している。家事調停においても当事者の本人出頭主義が重要である（家審規5条1項）。結果的に，家事調停においては任意代理人は，やむを得ない事由がなくても許され，弁護士でない者が代理人になる場合でも家庭裁判所の許可は要しないが（ただし，出頭して本人に代わって口頭で陳述するには，弁護士でない者は家庭裁判所の許

可を得なければならない（家審規5条2項）＊），調停行為能力を有する者でなければならない。

　　＊家事調停においては，審判手続以上に本人出頭主義が重視される。事件が複雑で微妙な感情が絡んでいる場合が多く，代理人によるだけではどの程度のところで折り合えるか的確な見極めがつきにくいこと，身分行為はその性質上本人自らの意思決定によらなければならないからである（注解・家審規則35頁〈向井〉）。しかし本人が出頭できる場合に代理人を出頭させても，それを違法とさせる趣旨ではない（最判昭和36(1961)・1・26民集15巻1号175頁）。

2　代理権の範囲

　家事審判と同様に，代理権の範囲について明文の規定を欠く。家審法7条によって準用される非訟法7条1項は，代理権の範囲を規定する民訴法55条を準用していない。したがって個々の授権の内容に従うことになる。

　ところで，基本的な身分関係の発生・変更・消滅に関するいわゆる形成的身分行為は，他人への影響も大きく対世的効力を有するので，本人にさせる必要がありこれを他人に代行させるのは適当でなく，明文をもって認められた場合以外は，身分行為は代理に親しまないとされている。そこで離婚，親権者指定，監護者の指定等については代理人による調停は許されない（前述2参照。また，熊本家裁山鹿支審昭和39(1964)・8・20家月16巻12号55頁，家審法講座3巻80頁〈沼辺〉，佐々木平伍郎「夫婦・親子関係調停中における当事者能力・代理・補佐」判タ747号500頁）。

3　当事者の死亡と代理権の消滅

　家事調停手続において，当事者が死亡した場合に，任意代理権が消滅するかという問題が生じるが，これについて定めた規定は家審法，家審規則に存在しない。当事者が死亡しても調停についての代理権は消滅しないとする下級審判決がある（宮崎簡判昭和34(1959)・11・18下民集10巻11号2442頁，東京高判昭和35(1960)・11・10下民集11巻11号2432頁。いずれも訴訟委任による弁護士代理に関し，手続の中断を生じないとする）。実務においては，手続の目的が一身専属でないかぎり当事者が死亡しても職権によってその相続人に手続を承継させるべきこと，代理権が消滅しないとすることが原則として委任者および相続人の意思に合致すること等を理由に，特約のないかぎり代理権は消滅しないとする（家審法講座3巻81頁〈沼辺〉，佐々木・前掲500頁）。

4 無権代理人のした手続行為の効力

無権代理人による調停の申立て，陳述や証拠の申出，互譲や調停条項の受諾，調停申立ての取下げなどの行為は，本人に対してその効力を生じない（小山・153頁）。その結果，裁判所との関係でもその効力を生じないとするのが妥当であろう。調停は裁判所の面前における訴訟行為であるが，その内容面では私法上の権利・法律関係の発生・変更・消滅の原因となる意思表示等がなされる。それゆえ，この面では私法上の表見法理が適用されるが，訴訟上はその適用ないし準用が否定されるとの理論が主張される可能性がないとはいえない（たとえば，広島高判昭和40(1965)・1・20高民集18巻1号1頁，また京都地判昭和29(1954)・4・13下民集5巻4号484頁も追認につき，相手方に対するものと裁判所に対するものに分けて効果を判断している）。しかしその効果は一体的に考察することが合理的であろう。実体法上の瑕疵があるときは手続上にも影響し，逆に手続上の瑕疵があって調停が効力を生じないときは実体法上も効力を生じないと解するのである。その効力に争いがあれば，端的に調停が無権代理により無効であることは，調停調書無効確認の訴えや請求異議の訴えなどにより主張することが可能である（家審法講座3巻290頁〈沼辺〉）*。

> *この問題は，訴訟上の和解の法的性格をどのようにとらえるか，既判力を認めるか，また家事調停（民事調停）の調書に既判力を認めるか否かという問題とも関連する。調停の成立後にどのような瑕疵の主張，無効の主張が可能かという問題が生じる。詳細は，後述第5章第6節 6 2(2)参照。

第3節 当事者適格

1 概 説

一般に民事訴訟において，当事者適格とは，自ら当事者として訴訟を追行し，本案判決を求めうる資格をいう。特定の権利・法律関係の存否をめぐる訴訟を追行して本案判決を求めることができる当事者の権能という側面をもつ。したがって訴訟物の内容をなす権利・法律関係の存否につき法律上の利害関係が対立する者，すなわちその存在を主張しその義務者とされる者が正当な当事者となる。原告が提示した訴訟物との関係で訴えの利益や当事者適

格の有無が判断される。

これに対して合意型の手続である調停手続の当事者適格はどのように定まると考えるべきであろうか。家事調停において協議および合意の主体となる正当な主体だとすると，もっとも簡明である。しかし，それでは訴訟や審判の対象との関係が全く反映されないため，当事者と参加人との差異も明らかにならないという問題を抱える。そこで調停における当事者適格を有する者は，「具体的な紛争との関連において，何人が申立人であり何人が相手方である場合に調停を進めることができるのか，の問いに答えるものである」とする見解がある（小山・149頁）。この見解によれば，たとえば，債権者甲と債務者乙との間の債権の存否をめぐる紛争につき，乙の保証人丙は，甲・乙間の紛争が丙の法律上の権利関係に影響し，調停ではこの点もあわせて解決できるから丙も当事者として参加できる場合がある。つまり，訴訟物に対する利害関係人が手続の主体として合意形成に関与することが認められることがある（小山・150頁は，これを「当事者適格の拡大」と呼んでいる）。調停においては結局のところ，本案判決の対象である権利・法律関係から一義的に当事者適格を有する者が定まるのではなく，当事者の合意によってそれに関連する紛争をも取り込むこと，あるいはそれを限定することも可能であり，それに対応して当該の調停において当事者としての適格を有す者の範囲も変動すると解するのである。このように解するのが適切だというべきであろう。

2　家事調停における適格の定まり方

家事調停の場合にも，原則として当該の人事訴訟や乙類審判事件の関係人を念頭に置いて考えるが，これ以外の者からの申立て，これ以外の者を相手方とする申立てもあり得るから，当事者適格を有する者とその範囲は可変的である。たとえば親権者から未成年者を現実に監護する者に対する引渡しを求める調停，あるいは子の面接交渉を定めるにあたって現実に監護している親権者以外の者に対する申立てなどがありうる。現実の紛争と，そこで協議され，合意されるべき事項によって申立人・相手方が定まる。さらに家事調停は，訴訟や審判のように法律問題を扱うだけでなく，人間関係の調整を必要とする事件であるという点をも考慮して定めることになろう（家審法講座3巻72頁〈沼辺〉，山口・講座実務家審96頁）。以下，具体的な例に即して若干の検討をしてみよう*。

> *調停においては，当事者と参加人との区別は民事訴訟ほどに明確だとはいえない。親権者相互間で子の監護に関する調停を進める場合には，この両者が当事者であり現実に子を監護する祖母は参加人といってよいかもしれない。しかし，祖母からの具体的な引渡しをめぐって協議しなければならない場合には，単なる参加人というよりは，紛争主体であり手続上では当事者としての地位を占めるというべきであろう。この意味で，当事者適格を考えるについても，どこまでを調停における協議対象とし，当事者と扱うかが，理論的にも実際上も大きな差異を生じさせる。

3　乙類審判事件に関する調停の当事者適格

　乙類審判事件を対象とする調停手続において，当事者適格が認められるのは原則としてその審判の申立人・相手方となりうる者である。たとえば，遺産分割の審判を申し立てることができるのは，各相続人のほか，包括受遺者，相続分の譲受人であるから，この者は調停の申立人・相手方となりうる。相続分の全部を譲渡したときは，その譲渡人は申立権を有しない（通説である。大阪高決昭和54(1979)・7・6家月32巻3号96頁）。この場合，譲受人が当事者となる（これに対して，小山昇「遺産分割事件における当事者適格」同『著作集8巻』(1992)227頁（239頁）は，相続分譲渡人は当事者適格を失わず，譲受人は独自の申立権を有することはなく譲渡人の申立権を代位行使するとする）*。本来，当該家事審判の関係人とはなりえない者も，調停における協議事項と密接な関係を有し，合意主体となるときは当事者として申立てをなし，またその相手方となることができる（上記2で示したような例をみよ）。

> *遺産の全部を対象とする包括遺贈がなされ，これに対して遺留分権利者が減殺請求権を行使した場合に，遺留分権利者に帰属する権利は遺産分割の対象となる相続財産としての性質を有しない（最判平成8(1996)・1・26民集50巻1号132頁）。それゆえ，包括受遺者は，自らも相続人であるときは別として遺産分割の調停の当事者にはならないことになる。なお沼辺ほか・マニュアル345頁〈森野〉参照。

4　人事訴訟事件の調停における当事者適格

　家事調停において当事者間に合意が成立して紛争を解決することができる場合と，親子関係事件などのように当事者間に合意が成立してもそれだけでは紛争の解決とならない場合がある。後者の場合につき，家審法23条は，「当事者間に合意が成立し，無効または取消の原因の有無について争いがな

い場合」には,「当該合意に相当する審判」をなしうると定めている。それゆえ,人事訴訟事件の調停における当事者適格は,まずこの合意に相当する審判を受ける者は誰か,という形で問われることになる。詳細は,後述する(第6章第1節36)が,この合意の性格をどのように解するかによって,家事調停における当事者適格のとらえ方に大きな差異をもたらす。この合意を実体法上の性格のものとするならば,身分関係の主体でなければならないから,職務上の当事者は23条審判の当事者適格を有しない。これに対して,この合意を手続上の性質だと解するなら,職務上の当事者も合意を成立させることが可能だといえるのである。本書では,後者の見解を支持する。

5 その他

家事調停においては,以上に述べたようにさまざまな事件を扱うほか,何よりも合意の成立が重要であるから,訴訟担当なども職務上の当事者(遺言執行者・破産管財人等)などを除いては,本来の権利主体が手続に登場すべきである。また民事調停でも,民調規37条が鉱害調停についてのみ,民事訴訟の選定当事者に相当する代表当事者の選任を定めているにとどまり,他の調停手続についてはこれを認めていないことから,一般には任意的訴訟担当も否定する趣旨であると解される。このことは家事調停についても同様だとみてよい。議論すべき点はあるが,実際上は,家事調停において当事者適格が問題とされる場面はさほど多いとはいえないと思われる。

第4節 利害関係人の参加・手続の受継

1 総 説

家審法20条は,12条の規定(利害関係人の参加)は,調停手続にこれを準用するとし,また家審規131条は,14条及び15条の規定(利害関係人の参加・手続の受継)の規定は,調停手続にこれを準用するとしている。それゆえ,基本的には審判手続に関して述べたところ(第1編第3章第6節,第7節)があてはまる。ここでは,調停手続に関して,特に留意する点について述べるにとどめる。

2　利害関係人の参加

1　参加の利益

　第1編第3章第6節で述べたとおり，審判手続において参加の利益が法律上のものに限られるか，事実上のものでもよいかについて争いがあった。家事調停においても同様の問題が指摘される。調停においては，参加人は調停案を受諾しないことによって調停を拒み，不利益を回避できるから，事実上の利害関係を有するにすぎない者に対して強制参加を命じることもできるとするのが通説である（家審法講座3巻88頁〈沼辺〉，注解・家審法721頁〈山口〉，山口幸雄「代理，参加及び受継」講座実務家審1巻102頁*）。

　　*調停の場合には，たとえば離婚調停などに事実上の利害関係を有するにすぎない親族を参加させて，道義的な条項を定めたり，債務を負担させないと真の紛争解決に至らない場合が少なくないといわれている（注解・家審法721頁〈山口〉）。また離婚調停の調停前の仮の処分として，相手方の債務者（勤務先）を参加させて参加人に債務の履行を禁じた例も報告されている（函館家審昭和32（1957）・4・16家月9巻4号63頁）。なお，この点に関し昭和25（1950）年9月全国家事審判官会同および昭和30（1955）年6月福岡高裁管内家事審判官会同における家庭局見解として，「離婚並びに慰謝料請求等の調停において，金銭給付の条項を定めるに当たり，当事者の支払能力が十分でない場合，離婚の原因に関係がない当事者の父母等を調停手続に参加させて債務を負担せしめうるかについては，訴訟ではできないと思うが，調停では制限がないので積極に解する」とされ，これが『家事執務資料集（下巻の1）』（1996）92頁に採録されている。これが実務における参加の利益や参加の形態の議論にも多大の影響を及ぼしているとみられる。また家裁月報にも遺産分割調停手続に，遺産の譲渡担保権者を参加させた例（横浜家（調）昭和33（1958）・5・1家月10巻5号47頁），夫婦関係調整の調停事件に参加人を参加させて不動産が参加人の所有であることを確認した例（東京家審昭和31（1956）・3・17家月8巻4号51頁）などが報告されている。

2　参加の形態・参加人の地位

(1)　家事審判との対比

　従来の通説によれば，家事調停における参加には，家事審判と同様に参加人の調停の結果に対する利害関係の程度によって，当事者的参加と補助的参加が区別されるとする（鈴木・既判力258頁，市川・35頁，家審法講座3巻85頁〈沼辺〉，篠清「家事調停中の当事者の死亡と受継・参加」別冊判タ8号（1980）137頁，佐々木平伍郎「夫婦・親子関係調停事件における当事者の死亡・受継・参加」判タ747号501頁。これに対して山木戸・87頁は，参加によって参加人も当

事者となるが，調停の効力が参加人に及ぶのは，原則として参加人が調停において合意したときに限られるという。効力を受けない参加を認めるか，それがいかなる内容であるかは明らかではない）。すでに指摘したように，家事審判における参加のあり方に関するこれらの学説には，重大な疑義があり従うことはできない＊。

> ＊徳田和幸「家事審判手続における利害関係人の参加と即時抗告」谷口安平先生古稀祝賀『現代民事司法の諸相』(2005) 262頁は，推定相続人廃除請求の審判に他の相続人の参加を認めた最決平成14 (2002)・7・12家月55巻2号162頁について，これは補助参加に位置づけられるとする。家事調停手続においても同様の立場をとるのであろうか。私見は，審判手続においてこうした参加を認めることには反対である（第1編第3章第6節3参照）。

(2) 調停における参加の考え方

審判手続と調停手続における当事者適格の考え方についても，上に指摘したとおり従来の学説の検討は不十分である。審判と調停では適格について同列に考えることができない。調停では利害関係人も，その権利関係を調停の対象とすることができ，合意による解決を図ることになれば，当事者（手続主体としての適格者）として関与することができるが，審判手続ではそうした扱いはできない。この意味で，調停における参加は，当事者参加であるとする見解を基本的には支持する（小山・159頁，梶村＝徳田・61頁〈梶村〉）＊。

> ＊家事調停において当事者型の参加と補助的参加があると説明する家事法講座3巻85-86頁の説明には重大な疑義があるといえる。長く実務を指導してきた見解である（実務講義案33頁参照）から，この点をやや詳細に指摘しておこう。まず2つの設例があげられる。すなわち，第1例は「たとえば遺産分割事件において，遺産の対象とされている不動産について，これを被相続人から生前に贈与を受け，または買い受けたとして所有権を主張する者が，共同相続人に対して遺産からその不動産を除外してもらうため，手続に参加する場合」であり，第2例は「遺産の対象とされている家屋の同居人がその家屋を占有している共同相続人の1人が分割によりその家屋を取得することを補助する意味で手続に参加する場合」である。そしていずれもこれらの者は当事者適格を有する者ではないから補助的参加であるとする。そして，補助的参加であっても，「当面の紛争と関係ある紛争をもあわせて解決しようとする場合，その紛争については当事者適格を有するので当事者参加によって調停手続に参加した者と同一の立場に立つ」という。地位の転換がありうることを認める。つまり，第1例において「共同相続人がその不動産について，被相続人の参加人に対する生前の贈与または売買を認め，これを遺産から除外するだけでなく，進んで参加人に対し贈与または売買による所有権移転登記をすることを承知し，その旨の調停を成立させ」，第2の例で「遺産分割のためその家屋を売却することが必要となり，参加したその家屋の同

居人が一定の立退料をもらってその家屋から退去することを承知し，その旨の調停を成立させる」場合には，その参加人は補助的参加人から転じて当事者参加人となる。このように述べる。今日でもこの設例が引用され，影響の大きさがみてとれる（『家事執務資料（下巻の1）』(1996)88頁にも引用・紹介されている）。

上記の例などでは，参加を認めた時点で，それぞれ参加人を当事者の一方とするように紛争自体に変動が生じていると考えるべきであろう。参加人はこうした観点から，参加が認められた時点から当事者であり，適格を有するのである。

(3) 詐害防止型参加

遺産分割の審判手続に，相続人の債権者が利害関係人として関与することができる。この場合の参加は当事者としてではなく，分割結果が債権者を害しないように相続人を牽制し，自己の利益を擁護するものである。いわば詐害防止参加型の参加である（第1編第3章第6節33参照）。遺産分割の調停においても，このような債権者が参加を申し立てる場合には，審判手続と同様の地位を与えることになる。補助的参加という名称は不適切であるため，独自の地位を有する参加者というしかあるまい。

3 参加の手続等

参加の仕方には参加人の申立てによる任意参加と，調停機関による参加の命令による強制参加の2種類がある。家事審判の場合と同様である。

調停手続に参加しようとする者は，その申立てをしなければならない。書面または口頭ですることができる（家審規3条1項）。参加の許否に関する処分に対しては不服申立てをすることができないとされているが，第1編第3章第6節34で述べたように，手続上の地位を有するか否かに関するものであるから不服申立てを認めるべきであると解する。

調停委員会は，参加の申立てがない場合でも，相当と認めるときは調停の結果について利害関係を有する者を調停に参加させることができる（家審20条による12条の準用。これを強制参加という）が，これは参加を命じる処分によってなされる。この処分に対しては，通説によれば当事者および参加を命じられた者は不服を申し立てることができない（しかし，上に述べたのと同じ理由で不服申立てを認めるべきである）。

3 手続の受継

1 家事調停における中断・受継

　家審規131条は，同15条を調停手続に準用している。その趣旨等については第1編第3章第7節で説明した。ここでは，調停について特記すべき事項についてのみ補足的に概説するにとどめる*。

　　*小山・250頁以下は，「調停の承継」としてこの問題を扱っている。実体的な権利・義務の承継があったときに，当該権利・義務を中心とする紛争につき係属中の調停手続が新適格者に承継されるとし，その原因として相続または法人の合併，債権譲渡や債務引受けをあげる。

　家事調停においては，家事審判と同様に当事者の死亡または資格の喪失による手続の中断はないと解されている（家審法講座3巻95頁〈沼辺〉，篠・前掲137頁，佐々木・前掲501頁）。その理由として，家事調停にあっては当事者が手続に関与しうる程度が少なく，職権で手続を進めるために中断を認めなくても支障がないとされる。しかしこの説明は適切とはいえない。調停手続は，当事者の合意を基礎とするため，手続進行については民事訴訟よりも当事者主義的であるといってよい。また乙類審判事件や人事訴訟，その他一般の民事訴訟事件を対象とするから，当事者間の対立も厳しく中断を認める実際上の必要性も高いとみられる。この意味では中断を認めるべき十分な理由がある。しかし，家事審判手続と同様に調停手続でも中断の効力を画一的に生じさせることは，この間の家庭裁判所の調査活動にも影響を及ぼすことになるから，この点で中断の制度を認めるには支障がある。そこで中断という制度を認めることはできないが，受継後に承継人に対して不利益を生じないように，その間になされた調査の結果を開示する等の措置が必要になる。

2 当事者の死亡による調停手続の終了

　調停の対象が当事者の一身専属的な権利・義務であるときは，当事者や事件本人の死亡によって受継する余地はなく，調停手続は当然に終了する。この点では民事訴訟や家事審判におけると異ならない。そこで，婚姻関係事件，養子縁組事件における当事者の一方の死亡，親権者または監護者の指定・変更等に関する事件における当事者の一方または事件本人である未成年の子の死亡，夫婦に関する同居，協力扶助，婚姻費用分担等の事件にあっては当事

者の一方の死亡により，手続は当然に終了する（詳細については，第1編第3章第7節2参照）。

問題のあるケースも存在する。たとえば，推定相続人の廃除・取消事件では，相続人が死亡した場合には手続は終了するが，被相続人が死亡しても手続は終了せず，遺産管理人またはこの者がいないときは廃除される相続人以外の相続人が受継できるとされている（実務講義案234頁，246頁）が疑問がある＊。

＊被相続人が推定相続人の廃除を求めている間に死亡した場合には，通説および先例によると民法895条の遺産管理人に手続を受け継がせるという（名古屋高裁金沢支決昭和61（1986）・11・4家月39巻4号27頁）。しかし遺産管理人は，将来の相続人の法定代理人なのであって（民895条2項，家審16条参照），遺言執行者とは地位が異なり，廃除の手続を承継させるには疑問がある。まして，他の相続人に受継させることは明文の規定がない以上できないと解すべきであろう。廃除は一身専属的な権利であって，このような承継になじむ制度ではない（民893条。相続人間で承継について争いがあるときなど，承継自体の正当性が問われることになる。推定相続人廃除は相続人相互間で争うことを予定していない）。被相続人が死亡した場合，遺言で同一内容の廃除の意思，遺言執行者が定められているときは，家審規15条により受継することができると解される（上記名古屋高決の事案は，これに該当する）。それゆえ，これ以外の場合には被相続人の死亡によって手続は終了すると解する。

3 受　継
(1) 受継の意義

家審規131条は，同15条1項を調停手続に準用している。そこで，家事調停手続において申立人が死亡，資格の喪失その他の事由によって手続を続行できない場合には，法令によりその申立てをする資格を有する者は，手続の受継を申し立てることができる。また，調停機関は必要があると認めるときは，受継の申立権を有する者に手続を受継させることができる（家審規15条2項の準用）。この規定の意味するところについてはすでに説明した（第1編第3章第7節3）ので，ここでは繰り返さない。

当事者の権利ないし地位が一身専属的であるために受継を考えることができないが，別に法令によって申立資格を有する者がある場合，たとえば夫が子に対し嫡出否認の調停を申し立てた後に死亡したが，別に申立てをなしうる者（その子のために相続権を害される者，その他夫の3親等内の血族）がある場合など，受継が可能であると解されている（家審法講座3巻98頁〈沼辺〉，

実務講義案234頁)。

*東京地判昭和32(1957)・1・31下民集8巻1号183頁も,「民事調停事件係属中に当事者の一方が死亡した場合は,当該調停事件が死亡当事者の一身専属権に関するものであるような場合を除き,死亡当事者の一般承継人が原則として死亡当事者の調停手続上の地位を承継するのであって,当該調停事件は右死亡により当然終了するものではない」とする。

(2) 受継の手続

受継の手続の詳細についてはすでに説明した(第1編第3章第7節3 3)。法令により申立てをする資格のある者から受継の申立てがなされたときは,調停機関は受継の要件を審査して許否を決する。この申立ては書面または口頭でなすことができ,受継申立てに対してする審判は,申立書の余白に「許可」または「不許可」の表示をして,家事審判官が認印すれば足りるとされている(実務講義案108頁)*。

*昭和26(1951)年5月福岡高裁管内家事審判官会同家庭局見解として,次のような例が挙げられている(『家事執務資料(下巻の1)』99頁)。

「婚姻予約不履行に基づく慰謝料請求調停の申立人が死亡し,相続人は6歳の未成年者である場合は,相続人たる未成年者のために後見人を選任して,手続を受継させるべきであるが,それをしない場合は,規則138条により調停をするのに適当でないと認めて,認定せずに終了せしめる。相続人がなければ,当事者の死亡により,事件は当然に終了する」。

第5章　調停手続

第1節　手続の開始

1　概　説

　家事調停の手続は，当事者の申立て，家庭裁判所が家事審判手続中の事件を職権で調停に付すること，および受訴裁判所が訴訟手続中の事件を職権で調停に付することによって開始される。このほか，地方裁判所または簡易裁判所から調停事件が移送されることによっても開始されることがある。以下その内容について説明を加える。

2　当事者の申立て

　審判の申立てと共通する点が多いので，第1編第4章第2節の説明を前提として，解説する。

1　申立ての方式

　家事調停の申立ては，当事者が家庭裁判所に書面または口頭ですることができる（家審規3条1項）。口頭で申し立てる場合には，裁判所書記官の面前で陳述しなければならない（同2項）。申立てをするには，申立人の住所・氏名，申立ての年月日のほか，申立ての趣旨および事件の実情を明らかにし，証拠書類があるときは，同時に，その原本または謄本を提出しなければならない（家審規2条）＊。

　　＊相手方の記載については明記されていない。家審法7条が準用する非訟法9条に相手方が掲げられていないが，家審法ないし家審規で家事調停につき適切な対応をとらなかったことに原因がある。調停は審判と異なり，必ず相手方の存在を予定する。そしてまた管轄裁判所は「相手方の住所地」とされている（家審規129条1項）から，この記載が必要なことは明らかである。立法時の単純な見落としというべきであろう。問題となるとすれば，管轄を定めるうえで相手方としてどこまで記載しなければなら

ないかである。当事者適格や参加のところで説明したように，相手方となる者の範囲はきわめて可変的であるからである。申立ての趣旨と事件の実情から，当面解決を求めるための相手方が記載されていれば足りると解すべきであろう。相手方の応答いかんによっては，さらに当事者を追加しなければならないことがあり得るが，それは別途対処すべきである。

(1) 申立ての趣旨

申立ての趣旨の記載は，紛争の対象となっている権利または法律関係（ただし厳密な意味ではない）とそれについての調停を求める趣旨を明らかにする。給付の申立てでは請求内容を特定する必要はない。いかなる紛争につきいかなる趣旨の調停を求めるかが明らかにされていればよい＊。

＊民事調停の例であるが，大津地判（中間判決）昭和46(1971)・3・15下民集22巻3-4号269頁は，「相手方は申立人に対し相当額の損害賠償金を支払うとの調停を求める」という申立ての趣旨であったのに対して，金銭支払いを求める調停の申立ての趣旨は，金銭の支払いを求める趣旨が明らかにされていれば足り，必ずしも一定の金額を明示する必要がないとする。小山・189頁も同旨である。家事調停についても同様に解してよい。

調停の申立ては，家庭に関する具体的紛争を円満に解決するための斡旋を申し立てるものである。したがって，調停における申立ての趣旨とは，訴訟における請求の趣旨のように裁判所の審理判断の限界を法的に画するものではなく，申立時において申立人が主観的に円満解決と思う内容を表現したものにすぎない。当事者の求める解決の具体的内容は相手方の出方によって変動するのが実情であり，双方の互譲と一致を待たなければ事件は終了しない。このように調停においては，申立ての趣旨と異なり，またはこれを超える内容で解決がなされても申立ての範囲内のものというべきであるし，当事者の合意に基づいて解決するのであるから，何ら問題は生じない（昭和44(1969)年11月福岡高裁管内家事審判官会同家庭局見解『家事執務資料（下巻の1）』107頁は，このように説く）。

そこで，たとえば妻から夫に対して当初夫婦同居や扶助協力について調停申立てがあったところ，後に申立ての趣旨の変更によって離婚調停となった場合でも，別件となるわけではない。

(2) 事件の実情

事件の実情とは，申立ての基礎となる事実をいい，民事訴訟における請求の原因に対応する概念であるが，それよりも幅の広い内容を有している。民

調法2条は,「紛争の要点」という用語を用いているが,事件の実情と同様の意味である。調停の対象である権利関係または法律関係が何であり,それについてどのような紛争が生じているか,それを解決する必要がある旨を記載することで足りる。民事訴訟では,要件事実にそった記載が求められるが,調停においてはむしろ紛争の経過が記載されている方が適切なことが多い。

申立ての実情や紛争の経過が詳細に記載されていると,事件のインテーク,第1回期日の指定,家事調停委員の指名,調停前の仮の処分の必要性,事前調査の必要性さらには社会福祉機関への連絡等の判断に役立つといえる。他方で申立人の負担が増大することも考慮する必要があるので,高度の内容を求めるべきではない(実務講義案194頁,なお,後述3参照)。

2 申立手数料の納付

申立書には民事訴訟費用等に関する法律で定める相当手数料(印紙)を,申立書に貼付して納付しなければならない。同法別表第1,15-2によれば,家事調停の申立手数料は1,200円とされている。申立人が手数料を納付しないとき,または納付した手数料に不足があるときは申立人に対して補正を命じることができる。申立人がこれに応じないときは,申立書を却下することができると解すべきであろう(民訴137条1項・2項参照)。

また申立てと同時に,調停手続費用として,当事者等の呼出や告知のための費用を郵便切手で予納させている。

3 申立ての効果

乙類審判事件については,調停の不成立によって当然に審判に移行し,調停の申立ての時に審判の申立てがあったものとみなされる(家審26条1項)。それ以外の請求権を調停の目的とする申立てにおいては,調停が成立したときは,調停の申立ての時に時効中断の効力を生じる。調停が不成立となった場合,または調停に代わる審判(家審24条)に対して異議申立てがあって失効したとの通知を受けた日から2週間以内に訴えを提起したときは,その訴訟物が調停の目的とした請求と同一である限り,調停申立ての時に訴えの提起があったものとみなされ(家審26条2項),そのときに時効中断の効力を生じる。

4 申立ての時期

　特に乙類審判事件との関係で問題となる。乙類審判事件に属する事件については，すでに審判手続が係属している場合でも，また審判の申立てと同時であっても調停の申立てをすることができる。審判手続中に調停の申立てがあったときは，家庭裁判所は調停が終了するまで審判手続を中止することができる（家審規20条）。審判よりも調停による解決を優先させる趣旨である。ただし，審判手続の進行を妨害する意図で調停の申立てをすることがないわけではないから，審判手続を中止するかどうかは，家庭裁判所の裁量に委ねられる。

　家審法17条の規定により調停を行う事件について訴えを提起しようとする場合には，まず調停を申し立てなければならない（同18条1項）。これについては，調停前置主義としてすでに説明した（第2章第2節参照）。

3　手続の選別

　調停の申立てがあると，手続法上の家庭裁判所である家事審判官が手続の選別を行って調停委員会による調停とするか，単独調停とするかの振り分けを行う（実務講義案174頁）。これを一般に手続選別（インテーク intake）と呼んでいる。さらにまた，事件が受理された後，家事審判官から命を受けた家裁調査官が申立書や申立書付票等の書類を精査し，また申立人等から事情聴取するなどして，その事件につき調停を先行させるか，あるいは調査官を関与させてあらかじめ調査・調整を行うなどの措置を講じるのが適当かの意見を家事審判官に提出する。事件の内容や当事者の状況に応じて，調停の進行をどのようにするかを考える必要があるためである*。

　　*インテークとは，もともとアメリカのソーシャルケースワークに由来し，家庭裁判所の事件受理に採用された事件の振り分けをいう。そこでは，「紛争当事者から事情を聴取し，当該紛争の性質を概略把握して，当事者に対し現在その家族がいかなる事態に直面しているかを理解させるとともに，当事者に裁判所の権能やサービスを十分に説明したうえで，その問題の処理のため申立てを正式に受理するかどうかを決め，受理するとしてもどのような申立てとして受理するかを決めることが，有効適切な裁判運営のためにも，問題をもった人々が家庭裁判所の権能やサービスを建設的に利用するためにも必要である」とされてきた（家審法講座3巻140頁〈沼辺〉）。こうした考え方はわが国の家庭裁判所にも必要であるとされ，家庭裁判所発足後の早い時期から家事相談，受理面接，申立書付票等の作成，単独調停の試みなど，各家庭裁判所で

さまざまな努力が重ねられてきた。なお，以下第4節3 3 (5)(6)をも参照のこと。

4 審判事件の付調停

1 基本的な考え方

家庭裁判所は，いつでも，職権で乙類審判事件を調停に付することができる（家審11条）。乙類審判事件は，当事者の選択によって審判申立ても調停申立てもなしうるが，強制的な解決方法である審判より，なるべく当事者の合意を基礎とする自主的な解決である調停によって処理されることが望ましい。このような考え方を受けて家審法11条は，審判手続に係属中の事件をいつでも職権で調停に付することができると定めている。この調停に付する決定は審判の形式でなされる。調停に付する時期，その回数について法律上の制約はないと解されている。そこで乙類審判事件について，まず調停申立てがあり調停が不成立となって審判手続に移行した場合でも，家庭裁判所が相当と認めるかぎり再び調停に付すこともできる。

2 調停に付する基準

どのような場合に調停に付すかについて，家審法・家審規は明らかにしていない。家庭裁判所の裁量にゆだねられているが，一般的には，調停によって解決すべき必要性が強いことだといえる。すなわち，事件の内容，審判の進行状況，当事者の意向さらには調停成立の見通しなどを総合的に考慮して決することになる。まず，乙類審判事件は本来は調停に親しむ性質のものであるから，調停に付すことが相当でない事情（たとえば同一当事者間で同一または類似の事件について過去の調停申立て，その取下げまたは係争中といった経過があり調停での解決が困難であることなど）が見いだせない限り，原則として調停に付すことが実務の扱いであるとされる（家審法講座3巻128頁〈沼辺〉，注解・家審法580頁〈石田〉）。つぎに，当事者が調停での解決または審判による解決を望んでいるという事情も，調停に付すか否かの判断にとっては重要な意味をもつし，調停での解決の可能性も考慮する必要がある*。

なお，調停に付する決定（審判）に対しては，不服を申し立てることができない。この処分は，裁判所の裁量に委ねられているほか，調停に付すことによって当事者に対して格別の不利益を生じさせるものではないからである。乙類審判手続は，調停と審判の相互移行が前提とされている手続であると考

えられている。その意味では調停に付すことは手続指揮上の措置であるが，手続構造を変更させるので審判という裁判によることにされている。調停前置主義違反の場合の必要的付調停についてであるが，東京高決昭和29(1954)・4・23家月6巻7号76頁もそうした趣旨を判示する。

> ＊審判手続における審理が証拠調べも終えて，終了段階に至った場合にそれまでに収集した資料から調整活動が容易になることも多く，調停に付す可能性がある。実務ではこうした場合，調停に付した上で直ちに単独調停を行うことが多いとされる。また審判手続中に当事者間に合意が成立した場合，合意による解決を希望しても，家事審判では和解の制度がないから，事件を調停に付して処理するしかない。抗告審においても同様である（福岡高決昭和47(1972)・4・25家月25巻3号97頁）。

3　付調停を受ける裁判所

この付調停を受ける家庭裁判所は，審判事件を取り扱っている家庭裁判所に限られるのか，あるいは調停事件について管轄権を有する家庭裁判所であればよいのか，という問題が生じる。理論的には調停事件について管轄権を有する裁判所であればよいが，審判と調停において事件処理に一貫性を与える必要性，当事者と家事審判官，家裁調査官等との信頼関係，意思疎通の円滑さなどが紛争解決にとって重要な要因になることを考慮して，審判事件を担当する家庭裁判所の調停に付すことが適切であるとされる（家審法講座3巻129頁〈沼辺〉，注解・家審法582頁〈石田〉，実務講義案198頁）。

審判事件が即時抗告によって抗告審に係属中に調停に付する必要が生じた場合には，事件を取り扱っている高等裁判所が自ら調停することは認められていないので，家庭裁判所の調停に付すことになる（家審法講座3巻129頁〈沼辺〉，注解・家審法583頁〈石田〉）＊。その根拠については争いがある。

> ＊通説は家審規18条が即時抗告についてはその性質に反しないかぎり，審判に関する規定を準用することをその根拠とする。しかし前掲福岡高決昭和47(1972)・4・25は，子の監護に関する審判事件の抗告審において，裁判所の勧告によって当事者間に合意が成立したときは，家審法19条を準用して，事件を家庭裁判所の調停に付すことができるという。いずれの解釈にも無理が感じられる。審級を異にする裁判所の調停に付すについては，明文規定をもって対応することが必要であろう。その旨の法改正を待ちたいが，その実現までは，通説による処理を肯定しておく。

4　付調停後の審判手続と調停手続

付調停によって調停手続が開始されたとしても，もとの家事審判事件の係

属が消滅するわけではない。このため調停と審判の2つの手続が併存することになるが，審判手続を進行させることは調停の妨げになることがある。そこで審判事件の係属する家庭裁判所は，調停事件が終了するまで審判手続を中止することができる（家審規20条）。自動的にこの効果が生じるわけではないので，中止するにはその旨の審判が必要である。

　付された調停事件が調停成立によって終了した場合には，審判手続は何らの手続を要することなく調停成立のときに当然に終了すると解されている（山木戸・44頁，家審法講座1巻69頁〈綿引〉，同3巻130頁〈沼辺〉，注解・家審法584頁〈石田〉）。

　これに対して調停が不成立となったときは，調停手続は終了し，残された審判手続が続行される。調停に付された後，もとになった審判事件が取下げその他の事由によって終了したときは，調停事件も当然に終了する。なお，職権によって付された調停は，これを取り下げることによってもとの審判申立ての取下げの効果まで導くことができないと解されるから，当事者によって取り下げることはできない。

5　訴訟事件の付調停

1　基本的な考え方

　家庭裁判所は一般に家庭に関する訴訟事件について調停を行うことができ，また人事に関する訴訟については調停前置主義が採用されて，当事者の合意による紛争解決に優位が与えられている。受訴裁判所が家事調停を行うことができる訴訟事件を家庭裁判所の調停に付すのは，当事者が調停前置主義に違反して訴えを提起した場合（家審18条2項による必要的付調停）と，訴訟の審理経過等に照らして受訴裁判所の裁量によってなされる場合である（家審19条1項）。前者についてはすでに説明したので，ここでは後者の場合について説明を加える。

2　調停に付する基準

　家審法や家審規にはこの基準が明確にされていない。すべて裁判所の裁量に委ねられている。乙類審判事件についての付調停と同様に，その基準について検討を加えておこう*。

　　*民調法20条1項にも同様の規定があり，受訴裁判所は，適当であると認めるとき

は，職権で，事件を調停に付したうえ，管轄裁判所に処理させまたは自ら処理することができるとする。しかしそのただし書きにおいて，事件について争点及び証拠の整理が完了した後において，当事者の合意がない場合にはこの限りでない，とする。この点について小山・178頁は，「証拠調べが終われば判決に熟するから，むしろ判決によって紛争を解決することが妨げられるべきではない，と考えられているのである。訴訟利用と調停利用の調整である。訴訟を調停より重視しているわけではない」という。しかし家事調停の場合にはこうした制限はない。家事事件においては調停優位が法律の規定上も明らかである。

　乙類審判事件の付調停と同様，次のような要因が考慮されることになろう。まず，すでになされた調停が不成立となった事情が訴訟提起後にどのように変化したか，訴訟手続では現れにくい紛争の背景や諸事情，当事者の感情等を十分に聴く必要性，当事者の意向および調停成立の可能性などである。人事訴訟の家庭裁判所への移管に伴い，本人尋問等について公開停止が認められた（人訴22条1項）が，それでもなお調停における事情聴取の方が多面的かつ包括的に，しかも威圧感なくなしうるという長所がある。また家裁調査官による人間関係の調整によってより適切な解決が見込めるときは，調停に付すことが適当である。

　併合して提起された訴訟のうちの一部について，これを調停に付すこともできる。2人に対する慰謝料請求が併合されている場合に，そのうちの1名に対する部分を調停に付するような場合である。これに対して，離婚請求に慰謝料請求，財産分与が併合ないし附帯して請求されている場合には，そのうちの一部分を調停に付すことは適切とはいえない。

　受訴裁判が事件を家事調停に付することができる時期および回数については制限がない。したがって控訴審裁判所も，事件を家庭裁判所の調停に付すことができる。

　調停に付す旨の決定に対しては不服申立てができない（家審法19条1項に基づく決定であるが，受訴裁判所の決定である）ことは，乙類審判事件の付調停の場合と同様である（家審法講座3巻139頁〈沼辺〉，注解・家審法717頁〈石田〉，なお前述42参照）。

3　付調停と訴訟手続

(1)　調停の成立と訴訟手続の終了

　事件を家事調停に付したときは，受訴裁判所は調停が終了するまで訴訟事

件を中止することができる（家審規130条）。調停が成立し，または家審法23条ないし24条1項による審判が確定したときは，訴えを取り下げたものとみなされる（家審19条2項）。法律上当然にこの効果が生じるため，当事者の手続行為は必要でない。なお，この訴えの取下げの擬制の効果は家審法19条1項によって家事調停に付された場合にのみ生じると定められている（同2項）。しかし，調停前置主義に反した訴訟事件につき家審法18条2項によって家事調停に付した場合に，調停が成立した場合に訴え取下げの効果を認めるべき必要性は，19条1項の場合と異ならないので，通説はこの効果を認めている（山木戸・91頁，家審法講座3巻134頁〈沼辺〉，実務講義案203頁）*。

> *訴訟係属中の事件について，別に家事調停の申立てがなされることがある。そしてこの調停が成立したときは，家審法19条2項の適用範囲外であるが，その類推適用が可能であるというべきであろう（山木戸・90頁）。しかし実務は反対に，調停成立を理由として訴えを取り下げなければ訴訟手続は終了しないという（家審法講座3巻135頁〈沼辺〉，実務講義案204頁）。

(2) 調停の不成立

訴訟から調停に付された事件について，調停が不成立となったときは，調停が終了するとともに，訴訟手続が中止されていたときは，その効力が消滅して，訴訟手続を進行させることになる。

第2節　家事調停と費用の負担

1　原　則

家事調停に要する費用とその負担者について，家審法および家審規で定めているところはごくわずかである。すなわち，家審規138条の3が，調停成立の場合に調停条項中に手続の費用に関する定めをしないときは，各当事者はその支出した費用を自ら負担するとする。他方で，家事審判手続における費用は，非訟法26条により原則として関係人の申立てによって開始された事件においては，申立人の負担となる。しかし，非訟法26条は，「裁判前ノ手続及ヒ裁判ノ告知ノ費用」としており，家事調停などのように裁判を前提としない場合については規定していない。

調停申立ての取下げ，調停不成立の場合には，特別の定めがない。そこでこの場合には，申立人の負担と解するほかはないとされてきた（沼辺愛一「非訟事件・家事事件における手続費用とその裁判」『実務民事訴訟法講座7巻』129頁，注解・家審法97頁〈菊池〉）。費用の負担原則について明文規定がない状態は明らかに法律の欠陥といわざるを得ない。とりわけ家事調停事件のうち，取下げや調停不成立で終了する割合は，全体の3分の1に及ぶ。これだけ大量の事例について，法規制がないというのは異常であろう。少なくとも現状について特段の不都合がないのであれば，それを明文化して法律上で明らかにするべきである＊。

＊ドイツ非訟法の改正草案（FamFG）においてもその第85条において，従来，非訟事件手続において和解で手続が終了した場合の費用の規制が明らかではなかったとして，和解の場合の費用負担につき「手続が和解によって解決し，関係人が費用に関する定めをしなかったときは裁判費用はそれぞれの関係人につき等しい割合とする。裁判外の費用は各関係人が各自負担する」と提案している。行政事件訴訟法（VwGO）160条の定めを採用したとしている。

2　当事者が負担する費用

　家事調停は国家が設営する手続であるから，これに要する費用は国家の負担すべき部分と当事者が負担すべき部分に分かれる。このうち，家審法や家審規は当事者が負担すべき部分について明確な定めをしていない。民事訴訟法等からの類推によって，当事者の負担すべき費用としては，申立手数料，当事者・代理人が調停期日に出頭する費用，日当・宿泊料，申立書等の提出に要する費用，証拠調べに要する費用，呼出費用，調査嘱託の書類送付のための費用等をあげることができる（民訴費用2条参照）。

　事実の調査費用，証拠調べに要する費用，呼出し，告知等に要する費用は，国庫においてこれを立て替えるのが原則である（家審規10条1項本文）。しかし，費用を要する行為につき，当事者にその費用を予納させることができる。（同ただし書き）。家庭裁判所が，当事者に対し証拠調べの費用の予納を命じたにもかかわらず，これを予納しない場合には，国庫の立て替えを原則としている以上（非訟32条），当事者の予納のないことを理由に証拠調べを実施しない扱いをとることができないとされている（注解・家審規116頁〈中島〉，実務講義案249頁）。

第3節　調停前の仮の措置

1　概　説

　調停は，調停機関（調停委員会）の斡旋によって，当事者が互譲し自主的に紛争の解決を図る制度である。そして家庭裁判所で調停が成立し，これが調書に記載されると確定判決と同一の効力を有し，給付が命じられているときは債務名義になる。

　しかし調停の当事者間には，多かれ少なかれ対立があり，家事調停が成立するまでには，一般的に相応の時間を要する。調停の申立てがあっただけでは，係争の法律関係の処分が制限されることはないから，調停の当事者により争いの目的物が処分され，現状に変更が加えられることがある。とりわけ，調停の目的が扶養請求や未成熟子の養育料の支払いである場合には，調停の成立まで何らの手当がなされないならば，当事者の生活基盤が危うくされ取り返しがつかない事態も生じかねない。そのために，調停の成立前に暫定的な措置を講じる必要性がある。

　また，調停手続が進行している間に，一方の当事者によって当該目的物が処分されると，他方の当事者に対して不信感を生じさせ，調停の成立が危ぶまれることもある。そのため，調停委員会が調停の終了に至るまでの間，仮の処分として，成立すべき調停の内容を保全し，あるいは調停成立の障害となるような行為を阻止する措置をとることができる。これを調停前の仮の措置と呼んでいる（簡単には，調停前の措置という）。民事調停においても同様の制度が認められているが，その制度趣旨や発令要件において重要な差異も認められる（家審規133条，民調12条）＊。

> ＊民事調停における調停前の仮の措置は，「当事者の申立により」なされる（民調12条）のに対して，家事調停の場合には当事者の申立ては必要がなく，調停機関が職権によってなしうる（家審規133条）という点で，顕著な差異がある。またおなじ家事審判法上の審判前の保全処分と比較しても，調停前の仮の措置では当事者は何らその必要性を疎明する必要もないとされるのに対して，審判前の保全処分では執行力があるほかに，保全の必要性を家事審判の職権探知主義の例外として当事者自身が疎明しなければならないとされている（第1編第4章第3節参照）。同様の制度がかくも異なって構想されていることに果たして合理性があるかは疑問であり，検討を要しよう。

第5章　調停手続

2　調停前の仮の措置の要件

　調停前の仮の措置は，実体的要件と，手続的要件の両者を満たさなければならない。以下，それぞれについて説明を加える。

1　実体的要件
(1)　調停のために必要であること

　実体的要件は「調停のために必要である」ことである（家審規133条）。その意味は，当事者間の合意の成立を容易にするために障害となるべき事態を排除すること，すなわち調停手続の円滑な進行を図るために障害となるべき事態を排除する必要があることをいう（山木戸・91頁，家審法講座3巻152頁，日野原昌「調停前の仮の措置と審判前の仮の処分との関係」同『家族法実務の諸問題』(1990) 283頁）。調停を進める過程で生じる障害を除去するための措置と解されているのである。しかしながら，その過程では成立すべき調停条項を念頭に置くことが必要であり，成立した調停の実現可能性をも考慮しておく必要がある。こうした意味では，調停が成立した後のその内容の実現を容易化し，可能とさせるために必要な措置を講じることも可能であると解されている（山木戸克己「調停・審判前の仮の処分」同『民事訴訟法論集』(1990) 266頁，注解・家審規399頁〈向井〉，永吉盛雄「調停前の仮の措置」講座実務家審1巻312頁，実務講義案208頁）。

(2)　当事者の一方の利益の保全

　家事調停の前の仮の措置は，手続的要件で述べるように当事者の申立てを必要としない。調停委員会等の調停機関が職権によってなし得るものである。そのため，古い学説においては，調停前の仮の措置においては，当事者の一方の利益を保全することを目的とした措置はとり得ないとされてきた（家審法講座3巻152頁〈沼辺〉など）。これらの見解によれば，この措置は，中立的な調停委員会が当事者間における適正妥当な調停成立を期待してなされるものであって，一般の保全処分とは制度の趣旨が異なり，また当事者一方の利益となるような措置を講じることは，かえって調停成立を困難にさせるという配慮に出たものと位置づけられる。しかし，上に述べたように調停が成立した後のその内容の実現を容易にするためにもこの措置をとることができるのであるから，正面から当事者の一方の利益を保護するためにもこれを命

じることができると解してよい（注解・家審規400頁〈向井〉，永吉・講座実務家審1巻314頁，実務講義案209頁など今日では通説といってよい）。

2 手続的要件
(1) 措置をなし得る時期
　家審規133条1項は，「調停前に」という。それは調停の申立ての後，その成否が確定し，調停手続が終了するまでという意味である。調停の申立てに先立ってすることはできない。この制度は，調停成立のために必要な措置を講じるという点に，主眼がおかれているためであり，民事保全法による保全処分とは趣旨を異にする。審判前の保全処分と同様に，調停手続の中でその要件等が審理される構造になっているからである（しかし，この要件が再検討されてよいことについては，第1編第4章第3節32参照）。

　乙類審判事件について，審判申立てがあり，これが調停に付されたとき（家審11条参照）は，審判前の保全処分（同15条の3）と調停前の仮の措置のいずれでもとりうる状態となる。そのいずれにするかは，当該の措置の効果，調停手続に及ぼす影響等を考慮して選択すべきであるとされる（注解・家審規401頁〈向井〉，永吉・講座実務家審1巻316頁）*。

　　*実務家の説明によれば，乙類審判事件につき調停に付された場合の仮の措置については，「選択すべき」であるとされるのであるが，審判事件では当事者の申立てがなければならないのに対し，家事調停では調停委員会の職権による措置であるので，そもそも両者を選択すべき主体が異なるのであるから，この選択は論理的に説明が成り立たないはずである。乙類審判事件について，いずれの保全措置をとるべきかを明確にしておかなければ，当事者の側からは調停機関が職権によって何らかの措置をとるとの期待を抱きかねない。調停機関も，当時者が何らかの申立てをすると思い，何の措置もとらないかも知れない。乙類事件については，審判と調停は共通するから，保全の措置も共通に規制する必要がある。両者の間で異なる内容の保全措置をとる必要はないと考える。

(2) 当事者の申立権
　これについて現行法の解釈によれば，次のようになる。すなわち，調停前の仮の措置は，調停機関が職権をもって命じる。当事者には申立権が認められていない。当事者は職権発動を促すことができるにすぎない。申立てがあり当事者が申立ての理由について疎明しても，調停委員会としてもこれに応答する義務はなく，また当事者を審問する必要もない。その理由は，「家事

調停の場合には，取り扱う事件が複雑多様であり，調停機関としては，家庭の平和と健全な親族共同生活の維持を図るために臨機応変の措置をとることが要求され，民事調停の場合に比べ後見的，積極的な関わり方が要求されているため」(注解・家審規則401頁〈向井〉，永吉・講座実務家審1巻316頁）であるとされる。しかしながら，これだけで当事者の申立てをまって審理するとする民事調停との決定的な差異を説明することは困難であり，制度の設計としては民事調停と同様に当事者の申立てをまって仮の措置をとる方が合理的であると考えられる。

3 審理・発令等
(1) 審理等
調停前の仮の措置は，調停機関が調停の進行に応じて職権で事実の調査や証拠調べをなし，これをするかどうかを決める。当事者が調停前の仮の措置の必要性について疎明し，あるいは保証を立てるなどの必要はない。仮の措置を命じる主体は，当該事件の調停機関である調停委員会または家事審判官である。調停委員会の調停が行われているときは，その構成員である家事審判官は単独ではこの措置を命じることができない。緊急の必要性があって調停委員会を開く余裕のないときは，家事審判官の単独調停に切りかえて仮の措置をなすべきである（家審法講座3巻154頁〈沼辺〉，実務講義案210頁）。

(2) 仮の措置の法的性格
調停前の仮の措置の法的性格については，それが調停委員会によってなされるか，家事審判官によってなされるかを問わず，家審規によって定められた特殊の自由裁量的処分であって，裁判ではないと解されている（家審法講座3巻157頁〈沼辺〉，注解・家審規則403頁〈向井〉，永吉・講座実務家審1巻317頁など)。しかし，告知を要しそれによって効力を生じる。またこの仮の措置には執行力はないが，家審法28条2項による過料の制裁の前提となるので，確実な方法によって告知すべきであり，同時にその違反に対する法律上の制裁も告知しなければならない（家審規133条3項）。この意味で，調停機関による命令（処分）であることを明確に位置づけるべきであろう。調停前の仮の措置に違反してなされた行為の効力に関しては，私法上の効力には影響しないと解されている（小山・260頁）。

(3) 仮の措置の対象者

家審規則は仮の措置の対象者について何の定めも置いていないが，民事調停前の仮の措置については「相手方その他の事件の関係人」とされている（民調12条1項）。そこで家事調停の場合にもこれと同様に解され，当事者，参加人のほか調停の結果について法律上または事実上の利害関係を有する者に対しても，措置を命じることができるとされている。たとえば，財産分与事件において分与の対象となるべき預金のある金融機関をはじめ，相手方の勤務先（東京家審昭和53（1978）・4・20家月31巻3号108頁は，相手方の勤務先に対して退職金の支払いを禁じている），遺産分割事件において遺産の対象である家屋の同居人・賃借人等も，調停の結果について事実上の利害関係しか有しないが，調停前の仮の措置を命じることができる＊。

＊利害関係人に対して仮の措置をなす場合には，いきなり調停前の措置をとることは多くの場合によい結果を期待できないから，それらの者を調停手続に参加させたうえで命じるのが妥当であるとする見解がある（函館家審昭和32（1957）・4・16家月9巻4号63頁，家審法講座3巻154頁〈沼辺〉，実務講義案211頁）。そして手続に参加しない者に対しても仮の措置を命じることができるが，これらの者が命じられた措置に従わない場合でも過料の制裁（家審28条2項，民調35条）を受けることはないと指摘する。これらの事実上の利害関係を有する者に対して，事情を説明し状況を聴取することは必要なことであるが，過料の制裁を考慮して「参加人」の地位を与えるという解釈には賛成できない。参加では手続上，一定の地位を与えることを意味するのであるから，他の参加との整合性が問われる。また家審法28条の適用範囲が狭いことは，別途改正の手段を講じるべき問題である。

(4) 仮の措置の形式

調停委員会の行う仮の措置は，審判に準じる形式（準審判）によってなされ，家事審判官のみでするときは審判の形式でなされる。実務上いずれの場合も審判所またはこれに準じる書面を作成するか，期日調書に記載される。

仮の措置を命じる場合には，同時にその違反に対する法律上の制裁（家審28条）を告知しなければならない（家審規133条3項）。この制裁は，当事者または参加人に対してしか課すことができない。事実上の利害関係を有する者に対して，たとえば現状の維持を目的として不作為を命じた場合に，その違反があってもこの者に対しては過料等の制裁を課すことはできない。上述したように立法の不備である。

4 仮の措置の内容・効力

(1) 命じる措置

仮の措置として命じることのできる内容につき，民調法12条1項が「現状の変更または物の処分の禁止その他調停の内容たる事項の実現を不能にし又は著しく困難ならしめる行為の排除」と規定しているのに対して，家審規133条1項は「調停のために必要であると認める処分」と包括的に定めるにすぎない。しかし両規定に実質的な差異はないと解される。実際には，①財産の処分禁止を命じること，②当事者に対し債権等の処分を禁止するとともに，第三者に対してその弁済を禁止すること，③生活費，養育費あるいは物品の給付を命じること，④未成年者の監護につき必要な措置（作為・不作為）を命じること，⑤その他の措置を命じることが重要である（栗原平八郎＝太田武男編『家事審判例の軌跡(2)手続編』(1995) 98頁〈丹宗〉，沼辺ほか・マニュアル91頁〈都築〉）。これらの中から若干の例を挙げておこう。

家事調停の場合には婚姻費用分担請求事件や扶養料請求事件の場合など，暫定的に金銭の支払いを命じるなどの断行的な措置をとる必要性も高いと指摘されている（注解・家審規則404頁〈向井〉，永吉・講座実務家審1巻319頁。また静岡家命昭和54(1979)・2・9家月31巻10号97頁は，別居以来幼稚園児である事件本人の監護養育にあたってきた妻のもとから，夫が妻の制止を排し実力で事件本人を連れ去った事案において，子の監護についての調停前の措置として相手方に対し申立人に事件本人を引き渡すことを命じている）。また家事事件の特性から，離婚事件において当事者の一方に対し，「今後飲酒を慎み，病気の治療に専念するとともになるべく早く定職につき，夫婦生活ができる環境を作るよう努め，その間家裁調査官の指導を受けること」（札幌家命昭和37(1962)・11・5家月15巻2号160頁）といった調整的な措置を内容とすることも可能だとされている（実務講義案212頁以下参照）。

(2) 仮の措置の効力

調停前の仮の措置は，執行力を有しない（家審規133条2項，142条。民事調停でも同様である。民調12条2項）。一般の保全処分のように債務名義とならないし，法律関係を形成する効力も有しない。これに違反する法律行為がなされても，私法上の効力には何らの影響も及ぼさない。結局のところ，調停前の仮の措置の内容の実現は当事者の誠意・自発的な抑制に期待するしかない。ただし，調停前の仮の措置として必要な事項を命じられた当事者また

は参加人が，正当な事由なくこれに従わないときは，家庭裁判所によって過料の制裁に処せられる（家審28条2項）。これによって間接的ながら強制力があるとされている（実際上は，あまり例がない。その1例として，岡山家審昭和52(1977)・9・13家月30巻6号135頁がある）。この制裁を伴うから，仮の措置をとる場合には，その違反に対する法律上の制裁を告知しなければならないのである。

　調停前の仮の措置は，調停の成立に至るまでの間効力を有するにすぎない。その措置で終期が定められていないかぎり，調停事件の係属中効力を有し，その係属がなくなると当然に失効する。乙類審判事件につき調停に移行して仮の措置が命じられ，その後調不調となって審判に移行すると，仮の措置の効力は消滅する。

5　不服申立て

　調停前の仮の措置をとった場合には，それが調停委員会によってなされたか，または家事審判官によってなされたか，審判ないし命令という形式にかかわらず，それは調停機関がする特殊な自由裁量的処分であるから，これに対する不服申立ての余地はないと解されている（家審法講座3巻164頁〈沼辺〉，注解・家審規407頁〈向井〉，永吉・講座実務家審1巻323頁。札幌高決昭和37(1962)・7・17家月14巻11号127頁。民事調停についても同様である。小山・260頁。浦和地決昭和37(1962)・4・17下民集13巻4号754頁）。調停前の仮の措置は，調停手続が終了するまでは，いつでも取消し・変更ができるうえに，執行力もないので不服申立てができなくても別段の不都合がないとされているのである。

　ただし，調停前の仮の措置に従わない場合の過料の処分に対しては，即時抗告が許される（家審法14条）。

第4節　調停の実施

1　概　説

　調停は，調停機関である調停委員会または家事審判官が，当事者から事件の実情に関する陳述を聴き，争いのある事実につき証拠調べを実施して真相

を明らかにしたうえで，当事者間の紛争を解決するために解決案（調停案）を作成し，これを当事者に示して受諾を促し，合意の成立を斡旋する。そのために，調停期日が指定されるが，それは家庭裁判所その他の場所に当事者その他の関係人を出頭させ，非公開でなされる。調停機関は，職権によって事実の調査を行い，必要な証拠調べをなし得るが，その対象は，法的対立点のみならず，調停手続を進行させあるいは調停による解決のために必要なときは，当事者間の人間関係の調整に関する事項にも及ぶ。その際には，家事調停委員の専門的知識経験を活用するのみならず，家裁調査官や技官に命じて，必要に応じて精神医学，心理学，社会学，経済学，教育学等の人間関係諸科学の知識を活用しなければならないし，社会福祉を扱う他の諸機関との連携にも配慮する必要がある。

ここでは，調停期日に関連する事項，調停手続に関する諸原則，調停の進行に関する当事者および調停委員会の役割，事実の調査・証拠調べ，調停案の提示，当事者に対する説得等，調停過程の核心をなす部分について概説する。

2　調停手続に関する諸原則

1　非公開

(1) 一般公開の禁止

家事審判・家事調停の手続は公開されない（家審規6条本文）。非訟法13条がこれを定め，家審法7条で非訟法の準用を規定している。民調規10条にも同様の定めがある。これは，手続のいわゆる一般公開の制限に関する定めである。その理由については，家事審判手続に関連してすでに述べた（第1編第4章第4節31参照）が，簡単に要約すれば次のようにいえよう。すなわち，家事調停では家庭内の秘密を保持する必要があること，手続を公開することによって当事者その他の関係人が事件にかかわる発言をためらい，事案の真相を把握したり調停案を受諾することが極めて困難になり，結果的に事件の適正な解決が阻害されるおそれが強いためである。当事者の自主性や自律的な判断を尊重するためには，手続の一般公開は望ましくない。

こうした趣旨から，調停の過程を非公開とするとともに，家事調停委員の秘密漏泄に対する制裁（家審31条），記録の閲覧・謄写の制限（家審規12条）があわせて定められている。

(2) 当事者公開

　家事調停の当事者および参加人等に対するいわゆる当事者公開については，別途検討する必要がある。家事審判と同様に当事者に対する手続保障や手続の透明性の確保との関係で，検討しなければならない点が多い。調停の過程は，自己の主張を直接に相手方および調停機関に伝え，また直接に相手方から反論や意見を聴いて判断し，合意点を見いだしていくものであるから，訴訟手続以上に直接主義と立会権に代表される当事者公開が保障されていなければならないのである。記録の閲覧や相手方陳述や証拠調べへの立会いなどが問題となるが，詳細については，該当の箇所で説明する。

　調停委員会は，相当と認める者の傍聴を許すことができる（家審規6条ただし書き，137条）。これに該当する者としては，司法修習生，新たに選任された調停委員や家裁調査官・家裁書記官等が考えられる。

2　本人の自身出頭主義

(1)　制度の趣旨

　家事調停事件の当事者は，自身出頭しなければならない（家審規5条1項）。調停期日には，呼出しを受けた当事者，参加人その他の事件の関係人は，本人自ら出頭しなければならないとされている。これを本人出頭主義（自身出頭主義）と呼んでいる。

　民事訴訟においては，期日に代理人を出頭させることができ，裁判所は釈明処分として当事者本人またはその法定代理人に対して，口頭弁論期日への出頭を命じることができるにすぎない（民訴151条1項1号）のに対して，家事審判や家事調停では本人出頭が原則とされている。事件の実情を最もよく知る当事者，参加人その他の利害関係人から直接に事情を聴取することによって調停機関が事案の真相を容易に知ることができること，また調停が当事者の互譲によって成立することから，微妙な判断をすることができる当事者本人が出頭していることが，調停を成立させやすくするといえよう。さらには，身分関係に関する紛争において，代理に親しまない事件があり，この場合には本人が出頭しなければ調停を成立させることができないのである。

(2)　本人の陳述機会の保障

　従来は，調停期日への本人出頭主義はこのように説明されてきた。しかしさらに，事件の関係人に対する意見聴取の機会を保障するためにも，自身出

頭主義は重要な意味をもつ。たとえば，親権者の指定・変更に関する審判をするにあたっては，子が満15歳以上であるときは，その陳述を聴くことが必要とされている（家審規70条，72条，54条など）。この審判について子は審判の名宛人ではなく，通説・判例によれば当該審判に対して不服申立もできないとされているが，自己の利益保護のために陳述機会が与えられている。この事件の調停においても，全く同様に，事件との関係で密接な利害関係を有する者が，その手続上で自ら出頭して直接に意見を述べる機会が与えられることは，その手続保障という観点から重要な位置づけを与えられなければならない。

　家審法は，この本人の自身出頭主義を徹底させるため，家庭裁判所または調停委員会の呼出しを受けた事件の関係人が正当な事由がなく出頭しないときは，家庭裁判所はこれを5万円以下の過料に処することができる（家審27条。民事調停についても同様である。民調規34条）と定めている。しかし，実際にはこの処分をとることは困難であり，家裁調査官による出頭勧告（家審規7条の5による調整活動の一種）等を通じて出頭の確保を図っていると指摘されている（注解・家審規則36頁〈向井〉）＊。

＊当事者の不出頭に対して過料の制裁を加えても関係人の出頭を確保するのはむずかしい。また仮に出頭しても円満な協議に協力するかは別の問題である。かえって支障をきたす可能性もありうる。家庭裁判所の実務では，当事者の問題やその解決に対する態度や感情，性格，調停に対する態度などに問題があって出頭が危惧されたり，出頭しても話し合いが困難であると予想されるときは，家裁調査官から当事者に対して導入調整のための働きかけがなされる。調停に対する誤解を解き，助言や示唆を与えることによって出頭を促す（出頭勧告）。家裁調査官は当事者の不出頭の理由や事件解決への意向を調査して，出頭の確保や調停が直面している問題の打開策を講じる。そして調停委員会としても，調停期日（場所や日時）の工夫，代理人の選任，医務室技官の関与などの対応を検討することになる（沼辺ほか・マニュアル114頁〈小田〉）。札幌家審平成3(1991)・2・4家月44巻2号137頁は，7回の調停期日中，家裁調査官の出頭勧告により第2回目の期日に出頭しただけで欠席を重ねた相手方に対して過料に処している。

(3) **任意代理人**

　調停の当事者その他の関係人が調停行為能力を欠き，法定代理人によって手続を代理させなければならないときは，本人出頭主義にかかわらず法定代理人が本人を代理して出頭する必要がある。家事調停も代理に親しむが，この任意代理人の地位等については，第1編第3章第4節3において説明した

ところと同様である。

(4) 出頭代理

この点についても，家事審判について説明したところと同様である。

本人が調停行為能力を有する場合でも，やむを得ない事情があるときは，代理人を出頭させまたは補佐人とともに出頭することができる（いわゆる出頭代理。家審規5条1項ただし書き）。「やむを得ない事由」とは，本人が出頭できないか，出頭しても陳述をするについて他人の補助を必要とするような客観的な事情のある場合をいう。本人の心身の状況，年齢その他の事情によって他の者の補助がないと十分に意を尽くして事情を説明し，あるいは判断ができないようなときは，補佐人とともに出頭するについてやむを得ない事情があると考えられる。

弁護士でない者が代理人または補佐人になるには，調停委員会の許可を受けなければならない（家審規5条2項）。調停委員会は，この許可をいつでも取り消すことができる（同3項）。また不許可の処分や許可の取消しに対しても不服を申し立てることができない（注解・家審規42頁〈向井〉，民事調停においても同様に解されている。小山・217頁）。

(5) 隔地者間の調停と本人出頭の原則との関係

複数の相手方のある調停事件における管轄裁判所はどのようにして決まるかについて，家審規則上は明文規定を欠く。扶養請求事件についての管轄の定め（家審規94条2項）を参考として，他の事件についても「相手方が数人ある場合には，その中の1人でも住所のある裁判所に管轄が認められる」（「昭和28(1953)年5月広島高裁管内家事審判官会同家庭局見解」『家事執務資料（下巻の1）』42頁）と解されている。そこで，たとえば「母親を引き取って扶養している東京在住の申立人（三男）から，札幌の長男，広島の次男を相手方として扶養料請求の申立てが東京家裁に出された場合，どのように調停を進めればよいか」といった問題（沼辺ほか・マニュアル111頁の設例）が生じる。どの地の家裁に移送しても，当事者の出頭に困難を生じさせる。

遺産分割の調停については，遠隔地居住等の理由で出頭が困難な当事者については，あらかじめ調停委員会または家庭裁判所から提示された調停条項を受諾する旨の書面を提出する方法で調停を成立させる方法が認められている（家審21条の2）。その他の事件ではこうした便法が認められていない。移送か，自庁処理か，代理人の選任による出頭の確保や，家裁調査官による

調査と期日関与によって調停期日回数を少なくさせる工夫なども必要となる。

3 その他の手続諸原則

上に述べた原則のほか，家事調停の手続を特徴づける考え方について補足しておこう。民事訴訟の口頭弁論を支える口頭主義，直接主義，双方審尋主義はいずれも家事調停においても必要である。調停が本人の自身出頭主義を採用していることは，調停機関が口頭で直接に当事者から意見を聴取することを意味している。家事審判手続とは異なり，調停過程は調停機関と当事者との間の口頭での意見聴取，調停の斡旋，協議が重要な意味をもっている。権利・法律関係の存否の判断のための事実や証拠の評価のみならず，当事者および家族の人間関係や環境など，心理学，社会学等の観点からみた問題点についても，調停機関が直接に印象を持ち，それを基にして家裁調査官に対して調査命令を出し，その調査結果から次の手続をとることになる。この意味では，口頭弁論という方式は採用されていないが，それを支える諸原則は手続公開を除けば家事調停においても重要な意味をもっている。

またさらに職権調査・職権探知主義（家審規137条による7条の準用），人間関係の調整も家事調停を特徴づけるものである。これらの点については該当の箇所で触れる。

3 調停の進行

1 概　説

家事調停は裁判所においてなされる1つの手続である。その進行は，手続法の観点から形式的にみれば期日の進行としてあらわれ，期日および期日間における調停機関と当事者の調停行為の積み重ねとしてとらえられる。民事訴訟の場合には，これらの問題は主要には審理過程に関する事項として論じられる。以下，この過程で重要な意味をもつ事項について順に説明を加える。

2 調停委員会の評議
(1) 評議とその必要性

調停委員会は，原則として家事審判官1名と少なくとも2名の調停委員によって構成される合議体である（家審22条1項）。その意思決定（決議）は，その構成員の過半数により，可否同数の場合には家事審判官の決するところ

による（家審規135条）。この決議をするには，調停委員会の構成員が意見を交換し，相談することが必要である。この経過，各構成員の意見の内容およびその多少をも含めて評議という。調停委員会の決議とは，この評議の結論である。調停委員会が調停事件を処理するためには，その都度委員会として意見の一致をみなければならない。家事調停を進めるうえで，調停委員会の決議が必要とされている例として，家審規137条の2第1項（家事審判官による事実の調査・証拠調べ），同137条の3（家裁調査官による調整措置）があるほか，合議体としての調停委員会の判断が前提とされている規定が多数みられる。さらにまた家審規則には明文規定が存しないものの，当然に評議に基づく調停委員会の意見の一致による措置がある（注解・家審規410頁〈向井〉）＊。

＊家審規則等において評議を行うとされているものには次のような場合がある。①利害関係人の参加（家審規131条，14条），②手続の受継（同131条，15条），③現地調停の決定（同132条），④調停前の仮の措置（同133条），⑤調停委員会を構成しない家事調停委員の意見聴取（同136条の2），⑥事件の関係人の意見聴取の嘱託（同136条の3），⑦弁護士以外の者が代理人・補佐人となることの許可（同137条，5条2項3項），⑧傍聴の許可（同137条，6条ただし書き），⑨事実の調査および証拠調べとその嘱託（同137条，7条），⑩家裁調査官・技官の調停期日出席および意見聴取の許可（同137条，7条の4，7条の7），⑪調査の嘱託・報告（同137条，8条），⑫家事審判官による事実の調査および証拠調べ（同137条の2），⑬家裁調査官による社会福祉機関との連絡・調整措置（同137条の3），⑭調停委員会を構成する家事調停委員による事実の調査（同137条の4），⑮調停条項の書面による提示（家審21条の2，家審規137条の7），⑯調停条項受諾の真意確認（家審規137条の8），⑰調停をしないとする措置（同138条），⑲調停を成立させる措置（家審21条）。

(2) 評議の秘密

調停委員会の評議は家事審判官の指揮のもとに行われる（家審規134条）。評議は秘密である（同136条）。調停室において評議をするときは，当事者，参考人らを退席させるが，必要に応じて家裁調査官・技官を同席させてその意見を聴くことができる。家事審判官は調停期日に立ち会っていないことが多いから，調停委員から調停経過を説明する＊。発言の順序等については定めがない。家事審判官は調停委員が十分に意見を述べるよう配慮しなければならない。

＊家事審判官が同席していない間に行われた調停経過の要旨とそこでの問題点について，調停委員によって作成されたメモを手控えという。家事審判官はこの記載をみて，

当日の調停経過や問題点の要点を理解することができ，これに附箋を付して必要な指示，連絡を行うこともできる。口頭報告とともにこの手控えが評議の有効な補助手段になるとされている（手引・103頁，山田博「調停委員会における家事審判官と家事調停委員との評議」講座実務家審1巻337頁。また沼辺ほか・マニュアル126頁〈手塚〉に手控えの例が示されている）。

　評議は，評議事項の結論について協議するだけではなく，その結論を支える理由についても十分に協議されなければならない。その事件に対してどのような法規が問題となり，どのような解釈が基本とされるか，本件に照らしてみた場合，どのようにあてはめられるかを具体的な事実に即して示される必要がある。また家裁調査官の専門知識・調査技法や，医務室技官の医学的知識ないしこれに基づく診断結果を積極的に活用することを考慮すべきである。当事者の中には，結論をいきなり示されることに耐えられない者もいる。そうした当事者に対する調停案の提示の仕方，説得の手法について，たんに経験に頼るだけでなく，科学的な方法が最大限に活用される必要がある。

(3) 家事審判官と調停委員との評議

　上記(1)に掲げた評議のいわば前段階で，手続の進め方や処理の方針を確認し，意見の一致をみておく必要がある（山田・講座実務家審1巻331頁）。その評議の時期と内容については，従来からもさまざまな角度，事件の態様ごとに提案がなされている*。その基本的な型は，おおむね次のように，調停の進行順序に従ってまとめることができよう。調停対象が人間関係の調整を必要とするか否かによって，夫婦関係調整事件と遺産分割事件では差異が生じうるが，基本的なパターンは共通するといえる。

　　*最近においては夏井高人「家事審判事件における調停委員会の評議の充実のための方策(1)−(4)」判タ817号(1993)12頁，818号30頁，819号66頁，820号33頁は，評議の種別として必要的評議，準必要的評議（この2点は上記(1)に掲げた事項に対応する）および任意の評議（たとえば申立人と相手方の双方を呼び出すか，一方のみを呼び出すか，どの当事者から先に事情聴取するか，当事者から法的事項について説明を求められた場合に，それに答えるべきか，答えるとして誰がどこまで答えるか等々に関する評議をいう）に分け，評議の方法，運用の改善と課題につき詳細に検討している。

(4) 調停の進行に即して

　調停の進行に即して評議の主要な内容を考えると次のようになる。①初期段階において事件の基本的な処理方針を立てる。当事者双方から紛争の経過，

現状，紛争原因，解決に対する意向の聴取を行って，事件の概略と問題点の所在が確認されると，事件の基本的な処理方針を立てる必要がある。夫婦関係調整事件において，同居・婚姻関係継続を模索するか，離婚かの幅の中でいずれの方向で臨むかなどの判断である。②処理方針を変更または修正する必要性についての検討。調停の進行に伴って当事者の意向が変化し，あるいは環境の変化に伴って方針を変更する必要があるかを確認する。③家裁調査官や医務室技官の活用を考慮するかの判断。調停期日における聴取だけでは理解しがたい事実関係の調査・検査等の実施について判断する。④調停案（解決案）の検討を行う。事件処理の基本的処理方針と当事者の意向が一致するときは，具体的条件の検討を行う。これに対して当事者間の対立が厳しく，自主的な調整が困難であり，さらに調査官による事実調査，調整等が必要であるかの判断が求められることがあり，さらに調停案を提示して説得することについての判断が求められる。⑤調停の継続または打ち切りの判断など。調停継続なら調停条項の作成と説得，打ち切りには取下げ，調停不成立あるいは合意に相当する審判の可能性等の選択がなされなければならない（猪瀬慎一郎「家事審判官と家事調停委員の合議の時期・方法」別冊判タ8号92頁以下，手引・113頁，山田・講座実務家審1巻331頁以下，沼辺ほか・マニュアル96頁〈山田〉，また民事調停については，吉永順作「民事調停の進め方」別冊判タ4号（1977）162頁以下がある）。

3 調停期日の手続
(1) 期日の日時・場所

調停を行うためには，調停期日を指定し，その期日に当事者，その他の関係人を呼び出さなければならない。期日の指定については家審法・家事審判規則に定めを欠く。調停委員会が期日を指定する。この点につき，民調規7条1項は，「調停委員会は，期日を定めて，事件の関係人を呼び出さなければならない」と定めている。家事調停においても同様に解される*。

　　*家事審判官による調停では家事審判官，調停委員会が行う調停であっても第1回期日は調停委員会の構成員である家事審判官が指定する（実務講義案219頁）。

調停は原則として調停委員会で行われるから，事件の配布を受けた手続法上の家庭裁判所（受調停裁判所である家事審判官）は，家事調停委員の指定を行わなければならない（家審22条2項）。

期日の呼出しの方法については家審法・家審規に定めがないため，家審法7条・非訟法10条により民事訴訟法の期日の規定が準用される。そこで期日の呼出は，呼出状の送達，出頭者に対する期日の告知その他相当と認められる方法によってなされる（民訴規94条）。実務上は費用の点をも考慮してほとんどが普通郵便によっている（家審法講座3巻170頁〈沼辺〉，実務講義案219頁）。呼出状には，期日に出頭すべき旨のほか，不出頭に対する法律上の制裁を記載しなければならない（民調規7条2項参照）。

　家事調停の期日は，指定された日時に，原則として家庭裁判所の庁舎内において開かれる。民事訴訟においては，口頭弁論の期日は公開の原則を維持するために法廷で開かれる必要があるが，調停は一般公開されないうえに，当事者間における合意の成立を目指す手続であるから，裁判所の庁舎内の適切な場所で開くことができる。また，調停委員会は，事件の実情に応じて，家庭裁判所以外の適当な場所において調停をすることができる（家審規132条，142条）。これを現地調停と呼んでいる。これは，当事者が高齢または長期の疾病などによって家庭裁判所に出頭することが困難であるとか，当事者が多数で全員が容易にそろって出頭することができない場合，あるいは紛争の目的物の所在地でその目的物を実地に見聞しながら調停する必要がある場合などに実施されている（家審法講座3巻185頁〈沼辺〉）。たんに現地に赴いて紛争の目的物の現状を確認したいとか，参考人の意見を徴したいというような場合には，事実の調査または証拠調べの方法によるべきである（注解・家審規397頁〈山田〉）。

(2) 期日の開始

　調停期日は，事件の呼び上げによって開始される（民訴規62条参照）。期日として指定された時刻に，調停委員会を構成する家事審判官および調停委員が調停室の所定の位置に着席することが必要である。事件の呼び上げがあると，当事者双方および事件の関係人が調停室に呼び入れられ，所定の位置に着席する。当事者双方がそろってから調停が開始されるのが原則である。一方の当事者が出頭しない場合や遅刻する場合であっても，調停委員会は必要に応じて出頭した一方の側から事件の実情・意見を聴くために期日を開始することも許される。

(3) 調停の趣旨および進め方の説明

　当事者双方が着席すると，家事審判官または調停委員から，調停制度の趣

旨や手続の概略，調停委員会の役割等々を説明するのが通例である。第1回期日の呼出状に調停手続の説明書が送付されているが，期日の開始にあたって口頭で調停制度の趣旨を簡潔にわかりやすく説明することが必要であり，当事者間の話合いによって適切妥当な解決を目的としているものであることを了解させることが重要である（梶村・ガイド84頁以下参照）。また同時に，調停手続の進め方についても説明し，以下4に説明する当事者双方の事情や意見の聴取の仕方について調停委員会の考え方を具体的に示して，当事者双方の了解を得ておくことが必要である。

(4) 手続の指揮

調停が調停委員会によって行われる場合，調停手続の指揮は家事審判官が行う（家審規134条）。民事訴訟における訴訟指揮と同様に，家事調停においても当事者からの事情聴取および合意成立に向けての当事者の説得という本質的調停行為とは別に，調停手続の指揮の概念が認められる。

調停手続の指揮は，調停を適正迅速に進行させるために認められるから，出頭した当事者・関係人のほか，家裁調査官や技官である医師，調停委員もこれに服する。その内容は，①当事者からの事情聴取の際の陳述等の制限等，②事案の真相を明らかにするための審問や証人尋問の際の供述の整理，制限等，③期日に出頭した調査官や医師等の陳述の制限等，④調停委員会を組織する調停委員の当事者に対する発問等の整理等，⑤調停委員会の評議の主宰等がある（注解・家審規409頁〈向井〉）。事情聴取の内容や範囲を逸脱する主張を制限し，また一方の当事者の発言中に他方がこれを妨害するときはこれを禁止するなど，円滑・適切かつ公正に主張が尽くせるように努めなければならない。これに対して，真相を明らかにするために証拠調べを実施するか，さらに当事者を説得するか，あるいは調停を打ち切るか等の判断は，調停委員会としての判断が求められるのであって，家事審判官だけで定めることはできない。

(5) 心理的調整・環境調整

家庭裁判所は事件の処理に関して，事件の関係人の家庭その他の環境を調整するために必要があると認めるときは，家裁調査官に社会福祉機関との連絡やその他の措置をとらせることができる（家審規7条の5第1項）。これを調整措置という。この内容として，①社会福祉機関との連絡調整，②当事者の置かれている人間関係・環境に適応させるために当事者やその家族に対し

て与える助言援助，③情緒的に混乱や葛藤の著しい当事者に対して情緒の緊張を緩和し，感情の葛藤を鎮め，自己洞察力を回復して理性的な状態で手続に関与できるように働きかける援助がある（注解・家審規87頁〈山田〉）。このうち，①②については，家事審判との関係で第1編第4章第4節**24**で触れたので，ここでは③について説明を補足しておこう。

この調整活動は，「家事調停事件の円滑な進行のための準備的措置として，当事者に働きかけて理性的な状態で調停に参加できるようにこれを援助する」ものである（昭和49(1974)・9・30最高裁民2第864号事務総長通達，家月26巻12号（1974）117頁）。この通達によって，家裁調査官は当事者に対するカウンセリングとしての調整，心理的調整をなしうる根拠を与えられたと解されている（注解・家審規83頁〈山田〉）。もちろんここでカウンセリングといっても，それは家庭裁判所における調停を円滑に進行させるための限度でなされるにとどまる。厳密にいえば，カウンセリングの技法が活用されているにすぎないともいえる*。調整結果の報告については，家審規7条の5は定めを置いていない。しかし調整活動の結果のほか，必要に応じてその経過を報告すべきである（前掲昭和49年通達参照）。

<small>＊カウンセリングの具体的内容については，沼辺ほか・マニュアル78頁〈金子〉，梶村・ガイド400頁以下が簡潔に紹介している。もっともこのカウンセリング機能をより強化すべきであるとの見解も根強い。その代表的な見解として，磯野誠一「家事調停とカウンセリング」『現代家族法大系1』(1980)339頁以下。しかしこのカウンセリングは，上記のように，家庭裁判所における紛争解決という枠組みの中で実施されるものであるから，手続への導入調整に限られ，本格的な治療を目的とするものではない。時間的にもおおむね3ケ月を一応の程度とする短期的なものであり（『家事執務資料（下巻の2）』398頁），また調整の場所も家庭裁判所内でなされるべきであるとされる（沼辺ほか・マニュアル81頁〈金子〉，注解・家審規87頁〈山田〉）。</small>

(6) **医務室技官による診断**

家事調停の当事者は，複雑な人間関係の葛藤などによる激しいストレスから混乱に陥っていることが多く，また事件の当事者・関係人の精神的な障害が紛争の直接・間接の原因となっていることも多い。紛争の適切な解決のため，上に述べた心理的調整・環境調整と同様に，医師の診断によって紛争の原因の発見やその除去を図る必要がある。このために各家庭裁判所に医務室が設けられ，技官として医師等が配置されている（精神科医が多い）。

事件の関係人に対する医務室技官による診断は，家庭裁判所が医務室技官

に診断を命じる（これを診断命令という）ことによって行われる（家審規7条の6第1項）。診断命令は，①当事者に精神障害を疑わせる言動がみられるとき，②当事者に精神障害の既往症があったり，精神科医の診断を受けたことがあるとき，③紛争の原因が当事者の過度の飲酒やそれに伴う暴力行為または薬物依存にあると疑われるとき，④夫婦間の紛争が性に起因する心理的葛藤と推測されるとき，⑤短期間に申立てと取下げが繰り返され，その理由が理解できないとき等になされる（西岡清一郎＝篠田悦和「科学的調査－家庭裁判所調査官及び医務室技官の活用」講座実務家審1巻154頁）。

医務室技官による診断は，任意的な事実調査の一態様であるから，診断を受ける者が拒むときはこれを強行できない（注解・家審規94頁〈山田〉）。医務室技官の関与は，当事者の治療を目的とするものではなく，調停手続の進行上で障害となる点を明らかにし，その対策を採ることにある。調査結果の報告にあたっては，当事者の手続行為能力の有無と程度，さらに精神医学的観点からみた事件に対する把握・理解，調査官による心理的調整の要否などの意見を付すことができる（西岡＝篠田・講座実務家審1巻155頁）。

(7) 期日の続行

調停手続は，調停期日を開いて実施する。1回の調停期日で当事者間に合意が成立し手続が終了することは稀であり，期日が続行される。次回期日までの間に，家裁調査官による事実調査や調整措置，医務室技官による診断などがなされる。また次回期日を指定するにあたっては，各当事者に対して検討し準備すべき事項を具体的に指示し，それに要する期間等を考慮して決定することが重要である。

3 期日の調書

(1) 期日調書・事件経過表

家事調停の手続についても，裁判所書記官は調書を作らなければならない。ただし，家事調停においてその必要がないと認めるときはこの限りではない（家審規10条）。実務上は，家事審判官が常に調停期日に立ち会うことがないことから，期日において特に重要な行為が行われた場合を除いて，調書の作成が省略される。

調書によることを必要とする重要な手続行為としては，①当事者，その他の利害関係人および参考人の陳述の要旨として，申立ての趣旨の変更，申立

ての取下げ，代理人・補佐人の許可申立て，参加・受継申立て，除斥・忌避申立て，調停前の措置申立て，事実調査・証拠調べの申出などがあり，②証人，鑑定人，当事者本人の供述の要旨，③検証結果，④家裁調査官・技官の陳述の要旨，⑤参与員または家事調停委員の意見を聴取したことなどがある（注解・家審規111頁〈中島〉，実務講義案228頁）。家審規は調書の作成を省略することができるとしているが，調書は期日における手続経過・内容を証明するとともに，審問結果は調停の資料となり，また当事者に対する手続公開を保障するものであり，さらに抗告審における審理にとっても重要な判断資料であるから，可能なかぎり作成されるべきである（注解・家審規113頁〈中島〉，手引・108頁）。

調書が作成されないときは事件経過表による（これについては第1編第4章第4節 **5 2**参照）。事件経過表は，各調停期日に実施された手続の概要，次回期日の予定，各当事者の主張とこれに対する他方当事者の認否，反論等を簡潔に記載するものである。この記載が当該期日に行われたことを証明する効力があり，実務上広く利用されている（実務講義案94頁）。

(2) 記録の閲覧

家庭裁判所は，事件の関係人の申立てによりこれを相当であると認めるときは，記録の閲覧もしくは謄写を許可し，または裁判所書記官をして記録の正本，謄本，抄本，もしくは事件に関する証明書を交付させることができる（家審規12条1項）。

家事審判における記録の閲覧をめぐる議論については，すでに述べた（第1編第4章第4節 **3 1**参照）。家事調停においてもほぼ同様の状況である。

4　事情の聴取

1　聴取する事情

(1) 事情説明型

調停委員会は，当事者双方から事件の実情や意見を聴かなければならない。調停に関しては，民事訴訟と異なり家審法や家審規則にもその方式について何らの定めがない。法律問題だけが解決の対象ではなく，必要な場合には同時に人間関係の調整も図ることになるから，いかなる事項につきいかなる順序で意見を聴取するかは，あらかじめ定まっているわけではない。当事者からの実情や意見の聴取は，期日において当事者から直接に行うのが原則であ

る。通常は，申立人，相手方の順序で聴取する。

　調停における当事者双方および関係人からの事情聴取は，紛争の解決に関する意向を聴取してこれを調停手続の進行に反映させることに目的があり，事実の認定に必要な事実資料の収集を目的とする事実の調査とは概念上区別される。しかし他方において，事実の調査においても当事者や関係人から紛争に対する見方や考え方，解決に向けての意見等を聴取することが必要であり，両者を厳密に区別することは困難であるともいえる（注解・家審規51頁〈山田〉）。

　当事者双方からは，申立書や答弁書など文書でも事実関係や意見が提出されていることが通常であるが，期日においてはたんにそれを陳述するというだけでなく事件の真相を把握するために，改めて口頭でその要点や重視している事項などを述べさせることが必要である。まず申立人に，申立ての趣旨，事件の実情および事件の解決について意見を述べさせる。次いで，相手方に，申立人の主張した事実に対する答弁を求めて，その事情と事件の解決についての意見を述べさせる。調停においては，この過程で申立人の申立ての請求原因を明らかにしたり，あるいは請求が成り立つか否かを判断するのが目的ではなく，紛争の実情や背景，当事者の対立の原因等を明らかにすることがより重要である。相手方等に対する感情的な表現に終始することは好ましくないが，こうした表現によって当事者がよって立つ価値観や道徳観，当事者間の関係の評価等が現れているのであって，これを適切に見極めることが人間関係の調整等に重要な示唆を与えるのである（梶村・ガイド88頁以下）。したがって，当事者の感情的な表現を一切禁止するような事情聴取は，家事調停の場合には適切とはいえない＊。

　　＊調停における当事者の事実関係の説明は，民事訴訟におけるように要件事実型ではなく，事実関係を時系列ないしは物語風になされることが多いであろう。どのような関係が，いかなる事情によって，どのように変化し，その過程で当事者双方の考え方や行動等に齟齬が生じ，紛争が顕在化してきたか，その中で当事者が最も重要と考える事項などが表明される。相手方が自分のことをどのように評価しているかについて疑念を抱き，そこからさらに行き違いが拡大再生産される。お互いの不信の根が共通でないこともある。ある流れにそって話すことが，こうした誤解の原因を明らかにすることに役立つ。

　　　また申立人が相手方に対して一定の法的要求を立てている場合であっても，調停はその当否をめぐって議論しあるいは決着をつけるものではない。それは調停の申立て

段階での一応の目安にすぎない。相手方の応答いかんによって申立ても変化するのが通例だからである。それゆえに調停においては，申立てを法的に根拠づける事実としての請求原因事実（主要事実）を観念することは適切とはいえない。同様にして，これに対する相手方の主張や反論は，申立人の主張のある一点に対する反論だけにとどまるもの，申立人に対する感情的ないし道義的批判のみに終始するもの，申立人とは全く異なる新たな事実関係を主張するもの，正面から反論しようとしないもの等々の形態がありうる。民事訴訟のようにはじめから否認や抗弁といった形で，相手方の主張や意見を整理することができるわけではない。このことを十分に意識しておくことが重要である。

(2) 事情聴取の継続

当事者双方からの事情聴取がひととおり終わると，双方の主張の食い違う点について双方からさらに実情を聞き，さらに相手方から主張された新しい事実に対して申立人からの言い分を聞く必要がある。双方からの事情聴取によっても，依然として双方の主張が食い違い，いずれが真実か不明な場合も多い。その理由として，当事者の一方または双方が意図的に虚偽の事実を主張することもあり，さらには自己に不都合と考えられる事情を隠していることもあり得る。さらには，長い経過の中で思い込まれ修正されないままになっている〈事実〉もあり得る。調停機関としては，事情聴取の初期の段階では当事者が事実を整理し，評価する基軸である価値観や感情になお動揺や変動があり得ることを十分に考慮して，当事者双方に対してその立場を十分に理解しようと努めていることをわかってもらい，できる限り当事者が意見を述べやすい環境を整えることが重要である。

2 期日における当事者の事情聴取

(1) 個別面接方式（別席調停）

当事者からの事情聴取は，事案によっては数回の期日を要することがある。

ある期日に当事者双方を呼び出しながら，その一方だけの事情聴取のみを実施し，他方からの事情聴取は次回に延期するといった扱いは，事情を聴取されなかった当事者に対して不公平な感情を与えることになる。同一期日では，双方の当事者に対して平等に陳述の機会を保障することが必要である。

わが国では調停の進め方は，相手方の在席しない場で当事者のそれぞれから個別に事情を聴き，調停委員会がその内容を相手方に伝えながら事情を聴くという，いわゆる個別面接方式（別席調停または個別調停ともいう）が一般

的であった。とりわけ家事調停においては，当事者双方の感情的対立が予想される場合や，他方の当事者が在席していては十分な発言ができないと予想される場合などが多く，こうしたときは適宜他の当事者を退席させて事情を聴取する必要があると指摘されるのである（家審法講座3巻190頁〈沼辺〉，実務講義案218頁）。もちろん調停機関は，当事者からの事情聴取を実施するに際して，どのような方法でこれを実施するか意向の確認をすることが必要である*。

調停は，当事者が自ら相手方に対して自己の主張をなし，相手方が直接にこれに応答しながら対立点と共通点を確認し，合意の形成を図る手続である。この過程では，感情的なもつれが一挙に吐き出されることは稀ではない。当事者が心の内に抱いている不平・不満，悩み，愚痴等を存分に出させ，相手方にも同様にその機会を与えることが，相互の理解を形成するための重要な一歩なのである。

>　*暴力を理由とする離婚が増加している。また暴力をふるう原因も一様ではない。しかし相手方の暴力を理由として離婚調停が申し立てられる場合など，家庭裁判所はどのような取扱いをしているのか，簡単に指摘しておこう。まず調停申立てに際して，暴力が理由であって相手方から逃げているなどの事情が示されると，住所の秘匿がなされ，家事審判官から家裁調査官に対して調査が命じられる。その上で申立人と相手方につき，別の期日の指定または同日の期日で時間をずらす措置が必要かが判断される。調停期日において暴力が予想されるときは別席調停となる。一方の当事者が事情聴取を受けている間，他方当事者は控室に待機し，終了後も相互に顔を合わせることのないよう配慮される。調査官による観察と当事者に対する援助等により，同席調停の可能性の見極めがなされる。可能であると判断されると，一方当事者が反対しても同席調停が試みられることがある（沼辺ほか・マニュアル155頁以下〈渋谷〉，梶村・ガイド132頁参照）。

(2) 同席調停

同一の期日に，当事者双方が同席，対面して事実を聴取するという方式を同席調停という。この方式が家事調停においても原則的な形態であるべきだと主張されたのは最近になってからである（特に井垣康弘「夫婦同席調停の活用について」ケース研究236号(1993)70頁以下，同「家事調停の改革」判タ892号(1996)8頁以下，同「同席調停の狙いと成功の条件」井上治典・佐藤彰一共編『現代調停の技法』(1996)172頁以下等において，同席調停が提唱された）。これは同席での聴取方式を強調するというだけでなく，調停当事者の自主的解決能力を最大限に引き出し，双方の自己決定を引き出すことを狙いとする。何

よりも終始当事者の同席という方式を貫くという点で，従来の伝統的な方式に対する反省を迫り，また当事者自身の紛争解決力を引き出して自分たちで解決策を見いだすことを援助するという点でも，従来の調停機関の役割に対する問題提起を含んでいる。当事者に対する手続の透明性，公平性の観点からみて同席調停が原則的な形態であるというべきである（これに対する実務家の反応はさまざまであるが，さしあたり，高野耕一「家事調停論」同『家事調停論』(2002) 209 頁，沼辺ほか・マニュアル 36 頁〈佐藤〉，梶村・ガイド 268 頁などがある）。

　　＊一般に別席調停と同席調停の功罪については，次のように指摘されている。まず，別席調停の利点としては，①相手方が不在のため気楽に本心を語ることができる。要求などを出しやすい。②相手方の欠点を指摘しやすい。③相手方に知られたくない秘密を守ることができる。他方でその欠点は，①相手方の非難に終始しがちになる。②自己に有利な事実のみを語りやすい。③相手方が何を言っているか情報がなく，疑心暗鬼になって相手方への不信感を抱かせる原因となりやすい。④調停機関の公平な取扱いに対する当事者からの不信を招きやすい。また同席調停の利点としては，①同席し，対面して話し合ってこそお互いの対話が促進され，対等な討論が可能となる。②言い分を尽くすことによって感情的葛藤が減少し，理性的会話が可能となる。③公平でフェアな運用が双方の目に明らかになり，信頼を得やすい。④双方の誤解，誤認が明らかになって事実関係の解明に役立つ。これに対して，④言いたいことを言って相手方の憎悪を募らせてしまう。⑤相手方に気兼ねして言いたいことがいえない。⑥駆け引きに適せず，お互いになかなか譲歩しない。⑦事実関係の確認には相手方への反抗から虚偽が混入しやすい（梶村・ガイド 268 頁参照）。

5　争点の整理

1　争点整理の意義

　調停委員会による当事者からの事情聴取によって，事件の概略の把握が可能になると，事件処理の基本方針が評議され，その方針に基づいて争点の整理をする必要がある。家事調停の対象となる事件は，夫婦間の調整事件であれ，遺産分割であれ法的にみれば比較的簡単に争点とされるものを確認できるものであっても，それを論じる前に処理しなければならない人間的葛藤，相互の理解の行き違いの整理の必要性がある。また遺産分割のように，通常の民事訴訟以上に多くの争点を含み，また関係者も多数になる複雑な事件もある。紛争をみる角度によっては末梢的とも見える問題が，当該の紛争当事者にとっては大きな意味をもっていることもある。当事者間における実質的

な争いは何であるかを確認し、他の問題点がこの実質的な争点との関係でどのように整理できるかを可能なかぎり早期に、調停委員会および当事者間で整理することが重要になる。

調停過程における事実調査や証拠調べの目安を立てる上でも、この争点整理は重要である。この争点整理は、調停委員会のみで行うのではなく、当事者双方が関与し、相互に意見を述べあい、確認しながら相互の一致点と対立点を整理することにより、ごく小さな点であれ共通理解が得られることに大きな意味がある。

2 争点整理の方法

調停における争点整理は民事訴訟のように権利の存否の判断のために当事者の主張と証拠を整理することに尽きるわけではない。争いの原因が何であるかについて共通の理解が得られることによって、その他の争いについて一挙に協議が整うこともあり得るから、争いの原因が当事者双方に共通理解され、当事者が自主的に判断をなしうることが重要である。調停委員会としては、当事者からの事情聴取の結果を整理し、争いのある部分とない部分を指摘して確認を求め、争いのある事実については説明や主張を追加、補足させさらに証拠の提出を求めることになる。

この過程で、当事者の合理的でないと思われる主張、誤解または偏見に基づくと思われる主張に対し評価を下して、その撤回または修正を求めることも重要である。調停委員会は、当事者双方の主張をたんに相手方に斡旋するだけでなく、法的判断に責任をもち、良識を代弁する中立の第三者として、当事者の主張をこの立場から評価し、当事者に対して主張の変更を求めることにより、共通の理解を形成するという役割があるからである。調停委員会が当事者の主張をどのように評価し、認識を共通にして争点を整理しようとしているかについて、これを当事者に示し、この立場から調停委員会として最も重要な争点とその他の争点との関係を明らかにする。このことは当然のことながら調停委員会の紛争の理解、当事者の主張の評価、争点の設定の仕方、争点の軽重の判断、主張の過不足の評価を示すことであり、当事者双方との間で厳しく対立することもある。むしろそれが通常といえるであろう。紛争を当事者以外の第三者の目で見た場合どのように見えるかを、当事者に示すことによって争点を明らかにすることは、このように調停委員会の責務

なのである*。

　調停委員会からみれば些細と思える問題が，当事者の一方にとっては深刻な問題点となっている場合がある。その原因を明らかにしていくについては，論理的な順序に従うことも重要であるが，時としては当事者の心理的状況の調整などが必要であるとも考えられ，手続の早い段階で結論を示すよりは，他の論点に関する事実調査や証拠調べを先行させることなどの柔軟な対応も必要になる（手引・88頁参照）。

　　*この点は，一般に調停規範の行為規範としての側面として論じられている。調停規範とは，調停機関が合意を斡旋し，説得する際に従うべき規範であり，また当事者が合意をする際に基礎とすべき規範である（梶村・ガイド26頁以下）。調停委員が各当事者の主張を評価し，問題を整理する際に，調停委員が前提とする調停規範が前面に登場する。

6　事実の調査

1　概　説

　調停は，当事者の合意によって紛争の解決を目指す手続であるから，当事者双方が納得のできる事実を基礎にすることで足りる。とりわけ財産関係の事件では，何を調停の基礎となる事実とするかについても当事者の合意を優先させてよい。通常は，民事訴訟や家事審判のように争いのある事実について証拠調べによる事実の確定までは必要でないことが多い。また家裁調査官による事実調査によって，当事者からの事実主張に加えて，証拠調べの方法によらないで事実が収集されることになる。以下，家事調停における事実の調査について概説する。

　事実の調査とは，証拠調べと並んで調停機関が事実を認定するために必要な資料を収集する方法をいう。証拠調べは民事訴訟法に定める手続に従う必要があるが，事実の調査には，その方式につき別段の定めがなく，したがって解釈上何らの制限に服しない。他方で強制力を用いることができない。事実の調査は，本人および参考人から事情を聴取すること，実地の検証・見分，官公署等に対する調査嘱託と照会などがあり，さらにその実施主体からみると家庭裁判所が行うもの，調停機関が行うもの，調停委員会を構成する家事審判官が行うもの，家裁調査官が行う事実の調査等に区別される。以下においては，実施主体ごとに説明する。

2 家庭裁判所の行う事実の調査

家事調停においては，調停機関が職権で事実の調査をするのが原則であり，調停を受理した家庭裁判所（手続法上の家庭裁判所）が行う事実の調査には，①家審法23条につき当事者間に合意が成立し，無効または取消等の原因の有無について争いがない場合において，その合意が正当であり，合意に相当する審判をするためになされる事実の調査，②移送につき必要な事実の調査（家審規129条の2による同4条の準用），③過料の審判をするにあたってなされる事実の調査（家審27条，28条2項）がある。このうち①については，後に23条審判において説明する。その他については特に説明を要しないであろう。

3 調停機関の事実の調査

調停機関（調停委員会および単独調停の場合の家事審判官）は，職権で事実の調査をしなければならない（家審規137条による7条の準用）。当事者や関係人に対する事情の聴取は，すでに調停機関による事実の調査の一態様であり，これだけで事案が明確となり，調停の斡旋を行うことが可能になる場合もあり得る。しかし多くの場合には，当事者や関係人の事情聴取だけでは，なお事実関係が明確にならないで，さらに事実を明確にするための資料の収集を行う必要がある。この事実の調査は，次のような方法によって行われる。

(1) 参考人等の呼出等

当事者および関係者など，紛争に関係を有する者あるいはそれに関する知識を有する者を参考人として呼び出して事情を聴取し，関係書類を提出させてその説明を求め，あるいは現地に赴いて現状を見分する。

(2) 調査の嘱託

事実の調査を他の家庭裁判所または簡易裁判所に嘱託すること（家審規137条による同7条2項の準用）である。当事者の一方が遠隔の地に居住して，調停期日への出頭が困難であるなどの事情がある場合に，その者の居住地を管轄する家庭裁判所にその者の審問や家裁調査官による事情聴取を嘱託する場合が典型的な例といえる。

(3) 官公署等への調査嘱託・報告請求

調停委員会は，必要な調査を官庁・公署その他適当であると認める者に嘱託し，または銀行，信託会社，関係人の雇主その他の者に対し関係人の預金，

信託財産，収入その他の事項に関して必要な報告を求めることができる（家審規137条による8条の準用）。

　家事調停における調査嘱託の相手方は，官公署や公私の団体のみならず，家審規8条が「雇主その他の者」と定めることから明らかなように，民事訴訟の場合と異なり自然人に対しても行うことができる点に特徴がある（民訴186条，132条の4参照）。その理由としては，家事事件の特徴から，「機動的，簡便に資料を得る必要性が大きく，得られた資料の正確性，信頼性等については家庭裁判所の合目的な裁量判断に任せれば足りると考えられるので，自然人に対しては必ず証人尋問や鑑定等の方法によらなければならないというのでは硬直的にすぎ」るとされるのである（注解・家審規99頁〈向井〉）。

　この調査嘱託によって，たとえば財産分与，婚姻費用あるいは子の養育費，扶養等に関連する調停事件では，夫の収入や資産状態が明らかでない場合に，夫の勤務先に収入の報告を求め，また預金のある銀行にその額等の報告を求めること，また遺産分割事件において遺産の範囲が争われている場合に，相続人がした相続税の申告において遺産として記載している内容についての資料の提示を求めることが可能となる*。

*家審規8条は，調査の嘱託および報告の請求と両者を使い分けている。したがって報告の請求は，調査の嘱託よりは手間のかからない内容といえそうであるが，厳密にこれを区別することは難しいであろうし，また厳密に区別する実益もないといえる。民調規13条は「調停委員会は必要な調査を官庁，公署その他適当であると認める者に嘱託することができる」と定めるにすぎないが，調査嘱託により報告もまかなえると解されている（注解・家審規101頁〈向井〉）。

　調査の嘱託または報告の請求を受けた者は，正当の事由のない限り，これに応じなければならないが，これに応じなくてもこれを強制または制裁を課す規定が存在しない。また家審規8条があるからといって，調査嘱託を受けまたは報告の請求を受けた者が守秘義務を免除されるわけではないことにも注意しなければならない*。

*税務署に対して当事者の所得についての調査の嘱託があった場合に，直ちに守秘義務（国公100条）が免除されるわけではないので，国税庁としては，納税者である当該の当事者の同意を得ることを要し，同意が得られないときは，それにより調停または審判に重大な支障を生じているときにかぎり，所得金額，税額，納税額，申告書提出の有無，更正決定の有無，滞納処分の状況等に限って回答して差し支えないこととする方針であるとされる（昭和35(1960)年12月全国家事審判官会同家庭局見解『家事執務資料（下巻の2）』355頁，同356頁に昭和53(1978)年11月福岡高裁管内主席

調査官会同家庭局見解が掲載されている。昭和35(1960)年の見解を踏襲している)。

(4) **家事調停委員による事実の調査**

　調停委員会は，家裁調査官による事実の調査を相当する場合を除いて，相当であると認めるときは，当該調停委員会を組織する家事調停委員に事実の調査をさせることができる（家審規137条の4）。家庭裁判所には，医学，心理学，社会学，教育学，経済学等の高度の専門知識を有する調査官が配置されているから，その活用が求められるような事実上の調査はそれに委ねることが適切である。しかし，他方において上記以外の事項につき合議体による調停委員会によって調査するまでもないと思われる場合には，専門性をもつ調停委員による事実の調査が利用されることになる。この調査の例としては，①遺産分割事件において不動産の専門委員（不動産鑑定士など）による不動産の鑑定評価，現状の見分，②精神障害等に関する事項を精神科医である調停委員に調査させる場合などがあげられる。

　しかしながら，①機動的な調査を必要とする場合，②調査の密度が濃く継続的な調査を必要とする場合，③詳細な調査報告書の作成を必要とする場合などは，理論的には調停委員による調査が可能であるとしても，正規の証拠調べとの関係や家裁調査官に対する調査命令との関係などから不適当であるとされている（注解・家審規380頁〈山田〉）。この意味で，家事調停委員による事実調査が機能する場面は少ないといえる。

4　家事審判官の事実の調査

　調停委員会を組織する家事審判官は，調停委員会の決議により事実の調査をすることができる（家審規137条の2第1項）。この規定の追加は，昭和26年に家事調査官制度が設けられたことによる。調停委員会は，1人の家事審判官と複数の調停委員による合議体であるが，この合議体が全体として事実の調査・収集にあたるよりも，その構成員であり，事実認定につき専門的な知識経験を有する家事審判官にこれを委ねる方が，迅速かつ的確にこれを行えることから，この定めが置かれた。

　調停委員会の決議により，家事審判官が事実の調査を行うのは，家裁調査官に事実の調査を行わせること，および医務室技官に事件の関係人の心身の状況を診断させることである（家審規137条の2第2条による7条の2，7条の6の準用）*。調停委員会による調停では家事審判官だけで事実の調査をする

ことは予定されていない。個々の内容については，次項で述べることにする。

 ＊家裁調査官は，その職務を行うについては，裁判官の命令に従う（裁61条の2第4項）から，調停委員会が直接に家裁調査官に対して事実の調査を命じることはできない。裁判所技官である医師についても同様である（同61条）。

5 家裁調査官による事実調査

(1) 概　説

 家裁調査官は手続法上の家庭裁判所（家事審判官）の命を受けて事実の調査を行う（家審規7条の2第2項）。これを調査命令という。家裁調査官の事実調査の範囲・内容は，いかなる時期にいかなる内容の調査命令が出されるかによって異なる。

(2) 包括調査命令と部分調査命令（個別調査命令）

 包括調査命令は，調査の対象者，調査項目，調査方法を特に限定しないで，またその検討および選択を，調査を担当する家裁調査官の裁量的判断に委ねて，当該事件について必要と思われる事実関係の全体にわたって包括的に調査を命じることをいう。これに対して調査項目を特定し，限られた範囲内で調査を命じることを部分調査命令（個別調査命令）という。

 第1回期日前に行う調査を事前調査という。事案の概要や争点を調査し，これを明確にするために行われるのであるが，事案の内容が十分に把握できていないので，包括調査となりがちである（包括事前調査命令）といわれる。これが命じられることは少なくなったといわれている（注解・家審規63頁〈山田〉）。調停期日間に行われる調査を進行中調査または期日調査という。この調査では（家裁調査官も立ち会って）調停委員会または家事審判官が，期日において当事者から直接に事情を聴取したうえで，争点の把握や事実関係の確認をしてなお不十分と認められる事実関係や当事者の不出頭の理由，意向を確かめるために調査項目を特定して調査を命じる＊・＊＊。

 ＊調査官の関与が必要とされるのは，事件の個別的な問題との関係でいえば，次のような場合である。①当事者の出頭確保に問題がある場合（出頭困難な事由，出頭に拒否的・逃避的な理由），②事件の内容，問題の所在，事実関係を的確に把握することが困難なため，これを明確にする必要がある場合（事実関係が複雑多岐にわたるとき，当事者がその主張を的確に表明することができず，申立内容が曖昧であったり，真意や要求が判然としないとき），③当事者の人間関係や環境，あるいは心身の状況に困難な問題があって調停の円滑な進行に支障をきたすおそれがある場合（たとえば，当

事者の性格，行動傾向，情緒的な葛藤，疾病，精神障害，暴力・自殺等不測の事態の発生，生活上の急迫した問題等），④専門的な見地からの診断評価が必要で，科学的検査や技法を駆使した調査・診断，客観的資料が必要な場合（監護能力，収入の認定や生活費等の算定など）である。この点については，最高裁事務総局家庭局「家事事件における家庭裁判所調査官の関与基準について」家月32巻11号(1980)135頁以下，特に158頁，家庭裁判所研修所編『家事事件の調査方法について（上・下巻）』(1991，1992)。調停との関係では上巻405頁以下が詳細である。また，沼辺ほか・マニュアル48頁〈相澤〉，西岡＝篠田・講座実務家審1巻149頁）。

＊＊実務においては，事前調査をしないでまず第1回期日に当事者を呼び出し，調停の場で直接事案の概要を確かめ，そのうえで家裁調査官の活用を検討する方がむしろ相当である場合が少なくないといわれる。この場合には，事件の選別の意味をかねて開かれることになるので，家裁調査官も立ち会わせてその場で当事者の発言や応答態度等を直接見分させ，その意見を聴いて事実調査や調整の要否を検討するという（注解・家審規72頁〈山田〉）。

(3) 調査の実施

家裁調査官による事実調査が命じられるのは，その専門的知識を活用して調停機関だけでは十分に探知・認識できない事実が得られることが期待されるからである。家裁調査官が調停手続に関与し，調査命令を受けて行う調査の対象となる事実には，事件に関する当事者の生活費や相続財産の状況などのような財産上・経済的な事実関係，未成年者の監護に関する人間関係，感情等と密接に関係する事実などがあり，さらに調停手続の進行にとって重要な事実も含まれる。後者は，当事者の出頭を促し，自主的な判断を促進するため，当事者がおかれている人間関係や環境，当事者の性格，経歴，行動性向，生活態度のほか，申立書・答弁書だけでは把握できない事実関係が含まれる。

当事者，関係人との面接による事情の聴取が最も基本的な調査方法である。裁判所内の面接室や裁判所外で行われる。その他関連文書等の調査，書面または電話による照会も用いられる。当事者の人格理解や家族理解をより精密に行う必要があるときは，各種の心理テストを活用することもある。家裁調査官による事実調査には強制力を用いることができない。事実の調査は，必要に応じて，当事者の主張，申立ての動機，生活史，紛争の経過，事件の関係人の性格，生活態度，生活状況，財産状態および家庭その他の環境について，医学，心理学，社会学，経済学その他の専門的知識を活用して行うように努めなければならない（家審規7条の3）。この科学的調査の対象となるの

は，当事者だけでなく，たんに事情を聴かれるにすぎない参考人をも含むと解されている（注解・家審規 70 頁〈山田〉）。

　個別の事件ごとに，その事件の背景事情を含めて，内容を多面的に調査する必要がある。とりわけ，家庭事件においては，当事者の情緒的・感情的な要素が強く現れ，調停行為に反映する。当事者自身が気がついていない紛争の原因が存在することもある。そこで，紛争の実態や原因を探り，各当事者の主張の真意や解決への期待などを的確に究明する必要があり，そのためには上記の事実につき専門的な知識を踏まえて調査することが求められるのである＊。

　　＊家事事件の事実調査につき，専門的知識を活用することを命じる家審規 7 条の 3 は，昭和 31（1956）年に追加されたものである。もともと少年調査官による科学的調査（少年法 9 条参照）に基づいて審判する体制がとられていた。昭和 26（1951）年に家事調査官制度が発足し，昭和 29（1954）年に両者を統合した家裁調査官制度となった。そして昭和 31（1956）年の家審規則の改正に際して，家事審判・家事調停の調査についても少年法 9 条と同様に科学的知識を活用する方針を明らかにするために，家審規 7 条の 3 が追加された（注解・家審規 69 頁〈山田〉）。

(4)　調査報告

　家裁調査官は，事実調査の結果を書面または口頭で家庭裁判所に報告する（家審規 7 条の 3 第 3 項）。実務上は事件類型や調査事項に応じて調査報告書の様式によってなされる（注解・家審規 67 頁〈山田〉）。調査報告書は原則として事件の記録の一部としてこれに編綴され，直ちに家庭裁判所または調停委員会の事実認定の資料とすることができる（『家事執務資料（下巻の 2）』371 頁）。

　家裁調査官は，調査結果を報告するときは意見をつけることができる（家審規 7 条の 3 第 4 項）。家裁調査官は専門的な知識・経験に基づいて，事案の問題点を科学的・客観的に解明して事件の解決のために指針となるべき意見を提供できるから，これを調停に反映させて適切な運営を期そうとするのである（注解・家審規 68 頁〈山田〉）。ここにいう意見は，調査結果に関する意見である。家庭裁判所はこの意見を十分に尊重すべきであるが，これに拘束されるわけではない。

7　証拠調べ

1　事実の調査と証拠調べの関係

　家審規7条1項は家事調停に準用される（同137条1項）から，調停委員会が行う事実の調査と証拠調べの関係は，家事審判の場合と同様である（第1編第4章第4節72参照）。調停においては当事者の合意があるときは，それに基づいて事実を認定してよく，民事訴訟のような厳格な事実認定の必要性に乏しいこと，当事者の合意を基礎に手続を進行させ，調停条項を形成するという手続の性格から強制力を用いることは最小限度にとどめることが望ましいこと，さらに手続を簡易迅速に進めるべき要請が強いことから，証拠調べよりは方式にとらわれない事実調査が原則となる（手引・94頁）。

　証人尋問等の証拠調べは必要やむを得ない場合に行われるにすぎない。しかしながら，家事調停の対象となる紛争は，乙類審判事件のほか，人事訴訟や民事訴訟の対象となる事件であり，当事者間である事実の存否が厳しく争われることも多い。遺産分割においてはさらに遺産の評価額，寄与分や特別受益の評価額等が深刻な対立点となることも少なくない。このようにして家事審判と同様に，①事案の争訟性から相応する強度の心証が要求され，宣誓によって証拠を確実にする必要がある場合，②重要な参考人が呼出に応じないために，証人尋問の方法でその出頭を確保する必要がある場合などに証拠調べが必要となる（注解・家審規51頁〈山田〉，第1編第4章第4節81参照）*。

　　*遺産分割の調停において不動産の評価額が争いになり，当事者から鑑定の申請がなされることがある。これらの場合，鑑定にはかなりの費用が必要であること，時間もかかることを考慮しなければならない。そこで，家審規8条による調査嘱託等によって得られる固定資産税課税標準額，税務署の評価額，地価公示価格などを参考として価額を評価し，当事者の意見を調整を試みることが望ましいとされている（手引・95頁）。

2　証拠調べ

(1)　概　説

　調停機関は，必要があると認める証拠調べをしなければならない（家審規137条1項による同7条1項の準用）。家事審判の場合と同様に，どこまで民事訴訟法の準用があるかについては争いがある。この点に関する説明については，第1編第4章第4節81を参照のこと。

家事調停における証拠調べは民事訴訟の例による（家審規7条6項）。すでに述べた本書の立場からは，非訟法10条で準用されている人証および鑑定については，民事訴訟法の規定に従って証拠調べがなされることになるが，書証と検証については民事訴訟法の規定が準用されない。そこでこれについては自由な証明としての取り調べがなされることになる。家事調停においては，戸籍謄本，登記簿謄本などの定型的な証拠資料は当事者の身分関係や遺産の権利関係を明らかにするうえで重要であり，また実務上も申立ての添付資料として提出が求められている。その他の文書については民事訴訟法の定めに従って形式的証拠力・実質的証拠力を判断すべきであろう。しかし明文規定を欠くから強制力を伴う文書提出命令によることはできない。

鑑定は民事訴訟の例による。遺産分割事件における不動産価額や，後述する23条審判においては親子関係存否判断のための鑑定が重要になる。

(2) 証拠調べと当事者の証拠申立権・立会権

家事調停においては，証拠調べは調停委員会が必要と認める証拠調べを行う（家審規137条による7条1項の準用）として，職権探知主義が採用されている。証拠調べの要否の判断は調停委員会の専権に属するとして，通説は当事者には証拠申立権がなく，せいぜい職権発動を促すにすぎないものと解している（注解・家審規55頁〈山田〉）。これに対して従来から，職権探知主義と当事者の証拠申立権とは必ずしも矛盾するものではなく，これを認めるとともに証人尋問においても当事者の尋問権を認める見解があった（家審法講座3巻215頁〈沼辺〉）。そして現在の実務においては，証拠の申立権，立会権，尋問権については，いずれも権利とまでは認めることができないが，当事者の防御権の保障への配慮から事実上これを尊重するという運用がなされているといわれる（手引・17頁，注解・家審規55頁〈山田〉，井上哲夫「乙類審判事件における職権探知と適正手続の具体的運用」講座実務家審1巻130頁，実務講義案90頁）。

人訴法33条4項は，附帯処分に関する事実の調査に関して，裁判所が期日を開いて当事者の陳述を聴くことにより事実の調査をするときは，他の当事者はこれに立ち会うことができるとし，これを受けて人訴規22条は，この審問期日を当事者に告知しなければならないとする。ただし他の当事者が立ち会うことによって事実の調査に支障を生じるおそれがあるときは立会権は認められない（人訴33条4項ただし書）。この規定は一方では，対審的手

続による当事者の攻防の機会の保障を考慮するとともに，他方では家庭内暴力事案において夫婦の一方に対して保護命令が発せられているような場合を考慮した結果となっている（小野瀬厚＝岡健太郎『一問一答新しい人事訴訟制度』(2004) 143 頁）。原則として当事者の立会権を認めていることは，乙類審判手続や調停手続におけるこれまでの実務にも大きな影響を与えることになろう。

8　調停成立に向けた調停委員会の調整

1　総　説

　家事調停・民事調停においては，当事者からの事情聴取と争点整理を終えた段階で，調停委員会として調停案を作成し，当事者に対する提示と説得がなされ，調停の成立または不成立に至る過程が，最も核心的な部分といえる。しかしこの過程についての説明は，意外に少ないことに気がつく。調停に現れる事件が多様であり，調停案の内容も各事件ごとに当事者の主張や相手方の応答，調停案の基礎とされるべき規範の多様性等々から，一律的な方法を説明することが困難であるという実情がある。そこで，以下においては，手引・115 頁以下に紹介されている「基本的な調停案の作成」，「当事者の意見調整」および「調停案の提示」を手がかりとして，その概要と問題点を整理することとしたい（この内容は，諸問題・163 頁以下にも要約して収録されているので，実務においてはかなりの支持を得ているものと考えられる）。

2　基本的な調停案の作成

　当事者の主張および争点の整理がなされ，争点についての証拠調べを終えると，事件の真相が把握できることになる。手続がこの段階を迎えると，調停委員会は評議において当事者に対する意見調整のための基本的な調停案を作成する。これは調停委員会における内部的なものであるが，その後の調停活動の基本的方針となるものであり，当事者間に合意が成立した際にそれが相当であるかを判断する基準となる（家審規138条の2参照）。基本的調停案は合意を斡旋するための指針となるから，争点に対しては調停委員会としての判断を示す。事実の存否の判断を通じて権利の存否などの法的判断は結論的である。しかし，細部にわたる事項については，当事者の自主的な合意による解決の余地を残してよい。また，たとえば遺産分割調停において遺産の

具体的な分割方法等については，基本的な考え方を検討しておけばよく，以後の合意の斡旋の進行状況に応じて徐々に具体化させていくのが通常とされる（手引・115-116頁）。

3 当事者の意見調整

調停委員会は，基本的な調停案を作成すると，これに基づいて各当事者の意見を調整し，合意の斡旋をする。家事調停においては複雑微妙な感情的対立を背景にしている場合や，遺産分割事件のように対立点が多岐にわたり，利害の対立を複雑にしているものまで多様な争いがある。基本的な調停案を作成した後は，各当事者の意見調整を図る必要がある。それは事実認識の共通化と解決案に分けることができる。まず当事者の主張が客観的な事実・証拠に照らして矛盾がないかを確かめ，当事者に対してその修正を求めることから始まる。これに先行する事実調査と証拠調べの結果から調停案が作成される過程で，調停委員会としての心証が形成されている。これを基礎として事実・証拠の評価を示し，調停委員会の意見を当事者に示す。

客観的な証拠に加え，調停委員会の立場を示すことによって各当事者の事実認識がある程度修正され，協議のための共通基盤が形成されたと考える場合には，各当事者からそれぞれ解決案を提出させる。意見の差異があっても各当事者自身に問題解決のための現実的な提案をさせることが，その認識のギャップを埋めさせるために最も効果的であるといわれる。可能なかぎり文書で提案させ，結論に至った根拠・理由を十分に説明させ，調停委員もこれに対して意見を述べる（手引・117頁，諸問題・164頁）。

4 調停案の提示

当事者間の意見調整によっても合意が成立しないときは，調停委員会としての解決案である調停案を当事者に提示する。ただし当事者間に明らかに合意が成立する見込みがないとき，調停が成立せず審判に移行したとき，調停案と同様の結論が得られる見通しが立たないときは調停案は提示しない（諸問題・165頁）。当事者間にかなり厳しい意見対立が残されているときであっても，調停委員会が妥当な調停案を示すことで，円満な話し合いが促進されることもある。それゆえ調停委員会としての客観的な立場から，最も妥当と考える調停案を当事者に提示し，説得をすることになる。調停案を提示する

には，事案の内容や調停の進行状況，当事者の状況等によって，内容や具体性に変化がある。①基本的な調停案自体を示す（絵画にたとえるとデッサンである），②最終的かつ具体的な解決方法を示す調停案（完成された絵である），③両者の中間的な調停案（着色途上の絵である）の3つに分類されるという（手引・119頁，諸問題・165頁）。

調停案は当事者によって受諾されなくても，当事者に対して合理的な判断を援助するための資料提供をすることによって，その後の審判手続をするうえで効果的である（手引・119頁）。

5 調停技法・説得の技法等

調停の成立のさせ方，調停案の作成の仕方，当事者の説得の方法等については，古くからさまざまな理論や「技」が提案されてきた。その全体像を示すこと，あるいは最も優れているものを紹介することは，ここでは意図していない。こうした理論や技法は，（民事・家事）調停のみならず，訴訟上の和解にも共通する点があり，さらにはさまざまな取引上の交渉にも共通する。したがって，きわめて包括的に論じられているものから，裁判所における調停に限定して述べているものまで多様でもある。またこうした問題に対する学問的関心も，心理学，コミュニケーション論，倫理学等々実に多様である。手続法学についていえば，調停法への関心，民事訴訟における当事者の攻防プロセスとの関連での関心などに加えて，ＡＤＲ（裁判外の紛争解決制度）という制度設計との関係での関心などが徐々に集約されてきているとも思える。今後も多面的に論じられるであろう。

梶村・ガイド337頁以下においては，事情聴取の技法，説得の技法に分けた上で，後者については調停案の作成と説得の順序，利害得失の比較による説得の方法，人情や正義感情に訴える方法，友情ある説得・権威的説得，各種の交渉論・説得技術論の応用，代表的な文献の説く説得技法について紹介している*。

＊家事調停・民事調停や和解における交渉のあり方や技法を論じた文献はきわめて多数にのぼる。ここでは，その代表的なもののうち，ごく一部を揚げておくことにとどめる。ロジャー・フィッシャー＝ウイリアム・ユーリー（金山宣夫＝浅井和子訳）『ハーバード流交渉術』（1982），ロジャー・フィッシャー＝スコット・ブラウン（金山宣夫＝森田正英訳）『続ハーバード流交渉術』（1989），小島武司＝加藤新太郎編『民事実務読本Ⅳ（別巻）』（1993），廣田尚久『紛争解決学』（1993，新版増補2006），

草野芳郎『和解技術論』(1995)、レビン小林久子『調停者ハンドブック―調停の理念と技法』(1998)、井上治典＝佐藤彰一編『現代調停の技法』(1999)、梶村太市『新版離婚調停ガイドブック』(2004) などである。

第5節　調停手続の終了

1　総説

家事調停手続は次の事由によって終了する。

すなわち、①申立ての取下げ、②調停機関による「調停をしない措置（家審規138条）」、③調停の成立（家審21条）、④家審法23条による「合意に相当する審判」、⑤家審法24条による「調停に代わる審判」、⑥調停の不成立（家審規138条の2）である*。また当事者の死亡によって調停手続が終了することもあるが、これについては第1編第3章第7節3において手続の受継との関係で説明した。また、③④⑤については、後に独立して扱うため、ここでは①②および⑥について説明することとする。

　　*上記の④⑤については、正確にいえば当事者から適法な異議申立てがなく、その審判が確定することによって調停手続が終了し、他方で適法な異議申立てがあったときは、当然に調停手続が終了する。詳細は、後述する。

2　調停申立ての取下げ

1　概説

当事者の申立てによって開始された調停手続は、申立人がこれを取り下げることができる。家事調停の対象には当事者の任意処分を許さない法律関係もあるが、調停による解決を欲しないときは、これを取り下げることができる。申立て以外の方法で調停手続が開始された場合（家審11条による乙類審判事件の付調停、家審18条2項、19条1項による訴訟事件の付調停）には、当事者の取下げは認められない（山木戸・96頁、家審法講座3巻243頁〈沼辺〉。調停手続を消滅させるためには、その元になっている審判事件や訴訟事件の申立てを取り下げることになる）。

2 一部の者による取下げ

(1) 申立人の一部による取下げ

　数人の共同当事者による申立てがなされたとき，その一部の者による申立ての取下げは許されるか。また数人の相手方がある場合に，その一部の者に対する申立てを取り下げることができるか。主要には遺産分割調停において問題となる。遺産に関する訴訟は遺産確認の訴えに代表的に示されるように，相続人全員が当事者になることを必要とし（最判平成元(1989)・3・28民集43巻3号167頁），数人によって提起されたときは，その一部の者による取下げは許されない。遺産分割事件についても，固有必要的共同訴訟に類似するものと理解されている。しかし審判申立ての取下げと同様に，申立人の一部の取下げを認めてもその者を手続に参加させるには，残された当事者から相手方の追加申立てあるいは強制参加（家審12条・20条）によって目的を達することができるので，特に不都合はなく，またこれを認める実際上の必要性もあるとして，これを肯定する見解が有力である（手引・121頁，諸問題・125頁，実務講義案115頁）*。

　　*大阪高決昭和54(1979)・7・6家月32巻3号96頁は，遺産分割調停の手続中に申立人であった相続人の1人が他の共同相続人に相続分を譲渡して，調停申立てを取り下げた事例である。大阪高裁は相続分の譲渡により当事者適格を失い，譲受人が終始手続に関与していたから，遺産分割審判につき手続上の瑕疵はないとした。申立人である共同相続人が相続分を譲渡して，申立てを取り下げる事例についても取下げで対処する必要はなく，適格喪失・手続からの脱退によることが筋であろうが，こうした方法も認められよう。

(2) 相手方の一部に対する取下げ

　相手方の一部に対する申立ての取下げは許されない。相手方が手続から離脱するには，取下げによらなくともその者が脱退することによって目的を達成することができるし，相続分を譲渡したにもかかわらず，脱退しない者がいるときは，当事者として手続に残存させ譲渡の有無について判断することが必要であり，この場合に申立ての取下げを認めると手続が不安定になりうるので，これを認めないことが相当だとされる（諸問題・193頁，実務講義案115頁。なお，遺産確認の訴えについても同様である。最判平成6(1994)・1・25民集48巻1号41頁）。

3 取下げの手続等

取下げは，調停の終了に至るまですることができる。取下書の提出または口頭でも可能である。申立ての取下げには，相手方の同意が必要がないと解されている。相手方に対する通知については明文規定を欠くが，調停をしない場合あるいは調停の不調の場合と同様なので家審規141条を準用して通知する（実務講義案232頁）。

取下げの効果は民事訴訟と同様であって，その調停過程でなされたすべての手続上の行為の効力は失われる。調停における譲歩の1つとして，当事者間の調停申立てを取り下げる旨の合意が成立する場合がある。訴訟上の和解において，訴えの取下げが合意される場合と同様である。

3 調停をしない措置（調停の拒否）

1 意 義

調停機関（調停委員会または調停を単独でする家事審判官）は，事件が性質上調停をするのに適当でないと認めるとき，または当事者が不当な目的で濫りに調停の申立てをしたと認めるときは，調停をしないことができる（家審規138条，142条）。紛争の内容が調停に適しないとき，または調停申立てが調停制度の濫用と認められる場合に，調停機関が調停を拒否し，調停制度の健全な維持を図るものである。民事調停についても同様の定めがある（民調13条・15条）。

これに該当するときは，調停機関は「調停をしない」と宣言し，これによって調停終了の効果を生じる。この点に関し，家審規138条は「調停をしないことができる」と定め，民調法13条は「調停をしないものとして，事件を終了させることができる」としているが両者を別異に解すべきではないとされる（市川・140頁，家審法講座3巻243頁〈沼辺〉）*。この場合，家庭裁判所が調停申立てを不適法として却下するのではない。家庭裁判所は，調停の申立てがあると事件が調停に適するか，あるいは申立てが濫用でないかを審査しないで，直ちに調停機関の処理に付さなければならない。また調停機関が「調停をしない」と宣言したときは，家庭裁判所は改めて調停申立てを却下する裁判をすべきではない（山木戸・97頁，家審法講座3巻243頁〈沼辺〉，注解・家審規433頁〈上村〉）。

＊民事調停法以前の各種調停法にも，同趣旨の定めがあったが，調停をしないものと

して事件を終了させる制度はなく、事実上調停をしないことにした場合、事件は受調停裁判所になお係属し、これを消滅させるにはさらに裁判所の申立却下決定を必要とするという解釈があったとされている（小山・230頁）。家審規138条もこの意味では民事調停法以前の各種調停法と同様の定めをしているといえるが、民事調停法の制定によって規定を改正すべきであったといえる。

2 調停をするのに適当でない場合

家審規138条によれば調停をしない場合には、2つの場合が区別されている。まず「事件が性質上調停するのに適当でない」という要件が掲げられている。これには、①調停を求める事件の内容自体が法令や公序良俗に違反し、裁判所における調停をすることが不適当と認められる場合と、②事件の内容自体は調停をするに適切であるが、具体的な事件の態様から調停をすのに適当でないという場合を含む。相手方の所在が不明である場合などである*。次に「当事者が不当な目的で濫りに調停の申立てをした」とは、訴訟または執行の遅延策として調停を申し立てた場合や、申立人が調停期日に欠席を繰り返して調停を進行させる熱意を欠いている場合、調停が成立してその後格別の事情変更がないのに再調停を申し立てた場合などがこれにあたるとされる（近藤ルミ子「調停の成立及び効力」講座実務家審1巻384頁、実務講義案238頁）。

　　＊福岡家裁小倉支部措置昭和49(1974)・12・18家月27巻12号68頁は、調停の申立ての趣旨が不明で、また申立てが精神分裂病（統合失調症）による異常体験によるものであると認めて、家審規138条により事件を終結させている。

3 調停機関の措置

家審規138条による調停機関の措置は、裁判ではない。しかしこれによって調停事件を終結させるものであるから、調書に記載するなど、これを明確にしておく必要がある。また家審規141条により、当事者に対してその旨を通知しなければならない。

調停をしない措置に対しては当事者は不服申立てをすることができないと解されている（山木戸・97頁、家審法講座3巻244頁〈沼辺〉、注解・家審規435頁〈上村〉、実務講義案238頁）しかしこの解釈には疑問がある*。

　　＊仙台高決昭和30(1955)・12・27家月8巻6号31頁は、調停しない旨の決定につい

ても家審法14条の対象となるが，即時抗告の許される場合には該当しないとして不服申立てを許さないとするが，東京高決昭和53(1978)・12・21家月31巻7号58頁は，通説に従って調停をしない措置は裁判の性質を有しないから不服申立てができないとする。民事調停についても同様に解されている。しかし，上記1で指摘したように，民事調停法成立以前の各種調停法では，裁判所がした調停申立却下に対して，不服申立てが認められるかが問題とされていた。判例は否定していた（大判昭和10(1935)・2・18民集14巻2号132頁，大判昭和15(1940)・7・20民集19巻15号1205頁）が，学説には反対が強かった（たとえば，兼子一「判例評釈」『判例民事法昭和10年度』(1936) 40頁）。調停申立ては裁判所に対してするものであり，調停委員会はその委任に基づいて職務を行うのであるから，調停機関の措置が裁判でないとの形式論で不服申立てを許さないのは正当ではない（小山・231頁）。この見解を支持し，受調停裁判所に対し異議の申立てをすることができ，これを却下した裁判に対して即時抗告が許されると解する。

4 乙類審判事件と調停の拒否

乙類審判事件について家審規138条によって調停が拒否された場合に，この事件が審判手続に移行するかについては見解が分かれている。この措置がとられたとしても，調停の不成立の場合と同様に当事者の利益保護の立場から審判手続への移行を認める見解（山木戸・97頁），逆に調停拒否の措置によって事件が終了するとの見解（市川・140頁，家審法講座3巻244頁〈沼辺〉，注解・家審法838頁〈石田〉），さらに不当な目的でみだりに調停申立てがなされたと認められる場合には審判手続への移行は認めるべきではないが，事件の性質上調停に適しないとされた場合には移行を認めてよいとする見解もある（家審法講座3巻245頁〈沼辺〉は注においてこの見解が妥当ではないかという。また京都家審昭和59(1984)・4・6家月37巻4号62頁も同趣旨を述べて審判手続に移行させている）。

実務上は，最後に述べた見解によっていると考えられる（『家事執務資料（下巻の1）』210頁）。審判手続から調停に付された場合には，調停をしない措置によって審判手続までが消滅することはなく，実質上調停不調と同様に扱われるときは審判への移行を認めることが合理的であろう。

4 調停の不成立

1 概説

調停機関は，当事者間に合意の成立する見込みがない場合，または成立し

た合意が相当でないと認める場合において，家庭裁判所が調停に代わる審判（家審24条）をしないときは，調停が成立しないものとして手続を終了させることができる。家審法23条に定める事件の調停について，当事者間に合意が成立したが，家庭裁判所が合意に相当する審判をしない場合も同様である（家審規138条の2）。実務上，調停不調ともいわれる。民事調停についても同様の定めがある（民調14条・15条）。

2 調停不成立とするための要件

調停機関が，調停が成立しないと判断して手続を終了させるための要件は，①当事者間に合意が成立する見込みがないこと，または②成立した合意が相当でないと認められることである。①については，当事者が度重なる呼出にも応じないで出頭しないとか，長期間の外国出張等で調停期日に出頭する見込みがない場合などがある。この判断は調停機関に委ねられる。当事者がこれらの事情から不調にしてほしいといっても，調停機関は当事者の判断に拘束されるわけではない。②の成立した合意が相当でないと認められる場合とは，合意内容が正義と衡平に合致しない場合をいうが，調停を打ち切るか，さらに調停を続行するかは調停委員会の判断に委ねられる（注解・家審規436頁〈上村〉）*。

*たとえば，認知請求を放棄する合意や扶養請求権を放棄する合意，離婚調停事件における親権者の指定について，子が小学校に入学するまでは母，その後は父を親権者と定める合意が成立したときなどは，いずれも合意内容が違法であるとか著しく妥当性を欠く場合だとされる。また養育料の請求権を放棄する合意があっても，その効力は子には及ばない（家審法講座3巻247頁〈沼辺〉，注解・家審規437頁〈上村〉，実務講義案240頁，283頁）。また余りにも長期間にわたって割賦で支払う旨の合意も，相当でないとされる場合が多いとされる。なお，後述第5節3参照。

3 手続の終了

調停機関が調停不成立の措置をとると，調停手続は当然に終了する。それゆえ書記官はこれを調書に記載し，遅滞なくその旨を当事者に通知しなければならない（家審規141条）。また調停不成立の措置に対しては不服申立てができない。調停の不成立は，調停をしない措置とは異なって，それまで進行させてきた調停手続が成功しなかったので続行しないという措置であり，当事者には調停の続行を求める利益が認められるべき場合ではない（小山・

234 頁，東京高決昭和 39(1964)・10・28 家月 16 巻 11 号 155 頁。民事調停につい
ても同様である。名古屋地決昭和 41(1966)・1・31 判時 436 号 52 頁)＊。

 ＊名古屋高決昭和 51(1976)・1・12 判時 818 号 62 頁は，調停不成立となったため，
 調停委員会が調停不成立の調書を作成し，原審において即日家事審判事件として立件
 したうえ，その 3 日後に「本件は調停の不成立により終了した」との審判をしたのに
 対して，即時抗告が許されるかが問題となったものである。名古屋高裁は抗告を適法
 とした上で，抗告理由なしとして却下した。本件では，調停内容が民法 910 条による
 相続分に応ずる価額の支払請求であり，訴訟事項であった。したがって以下 **4**(3)で
 指摘するように審判手続に移行しない事件であった。誤って審判として立件してしま
 ったため，その結末をつけるための非常措置的な審判であると考えるべきであろう。

4 調停の不成立と審判手続への移行
(1) 意　義

　家審法 9 条 1 項乙類に規定する審判事件については，調停が成立しないと
きは調停の申立てのときに，審判の申立てがあったとみなされる（家審 26
条 1 項）。乙類審判事件は，基本的には当事者間における協議により解決を
図ることができるから，その自主的解決を先行させている（調停優位主義）。
これが不調に終わったときには，調停の申立人が改めて審判の申立てをする
までもなく，当然に審判の手続を進めることができるようにすることが，調
停を申し立てたことによる不利益の発生を防止することになる＊。

　調停機関が乙類審判事件についての調停の不成立をまたないで，裁量によ
って審判手続に移行させることはできない（大阪高決昭和 42(1967)・12・4 家
月 20 巻 6 号 23 頁）。

 ＊家事審判法の立法者は，これについて「家事審判法質疑応答資料」（堀内・研究
 442 頁）によると次のように説明していた。
 　「問　第 26 条の立法趣旨如何。
 　　答　審判事件の内には，審判の申立期間の定のあるものがあり（例へば，離婚の場
 合における財産分与の審判の申立期間は，離婚の時から 2 箇年間である。民法第 768
 条 1 項但書)，又訴訟事件にも出訴期間の定のあるものがある（例へば，嫡出子否認
 の訴の出訴期間は，子の出生を知った時から 1 箇年間である。民法第 777 条）。而し
 て調停手続の進行中に申立期間又は出訴期間を経過し調停が不調になると，審判の申
 立又は出訴ができなくなるので，本条を設けたのである。
 　　なお，訴訟事件については，調停申立の時に当然訴の提起があったものとみなさな
 かったのは，当事者が訴訟まで提起して争いたくない意向の場合が相当あり得るから
 である」。

(2) 移行の手続

乙類審判事件については，審判に先立って調停の申立てをすることができる（家審 17 条）。調停が不成立によって終了すると，当然に審判手続に移行しその手続が開始される。当事者の申立てや裁判所の別の処分が必要となるわけではない。原則として新たな手数料の納付も必要がない（家審法講座 3 巻 252 頁〈沼辺〉，実務講義案 243 頁）。また，財産分与請求（民 768 条 2 項）など審判申立期間のあるものについて，調停手続中に申立期間が経過することによって当事者には不利益が生じない（家審 26 条 1 項）。

家審法 26 条の規定により審判手続への移行を受ける家庭裁判所は，審判事件について管轄を有するか否かにかかわらず，その調停事件を取り扱った当該家庭裁判所であると解される。自動的に審判への移行という効力を発生させることから，審判事件につき管轄を有する家庭裁判所とすると，調停事件につき管轄を有する裁判所と異なることになり，制度趣旨を生かせないからである（家審法講座 3 巻 254 頁〈沼辺〉，注解・家審法 839 頁〈石田〉，実務講義案 244 頁）。

(3) 移行する事件

調停が不成立になったことによって当然に審判手続に移行するのは，当事者の申立てによって開始された乙類審判事件に限られる。乙類の審判事件であるかどうかは，事件名によってではなく申立内容の実質によって判断すべきである（注解・家審法 835 頁〈石田〉，坂梨喬「調停不成立を巡る諸問題」判タ 1100 号 549 頁，東京高決昭和 53(1978)・5・30 家月 31 巻 3 号 86 頁は，親族関係に基づかない扶養に関する事件につき，一般の家庭に関する事件として調停が成立しなかったときは，審判には移行しないという）*。家審法 11 条により調停事件が審判手続から調停に付されていたときは，調停不成立によって調停手続が終了するだけであり，残存している審判手続が続行される。

　　＊当初は乙類審判事件であったが，紛争の進展によって乙類審判事件でなくなることもありうる。たとえば養育費請求事件として申し立てられたが，その実質は損害賠償請求を求めるものであったという場合，原審が審判に移行させたうえ審判に移行させるべきではなかったとして申立てを却下したのに対して，事件としてそもそも審判に移行しないものであるから却下すべきでもないとして，調停不成立を理由に終了宣言をしたものとして，高松高決平成 8(1996)・8・16 家月 49 巻 2 号 150 頁がある。

　　乙類審判事件か訴訟事件かが問題になることもある。最高裁平成 8(1996)・1・26 民集 50 巻 1 号 132 頁が，遺留分減殺請求権を行使して取り戻した財産の分割は遺産

分割ではないと判示するまでは，これに関する調停が不成立になった場合に審判に移行するかどうかが争われていた。なお，当事者が事件をなお乙類審判事件と主張する場合には，審判に移行せず事件が調停不成立により終了した旨を宣言するとし，これに対して実質的には乙類審判事件申立ての却下の審判であるとして，即時抗告の対象となるとする先例がある（名古屋高決昭和51(1976)・1・12判時818号62頁）。

　離婚申立てとともに親権者指定，財産分与の調停が申し立てられているときは，これらの申立ては離婚成立を停止条件とする付随的申立てであり，離婚が成立しない限り，親権者指定と財産分与のみを独立した申立てとして扱い，家審法26条1項により審判に移行させることはできない（宮崎家裁日南支審昭和44(1969)・7・21家月22巻5号75頁）。また離婚申立てに親権者指定，財産分与申立て（附帯処分）がなされていた場合において，離婚については合意が成立したが，附帯申立ての部分について調停が成立しない場合には，親権者指定については審判に移行させるが財産分与は審判に移行させずに後日の申立てをまつという取扱いが妥当であろうとされる（注解・家審法837頁〈石田〉，実務講義案241頁）*。

　　*親権者指定について合意が成立しないまま離婚についてのみ調停を成立させるには，当該審判手続において判断する必要がある。これに対して財産分与については，その真意が慰謝料の趣旨のこともあれば，一般に離婚をするか否かということと財産分与をどうするかということはきわめて密接な関係にあり，基本的な部分である離婚について調停成立として事件を終了させる以上財産分与についても，請求の有無を含めて，合意が成立しなければこれを終了させ，当事者に請求する意思があれば改めて申し立てさせることで差し支えないからであるとされる（注解・家審法837頁〈石田〉，実務講義案241頁）。

(4) 移行の効力

　家審法26条1項による，調停の申立ての時に審判の申立てがあったとする擬制は，調停手続をさかのぼって審判手続の一部とみる趣旨ではない*。審判手続への移行にあたっては，審判手続として司法行政上の事件の分配を受ける。調停を主宰する機関と審判を担当する機関とは観念上は同一でない。したがって，調停手続において調査した資料を当然に審判手続に利用できるかは問題である。全く利用できないとすることは，手続の連続性との関係でも疑問である。調停においてさまざまな調整を試み，その過程でなされた調査結果や対立点の整理などが利用できないとすると，審判手続において改めてこれらをやり直す必要性がある。しかし，むしろ調停が審判手続における

密度の濃い争点整理の機能を果たしていること、調停手続における事実調査および証拠調べにおける手続保障が尽くされていること、当事者も調停と審判を一連の紛争解決手続と捉えていると考えられることを考慮すると、そこで得られた資料は審判手続においても利用できると解するべきであろう（山木戸・33頁、家審法講座3巻253頁、注解・家審法840頁〈石田〉、近藤・講座実務家審1巻386頁、実務講義案244頁）＊。

＊注解・家審法841頁〈石田〉は、「実務においては当然使用可能として審判手続を進めているが、むしろ現在では、紛争性の高い乙類事件については、いかにして調停手続において十分な資料を収集するかということと、収集した資料を客観化（たとえば当事者から書類を提出させたり、陳述内容や合意内容を期日調書に記録化するなど）して後日の審判手続で有効に活用するかについての努力がなされている」という。

5 調停の不成立と訴えの提起
(1) 意　義

家審法17条の規定により調停を行うことができる事件について、調停が成立せず、かつ、その事件について同法23条による合意に相当する審判または同法24条の調停に代わる審判をせず、またはこれらの審判が異議申立てによってその効力を失った場合において、当事者がその旨の通知を受け取った日から2週間以内に訴えを提起したときは、調停の申立ての時に、その訴えの提起があったものとみなされる（同26条2項）。

これは調停の申立てをした者が、調停が不成立になったことによって出訴期間（たとえば嫡出否認の訴えについて民777条）を徒過し、または訴え提起による時効中断の利益を失うなどの不利益を防止するために設けられているものである＊。民事調停にも同様の定めがある（民調19条）。乙類審判事件と異なり、調停不成立から自動的に訴訟手続への移行を認めていないのは、調停が不調となった段階で当事者に再考させることが望ましいこと、調停が不調であるからといって訴訟まで提起する意思をもたない当事者があることを考慮したためである（上記4(1)に掲げた立法理由参照）＊＊。

＊最判平成5(1993)・3・26民集47巻4号3201頁は、民事調停に関してであるが、調停不成立の1ヶ月以内に訴えを提起したときは、民法151条の類推適用によって、調停の申立ての時に時効中断の効力が生じるとする。また名古屋高裁金沢支決平成4(1992)・4・22家月45巻3号45頁は、遺言によって認知を受けた相続人が行った価額請求審判の申立てについて、付調停の後不成立になって移行された審判において、当該事件は訴訟事項であるとして不適法却下された場合でも、審判申立ては時効中断

の効力があり，却下審判の通知を受けた時から2週間以内に訴えを提起したときは，家審法26条2項が類推適用されるとする。
＊＊調停から家事審判に移行しても，当事者の申立人・相手方の地位に手続上決定的な差異を生じさせるわけではない。しかし調停から訴訟に自動的に移行するとなれば，請求，請求原因，抗弁など，訴訟物との関係や主張立証責任のあり方などが果たして適切に行えるか，という問題を生じさせる。訴訟事件についての調停前置主義は，調停が不調の際に訴え提起を擬制させることまで含めることができないのである。

(2) 訴え提起の擬制

　訴え提起が擬制されるのは，家事調停の対象となる訴訟事件である。これには家審法23条の適用を受け合意に相当する審判がなされうるものと，家審法24条の調停に代わる審判がなされうるものがある。これらの審判がなされないか，なされても適法な異議申立てがあればこの審判が失効して，事件は実質的に未解決のまま家庭裁判所の係属を離れる。当事者が調停の不成立または審判の失効の通知を受け取った日から2週間以内に訴えを提起した場合に限って，家審法26条2項が適用される。この期間は，訴訟係属の効果をさかのぼらせ，実体法上の権利に影響を及ぼすから，伸縮することができない（家審法講座3巻257頁〈沼辺〉，注解・家審法841頁〈石田〉）。しかし申立人の責めに帰すことができない事由により，この期間を遵守することができなかったときは，訴えの提起を追完することができる。またこの期間内に訴えを提起したときは，調停申立時に貼用した手数料は，訴状に貼用すべき印紙額に通算される（民訴費用5条）が，家庭裁判所で作成された調停事件の記録は，受訴裁判所には送付されない（実務講義案245頁）。

第6節　調停の成立

1　概　説

　調停期日において当事者間に合意が成立し，調停機関がその合意を相当と認めて，これを調停調書に記載すると調停が成立する（家審21条2項）。訴訟上の和解が成立した場合と同様の定めであるが，たんに当事者間に合意が成立するだけでなく（民訴267条参照），調停機関による合意内容の相当性の判断が求められている点が異なる。すでに説明したように，成立した合意の内容が相当でないと認められる場合には，調停を不成立として審判手続へ移

行わせることができる（家審規138条の2）こととの関係で，調停機関の判断が必要とされているのである*。

　　*家審法制定以前の人事調停法は，調停委員会による調停が成立した場合，裁判所の認可を必要としていた（人事調停法8条は借地借家調停法28条を準用していたが，それは次のように定めていた。すなわち，調停成立の場合には裁判所は調停主任の報告を聴いて調停の認否の決定をする（26条）が，28条は「調停委員会ヲ開キタル場合ニ於テハ調停ハ認可決定アリタルトキニ限リ裁判上ノ和解ト同一ノ効力ヲ有ス」としていたのである）。その理由は，調停委員会における調停の場合には判事である調停主任の他に素人である調停委員が関与して，公正でない調停をする虞がないではないから，「裁判所をして一応成立した調停を検せしむることが妥当」であると考えたことにある（宮崎澄夫『調停法の理論と実際』（1942）154頁参照）。

　　そして家事審判法の制定に際し，この制度を維持するかが問題とされたが，立法者は家審法21条の制定の趣旨を次のように説明する（「家事審判法質疑応答資料」堀内・438頁）。

　　「問　調停委員会の調停について，裁判所の認可決定を要件としていない理由如何。
　　答　現行人事調停法においては，調停委員会の調停は，裁判所の認可決定ありたる場合に限り，裁判上の和解と同一の効力を有する（人調8条，借調28条）こととして，調停委員会の調停の公正に対し，最後の保障をしているが，実際上の取扱いとして，調停委員会の調停が成立した場合に裁判所が不認可の決定をした事例は皆無であり，且つ，調停委員会の構成員には，家事審判官が入っているから，その調停が公正を欠く虞は皆無なので，裁判所の認可は不要とした」。

　　本条は，こうした経過を引き継いでいる。

2　当事者間における合意の成立

1　家審法21条1項における合意（調停条項）

　家審21条1項によれば，当事者間に合意が成立するだけでは調停は成立しないが，この合意は調停における核心部分をなすものである。その合意の内容は調停条項と呼ばれる。調書への記載は公証的性質を有する手続的な行為といえる（調停は裁判所の相当性の判断によって法律上確定判決と同様の効力を与えられるが，その効力については後に説明する）。

　調停手続においてなされる当事者の合意の対象は，主として当事者間の権利関係の処分に関するものである。このうち家審法23条に定める身分関係に関する調停においては，当事者間の合意が成立するだけでは法律関係を変動させることができない。この場合には，家庭裁判所が当事者の合意の基礎となる事実関係をさらに調査したうえ，相当と認めるときは合意に相当する

審判をする。したがって，家審法21条1項の対象となる当事者の合意は，当事者の合意によって法律関係を処分することのできる訴訟事件と乙類審判事件に関するものである。

2 合意の成立

調停手続は調停期日において行われるから，調停の合意はその期日に当事者双方が出頭して，調停機関の面前でなされることが必要である。各当事者が各別に調停期日に出頭して意思を表示し，調停機関が合意が成立したと判断しても，当事者双方が同一の期日に同席して一致した意思を表示しないかぎり，合意の成立を認めることはできない（注解・家審法727頁〈上村〉）。それゆえ，調停期日外における合意，または不出頭の当事者による書面の合意は，家審法21条1項にいう合意とみなすことができない。

調停は本人の出頭が原則であり，やむを得ない事由があるときは代理人を出頭させることができる（家審規5条）。身分関係の事件については，身分上の合意は代理に親しまないから代理人（弁護士を含む）を出頭させて合意することはできない（熊本家裁山鹿支審昭和39(1964)・8・20家月16巻12号55頁，実務講義案251頁）。

3 隔地者間の調停

当事者の一方または双方が遠隔の地に居住しているため，調停期日に出頭することができない場合に，調停機関が何らかの方法で不出頭の当事者の意思を確認でき，当事者間に意思の合致があると判断することができるならば，調停の成立を認めるような便宜的方法をとることができるか。昭和49(1974)年の家審法一部改正によって21条の2が新設された。このような措置が認められるのは「遺産の分割に関する事件の調停」に限定されている。その他の調停については遠隔地に居住する当事者が「調停合意書面」あるいは「調停条項を受諾する書面」等々を提出しているときは，私法上の合意としての効力はともかく手続上では調停の成立を認めることができない（注解・家審法727頁〈上村〉）*。

　　*平成8年民訴法改正に際して，その264条では民事訴訟上の和解につき事件の種類を特定することなく，家審法21条の2と同趣旨の規定をおいた。この点で，家事審判では遺産の分割に関する事件の調停にのみこの制度を限定する趣旨は再検討されて

よいはずである。

3 調停機関による相当性の判断と調書の記載

　家審法21条1項により，調停は合意の内容（調停条項）を調書に記載することによって成立する。それゆえ調停においては，合意の成立と調停の成立とは別個のものとされている。調停機関は当事者間に成立した合意が相当であるかどうかを判断し（家審規138条の2参照），不相当と認めるときは，さらに調停を続行させるか，調停不成立として手続を終了させ，あるいは調停に代わる決定（家審24条）をなしうる。しかし，相当と認めるときは，裁判所書記官にこれを調書に記載させる。これによって調停が成立する。合意が相当であるかどうかの認定は，適法・不適法または有効・無効という法律的判断だけでなく，妥当であるかという見地からもしなければならない（実務講義案252頁）*。

　　＊相当性の判断に関して，従来問題とされてきたのは，非法律的事項についての合意，私法上なしえない事項についての合意および合意の内容に付款がついている場合であった。調停条項の解釈として問題とされているが，当事者の合意の相当性を判断する際に審査すべき事項である。
　　　ここでは，認知請求権の放棄の合意について簡単に触れておこう。この問題につき，最判昭和37(1962)・4・10民集16巻4号693頁は，「子の父に対する認知の請求権は，その身分法上の権利たる性質及びこれを認めた民法の法意に照らし，放棄できない」という。通説もこれを支持する。しかし現実の家事調停においては，認知請求権は一定の条件のもとでは放棄が許されるとする見解が有力に主張されている（日野原昌「認知請求権の放棄」同『家族法実務の研究』(1990)257頁，注解・家審法733頁〈上村〉など）。放棄無効説に立って父の婚姻家族の安泰を図ることと非嫡の子が父に認知されるということは，元来，二律背反的なものであるが，その調和を図る接点として，放棄有効説が浮かび上がるのであり，この説をとることにより多くの事案につき，具体的に妥当な結果が得やすくなると指摘し，これに基づいて調停による合意を形成することができるというのである（日野原・前掲259頁）。こうした問題を調停でどこまで解決するべきか，というまさに難問が提起されている。調停という制度がなく訴訟による解決だけしか設けていないならば，最高裁判決の趣旨を徹底させることはさして困難ではないであろう。しかし，それだけでなく当事者間の合意による解決として，調停制度を設け，しかもこれによる解決を優先させるという法制度のもとでは，当事者間の具体的妥当な解決のために法律の原則だけでなく，法律的基準による解決の代償的解決の必要性が登場し，またこれを無視することができず，認知請求

権についても一定期間は行使しない代わりに金銭的給付で解決する、あるいは認知請求権を放棄することに代えて金銭的解決を図るといった解決案が登場することを避け得ないともいえる。実体法的に当事者が合意で処分できない紛争についても調停による解決を認める以上は、上に述べたような状態が生じることは必要悪として認めざるを得ないであろう。家事調停の実務での処理を最高裁判決に抵触するとして、相当性を欠くとは一概にはいえないであろう。

4　調停の法的性質

　成立した調停の法的性質については、民事訴訟における訴訟上の和解と同様に学説上争いがあるが、今日では基本的に私法行為説ないし両性説に従っているとみてよい。すなわち、成立した調停の実質は当事者の合意であり、係争の法律関係についてなされる私法行為であるが、その手続上裁判所の承認および公証行為によって、法律上確定判決等と同一の効力が認められているのである（山木戸・102頁、家審法講座3巻275頁〈沼辺〉、注解・家審法726頁〈上村〉）。手続的にみれば、家審法21条1項に従って、合意がなされなければならないから、この要件を欠いて調停条項として調停機関の審査を受けることができないときは、合意の成立とみなすことができないから、私法上の効果も生じないといわざるをえない。このような趣旨のものとして、通説を支持する。

5　調停調書の更正

1　概　説

　調停期日に当事者の合意が成立し、その内容が調書に記載されると調停が成立する。この調停調書に誤記、その他明らかな誤りがあったとき、これを訂正・補充できるかについて家審法・家審規則には定めがない。しかし、民訴法257条は裁判の更正に関する一般的な定めと解されるから、調停調書についてもこれに準じて更正を行うことができると解される（第1編第4章第6節5 2参照）。更正の対象となるのは、調停条項などの記載事項全体に及ぶが、明白な誤記、計算違い、記載漏れなどである。

2　更正をする裁判所

　更正をなしうるのは、更正を受けるべき調停調書を承認をした裁判官が所

属する裁判所であり（東京高決昭和61(1986)・7・16判タ623号203頁），家事調停の場合には，調停事件を処理した家庭裁判所である（石田敏明「調停調書の更正」判タ1100号545頁）。調停委員会による調停でも，調書の更正は家庭裁判所が行う（民訴257条1項の主語は，「裁判所」となっている）。

3　不服申立て

更正の審判に対しては民訴法257条2項の準用または類推適用によって即時抗告をすることができる（ただしその期間は審判の告知のあった日から1週間である。民訴332条参照）。更正の申立てを却下する審判に対しても即時抗告をすることができる。調停調書については，他の不服申立ての方法がなく更正を求める機会がないためである*。

　　*東京地決平成9(1997)・3・31判時1613号114頁は，「判決に対しては上訴という不服申立て方法があるものの，判決の更正で足りる場合には上訴の理由は認められないと解されるから……判決にもとづく執行等を容易にするために更正を求める当事者の利益を保護すべく……更正申立てに対して実体的判断をしたうえでなされた却下決定に対しても即時抗告を認めるのが相当」という。注解・民調443頁〈宮崎〉，石田・前掲545頁もこれを支持する（第1編第4章第6節 5 2(2)参照）。

6　調停の効力

1　総　説

調停において当事者間に合意が成立し，調停機関がこれを相当と認めて調書に記載したときは調停が成立し，その記載は確定判決または確定した審判と同一の効力を有する（家審21条1項）。調停の対象が訴訟事項であるか，乙類審判事項であるかによって，調停の効力に差異が設けられている（同ただし書き）。それゆえ，これを分けて説明するのが便宜であろう。また調停の効力と密接に関連することとして，家事調停についてもその無効を観念することができるかも問題となるのであわせて検討する。

2　訴訟事項を対象とする調停の効力

訴訟事項を対象とする調停は，確定判決と同様の効力を有する（家審21条1項）。これに対して，民事調停は，裁判上の和解と同一の効力を有すると定める（民調16条）。もっとも裁判上の和解は「確定判決と同一の効力」を有する（民訴267条）ので，家事調停と民事調停の効力に差異はないと解

されるし，差異を設ける根拠を見いだしがたい（注解・民調215頁〈小室〉）。ともに裁判所における調停であり，家事調停は当事者間の一定の身分関係の存在と調整の必要性から，通常の民事調停に関する事件をも対象とすることから，両者は重なり合うともいえるのである。しかしながら，同一事項を定めるのにその表現が異なるのは，利用者にとっても不親切であり，立法技術上も問題があるといえよう。

　確定判決は，訴訟法上の効力として，形式的確定力，既判力，執行力および形成力を有するが，調停もこれらの効力を有するかが問われる。

(1) 形式的確定力

　民事訴訟や家事審判において，形式的確定とは終局裁判が上訴によってもはや取り消される余地がなくなることをいう。このように形式的確定とは，審級制度があることを前提とした概念である。これに対して調停においては，上級審が調停手続を審査する制度を予定していないから，形式的確定力は存在しない（小山・284頁）。調停が効力を生じると，その内容は実体的に一応確定し，調停委員会は期日の指定，事実調査，合意のやり直しをすることができないという不可取消性を生じる。この点で判決の形式的確定に類する状態が発生する。この状態を形式的確定力によって説明する見解がある（石川明「民事調停の効力」同『民事調停と訴訟上の和解』(1979)55頁）。しかし，これらは端的に調停成立による手続上の効果とみれば足り，通常の用法とは異なる意味で形式的確定力という必要はない。

(2) 既判力

　既判力とは，確定した判決の判断内容が訴訟当事者および裁判所を拘束し，これに反する主張や判断をなしえないものとさせる効力である。訴えにより審理を遂げたうえで判決が言い渡され，もはや当該の手続内で争う可能性がなくなった以上は，その判断内容は尊重されるべきである。このようにして判決後も同一の紛争で蒸し返し主張や矛盾する判断を禁じて紛争解決を図るのである。この既判力が家事調停においても認められるかについては，民事調停および訴訟上の和解の既判力とも関連して，古くから争われている。

　家事調停に関していえば，既判力肯定説が通説である。「調停によって定まった法律関係は不可争であり，その限りで判決と同様であるから既判力を有する」（山木戸・102頁）とか，調停によって確定された当事者間の具体的な法律関係の存在が訴訟において尊重されなかったり，当事者がこれに反す

る事実を主張することができ，また裁判所もこれと異なる判断をなしうるようであれば，調停による紛争解決の目的を没却することになるから，調停にも既判力を認める必要がある（家審法講座3巻289頁〈沼辺〉，同旨，注解・家審法741頁〈上村〉。また民事調停に関して小山・285頁が同様の趣旨を説く）とされるのである*・**。

実務においても，遺産分割の調停に関して，遺産の範囲を定めた部分は訴訟事項に関する調停として確定判決と同一の効力があるから既判力を有するが，遺産分割を定めた部分は乙類審判事項に関する調停なので確定した審判と同一の効力を有するにすぎず，非訟事件の裁判として既判力を有しないとするものがある（大阪高判昭和54(1979)・1・23家月32巻2号70頁，神戸地裁姫路支判昭和37(1962)・3・23判時319号41頁）。

*山木戸・102頁は，「離婚のような法律関係の新たな形成を内容とする調停では，その形成は当事者の合意にもとづくもので，形成判決におけるような一定の形成要件の確定にもとづくものではないから，そこでは一定の形成要件の存否については既判力を生じる余地がなく，その点では調停の効力は確定判決の効力と同一ではない」という大きな例外を認めている。家審法講座3巻289頁〈沼辺〉も同様の趣旨を述べる。
**家事調停においては，調停に既判力を肯定する見解が通説的であるのに対し，民事調停においては小山・285頁や佐々木吉男『民事調停の研究（増補版）』(1974)222頁を除くと，既判力を否定する立場が通説といえる（石川・前掲57頁，注解・民調法222頁〈小室〉，中野貞一郎「民事調停の既判力」同『民事訴訟法の論点Ⅰ』(1994)266頁以下。また下級審判例であるが，鳥取地裁米子支判昭和31(1956)・1・30下民集7巻1号171頁，名古屋高裁金沢支判昭和31(1956)・12・5下民集7巻12号3563頁がいずれも既判力を否定する）。同じ調停でありながら，このような温度差をもたらす理由は何かは，興味ある問題である。民事調停が当事者の自主的な紛争解決として，訴訟上の和解と同様に判決との対比で考えられることが多いのに対して，家事調停の場合には，既判力が認められる「合意に相当する審判」制度があったり，「調停裁判説」が実務家に根強く支持されている（この点については第1章第1節11(2)参照）という実情が背景にあるのかもしれない。しかし，民事調停の対象と家事調停の対象は一部で重なりあう。既判力の問題についても共通に理解するのが合理的であろう。

家事調停については，民事調停と同様に既判力を認める必要はないと解する。調停の基本は当事者の意思の合致であり，当事者の自主的な紛争解決制度である。それゆえこの過程で要素の錯誤，詐欺等の介在することは避けがたく，その救済の途を広く開けておくことが必要だと考える（鈴木・既判力65頁，宮脇幸彦「家事審判および家事調停の効力(5)」戸籍156号(1961)3頁）。

たしかに調停の合意は，調停機関による審査を受ける手続が準備されており，裁判にも似た手続があるといえるかもしれない。しかしこれだけで当事者の意思の瑕疵による調停無効の主張を封じ，再審事由にあたる場合にのみ救済を限定するのは相当ではないといえよう。訴訟上の和解と同様に，家事調停にも既判力を認めることは適切であるとはいえない＊。ただ，かつての既判力否定説の根拠として，家事調停においては民事訴訟に匹敵する手続保障を欠くことが挙げられ，それが説得力を持ち得た時期があったことはたしかであるが，今日ではもはやこれを理由に既判力を否定することはできないと解すべきである。

＊前掲大阪高判昭和54(1979)・1・23は，「確定判決と同一の効力を有する部分は訴訟上の和解と同じく，それが要素の錯誤その他の理由により効力を失わない限り既判力を有する」と判示する。この部分は訴訟上の和解の効力に関連して判例が採用する制限的既判力を意味すると見られる（注解・民調法223〈小室〉）。また実務家の中でもこれを支持する見解がある（本田晃「調停成立の効力」判夕1100号543頁）。この立場からは，一方では当事者の意思の瑕疵の主張の可能性を認めつつ，それがない限り成立した調停内容と矛盾する主張を禁じることができ，不都合を生じないように思えるが，これは民法696条によって阻止できることであり，調停や和解ではこれを既判力の効力という必要はない。またそもそも制限的既判力という概念を認める必要があるかについても議論の余地がある（高橋宏志『重点講義民事訴訟法（上）』(2005) 689頁）。

(3) 執行力

成立した調停が当事者の具体的な給付義務を定めているときは執行力を有する。執行力のある調停調書は債務名義となる（民執22条7号）。家審法15条は，給付を命じる審判については執行力ある債務名義と同一の効力を有すると定め，執行文の付与を不要としているが，調停調書は確定判決と同一の効力しか認められていない（家審21条1項）から，さらに執行文の付与を求める必要がある。

執行文は，申立てにより当該調停をした家庭裁判所の書記官が付与する（民執26条1項）。執行が条件に係るとき，承継のあったときは執行文付与が必要である（同27条。その付与の訴えについては同33条2項6号）。

(4) 形成力

形成訴訟における形成判決は，確定すると法律関係の変動を生じさせる。この効力を形成判決の形成効と呼んでいる。調停にこのような形成力があるかについて，民事調停では否定説が有力であるとされている（小山・292頁は，

調停では形成力を生じさせる形成要件が存在しないので，形成力を観念する余地はないという）。また民事調停では形成力を論じる実益に乏しいともいわれる（注解・民調法227頁〈小室〉）＊。

　　＊「調停は法律関係の非訟的形成であり，当事者の合意を調停条項の非訟的形成に関するものと解すると，調停に形成力を認めざるをえない」（石川・前掲62頁）との見解もある。たしかに，当事者間の合意によって新たな法律関係を作り出すことは，調停という自主的解決にあっては当然のこととして内包されている。しかしこの議論は，判決の効力と対比して調停調書にも形成力が認められるか，というレベルの問題とは異なるので，これによって調停に形成力があることを説明することは筋違いであろう。

　家事調停においては，離婚および離縁の調停との関係で，調停の形成力が承認されてきた。これには次のような経過と必要性があるとされる。まず，旧人事調停法7条は，「調停ハ裁判上ノ和解ト同一ノ効力ヲ有ス但シ本人ノ処分ヲ許ササル事項ニ関スルモノニ付テハ此ノ限ニ在ラス」としていた。離婚および離縁については和解による解決が認められていなかったため，仮に離婚するとの調停が成立しても，それによって直ちに法的効力を生じることはなく，届出をすることによってはじめて効力を生じるとされていた（創設的届出）。これに対して家審法による家事調停においては，確定判決と同様に当然に離婚・離縁の効果が発生し，戸籍の届出は報告的なものにすぎない（戸籍77条，73条，63条参照）。このようにしていわゆる調停離婚が，協議離婚，審判離婚および裁判離婚と並ぶ離婚の形態として認められるに至ったのである（この点について詳細は，家審法講義3巻289頁〈沼辺〉）。戸籍法施行規則57条2項1号によると，戸籍法77条2項2号の事項として，調停による離婚，審判による離婚，和解による離婚，請求の認諾による離婚または判決による離婚の別が示されなければならない。その結果，離婚の調停が成立した旨の通知を受けた後の協議離婚の届出は受理すべきではないし，離婚調停が成立しているにもかかわらず，協議離婚届出をしている場合においては，右協議離婚届を調停離婚に基づく届出の錯誤と見て戸籍法113条所定の訂正をするのが相当とされる（昭和39年12月4日第72回戸籍事務連絡協議会議事録家月17巻1号（1965）190頁．『家事執務資料（下巻の1）』303頁）＊。

　　＊このように，やや技術的な戸籍記載との関係で家事調停の形成力が議論されるのであり，あまり一般化できない議論である。これ以上は立ち入らない。

3 乙類審判事項を対象とする調停の効力

　乙類審判事項に関する調停は，確定審判と同一の効力を有する（家審21条1項ただし書き）。

　調停によって当事者間に形成ないし確認された権利に基づいて，金銭の支払い，物の引渡し等の具体的給付が定められているときは，調停調書の記載は給付を命じる確定審判と同じく，執行力ある債務名義と同一の効力を有する（家審15条）。

　ところで乙類審判事項は，親権者の指定・変更，相続人の廃除，寄与分ないしは遺産分割のようにその審判には形成力があるとされる。それゆえ，調停が成立したときは調停成立と同時に形成力を認めてよい（家審法講座3巻292頁〈沼辺〉，実務講義案316頁）*。乙類審判事項について成立した調停は，既判力を有しない。この点については異論がない。

　　＊ただし家審法23条による婚姻取消しの審判の確定を条件として親権者指定の調停が成立したときは，婚姻取消審判の確定によって親権者指定の調停の効力が生じるので，このときに限って調停成立時に形成力が発生しないことになる（実務講義案316頁）。

7　調停の無効・取消し

1　総　説

　家事調停に既判力を認める立場では，調停手続や調停の内容に私法上の意思の瑕疵があっても，それを理由として調停の効力を否定することができない。しかし本書においては，調停は当事者の私法上の合意を基礎とする自主的な紛争解決とみるから，調停の既判力を否定している。それゆえ，錯誤，虚偽表示，詐欺・脅迫等の事由があるときは，これを理由として調停の無効・取消しを主張することができる（制限的既判力説からも同じ結果となる）。その理由は，訴訟上の和解と同様に解してよいであろう。

　調停の内容が不明確，不定，不能または不法であるときは，その内容上の効力を生じないので，このような調停は当然に無効と解すべきである。また，東京高判平成12(2000)・10・3家月54巻5号118頁は，離婚の調停条項中の「当事者双方は，本件離婚に関する紛争は一切解決したものとし，今後は相互に名義のいかんを問わず何ら金銭その他の請求をしない」とのいわゆる清算条項のみの無効確認を求める訴えは，特別の事情のないかぎり確認の利

益を欠くとする。

調停機関が法律の要求（家審3条2項，22条1項）によらないで構成され，あるいは調停主任ないし調停委員に欠格事由や除斥事由があるのにこれを看過して調停がなされた場合にも，調停は無効となる（小山・293頁，石川明＝梶村太市編『民事調停法』(1985) 491頁〈徳田〉）。

2 無効の主張方法

上記1に掲げた私法上の合意の無効を主張するにはいかなる方法によるか。民事訴訟の訴訟上の和解については，判例・通説は期日指定の申立て，和解無効確認の訴えや請求異議の訴えなど，多元的な方法を認めている（新堂・346頁参照）。家事調停においては，多数説は別訴の提起によることを原則としているといわれる（本田・前掲543頁）*。

　＊東京高判昭和59(1984)・9・19判時1131号85頁，東京地判昭和60(1985)・9・18判時1167号33頁，福岡高判平成4(1992)・10・29家月45巻12号54頁は，いずれも調停（調書）無効確認事件である。また札幌家審昭和52(1977)・1・17判夕357号321頁は，家事調停機関において成立した調停の効力を有権的に審査する権限がないことを理由に調停期日の指定申立てを却下する。そして新潟家裁佐渡支審平成8(1996)・1・17家月48巻8号98頁は，「本来，遺産分割調停の無効確認は，その旨の確認訴訟においてなすべきであり，右訴訟における証拠調べによって真偽を確定すべきである。しかし，遺産分割調停後に調停期日指定の申立てを行うことも，それ自体直ちに不適法とはいえず，家庭裁判所の家事審判官も，調停期日の指定をなすか否かの判断の前提として意思表示の錯誤等の事実の有無の調査および判断をなしうる」とする。家事調停の場合には，期日指定をしても訴訟上の和解のように旧訴が復活して訴訟手続が続行されるのではない（小山・297頁は，「調停が無効であるというのは，終了した調停が実体的に無効であるということである。手続の終了効までが無効であるというのではない」という）。この点で訴訟によって決着をつけるのが簡明であるから，別訴提起の可能性も認められよう。この場合に，いずれかの方法によらせるべきではなく，当事者の選択に委ねてよい（梶村太市・前掲昭和52年札幌家審評釈・判夕361号(1978)109頁，367号293頁）。

3 再審に準じる訴え

調停の手続あるいは当事者が合意をなすに至った判断の基礎に，判決の再審事由に相当する事由（民訴338条1項参照）があるときは，調停が訴訟事項を対象とするときは再審の訴えに準じる調停取消しの訴え，また調停が乙類審判事項を対象とするときは再審の審判の申立てに準じる調停取消しの申

立て（民訴349条参照）が，それぞれ許されると解すべきである（家審法講座3巻290頁，293頁〈沼辺〉，注解・家審法746頁〈上村〉）*。

　*もっとも先に述べたように，調停における私法上の合意に無効原因があるときは，調停は無効となるので，再審の訴えによるまでもなく調停無効確認によって争えばよい。これに対して，再審事由のうち手続法上の理由（たとえば民訴338条1項1号，2号，3号など）に基づくときは，調停を当然に無効とさせるものではないから，再審の訴えによることになる（山木戸・103頁）。また先例としては，遺産分割の調停で成立した調停について，弁護士に対する委任状が偽造されたものであり，代理人に必要な授権の欠缺があるとして民訴法420条1項3号（現338条1項3号）の再審事由があるとして，当該調停を取り消した例（静岡家判昭和41(1966)・5・4家月18巻12号54頁）や，乙類審判事項に関する調停につき，親権者（父親）と第三者（父親の愛人）が通謀のうえ申立人（非親権者である母親）の氏名を冒用して成立させた親権者変更調停事件を取り消した例（山形家審昭和57(1982)・12・27家月36巻5号109頁）などがある。

第6章　家審法23条および24条の審判

第1節　合意に相当する審判

1　制度の趣旨

1　家審法23条の定め

(1) 制度の趣旨

　人訴法2条に掲げる人事に関する訴えのうち，離婚と離縁は当事者の処分を許し，協議や調停によってもその解決を図ることができる。しかしこれ以外の人事に関する訴えは当事者による任意処分を許さない。他方で家審法17条は，人事に関する訴訟事件についても家庭裁判所は調停を行うことができる旨を定め，かつ，同18条はこの調停の対象となる事件について訴えを提起しようとする者は，「まず家庭裁判所に調停の申立てをしなければならない」として調停前置主義をとることを明らかにしている。離婚と離縁以外の事件につき当事者間の合意が成立したときは，どのように処理するか。これを定めるのが家審法23条である。

　すなわち同条によれば，婚姻または養子縁組の無効または取消し，その他特定の身分関係に関する事件について，調停委員会の調停において，①当事者間に合意が成立し，②その原因の有無について争いがない場合に，③家庭裁判所が必要な調査をしたうえ，④当該の調停委員会を組織する家事調停委員の意見を聴いて，正当と認めるときは，⑤婚姻または縁組の無効または取消しに関して，当事者の合意に相当する審判をなしうる。この審判が確定すると確定判決と同一の効力が生じる（家審25条）。その結果，この審判手続で形成または確認された身分関係は，人事訴訟によることなく最終的に確定する。これが家審法23条に定める審判である。一般に「23条審判」または「合意に相当する審判」と呼ばれる。本書では「合意に相当する審判」または簡単に「23条審判」という。家審法24条に定める調停に代わる審判とあ

わせて特殊審判という言い方をすることもある。
(2) 立法者の意図

合意に相当する審判という構想は、大正時代から始まる家事審判所構想の中にも登場していない。戦後の家事審判法制定の過程で、ある意味では突如として登場したものである。昭和21(1946)年9月の「家事審判法要綱案」ではじめて登場したものであり、その後文言の改訂があって、現行法に至る。23条の意義について、立法者はどのように考えていたのであろうか（「家事審判法質疑応答資料」（堀内・研究440頁）から再現してみよう）。

> 「問　第23条の立法趣旨如何。
> 答　第23条に規定する事件は、いずれも人事訴訟手続法に規定する事件であるが、この事件は公益に関するものであるから、同法に規定する如く、この事件については、自白に関する法則を適用せず又弁論主義によらず職権主義を採り、その判決は第三者に対しても効力を有するもので、所謂任意処分を許さぬ事件である。従って、合意が成立したのみでは、確定判決と同一の効力を有せしめることができぬ性質の事件である。然し乍ら、合意が成立している場合にも、訴訟で争わねばならぬとすることは、望ましくないので、本条において更に必要な事実を職権調査した上正当と認めた場合には、調停の手続において合意に相当する審判をすることができることとした」。

この規定の立法経過は、その解釈が今日に至ってもなお争われ続けていることからも興味がある問題である。この点につき、堀内・研究319頁以下のほか、唄孝一「家事審判法第23条研究序説」同『家族法著作選集第1巻』(1992) 363頁以下がある。

(3) 2つの側面

家審法23条は、その文言から見て取れるように、その前半は人事に関する訴訟の調停手続の一部であるという側面と、その後半においては人事訴訟手続の代用ないし簡略手続であるという側面をあわせ持つといえる。いわば異質の内容が盛り込まれているともいえる。この手続は、家事調停手続と人事訴訟の双方の手続の要請する要件を兼ね備えなければならないし、家事調停の手続と人事訴訟の手続の代用ないし簡易手続が併存するとみられる。この制度は、紛争性のない事件についてすべて人事訴訟の提起を強制することは妥当ではないとか、また人事訴訟の提起に先立って家庭裁判所の調停による解決を試みることが適切であるという理解のもとに、肯定的にも受け止められるものである（注解・家審法772頁以下〈窪田〉）。他方では「巧妙な制度であり、考えようによってはかなり乱暴な制度」であるとも評されている

(梶村太市「23条・24条審判の異議申立」『現代家族法大系Ⅰ』(1980) 451頁)*。
この2つの側面をどのように理解するかによって，制度のとらえ方が大きく異なってくる。

> *鈴木忠一「非訟事件に於ける検察官の地位」同『非訟・家事事件の研究』(1971) 131頁は「23条の事件は，すべて，本来調停になじまないのに調停の申立をさせ，合意があるとこれを1つの要件として審判をするのである。しかし「調停の申立」は決して裁判所の裁判を求める申立ではない筈である……訴訟以外に，強制的な調停前置主義の伴はない家審法23条のやうな審判制度……を設けて，此と訴訟との間の自由な選択を当事者に一任しているのでない所に，私は現行法の規定の仕方の一種の恣意，ごまかし，不自然な強制を感ずるのであって，単に現行の規定が当事者にとって便宜だからとか，また此によって解決される事件が極めて多いからということで，この条文および家審規139条を全面的に肯定することは，実務家の1人として，疑問なきを得ない」と強烈な批判を展開している。

2 合意に相当する審判の手続構造

上に述べたように，家審法23条の合意に相当する審判の手続は，調停の開始に始まり，調停期日において調停行為がなされ，当事者間に合意が成立するという調停手続と，家庭裁判所による事実調査および調停委員の意見聴取によって当事者間の合意の正当性を判断し，正当と認めるときはこの合意に相当する審判をなすという審判手続が存在している。そこでこの合意型の手続と裁定型の手続との関係をどのように把握するかにつき，学説上見解の対立がある*。

> *小山昇「家事審判法23条，24条事件」『新実務民事訴訟講座8巻』(1981) 227頁は，23条審判の問題点として16点を掲げている。1つの制度についてこれだけ多くの対立点があげられるものは，他にそうあるとは思えない。この意味では家審法23条は，法律制度として未成熟または不十分な制度と受け止められることになる。

(1) 調停・審判等位説

現在の通説的な見解とされるのは，調停と審判を等位にみる。すなわち，身分関係は当事者の処分を許さないが，家審法が調停前置主義を採用しているのであるから，当事者の任意処分を許さない事項についても家事調停が成立することを想定している。23条の手続は，この家事調停の一面をもつ。また調停と審判の両手続の要請が兼ね備えられている必要がある。その意味で，調停手続が主でもなく，人事訴訟手続の代用ないし簡易手続が主でもない（家審法講座3巻296頁〈加藤〉）。

(2) 調停優位説

　これに対して，調停を主とし審判を従と捉える見解がある。23条の手続は始めから最後まで調停手続の枠組みの中で処理されると見るのである。この見解は，当事者間の合意の正当性の判断，そのための事実の調査，調停委員の意見の聴取は，家事審判官が単独で，かつ，職権で行い，また合意に相当する審判も調停委員会の構成員としての家事審判官が特別の権限に基づいて行うものとする。それゆえ，このような調停手続として全体を把握するのであって，これ以外に手続としての審判はないという（高野耕一「家事事件における調停と審判」同『財産分与・家事調停の道』(1989)に収録された後，同『家事調停論』(2002)83頁にも収録されている。さらに，同「家事審判法第23条の『合意』」同書107頁以下，特に112頁参照）。

(3) 審判優位説

　また，家審法23条の手続は，人事訴訟手続の代用ないし簡略な手続であるとの理解のもとに，この手続の中心は家庭裁判所のなす審判であって，調停は審判の前提をなる合意を成立させることにおいてのみ意義があるとする立場も主張されている（審判を主とし調停を従とする見解といえる。市川・156頁，同「家事審判における実務上の問題と判例」家月8巻12号（1956）40頁，宮崎俊行「家事調停における特別の審判」『家族法大系Ⅰ』(1966)160頁。実務講義案315頁は，これをかつての通説という）*。

　　*いずれの見解を支持すべきかは，難問である。調停前置主義をとって，当事者間に実質的に争いのない訴訟事件につき，簡略な手続で処理する場合に，それを判決ではなく審判として処理しようとする点に，制度上の大きな問題がある。訴訟事件に対して，判決とすれば人事訴訟の「代用」ではなく，略式手続であり訴訟手続の1類型だと位置づけることも無理がないといえる。しかし，23条審判は，訴訟事件に対して非訟事件手続として処理しようとするため，その構成に種々の問題を抱え込む（この点について，佐上「人事訴訟事件等の家庭裁判所への移管と手続構想」民訴雑誌48号（2002）14頁）。調停優位説には魅力を感じるが，調停という枠組みだけでは，人事訴訟の代用的性格を見失わせる危険もある。また審判優位説では，前半の調停手続によらせている意義を見落としてしまう。それゆえ，曖昧であるが調停・審判等位説を差し当たりは支持しておく。立法論としては，人事訴訟の略式手続として整備すべきである。

3　利用の実態

　平成17(2005)年度における家審法23条に掲げる調停の申立件数は6,118

件である（平成17(2005)年司法統計年報・家事事件編第4表）。その内訳は，協議離婚無効・取消しに関する事件が918件，認知887件，嫡出否認566件，親子関係不存在確認が2,798件である。平成17(2005)年度の既済5,110件の内訳は，調停成立が134件，調停不成立850件，取下げ1,118件であり，23条による審判をしたものが2,839件である。家審法23条事件については，継続的に増加しているとはいいがたい状況にある。

2　合意に相当する審判の対象となる事件

1　総　説

合意に相当する審判の対象となるのは，家審法23条によれば①婚姻の無効（民742条），②婚姻取消し（民743条以下），③縁組の無効（人訴2条1号），④縁組の取消し（民803条以下），⑤協議離婚の無効（人訴2条1号），⑥協議離婚の取消し（民764条），⑦協議離縁の無効（家審23条2項），⑧協議離縁の取消し（民812条），⑨認知（民787条），⑩認知の無効（民786条），⑪認知の取消し（人訴2条2号），⑫父の確定（民773条），⑬嫡出の否認（民774条以下），⑭身分関係の存否の確定（家審23条2項，人訴2条）に関する訴訟事件である。

最後に掲げる「身分関係の存否の確定」に関する訴訟事件は，人訴法2条各号においてそれぞれ定められている「婚姻関係の存否の確認」，「実親子関係の存否の確認」および「養親子関係の存否確認」の訴えの争訟である。人訴法2条各号に定められた事件が家審法23条の調停・審判の対象となることは問題がない。人訴法はさらに，これらの人事訴訟のほかに，「その他の身分関係の形成又は存否の確認を目的とする訴え」を「人事に関する訴え」と総称している。この事件がどのようなものであり，家審法23条の対象となるのか，次に検討しよう＊。

　　＊人訴法2条に掲げる事件から，離婚と離縁の事件は家審法23条の対象とはならない。この事件は，当事者の任意処分を許し，調停成立によって紛争の解決を図ることができるからである。

2　身分関係存否確認事件の範囲

人訴法の制定以前においては，協議離婚の無効，協議離縁の無効および身分関係の存否確認の訴訟事件は，人訴法に明文規定を欠くが準人事訴訟事件として，人事訴訟法の準用を受けると解されていた。これにつき新しい人訴

法はその2条において，これらを明記するに至った。これに対して，「その他の身分関係の形成又は存否の確認を目的とする訴え」としてどのようなものが考えられるかについては明記せず，解釈に委ねている（小野瀬厚＝岡健太郎『一問一答新しい人事訴訟制度』(2004)23頁参照）。

以前から問題とされたものでは，叔父・姪，兄弟姉妹等のいわゆる第2次的身分関係の存否の確認を人事訴訟の対象となしうるかということであった。もともと第2次的身分関係の存否の確認が許されるかという問題は，死者との間の身分関係が過去のものであり，この確定を求める訴えの利益を欠くとされていたために，次善の策として求められていたものである。しかし最判昭和45(1970)・7・15民集24巻7号861頁が，親子関係は父母の両者または子のいずれか一方が死亡した後でも，生存する一方が検察官を被告として親子関係存否確認の訴えを提起することができるとし，さらに最判平成元(1989)・4・6民集43巻4号193頁が，認知者死亡後でも被認知者は検察官を相手方として認知無効の訴えを提起することができるとしたために，第2次的な身分関係の存否の確認を求める訴えの必要性・利益は失われることになった。このため，今日ではもはやこれを家審法23条の調停・審判の対象とする必要性もない。通説はこのように解する（栗原平八郎「23条審判の諸問題」『現代家族法大系Ⅰ』(1981)411頁，岡垣学「特殊家事審判事件の問題点」別冊判タ8号62頁，注解・家審法781頁〈窪田〉，栗原平八郎＝太田武男「家事審判例の軌跡(2)手続編」(1995) 116頁〈丹宗〉，原田晃治「合意に相当する審判の制度」判タ747号514頁，実務講義案321頁など）。

夫婦の一方が死亡した後における生存配偶者による姻族関係の終了の意思表示（民728条2項）の効力が問題となる場合に，人事訴訟により姻族関係の存否確定を求めることができるとされている。そして少なくともこのような訴えがありうるとの理解のもとに「その他の身分関係の形成又は確認を目的とする訴え」という定め方がなされているとされている（小野瀬＝岡・前掲23頁）。このような場合には家審法23条の調停・審判の対象となる。

3　訴訟事件に附帯する申立て

合意に相当する審判の対象となる訴訟事件は，それだけで調停の申立てがなされることが通例であろう。しかし人訴法32条と同様に，婚姻取消しとこれに附帯して子の監護に関する処分，財産の分与が申し立てられることも

想定される。こうした事態は，人訴法の予定する訴えの併合や乙類審判事件の附帯申立てに及ぶ。認知の申立てに扶養と監護者の定めが申し立てられるような事態は，縁組や親子関係の事件でも考えられるし，相続財産回復の請求が併合されることも考えられる。さらに，人事訴訟で離婚の訴えに，その請求の原因である事実によって生じた損害の賠償を求める訴えが併合提起されることも生じよう。家審法23条の手続で，こうした申立てはどこまで併合することが可能なのかという問題が生じるのである＊。

　　＊山木戸・105頁は，これを許す明文規定がないことを理由に否定し，現行法のもとでは審判の確定を条件とする調停を行うことができるとする。併合処理を認めることから生じる不服申立方法の不統一からくる混乱も否定説の根拠とされていた（宮崎俊行「家事調停における特別の審判」『家族法体系Ⅰ』(1966)163頁，市川・前掲家月8巻12号40頁など）。これに対して乙類審判事件を広く一括処理しうるとする見解は少数にとどまっていた（田中加藤男「家事審判法23条審判の対象について」判タ156号(1963)52頁）。

　上に指摘したあらゆる場合をこの手続で処理することはできない。家審法23条は人事に関する訴訟を調停の対象とするが，訴訟事件について簡易迅速な解決を図ることを目的としているのであり，当事者間で多くの争点を含む事件についての一括処理を図ることまでを予定しているものではない。それゆえ，併合ないし附帯して処理する事件については，婚姻取消しとそれに附帯する親権者指定に限ることが適当であろう（家審法講座3巻312頁〈加藤〉，注解・家審法783頁〈窪田〉，栗原・前掲412頁，同「合意に相当する審判の現状と問題点」沼辺愛一＝太田武男＝久貴忠彦編『家事審判事件の研究(2)』(1988)194頁。実務もこの立場に立っているといわれる。渡辺輝雄＝田中和平「家事審判法23条に関する諸問題と判例学説等の調査及び実証的研究」家月19巻4号(1967)40頁参照）。人事訴訟においても関連する附帯処分につき，判決と同時に定めなければならないのは未成年者の親権者指定に限られているからである。その他の財産分与等は，当事者間に争いがなくても家庭裁判所の事実調査が予定されていることから見ても，23条審判の簡易迅速な処理という制度趣旨に適合しないといえよう。

3　合意に相当する審判の要件

1　総説

　家庭裁判所が人事に関する訴訟事件につき，合意に相当する審判をするた

めには，訴訟事件および家事調停事件として審理・判断されるための要件を具備していなければならない。すなわち，①裁判所が管轄権を有すること，②当事者が当事者適格を有し，あるいは調停追行の資格を有していること，③訴訟能力ないし調停手続能力を有していることのほか，家審法23条が定めるように，④調停委員会の調停において当事者間に合意が成立し，かつ無効・取消しの原因事実について争いがないこと，⑤家庭裁判所が必要な事実を調査すること，⑥当該調停委員会を組織する調停委員の意見を聴取すること，および⑦当事者間の合意を正当と認めることという各要件をすべて満たさなければならない。ここでは，①③を除いて説明を加えることとする。

2　当事者間における合意の成立・原因事実について争いがないこと
(1) 原因事実について争いがないこと

家審法23条1項は，「調停委員会の調停において，当事者間に合意が成立し無効又は取消の原因の有無について争いがない場合」と定めている。常識的には，調停の結果まず無効または取消しの原因の有無について争いがなくなり，その結果当事者間に合意が成立するという手順となるはずである。それにもかかわらずその逆の定め方になったのは，立法過程での「合意」の意味の変化に対応するものであるとの指摘もある。

ともあれ23条審判は，当事者間に紛争がないことを1つの重要な要件として，人事訴訟によらないで簡易迅速に処理するための制度である。無効・取消しの請求原因事実について争いがあるときは，この審判をすることができない。そこで調停委員会*の調停期日において，たとえば婚姻無効確認を求める事件につき，当該婚姻届が第三者によって偽造されたものであって，当事者には婚姻意思がなかったという事実など，無効・取消しの原因となる具体的事実を相手方が争わないこと，あるいはさらに積極的にこれを認めることが必要である。

　　*調停は家事審判官が単独で行うこともできる（家審3条2項）。しかし23条審判を行うためには，必ず調停委員会の調停でなければならない。23条は，家事審判官は「当該調停委員会を組織する調停委員の意見を聴取する」と定めているから，単独調停ではこのような意見聴取ができないためである。

(2) 当事者間の合意が成立すること

上記(1)で述べたように，通常は原因事実について争いがなくなることから，

当事者間に合意が成立すると考えられる。しかし条文の定め方はむしろその逆になっている。この点に何らかの意味があるのであろうか。23条審判の基本構造の理解の対立を生む原因があるともいえ，次のような3つの見解が対立することになる*。

*堀内・研究323頁は，第23条の当初の提案に際しては，その規定は「調停において，当事者間に婚姻又は縁組の無効又は取消に関する合意が成立した場合に……」とされていたのが，家事審判法起草原案からは，「婚姻又は縁組の無効又は取消に関する事件の調停において，当事者間に合意が成立し，無効又は取消の原因の有無について争いがない場合には……」と変更されたことは調停手続を知らないものによってなされた改悪であると批判する。堀内は，次に述べる実体法説の立場に立ってこのような批判を展開するのだが，立法の段階から「合意」の法的意義については曖昧だったことがみてとれる。

① 実体法説

まず，この合意は調停手続において原因となるべき事実について争いがなく，ここから導かれる実体法上の法的効果についての合意，すなわち「婚姻を無効または有効とし，これを取り消しまたは取り消さないこととし，あるいは身分関係を存在しまたは存在しないものとして確定する」合意であるとする見解がある（山木戸・106頁，堀内・研究323頁，385頁）。これを実体法説という。身分権について当事者の処分が許されることを承認した上で，この身分権の処分に関する当事者の合意と公権的である家庭裁判所の審判が一体として働いて身分関係の確定が可能になるとして，当事者の実体法上の処分権に意義を与える見解もここに含められる（東北大学民法研究会「『合意に相当する審判』の制度（下）」ジュリ271号(1963)16頁以下〈鈴木禄弥〉）。

② 手続法説

これに対して，家審法23条の審判の対象となる事件は，当事者の任意処分を許さないからこの合意を実体法上の法的効力に関するものと捉えることはできないとして，事件を家庭裁判所の審判で解決することについて異議がない旨の合意であるとする見解がある。すなわち，本来人事訴訟として訴訟手続によって処理解決されるべきであるが，当事者間に原因となる事実関係について争いがないため，裁判を受ける権利（これを「人訴権」という）を放棄して審判を受けるという合意であるとするのである。手続法説と呼ばれ，実務における多数説であるとされている（代表的な文献を掲げておこう。糟谷忠男「家事審判法23条の合意について」判タ150号(1963)38頁，加藤令造「家事

審判法23条および24条の手続(1)」ケース研究98号(1967)30頁，中島一郎「家事審判法23条の審判」『実務民事訴訟講座7巻』(1969)263頁，岡垣学「家事審判法23条の対象となる事件と同法24条1項の審判」東京家庭裁判所身分法研究会『家事事件の研究(1)』(1970)444頁，栗原・前掲『現代家族法大系Ⅰ』399頁，同・前掲『家事審判事件の研究(2)』184頁，小山・前掲『新実務民事訴訟講座8巻』240頁）。

③ 両性説

さらに第3の見解として，この合意は訴訟法説がいう人訴権の放棄という内容だけでなく，加えて実体法説が主張する身分行為の無効・取消し，ないしは存否確認に関する事実上の合意を含むという。後者の実体法上の側面に関する合意は，身分権の処分までは含まない。この調停手続における実体法上の合意を基礎として必ず審判を経ることにこの手続の特徴がある。それゆえ，23条審判の前提である調停手続における当事者の合意には，その核心部分に当該身分関係の変動を意欲する当事者双方の意思表示が内包されているという。これは両性説と呼ばれる（梶村太市「親子の一方死亡後他方生存者を相手方として第三者の提起する親子関係存否確認の訴えと家事審判法23条審判の適否(下)」ジュリ587号(1975)117頁，注解・家審法787頁〈窪田〉，原田晃治「合意に相当する審判の制度」判タ747号516頁。また高野耕一「家事審判法23条の合意」同『家事調停論』(2002)128頁は，自説を「新両性説」とでも称すべきか，という）。

どの見解を支持すべきか。難問ではあるが，さしあたり両性説に従いたい。家審法23条の文言から見る限り，当事者の合意は調停手続の中で原因事実についての争いがなくなったために，当該の身分行為や身分関係の変動あるいは身分関係の存否について，そのように認めるという実体的な内容のものと解すべきであろう。この点を無視して，人訴権を放棄し審判手続での解決を図る合意だというのは，巧妙であるが当事者の意思に合致しているとはいえないであろう。この意味では実体法説や両性説に分がある。しかし実体法説は，この合意に身分関係の処分とその効力発生まで認めてしまう点で行きすぎがある。この合意には，実体法上の効果を認めることはできない。その効力の発生には，23条による当事者の合意に相当する審判が重ねられなければならない（梶村・前掲ジュリ587号117頁，高野・前掲128頁）。そしてこの合意は手続的にみれば，当事者間の紛争がないことあるいはその消滅した

ことを証するものであり，23条審判による法的効果付与の不可欠の前提条件をなすのである（高野・前掲128頁）＊。

> ＊当事者間に合意が成立し，その原因の有無について争いのない場合には，書記官はその合意を調書に記載しなければならない。この調書は一般に「合意調書」と呼ばれている。各種の事件における具体例については，実務講義案366頁以下参照。

3 家庭裁判所による必要な事実調査

調停委員会における調停において，当事者間に合意が成立し，その原因事実について争いがない場合であっても，家庭裁判所（手続法上の意味であり受調停裁判所である家事審判官を意味する）は職権によって必要な調査をしなければならない。人事訴訟において自白に関する法則が採用されず（人訴19条），当事者間に争いのない事実であっても職権によって事実を調査しなければならない（同20条）のと趣旨を同じくする。この事実調査は家審規137条の2によって家審規7条に定められているところにより，事実の調査と証拠調べの双方を含むと解される（注解・家審法787頁〈窪田〉，実務講義案355頁）。

この事実調査の程度について，立法者は「公益に関する事件であるから，人事訴訟手続法におけると同一程度の職権調査を行う」としていた（「家事審判法質疑応答資料」堀内・研究440頁）。しかし，家審法23条による手続は人事訴訟の簡略な手続であるという性格から，事実の調査・証拠調べは人事訴訟法と同様の厳格なものでなくてもよいと解するべきであろう。実務の取扱いは，家事審判官の審問または家裁調査官による事実の調査，あるいは血液型検査等を行うほか，必要に応じ証人尋問や鑑定等の証拠調べを行うとされている（鎌田千恵子「法23条事件の運用上の留意点」講座実務家審1巻405頁，実務講義案355頁）。

4 調停委員の意見の聴取

合意に相当する審判をするためには，当該調停委員会を組織する家事調停委員の意見を聴かなければならない。この意見聴取の意義について，調停委員の地位は「いわば参審員的なもの」と解する立場（昭和44(1969)年10月札幌高裁管内家事審判官会同家庭局見解『家事執務資料（下巻の1）』358頁）が一般的であったと解されている（注解・家審法789頁〈窪田〉，原田・前掲517頁）。調停委員会の調停を対象としているのであるから，調停委員には適切な意見

陳述のためには、これに先立って事実調査に立ち会って意見陳述の機会が与えられていると解する。

意見陳述の時期、方法および対象について定めはないが、事実調査を踏まえたうえで、当事者の合意が真意に基づくものか、申立ての原因事実が認められるか、その結果として合意に相当する審判をすることが正当であるか、といった点について意見が聴取される（注解・家審法789頁〈窪田〉、原田・前掲517頁）。

5 合意の正当性
(1) 正当と認めるとき

家庭裁判所が、当事者間の合意を正当と認めるときにはじめて23条の審判をすることができる。「正当と認めるとき」とは、申立ての原因となる事実が上記3で述べた事実調査・証拠調べの結果に照らして真実と認められ、かつ、その事実を実体法が定める無効・取消原因として評価できることをいう。いいかえると申立ての趣旨にそった審判をすることが、法的に正当として是認できることである（注解・家審法789頁〈窪田〉）。当事者の任意処分を許さない訴訟事件が、非訟手続である家事審判において処理されることが許され、また是認されるのは、この正当性の判断によって真実性が担保されるからである。

当事者間の合意を正当と認めるときは、家庭裁判所はその旨の審判をしなければならない。各要件が具備されているかぎり、家庭裁判所は23条審判をするか否かについて裁量権を有しない（注解・家審法790頁〈窪田〉、原田・前掲518頁）。

(2) 正当であると認めないとき

これに対して、当事者の合意が正当であると認められないときは、調停が成立しないものとして事件を終了させる（家審規138条の2）。通常の場合、改めて調停期日を定め調停委員会を開催して調停不成立の措置をとるのが相当であるが、この措置は本質的な調停行為ではないから期日外で行うこともできるとされている（実務講義案359頁）。この措置をとったときはその旨を遅滞なく当事者に通知しなければならない（家審規141条）。

6 当事者適格
(1) 問題の所在
　ここで当事者適格とは，家審法 23 条審判事件につき誰が当事者として手続を追行することができるかを問うものである。上記 **2**(2)で述べた合意につき実体法説をとれば，なによりも身分行為をなしその法律関係について効力を与えることができるのはその主体に限られるから，23 条の手続で当事者になるのは，当該身分行為の当事者または身分関係の主体者となることになる（これを身分関係主体説と呼んでおこう）。これに対して，手続法説ないし両性説によれば，23 条審判は人事訴訟の簡略な手続と捉えることができるから，人事訴訟法の考え方をほぼ流用して考えることができる。そうすると人事訴訟において当事者適格を有する者が 23 条審判でも当事者になることができる（これを当事者適格説と呼んでおこう）。この説によれば，当事者となりうるのは身分関係主体説より広がる。さらに人事訴訟においては身分関係の主体が死亡した後にもなお訴えを提起することが可能であり，この場合には検察官が当事者となる（人訴 12 条 3 項）。この検察官にも当事者適格を認めるか否かが，当事者適格説内部で争われる。

(2) 対立点
　こうした見解の対立は，①人事訴訟において身分行為の当事者または身分関係の主体の一部が意思能力を欠くため，法定代理人に当事者適格が認められる場合，②身分行為の当事者または身分関係の主体の一部が死亡しているため，その親族または検察官に当事者適格が認められている場合に，家審法 23 条の手続で当事者となるのは誰か，またこれらの者を相手とした申立ては適法とみなされるか，という形で争われることになる。実務においては，当事者適格説のうち検察官を除くとの立場が主流であるとされている（注解・家審法 793 頁〈窪田〉，栗原＝太田・前掲 122 頁〈丹宗〉）。具体的にどのような事件について争われることになるか図式化してみる（中島・前掲 159 頁，注解・家審法 792 頁〈窪田〉，実務講義案 330-331 頁による）。

a 身分行為の当事者または身分行為の主体の一部が意思能力を欠くため，法定代理人に当事者適格が認められている場合の例（人訴14条2項）

		主体説	検察除外	検察含む
子が意思能力を欠く場合の親権を行う母または特別代理人に対する嫡出否認の訴え	民775	×	○	○
夫が成年被後見人である場合の成年後見人又は成年後見が提起する嫡出否認の訴え	人訴14	×	○	○
子が意思能力を欠く場合の，法定代理人が提起する認知の訴え	民787	×	○	○

b 身分行為の当事者または身分関係の主体の一部が死亡しているため，その親族または検察官に当事者適格が認められている場合の例（根拠条文は，人訴12条2項，3項，人訴41条以下）

	相手方	主体説	検察除外	検察含む
夫婦の一方が死亡した後，第三者が提起する婚姻無効・取消しの訴え	生存者	×	○	○
夫婦の双方が死亡した後，第三者が提起する婚姻無効・取消しの訴え	検察官	×	×	○
当事者の一方が死亡した後，第三者が提起する縁組の無効または取消しの訴え	生存者	×	○	○
当事者双方が死亡した後，第三者が提起する縁組の無効または取消しの訴え	検察官	×	×	○
夫が嫡出否認の訴えを提起しないで死亡したときの，子のために相続分を害される者による嫡出否認の訴え	子又は親権を行う母	×	○	○
子またはその直系卑属が提起する認知の訴えにおいて被告とすべき父または母等が死亡	検察官	×	×	○
子または母が提起する父を定める訴えにおいて被告とすべき母の先夫または後夫のいずれか一方の死亡	生存者	×	○	○

＊表中，×は23条審判ができないもの，○はできるものを示す。

このような基本類型に，さらに身分関係の存否確認の訴えが加わる。親子（父子または母子）関係存否確認の訴えでは，その主体の一方が死亡している場合に，その主体と訴訟において当事者適格を有する者との間にズレが生じ

るのである*。

　　*なお，最判昭和37(1962)・7・13民集16巻8号1501頁は，戸籍上の父が死亡した後に戸籍上の母を申立人，子を相手方として，亡父と子との間に親子関係が存しないことを確認する審判につき，「家事審判法23条は身分関係について当事者間に合意が成立し，これを前提として当該合意に相当する審判ができることを規定したものであって，身分関係の存否が確認される場合は，その審判の性質上，存否が確認される身分関係の主体となる者が当事者として加わり，その当事者間に合意が成立して，始めてその審判に人訴32条，18条（現行24条）の類推によるいわゆる対世的効力が付与され得るものと解すべきである」という。たしかにこの判示部分を読むかぎり，23条審判の当事者適格について身分関係主体説に従っているように見えるが，この判決の核心部分は，親または子の一方または双方が死亡した後には人事訴訟として親子関係の存否確認の訴えを提起することができないという点にある。その結果，23条審判も許されないのである。さらにまた，この判示もその後最大判昭和45 (1970)・7・15民集24巻7号861頁によって否定されることになる。この判示部分だけをとらえて23条審判における当事者適格の判例の立場を決定することができないのである。

(3) 本書の立場

　いずれの立場を支持すべきかは，合意の性質をどのように解するか，23条審判の手続の構造をどのように把握するかとも関連して困難な問題であるが，本書では，両性説を支持することからも，人事訴訟で当事者適格を有する者は人事訴訟の簡易手続としての性質を有する家審法23条の手続を追行することができると解する。問題となるのは検察官を含めるか，除外するかである。これを否定する見解は次のようにいう。すなわち，「検察官が原告となる場合は，強行法規が遵守されないのを是正し，法が望んでいる法秩序の維持を図らんとすればこそ，公益の代表者として訴えを提起しているのであって，請求の認諾や自白の許されない人事訴訟事件において，公益の代表者である検察官が調停の合意を為し得るものとは予想も期待もなしえない」（加藤令造「家事審判法23条及び24条の審判に対する一実務家の見解」法曹時報14巻10号(1961)2頁）。この見解が実務の大勢であることは先に触れた*。

　　* 1960年代までは検察官の関与を認める審判例もみられた（福島家裁平支審昭和38(1963)・6・24家月15巻10号139頁，福岡家裁小倉支審昭和39(1964)・7・28家月16巻12号53頁。ただし，同時期に盛岡家審昭和39(1964)・12・1家月17巻2号47頁は検察官を相手方とする申立てを却下している。そしてその後，家庭局見解も否定説に立つようになった。昭和50(1975)年3月全国家事事件担当裁判官協議会家庭局見解，家月27巻9号(1975)84頁）。

　しかし人事訴訟において検察官が当事者として関与する制度を認めて，身

分関係の存否確認による救済を広く認めておきながら，他方で人事訴訟の簡略な手続としての家審法23条の利用を拒もうとするのは制度のあり方として問題があるというべきであろう。検察官を相手とする事件については，審判手続で非公開の審理によって解決を図ろうとする当事者の意思を尊重する必要があると思われるのである。たまたま当事者の一部が死亡したということによって，簡略な手続による解決ができなくなる当事者の保護も考慮すべきである。また23条審判の手続において，調停がなされるとはいえ，検察官は妥協や取引をするわけではない。無効または取消原因が客観的事実として認められるか否かが問題なのであり，そこで実質的に争いのない場合に合意が擬制されるだけである。そこで成立した合意は，家庭裁判所の事実調査や正当性の判断によって審査される。検察官を相手とする事件は時を経ていることが多いとはいえ，家審法23条の手続をとることの障害にはならない。この意味で検察官にも当事者適格を認める見解を支持する（なお，鈴木正裕「死者との親子関係確認の訴の許否（最大判昭和45(1970)・7・15民集24巻7号861頁の判例批評）」民商64巻5号(1964)908頁以下も，検察官の当事者適格を肯定する）。

(4) 問題となる若干の例

23条審判の当事者は，基本的には人事訴訟の当事者適格と同様に考えてよい。しかし，訴訟という形式ではないから，調停が開始された段階で人事訴訟の当事者が関与しておればよいといえる。それゆえ，子から父に対する嫡出否認（親子関係不存在確認申立て）事件において，子から父に対して申立てがあった場合でも，父がこれに応じてその旨の審判を受けることに合意すれば，父からの申立ての場合と同様に扱ってよい（東京家審昭和43(1968)・5・7家月20巻10号93頁，奈良家審平成4(1992)・12・16家月46巻4号56頁）。

これに対して，人事訴訟でも適格が否定される場合には23条審判の申立ても認められない。最判昭和56(1981)・6・16民集35巻4号791頁によると，亡父と先妻の間の嫡出子が，亡父の後妻および亡父と後妻の間の嫡出子として届けられている子（が実は他人の子であるとして）の両者を相手取って，その間の親子関係不存在確認を求めた事案で，先妻の子と後妻との関係は姻族にすぎないことから，扶助・扶養など特別の事情のある場合に義務を負担することが予定されているにとどまり，そのような特別の事情のない本件では，母子関係不存在確認を求める部分について，原告の適格が否定された。また

最判昭和63(1988)・3・1民集42巻3号157頁は，養親と5親等，養子と4親等の血族の間柄にある者が養子縁組無効確認を求めた事案で，その無効により自己の身分関係に関する地位に直接の影響がないとして，原告の適格が否定されている。これらの事案では23条審判の申立資格も否定される。

被告側については，検察官について問題とされるが，これについては上述した。

(5) 代理人による合意の可能性

上記(2) a に掲げた事例についても，同様に解することができるので，ここでは説明を省略する。また代理人による合意が可能か，という問題もある。実体法説によれば，23条審判の合意は身分法上の法律効果を伴うものであるから，代理人による合意が許されなくなる。しかし，手続法説ないし両性説によれば，この合意は手続法上の効果を生じさせるだけなので，代理に親しみ，代理人によってなされうる（注解・家審法796頁〈窪田〉）。

7　24条審判の可能性

家審法23条の調停期日において当事者間に合意が成立しない場合に，一般の調停事件と同様に家審法24条による調停に代わる審判をすることができるかということが，問題とされてきた。古くは，これを肯定する学説が多数を占め，またそうした審判例も公表されている。しかし今日では，これを否定する立場が通説となっている。

その問題点については，後に24条審判の箇所で触れる。

4　審　判

上記3に掲げた要件が満たされているときは，家庭裁判所は合意に相当する審判をする。家審法23条は「審判をすることができる」として，裁判所に裁量権を与えたように規定しているが，要件が充足する限り必ずこの審判をしなければならないと解されている（家審法講座3巻250頁〈沼辺〉，ただし小山・前掲『新実務民事訴訟講座8巻』248頁は反対）。

審判書については非訟法17条を準用するとの見解もある（山木戸・107頁）が，この審判が人事訴訟の簡略な手続であり，また確定すると確定判決と同一の効力を有することを重視して，民訴法253条を準用すべきであり，とりわけ家審規16条1項ただし書きによる省略をしてはならないとするの

が実務の立場である（家審法講座3巻314頁〈加藤〉，実務講義案361頁）。

5 審判に対する異議申立て

1 異議申立て

　家審法23条の審判に対しては，最高裁判所の定めるところにより，2週間以内に異議の申立てをすることができ，異議の申立てがあると，審判は当然にその効力を失う（家審25条）。異議は同一審級内でなされる不服申立てである。家審法25条の異議は，審判の効力を失わせることを目的としており，合意に相当する審判による事件処理を拒否する申立てである。審判について再審理によってその取消し・変更を求めるものではない。したがって，特別の異議事由は存しない（山木戸・107頁，梶村・前掲『現代家族法大系Ⅰ』461頁）。異議の申立てには格別の手続を必要としない。家庭裁判所に対して書面または口頭でなしうる。

2 異議申立権を有する者

　異議を申し立てることができる者は，家審規139条1項によれば利害関係人のみである。ここに利害関係人とは，23条審判に対して異議を申し立てることによって，その審判を失効させるのは，利害関係人に対して訴訟手続によって裁判を求める地位を保障したのであるから，当該審判の対象である身分関係を訴訟物とする人事訴訟の当事者適格を有する者と解すべきである（梶村・前掲459頁，注解・家審法827頁〈島田〉）＊。

　　＊審判例にも同旨を説くものがある。浦和家裁川越支審昭和58(1983)・6・27家月36巻8号124頁は，利害関係人を審判または訴えの方法で同一事項を主張することができる自己の権利を阻害されるものであるとして，嫡出否認の23条審判の理由中で子の実親と認定された者は，この審判に対して異議申立てできないとする。

　当事者は，当該の審判の対象について合意しているのであるから，それを基礎としてされた審判に対して異議申立てを認める必要はないとするのが従来の通説である（立法者もそのように考えていたといわれる。中島・前掲267頁は，23条審判における当事者の合意につき手続法説に立ってそのような審判を受けることを合意したことを根拠とする）。しかし当事者に対して異議申立てを認めないのは，当事者間に争いがなくても3審制を認める人事訴訟との対比から不合理であるとの批判（鈴木・研究130頁）が生じてくる。この点につ

き最高裁も，当事者が23条審判について合意をしていないと主張して即時抗告（特別抗告）をした事案につき，当事者の異議申立ての可能性を認めた*。

*最決昭和44(1969)・11・11民集23巻11号2051頁は次のようにいう。すなわち，「23条審判に対しては家審法14条および家審規による即時抗告の途は開かれていない。しかし，23条審判の対象となる事件は，本来訴訟事件の性質を有するものであるところ，調停において家審法23条所定の合意が当事者間に有効に成立する場合に限り対審判決の手続によらずに同条所定の手続により審判することができるものとされているのであって，同法23条所定の合意が有効に成立することが23条審判の前提条件となるものであるから，もし，同法23条所定の合意が不存在または無効の場合には，同法25条，家審規139条1項前段を類推適用し，利害関係人の異議申立てに準じ，当事者は，家審法23条所定の当事者間の合意の不存在または無効を理由として，23条審判に対し，異議の申立をすることができるものと解すべきである」。学説もおおむね判旨に賛成しているが，福永有利『家族法判例百選（新版・増補）』(1975) 344頁は，家審規140条の類推適用によって即時抗告を認めるべきだとする。しかし鈴木正裕・本件判批・判タ247号(1970) 83頁，梶村・前掲『現代家族法大系Ⅰ』460頁などは，端的に理由の不要な異議申立権を認めることがはるかに適切だとする。当事者にも異議申立てを認めるとして，利害関係人と区別する実質的な理由はないから，この見解を支持する。

3　異議申立手続等

異議申立期間は，当事者が審判の告知を受けた日から2週間である（家審25条1項，家審規139条2項）。異議の理由は不要であるから，異議申立権を有するか否か，申立期間内になされているかという異議の適否が問題となるにすぎない。前記昭和44(1969)・11・11最高裁決定によれば，当事者からの異議については有効な合意が成立するか否かについて審理することとなり，有効な合意が存しないときは異議を受理し，そうでなければ異議を却下することになる。

異議申立てを却下する審判に対しては，異議申立人が即時抗告をすることができる（家審規140条）。異議申立てが適法になされると，それによって審判は直ちに失効するから，家庭裁判所は，異議によって当該審判が効力を失った旨を当事者に通知しなければならない（家審規141条）。

当事者は異議申立権を放棄することができるかについては，民事訴訟の控訴権の放棄（284条）のような規定がないため，許されないとされている（注解・家審法829頁〈島田〉）。しかし，当事者に異議を認める立場に立っても利害関係人に異議権が保障されている以上は，当事者の異議権放棄を認めて

も実際上は余り意味がない。

6 確定した審判の効力

1 確定判決と同一の効力

　家審法23条の審判は，これに対して適法な異議の申立てがなければ確定する。確定した審判は，確定判決と同一の効力を有する（家審25条3項）。23条審判は人事訴訟における判決を簡略な手続で取得し得る途を開いたものであり，その代用的な性格を有する。それゆえ，人事訴訟の判決と同様に，その主文は内容に応じて既判力・形成力・執行力を有する。またその対世的効力（人訴24条），判決確定後の人事に関する再訴禁止効（同25条）も生じることになる。これは通説である。（山木戸・107頁，家審法講座3巻312頁〈加藤〉，注解・家審法830頁〈島田〉，実務講義案363頁）。

2 戸籍訂正等

　戸籍の届出または訂正を必要とする事項について23条審判が確定したときは，裁判所は遅滞なく事件本人の本籍地の戸籍事務管掌者に対して，その旨の通知をしなければならない（家審規143条）。

3 23条審判に対する再審

　確定した審判に再審事由（民訴338条1項）に該当する事由がある場合には，再審に準じる審判取消しの訴えによってこれを取り消すことができる（家審法講座3巻344頁〈加藤〉，脇屋寿夫＝宍戸達徳「家事審判法23条審判（合意に相当する審判）の再審」東京家庭裁判所身分法研究会編『家事事件の研究(1)』(1970)450頁，梶村・前掲『現代家族法大系I』463頁。また昭和47(1972)年4月20日家2第83号家庭局長・総務局長回答家月24巻7号（1972）112頁，長崎家裁佐世保支審昭和57(1982)・8・10家月36巻1号150頁も同趣旨である）。
　その管轄裁判所は当該審判をした家庭裁判所である。この訴えによって開始された手続では，再審事由の存否だけが審理対象となり，それが認められるときは判決をもって審判を取り消し，その結果もとの23条事件の調停手続が当然に復活して新たに進行を開始する。

第2節　調停に代わる審判

1　制度の趣旨

1　家審法24条の意義

　家審法24条は、家庭裁判所は、調停委員会の調停が成立しない場合において相当と認めるときは、当該調停委員会を組織する家事調停委員の意見を聴き、当事者双方のために衡平に考慮し、一切の事情を考慮して、職権で、当事者双方の申立ての趣旨に反しない限度で、事件の解決のため離婚、離縁その他必要な審判をすることができると定める。調停に代わる審判と呼ばれる制度である。合意型の解決制度にこうした裁定型の解決が組み込まれているわけである。その趣旨はどのような点に認められるのであろうか。

　家事調停は、民事調停と同様に当事者の合意による自主的な紛争の解決制度であり、調停委員会は当事者間に合意が成立するように斡旋し、合理的な解決を図ろうとする。合意の成立にとって障害となる原因を軽減する措置や、援助も用意している。当事者自身の自由な決定が手続を進め、調停案を受諾することになる。調停機関が紛争の解決のために、事情を聴取し、事実を調査し、さらに証拠調べを実施して、当事者にとって最適と考えられる調停条項を見いだして説得したとしても、最終的に当事者に受け入れられなければ調停は成立しない。

　しかし、他方において合意が得られない理由が、一方の当事者の自己中心的な態度であったり、基本的な条件について合意しながら些細な条項のために最終的な合意の成立ができないこともある。このような場合に、調停不成立として手続を打ち切るのではなく、解決案を提示して当事者に対してその受諾を勧めることは、合意型の解決手続においても認められる選択肢であるといえる。家庭裁判所が公平な立場で示した解決案を示すことによって、これを契機として当事者が再考し合意の成立にいたる場合があるからである。

　しかし実際にはこの24条審判の制度は、近年ではほとんど利用されていない。平成17(2005)年度には離婚関係の調停成立が26,943件であるのに対して24条審判が利用されたのはわずかに54件である（平成17年度司法統計年報家事事件編第4表）。この傾向は、ほとんど変化がない。当事者または利

第6章　家審法23条および24条の審判　　461

害関係人の異議申立てによって当然にこの審判が失効してしまうという制度的な問題を抱えており，その利用拡大や制度充実の意見もあるとはいえ，他方において強制調停による裁判を受ける権利の制限との関係から具体的な改善は極めてむずかしいといえる。

2　調停に代わる審判に先行する制度・立法の意図
(1)　先行制度

この調停に代わる決定という制度も，旧人事調停法にも見られなかったものである。しかし第2次大戦以前に制定されていた各種調停法の中に2つの類似の制度があった。

まずいわゆる強制調停があった。これは調停不調の場合に調停委員会が当該紛争につき適当と認める調停条項を定め，当事者にその調書の正本を送付して受諾を勧告することができ，当事者がこの正本の送達を受けてから1ヶ月以内に異議を述べなければ調停に服したものとみなすものであった（借地借家調停24条，小作調停36条，商事調停2条，戦時民事特別18条）。もう1つは調停に代わる裁判である。これは調停不調の場合に，調停事件が係属する裁判所が相当と認めるときは，非訟法に従い職権によって，調停委員の意見を聴いて当事者双方の利益を衡平に考慮し，一切の事情を斟酌して，当該紛争につき調停に代えて裁判することができるとするものである（これも強制調停と呼ばれることがある）。この裁判に対しては，告知を受けた日から2週間以内に即時抗告をすることができるが，確定すると裁判上の和解と同一の効力を生じた（金銭債務臨時調停7条ないし10条，戦時民事特別19条2項）。

この金銭債務臨時調停法7条による調停に代わる裁判については，最大決昭和35(1960)・7・6民集14巻9号1657頁によって，いわゆる純然たる訴訟事件につき公開の法定における対審・判決によらないでなされるものであり，憲法82条・32条に照らし違憲であるとされた（この点につき第1編第2章第1節２２(2)参照）。これに対して，家審法24条の審判は，当事者が異議を申し立てないときはこれを受諾したものとされるが，異議申立てがあるとその理由のいかんを問わずに当然に失効するため，強制の要素を有しない点で旧制度の調停に代わる裁判とは異なるといえる*。

　　*民事調停でも同趣旨の定めをおく（民調17条）。この制度も長く利用されなかったが，いわゆるサラ金調停の増加に伴って，この調停に代わる決定が多く利用されるよ

うになった（日本法律家協会編『民事調停の研究』（1991）327頁以下参照）。

(2) 立法意図

立法者は，24条の導入をどのように見ていたのであろうか。これまでたびたび引用してきた「家事審判法質疑応答資料」（堀内・研究441頁）についてみてみよう。少し長いが，それだけ説明する必要があったことを示している。

「問　第24条の立法趣旨如何。
答　調停を任意調停のみに限り，当事者間に合意が成立しない限り，調停が成立しないものとすると，一方の当事者の頑固な恣意により又は僅かな意見の相違により調停が成立しない場合が生じ調停制度の実効を収め得ないので，本法案は，伝家の宝刀として，現行人事調停法の認めていない強制調停の途を開いて，可及的に家庭の訴訟事件を調停で処理することとした（第1項）。然しながら，第9条第1項乙類に規定する審判事件は，任意調停が成立しなければ，当然審判手続に移行し，審判することができるので，この審判事件については強制調停しないこととした（第2項）。従って，強制調停のできる事件は，訴訟事件に限る訳である。
問　第24条の強制調停は，第23条に掲げる事件についてもできるか。
答　理論上はできるが，実際上強制調停する場合は少ないであろう。
問　強制調停は，当事者の意思を無視圧迫する官僚独善的な措置ではないか。
答　強制という名称は官僚独善的な響きを与えるが，強制調停は一方に味方して他方を圧迫する意味の強制でもなければ，又無理やり纏めんがために纏めるというお座なり的なやり方でもない。法の精神は，長い間血で血を洗うようなことをして困る親戚紛争を，いい加減のところで折り合って仲直りさせたいという意味で妥当な案を立てて仲裁解決せんとするものであるから，不当に一方を圧迫するものではない。そればかりでなく，強制調停をしても，第25条により異議の申立があれば，その強制調停は効力を失うのであるから，何等当事者の意思を無視し，これを圧迫するものではない。」

3　24条審判の性質

家審法24条の審判は，いわば調停と裁判の中間的な性格を有するようにみえる。これまでも前者の調停に比重を置いて理解する見解（調停合意説）と，裁判に力点を置く見解（調停裁判説）がみられた。調停裁判説はこの審判は家庭裁判所が行うものとされていることを重視し，「この審判は，調停手続においてなされる裁判であって，広義における強制調停に属する」という（山木戸・108頁）。

しかし，現在の通説は調停合意説に立っているといえよう。この立場では，

24条審判は「審判」という形式をとるがあくまで調停による解決案の提示，または合意の勧告という意味であると解するのである。裁判所が解決案を示すことによって，当事者が再考する機会をもち，そのことによって紛争が解決することも多く，また不満であれば異議申立てをすると失効することが保障されているので，裁判という強制的な契機をもたない。このようにして，家審24条の審判は決して権利の存否確定といった裁判ではなく，当事者に対して裁判所が審判の形式で勧告する合意案にとどまると解するのである（鈴木・研究135頁，家審法講座3巻329頁〈加藤〉，梶村太市「23条，24条審判の異議申立」『現代家族法大系Ⅰ』(1980)452頁，沼辺愛一＝三井善児「調停に代わる審判の実務上の諸問題について」ジュリ404号(1968)124頁）。この立場を支持すべきであろう。

2 調停に代わる審判の対象

1 対象となる家事事件
(1) 概　説

24条審判の対象となる事件は，家事調停の対象となる事件（家審17条）のうち，乙類審判事項を除いた家庭に関する調停事件である（同24条2項）。乙類審判事件は，調停が成立しないときは当然に審判手続に移行し，そこで審判される（同26条1項）から，24条審判をなしえないとされている。また家審法24条が例示するように人事訴訟のうち離婚，離縁はこの審判の対象となる（審判離婚と呼ばれる）。

(2) 離婚調停に附帯する乙類審判事項の取扱い

家審法24条による審判の対象となる離婚事件についてその旨の審判をする場合に，その夫婦間に未成年の子があるときは，民法819条2項によって同時に親権者を定めなければならない。親権者の指定は家審法9条1項乙類7号により乙類審判事項であるが，離婚の審判をする場合に，親権者指定事件のみを家審法26条1項によって審判手続に移行させると，一方では離婚の審判が確定しているのに親権者が定められていないという不都合な状態を生み出すことになる。これは未成年者保護の観点から好ましくなく，民法819条2項の趣旨に反する（家審法講座3巻334頁〈加藤〉，注解・家審法804頁〈島田〉，実務講義案378頁。実務もこれに従うという。神戸家審昭和50(1975)・9・13家月28巻10号96頁）。

次に離婚の調停事件において，財産分与，子の監護に関する処分等が附帯して請求されている場合において，離婚の審判をするとき，これらの乙類審判事項である附帯請求についてもあわせて審判しうるかが問題とされる。これらの事件は，親権者の指定とは異なり離婚と同時に処理しなければならない法律上の要請があるとはいえない。しかし，離婚の調停において財産分与や離婚後扶養，未成年者の子の監護としての面接交渉などがあわせて問題となり，当事者が離婚と一括して解決を望んでいることは多い。人訴法32条もこうした要請に応えて，離婚訴訟にこれらの附帯処分を申し立てることができ，かつ，一括して判決できるとしている。家事調停において，これらの事項が全体的に協議されていたのに調停に代わる審判ではこれを分断しなければならず，その後の手続を別個のものとするというのは，制度の設計として適切とはいえないであろう。また附帯請求につき一括処理をすることに法律上特に支障があるともいえない。この点で肯定する見解を支持する（家審法講座3巻334頁〈加藤〉，注解・家審法805頁〈島田〉，実務講義案378頁。福島家裁郡山支審昭和48(1973)・10・18家月26巻4号88頁，大阪家裁岸和田支審平成3(1991)・6・20家月44巻11号89頁など）*。

  *なお，離婚とともに財産分与，子の監護に関する処分を命じた家審法24条の審判に対して異議申立てがあれば，その審判は全部一括してその効力を失うとするのが通説である（上記各文献参照）。一括して総合的に判断されたため，異議申立ても全体に及ぶと考えるのである。これに対して一部異議の申立てが可能であるかという問題が提起される。この点については後述する。

2 家審法23条の対象となる事件
(1) 問題の所在

すでに説明したように，家審法23条の合意に相当する審判をするには，当事者間に合意が成立し，申立ての原因の有無について争いがないことが不可欠の要件である。それゆえ調停期日において当事者間に申立原因の有無につきなお争いがあるか，あるいは申立原因については争いがなくともなお他の事情で合意が成立しない場合には，調停を不成立とせざるを得ない。このような場合に，家審法24条の審判をなし得るかが問題とされてきた。立法者は「理論上はできるが，実際上強制調停する場合は少ないであろう」としていたが，学説は対立する。

(2) 肯定説

この場合に23条審判をなし得るとする肯定説は，次のようにいう。まず法文上は，家審法24条は乙類審判事件を除外しているにすぎない。家審法25条は，23条・24条の審判ともに異議申立てによって失効するから当事者にとって不利益は生ぜず，またこの措置をとるべき実際上の必要性がある（山木戸・109頁。もっとも訴訟におけると同様に特定の婚姻無効原因や父子関係の存否を認定することを必要とする。佐々木吉男「調停に代わる審判」『実務民事訴訟講座7巻』(1969)280頁）。

(3) 否定説

家審法23条は，本来当事者の任意処分を許さない事件につき，調停前置主義をとって，申立原因の有無について争いのない事件につき，人事訴訟によることなく簡易迅速に解決しようとする制度である。当事者の合意は23条審判の前提となる。さらに家庭裁判所は，必要な事実調査や合意の正当性の判断等を行ったうえで審判するものであり，確定した審判は確定判決と同一の効力を認められる。しかし，家審法24条の審判はこのような権利・法律関係の存否の判断というよりは，裁判所が中立・公平な立場から解決案を提示することによって，当事者間に合意の成立を図ろうとする制度である。23条審判と24条審判では，その制度目的，判断基準も異なる。それゆえ，当事者の任意処分を許さない訴訟事件について24条審判によって合意成立を擬制したり，本来23条審判の対象でない訴訟事件にこれを拡張して利用することは許されないと解すべきである。23条の合意に相当する審判事件における調停手続において当事者間に合意が成立しないときは，結局訴訟によるしかなく，その適用を当事者の任意処分を許す事件に拡張することも許されない（この立場を24条審判消極説という）＊。この立場が今日における多数説であり，実務の大勢もこれによっているとされる。理論的には，これを支持するが後述のように若干の例外を認めざるをえない＊。

＊実務家は多くが消極説に立っている（代表的なものを掲げておこう。家審法講座3巻323頁〈加藤〉，糟谷忠男「家事審判法23条の合意について」判タ150号（1963）40頁，岡垣学「家事審判法23条の対象となる事件と同法24条1項の審判」東京家庭裁判所身分法研究会編『家事事件の研究(1)』(1970)428頁。注解・家審法809頁〈島田〉，小山・前掲『新実務民事訴訟講座8巻』234頁，島田充子「法24条事件の運用上の留意点」講座実務家1巻415頁など）。さらに，23条に関する調停において当事者間に合意が成立しないときでも，まず合意の代用として24条審判を行いそ

れが確定したときは合意が成立したものとして23条審判をすることが許されるとする見解もある（宮崎俊行「家事調停における特別の審判」『家族法大系Ⅰ』(1959)176頁）。なお，消極説によると，調停不成立として事件を終了させるため，問題に対する裁判所の判断が外部に表明されないので，消極説に従った実務の取扱いを的確に把握することができない（実務講義案381頁）ということになる。

(4) 例外的な場合

実務において，消極説が多数といわれながら，なお積極説が捨てきれないのは，とりわけ，①当事者双方が期日に出頭し原因の有無について争いがないが，合意が成立しない場合（たとえば有責配偶者が何らの理由がなく離婚請求に応じないとき，付随的な事項について合意が成立しないときなど。神戸家審昭和36(1961)・6・10家月13巻8号104頁），②当事者の一方が調停期日に出頭せず，したがって合意が成立していないが，原因の有無について争いがない場合（当事者が遠隔地に居住しているため，あるいは病気，入獄中のために出頭できないである。たとえば宇都宮家審昭和49(1974)・1・11家月26巻8号92頁，大阪家裁岸和田支審昭和51(1976)・2・23家月28巻11号102頁，福岡家裁小倉支審昭和63(1988)・10・18家月41巻1号162頁）。③渉外離婚等，準拠法が外国法で調停を成立させることができないとき（沼辺ほか・マニュアル389頁，栗原＝太田・前掲140頁〈丹宗〉参照）。こうした実際上の必要性からみると，この場合に限っては24条審判をなし得るとすることも，あながち否定できないのではないかと考える。平成16年度司法統計年報・家事事件編第4表によると，23条に掲げる事件で7件が24条審判によっていることが知られる。

3　24条審判の要件

1　概　説

家審法24条によれば，調停に代わる審判をするためには，①調停委員会の調停が成立する見込みがないこと，②家庭裁判所が相当と認めること，③当該調停委員会を組織する調停委員の意見を聴くこと，④当事者双方のために衡平に考慮し，一切の事情をみることおよび⑤当事者双方の申立ての趣旨に反しないことが必要である。以下，各要件ごとに説明する。

2 調停が成立しないこと

24条の調停に代わる審判は、その制度趣旨から明らかなように、一方の当事者のかたくなな姿勢や欠席、あるいはわずかな意見の対立などから調停が成立しない場合に、家庭裁判所が衡平な解決案を提示することによって、当事者の合意の成立を図ろうとするものであるから、調停不成立の原因が明らかになっていることが通例であろう。離婚調停のように、代理が許されないため、当事者間に実質的な合意が成立しているが、一方当事者が遠隔地に居住しているとか、病気のために出頭できない場合や、離婚の主要な点について合意が成立しているが、付随的な点について合意が成立しない場合が24条の本来的な適用場面といえる。また当事者間に合意が成立したが、調停委員会がこれを相当と認めないときも調停不成立と扱われる*。

> *精神障害者であって後見開始決定を受けている者は、離婚調停手続においても意思能力を有するときは調停行為能力を有すると解される（第1編第3章第3節6参照）。この場合、その法定代理人は職務上の当事者として成年被後見人のために調停の申立てをなし、また相手方となることができる（人訴14条1項）。本人の調停行為と法定代理人である成年後見人の関係をどのようにみるかは問題であるが、本人の手続行為を基準とすべきであろう。

3 家庭裁判所による相当性の判断

23条審判の場合には、家庭裁判所が「正当と認める」ことが要件とされている。24条審判では「相当と認めるとき」とされている。23条審判でいう「正当性」は申立ての趣旨に従った審判をすることが法的に正当として認められることをいう（上記第1節3 5参照）。人事訴訟の簡略な手続としての性格から、紛争の実態と申立ての趣旨から判断される。これに対して24条審判の場合の「相当性」とは、当事者に対して調停に代わる審判という解決案を提示することが、調停の経過からみて妥当か、すなわち当該紛争を調停不成立として終了させることと審判をすることの長短の比較がなされる必要がある。この意味では、調停に代わる審判をする時期、紛争の態様、当事者の意向等を総合的に考慮して判断する必要がある。

当事者の一方が審判を希望して他方がさほど強く反対していないような場合、主要な内容については合意が成立している場合には24条審判をなしうる。当事者が訴訟による解決をためらいつつも、合意をすることを拒否しているようなときは、たんに調停と訴訟による解決の長所・短所の対比から、家庭裁判所の手続による早期解決を図ることが相当であるとするのではなく、

改めて当事者に対する事情の聴取（調停委員会や家裁調査官による）を行い，当事者の意向を確かめなければならないであろう。また上記**32**で述べた事情があるときは，相当と認められる要件を備えているといえる。

調停に代わる審判に対して当事者から異議申立てがなされる蓋然性は本来は考慮すべきではない（注解・家審法816頁〈島田〉）。しかし実際には，異議申立てによって審判が無条件で失効してしまうという法制度の下では，異議申立ての蓋然性は相当性の判断に大きく影響しているといわれる（山田博「調停に代わる審判の現状と問題点」沼辺愛一＝太田武男＝久貴忠彦編『家事審判事件の研究(2)』(1988)222頁，坂梨喬「24条審判を巡る諸問題」判タ1100号550頁）し，これを無視することはできないであろう。

4 調停委員の意見聴取

24条審判をなしうるのは調停委員会の調停事件であるから，家庭裁判所がこの審判をするに際して，紛争の実情を把握している調停委員が家事審判官と異なる立場で事件処理のあり方について適切な意見をもっていることがあるから，それを聴くことが解決案を提示するために適切だと考えられている。意見聴取の方法については特に定めはなく，調停委員の意見は裁判所を拘束するものではない。調停委員の意見を聴いたことは調書または審判書で明らかにしておくべきである（注解・家審法817頁〈島田〉）。

5 衡平な考慮・申立ての趣旨に反しないこと

24条審判は，当事者双方のために衡平に考慮し，一切の事情をみてなされなければならない。当然の要請であり，特に説明を要しないであろう。民事調停における調停に代わる決定についても同様の定めがある（民調17条）。調停による解決が条理にかない実情に即したものでなければならない（同1条）ことから，裁判所の裁量により具体的な事案に適した内容が示されなければならない。

審判の内容は，当事者双方の申立ての趣旨に反しないことが必要である。調停に代わる審判は当事者間において合意が成立する見込みのないときになされる。当事者間になお対立が残されていてもよい。その争点に関して裁判所が判断を示すことに意義があるのであって，たとえば当事者の一方がなお離婚に反対しているのに離婚を認めることが申立ての趣旨に反するとは，い

ちがいにはいえない（神戸家審昭和50(1975)・9・13家月28巻10号96頁）。異議申立てによって審判は効力を失うという保障があるから，この要件を形式的に捉えることは適切ではない（注解・家審法818頁〈島田〉，坂梨・前掲550頁）。

4 審 判

1 概 説

24条の審判は，調停委員会の調停が成立しない場合であって，事件がなお家庭裁判所に係属している間になされなければならない。家審規138条の2により調停が不成立として終了させる前でなければならない。

なしうる審判は離婚，離縁その他事件の解決に必要な事項である*。金銭の支払いその他の財産上の給付を命じることもできる。

> *24条審判の対象となることが最も多いのは離婚である。これによる離婚を審判離婚と呼ぶ。審判離婚については民法に定めがない。家審法によって作り出された離婚形態である。その法的性質等については，学説上（実体法上）争いがあるが，ここでは説明を省略する。

2 審判書

審判書の内容については，他の一般の場合と異ならない。しかしこの審判は当事者の合意を図るための手段としてなされるものであり，さらに当事者の異議申立てによって直ちに失効するものであるから，理由記載については簡単でもよいという見解もある（山田・前掲223頁，注解・家審法818頁〈島田〉）。たしかに，法的効力がきわめて不安定であるのに，それに審判や判決に匹敵する労力を投入しなければならないという制度は合理的ではない。しかし，当事者の異議申立てがないときは確定判決と同一の効力を認められることからも，理由の簡略化には問題が残るといわざるをえないであろう（梶村太市「24条審判の性質と基準」別冊判タ8号130頁は，それまでの調停の段階において，当事者の態度から反対の意向が伺われ，異議申立ての見込みが高いと思われるが，なおそれでも審判をするのが相当と判断したような場合には，詳細な理由を付して審判することが必要だと指摘する）。

3 審判の告知

審判の告知は，裁判所が相当と認める方法によって行う（家審7条による

非訟18条2項の準用)。しかし，所在不明者に対して公示送達の方法はとれないと解されている。24条審判は重大な身分上の効果を発生させるが，公示送達を認めると実質的にその者の異議申立権を奪ってしまう結果となるからである（注解・家審法820頁〈島田〉）。

4 審判の効力

(1) 総　説

24条の審判が異議申立てがなく確定したときは，確定判決と同一の効力を生じる（家審25条3項）。形成力・執行力を生じることについては異論がない。しかし既判力については，23条審判とは異なり生じないと解すべきである。23条審判については，家庭裁判所の必要な調査によりその審判の実体的な正当性についての担保があるといえるが，24条審判は実体的な権利・法律関係の存否を確定することを目的としていない。金銭の給付を命じる場合にも，離婚を宣言する場合にも，それぞれの要件が確定することが目的ではなく，結果としてそう宣言するにとどまる。それゆえ既判力を認める根拠を欠くというべきであろう（学説において既判力を肯定する見解として，佐々木・前掲290頁）。

離婚や離縁する旨の審判は，離婚または離縁の判決が確定した場合と同様の効果を生じる。また給付を命じる部分については，家審法15条の規定が調停には適用されないので強制執行のためには執行文の付与を求めなければならない。これに対して離婚の審判にあわせて乙類審判事項が審判されているときは，確定した審判と同一の効力を有する。それゆえ，財産分与として金銭の支払いが命じられているときは，この部分については家審法15条により執行力ある債務名義としての効力がある。

(2) 審判確定による届出等

審判が確定してその効力を生じたときは，調停の申立人は審判確定の日から10日以内に審判書の謄本を添付して戸籍の届出をしなければならない（戸籍73条，77条1項，63条）。離婚や離縁等戸籍の届出や訂正を必要とする事項について24条審判が確定したときは，家庭裁判所は事件本人の本籍地の戸籍管掌者に対してその旨を通知する（家審規142条の2）。

5　異議申立て

1　概　説

　家審法 24 条の調停に代わる審判は，旧制度とは異なり異議申立てによって失効するから強制調停とはいえず，また裁判を受ける権利を侵害するものでもない。しかし逆に，審判の効力は極めて弱いものとなっている。後述するように異議の理由を問わないこと，利害関係人の異議申立ても認められているからである。24 条審判の制度がもっと利用され，かつ制度の強化を求める立場からは異議申立制度の廃止を含む提案がなされる（市川・158 頁，東京家庭裁判所編『家庭裁判所の制度と展望－家事部』(1970) 257 頁など）。しかし前掲最大決昭和 35(1960)・7・6 民集 14 巻 9 号 1657 頁（および第 1 編第 2 章第 1 節 2 2 参照）に照らして，これらの主張を簡単に支持することはできないとするのが通説の立場である＊。

　　＊離婚，離縁などの微妙な判断を必要とする事件について，24 条審判のような制度が果たして適合的であるかという反省も必要であろう。民事調停における調停に代わる決定は，比較的利用されているが，事件によっては必ずしもそうとはいえない。平成 16 (2004) 年度において一般調停事件の既済 39,851 件のうち調停に代わる決定は，7,443 件，商事調停事件では 8,068 件のうち 3,563 件であるのに対して，宅地建物調停事件では 7,305 件中 70 件であり，交通事故調停でも 4,192 件中 45 件にとどまる。こうした差異が認められるのは事件の性格によるであろう。離婚事件では，第三者の目から見て，ほとんど取るに足りないとみられる相違点でも，当事者にとっては大きなこだわりの原因であることがめずらしくない。こうした事件に調停に代わる決定が親和的かは再考の余地があり，むしろ当事者の自主的判断による解決，訴訟の選択を優先させるべきではないかと考えられる。

2　異議申立権者

　異議申立ての意味は，23 条審判について説明したところと同様である。

　24 条の審判に対しては，当事者または利害関係人が異議の申立てをすることができる（家審 25 条 1 項，家審規 139 条 1 項）。当事者にも異議申立てを認めるのは，この審判が調停が成立していない場合になされるものであり，訴訟によって解決を求める途を保障する必要があるからである。利害関係人の範囲は，必ずしも明確ではない。23 条審判においては，利害関係人とは当該審判の対象である身分関係を訴訟物とする人事訴訟の当事者適格を有する者とされるが，24 条審判の場合には調停の結果について法律上の利害関

係を有する者と解すべきであろう。通説は，調停の結果につき法律上または事実上の利害関係を有する者であるとし，参加について定める家審法12条の「調停の結果につき利害関係を有する者」と同様だと解する（梶村・前掲『現代家族法大系Ⅰ』467頁，注解・家審法827頁〈島田〉）。しかし，家事調停の場合の利害関係人の範囲についても明確でない点が多く，必ずしも調停対象と直接的な関係を有しないし，その者の権利が害されるわけではない者も含まれている（第4節22参照）。さらにまた，当事者が調停に代わる審判に納得しているにもかかわらず，第三者の異議申立てがあることによって審判が失効することを考慮すると，この利害関係人の範囲は限定的に解することが適切であろう（注解・家審法827頁〈島田〉）。

3 異議申立手続等

異議申立ての期間は，当事者が審判の告知を受けた日から2週間以内である（家審25条1項，家審規139条2項）。利害関係人の異議申立期間も同様である。異議の申立ては書面または口頭で当該の家庭裁判所に対して行う。

異議の申立ては適法なものでなければならないが，申立権を有する者から申立期間内に申立てがなされることで足りる。異議の当否を判断することはできない（実務講義案385頁）。

異議申立てを却下する審判に対しては，異議申立人から即時抗告することができる（家審規140条）。

4 異議の理由

異議には何らの理由を付すことを要しない。24条審判に対する異議も，23条に対する異議と同様に，審判による事件の解決を拒否する申立てであり，審判を失効させることを目的とするものである。その理由を問わない。申立てが適法であれば，当然に審判は失効する（第1節51参照）*。

> *この点に関し，盛岡家裁大船渡出審平成5(1993)・10・21判タ832号212頁は，離婚調停において離婚を認める審判をしたうえで，親権者を夫とし，妻に対して夫に慰謝料の支払いを命じたが，夫からの養育費請求を認めないという調停に代わる審判がなされたところ，夫から異議申立てがなされたという事案である。家庭裁判所は，「本件離婚審判のうち，子の親権者を異議申立人と定める部分は，異議申立人の主張・希望に合致するものである。加えて，……異議申立人は，本件離婚審判のうちこれらの部分に対して特段不満を主張しているわけではないし，……（相手方も）本件離婚

審判に対して何らの異議申立もしていない。したがって，異議申立人の本件異議申立のうち，本件離婚審判中の離婚を命ずる部分及び子の親権者を異議申立人と定める部分に対する異議申立は，異議の利益がない。そして異議申立の利益は，通常訴訟における訴訟要件と同様の意味で，申立の適法要件であると解されるので，異議申立の利益を欠く部分は，不適法である」と判示する。しかしこの決定は根本的に誤っているといわざるをえない。申立権を有する者から申立期間内に異議があれば，その理由を問うことなく（利益について判断するまでもなく）当然に審判による解決を阻止できるという点にこの異議制度の意味がある。異議にどのような理由が記載されていようと，これを考慮してはならないのであり，また妥当な理由があってはじめて異議が認められるというような制限を加えることも許されないのである（注解・家審法 828 頁〈島田〉参照）。これと反対に，理由があってはじめて適法な異議となると解することが，誤りである。

5　異議申立ての効果
(1)　総　説
すでに 23 条審判に対する異議で説明したように，適法な異議があると審判は直ちに効力を失う。申立てに理由があるか否かは問わない。審判が効力を失うと，その事件は異議申立てのあった日に完結する。審判が異議の申立てによってその効力を失ったときは，裁判所書記官は遅滞なくその旨を当事者に通知しなければならない（家審規 141 条）。

(2)　審判の一部に対する異議申立て
家審法 23 条・24 条の審判の一部に対して適法異議申立てがあった場合でも，当該の審判全体が効力を失うのが原則である。しかし 24 条審判において附帯してなされた乙類審判事項についてのみ一部異議の申立てが可能であるかについては，問題がある。財産分与などについては，当該の審判と切り離して審判手続で処理することも理論的には可能といえよう。しかし異議のない他の部分をも確定させずに全体を訴訟による解決に委ねることが適当と判断される場合もある。異議の申立てでこうした点についてまで審理することは適当とはいえまい。それゆえ，24 条審判に対する異議という枠組みの中では，こうした実体的判断をなしえないから一部に対する異議は，原則どおり審判全体を失効させると扱わざるを得ない（注解・家審法 830 頁〈島田〉）。

6 24条審判に対する再審

これについては 23 条審判の場合と同様に解されるから、それに対する説明を参照のこと。

第7章　履行確保

1　概　説

　家事債務の履行確保は，家庭裁判所が審判や調停で定まった義務の実現をはかることをいい，昭和31年の家審法改正によって認められた履行調査と勧告および履行命令の制度をいう。家庭裁判所で扱われる義務は，婚姻費用分担，養育費，扶養料等生活に密着し，それを支えるものであり，しかも一般的には少額である。家庭裁判所発足当初から，これらの義務の履行状況は満足すべきものではなく，家庭裁判所に強制力のある措置を期待する声が強かった（そうした状況について詳細は，注解・家審法663頁〈谷川〉）。

　とりわけ，家事債務の履行については，①一般に少額であり，かつ分割支払いとされた金銭債務が多く，強制執行が費用倒れになる，②家庭裁判所に登場する当事者は，多くは法律手続になじみがなく，社会的弱者が多いことから，正規の執行手続をなしえないことが多い，③親族または親族であった者同士での執行手続となり，強制的な手続になじみにくいといった特徴が指摘される。このような事情を背景に，昭和31（1956）年に家審法の一部改正が図られ，履行状況の調査および履行の勧告（家審15条の5），履行命令（同15条の6），寄託（同15条の7）が追加されるとともに，家審規則に第4章が追加された（143条の2から同11まで）。

　履行確保の制度は，履行の調査と勧告・履行命令を内容とするが，義務の内容を強制力をもって実現することを目的とするものではないから，通常の強制執行に代わるものではない。権利者はいずれの方法も選択できる。この制度は，平成15（2003）年の人事訴訟法制定によって，人事訴訟の附帯処分としてなされる乙類審判事項にかかる義務についても導入されることになった。従来，地方裁判所で離婚事件を審理するに際して附帯申立てを扱っても，履行確保手段がなかったが，人事訴訟が家庭裁判所に移管されたことによって家事審判と同様の扱いが可能となったのである（人訴38条から40条。小野瀬厚＝岡健太郎『一問一答新しい人事訴訟制度』（2004）174頁）。しかし，以下

に説明するように履行命令は実際上ほとんど利用されず，また寄託制度も金融機関のオンライン化による振込みの簡易化に伴いその意味を低下させているにもかかわらず，今回の人訴手続への導入では何ら検討が加えられていないという問題が残されている*。

> *民執151条の2により，夫婦間の協力扶助，婚姻費用の分担，子の監護に関する義務および扶養義務などの家事債務について，その一部についての不履行があるときは，確定期限が到来していないものについても執行を開始することができるようになった。また同167条の15により，これらの義務履行につき間接強制の方法を利用することができるようになった。さらには，平成16(2004)年の年金関連改革により，離婚時に当事者の合意または裁判その決定によって国民年金の分割が可能とされた（人訴32条1項参照。施行は平成19(2007)・4・1）。これによって当事者間において支払いや不履行の問題を生じさせない。こうした周辺の制度の改革も，履行確保にとっては重要であるが，ここでは説明を省略する。

2　履行状況の調査・履行の勧告

1　制度の趣旨

家庭裁判所は，権利者の申出があるときは，審判または調停で定められた義務の履行状況を調査し，義務者に対してその義務の履行を勧告することができる（家審15条の5，25条の2）。これを履行勧告と呼んでいる。平成16(2004)年度の利用は全国で15,574件に及んでいる（平成17(2005)年司法統計年報家事事件編第52表参照）。その結果は全部履行4,270件，一部履行3,739件，不詳6,472件となっている。約半数につき，成果がみられたということになる。

家事債務もその実現のためには最終的には強制執行を必要とするが，上述のような特徴から，強制手段の前に不履行に陥っている債務者が自発的に義務を履行するように促すことが望ましい。その際に，家庭裁判所が専門的な知識を活用して，不履行の原因となっている問題の解決等を援助することが期待される。このような趣旨から見ると，履行勧告は裁判所が当事者に対して裁判や調停の終了後も持続的に援助することを意味するともいえる。裁判に対する一種のアフターケアである。

2　調査・勧告の対象となる義務

義務の履行状況の調査および履行の勧告の対象となるのは，審判または調

停で定められた義務である。養育費や慰謝料などの金銭支払義務，登記移転義務等の財産上の給付義務のほか，その他一切の作為・不作為の義務も含まれる。未成年の子の引渡し，面接交渉なども対象となる。また夫婦同居義務については性質上強制執行には親しまないが，履行調査や履行勧告の対象にはなると解されている（注解・家審法667頁〈谷川〉，実務講義案412頁）。道義的または非法律的な調停条項についても，その対象となると解されている（松井薫「家事債務履行確保制度の運用」『実務民事訴訟講座7巻』359頁）。審判前の保全処分についても同様である。

3　調査および勧告
(1)　権利者の申出

履行状況の調査および勧告は，権利者の申出があった場合に限って行われる。職権によって開始することはできない。申出は，家庭裁判所に対して調査および勧告を求める意思の表示であるが，家審規3条にいう申立てではない。裁判を求める行為ではなく，権利者の事実上の希望を明らかにするという程度の意味しか有しない（実務講義案413頁）。その方式には定めがないので，書面または口頭でもなしうる。電話による申出も可能とされている。また手数料も必要ではない。この申出があったときは，家事雑事件として立件される。

調査および履行勧告の申出は，効果が上がるまで何度でもこれをなしうる（平成17（2005）年司法統計年報家事編第52表によると，申出回数は1回のものが約半数を占めるが3回までのものもかなり多い。また6回以上のものも1,242件に及んでいる）。また継続的給付義務については，一度権利者からの申出があれば履行期ごとに改めて申出がなくても，調査および勧告をなしうる。

(2)　調査および勧告の管轄裁判所

調査および勧告は，その義務を定めた家庭裁判所の管轄である。抗告審である高等裁判所が定めたときは，その原審裁判所の管轄である（家審規143条の2）。調査および勧告は義務を定めた審判・調停等のアフターケア的な業務であるから，それを発令した裁判所が担当するのが適当である。しかし義務者が，義務を発令した裁判所の管轄外に居住することもあるから，この場合には他の家庭裁判所にこれを嘱託することができる（同143条の3）。

(3) 調査および勧告

　債権者からの申出があると，家庭裁判所は調査を実施する。この調査を家裁調査官に命じることもできる（家審規143条の4）。調査の方法については定めがないが，義務者に出頭を命じて審問する，書面による照会を実施する，家裁調査官による聞き取り調査を実施する等の適切な方法がとられることになる。この調査に対しては強制力を行使することができない。

　調査の結果，相当と認めるときは，家事審判官は義務者に対して義務の履行を勧告することができ，またこれを家裁調査官にさせることができる＊。

　調査および勧告をしないのが相当と認めるとき，調査および勧告を終了させて差し支えないと認めるときは，いわゆる終了認定によって事件を終了させる。将来の履行の見込み，履行の完了のほか，義務者の所在不明，債権者による強制執行の申立て，当事者による再調停の申立てなどがあるときなどがこれにあたる（実務講義案415頁）。

　　＊この勧告は，裁判という性質を有しない。義務者の自発的履行を促すものにとどまり，法律上も何らの効力を有しない。ただ，それぞれの調査，勧告の内容およびその結果は，書記官または家裁調査官によって調査勧告表の経過欄に記載される。またその経過等につき必要があると認めるときは申出人に通知される。

3　履行命令

1　意　義

　家事債務のうち，金銭の支払いその他財産上の給付を命じるものについて，家庭裁判所が相当と認めるときは，権利者の申立てによってその義務の履行を怠っている者に対して，相当の期限を定めてその義務の履行をなすべきことを命じることができる（家審15条の6，同25条の2）。これを履行命令という。この命令に従わないときは，過料に処せられる（同28条1項）。これによって義務者を心理的に強制して義務の履行を図ろうとする趣旨である＊。履行の調査・勧告の制度は広く利用されているが，この履行命令は司法統計年報平成17(2005)年家事事件編第54表によると，申立件数はわずか56件（認容されたのは16件）にとどまっている。履行調査・勧告で改善がみられなかった事件が多数あるのに対して，履行命令がほとんど利用されないのは，その発令要件が厳しすぎるか，履行命令の実効性が乏しいか，事情の変更等を理由に当事者間において再調停その他の申立て等がなされているか，さま

ざまな理由が考えられる。しかし一般的にいえば、履行調査・勧告に比べて件数が少なすぎるといえるであろう（長谷部由起子『変革の中の民事裁判』(1998)168頁参照）。

> ＊家事債務も、民事法上の義務である。一般に民事法上の義務の不履行に対しては、強制執行による義務内容の実現と損害賠償によって対処するのが原則である（民執167条の15は、さらに間接強制を併用する）。これに対して家事債務の履行確保では、その不履行に対してこれと同様の対処をするほかに、ここに述べるように過料によって強制を加えようとしている点に特徴がある。その特別の取扱いが正当化される根拠としては、先に掲げた家事債務の特徴と家庭裁判所の後見的役割を指摘することができよう（注解・家審法675頁〈谷川〉）。

2 対象となる義務

家事審判または調停で定められた金銭の支払いその他財産上の給付を目的とするものである。したがって実務上執行につき問題の多い子の引渡し、面接交渉等の義務については、履行調査・勧告までは利用できるが、この履行命令を利用することはできない。

3 申立て

(1) 申立て

履行命令は権利者の申立てによって行われる（家審15条の6）。申立ては書面または口頭でなすことができる。家事雑事件として立件され民訴費用法3条別表第1の17ホにより手数料を納付しなければならない。家審法の定める履行確保は、履行の調査・勧告、履行命令および寄託の制度からなるが、この順序で申し立てることは想定していない。履行命令は、それ自体として申立ての要件、発令要件が審理されるのであって、履行調査・勧告の手続が前置される必要もない。したがって調査・勧告をへないで履行命令申立てがなされることは差し支えない。むしろ履行命令の申立ては調査・勧告の申出を包含していると解されている（注解・家審法676頁〈谷川〉）＊。

> ＊履行命令申立てによって、調査・勧告によって目的を達した場合、申立てはどのように取り扱われるかが問題となる。目的を達したのでもはや何の裁判をも必要としないか、あるいは取下げがないかぎり何らかの裁判を必要とするかが問題となる。申立てに調査・勧告まで含むと解する以上は、前者の取扱いで足りるであろうが、履行命令申立てを正規の「申立て」と位置づけているかぎり何らかの審判による必要があろう（注解・家審法676頁〈谷川〉参照）。

(2) 管轄裁判所

履行命令の管轄裁判所は、履行の調査と同じくその義務を定める審判または調停をした家庭裁判所であり、抗告審である高等裁判所がした場合には、その原裁判所である（家審規143条の5）。履行命令は、申立てに基づく手続であるから、義務者がその管轄区域内に居住しないなど相当と認める場合には、他の家庭裁判所に事件を移送する必要がある。

(3) 申立人

申立てをすることができるのは、審判または調停で財産上の給付の権利者として表示されている者である。参加人であってもよいし、申立てにおいて相手方とされていた場合であっても、審判において権利者とされている場合には、この申立てをなしうる。強制執行を目的とするものではないから、承継執行文の付与は必要としない（注解・家審法677頁〈谷川〉）。

義務者となるのは、審判・調停において家事債務の義務者とされている者およびその承継人である。承継人にあたるか否かの判断は、家庭裁判所が事実を調査したうえで判断する。

4 履行命令

(1) 履行命令の要件

履行命令の申立てに対し、裁判所が相当と認めるときは履行命令をする。命令をなす「相当と認める」要件とはどのようなものかが問題となる。これにつき、①過料という制裁をもって義務を履行するよう間接的に強制すれば履行する見込みが立ち、②それをすることが現在の事情からみて義務者を著しい窮迫状態に追い込むことがなく、③権利者にとってその義務を履行してもらうことがその経済上、社会・家庭生活上において物心いずれかの面で、社会通念上も実質的な効用をもたらすことが認められることと指摘されている（注解・家審法679頁〈谷川〉）。したがって義務者がその義務を履行することが事実上可能でなければならない（福島家審昭和46(1971)・5・19家月24巻6号58頁も、債務名義の執行ではなく、履行の円滑のために行なう一種の催告であって、その義務を履行するに足る資力を欠いている者に対して発することは相当でないとする。実務講義案418頁は、権利者の収入、資産、生活状況等を考慮することはできないとする）。最も重要な判断要素は①の点であり、実際上の問題として②が重要になるといえよう。

(2) 履行命令の性質

履行命令は，家庭裁判所が義務の不履行者に対してなす一種の履行の催告であると解されている（注解・家審法 679 頁〈谷川〉，実務講義案 417 頁）。履行命令の内容となる権利義務は，すでに審判または調停において確定しているものであり，この履行命令はそれに何らかの効果を与えるものではないし，履行命令が相当な期限を定めて履行を命じるとしてもこれによって期限の猶予を与えるものでもない。また履行命令は，権利の主体でない裁判所が，権利者の申立てに基づきそれを相当と認める場合に，裁判所の立場から義務の履行を催告する点に特徴がある。それゆえ，履行命令は時効の中断，解除権の発生など実体法上の効力は一切与えられないと解すべきである。また履行命令はそれ自体に執行力が与えられるものではない。

(3) 履行命令の内容

履行命令をする前には，義務者の意見を聴かなければならない（家審規 143 条の 6）。その不履行が過料の処分につながるため，義務者に注意を喚起し，慎重を期すためである。履行命令の内容は，本来の義務の範囲内でなければならないが，権利者の申立てに拘束されることなく命令をするときまでに履行が遅滞している義務の全体を対象とすることができる。もちろん義務の一部についてのみ履行を命じることもできる。履行命令は，履行すべき相当の期限を定めてなされる（家審 15 条の 6）。

履行命令をするには，命令書を作成しなければならない（家審規 16 条 1 項）。命令は義務者に告知することにより効力が生じる。告知する際には，同時にその命令の違反に対して過料に処せられることがある旨を警告しなければならない（家審規 143 条の 8）*。

> *白鳥敬三「履行確保制度について」『講座現代家族法 4』(1992) 319 頁は，履行命令については，立法の段階で「第 28 条の過料制度運用については，慎重を期し適正に行われるよう深く留意すること」という付帯決議が加えられたことから，「家裁が相当性及び必要性の認定に慎重で，（制度発足の）早期に履行命令数が減少，過料決定もなくなるなど，実効的機能を持たなくなった」と指摘している。

(4) 履行命令に対する不服申立て

履行命令あるいは申立てを却下する審判に対しては不服申立てをすることができない。その理由は，この審判が実体上の権利関係に対して何らの影響を与えないことから，却下されたときは強制執行によって権利を実現すれば

よいし，また命令を受けた者は発令前に意見聴取の機会があり，また過料の審判に対しては即時抗告ができるから救済に欠けることはないとされている（注解・家審法680頁〈谷川〉，実務講義案418頁）。

(5) 履行命令手続の終了

履行命令の事件は，履行命令の発令，申立ての却下，申立ての取下げによって終了する。履行命令はその不履行の場合に過料の制裁につながるから，義務者の資力等を考慮して不履行の一部にとどめられる場合もある。この場合，残余の部分についても結末がつけられたと考えられ，手続は終了したと扱われる。

4　金銭の寄託

1　意　義

金銭の寄託の制度は，審判または調停において定められた金銭の支払いを目的とする義務の履行につき，義務者からの申出があれば，家庭裁判所が申出のあった金銭を一時預かって，これを権利者の請求に応じて支払うというものである（家審15条の7参照）。家事債務の背景にある当事者間の複雑な人間関係等から，その債務の履行が当事者間で直接に行われることが困難である場合に，家庭裁判所が関与して行うことが，「履行を確保する上において著しい効果があると認められる」（市川・168頁）として，家庭裁判所が金銭の寄託を受けられるようにしたのである。

制度発足当時から昭和50(1975)年代の初めまでは，全国の家庭裁判所で寄託の定めをした事件数も多く，受入件数も昭和47(1972)年度には9万件を超えてその受入金額も昭和51(1976)年度には35億円に達するなど広く活用された。しかし，金融機関のオンライン化にともない，金銭の授受については金融機関の口座振替を利用するのが一般化したこともあって，寄託件数は減少の一途をたどっている（最高裁判所家庭局監修『家庭裁判所50年の概観』(2000)146頁，白鳥・前掲319頁，沼辺ほか・マニュアル75頁〈宇野〉，野田愛子＝安倍嘉人監修『人事訴訟法』(2004)370頁によれば，平成14(2002)年度に寄託の定めをした事件数はわずか1件であるという〈松枝〉）。国民のほとんどが，銀行，信用金庫あるいは郵便局等に取引口座をもち，自働振込みが可能である現在において，この制度の必要性自体が問われているが，人訴法の制定に伴う履行確保制度でもそのまま採用されている（人訴40条）。したがっ

てここでは，ごく概略を指摘するにとどめる。

2 寄託の申出
(1) 寄託の申出をなしうる場合
　義務者が家庭裁判所に対して寄託の申出をすることができるのは，次の場合である。①金銭の支払いを家庭裁判所に対して寄託して行うことを命じる審判が効力を生じたとき（家審規143条の9第1号），②金銭の支払いを家庭裁判所に寄託して行う旨の調停が成立したとき（同2号），③以上の他，家事審判官が審判または調停で定められた金銭の支払義務の履行について，その金銭の寄託を相当であると認めたとき（同3号）である（人訴40条1項1号・2号は，このうち調停を除いて同趣旨を定める）。

(2) 寄託を受ける裁判所
　寄託を受ける裁判所は，原則として，当該金銭支払いの義務を定める審判または調停を担当した家庭裁判所であり，高等裁判所が審判に代わる裁判をしたときは原審判をした家庭裁判所である（家審規143条の10）。

3 寄託金の交付・返還等
　金銭の受入れ，管理，支払いを伴うので，金額の多少にかかわらず，手続がきわめて煩瑣である。金融機関のオンライン化の進んだ今日において，これだけの手間と労力を投入しなければならないかは，きわめて疑問である。注解・家審法684頁以下〈安井〉および実務講義案423頁以下の説明によれば，おおむね次のようになる。義務者が寄託しようとするときは，金銭に寄託書を添付して寄託事務担当者に提出する。寄託の申出をするのは義務者またはその代理人に限られ，第三者からの申出は受理しない。期限付または条件付の義務について寄託の申出があった場合には，寄託申出人に対し寄託金はただちに権利者に交付するものであることを告げ，申出人がこれに異議がないときはその旨を寄託書に記載する。寄託事務担当官が寄託を受けるべきものと認めたときは，寄託書に認印して歳入歳出現金出納官に送付する。歳入歳出現金出納官が寄託金を受け入れたときは，寄託書に認印してその旨を寄託事務担当官に通知し，同担当官から権利者に対して受託通知書を送付する。権利者が寄託金を受領しようとするときは，請求書に受託通知書を添えて寄託事務担当官に提出する。寄託事務担当官はこの請求があったときは，

受託通知書や印鑑等によって請求者が正当な権利者であるかを確認し，出納官から小切手か現金で支払いを受ける。

　義務者が寄託後，寄託金の返還を請求する場合の処理は次のようになる。寄託者から返還請求があったときは，権利者から寄託金を受領する意思がないときで，①受託通知書が権利者に到達しないとき，②受託通知書を発送した後，権利者が交付の請求をするのに相当な期間を経過しても権利者が請求しない場合，③権利者が寄託金の受領を拒絶した場合，④権利者が寄託金の返還に同意した場合のいずれかに該当すると，その請求に応じる。また，家審規143条の12に該当すると，寄託に関する事務を終了させることができる。

第8章 罰　　則

1　趣　旨

　家審法は，事件の当事者・参加人が手続上の義務に違反した場合の過料と，参与員や調停委員が正当な理由なくその秘密を漏らしたことに対する刑事罰等を定めている。これらを罰則として，以下においてその内容を概説する。民事調停についても同趣旨の規定がある（民調34条以下）。

2　当事者の不出頭に対する過料

1　関係人

　家審法27条は，家庭裁判所または調停委員会の呼出を受けた事件の関係人が正当な事由がなく出頭しないときは，家庭裁判所はこれを5万円以下の過料に処すると定める。家事事件の審理について，本人の自身出頭主義が採用されている（家審規5条1項）ことから，その出頭を確保し充実した審理を図ることを目的とする（その1例として，財産分与調停事件の期日に正当な事由がなく出頭しなかった相手方を3万円の過料に処したものとして，札幌家審平成3（1991）・2・4家月44巻2号137頁がある）。

　関係人とは，当事者，参加人その他調停の結果につき法律上・事実上利害関係を有する者を指し，単なる参考人は含まない。家審規5条が本人出頭主義についていう関係人と同義である（通説である。家審法講座3巻171頁〈沼辺〉，注解・家審法844頁〈生熊〉，実務講義案426頁）。証人，鑑定人については民事訴訟法の証拠調べに関する規定が準用される（家審7条，非訟10条）から，その不出頭については民事訴訟法の定めによると解すべきである＊。

　　＊小山・305頁は，証人は「事件の関係人」に該当するとするが，疑問である。

2　呼出・正当な事由

　過料の制裁を課すためには，その呼出につき正式の送達・告知の方法をとり，呼出状には不出頭に対する法律上の制裁を記載しなければならない（民

調規7条2項参照）。呼出状または期日通知書を通常郵便で送付するだけでは足りない（大阪高決昭和33(1958)・3・11家月11巻6号116頁）。

不出頭があっても正当な事由があれば、過料の対象にはならない。出頭しなかった理由が客観的にみて正当と判断されなければならない（この点については、第1編第4章第4節2 2および第2編第5章第4節2 2参照）。また過料は、呼出に応じない不出頭の事実ごとに処せられる（たとえば3回欠席したのをまとめて過料の対象とするのではない）と解されている（実務講義案427頁）。

3 過料の審判

過料の審判は家庭裁判所が行う（家審27条）。調停委員会の呼出に対する不出頭についても、制裁を課するのは家庭裁判所である。数回にわたって呼出に対する不出頭があるときは、その呼出ごとに判断される。過料の額は5万円以下である。

3 履行命令に従わない場合の過料

1 履行命令に従わない場合の過料

家庭裁判所から審判または調停に代わる審判で定められた義務の履行を命じられた義務者が、正当な事由なくその命令に従わないときは、家庭裁判所はこれを10万円以下の過料に処することができる（家審28条1項）。家審法28条1項は、審判または調停で定められた財産上の給付義務の履行を確保するための強制手段である。法律上は裁判所の履行命令に対する不服従に対する制裁として定められている。実質的には、上記義務の履行を確保するための強制手段であり、履行命令の間接強制として機能する*。1個の履行命令に対して制裁が科せられる。履行命令に従わない回数が複数あれば、それだけ過料も科せられることになる。

＊たしかに私法上の義務の履行に対して過料の制裁を準備することは、他にみられない独自の定めであるといえる。昭和31(1956)年の導入に際しても、批判的な見解があった（その詳細については、家審法講座4巻222頁〈岡垣〉、注解・家審法847頁〈生熊〉）が、家事債務の特殊な性格、家庭裁判所の後見的機能、さらに当時の強制執行制度の不備による家事債務実現の条件整備の必要性などを考慮して導入された。他方で、平成16(2004)年の民事執行法の改正により、同法167条の15が家事債務について間接強制を導入したため、過料の方法による強制はほとんど存立の基礎を失ったといってもよいであろう。家事審判・家事調停における過料の制裁は、手続上の義

務に従わない場合に特化する方が合理的であろう。

2　調停前の措置に従わない場合の過料

　調停委員会または家庭裁判所によって調停前の措置（その具体的な内容については，第6節3参照）として必要な事項を命じられた当事者または参加人が，正当な事由なくしてその措置に従わないときは，家庭裁判所はこれを10万円以下の過料に処することができる（家審28条2項）。過料に処すのは当該調停手続が係属している家庭裁判所である。過料の制裁を受けるのは，当事者または参加人である。

4　過料の裁判・執行

　過料の裁判については，非訟法の附則に定める過料の裁判に関する規定が適用される（家審29条3項により，検察官に関する規定は除外されている）。家庭裁判所は，過料を受ける者の陳述を聴かなければならない（非訟162条2項）。家庭裁判所は相当と認めるときは，当事者の意見を聴かないで過料の裁判をすることができる（略式手続。非訟164条1項）が，この場合には当事者は審判の告知を受けた日から1週間以内に異議申立てをすることができ，この異議申立てがあると過料の審判は効力を失い，家庭裁判所は当事者の陳述を聴いてさらに過料の審判をすることになる（同164条4項）。過料の審判には理由を付さなければならない（同162条1項）。過料の審判に対しては即時抗告が認められる（家審規13条）。この裁判手続が憲法31条・32条に反しないかが問われたが，最大決昭和41(1966)・12・27民集20巻10号2279頁は合憲と判断している。

　過料の審判は，家事審判官の命令で執行する（家審29条1項前段）。この命令は執行力ある債務名義と同一の効力を有する（同後段）。過料の徴収は，平成7 (1995)・3・31民二第154号事務総長通達「法廷等の秩序維持に関する法律等に基づく過料の徴収について」に基づいて行われる。執行命令に基づいて過料の納付の督促をしても，納付期限までに納付されないときは，訟廷管理官はその旨を歳入徴収官に通知し，歳入徴収官は所属する裁判所所在地の法務局長（地方法務局長）に対し執行命令書を添えて過料の取立てを依頼し，法務局長が執行手続をとる（実務講義案429頁）。過料の執行は，民事執行法その他の手続法の規定に従ってなされる。債務名義は家事審判官の執

行命令であり，これは民執法29条前段により事前に，または同時に送達する必要がある。

5　刑　罰

1　評議の秘密を漏らす罪

　家事調停員または家事調停委員であった者が，正当な事由がなく評議の経過または家事審判官もしくは家事調停委員の意見もしくはその多少の数を漏らしたときは，10万円以下の罰金に処せられる（家審30条1項）。参与員または参与員であった者についても同様の定めがある（同2項）。評議の秘密を保つことによって調停委員や参与員が外部に対する顧慮をしないで，安心してその所信を述べることを担保する必要性があるからである。

　家事調停委員等が民事訴訟・人事訴訟において証人として証言を求められた場合には，評議の秘密に関しては証言を拒絶できる（民訴197条1項1号）。監督官庁の承認があっても黙秘の義務は免除されない。

2　人の秘密を漏らす罪

　参与員，家事調停委員またはこれらの職にあった者が，正当な事由がなくその職務上取り扱ったことについて知り得た人の秘密を漏らしたときは，6箇月以下の懲役または20万円以下の罰金に処せられる（家審31条）。調停手続が非公開とされ秘密が維持されることによって関係人が安心して実情・意見を述べることを担保する必要があるからである。

事項索引

〈あ〉
相手方　72, 81, 354, 384
　〜の記載　142, 370
　〜の死亡　121
　〜の住所　349
　〜の尋問権　222
　〜の同意　236
　抗告の〜　291
〈い〉
異　議　457
　〜の理由　458, 472
　〜申立て　457, 469, 471
　〜申立期間　458, 472
意見を聴く　182, 188, 204, 388
移　行
　審判手続への〜　145, 423, 425
　調停手続からの〜　146
移行する事件　424
意思能力　86, 90, 356
移　審　294
移　送　61, 129, 328, 353
　〜の効果　132
　〜の裁判　132
　〜の申立権　131
　家庭裁判所・地方裁判所間の〜　134, 328
一身専属的な権利　117, 367
医療保護入院　58
インテーク　214, 373
〈う〉
訴えの提起　426, 427
訴えの取下げの擬制　378
〈お〉
応訴管轄　126, 352
乙号支部　12
乙類審判事項　54, 292, 325, 351, 424, 465

〈か〉
回顧的判断　232
懈　怠　196
回　付　132
カウンセリング　185, 320, 397
隔地者間の調停　390, 429
確定審判と同一の効力　437
確定責任　231
確定判決と同一の効力　434, 436, 470
家事債務　28, 475
家事審判官　13
　〜の事実調査　194
家事審判規則　20
家事審判事項　52
　〜の限定性　52, 101
家事審判所　5, 12
家事審判制度　8
家事審判法（家審法）
　〜の改正　30, 317
　〜の準用　53
　〜の制定　6
　〜の提案理由書　6
家事審判法質疑応答資料　12, 21, 44, 67, 104, 134, 271, 323, 330, 423, 428, 441, 462
家事相談　19
　〜の限界　20
　〜の根拠　19
家事調査官　10
家事調停
　〜の存在理由　318
　〜の対象　55, 323
　〜の申立て　370
家事調停官　10, 13, 30, 318, 348
家事調停条項　323
家事紛争　3
家庭裁判所　10

事項索引

～の許可　95, 98, 358
～の権限　17
～の裁判官　13
～の必要的関与　32
家庭裁判所委員会　13
家庭裁判所調査官（家裁調査官）　16, 299
　　～の事実調査　193, 214, 409
　　～の職務権限　16
　　～の調査報告　189, 215
家庭に関する事件　325
仮差押え　164
　　～の執行　171
仮処分　164
　　仮の地位を定める～　165
　　係争物に関する～　164
　　子の引渡しの～　62, 171
　　職務執行停止の～　164
　　職務代行者選任の～　164
過　料　177, 179, 386, 487
　　～の裁判　45, 487
　　～の執行　487
　　～の徴収　487
管　轄　123
　　～裁判所の指定　128
　　～の競合　127
　　～の合意　125, 351
環境調整　396
関係人
　　～の確定　82
　　～の協力　211, 212
　　～の合意　213
　　～の呼称　74
　　～の説明義務　206
　　～の追加　106
　　～の定義　70, 73
　　～の範囲　71
　　共同の～　81
　　形式的意味の～　71, 75, 81, 279
　　実質的意味の～　71, 75, 81, 83
関係人尋問　223

関係人能力　84
間接強制　172, 476, 486
鑑　定　219, 225, 343
鑑定（検証）受忍義務　225
〈き〉
期　間　196
　　行為～　196
　　裁定～　196
技官（医務室技官）　17, 216, 397, 398
期　日　177, 394
　　～の開始　395
　　～の通知書　177
　　～の呼出し　177, 395
期日調査　409
規則事項　21
寄託の申出　483
既判力　37, 41, 61, 145, 229, 262, 433, 459
　　制限的～　435
忌　避
　　家裁調査官に対する～　68
　　家事審判官に対する～　66
　　家事調停委員に対する～　345
　　鑑定人に対する～　224
　　参与員に対する～　67
　　書記官に対する～　68
協議に代わる決定　33
行政機関の申立権　139
強制参加　104, 113
強制調停　38, 313, 461, 471
　　～の合憲性　38
許可抗告　304
寄与分を定める処分　43
　　～の管轄　127, 351
記録の閲覧　77, 188, 190, 388, 399
記録の開示　188
金銭の寄託　482
禁治産宣告　35, 49, 57, 152
〈く〉
具体的相続分　45
〈け〉

経験則　227
形式的確定力　261, 433
形式的当事者概念　69, 100
形式的不服　281
形成力　266, 435
継続的な法律関係　258
ケースワーク　185
血液鑑定　225
決定理由　300
原因の有無　447
厳格な証明　217
検察官　139, 452, 455
検　証　226
現地調停　395
権利能力　84
権利能力なき社団　84
権利の侵害　280, 281
〈こ〉
合意管轄　126, 351
合意調書　450
合意に相当する審判　244, 440
合意の勧告　463
合意の正当性　451
公益（性）　148, 154, 202, 283, 296, 302
公開の法廷　40, 41, 43
合　議　344, 391
後見的関与　33, 34
後見命令　163
甲号支部　12
抗　告　271, 275, 278
　　〜期間　292
　　〜権者　75, 282
　　〜の申立て　157, 294
公　告　249
抗告裁判所　294
抗告審の審理　298
抗告申立ての拘束　296
公　証　34, 242, 276, 431
更　正　261, 431
　　〜の申立て　261

口頭主義　176, 191
口頭による（での）審問　192, 213
口頭弁論　175
　　〜に代わる審尋　191
衡平な考慮　468
甲類審判事項　54, 291, 328
互　譲　310
戸籍記載の嘱託　249
戸籍事務の管掌者　248
戸籍の届出　470
国庫の立替え　239, 379
コッヘム・モデル　186
古典的非訟事件　35, 46
個別面接方式（別席調停）　401
婚姻費用分担の審判　41, 42, 153

〈さ〉
再抗告　304
財産管理人の選任　162
再　審　304
　　〜期間　307
　　〜事由　306
再審に準じる訴え　438, 459
再訴禁止の効力　237
再度の考案　254, 297
再度の申立て　158
裁判官の更迭　193
裁判官不在の調停　340
裁判費用　238
裁判離婚　334
裁判を受ける権利　38, 124, 264
詐害防止参加　109, 112, 366
差戻し　300
参　加　103, 306
　　〜の効果　114
　　〜の利益　103, 106, 111, 364
参加人の地位　114, 366
参考人の呼出し　406
参与員　14
　　〜候補者の選任　15
　　〜の関与　15

〈し〉

ジェンダーバイアス 346
事件経過表 199, 398
事件の関係人 386
事件の実情 144, 200, 371
事件の選別（インテーク） 214
自己拘束力 251
事実上の利害関係 111, 364
事実の調査 204, 405, 450
事情の聴取 388, 399
事情変更 170
　　〜による取消し・変更 170, 254, 258
事前調査 214, 409
自庁処理 129, 133, 350
執行停止 170, 303
　　〜の効力 248
　　〜の取消し 170
執行文 269, 435, 470
執行力 268, 385, 435
　　〜のある債務名義 268
実質的当事者概念 70, 100
実体的不服 281, 291
児童相談所（長） 164, 166, 184
氏名冒用 83
社会福祉機関との連絡 184, 396
自由心証主義 226
自由な証明 202, 216, 223, 413
収容事件 59
受　継 115, 119, 368
　　〜の裁判 121
　　申立人側の〜 119
主張責任 200
出頭勧告 180, 389
出頭代理 180, 390
守秘義務 407
主　文 245
主要事実 232
準口頭申立て 142
準再審 306
準人事訴訟事件 324, 444

準親族間の事件 326
準審判 384
純然たる訴訟事件 38
準備書面 201
渉外事件 334
証言の拒絶 223, 488
証拠調べ 216, 412
　　〜としての審尋 191
証拠提出責任 231
証拠の申出（権） 221, 413
証拠方法 218, 220
証人尋問 219, 222, 413
少年審判所 8
証　明 229
証明責任 230
　　〜の分配 232
将来指向的判断 232
書記官　→裁判所書記官
職分管轄 123
職務上の当事者 89, 93, 102, 363
助言援助 185
書　証 223
除　斥 65, 345
　　家事審判官に対する〜 65, 345
　　家事調停委員に対する〜 345
　　参与員に対する〜 67
　　書記官に対する〜 68
　　家裁調査官に対する〜 68
職権事件 33, 138, 147, 154, 159, 282, 295
職権主義 76, 78
職権進行主義 175
職権探知 168, 203, 207, 210, 217
職権探知主義 76, 168, 174, 181, 201, 203, 210, 226, 413
　　〜の限界 207
職権で収集した資料 189
職権発動の促し 101, 147, 148, 177, 210, 382, 413
書面主義 176
審級制度 272

事 項 索 引　493

進行中調査　214, 409
人事訴訟事件　325, 333, 442
　　〜の家庭裁判所への移管　18, 28, 47, 333
　　〜の調停　332, 363
人事訴訟手続法　4
人事訴訟の簡易手続　455
人事訴訟を本案とする保全事件　161
人事調停法　6, 314, 316, 330
人事に関する訴え　→人事訴訟事件
人身保護請求　62
真正争訟事件　31, 103, 144
人訴権　448
診断命令　398
審　判
　　〜の意義　241
　　〜の告知　197, 246, 247, 469
　　〜の通知　248
　　〜の取消し・変更　251
　　〜の無効　250
　　終局〜　242
　　中間〜　242
審判事件の付調停　374
審判書　243, 245, 469
審判前の保全処分　10, 62, 159, 382
審判優位説　443
審判要求提示責任　155
審判離婚　334
審判を受ける者　75
審　問　181, 221
審問機会の付与（保障）　195, 220, 280
　　口頭による〜　180, 192
　　書面による〜　180
審問請求権　79
　　〜の違反　80
心理的調整　185, 397
心理テスト　215, 410
審理の非方式　175
〈す〉
推定相続人の廃除（の審判）　43, 97, 108, 110, 119

〈せ〉
生活パートナー　54, 326
請求異議の訴え　137
正当性の判断　451, 455
成年後見開始決定　44, 120, 152
成年被後見人　88
説得の技法　416
説明義務（協力義務）　206, 209, 211
前審関与　65
専属管轄　126
選定当事者　102, 363
前提問題　42, 61, 268
専門委員の意見　342, 408
〈そ〉
総合法律支援法　240
争点整理　201, 403, 426
相当性の判断　430, 467
双方審尋主義　115, 195
双方代理　92, 97
遡及効　257
即時抗告　271, 275
　　〜期間　197, 292
　　移送の裁判に対する〜　131
　　自庁処理に対する〜　133
　　審判前の保全処分に対する〜　169
続　審　294, 301
訴訟委任　96
訴訟事件の非訟化　46, 47
　　〜の限界　48
訴訟事件の付調停　376
訴訟事項　61, 108
訴訟代理人　96
訴訟手続による解決　39, 49
訴訟能力　86, 356
訟の代替的手続　33
訴訟物（審判対象）　143
疎　明　168, 229
〈た〉
代位申立て　140
第3の手続　42

胎児 85
対審 39, 41, 42, 43
対審構造 49, 57
第2次的身分関係 445
代表当事者 103, 363
代用審判 244
代理 91
代理権 91
　〜の消滅 94, 97, 359
　〜の範囲 94
立会（権） 49, 50, 77, 188, 203, 217, 342, 388, 413
単独調停 347

〈ち〉
中止 212, 233, 373, 376
中断 115, 367
調査勧告表 478
調査官報告書 215, 411
調査の嘱託 213, 224, 406
調査命令 213, 409
調書 198, 398
　〜の記載事項 198, 431
　〜の更正 431
　〜の作成の省略 199, 398
調整措置 396
調停
　〜の拒否 419, 421
　〜の合意 431
　〜の不成立 424, 428, 469
　〜の法的性質 431
　〜の無効 437
調停案 415
　〜の提示 415
　基本的な〜 414
調停委員 340
　〜の意見の聴取 450, 468
　〜の職務 341
調停委員会 339
　〜の許可 390
　〜の決議 392

　〜の事実の調査 408
　〜の指定 340
調停規範 405
調停技法 417
調停合意書面 429
調停合意説 312, 462
調停行為能力 355
調停裁判説 311, 462
調停条項 428
調停条項を受諾する旨の書面 390, 429
調停前置主義 99, 317, 329, 440
調停手続の指揮 396
調停取消しの申立て 438
調停に代わる決定（裁判） 39, 316, 461
調停に代わる審判 460
調停に付する決定 374
調停前の仮の措置 380
調停優位主義 312, 423
調停離婚 334, 436
調停をしない措置 419
直接強制 172
直接主義 192
直接の印象 181, 182, 193
直接の審問 178, 179, 182, 213
直接の調査 193
陳述
　〜機会の保障（付与） 78, 116, 176
　〜を聴く 178, 182

〈つ〉
追完 196, 294, 427
通常期間 196
通常抗告 254, 271, 277
通常の居所 126

〈て〉
手数料 238, 372
手続監護人 98
手続行為能力 86
手続指揮上の措置（裁判） 201, 234, 275, 276, 337, 375
手続選別 373

手続の客体　70, 76
手続の主体　70, 77, 79
手続の非公開　187
手続の費用　378
手続保障　49, 51, 77, 78, 175, 205
　　第三者の～　104
手続要件　242, 243
手控え　392
　〈と〉
当事者　→関係人もみよ　69, 70, 354
当事者権　77, 78
当事者公開　187, 388
当事者参加　105, 109, 365
当事者主義　78, 168
当事者主義的運用　50, 79, 179, 206, 211
当事者適格　99, 360, 452
　　～の拡大　361
当事者の死亡　359, 367
当事者費用　238
当初から不当　253, 257
同席調停　402
特殊保全処分　161
特別家事審判規則　20
特別抗告　304
特別裁判所　11
特別受益　44
特別授権事項　96
特別代理人　59, 93, 94, 284, 285
特別の定め　23
土地管轄　125, 349
　　～の標準時　128
取下げ　149, 235, 335, 417
　　一部の者に対する～　236, 418
　　一部の者による～　236, 418
　〈に〉
二重抗告　295
任意参加　104, 113
任意代理人　94, 358, 389
任意的付調停　337
人間関係の調整　183, 320, 327, 332

認知請求権の放棄　430
　〈は〉
反対申立て　159, 160
　〈ひ〉
非公開　187
非訟事件　10, 34
　　～の制限列挙主義　54
　　～の対象　34
　　～の本質　35
非訟事件手続法（非訟法）　4
　　～の改正　30
　　～の準用　22, 32, 218, 277, 306
　　～の適用除外　23
必要的付調停　335
人の秘密を漏らす罪　488
被保佐人　89
評　議　344, 392
　　～の秘密　392
　　～の秘密を漏らす罪　488
表見法理　360
費用の裁判　240, 276
費用の負担　239, 379
　〈ふ〉
夫婦同居の審判　40
夫婦の協力扶助　55, 153
不出頭　179, 389, 485
　　～に対する制裁　179, 485
附帯抗告　303
附帯処分　60, 135, 153, 413, 446, 464
附帯請求　→附帯処分
付調停　59, 298, 374
普通裁判籍　350
不服の（範囲）限度　296, 302
不服申立て　275
　　移送の裁判に対する～　131
　　管轄の指定に対する～　128
　　更正の審判に対する～　261, 432
　　再審申立てを却下する裁判に対する～
　　　308
　　参加の裁判に対する～　113

事項索引

　　自庁処理に対する〜　133
　　受継の裁判に対する〜　121
　　除斥・忌避の裁判に対する〜　65
　　審判前の保全処分に対する〜　169
　　中間審判に対する〜　277
　　中止の審判に対する〜　234
　　調停に付する決定に対する〜　374, 377
　　調停前の仮の措置に対する〜　386
　　調停をしない措置に対する　420
　　費用の裁判に対する〜　240
部分調査　214, 409
不変期間　196
扶養の審判　107, 110
不利益変更禁止　157, 301, 302
文書送付嘱託　220, 224
文書提出命令　224, 413
紛争性（争訟性）の有無　56
紛争の蒸し返し　264
紛争の要点　372
　　〈へ〉
別席調停（個別面談方式）　401
別訴の提起　438
弁護士以外の代理人　95, 358, 390
弁護士の付添い　90
弁論主義　207, 224, 227
弁論能力　90
弁論の更新　193
弁論の全趣旨　203, 227
　　〈ほ〉
包括調査　214, 409
包括的な事実の提示　200
報告の請求　407
方式によらない探知　→自由な証明
傍　聴　187
法定期間　196
法定代理人　87, 92, 357, 389
法テラス　240
法律事項　21, 125, 219
保護命令　166
補佐人　98

保佐人　89
補助（的）参加　105, 110, 364
補正命令　89, 92, 149
保全処分　→審判前の保全処分
本案審判の係属　166
本執行　173
本人出頭主義（自身出頭主義）　90, 178,
　　359, 388, 485
　　〈み〉
未成年者　87, 181
　　〜の抗告権　284
身分関係の存在　326
身分関係の非合理性　331
民事訴訟法の準用　218, 278
民事調停　60, 310, 328
民事調停法　316
　　〈む〉
無権代理　83, 360
無効（審判の）　→審判
　　〈め〉
命令書　481
メディエーション　186
面接調査　215
面接通信制限　166
面接による事情聴取　410
　　〈も〉
申立て
　　〜の起算日　293
　　〜の義務　147, 148, 235
　　〜の効果　150
　　〜の拘束力　151, 153, 154, 157
　　〜の時期　141
　　〜の趣旨　144, 371
　　〜の取下げ　235
　　〜の変更　158
　　〜の方法　142
　　〜を却下する審判　247, 255, 284
　　関係人の〜　138
　　共同の〜　81, 140
　　検察官の〜　139

審判前の保全処分の〜　167
申立期間　141
申立権の濫用　141
申立事件　138, 149, 155, 283, 291, 296
申立書　142, 149, 167
　　〜の余白　369
申立人　71, 167, 354
　　〜に対する審判の告知　247
申　出　477
〈ゆ〉
優先管轄　127, 129, 351
猶予期間　196
〈よ〉
要求の具体化　157
要求の最大限　155
予　納　142, 239

　　〜命令　239
呼出状　177
〈り〉
利益変更の禁止　→不利益変更の禁止
利害関係人　107, 139, 187, 292, 364, 384,
　　457, 471
履行確保　29, 173, 475
履行勧告　476
　　〜の申出　477
履行命令　478
　　〜の申立て　479
立　件　150
立保証　168
理由の簡略化　469
理由の要旨　245

判例索引

〈大審院〉

大判大正 12（1923）・6・2 民集 2 巻 345 頁 ･･････････････････････････ 151
大決昭和 2（1927）・9・6 民集 6 巻 495 頁 ･･････････････････････････ 115
大決昭和 5（1930）・12・4 民集 9 巻 1118 頁 ････････････････････････ 112
大判昭和 7（1932）・10・6 民集 11 巻 2023 頁 ･･･････････････････････ 85
大判昭和 10（1935）・2・18 民集 14 巻 2 号 132 頁 ･･･････････････････ 421
大判昭和 15（1940）・7・20 民集 19 巻 15 号 1205 頁 ････････････････ 421
大判昭和 16（1941）・4・5 民集 20 巻 427 頁 ･･･････････････････････ 94

〈最高裁判所〉

最判昭和 24（1949）・1・18 民集 3 巻 1 号 10 頁 ････････････････････ 62
最判昭和 24（1949）・4・12 民集 3 巻 4 号 97 頁 ････････････････････ 197
最判昭和 28（1953）・1・23 民集 7 巻 1 号 92 頁 ････････････････････ 234
最判昭和 29（1954）・6・11 民集 8 巻 6 号 1055 頁 ･･････････････････ 90
最判昭和 29（1954）・12・21 民集 8 巻 12 号 2222 頁 ････････････････ 143
最判昭和 30（1955）・1・28 民集 9 巻 1 号 83 頁 ････････････････････ 66
最判昭和 30（1955）・3・29 民集 9 巻 3 号 395 頁 ･･･････････････････ 65
最大決昭和 30（1955）・7・20 民集 9 巻 9 号 1139 頁 ････････････････ 307
最大判昭和 31（1956）・5・30 刑集 10 巻 5 号 756 頁 ････････････････ 11
最判昭和 31（1956）・9・18 民集 10 巻 9 号 1160 頁 ･････････････････ 93
最判昭和 32（1957）・7・2 民集 11 巻 7 号 1186 頁 ･･････････････････ 261
最決昭和 32（1957）・10・23 民集 11 巻 10 号 1776 頁 ･･･････････････ 273
最大決昭和 33（1958）・3・5 民集 12 巻 3 号 381 頁 ･････････････････ 39
最判昭和 33（1958）・4・11 民集 12 巻 5 号 789 頁 ･･････････････････ 53
最判昭和 33（1958）・7・25 民集 12 巻 12 号 1823 頁 ･･････････ 89, 93, 358
最判昭和 34（1959）・7・17 民集 13 巻 8 号 1095 頁 ･････････････････ 68
最判昭和 35（1960）・3・15 民集 14 巻 3 号 430 頁 ･･････････････････ 172
最大決昭和 35（1960）・7・6 民集 14 巻 9 号 1657 頁 ･････････････ 461, 471
最判昭和 36（1961）・1・26 民集 15 巻 1 号 175 頁 ･････････････ 91, 180, 359
最判昭和 36（1961）・6・20 家月 13 巻 11 号 83 頁 ･･････････････････ 336
最判昭和 37（1962）・4・10 民集 16 巻 4 号 693 頁 ･･････････････････ 430
最判昭和 37（1962）・7・13 民集 16 巻 8 号 1501 頁 ･････････････････ 454
最決昭和 37（1962）・10・31 家月 15 巻 2 号 87 頁 ･･････････････････ 40, 188
最判昭和 38（1963）・9・19 民集 17 巻 8 号 968 頁 ･･････････････････ 172
最大判昭和 38（1963）・10・30 民集 17 巻 9 号 1266 頁 ･･････････････ 97
最判昭和 38（1963）・11・15 民集 17 巻 11 号 1364 頁 ･･･････････････ 135
最大決昭和 40（1965）・6・30 民集 19 巻 4 号 1089 頁 ･････････････ 40, 264
最大決昭和 40（1965）・6・30 民集 19 巻 4 号 1114 頁 ･･･････････････ 40

判 例 索 引

最大決昭和 41（1966）・3・2 民集 20 巻 3 号 360 頁……………………………………… 40, 228, 264
最判昭和 41（1966）・3・31 判時 443 号 31 頁…………………………………………………… 133
最大決昭和 41（1966）・12・27 民集 20 巻 10 号 2279 頁……………………………………… 46, 487
最判昭和 43（1968）・7・4 民集 22 巻 7 号 1441 頁……………………………………………… 62
最判昭和 43（1968）・8・27 民集 22 巻 8 号 1733 頁……………………………………………… 87, 356
最判昭和 43（1968）・11・5 家月 21 巻 4 号 136 頁……………………………………………… 326
最判昭和 44（1969）・2・20 民集 23 巻 2 号 399 頁……………………………………………… 135
最判昭和 44（1969）・3・25 刑集 23 巻 3 号 312 頁……………………………………………… 133
最判昭和 44（1969）・7・8 民集 23 巻 8 号 1407 頁……………………………………………… 250
最判昭和 44（1969）・9・30 判時 573 号 62 頁…………………………………………………… 62
最決昭和 44（1969）・11・11 民集 23 巻 11 号 2051 頁………………………………………… 458
最大判昭和 45（1970）・7・15 民集 24 巻 7 号 861 頁…………………………………………… 454, 455
最判昭和 45（1970）・11・20 家月 23 巻 5 号 72 頁……………………………………………… 245
最決昭和 46（1971）・7・8 家月 24 巻 2 号 105 頁……………………………………………… 43
最判昭和 46（1971）・7・23 民集 25 巻 5 号 805 頁……………………………………………… 118
最判昭和 47（1972）・7・6 民集 26 巻 6 号 1133 頁……………………………………………… 93
最判昭和 47（1972）・11・9 民集 26 巻 9 号 1566 頁……………………………………………… 93
最判昭和 48（1973）・2・8 家月 25 巻 9 号 82 頁………………………………………………… 91
最判昭和 50（1975）・10・24 民集 29 巻 9 号 1417 頁…………………………………………… 230
最判昭和 51（1976）・7・27 民集 30 巻 7 号 724 頁……………………………………………… 120
最判昭和 52（1977）・5・27 民集 31 巻 3 号 404 頁……………………………………………… 307
最判昭和 53（1978）・11・14 民集 32 巻 8 号 1529 頁…………………………………………… 153
最判昭和 54（1979）・4・17 民集 33 巻 3 号 366 頁……………………………………………… 173
最決昭和 55（1980）・2・7 家月 32 巻 5 号 40 頁………………………………………………… 272
最決昭和 55（1980）・7・10 家月 33 巻 1 号 66 頁……………………………………………… 43
最判昭和 55（1980）・7・11 民集 34 巻 4 号 628 頁……………………………………………… 117, 140
最判昭和 55（1980）・10・28 判時 984 号 68 頁………………………………………………… 197
最判昭和 56（1981）・6・16 民集 35 巻 4 号 791 頁……………………………………………… 455
最判昭和 56（1981）・9・11 民集 35 巻 6 号 1013 頁……………………………………………… 229
最判昭和 58（1983）・2・3 民集 37 巻 1 号 45 頁………………………………………………… 135
最決昭和 59（1984）・3・22 家月 36 巻 10 号 79 頁……………………………………………… 43
最判昭和 59（1984）・3・29 家月 37 巻 2 号 141 頁……………………………………………… 62
最判昭和 59（1984）・4・27 民集 38 巻 6 号 698 頁……………………………………………… 141
最決昭和 60（1985）・7・4 家月 38 巻 3 号 65 頁………………………………………………… 43
最判昭和 61（1986）・3・13 民集 40 巻 2 号 389 頁……………………………………………… 61
最大判昭和 62（1987）・9・2 民集 41 巻 6 号 1423 頁…………………………………………… 49
最判昭和 63（1988）・3・1 民集 42 巻 3 号 157 頁……………………………………………… 456
最判平成元（1989）・3・28 民集 43 巻 3 号 167 頁……………………………………………… 229, 418
最判平成元（1989）・4・6 民集 43 巻 4 号 193 頁………………………………………………… 445
最判平成元（1989）・12・11 民集 43 巻 12 号 1763 頁…………………………………………… 101

最判平成 2（1990）・7・20 民集 44 巻 5 号 975 頁 …………………………… 154, 302
最判平成 4（1992）・4・28 判時 1455 号 92 頁 …………………………… 197
最判平成 5（1993）・2・18 民集 47 巻 2 号 632 頁 …………………………… 137
最判平成 5（1993）・3・26 民集 47 巻 4 号 3201 頁 …………………………… 426
最判平成 5（1993）・10・19 民集 47 巻 8 号 5099 頁 …………………………… 62
最判平成 6（1994）・1・25 民集 48 巻 1 号 41 頁 …………………………… 418
最判平成 6（1994）・2・8 家月 47 巻 2 号 135 頁 …………………………… 63
最判平成 6（1994）・4・26 民集 48 巻 3 号 992 頁 …………………………… 63
最判平成 7（1995）・3・7 民集 49 巻 3 号 893 頁 …………………………… 44, 61
最判平成 7（1995）・7・14 民集 49 巻 7 号 2674 頁 …………………………… 306
最判平成 8（1996）・1・26 民集 50 巻 1 号 132 頁 …………………………… 362, 424
最判平成 9（1997）・3・14 判時 1600 号 89 頁 …………………………… 229
最判平成 11（1999）・6・11 民集 53 巻 5 号 898 頁 …………………………… 112
最判平成 11（1999）・11・9 民集 53 巻 8 号 1421 頁 …………………………… 82
最判平成 12（2000）・2・24 民集 54 巻 2 号 523 頁 …………………………… 44, 61
最決平成 12（2000）・3・10 民集 54 巻 3 号 1040 頁 …………………………… 53
最決平成 12（2000）・5・1 民集 54 巻 5 号 1607 頁 …………………………… 53
最決平成 14（2002）・7・12 家月 55 巻 2 号 162 頁 …………………………… 108, 111, 365
最決平成 15（2003）・11・13 民集 57 巻 10 号 1531 頁 …………………………… 197, 293
最判平成 16（2004）・7・6 民集 58 巻 5 号 1319 頁 …………………………… 61, 229

〈高等裁判所〉
東京高決昭和 29（1954）・4・23 家月 6 巻 7 号 76 頁 …………………………… 375
東京高決昭和 29（1954）・4・23 高民集 7 巻 3 号 349 頁 …………………………… 337
名古屋高決昭和 29（1954）・11・25 高民集 7 巻 10 号 822 頁 …………………………… 132
仙台高決昭和 30（1955）・12・27 家月 8 巻 6 号 31 頁 …………………………… 420
東京高決昭和 31（1956）・12・1 家月 9 巻 1 号 22 頁 …………………………… 153
名古屋高裁金沢支判昭和 31（1956）・12・5 下民集 7 巻 12 号 3563 頁 …………………………… 434
大阪高決昭和 33（1958）・3・11 家月 11 巻 6 号 116 頁 …………………………… 177, 486
東京高決昭和 33（1958）・5・15 高民集 11 巻 4 号 270 頁 …………………………… 278
名古屋高決昭和 33（1958）・12・20 家月 11 巻 3 号 133 頁 …………………………… 203
高松高決昭和 35（1960）・4・15 家月 13 巻 1 号 138 頁 …………………………… 96
東京高判昭和 35（1960）・11・10 下民集 11 巻 11 号 2432 頁 …………………………… 359
高松高決昭和 36（1961）・1・8 家月 14 巻 7 号 62 頁 …………………………… 302
大阪高決昭和 36（1961）・11・28 家月 14 巻 4 号 199 頁 …………………………… 350
東京高決昭和 36（1961）・12・1 家月 14 巻 6 号 110 頁 …………………………… 131
札幌高決昭和 37（1962）・7・17 家月 14 巻 11 号 127 頁 …………………………… 386
東京高決昭和 37（1962）・10・25 家月 15 巻 3 号 136 頁 …………………………… 203
大阪高決昭和 38（1963）・2・15 家月 15 巻 6 号 63 頁 …………………………… 274
広島高決昭和 38（1963）・6・19 家月 15 巻 10 号 130 頁 …………………………… 53
名古屋高裁金沢支決昭和 39（1964）・4・1 高民集 17 巻 3 号 187 頁 …………………………… 274

東京高決昭和 39（1964）・10・28 家月 16 巻 11 号 155 頁	423
大阪高決昭和 39（1964）・12・18 高民集 17 巻 8 号 628 頁	134
広島高判昭和 40（1965）・1・20 高民集 18 巻 1 号 1 頁	360
大阪高決昭和 40（1965）・4・15 家月 17 巻 5 号 63 頁	295
大阪高決昭和 40（1965）・11・30 家月 18 巻 7 号 45 頁	259
大阪高決昭和 42（1967）・12・4 家月 20 巻 6 号 23 頁	423
福岡高決昭和 43（1968）・6・14 家月 21 巻 5 号 56 頁	153
名古屋高決昭和 44（1969）・1・10 高民集 22 巻 1 号 1 頁	131
東京高決昭和 44（1969）・7・21 家月 22 巻 3 号 69 頁	107
名古屋高決昭和 45（1970）・2・7 判タ 244 号 199 頁	265
東京高決昭和 45（1970）・5・8 判時 590 号 18 頁	66
高松高決昭和 45（1970）・9・21 家月 23 巻 7 号 51 頁	237
東京高決昭和 46（1971）・3・15 家月 23 巻 10 号 44 頁	159
大阪高決昭和 46（1971）・12・7 家月 25 巻 1 号 42 頁	242
東京高決昭和 46（1971）・12・21 判タ 275 号 313 頁	256
福岡高決昭和 47（1972）・4・25 家月 25 巻 3 号 97 頁	375
名古屋高決昭和 47（1972）・6・29 家月 25 巻 5 号 37 頁	141
名古屋高決昭和 48（1973）・5・4 家月 25 巻 11 号 92 頁	195
東京高決昭和 48（1973）・10・26 東高民時報 26 巻 10 号 186 頁	133
大阪高決昭和 49（1974）・2・28 家月 26 巻 12 号 58 頁	258
大阪高決昭和 49（1974）・9・5 家月 27 巻 8 号 70 頁	194
大阪高決昭和 49（1974）・11・6 家月 27 巻 7 号 49 頁	237
東京高決昭和 50（1975）・1・30 判時 778 号 64 頁	258
東京高決昭和 50（1975）・1・30 判時 778 号 67 頁	305
東京高決昭和 50（1975）・3・19 判時 779 号 66 頁	259
高松高決昭和 50（1975）・6・6 家月 29 巻 8 号 48 頁	78
高松高決昭和 50（1975）・12・10 家月 28 巻 9 号 50 頁	177, 243
名古屋高決昭和 51（1976）・1・12 判時 818 号 62 頁	423, 425
大阪高決昭和 51（1976）・9・6 家月 29 巻 5 号 74 頁	248
札幌高決昭和 51（1976）・11・12 判タ 347 号 198 頁	67
東京高決昭和 52（1977）・6・27 判時 864 号 92 頁	193
東京高決昭和 52（1977）・10・25 家月 30 巻 5 号 108 頁	118
福岡高決昭和 53（1978）・5・18 家月 31 巻 5 号 84 頁	302
東京高決昭和 53（1978）・5・30 家月 31 巻 3 号 86 頁	424
東京高決昭和 53（1978）・6・27 判時 902 号 65 頁	277
東京高決昭和 53（1978）・7・27 家月 31 巻 8 号 50 頁	193, 194, 221
東京高決昭和 53（1978）・10・13 家月 31 巻 3 号 92 頁	245
東京高決昭和 53（1978）・10・19 家月 31 巻 9 号 31 頁	207
東京高決昭和 53（1978）・12・21 家月 31 巻 7 号 58 頁	421
大阪高判昭和 54（1979）・1・23 家月 32 巻 2 号 70 頁	434, 435

大阪高決昭和 54（1979）・3・23 家月 31 巻 10 号 59 頁……………………………………… 97, 119
東京高決昭和 54（1979）・6・6 家月 32 巻 3 号 101 頁 ………………………………………… 208
大阪高決昭和 54（1979）・7・6 家月 32 巻 3 号 96 頁……………………………… 112, 362, 418
東京高決昭和 55（1980）・12・25 判タ 473 号 153 頁…………………………………………… 197
広島高裁松江支決昭和 56（1981）・3・13 家月 35 巻 1 号 97 頁 ……………………………… 178
仙台高決昭和 56（1981）・8・10 家月 34 巻 12 号 41 頁 ……………………………………… 259
東京高決昭和 56（1981）・12・3 高民集 34 巻 4 号 370 頁 …………………………………… 236
東京高決昭和 57（1982）・2・15 家月 35 巻 6 号 94 頁 ………………………………………… 197
広島高裁松江支決昭和 57（1982）・3・25 判時 1048 号 117 頁 ……………………………… 170
大阪高決昭和 58（1983）・1・31 家月 36 巻 6 号 47 頁 ………………………………………… 345
大阪高決昭和 58（1983）・5・2 判タ 502 号 184 頁……………………………………………… 221
大阪高決昭和 58（1983）・7・11 家月 36 巻 9 号 69 頁 ………………………………………… 217
東京高決昭和 58（1983）・9・5 家月 36 巻 8 号 104 頁 ………………………………………… 259
東京高判昭和 58（1983）・9・28 家月 36 巻 11 号 109 頁 ……………………………………… 264
福岡高決昭和 59（1984）・1・6 家月 36 巻 12 号 67 頁 ………………………………………… 174
大阪高決昭和 59（1984）・9・5 家月 37 巻 7 号 50 頁 ………………………………………… 165
東京高判昭和 59（1984）・9・19 判時 1131 号 85 頁 …………………………………………… 438
東京高決昭和 60（1985）・2・26 判時 1147 号 102 頁 ………………………………………… 273
東京高決昭和 60（1985）・3・25 家月 37 巻 11 号 41 頁 ……………………………………… 256
東京高決昭和 60（1985）・8・14 家月 38 巻 1 号 143 頁 ……………………………………… 259
札幌高決昭和 61（1986）・3・27 家月 38 巻 11 号 105 頁 ……………………………………… 264
東京高決昭和 61（1986）・7・16 判タ 623 号 203 頁 …………………………………………… 432
名古屋高裁金沢支決昭和 61（1986）・11・4 家月 39 巻 4 号 27 頁 ……………………… 119, 368
名古屋高決昭和 62（1987）・4・23 家月 40 巻 4 号 149 頁 …………………………………… 169
東京高決昭和 62（1987）・11・4 判時 1261 号 94 頁 …………………………………………… 273
東京高決昭和 62（1987）・12・18 判時 1267 号 37 頁 …………………………………………… 93
仙台高決昭和 63（1988）・12・9 家月 41 巻 8 号 122 頁 ……………………………………… 273
東京高決平成元（1989）・4・25 東高民時報 40 巻 1-4 号 39 頁…………………………… 197
東京高決平成元（1989）・12・22 家月 42 巻 5 号 82 頁 ……………………………………… 297
広島高裁松江支決平成 2（1990）・3・26 家月 42 巻 10 号 45 頁 …………………………… 264
名古屋高裁金沢支決平成 4（1992）・4・22 家月 45 巻 3 号 45 頁…………………………… 426
大阪高決平成 4（1992）・6・5 家月 45 巻 3 号 49 頁 …………………………………………… 119
東京高決平成 4（1992）・6・10 判時 1425 号 69 頁 …………………………………………… 171
福岡高判平成 4（1992）・10・29 家月 45 巻 12 号 54 頁……………………………………… 438
東京高決平成 5（1993）・7・28 家月 46 巻 12 号 37 頁 ……………………………………… 208
東京高決平成 5（1993）・10・28 判時 1478 号 139 頁 ………………………………………… 163
大阪高決平成 6（1994）・3・28 家月 47 巻 2 号 174 頁 ………………………………………… 170
高松高決平成 8（1996）・8・16 家月 49 巻 2 号 150 頁 ………………………………………… 424
名古屋高決平成 10（1998）・10・13 高民集 51 巻 3 号 128 頁 ………………………………41, 61
東京高決平成 11（1999）・9・30 家月 52 巻 9 号 97 頁 ………………………………………… 274

東京高決平成 12（2000）・4・25 家月 53 巻 3 号 88 頁 ……………………… 273, 274, 281
仙台高決平成 12（2000）・6・22 家月 54 巻 5 号 125 頁 ……………………… 54
大阪高決平成 12（2000）・9・20 家月 53 巻 7 号 134 頁 ……………………… 23, 224
東京高判平成 12（2000）・10・3 家月 54 巻 5 号 118 頁 ……………………… 437
東京高決平成 14（2002）・3・26 家月 54 巻 9 号 129 頁 ……………………… 261
仙台高決平成 15（2003）・2・6 家月 55 巻 12 号 60 頁 ……………………… 306
仙台高裁秋田支決平成 15（2003）・2・6 家月 55 巻 12 号 60 頁 ……………… 278, 307
大阪高決平成 15（2003）・5・22 家月 56 巻 1 号 112 頁 ………………………… 145, 265
福岡高決平成 15（2003）・6・25 判タ 1145 号 296 頁 ………………………… 255
東京高決平成 15（2003）・12・25 家月 56 巻 8 号 60 頁 ……………………… 171
東京高決平成 16（2004）・3・1 家月 56 巻 12 号 110 頁 ……………………… 119
東京高決平成 16（2004）・3・30 判時 1861 号 43 頁 …………………………… 236
東京高決平成 16（2004）・9・7 家月 57 巻 5 号 52 頁 …………………………… 258

〈地方裁判所〉
京都地判昭和 29（1954）・4・13 下民集 5 巻 4 号 484 頁 ……………………… 360
鳥取地裁米子支判昭和 31（1956）・1・30 下民集 7 巻 1 号 171 頁 …………… 434
東京地判昭和 32（1957）・1・31 下民集 8 巻 1 号 183 頁 ……………………… 96, 369
千葉地判昭和 36（1961）・7・7 判タ 121 号 121 頁 …………………………… 251
神戸地裁姫路支判昭和 37（1962）・3・23 判時 319 号 41 頁 ………………… 434
浦和地決昭和 37（1962）・4・17 下民集 13 巻 4 号 754 頁 …………………… 386
名古屋地決昭和 41（1966）・1・31 判時 436 号 52 頁 ………………………… 423
大津地判（中間判決）昭和 46（1971）・3・15 下民集 22 巻 3-4 号 269 頁 …… 371
名古屋地判昭和 48（1973）・2・19 家月 26 巻 7 号 68 頁 ……………………… 336
東京地判昭和 60（1985）・9・18 判時 1167 号 33 頁 …………………………… 438
札幌地決平成 6（1994）・7・8 判タ 851 号 299 頁 ……………………………… 172
東京地決平成 9（1997）・3・31 判時 1613 号 114 頁 …………………………… 432
大阪地判平成 10（1998）・3・23 判タ 967 号 206 頁 …………………………… 251

〈家庭裁判所〉
東京家審昭和 31（1956）・3・17 家月 8 巻 4 号 51 頁 ………………………… 364
函館家審昭和 32（1957）・4・16 家月 9 巻 4 号 63 頁 ………………………… 364, 384
横浜家（調）昭和 33（1958）・5・1 家月 10 巻 5 号 47 頁 …………………… 364
盛岡家審昭和 33（1958）・9・30 家月 11 巻 2 号 27 頁 ………………………… 124
神戸家審昭和 36（1961）・6・10 家月 13 巻 8 号 104 頁 ……………………… 466
札幌家命昭和 37（1962）・11・5 家月 15 巻 2 号 160 頁 ……………………… 385
浦和家審昭和 38（1963）・3・15 家月 15 巻 7 号 118 頁 ……………………… 84
福島家裁平支審昭和 38（1963）・6・24 家月 15 巻 10 号 139 頁 ……………… 454
福岡家裁小倉支審昭和 39（1964）・7・28 家月 16 巻 12 号 53 頁 …………… 454
熊本家裁山鹿支審昭和 39（1964）・8・20 家月 16 巻 12 号 55 頁 …………… 359, 429
盛岡家審昭和 39（1964）・12・1 家月 17 巻 2 号 47 頁 ………………………… 454
長崎家裁佐世保支審昭和 40（1965）・8・21 家月 18 巻 5 号 66 頁 …………… 239

東京家審昭和 41（1966）・2・23 家月 19 巻 9 号 93 頁 ………………………… 141
静岡家判昭和 41（1966）・5・4 家月 18 巻 12 号 54 頁 ………………………… 439
秋田家審昭和 41（1966）・6・27 家月 18 巻 10 号 80 頁 ………………………… 142
福岡家裁甘木支審昭和 41（1966）・11・8 家月 19 巻 7 号 67 頁 ……………… 156
東京家審昭和 42（1967）・3・17 家月 19 巻 10 号 144 頁 ……………………… 108
東京家審昭和 42（1967）・10・12 家月 20 巻 6 号 55 頁……………………… 107
福島家裁郡山支審昭和 43（1968）・2・26 家月 20 巻 8 号 84 頁 ……………… 119
静岡家裁浜松支審昭和 43（1968）・3・13 家月 20 巻 9 号 102 頁……………… 117
東京家審昭和 43（1968）・5・7 家月 20 巻 10 号 93 頁 ………………………… 455
宮崎家裁日南支審昭和 44（1969）・7・21 家月 22 巻 5 号 75 頁 ……………… 425
神戸家裁尼崎支審昭和 44（1969）・9・19 家月 22 巻 6 号 71 頁 ……………… 259
東京家審昭和 46（1971）・4・26 家月 24 巻 5 号 63 頁 ………………………… 132
福島家審昭和 46（1971）・5・19 家月 24 巻 6 号 58 頁 ………………………… 480
東京家審昭和 47（1972）・11・6 家月 25 巻 10 号 73 頁 ……………………… 108
東京家審昭和 48（1973）・8・8 家月 26 巻 3 号 47 頁 ………………………… 259
福島家裁郡山支審昭和 48（1973）・10・18 家月 26 巻 4 号 88 頁…………… 464
東京家審昭和 48（1973）・11・24 家月 26 巻 5 号 33 頁 ……………………… 118
宇都宮家審昭和 49（1974）・1・11 家月 26 巻 8 号 92 頁 …………………… 466
福岡家裁小倉支措置昭和 49（1974）・12・18 家月 27 巻 12 号 68 頁 ……… 420
神戸家裁昭和 50（1975）・9・13 家月 28 巻 10 号 96 頁……………… 463, 469
東京家審昭和 51（1976）・1・28 家月 28 巻 9 号 77 頁 ……………………… 242
大阪家裁岸和田支審昭和 51（1976）・2・23 家月 28 巻 11 号 102 頁 ……… 466
神戸家審昭和 51（1976）・4・24 判時 822 号 17 頁…………………………… 119
大阪家審昭和 51（1976）・6・4 家月 29 巻 6 号 50 頁 ………………………… 133
札幌家審昭和 52（1977）・1・17 判タ 357 号 321 頁 ………………………… 438
岡山家審昭和 52（1977）・9・13 家月 30 巻 6 号 135 頁……………………… 386
東京家審昭和 53（1978）・4・20 家月 31 巻 3 号 108 頁 ……………………… 384
釧路家審昭和 53（1978）・11・15 家月 31 巻 8 号 68 頁 ……………………… 118
静岡家命昭和 54（1979）・2・9 家月 31 巻 10 号 97 頁 ……………………… 385
熊本家裁八代支審昭和 56（1981）・8・7 家月 34 巻 11 号 51 頁 …………… 118
長崎家裁佐世保支審昭和 57（1982）・8・10 家月 36 巻 1 号 150 頁 ………… 459
山形家審昭和 57（1982）・12・27 家月 36 巻 5 号 109 頁 ………………… 306, 439
札幌家審昭和 58（1983）・6・7 家月 36 巻 7 号 98 頁………………………… 164
浦和家裁川越支審昭和 58（1983）・6・27 家月 36 巻 8 号 124 頁…………… 457
京都家審昭和 59（1984）・4・6 家月 37 巻 4 号 62 頁………………… 146, 421
福岡家裁小倉支審昭和 63（1988）・10・18 家月 41 巻 1 号 162 頁 ………… 466
旭川家審平成元（1989）・9・25 家月 41 巻 12 号 129 頁 …………………… 172
東京家審平成 2（1990）・2・13 家月 42 巻 6 号 55 頁………………………… 259
東京家審平成 2（1990）・3・6 家月 42 巻 9 号 51 頁 ………………………… 253
静岡家審平成 2（1990）・11・26 家月 44 巻 1 号 124 頁……………………… 107

岡山家審平成 2（1990）・12・3 家月 43 巻 10 号 38 頁 ……………………………… 154
札幌家審平成 3（1991）・2・4 家月 44 巻 2 号 137 頁 ……………………… 389, 485
大阪家裁岸和田支審平成 3（1991）・6・20 家月 44 巻 11 号 89 頁 …………… 464
奈良家審平成 4（1992）・12・16 家月 46 巻 4 号 56 頁 …………………………… 455
山口家審平成 4（1992）・12・16 家月 46 巻 4 号 60 頁 …………………………… 253
盛岡家裁大船渡出審平成 5（1993）・10・21 判タ 832 号 212 頁 ………………… 472
新潟家裁佐渡支審平成 8（1996）・1・17 家月 48 巻 8 号 98 頁 ………………… 438
浦和家審平成 8（1996）・3・22 家月 48 巻 10 号 168 頁 ………………………… 166
東京家審平成 8（1996）・3・28 家月 49 巻 7 号 80 頁 …………………………… 172
東京家審平成 8（1996）・6・20 家月 48 巻 11 号 85 頁 …………………………… 213
札幌家審平成 8（1996）・8・5 家月 49 巻 3 号 80 頁 …………………………… 172
横浜家審平成 8（1996）・9・11 家月 49 巻 4 号 64 頁 ……………………… 208, 212
熊本家審平成 10（1998）・3・11 家月 50 巻 9 号 134 頁 ………………………… 209
熊本家審平成 10（1998）・12・18 家月 51 巻 6 号 136 頁 ……………………… 164
東京家審平成 11（1999）・8・2 家月 52 巻 3 号 50 頁 …………………………… 146

〈簡易裁判所〉
宮崎簡判昭和 34（1959）・11・18 下民集 10 巻 11 号 2442 頁 ………………… 359

〈著者紹介〉

佐 上 善 和（さがみ・よしかず）

1946年　奈良県生まれ
1969年　立命館大学法学部卒業
1973年　大阪市立大学大学院法学研究科博士課程退学
現　在　立命館大学大学院法務研究科教授・博士（法学）

〈著　書〉

『民事救済手続法（第2版）』（2002年　法律文化社　共編著）
『成年後見事件の審理』（2000年　信山社）
『民事訴訟法（第2版）』（1998年　法律文化社）など

家事審判法

2007年（平成19年）4月25日　第1版第1刷発行
2008年（平成20年）6月30日　第1版第2刷発行

著　者　佐　上　善　和
発行者　今　井　　　貴
　　　　渡　辺　左　近
発行所　信山社出版株式会社
　　　　〒113-0033　東京都文京区本郷6-2-9-102
　　　　電　話　03 (3818) 1019
　　　　ＦＡＸ　03 (3818) 0344

Printed in Japan

Ⓒ佐上善和，2007．印刷・製本／東洋印刷・大三製本
ISBN978-4-7972-2482-5　C3332

━━ 既刊・新刊 ━━

日本立法資料全集本巻

民事訴訟法〔明治36年草案〕(1)〜(4)
　　　松本博之・河野正憲・徳田和幸編著
民事訴訟法〔大正改正編〕(1)〜(5)・索引
　　　松本博之・河野正憲・徳田和幸編著
民事訴訟法〔戦後改正編〕(2)〜(4)
　　　　　　　　　　松本博之編著

日本立法資料全集別巻

民事訴訟法〔明治23年〕正義（上－ⅠⅡ）
　　　　　　　　　　　宮城浩蔵著
民事訴訟法〔明治23年〕正義（下－ⅠⅡ）
　　　　　　　　　　　亀山貞義著
民事訴訟法〔明治23年〕述義　井上操著

━━ 信山社 ━━

――――― 既刊・新刊 ―――――

新民事訴訟法論考　高橋宏志著
　　　　　　　　　2,835円（税込）
対話型審理（「人間の顔」の見える民事裁判）　井上正三・高橋宏志・井上治典編
　　　　　　　　　3,873円（税込）
民事手続きの実践と理論　井上治典著
　　　　　　　　　10,500円（税込）
多数当事者の訴訟　井上治典著
　　　　　　　　　8,400円（税込）
証明責任の分配［新版］（分配法理の基礎的研究）　松本博之著
　　　　　　　　　12,600円（税込）
民事訴訟審理構造論　山本和彦著
　　　　　　　　　13,252円（税込）
民事訴訟法判例研究　野村秀敏著
　　　　　　　　　17,430円（税込）
既判力理論の再検討　松本博之著
　　　　　　　　　11,550円（税込）

――――― 信　山　社 ―――――

――― 既刊・新刊 ―――

ドイツ民事訴訟の理論と実務
ペーター・アーレンス著
松本博之・吉野正三郎編訳
　　　　　　　　　　　20,388円（税込）
ドイツ既判力理論
ハンス・F・ガウル著　　松本博之編訳
　　　　　　　　　　　5,040円（税込）
成年後見事件の審理（ドイツの成年
後見事件手続からの示唆）　佐上善和著
　　　　　　　　　　　11,550円（税込）
フランス民事訴訟法の基礎理論
徳田和幸　著　　10,194円（税込）
体系アメリカ民事訴訟法
グリーン・ミルトン・ダグラス著
小島武司・椎橋邦雄・大村雅彦訳
　　　　　　　　　　　13,650円（税込）
アメリカ民事訴訟法入門
ハザード著　田邊誠訳　　5,040円（税込）

――― 信 山 社 ―――